Die Koalitionsbetätigungsfreiheit im gewandelten Kontext

Bonner Schriften zum deutschen und europäischen Recht der Arbeit und der Sozialen Sicherheit

Herausgegeben von Gregor Thüsing und Raimund Waltermann

Band 13

PL ACADEMIC RESEARCH

Marc Tobias Rosenau

Die Koalitionsbetätigungsfreiheit im gewandelten Kontext

PL ACADEMIC RESEARCH

Bibliografische Information der Deutschen Nationalbibliothek
Die Deutsche Nationalbibliothek verzeichnet diese Publikation in der Deutschen Nationalbibliografie; detaillierte bibliografische Daten sind im Internet über http://dnb.d-nb.de abrufbar.

Zugl.: Bonn, Univ., Diss., 2012

Umschlaggestaltung:
© Olaf Glöckler, Atelier Platen, Friedberg

D 5
ISSN 1865-617X
ISBN 978-3-631-62736-5

www.peterlang.de

Vorwort

Die vorliegende Arbeit wurde im Wintersemester 2011/2012 von der Rechts- und Staatswissenschaftlichen Fakultät der Rheinischen Friedrich-Wilhelms-Universität Bonn als Dissertation angenommen. Das Manuskript wurde im Juni 2011 fertiggestellt. Für die Druckfassung konnte Rechtsprechung zum Teil noch darüber hinaus berücksichtigt werden.

Herrn Professor Dr. Gregor Thüsing danke ich dafür, dass er mir die Anregung zu dem Thema meiner Arbeit gab sowie für die regelmäßigen Gespräche, die den Fortgang der Arbeit gefördert haben. Bei Herrn Professor Dr. Raimund Waltermann bedanke ich mich für die zügige Erstellung des Zweitgutachtens. Ihnen beiden bin ich zudem für die Aufnahme der Arbeit in die „Bonner Schriften zum deutschen und europäischen Recht der Arbeit und der Sozialen Sicherheit“ dankbar.

Meiner Mutter Edith Muschol danke ich nicht nur für die Finanzierung der Veröffentlichung dieser Arbeit, sondern auch dafür, dass sie mich und meine Ausbildung stets in jeder Hinsicht unterstützt hat.

Mein besonderer Dank gilt schließlich meiner Frau Samantha für die Durchsicht des gesamten Manuskripts und dafür, dass sie mich während der Anfertigung der Arbeit stets aufs Neue ermuntert und durch kluge Ratschläge zum Gelingen der Arbeit beigetragen hat. Ihr ist diese Arbeit gewidmet.

Berlin, im November 2012

Marc Tobias Rosenau

Inhaltsverzeichnis

1. Teil: Einleitung

„*We are under a Constitution, but the Constitution is what the judges say it is*“.[1] Dieser Ausspruch des späteren obersten Richters der Vereinigten Staaten von vor über 100 Jahren kann zur Charakterisierung des deutschen Rechts der Koalitionsbetätigungen herangezogen werden. Kein anderer Bereich, der zugleich die Ausübung eines Grundrechts darstellt und von grundlegender Wichtigkeit für die Wirtschafts- und Sozialordnung des Staates ist, weist einen größeren Regelungsmangel und eine damit verbundene stärkere Ausgestaltung durch den Richter auf. Die Rechtsprechung beschäftigt sich häufig mit Fragen der Zulässigkeit von Koalitionsbetätigungen und hat gerade in neuerer Zeit im Arbeitskampfrecht bekannte Pfade verlassen. Der Mangel an Regelungen, die die Koalitionsbetätigungsfreiheit betreffen, führt allerdings dazu, dass bereits ganz grundsätzliche Unklarheiten darüber bestehen, was unter dem Begriff „Koalitionsbetätigungsfreiheit“ zu verstehen ist.

Die Koalitionsbetätigungsfreiheit ist die Freiheit einer Koalition sich zu betätigen. So profan und selbstverständlich diese Definition anmutet, so schwer ist es, Inhalt und Grenzen dieser Freiheit zu bestimmen. Dies ist das Ziel dieser Untersuchung.

§ 1 Rechtliche Grundlagen der Koalitionsbetätigung

Unabhängig vom Inhalt der Koalitionsbetätigungsfreiheit bereitet schon ihre rechtliche Verortung Schwierigkeiten. Keine Norm des Bundesverfassungsrechts oder des einfachen Bundesrechts weist den Koalitionen die Betätigungsfreiheit ausdrücklich zu. Auf verfassungsrechtlicher Ebene werden Koalitionen allein in Art. 9 Abs. 3 GG erwähnt. Von Art. 9 Abs. 3 GG wird allerdings nach dem Wortlaut lediglich die freie Bildung einer Koalition geschützt. In der betrieblichen Realität verlangen Koalitionen jedoch den Zutritt zu Unternehmen, wollen den betrieblichen Raum und dessen Infrastruktur für Zwecke der Mitgliederwerbung nutzen, mit dem Arbeitgeber oder dessen Verband Tarifverträge abschließen und ihre Vorstellungen notfalls mit den Mitteln des Arbeitskampfs durchsetzen, sich

1 *Hughes*, Speech before the Elmira Chamber of Commerce, 03.05.1907, in: Adresses of Charles Evans Hughes, S. 179 (185).

folglich tatsächlich betätigen. Für eine verfassungsrechtliche Anknüpfung dieser Betätigungen kommt mangels anderweitiger verfassungsrechtlicher Erwähnung der Koalitionen allein Art. 9 Abs. 3 GG in Betracht. Er muss daher Ausgangspunkt einer Darstellung des sich im Wandel befindlichen Rechts auf Koalitionsbetätigung sein.[2]

Detailliertere Vorschriften anderer Normgeber, die sowohl die Koalitionsfreiheit als auch Aspekte der Koalitionsbetätigungsfreiheit regeln, machen den engen Zusammenhang zwischen Bildung der Koalition und ihrer Betätigung deutlich. So wird in einigen Landesverfassungen das Recht zum Abschluss von Gesamtvereinbarungen hervorgehoben, ein Recht auf Streik festgeschrieben oder den Koalitionen sogar ein Zutrittsrecht zu Betrieben gewährt.[3] Das Streikrecht wird zudem für den kirchlichen Bereich in Art. 6 Arbeitsverhältnisse-Grundordnung der Katholischen Kirche und auf europäischer Ebene in Art. 6 Abs. 4 der Europäischen Sozialcharta (EU-SozCh) erwähnt. Hervorzuheben ist auf europäischer Ebene zudem die Charta der Grundrechte der Europäischen Union (EU-GRC). Diese erkennt in Art. 12 Abs. 1 die Vereinigungsfreiheit zu gewerkschaftlichen Zwecken und in Art. 28 das Recht an, Tarifverträge abzuschließen und kollektive Maßnahmen einschließlich des Streiks zu ergreifen. Die Charta ist Bestandteil des Vertrags von Lissabon und mit dessen Inkrafttreten zum 1. Dezember 2009 rechtsverbindlich geworden, vgl. Art. 6 Abs. 1 EUV. Ihr kommt bei der Feststellung des Umfangs der Koalitionsfreiheit besondere Bedeutung zu, da sie den gegenwärtigen Konsens der Mitgliedstaaten in Grundrechtsfragen widerspiegelt und daher Ausdruck gemeinsamer Verfassungsüberlieferungen ist.[4]

Insgesamt ist die Koalitionsfreiheit somit Bestandteil vieler Normwerke unterschiedlicher Normgeber. Gemeinsam ist diesen, dass grundsätzlich keine umfassende Koalitionsbetätigungsfreiheit kodifiziert ist, sondern, wenn überhaupt, einzelne Aspekte wie das Streikrecht ohne größere Regelungstiefe gewährleistet werden.

---

2 Vgl. dazu nachfolgend 2. Teil, Seite 25 ff.

3 Ein Recht auf Abschluss von Gesamtvereinbarungen erkennen folgende Landesverfassungen an: Art. 51 Abs. 2 S. 1 Brandenburgische Verfassung; Art. 48, 50 Bremische Verfassung; Art. 54, 66 Abs. 2 Rheinland-Pfälzische Verfassung; Art. 169 Abs. 2 Bayerische Verfassung; Art. 29 Abs. 2 Hessische Verfassung; ein Streikrecht erkennen (zumeist zusätzlich zum Recht auf Abschluss von Gesamtvereinbarungen) folgende Landesverfassungen an: Art. 27 Abs. 2 Verfassung von Berlin; Art. 51 Abs. 2 S. 3 Brandenburgische Verfassung; Art. 54, 66 Abs. 2 Rheinland-Pfälzische Verfassung; Art. 56 Abs. 2 Saarländische Verfassung (nach Ausschöpfung aller Schlichtungs- und Verhandlungsmöglichkeiten); Art. 37 Thüringische Verfassung; Art. 29 Abs. 4 Hessische Verfassung; ein Zutrittsrecht erkennt Art. 51 Abs. 2 S. 2 Brandenburgische Verfassung an.

4 *Hilf/Schorkopf*, in: Grabitz/Hilf, Das Recht der Europäischen Union, Art. 6 EUV, Rz. 67.

§ 2 Diskrepanz zwischen tatsächlicher Bedeutung und rechtlicher Erfassung

Dies verwundert zum einen wegen der großen Bedeutung der Koalitionsbetätigungen. Die von ihnen ausgehandelten Arbeits- und Wirtschaftsbedingungen betreffen die Mehrheit der in Deutschland tätigen Arbeitnehmer. Art. 9 Abs. 3 GG überträgt die Verantwortung für die wirtschaftliche und gesellschaftliche Entwicklung zu einem großen Teil der Eigenverantwortung der Koalitionen.[5] Es gilt ein prinzipieller Vorrang der Tarifautonomie vor staatlicher Regelung. Der Staat enthält sich im Bereich der Tarifautonomie grundsätzlich einer Einflussnahme und überlässt die erforderlichen Regelungen der Arbeits- und Wirtschaftsbedingungen weitgehend den Koalitionen.[6] Obwohl der gewerkschaftliche Organisationsgrad (Zahl der beschäftigten Gewerkschaftsmitglieder in Beziehung zur Zahl der Arbeitnehmer) bereits seit geraumer Zeit konstant abnimmt,[7] darf ihr Einfluss auf die Arbeitsbedingungen in Deutschland nicht unterschätzt werden. Durch arbeitsvertragliche Bezugnahme auf Tarifverträge sind die durch die Koalitionen ausgehandelten Arbeitsbedingungen Bestandteil von bis zu 90 Prozent der Arbeitsverhältnisse.[8] Die Koalitionsbetätigung ist folglich entscheidend für die arbeitsvertragliche Realität der Mehrheit der arbeitenden Bevölkerung.

Sie wird in Zukunft aller Voraussicht nach noch drängendere Fragen aufwerfen als dies bereits der Fall ist. In seinem Gutachten für den Deutschen Juristentag 2010 hat *Waltermann* dargestellt, dass auf dem Arbeitsmarkt eine erhebliche Zunahme an atypischen Beschäftigungsformen zu beobachten ist und für

---

5 *Höfling,* in: Sachs, Art. 9 GG, Rz. 52.

6 BVerfG v. 11.07.2006 – 1 BvL 4/00, NJW 2007, 51 (53).

7 Der gewerkschaftliche Organisationsgrad wird unterschiedlich beurteilt: *Schliemann* geht von ca. 20 % aller Arbeitnehmer aus, vgl. *Schliemann,* ZTR 2004, 502 (502); Bezogen auf den DGB geht das Institut der deutschen Wirtschaft (IW) von 17,5 % aller Arbeitnehmer aus, vgl. iwd Nr. 24/2008, S. 8, abrufbar unter www.iwkoeln.de, zuletzt abgerufen am 07.04.2011. Das IW hatte bereits in einer Studie im Jahr 2002 festgestellt, dass 1991 der Organisationsgrad noch bei 35,9 % lag und in der Periode zwischen 1991 und 2000 29,1 % betrug, vgl. Iw-trends 02/2004, Gewerkschaftlicher Organisationsgrad im internationalen Vergleich, abrufbar unter www.iwkoeln.de, zuletzt abgerufen am 07.04.2011; bei einer Studie mit 1.500 Arbeitnehmern hat das IW Köln nunmehr einen Organisationsgrad von 19,3 % ermittelt, vgl. Gewerkschaftsspiegel Nr. 4/2010 vom 30.11.2010, abrufbar unter www.iwkoeln.de, zuletzt abgerufen am 07.04.2011.

8 Nach *Schliemann* etwa 80 %, vgl. *Schliemann,* ZTR 2004, 502 (502); nach Angaben des Bundesministeriums für Wirtschaft und Arbeit (jetzt BMAS) etwa 84 %, vgl. Tarifvertragliche Arbeitsbedingungen im Jahr 2004, S. 11, abrufbar unter www.bmas.de, zuletzt abgerufen am 07.04.2011; nach *Preis,* Der Arbeitsvertrag, I B, Rz. 25 etwa 90 %; nach *Wank/Schmidt,* RdA 2008, 257 (269) enthalten 80–90 % der Arbeitsverträge Bezugnahmeklauseln.

die daraus entstehenden Probleme Lösungsvorschläge unterbreitet.[9] Die atypischen Beschäftigungsformen stellen auch für das deutsche Koalitionssystem eine erhebliche Herausforderung dar. Die Koalitionen sind gefordert neue Wege zu gehen, um die atypisch Beschäftigten zu erreichen, unter denen sie bislang nur in geringem Maße repräsentiert sind.[10] Sie müssen sich dabei allerdings an die verfassungsrechtlichen Grenzen der Koalitionsfreiheit halten.

Zum anderen verwundert die mangelnde gesetzliche Regelung von Koalitionsbetätigungen wegen deren faktisch bedeutsamen Folgen. Die Koalitionsbetätigung erfolgt zwangsläufig im Rahmen eines Spannungsverhältnisses zwischen Arbeitnehmer- und Arbeitgeberrechten. Dieses Spannungsverhältnis resultiert aus der problematischen Situation, dass sowohl die Zulassung von Koalitionsbetätigungen als auch deren Untersagung grundrechtliche Relevanz haben. Koalitionsbetätigungen dienen der Durchsetzung von Vorteilen und der Wahrung von Rechten der Arbeitnehmerschaft. Das Ziel der Koalitionsbetätigung richtet sich regelmäßig gegen den Arbeitgeber und steht isoliert betrachtet dessen Interessen entgegen. Da die Koalitionen die Arbeits- und Wirtschaftsbedingungen der Arbeitnehmer aufrechterhalten bzw. verbessern wollen, berühren Koalitionsbetätigungen zumeist den räumlich-gegenständlichen oder den wirtschaftlich-verfahrenstechnischen Bereich des Arbeitgebers.[11] Daraus erklärt sich, dass dem Umfang der Koalitionsbetätigungsfreiheit erhebliche grundrechtliche Relevanz zukommt. Je weitgehender Koalitionsbetätigungen zugelassen werden, umso intensiver kann in die durch Art. 12 und 14 GG grundrechtlich geschützten Positionen der Berufsfreiheit und des Eigentums des Arbeitgebers eingegriffen werden. Nahezu spiegelbildlich verhält es sich bei der Untersagung von Koalitionsbetätigungen. Den Schutz der Betätigungsfreiheit durch Art. 9 Abs. 3 GG unterstellt, wird durch die Beschränkung der Koalitionsbetätigungen in das Grundrecht der Koalitionsfreiheit eingegriffen.

Diese Problematik tritt insbesondere beim Arbeitskampf deutlich hervor. Sowohl dessen textliche Erwähnung in den oben genannten Normen als auch seine praktische Verbreitung lassen schon erkennen, dass der Arbeitskampf eine zentrale Betätigungsform der Koalitionen darstellt. Er dient dazu, den Arbeitgeber so unter Druck zu setzen, dass er auf die Forderungen der Koalition eingeht. Hier sind die sich gegenüberstehenden Positionen zu einem angemessenen Ausgleich zu bringen. Mangels gesetzlicher Regelung ist die Rechtsprechung dazu berufen diesen Konflikt im Einzelfall zu lösen.[12]

---

9 *Waltermann*, Verhandlungen des 68. Deutschen Juristentages, Bd. I, S. B 1 (passim).

10 *Waltermann*, Verhandlungen des 68. Deutschen Juristentages, Bd. I, S. B 15.

11 Vgl. zur Betätigung in der Betriebsverfassung 3. Teil, Seite 121 ff.

12 Vgl. zum Arbeitskampfrecht 4. Teil, Seite 185 ff.

Der Arbeitskampf galt zwischenzeitlich als sowohl praktisch wie wissenschaftlich wenig bedeutsam.[13] Spätestens seit dem Jahr 2007 hat sich dies einerseits durch praktische Entwicklungen und andererseits auch durch die Rechtsprechung des Bundesarbeitsgerichts grundlegend gewandelt,[14] so dass eine Beschäftigung mit Inhalt und Grenzen der Koalitionsbetätigungsfreiheit insbesondere zur Erfassung des Umfangs des Arbeitskampfrechts unerlässlich ist. Insgesamt zeigt sich eine deutliche Diskrepanz zwischen tatsächlicher Bedeutung der Koalitionsbetätigungsfreiheit und ihrer rechtlichen Erfassung.

§ 3 Rechtsvergleichender Blick auf die Koalitionsbetätigungsfreiheit

Andere europäische Rechtsordnungen haben zumindest in Teilbereichen eine Regelung von Inhalt und Grenzen der Koalitionsbetätigungsfreiheit vorgenommen. Unterschiede zeigen sich bereits auf der verfassungsrechtlichen Ebene. Einige Verfassungen europäischer Staaten beinhalten die Gewährleistung der Koalitionsbetätigungsfreiheit[15] und der Tarifautonomie.[16] Teilweise wird auch das Streikrecht ausdrücklich anerkannt.[17] Insbesondere die ausdrückliche Anerkennung des Streikrechts führt zu einer Begrenzung der Betätigungsfreiheit, da

13 *Loritz*, in: FS 50 Jahre BAG, S. 557 (557, 562f.).

14 Dabei ist zwar festzustellen, dass Deutschland im Vergleich zu anderen Ländern relativ streikarm ist (nach Schätzungen der BA 3,7 arbeitskampfbedingte Ausfalltage pro 1000 Beschäftigte; nach Schätzungen des WSI 15 Ausfalltage pro 1000 Beschäftigte, vgl. zu beiden die Pressemitteilung des WSI vom 20.04.2010, abrufbar unter www.boeckler.de, zuletzt abgerufen am 01.04.2011; nach Schätzungen des IW Köln 5 Ausfalltage pro 1000 Beschäftigte, vgl. Beck FD-ArbR 2010, 299664), die betrieblichen Arbeitkämpfe nehmen allerdings zu und werden zunehmend effizienter, vgl. Pressemitteilung des WSI vom 20.04.2010 und Beck FD-ArbR 2010, 299664.

15 Art. 7 S. 2 Spanische Verfassung; Art. 3 der Verfassung der Tschechischen Republik i. V. m. Art. 27 Abs. 3 der Deklaration der Grundrechte und –freiheiten; Art. 55 Abs. 2 (individuelle Betätigungsfreiheit) und Art. 56 Abs. 2 (kollektive Betätigungsfreiheit) der Verfassung der Portugiesischen Republik.

16 Art. 39 Abs. 4 der Verfassung der Italienischen Republik; Art. 59 Abs. 2 der Verfassung der Republik Polen; Art. 56 Abs. 3 der Verfassung der Portugiesischen Republik.

17 Art. 23 Abs. 2 Verfassung der griechischen Republik; Art. 40 Verfassung der Italienischen Republik; Art. 7 der Präambel der französischen Verfassung vom 27.10.1946, auf die die Präambel der aktuellen Verfassung vom 04.10.1958 verweist; Art. 3 der Verfassung der Tschechischen Republik i. V. m. Art. 27 Abs. 4 der Deklaration der Grundrechte und –freiheiten; Art. 59 Abs. 3 der Verfassung der Republik Polen; Art. 57 Abs. 1 der Verfassung der Portugiesischen Republik; dagegen verbietet Art. 57 Abs. 4 der Verfassung der Portugiesischen Republik die Aussperrung.

durch sie deutlich gemacht wird, dass andere Formen des Arbeitskampfs keinen verfassungsrechtlichen Schutz genießen.[18]

Auch die einfachgesetzliche Ebene einiger europäischer Rechtsordnungen weist eine stärkere Regelungstiefe bezüglich der Koalitionsbetätigungsfreiheit auf. So existiert beispielsweise in Spanien ein Arbeitskampf-Gesetz, in dem Ausübung und Auswirkungen des Streikrechts näher konkretisiert werden.[19]

Vor allem in Frankreich haben Koalitionsbetätigungen einen starken gesetzlichen Niederschlag gefunden. In den Art. L2141–1 ff. Code de Travail (CdT) wird die Ausübung der Koalitionsfreiheit näher geregelt. Eine strikte Trennung existiert im französischen Kollektivarbeitsrecht zwischen repräsentativen und nicht repräsentativen Koalitionen. Die Repräsentativität richtet sich grundsätzlich nach den in Art. L2121–1 ff. CdT festgelegten Kriterien. Die Feststellung der Repräsentativität hat besondere Bedeutung, da im französischen Recht nur den repräsentativen Koalitionen die Koalitionsbetätigungsfreiheit vollumfänglich zur Verfügung steht, vgl. Art. L2141–9 CdT. Nur sie können, sofern sie auf betrieblicher Ebene eine Gewerkschaftssektion gebildet haben, einen Gewerkschaftsvertreter ernennen, vgl. Art. L2142–1 ff. CdT, und nur ihnen kommt das Recht zu, Tarifverträge zu schließen, vgl. Art. L2231–1 CdT. Auch Einzelfragen werden gesetzlich geklärt. So haben die Koalitionen gem. Art. L2142–3 CdT Anspruch auf Zurverfügungstellung eines eigenen schwarzen Bretts. Ab bestimmten Betriebsgrößen muss der Arbeitgeber Räumlichkeiten für die Arbeit der Gewerkschaftssektion zur Verfügung stellen, vgl. Art. L2142–8 CdT. Neben den Voraussetzungen der Gewerkschaftswerbung über betriebliche E-Mail-Adressen und das betriebliche Intranet, vgl. Art. L2142–6 CdT, wird durch Art. L2142–10 CdT auch die Häufigkeit von Mitgliedertreffen der Gewerkschaftssektionen innerhalb des Unternehmens geregelt. Insgesamt weist das französische Recht der Koalitionsbetätigungen daher eine hohe Regelungsdichte auf.

§ 4 Ziel der Untersuchung

Die deutsche Regelungsdichte der Koalitionsbetätigung steht dem diametral entgegen. Dabei zeigt schon der vergleichende Blick auf das französische Recht, dass Koalitionsbetätigungen eine Vielzahl von Fragen aufwerfen. Die Beantwortung dieser Fragen obliegt im deutschen Recht der Rechtsprechung. Das Recht der Koalitionsbetätigung ist daher ein Recht der Einzelfallentscheidung. Dies ist

18 Vgl. für Frankreich *Pélissier/Supiot/Jeammaud*, Droit du travail, S. 1415 ff.; *Mazeaud*, Droit du travail, S. 253 ff.

19 Real Decreto-ley 17/1977, vom 4. März, sobre Relaciones de Trabajo.

grundsätzlich bereits deswegen problematisch, weil der Gesetzgeber nicht einmal die Grundlagen der Koalitionsbetätigung geregelt hat,[20] so dass sich die Entscheidungen der Instanzgerichte vielfach widersprechen und erst das Bundesarbeitsgericht das Recht der Koalitionsbetätigungsfreiheit vereinheitlichend fortentwickelt. Vollends zeigt sich die Problematik beim Arbeitskampfrecht, da in diesem Bereich unter Umständen eine Rechtsvereinheitlichung durch das Bundesarbeitsgericht nicht erfolgen kann. Dies gilt in den Fällen, in denen sich ein Arbeitgeber gegen eine Arbeitskampfmaßnahme mittels einstweiliger Verfügung wehrt. In diesem Fall endet der Rechtsweg in der zweiten Instanz, so dass eine umfassende Konturierung der Koalitionsfreiheit durch das Bundesarbeitsgericht nicht immer erfolgen kann.

Die mangelnden gesetzlichen Regelungen haben negative Auswirkungen auf die Rechtssicherheit und Rechtskontinuität und haben eine fragwürdige Verschiebung im System der Gewaltenteilung zur Folge.[21] Die zur Koalitionsbetätigungsfreiheit in den letzten Jahren ergangene Rechtsprechung zeugt von einer kontinuierlichen Erweiterung ihres Inhalts, die zumeist ohne hinreichende Anknüpfung an die verfassungsrechtliche Grundnorm des Art. 9 Abs. 3 GG erfolgt. Eine wissenschaftliche Untersuchung von Inhalt und Grenzen der Koalitionsbetätigungsfreiheit ist daher erforderlich, um auf der Grundlage der verfassungsrechtlichen Bestimmung die Kontur der Koalitionsbetätigungsfreiheit zu schärfen und zu überprüfen, ob die Rechtsprechung sich im Rahmen derselben hält.

20 Zur Problematik des mangelnden Gesetzesrechts siehe unten 5. Teil, Seite 291 ff.
21 *Dietlein*, HStR IV, § 112, S. 2024.

2. Teil: Art. 9 Abs. 3 GG als Grundlage der Koalitionsbetätigungsfreiheit

§ 1 Der Koalitionsbegriff

Der Begriff der Koalition wird im Grundgesetz nicht verwendet, hat sich aber zur Kennzeichnung der von Art. 9 Abs. 3 GG geschützten Zusammenschlüsse eingebürgert.[22] Art. 9 Abs. 3 GG gewährleistet „das Recht, zur Wahrung und Förderung der Wirtschaftsbedingungen Vereinigungen zu bilden" und nimmt hinsichtlich des Wortlauts damit Bezug auf Art. 9 Abs. 1 GG. Von der Vereinigungsfreiheit des Art. 9 Abs. 1 GG unterscheidet sich die Koalitionsfreiheit durch die von Art. 9 Abs. 3 GG festgelegte Zweckbindung. Schon der Wortlaut des Art. 9 GG macht deutlich, dass die Anerkennung als Koalition i.S.v. Art. 9 Abs. 3 GG voraussetzt, dass zumindest eine Vereinigung im Sinne des Art. 9 Abs. 1 GG vorliegt (vgl. unter A.). Dies ist allerdings nicht ausreichend. Eine Koalition muss noch weiteren spezifischen Anforderungen gerecht werden (vgl. unter B.). Schließlich müssen zusätzliche Elemente gegeben sein, wenn sich die Koalition als Gewerkschaft im Rahmen der Tarifautonomie betätigen will (vgl. unter C.).

A) Die Koalition als Vereinigung

Der Schutzbereich des Art. 9 Abs. 1 GG ist nur eröffnet, sofern es sich um einen freiwilligen privatrechtlichen Zusammenschluss mehrerer Personen handelt, der einen gemeinsamen Zweck verfolgt und ein Mindestmaß an zeitlicher und organisatorischer Stabilität aufweist.[23]

I. Freiwilliger Zusammenschluss mehrerer Personen zu gemeinsamem Zweck

Bereits aus dem Wortlaut der Norm ergibt sich, dass sich nur mehrere Personen zu einer Vereinigung zusammenschließen können. Umstritten ist allerdings, wie

22 *Hensche,* in: Däubler/Hjort/Schubert/Wolmerath, Art. 9 GG, Rz. 28; *Jarass,* in: Jarass/Pieroth, Art. 9 GG, Rz. 33; *Höfling,* in: Sachs, Art. 9 GG, Rz. 53.

23 *Dieterich,* in: ErfKomm., Art. 9 GG, Rz. 4; *Höfling,* in: Sachs, Art. 9 GG, Rz. 8.

viele Personen erforderlich sind. Während teilweise sieben Personen[24] oder drei Personen[25] gefordert werden, geht der große Teil der Literatur von einer Mindestzahl von zwei Personen aus.[26] Diese Ansicht verdient Zustimmung. Der Verfassung ist eine Mindestgröße für Koalitionen nicht zu entnehmen. Bereits nach dem Wortsinn kann eine Vereinigung jedoch nicht nur aus einer Person bestehen. Der Rückgriff auf einfaches Gesetzesrecht zur Festlegung einer Mindestgröße, namentlich auf die §§ 56, 73 BGB, die sieben bzw. drei Mitglieder verlangen, ist für die Definition des Vereinigungsbegriffs nicht möglich. Diese Normen legen nach ihrem Wortlaut nur Voraussetzungen fest, die erfüllt sein müssen, wenn eine Vereinigung eine bestimmte Rechtsform annehmen will. Ansatzpunkt dieser Normen ist folglich eine bereits bestehende Vereinigung, so dass sie keinen Beitrag zur Definition des Vereinigungsbegriffs leisten können.

Der Zusammenschluss muss der Verfolgung eines beliebigen gemeinsamen Zwecks dienen, der durch eine gemeinschaftliche Willensbildung verfolgt wird.[27]

Der Zusammenschluss muss freiwillig sein.[28] Öffentlich-rechtliche Zwangsverbände können daher keine Koalitionen sein. Sie dienen dazu öffentliche Aufgaben wahrzunehmen, also letztlich der Ausübung von Staatgewalt und nicht der gesellschaftlichen Meinungs- und Willensbildung.

II. Zeitliche und organisatorische Stabilität

Die Vereinigung muss eine gewisse Stabilität in zeitlicher und organisatorischer Hinsicht aufweisen.[29] Sinn und Zweck dieses Merkmals ist die Abgrenzung zu Art. 8 Abs. 1 GG. In den Schutzbereich des Art. 9 GG sollen nur diejenigen Zusammenschlüsse nicht einbezogen werden, deren Zweck sich in einer einma-

24 Vgl. § 56 BGB.

25 *Merten*, in: HStR VII, § 165, Rz. 36.

26 *Gamillscheg*, KollArbR I, S. 395; *Höfling*, in: Sachs, Art. 9 Rz. 10; *Bauer*, in: Dreier, Art. 9 GG, Rz. 34; *Kluth*, in: Friauf/Höfling, Art. 9 GG, Rz. 51 f.; *Scholz*, in: Maunz/Dürig, Art. 9 GG, Rz. 59; jetzt auch *Löwer*, in: von Münch/Kunig, Art. 9 GG, Rz. 28, der zuvor drei Personen für erforderlich hielt.

27 Vgl. nur: *Bauer*, in: Dreier, Art. 9 GG, Rz. 37; *Höfling*, in: Sachs, Art. 9 GG, Rz. 14; *Kemper*, in: v. Mangoldt/Klein/Starck, Art. 9 GG, Rz. 23 f.

28 Unbestritten, vgl. nur: BVerfG v. 07.12.2001 – 1 BvR 1806/98, NVwZ 2002, 335 (336); BVerfG v. 18.12.1974 – 1 BvR 430/65, NJW 1975, 1265 (1266); BVerwG v. 12.02.1998 – 3 C 55–96, NJW 1998, 2545 (2546); *Dieterich*, in: ErfKomm., Art. 9 GG, Rz. 22; *Gamillscheg*, KollArbR I, S. 406.

29 BVerfG v. 07.12.2001 – 1 BvR 1806/98, NVwZ 2002, 335 (336) („auf Dauer angelegt"); BVerwG v. 16.07.1954 – I A 23.53, NJW 1954, 1947 (1947) („dauernde Verbindung"); *Höfling*, in: Sachs, Art. 9 GG, Rz. 15; *Dieterich*, in: ErfKomm., Art. 9 GG, Rz. 4; *Scholz*, in: Maunz/Dürig, Art. 9 GG, Rz. 65; *Hensche*, in: Däubler/Hjort/Schubert/Wolmerath, Art. 9, Rz. 28; *Merten*, in: HStR VII, § 165, Rz. 36.

ligen Kundgebung nach außen erledigt.[30] Nach allgemeiner Ansicht sind daher keine strengen Maßstäbe anzulegen. Entgegen *Kluth*[31] ist für die Stabilität einer Vereinigung nicht nur der organisatorische Gehalt des Zusammenschlusses entscheidend und kann es auch gar nicht sein. Denn ein gewisser Grad an organisatorischer Verfasstheit führt notwendig auch zu einer gewissen zeitlichen Stabilität, während die zeitliche Stabilität nicht unbedingt zu einer organisatorischen Stabilität führt. Doch ist es nicht gerechtfertigt, einem Zweckbündnis, das in zeitlicher Hinsicht stabil ist, aber organisatorische Mängel aufweist, den Schutz des Art. 9 GG zu verwehren, so lange die Grundvoraussetzung einer irgendwie gearteten organisierten Willensbildung erfüllt ist. Die allgemein geforderte Stabilität wird entscheidend geprägt durch den Zweck der Vereinigung. Nach Ansicht des Bundesverfassungsgerichts stellt das Kampfbündnis eines Außenseiters mit einem tariffähigen Verband eine Vereinigung i. S. d. Art. 9 Abs. 3 GG dar, wenn es den Abschluss eines Tarifvertrags im Interesse des Außenseiters beeinflussen soll.[32] Für Koalitionen stellt das Bundesverfassungsgericht daher im Wesentlichen den Vereinigungszweck und damit die zeitliche Stabilität im Sinne einer über die einmalige gemeinschaftliche Meinungskundgabe hinausgehenden Verbindung zu einem bestimmten Zweck und nicht die organisatorische Verfasstheit in den Mittelpunkt der Prüfung. Der Begriff der Vereinigung ist deshalb ausgehend vom Zweck des Bündnisses zu definieren (zeitliche Stabilität), der in organisatorischer Hinsicht im Rahmen einer gemeinsamen Willensbildung verfolgt werden muss. Da das Merkmal der Stabilität lediglich der Abgrenzung zu Versammlungen dienen soll, können auch sogenannte ad-hoc-Koalitionen Vereinigungen sein.[33] Ad-hoc-Koalitionen sind solche, in denen sich Personen mehr oder weniger spontan zur Verfolgung eines Ziels zusammenfinden. Sofern sich dieses Ziel nicht nur in der einmaligen Kundgabe einer Meinungsäußerung erschöpft und die Mitglieder über die einmalige Zusammenkunft hinaus miteinander verbunden bleiben, ist eine für Art. 9 GG ausreichende Stabilität gegeben.[34]

---

30 *Geis*, in: Friauf/Höfling, Art. 8 GG, Rz. 139.

31 *Kluth*, in: Friauf/Höfling, Art. 9 GG, Rz. 54 f.

32 BVerfG v. 26.06.1991 – 1 BvR 779/85, NJW 1991, 2549 (2550).

33 A.a.O. für ein ad-hoc-Kampfbündnis; *Däubler*, in: Däubler TVG, Einleitung, Rz. 94; dagegen aber *Scholz*, in: Maunz/Dürig, Art. 9 GG, Rz. 192; *Höfling*, in: Sachs, Art. 9 GG, Rz. 53; *Hamacher*, in: MAH Arbeitsrecht, § 68, Rz. 6; *Cornils*, in: Epping/Hillgruber, Art. 9 GG, Rz. 44.

34 Offen gelassen von BAG v. 14.02.1978 – 1 AZR 76/76, NJW 1979, 236 (237); *Hensche*, in: Däubler/Hjort/Schubert/Wolmerath, Art. 9, Rz. 28; *Höfling*, in: Sachs, Art. 9 GG, Rz. 15; *Löwisch/Rieble*, in: MünchHdbArbR, § 155, Rz. 57.

B) Die spezifischen Anforderungen an eine Koalition i. S. d. Art. 9 Abs. 3 GG

Eine Vereinigung muss weitere Anforderungen erfüllen, um als Koalition i. S. d. Art. 9 Abs. 3 GG zu gelten und damit von der spezifischen Grundrechtsgewährleistung Gebrauch machen zu können. Die weiteren Anforderungen ergeben sich aus dem Wortlaut des Art. 9 Abs. 3 GG und aus dem Tätigkeitsbereich der Koalitionen. Das Bundesverfassungsgericht verlangt, dass „Koalitionen frei gebildet, gegnerfrei, auf überbetrieblicher Grundlage organisiert und ihrer Struktur nach unabhängig genug [sind], um die Interessen ihrer Mitglieder auf arbeits- und sozialrechtlichem Gebiet nachhaltig vertreten zu können".[35]

I. Koalitionszweck

Der gemeinsame Zweck, den die sich in einer Koalition zusammenschließenden Personen verfolgen, ist die Wahrung und Förderung der Arbeits- und Wirtschaftsbedingungen. Arbeitsbedingungen sind alle Umstände, die sich unmittelbar auf die Arbeitsverhältnisse zwischen Arbeitgebern und Arbeitnehmern beziehen.[36] Wirtschaftsbedingungen umfassen darüber hinaus auch allgemeine wirtschafts- und sozialpolitische Verhältnisse, sofern sie für die Verhältnisse zwischen Arbeitgebern und Arbeitnehmern bedeutsam sind.[37] Das Begriffspaar umfasst damit die Gesamtheit der Bedingungen, unter denen abhängige Arbeit geleistet und eine sinnvolle Ordnung des Arbeitslebens ermöglicht wird.[38] In diese Richtung weist auch die Rechtsprechung des Bundesverfassungsgerichts, das die aktive Wahrnehmung der Arbeitgeber- bzw. Arbeitnehmerinteressen zum Gesamtzweck der Koalitionen erklärt und den geforderten Koalitionszweck daher denkbar weit versteht.[39] Eingeschränkt wird dieser Zweck lediglich dadurch, dass das Bundesverfassungsgericht fordert, dass die sinnvolle Ordnung des Arbeitslebens das durch die Koalition verfolgte Ziel darstellen müsse.[40] Grundlage der

---

35 Anstatt vieler: BVerfG v. 20.10.1981 – 1 BvR 404/78, NJW 1982, 815 (815); BVerfG v. 01.03.1979, NJW 1979, 699 (709).

36 Allgemeine Ansicht, vgl. nur: *Bauer*, in: Dreier, Art. 9 GG, Rz. 70; *Höfling*, in: Sachs, Art. 9 GG, Rz. 54; *Kemper*, in: v. Mangoldt/Klein/Starck, Art. 9 GG, Rz. 89; *Kluth,* in: Friauf/Höfling, Art. 9 GG, Rz. 152.

37 *Bauer*, in: Dreier, Art. 9 GG, Rz. 70; *Höfling*, in: Sachs, Art. 9 GG, Rz. 54; *Kemper*, in: v. Mangoldt/Klein/Starck, Art. 9 GG, Rz. 89; *Kluth,* in: Friauf/Höfling, Art. 9 GG, Rz. 152.

38 *Löwisch/Rieble*, in: MünchHdbArbR, § 155, Rz. 22; *Wiedemann*, in: ders., TVG, Einleitung Rz. 89.

39 BVerfG v. 18.11.1954 – 1 BvR 629/52, BVerfGE 4, 96 (106); zur Grenze der Arbeits- und Wirtschaftsbedingungen vgl. unten Seiten 69 f. und 171 ff.

40 BVerfG v. 20.10.1981 – 1 BvR 404/78, NJW 1982, 815 (815).

Feststellung, ob die Vereinigung die genannten Zwecke verfolgt, ist die gesamte Tätigkeit der Vereinigung, so dass eine koalitionsfremde Zwecksetzung nur dann in Betracht kommt, wenn ein nicht nur unerheblicher Teil dieser Tätigkeit der Verfolgung anderer Zwecke dient.[41]

II. Organisation der Koalition

Den von Art. 9 Abs. 3 GG festgelegten Koalitionszweck kann eine Koalition nur dann wirksam verfolgen, wenn sie Mindestanforderungen hinsichtlich ihrer inneren Organisation erfüllt. Zentraler Bestandteil des verfassungsrechtlichen Koalitionsbegriffs ist die Gegnerunabhängigkeit.[42] Nur wenn die Koalition unabhängig von ihrem Vertragspartner ist, kann sie zu einer sinnvollen Ordnung des Arbeitslebens beitragen. Wäre die Koalition nicht unabhängig von ihrem Gegner, bestünde das Risiko einer wechselseitigen Einflussnahme auf die Selbstbestimmung der Koalitionen oder ihre Bereitschaft und Fähigkeit, die Interessen ihrer Mitglieder nachhaltig und wirksam zu vertreten.[43] Der Grundsatz der Gegnerunabhängigkeit setzt nur voraus, dass er „im Prinzip“ erhalten bleibt.[44] Nicht jede Zusammenarbeit führt daher automatisch zum Verlust der Koalitionseigenschaft. Gegnerunabhängigkeit bedeutet daher nicht zwingend (völlige) Gegnerfreiheit. Wenn das Bundesarbeitsgericht davon ausgeht, Gegnerfreiheit bedeute, dass einer Gewerkschaft grundsätzlich keine Personen angehören können, die ihrerseits Arbeitgeberfunktionen wahrnehmen,[45] so ist dem in dieser Absolutheit nicht zuzustimmen. Sind einzelne Personen aus dem Kreis der Gegner Mitglieder der Koalition, so wird die Verfolgung des Zwecks der Koalition so lange nicht vereitelt, bis diese Mitglieder einen größeren Einfluss ausüben können, als die anderen Mitglieder der Koalition.[46] Bei der Frage, ab wann eine nicht völlige Gegnerfreiheit zur Abhängigkeit der Koalition führt, ist folglich nicht entscheidend, wie viele Gegner Mitglied der Koalition sind, sondern wie viel Einfluss diese

41 BVerfG v. 26.01.1995 – 1 BvR 2071/94, NJW 1995, 3377 (3378).

42 *Dieterich*, in: ErfKomm., Art. 9 GG, Rz. 25; *Höfling*, in: Sachs, Art. 9 GG, Rz. 56; *Kemper*, in: v. Mangoldt/Klein/Starck, Art. 9 GG, Rz. 91; *Kluth*, in: Friauf/Höfling, Art. 9 GG, Rz. 162.

43 Vgl. BVerfG v. 10.12.1985 – 1 BvR 1724/83, NJW 1986, 1923 (1923).

44 BVerfG v. 01.03.1979 – 1 BvR 532, 533/77 u. a., NJW 1979, 699 (710).

45 BAG v. 14.12.2004 – 1 ABR 51/03, NZA 2005, 697 (700).

46 So auch *Däubler*, in: ders., TVG, Einleitung Rz. 88; *Kemper*, in: v. Mangoldt/Klein/Starck, Art. 9 GG, Rz. 92; *Kluth*, in: Friauf/Höfling, Art. 9 GG, Rz. 162; anders z. B. *Bauer*, in: Dreier, Art. 9 GG, Rz. 72, der die ausschließliche Zusammensetzung entweder aus Arbeitgebern oder aus Arbeitnehmern als konstitutiv für den verfassungsrechtlichen Koalitionsbegriff hält; so auch *Dietz*, in: Die Grundrechte, Band III/1, 417 (428); *Cornils*, in: Epping/Hillgruber, Art. 9 GG, Rz. 49 geht ebenfalls von völliger Gegnerfreiheit aus; *Rixen*, in: Stern/Becker, Art. 9 GG, Rz.34 „entweder nur Arbeitgeber oder nur Arbeitnehmer“.

Personen auf die Willensbildung der Koalition nehmen können. Dies erkennt auch das Bundesarbeitsgericht und fordert, dass die Koalition strukturell unabhängig sein muss.[47] Dies sei nur dann nicht mehr der Fall, wenn die eigenständige Interessenwahrnehmung der Koalition durch personelle Verflechtungen, auf organisatorischem Weg oder durch wesentliche finanzielle Zuwendungen ernsthaft gefährdet ist.[48] Die Gegnerfreiheit ist daher kein absolutes Kriterium des Koalitionsbegriffs. Es ist allerdings zu fordern, dass eine Gegnerunabhängigkeit bereits dann nicht mehr angenommen wird, wenn ernsthafte Zweifel hierüber bestehen. Bereits der begründete Anschein der Gegnerabhängigkeit ist daher ausreichend für die Ablehnung der Gegnerunabhängigkeit, so dass diese auch dann nicht gegeben ist, wenn zumindest zukünftig durch die Gegenseite Einfluss genommen werden könnte.[49] Auch das Kriterium der Überbetrieblichkeit der Organisation, das das Bundesverfassungsgericht in ständiger Rechtsprechung zur Definition des Koalitionsbegriffs verwendet, ist kein allein entscheidendes Kriterium. Letztlich dient es auch nur dazu, dass ein Zusammenschluss, der die Zwecke des Art. 9 Abs. 3 GG nicht wirksam verfolgen kann, nicht als Koalition im Sinne der Verfassung anerkannt werden soll. Auch die Überbetrieblichkeit will daher nur die Unabhängigkeit der Koalition sichern. Es ist daher davon auszugehen, dass weder Gegnerfreiheit, noch Überbetrieblichkeit der Organisation konstitutive Merkmale des Koalitionsbegriffs darstellen.[50] Vielmehr sind die beiden Kriterien nur Indizien, die zur Überprüfung der Gegnerunabhängigkeit der Koalition dienen.

Die Gegnerunabhängigkeit ist folglich das entscheidende Merkmal des verfassungsrechtlichen Koalitionsbegriffs. Diese darf durch die Satzung nicht gefährdet werden. Insbesondere darf die Satzung die Beitrittsvoraussetzungen nicht so weich festlegen, dass potentiell auch jede Person mit leitender Funktion auf Arbeitgeberseite die Anforderungen erfüllen kann.[51]

Teilweise wird von der Literatur zudem eine demokratische Struktur der Vereinigung gefordert.[52] Nach der Rechtsprechung des Bundesarbeitsgerichts ist eine demokratische Binnenstruktur weder Merkmal des Koalitionsbegriffs, noch ein Kriterium zur Verleihung der Tariffähigkeit.[53] Auf dem Boden der Delegationstheorie, nach der die Tarifparteien im Rahmen einer autonomen, vom Staat den

47 BAG v. 14.12.2004 – 1 ABR 51/03, NZA 2005, 697 (700).

48 BAG v. 14.12.2004 – 1 ABR 51/03, NZA 2005, 697 (700).

49 LAG Köln v. 20.05.2009 – 9 TaBV 105/08, BeckRS 2009, 64528 (rechtskräftig).

50 *Löwisch/Rieble*, in: MünchHdbArbR, § 155, Rz. 64 f.

51 LAG Köln v. 20.05.2009 – 9 TaBV 105/08, BeckRS 2009, 64528 (rechtskräftig).

52 *Däubler*, in: Däubler TVG, Einleitung, Rz. 92; *Hamacher*, in: MAH Arbeitsrecht, § 66, Rz. 12; im Ergebnis auch *Scholz*, in: Maunz/Dürig, Art. 9 GG, Rz. 206 f.

53 BAG v. 28.03.2006 – 1 ABR 58/04, NZA 2006, 1112 (1117).

Tarifvertragsparteien übertragenen, Rechtsetzungskompetenz tätig werden, mag das Erfordernis einer demokratischen Binnenstruktur für den tarifrechtlichen Koalitionsbegriff zwar nachvollziehbar sein. Dem Bundesarbeitsgericht ist jedoch darin zuzustimmen, dass diese Voraussetzung erfüllt ist, sofern die Statuten der Arbeitnehmervereinigung grundsätzlich die Gleichheit der Mitglieder und deren Teilnahme am innerverbandlichen Willensbildungsprozess vorsehen.[54] Als liberales Freiheitsgrundrecht setzt Art. 9 Abs. 3 GG nur voraus, dass die freiheitsrechtlichen Grundlagen des Assoziationswesens berücksichtigt werden.[55] Dass die Koalitionen diese Mindestanforderungen erfüllen müssen, ergibt sich zudem aus dem Sinn und Zweck der Tarifautonomie. Die Koalitionen treten im Rahmen der Tarifautonomie als eine Art Rechtsetzungsorgan auf. Sie füllen dabei den Freiraum aus, der ihnen durch die weitgehende Zurückhaltung des Staates bei der Normsetzung im Bereich der Arbeits- und Wirtschaftsbedingungen gewährleistet ist. Diese Substitution des Staates durch die Koalitionen macht es erforderlich, dass im Rahmen der Tarifautonomie nur Koalitionen tätig werden können, die ein Minimum demokratischer Struktur aufweisen. Aus der Verfassung ergibt sich auf der Ebene des Koalitionsbegriffs keine Beschränkung auf demokratisch organisierte Vereinigungen. Erforderlich aber auch ausreichend ist, dass prinzipiell jedes Mitglied auf die gemeinsame Willensbildung Einfluss nehmen kann.[56] Nur so kann eine Rechtsetzung für alle Mitglieder legitimiert werden.

III. Kampfbereitschaft und Koalitionsmächtigkeit

Zum Teil wird gefordert, dass die Koalition eine gewisse Koalitionsmächtigkeit (oder auch: soziale Mächtigkeit/Durchsetzungsfähigkeit/Verbandsmacht) haben müsse.[57] Auch das Bundesverfassungsgericht fordert, dass in den Koalitionen eine ausreichende Zahl von Arbeitnehmern oder Arbeitgebern zusammengeschlossen ist,[58] so dass sich die Arbeitgeberseite veranlasst sieht, auf Verhandlungen über tarifliche Regelungen der Arbeitsbedingungen einzugehen.[59] Ausdrücklich macht das Bundesverfassungsgericht allerdings nur die Zuerkennung der Tariffähigkeit (zur Tariffähigkeit vgl. unten Seite 33 ff.) von der Durchsetzungsfähigkeit der Koalition abhängig.[60] Die Tariffähigkeit ist jedoch keine Voraussetzung des

54 BAG v. 28.03.2006 – 1 ABR 58/04, NZA 2006, 1112 (1117).
55 *Dietlein*, in: Stern, Staatsrecht der Bundesrepublik Deutschland, Band IV/1, § 112, S. 2039.
56 *Rieble/Klumpp*, in: MünchHdbArbR, § 164, Rz. 5 ff.
57 *Scholz*, in: Maunz/Dürig, Art. 9 GG, Rz. 218.
58 BVerfG v. 26.05.1970 – 2 BvR 664/65, NJW 1970, 1635 (1635).
59 BVerfG v. 20.10.1981 – 1 BvR 404/78, NJW 1982, 815 (816).
60 BVerfG v. 20.10.1981 – 1 BvR 404/78, NJW 1982, 815 (816).

verfassungsrechtlichen Koalitionsbegriffs.[61] Das ergibt sich schon daraus, dass die Koalitionen selbst entscheiden können, durch welche Mittel sie versuchen wollen die Arbeits- und Wirtschaftsbedingungen zu beeinflussen. Ausdrücklich führt das Bundesverfassungsgericht daher auch aus, dass bei jeder Koalition im Einzelfall festgestellt werden müsse, ob Durchsetzungsfähigkeit gegeben ist oder nicht.[62] Daraus ergibt sich eindeutig, dass es auch nicht durchsetzungsfähige Koalitionen geben kann. Das Bundesarbeitsgericht scheint hingegen die Durchsetzungsfähigkeit zumindest teilweise als Koalitionsmerkmal zu begreifen, da scheinbar eine Art potentielle Durchsetzungsfähigkeit im Sinne eines gemeinsamen Willens, zukünftige Durchsetzungsfähigkeit zu erreichen, als Bestandteil des Koalitionsbegriffs angesehen wird.[63] Diese Ansicht vermag nicht zu überzeugen. Das Festhalten an einem Willen zukünftig Durchsetzungsfähigkeit zu erlangen, erscheint als formalistisches Kriterium, das letztlich wenig aussagekräftig und nur schlecht überprüfbar ist und damit Schwierigkeiten hinsichtlich der Feststellung der Voraussetzungen des Koalitionsbegriffs mit sich bringt. So bleibt in zeitlicher Hinsicht unklar, ab wann ein Zusammenschluss zur Koalition wird, welche Anforderungen also an den Willen der Vereinigung zu stellen sind. Stellt man auf einen Beschluss der Vereinigung ab, so verengt man unzumutbar den Schutz für neugegründete Vereinigungen. Stellt man auf einen allgemein zum Ausdruck kommenden Willen zur Durchsetzungsfähigkeit ab, bleibt das Kriterium konturlos und trägt daher nicht zu einer klaren Festlegung des Schutzbereichs des Art. 9 Abs. 3 GG bei. Diese ist jedoch im Sinne eines effektiven Grundrechtsschutzes geboten.

Nach allgemeiner Ansicht ist für die Anerkennung als Koalition nicht erforderlich, dass die Vereinigung zum Arbeitskampf bereit oder fähig ist.[64] Dies ergibt sich bereits daraus, dass der Arbeitskampf nach herkömmlichem Verständnis ein

---

61 BAG v. 28.03.2006 – 1 ABR 58/04, NZA 2006, 1112 (1116); BVerfG v. 20.10.1981 – 1 BvR 404/78, NJW 1982, 815 unterscheidet auch zwischen Tariffähigkeit und Koalitionsbegriff; *Bauer*, in: Dreier, Art. 9 GG, Rz. 75; *Kluth*, in: Friauf/Höfling, Art. 9 GG, Rz. 168; *Kemper*, in: v. Mangoldt/Klein/Starck, Art. 9 GG, Rz. 98; *Peter*, in: Däubler TVG, § 2, Rz. 3.

62 BVerfG v. 20.10.1981 – 1 BvR 404/78, NJW 1982, 815 (816).

63 Vgl. BAG v. 28.03.2006 – 1 ABR 58/04, NZA 2006, 1112 (1116): „Vereinigungen genießen vielmehr den Schutz des Art. 9 GG schon in einem Stadium, in dem sie die erforderliche Durchsetzungskraft erst anstreben.“ Nach Ansicht des BAG ist daher zumindest der Wille, zukünftig Durchsetzungsfähigkeit zu erreichen, für eine Anerkennung als Koalition erforderlich.

64 *Bauer*, in: Dreier, Art. 9 GG, Rz. 75; *Höfling*, in: Sachs, Art. 9 GG, Rz. 58; *Kluth*, in: Friauf/Höfling, Art. 9 GG, Rz. 169; *Kemper*, in: v. Mangoldt/Klein/Starck, Art. 9 GG, Rz. 96; *Scholz*, in: Maunz/Dürig, Art. 9 GG, Rz. 217.

Streit zwischen Tarifvertragsparteien ist.[65] Koalitionen müssen jedoch nicht tariffähig und damit auch nicht zum Arbeitskampf bereit sein.[66]

IV. Die Koalition als Verein

Aus der Darstellung der Voraussetzungen des Koalitionsbegriffs ergibt sich, dass eine Koalition grundsätzlich in Form eines Vereins organisiert ist.[67] Ein Verein ist ein freiwilliger Zusammenschluss mehrerer Personen zumindest für eine gewisse Zeit, mit dem Ziel, einen gemeinsamen Zweck zu verfolgen, wobei die Vereinigung eine körperschaftliche Verfassung haben, einen Gesamtnamen führen und in ihrer Existenz vom Wechsel der Mitglieder unabhängig sein muss.[68] Diese grundsätzliche Übereinstimmung zwischen Vereins- und Koalitionsbegriff ist entscheidend für die Festlegung des auf die Koalition anwendbaren Rechts. Für die Koalitionen gelten die allgemeinen vereinsrechtlichen Grundsätze, während das spezifische Vereinsrecht durch Art. 9 Abs. 3 GG überlagert wird.[69] Diese einfach-gesetzliche Basis des Koalitionsrechts ist der weiteren Analyse daher zugrundezulegen.

C) Der Koalitionsbegriff im Rahmen der Tarifautonomie

I. Die Anforderungen an die Tariffähigkeit im Spannungsfeld zwischen Grundrechtseingriff und Grundrechtsausgestaltung

Für die Betätigung im Rahmen der Tarifautonomie sind die Merkmale einer Koalition zwar erforderlich, jedoch nicht ausreichend.[70] Eine Koalition kann nur

---

65 *Ricken*, in: MünchHdbArbR, § 200, Rz. 15.

66 Vgl. auch BVerfG v. 06.05.1964 – 1 BvR 79/62, NJW 1964, 1267 (1269): Das Bundesverfassungsgericht hält die Kampfwilligkeit nicht einmal für eine Voraussetzung der Tariffähigkeit.

67 Ausdrücklich *Reichert*, Handbuch Vereins- und Verbandsrecht, Rz. 5538; *Gamillscheg*, KollArbR I, S. 397; im Ergebnis ebenso *Franzen*, in: ErfKomm., § 2 TVG, Rz. 6; *Peter*, in: Däubler, TVG, § 2, Rz. 11; anders aber *Löwisch/Rieble*, in: MünchHdbArbR, § 157, Rz. 18.

68 *Reichert*, Handbuch Vereins- und Verbandsrecht, Rz. 2.

69 *Reichert*, Handbuch Vereins- und Verbandsrecht, Rz. 5559; so wäre beispielsweise die nach § 39 Abs. 2 HS. 2 BGB für Vereine grundsätzlich zulässige Kündigungsfrist von zwei Jahren mit Art. 9 Abs. 3 GG nicht vereinbar, vgl. BGH v. 22.09.1980 – II ZR 34/80, NJW 1981, 340 (340).

70 Insofern missverständlich *Wank/Schmidt*, RdA 2008, 257 (267), die von einer verfassungsrechtlich garantierten Bildung von Gewerkschaften sprechen, wo doch Art. 9 Abs. 3 GG nur die Bildung von Koalitionen schützt und der Gewerkschaftsbegriff untrennbar mit der Tariffähigkeit verbunden ist.

dann im Rahmen der Tarifautonomie tätig werden, wenn sie tariffähig ist. Tariffähigkeit ist die Fähigkeit, Tarifverträge mit normativer Wirkung gegenüber den Tarifgebundenen abschließen zu können.[71] Tariffähig sind gem. § 2 TVG Gewerkschaften und deren Spitzenverbände, einzelne Arbeitgeber, Vereinigungen von Arbeitgebern, sowie die Spitzenverbände der Arbeitgeberseite. Der Gesetzgeber unterscheidet folglich zwischen dem verfassungsrechtlichen Koalitionsbegriff einerseits und dem Gewerkschaftsbegriff bzw. dem Begriff der tariffähigen Koalition andererseits.[72] Ersterer ist notwendige Voraussetzung des Letzteren, Letzterer jedoch nicht zwingende Folge des Ersteren. Da der Koalitionsbegriff des unterverfassungsrechtlichen Arbeitsrechts enger ist, als der des Verfassungsrechts, stellt sich die Frage nach der Zulässigkeit dieses dualistischen Verständnisses. Die Anforderungen an die Tariffähigkeit stellen nach teilweise in der Literatur vertretener Ansicht einen Eingriff in Art. 9 Abs. 3 GG dar, da einem Teil der Grundrechtsberechtigten durch diese ein wesentliches Feld ihrer Betätigung vorenthalten wird.[73] Nach anderer Ansicht handelt es sich lediglich um eine Grundrechtsausgestaltung.[74] Grundrechtsausgestaltung und Grundrechtsbeschränkung gehen ineinander über, die konkretisierende Norm wirkt nahezu zwangsläufig begrenzend, so dass in der Ausgestaltung der Grundrechte ihre Beschränkung latent mit angelegt ist.[75] Dennoch ist eine Abgrenzung zwischen beiden Rechtsinstituten erforderlich, da sie unterschiedliche Anforderungen an den Gesetzgeber oder an die diesen vertretende Rechtsprechung stellen.[76] Eine Grundrechtsausgestaltung ist bei den sogenannten rechts- oder normgeprägten Schutzbereichen erforderlich, bei denen der Berechtigte zum Grundrechtsgebrauch nur durch die Rechtsordnung in der Lage ist.[77] Eine Ausgestaltung liegt nur vor, wenn und soweit das Grundrecht ihrer notwendigerweise bedarf, um

71 *Rieble*, in: FS Wiedemann, 519 (523).

72 Vgl. BAG v. 19.09.2006 – 1 ABR 53/05, NJW 2007, 1018 (1021) zur Unterscheidung zwischen Gewerkschaften und Arbeitnehmerkoalitionen; BVerfG v. 20.10.1981 – 1 BvR 404/78, NJW 1982, 815 (816); BVerfG v. 26.01.1995 – 1 BvR 2071/94, NJW 1995, 3377 (3377); *Bauer*, in: Dreier, Art. 9 GG, Rz. 34; *Rixen*, in: Stern/Becker, Art. 9 GG, Rz. 35; *Kemper*, in: v. Mangoldt/Klein/Starck, Art. 9 GG, Rz. 98.

73 *Cornils*, in: Epping/Hillgruber, Art. 9 GG, Rz. 50; *Cornils*, in: Die Ausgestaltung der Grundrechte, S. 441 f.: „Ausgestaltungs- und Schrankenfunktion des (limitierenden) Anerkennungsgesetzes schließen einander also nicht aus"; *Rixen*, in: Stern/Becker, Art. 9 GG, Rz. 36 hält die Anforderungen ebenfalls für Eingriffe, jedenfalls aber für „eingriffsgleiche Ausgestaltungen"; wohl auch *Höfling*, in: Sachs, Art. 9 GG, Rz. 62

74 *Löwisch/Rieble*, in: MünchHdbArbR, § 244, Rz. 39; *Wank/Schmidt*, RdA 2008, 257 (266) für das Merkmal der sozialen Mächtigkeit.

75 *Degenhart*, in: Handbuch der Grundrechte, Band III, § 61, Rz. 14; *Kahl*, in: Der Staat, Band 43 (2004), S. 167 (175, FN 46).

76 *Degenhart*, in: Handbuch der Grundrechte, Band III, § 61, Rz. 16.

77 *Pieroth/Schlink*, Grundrechte, Rz. 225.

seine Wirksamkeit zu entfalten.[78] Im Bereich der Koalitionsfreiheit anerkennt das Bundesverfassungsgericht eine weitgehende Gestaltungsmöglichkeit des Gesetzgebers, bzw. der diesen vertretenden Rechtsprechung,[79] da Art. 9 Abs. 3 GG ein ausgestaltungsbedürftiges Grundrecht darstelle.[80] Das Handeln des Gesetzgebers oder der Rechtsprechung ist erforderlich, um die notwendigen Rechtsinstitute und Normenkomplexe bereitzustellen, die für eine effektive Grundrechtsausübung notwendig sind.[81] Nur wenn der Gesetzgeber für die Tarifautonomie Vorgaben macht, kann diese die ihr anvertraute Aufgabe der sozialen Befriedung wirksam erfüllen. Die trotzdem auch im Rahmen von Art. 9 Abs. 3 GG durchzuführende Unterscheidung zwischen Grundrechtsbeschränkung und Grundrechtsausgestaltung ist richtigerweise danach vorzunehmen, ob der Gesetzgeber bzw. die Rechtsprechung das „Wie“ oder das „Ob“ der Koalitionsbetätigung regelt. Nur im letztgenannten Fall liegt ein Eingriff in Art. 9 Abs. 3 GG vor.[82] Zwar verengt sich die Gestaltungsmöglichkeit des Gesetzgebers auch, sofern die Grundrechtsausgestaltung freiheitsverkürzend wirkt.[83] Dies ist jedoch nur im Rahmen der Verhältnismäßigkeitsprüfung zu berücksichtigen. Der Prüfung der Rechtmäßigkeit eines Eingriffs bedarf es in diesem Fall gerade nicht. Neben der Verhältnismäßigkeit ist lediglich der Gleichheitssatz und der Grundsatz des Vertrauensschutzes zu berücksichtigen.[84]

Da die Koalitionen die Zwecke des Art. 9 Abs. 3 GG auch auf andere Weise als durch den Abschluss von Tarifverträgen verfolgen können, ist es im Interesse der Ordnung und Befriedung des Arbeitslebens mit Art. 9 Abs. 3 GG vereinbar, die Verleihung der Tariffähigkeit noch von weiteren Kriterien abhängig zu machen.[85] Durch die Anforderungen an die Tariffähigkeit der Koalitionen wird nicht grundsätzlich ihr Recht auf Betätigung in Frage gestellt. Vielmehr wird das „Wie“ der Koalitionsbetätigung geregelt, um im Rahmen der Tarifautonomie eine möglichst effektive Grundrechtsausübung zu gewährleisten. Die Anforderungen an die Tariffähigkeit stellen daher keine Eingriffe in Art. 9 Abs. 3 GG dar, sondern unterliegen als Grundrechtsausgestaltung im Wesentlichen nur dem Grundsatz

---

78 *Papier*, in: Handbuch der Grundrechte, Band III, § 64, Rz. 87.

79 BVerfG v. 20.10.1981 – 1 BvR 404/78, NJW 1982, 815 (815 f.); BVerfG v. 04.07.1995 – 1 BvF 2/86 u. a., NZA 1995, 754 (755).

80 BVerfG v. 26.06.1991 – 1 BvR 779/85, NJW 1991, 2549 (2550); *Löwisch/Rieble*, in: MünchHdbArbR, § 155, Rz. 7.

81 Vgl. nur BVerfG v. 02.03.1993 – 1 BvR 1213/85, NJW 1993, 1379 (1380).

82 *Löwisch/Rieble*, in: MünchHdbArbR, § 155, Rz. 75.

83 *Degenhart*, in: Handbuch der Grundrechte, Band III, § 61, Rz. 58.

84 *Löwisch/Rieble*, in: MünchHdbArbR, § 155, Rz. 78.

85 BVerfG v. 18.11.1954 – 1 BvR 629/52, NJW 1954, 1881 (1882); BVerfG v. 20.10.1981 – 1 BvR 404/78, NJW 1982, 815 (815).

der Verhältnismäßigkeit.[86] Da primär dem Gesetzgeber die Aufgabe der Ausgestaltung der normgeprägten Grundrechte zukommt, sind besondere Anforderungen an die Prüfung der Verhältnismäßigkeit zu stellen. Eine Ausgestaltung durch die Rechtsprechung ist nur dann verhältnismäßig, wenn sie unerlässlich ist, um die Funktionsfähigkeit des Tarifvertragssystems zu wahren.[87]

II. Die Anforderungen an die Tariffähigkeit im Einzelnen

Um als tariffähig anerkannt zu werden, muss sich nach der Rechtsprechung des Bundesarbeitsgerichts eine Arbeitnehmervereinigung

> „als satzungsgemäße Aufgabe die Wahrnehmung der Interessen ihrer Mitglieder in deren Eigenschaft als Arbeitnehmer gesetzt haben und willens sein, Tarifverträge abzuschließen. Sie muss frei gebildet, gegnerfrei, unabhängig und auf überbetrieblicher Grundlage organisiert sein und das geltende Tarifrecht als verbindlich anerkennen. Weiterhin ist Voraussetzung, dass die Arbeitnehmervereinigung ihre Aufgabe als Tarifpartnerin sinnvoll erfüllen kann."[88]

Da die Tariffähigkeit im Wesentlichen auf dem schon erörterten Begriff der Koalition (vgl. oben Seite 28 ff.) aufbaut, bedürfen nur die besonderen Kriterien einer näheren Betrachtung. Insgesamt ist jedoch zu berücksichtigen, dass bei der Beurteilung der Tariffähigkeit eine grundrechtsfreundliche, eher großzügige Auslegung geboten ist, da die Versagung der Tariffähigkeit einen erheblichen Eingriff in die Koalitionsfreiheit darstellt.[89]

1. Die Tarifwilligkeit

Nach der Rechtsprechung und dem überwiegenden Schrifttum muss die Vereinigung in der Satzung deutlich machen, dass sie tarifwillig ist.[90] Allerdings ist

---

86 *Dieterich*, in: ErfKomm., Art. 9 GG, Rz. 84; *Thüsing*, ZfA 2008, 590 (603).

87 *Wank/Schmidt*, RdA 2008, 257 (267).

88 BAG v. 28.03.2006 – 1 ABR 58/04, NZA 2006, 1112 (1114); ebenso BVerfG v. 18.11.1954 – 1 BvR 629/52, BVerfGE 4, 96 (106): „ Aus der Gesamtheit der Vereinigungen wurden nämlich nur solche als tariffähig anerkannt, deren satzungsmäßige Aufgabe die Wahrnehmung der Interessen ihrer Mitglieder gerade in ihrer Eigenschaft als Arbeitgeber (Arbeitnehmer) war [...]"

89 BAG v. 28.03.2006 – 1 ABR 58/04, NZA 2006, 1112 (1118).

90 BAG v. 10.11.1993 – 4 AZR 375/92, NZA 1994, 948 (949); LAG Berlin v. 29.11.2002 – 2 Sa 1359/02, NZA-RR 2003, 426 (427), das den Abschluss von Tarifverträgen fälschlicherweise als Zweck der Koalition und nicht als Mittel um den Koalitionszweck zu erreichen ansieht; *Oetker*, in: Wiedemann, Tarifvertragsgesetz, § 2, Rz. 366; *Rieble/Klumpp*, in: MünchHdbArbR, § 164, Rz. 19; a. A. *Peter*, in: Däubler TVG, § 2, Rz 47.

Peter[91] darin beizupflichten, dass das Erfordernis einer satzungsmäßigen Verankerung der Tarifwilligkeit nicht dazu führen darf, dass Koalitionen, deren Satzung die Tarifwilligkeit nicht explizit nennt, die jedoch den Abschluss von Tarifverträgen ernsthaft anstreben, von der Tarifautonomie ausgeschlossen werden. Auch das von der Literatur angeführte Argument, das Erfordernis der satzungsmäßigen Verankerung ergebe sich auch durch einen Rückschluss aus § 2 Abs. 3 TVG, überzeugt nicht. Gesteht der Gesetzgeber Spitzenorganisationen Tariffähigkeit ausdrücklich nur dann zu, wenn der Abschluss von Tarifverträgen zu ihren satzungsmäßigen Aufgaben gehört, so spricht dies zunächst dafür, dass dies eben nur für die Spitzenorganisationen gilt.[92]

Der Rechtsprechung und Literatur ist dennoch zuzustimmen, allerdings mit anderer Begründung. Gewerkschaften können autonom über die Rechtsform ihrer Organisation entscheiden, sind jedoch zum größten Teil als nicht rechtsfähige Vereine organisiert.[93] Zwar gelten nach dem Wortlaut des § 54 S. 1 BGB für die nicht rechtsfähigen Vereine die Regelungen über die Gesellschaft bürgerlichen Rechts. Nach nahezu einhelliger Auffassung ist dieser Verweis jedoch verfehlt. Stattdessen finden auf die nicht rechtsfähigen Vereine die für die rechtsfähigen Vereine geltenden Vorschriften entsprechende Anwendung, soweit sie nicht Art und Weise der Erlangung und des Verlusts der Rechtsfähigkeit betreffen.[94] Gem. § 57 Abs. 1 BGB muss die Satzung eines Vereins, der durch Registereintragung rechtsfähig werden will, unter anderem den Vereinszweck enthalten. Diese Vorschrift findet auf nichtrechtsfähige Vereine entsprechende Anwendung.[95] Die Satzungen der als Vereine organisierten Gewerkschaften müssen daher den Vereinszweck (Wahrung und Förderung der Arbeits- und Wirtschaftsbedingungen) konkret benennen. Von diesem Zweck grundlegend zu unterscheiden sind die Mittel, mit denen der Zweck erreicht werden soll. Als Mittel zur Erreichung des Zwecks Wahrung und Förderung der Arbeits- und Wirtschaftsbedingungen kommt insbesondere der Abschluss von Tarifverträgen in Betracht. Obwohl in § 57 Abs. 1 BGB nicht genannt, muss auch die für die Individualisierung des Vereins besonders wichtige Art der Zweckverfolgung in der Satzung erkennbar sein.[96] Ohne eine satzungsmäßige Verankerung der Tarifwilligkeit würde eine

---

91 *Peter*, in: Däubler TVG, § 2, Rz 47.

92 *Peter*, in: Däubler TVG, § 2, Rz 47.

93 *Kemper*, in: v. Mangoldt/Klein/Starck, Art 9 GG, Rz. 103; *Löwisch/Rieble*, in: MünchHdbArbR, § 160, Rz. 1, 5, nach denen nur ver.di als rechtsfähiger Verein organisiert ist.

94 *Jauernig*, in: Jauernig BGB, § 54 BGB, Rz. 12; *Reichert*, Handbuch Vereins- und Verbandsrecht, Rz. 4652.

95 *Reichert*, Handbuch Vereins- und Verbandsrecht, Rz. 524.

96 *Reichert*, Handbuch Vereins- und Verbandsrecht, Rz. 528; *Löwisch/Rieble*, in: MünchHdbArbR, § 160, Rz. 17.

hinreichende Ermächtigung zur Schaffung die Mitglieder bindender normativer Regelungen durch die Gewerkschaft fehlen.[97] Das Erfordernis einer satzungsmäßigen Verankerung der Tarifwilligkeit folgt daher aus allgemeinen Erwägungen des Vereinsrechts. Die Satzungen der überwiegenden Mehrheit der Gewerkschaften führen den Abschluss von Tarifverträgen als eine der Betätigungen der Gewerkschaft explizit auf.[98]

Die Tarifwilligkeit muss allerdings nicht ausdrücklich in der Satzung genannt sein; eine solche Forderung wäre reiner Formalismus. Vielmehr reicht es aus, dass sich die Tarifwilligkeit durch Auslegung aus der Satzung ergibt. Für die Funktionsfähigkeit des Tarifvertragssystems ist es unerlässlich, dass die Koalition ihren Willen Tarifverträge abzuschließen nach außen kundtut. Ansonsten wäre eine Unterscheidung zwischen Vereinigungen deren Ziel der Abschluss von Tarifverträgen ist und anderen Interessenvereinigungen nicht möglich. Die Betätigungsfreiheit wird durch diese Anforderung nicht unverhältnismäßig eingeschränkt, da es ausreichend ist, dass sich die Tarifwilligkeit durch Auslegung aus der Satzung ermitteln lässt und der Koalition für den unwahrscheinlichen Fall, dass sich ihre Tarifwilligkeit selbst dann nicht feststellen lässt, die Möglichkeit verbleibt die Satzung gem. § 33 Abs. 1 S. 1 BGB (für nicht rechtsfähige Vereine analog) zu ändern.[99]

Die Satzungsbestimmung allein ist zudem nicht ausreichend, denn sonst könnte durch eine Satzungsbestimmung die Tarifwilligkeit fingiert werden, um andere Zwecke zu verschleiern. Die Tarifwilligkeit muss daher tatsächlich ernsthaft beabsichtigt sein.[100] Daher darf auch die Satzung bezüglich der Tarifwilligkeit nicht widersprüchlich sein. So hat das LAG Köln in einem rechtskräftigem Urteil[101] die Tariffähigkeit einer Gewerkschaft maßgeblich deswegen abgelehnt, weil sich aus der Satzung zwar formal die Tarifwilligkeit ergab, die Satzung jedoch auch einen Passus enthielt, nach dem die Gewerkschaft gegründet worden sei, um die Interessen der Wettbewerber eines Quasi-Monopolisten zu vertreten.

97 *Hamacher*, in: MAH Arbeitsrecht, § 66, Rz. 13; *Oetker*, in: Wiedemann, TVG, § 2, Rz. 367.

98 Vgl. nur § 5 Nr. 3 e) der Satzung der ver.di; § 3 Nr. 8 der Satzung der NGG; § 2 Abs. 3 Nr. 1 der Satzung der CGM; § 2 Nr. 3 der Satzung der GDL; § 2 Abs. 4 der Satzung der GdP; § 2 Abs. 3 Nr. 2 der Satzung der IG Metall; § 4 e) der Satzung der GEW; § 3 Abs. 3 der Satzung der IG Bau.

99 In der Praxis werden erkennbar keine hohen Anforderungen an die satzungsmäßig verankerte Tarifwilligkeit gestellt: die Satzungen der Transnet und der IG BCE lassen nur indirekt erkennen, dass auch Tarifverträge abgeschlossen werden sollen; die Satzung des Marburger Bundes erwähnt den eventuellen Abschluss von Tarifverträgen mit keinem Wort, dennoch lässt sich dies aus der allgemeinen Formulierung des § 2 Abs. 1 der Satzung schließen.

100 BAG v. 15.03.1977 – 1 ABR 16/75, AP GG Art. 9 Nr. 24; *Oetker*, in: Wiedemann, TVG, § 2, Rz. 369;

101 LAG Köln v. 20.05.2009 – 9 TaBV 105/08 (rechtskräftig), AuR 2009, 316.

Das satzungsgemäße Ziel, die Interessen der Mitglieder als Arbeitnehmer zu vertreten, würde dadurch erschüttert.

2. Die Koalitionsmächtigkeit

Nach verbreiteter Ansicht ist eine Koalition nur dann tariffähig, wenn ihr eine hinreichende Koalitionsmächtigkeit (Durchsetzungsfähigkeit/Druckausübungsfähigkeit) zukommt.[102] Zwar ist dafür nicht erforderlich, dass für die Koalition die Möglichkeit eines kompletten Sieges besteht, jedoch muss die Koalition so stark sein, dass sie zumindest ernstgenommen wird, damit die gegnerische Seite Verhandlungsangebote nicht übersehen kann und sich veranlasst sieht, auf Verhandlungen über die tarifliche Regelung von Arbeitsbedingungen einzugehen.[103] Nach der Rechtsprechung des Bundesarbeitsgerichts kommt bei der Beurteilung der sozialen Mächtigkeit der bisherigen Tarifpraxis der Koalition entscheidende Bedeutung zu.[104] So wurde die Durchsetzungskraft und Leistungsfähigkeit der Koalition regelmäßig dadurch belegt, dass die Arbeitnehmervereinigung schon in nennenswertem Umfang Tarifverträge geschlossen hat.[105] Diese Indizwirkung gilt nach der Rechtsprechung grundsätzlich für originäre Tarifverträge und für Anschlusstarifverträge, sofern es sich nicht lediglich um Gefälligkeitstarifverträge handelt.[106] Das Vorliegen von Gefälligkeitstarifverträgen wird durch die Rechtsprechung allerdings sehr restriktiv beurteilt. Das Bundesarbeitsgericht geht nur bei kollusivem Zusammenwirken von Arbeitnehmer- und Arbeitgeberseite von einem solchen Gefälligkeitstarifvertrag aus.[107] Hat die Koalition noch nicht aktiv am Tarifgeschehen teilgenommen, so müssen zur Feststellung der sozialen Mächtigkeit andere Kriterien herangezogen werden, die belegen, dass der Tarifpartner die Koalition bei Verhandlungen ernstnehmen wird. Ein solches Kriterium ist vor allem eine ausreichende Anzahl von in der Koalition organisierten Arbeitnehmern oder Arbeitgebern.[108] Die Mitgliederzahl soll nach neuerer Rechtsprechung das zentrale Kriterium der Beurteilung der Durchsetzungsfähig-

---

102 BVerfG v. 24.02.1999 – 1 BvR 123/93, NZA 1999, 713 (714); BVerfG v. 26.01.1995 – 1 BvR 2071/94, NJW 1995, 3377 (3377); BAG v. 14.12.2004 – 1 ABR 51/03, NZA 2005, 697 (697): „Darüber hinaus muss sie Durchsetzungskraft gegenüber dem sozialen Gegenspieler besitzen und über eine gewisse Leistungsfähigkeit der Organisation verfügen"; BAG v. 19.09.2006 – 1 ABR 53/05, NZA 2007, 518 (521); *Dieterich,* in: ErfKomm., Art. 9 GG, Rz. 66; *Peter,* in: Däubler, TVG, § 2, Rz. 10.

103 BVerfG v. 20.10.1981 – 1 BvR 404/78, NJW 1982, 815 (816).

104 BAG v. 05.10.2010 – 1 ABR 88/09, NZA 2011, 300 (303).

105 BAG v. 28.03.2006 – 1 ABR 58/04, NZA 2006, 1112 (1118).

106 BAG v. 05.10.2010 – 1 ABR 88/09, NZA 2011, 300 (304)

107 BAG v. 28.03.2006 – 1 ABR 58/04, NZA 2006, 1112 (1118).

108 BVerfG v. 26.05.1970 – 2 BvR 664/65, NJW 1970, 1635 (1635).

keit sein.[109] Die langjährige Teilnahme am Tarifgeschehen soll als weiteres Kriterium heranzuziehen sein, sofern den Mitgliederzahlen keine hinreichenden Aussagen entnommen werden können.[110] Es kommt allerdings nicht auf die absolute Anzahl der Organisierten an, sondern darauf, welchen Einfluss die Organisierten ausüben können.[111] Bei neugegründeten Vereinigungen kann eine Überprüfung der sozialen Mächtigkeit nur im Rahmen einer prognostischen Bewertung erfolgen.

Die in der Literatur teilweise geäußerte Kritik am Kriterium der sozialen Mächtigkeit setzt gerade an dieser Zukunftsprognose an und hält es für die Entwicklung der Gewerkschaftslandschaft für nachteilig, wenn Koalitionen in ihrer womöglich langanhaltenden Gründungsphase nicht mit hinreichender Sicherheit voraussagen können, ob ihnen Tariffähigkeit zukommt oder nicht.[112] *Henssler/Heiden* schlagen deshalb vor, den am Tarifgeschehen beteiligten Vereinigungen zunächst umfassend die Tariffähigkeit zuzugestehen und im Rahmen einer einzelfallbezogenen Missbrauchskontrolle ex post zu prüfen, ob es sich um ein Tarifdiktat oder einen Gefälligkeitstarifvertrag handelt. Diese Ansicht verdient keine Zustimmung. Zwar stellt das Kriterium der sozialen Mächtigkeit eine Ausgestaltung des Art. 9 Abs. 3 GG dar, diese ist jedoch verhältnismäßig und insbesondere auch erforderlich. Sie dient der Sicherung eines effektiven Tarifvertragssystems. Nur wenn sichergestellt ist, dass die Koalition ein gewisses Maß an Einflussnahmemöglichkeit hat, kann die Richtigkeitsvermutung des Tarifvertrags eingreifen. Die nachträgliche Missbrauchskontrolle stellt dagegen kein milderes, aber gleich effektives Mittel dar. Vielmehr würde die nachträgliche Missbrauchskontrolle eine Abkehr von der Richtigkeitsvermutung der Tarifverträge bedeuten und ein weitaus größeres Maß an Rechtsunsicherheit auslösen. Mit einem erheblichen Mehraufwand müssten Tarifverträge nach einem Tarifabschluss zunächst kontrolliert werden. In dieser Kontrollphase würde eine Rechtsunsicherheit hinsichtlich der materiellen Richtigkeitsgewähr des Tarifvertrags herrschen. Durch eine nachträgliche Missbrauchskontrolle wird daher lediglich das „Zuordnungsobjekt" der Rechtsunsicherheit verlagert. Bezieht sie sich nach der Rechtsprechung zur sozialen Mächtigkeit auf die Tariffähigkeit als solche, ist durch die nachträgliche Missbrauchskontrolle die

109 BAG v. 05.10.2010 – 1 ABR 88/09, NZA 2011, 300 (303).

110 BAG v. 05.10.2010 – 1 ABR 88/09, NZA 2011, 300 (303).

111 BAG v. 14.12.2004 – 1 ABR 51/03, NZA 2005, 697 (701).

112 Anm. *Henssler/Heiden* zu BAG v. 28.03.2006 – 1 ABR 58/04, AP Nr. 4 zu § 2 TVG Tariffähigkeit; *Rieble*, in: FS Wiedemann, S. 519 (537) hält den Organisationsgrad, als messbares objektives Kriterium, für das alleinige Kriterium bei der Prüfung der Durchsetzungsfähigkeit und will damit die Berücksichtigung bisheriger Teilnahme am Tarifgeschehen vermeiden, da dies einen Zirkelschluss darstelle. Dies überzeugt nicht. Die bisherige Teilnahme am Tarifgeschehen hat für die Tariffähigkeit lediglich indizielle Bedeutung. An dem Grundsatz, dass die Tariffähigkeit Voraussetzung und nicht Folge des Tarifabschlusses ist, ändert dies nichts.

Richtigkeitsgewähr des Tarifvertrags selbst mit einem Unsicherheitsfaktor belegt. Mag dies im Lichte der Koalitionsfreiheit noch milder sein als eine Beschränkung der Tariffähigkeit selbst, gleich geeignet um die Effektivität des Tarifvertragssystems zu erhalten ist die nachträgliche Missbrauchskontrolle nicht.

Dabei ist zudem zu beachten, dass das Erfordernis der Tariffähigkeit der Koalition nicht dazu führt, dass kleinere Koalitionen in der Bedeutungslosigkeit versinken.[113] Sie können weiterhin zwischen den Vertragsparteien wirksame Verträge abschließen, diese werden nur nicht als Tarifverträge qualifiziert.[114] Abgemildert wird dieser Verzicht auf Anerkennung der Tarifvertragsqualität und damit der zwingenden Wirkung der Tarifnormen dadurch, dass die Mehrzahl der Arbeitsverträge eine Geltung des Vertrags durch Bezugnahmeklausel vorsieht.[115]

3. *Organisatorische Leistungsfähigkeit*

Eine Koalition muss nicht nur sozial mächtig, sondern auch organisatorisch leistungsfähig sein. Sie muss vom organisatorischen Aufbau her erkennbar in der Lage sein, die Aufgaben zu erfüllen, die an eine tariffähige Gewerkschaft gestellt werden.[116] Insbesondere muss die Koalition die für den Abschluss von Tarifverträgen erforderlichen Vorbereitungen durchführen können. Nach Ansicht des Bundesarbeitsgerichts sind vor allem die konjunkturellen Entwicklungen und sonstigen Rahmenbedingungen zu beobachten und zu prognostizieren, um daraus die Tarifforderungen zu entwickeln.[117] Außerdem muss die tatsächliche Durchführung eines Tarifvertrages überwacht und abgesichert werden. Diese Aufgaben kann die Koalition nur erfüllen, wenn ihr ein Mindestmaß an infrastruktureller Ausstattung zur Verfügung steht und sie durch eigene finanzielle Mittel ihre Arbeitsfähigkeit herstellen kann.[118] Sofern sich der Zuständigkeitsbereich auf das gesamte Bundesgebiet erstreckt, ist regelmäßig eine organisatorische Ausstattung in der Fläche erforderlich.[119] Dafür ist ein hauptamtlicher, zumindest aber ein ehrenamtlicher Mitarbeiterapparat erforderlich.[120]

---

113 Dies scheint *Reuter*, in: FS Birk, S. 717 (724) zu übersehen, wenn er das Erfordernis der sozialen Mächtigkeit als nicht mit dem von Art. 9 Abs. 3 GG garantierten Koalitionspluralismus vereinbar bezeichnet und somit die Trennung von Koalitionsbegriff und Gewerkschaftsbegriff negiert.

114 *Richardi*, in: FS Scholz, S. 337 (345).

115 *Richardi*, in: FS Scholz, S. 337 (345).

116 BAG v. 06.06.2000 – 1 ABR 10/99, AP Nr. 55 zu § 2 TVG mit Anm. *Oetker*.

117 BAG v. 06.06.2000 – 1 ABR 10/99, AP Nr. 55 zu § 2 TVG mit Anm. *Oetker*.

118 *Peter*, in: Däubler TVG, § 2 Rz. 15 f.; *Scholz*, in: Maunz/Dürig, Art. 9 GG, Rz. 218; detailliert *Wank/Schmidt*, RdA 2008, 257 (273 ff.).

119 LAG Köln v. 20.05.2009 – 9 TaBV 105/08 (rechtskräftig).

120 BAG v. 28.03.2006 – 1 ABR 58/04, NZA 2006, 1112 (1117).

D) Ergebnis

Bei der Bestimmung des Koalitionsbegriffs sind zwingend zwei Ebenen zu unterscheiden: die des verfassungsrechtlichen Koalitionsbegriffs und die des tarifrechtlichen Koalitionsbegriffs. Beiden gemeinsam ist der Mindestgehalt des Vereinigungsbegriffs gem. Art. 9 Abs. 1 GG. Während alle tarifrechtlichen Koalitionen auch Koalitionen im Sinne des Art. 9 Abs. 3 GG sind, ist dies umgekehrt nicht zwingend der Fall. Der verfassungsrechtliche Koalitionsbegriff ist also im tarifrechtlichen Koalitionsbegriff enthalten. Letzterer verengt zwar den Ersteren, darin liegt jedoch kein Grundrechtseingriff, sondern eine hiervon zu unterscheidende Grundrechtsausgestaltung. Die Anforderungen, die an die Tariffähigkeit gestellt werden, stellen sich dabei als verhältnismäßige Ausgestaltung des Art. 9 Abs. 3 GG dar, die erforderlich ist um die Funktionsfähigkeit und Effektivität des Tarifvertragssystems zu gewährleisten. Ohne die Anforderungen an die Tariffähigkeit würde das deutsche Tarifsystem in Kleinstsysteme aufgebrochen und eine angemessene Regelung der Arbeits- und Wirtschaftsbedingungen durch eine Multiplikation der Akteure erschwert. Eine Ausgestaltung der Koalitionsfreiheit durch die Rechtsprechung in Form der Anforderungen an die Tariffähigkeit war daher unerlässlich.

Zusammenfassend lässt sich die Koalition im verfassungsrechtlichen Sinne als freiwilliger Zusammenschluss mehrerer Personen verstehen, der von seinen Gegnern unabhängig ist und den Zweck der Wahrung und Förderung der Arbeits- und Wirtschaftsbedingungen nicht nur durch eine einmalige Kundgabe einer Meinung zur Teilhabe an der öffentlichen Diskussion, sondern im Rahmen einer gemeinsamen Willensbildung verfolgt. Ist der Wille der Koalition, Tarifverträge abzuschließen, in ihrer Satzung angedeutet, so kann eine Koalition, die organisatorisch so leistungsfähig ist, dass sie sowohl die für die Vorbereitung eines Tarifabschlusses als auch die für die Überwachung der Durchführung des Tarifvertrags erforderlichen Aufgaben sinnvoll erfüllen kann, in der Tarifautonomie tätig werden, wenn sie so mächtig ist, dass die Tarifpartner sie mit ihren Forderungen ernstnehmen müssen. Insgesamt erfüllt die Satzung der Koalition eine wichtige Funktion. Sie muss die Beachtung der genannten Koalitionskriterien in einer Form sicherstellen, die keine Zweifel eines objektiven Dritten an der Erfüllung sämtlicher Kriterien aufkommen lässt.

§ 2 Die Koalitionsbetätigungsfreiheit

A) Die geschichtliche Entwicklung bis zur Anerkennung eines Koalitionsrechts

Bei der Bestimmung der Tragweite des Grundrechts der Koalitionsfreiheit ist deren historische Entwicklung zu berücksichtigen.[121] Die groben Entwicklungslinien bis zur verfassungsrechtlichen Anerkennung eines Koalitionsrechts sollen daher hier in gebotener Kürze skizziert werden.

Das System der gemeinsamen Durchsetzung von Verbesserungen der Arbeits- und Wirtschaftsbedingungen durch Vereinigungen auf Arbeitnehmer- und Arbeitgeberseite ist verhältnismäßig jung. Während des Mittelalters und bis zum Beginn der Neuzeit beruhte das Zunftwesen auf einer berufsständischen Grundlage, eine Gegenüberstellung von Interessen der Arbeitnehmer und Arbeitgeber durch unterschiedliche Interessenvertretungen existierte nicht.[122] Dies änderte sich erst langsam durch die entstehenden Gesellenverbände, in denen sich die Gesellen ab dem 14. Jahrhundert zusammenschlossen, um ihre Interessen gegenüber den Meistern vertreten zu können. Die Gesellenverbände stellten Kampfverbände dar, die sich mit teils erheblichem Druck gegen die Meister wandten und in der Folge durch staatliche Regelungen in ihrer Tätigkeit weitgehend eingeschränkt wurden.[123] Nach und nach wurden Koalitionen in fast allen Ländern des Reichs verboten.[124] Das deutsche Reich befand sich dabei auf einer Linie mit Frankreich, wo durch das sogenannte Décret d'Allarde vom 2./17. März 1791 und die darauf folgende loi Le Chapelier vom 14. Juni 1791 sämtliche Koalitionen bei Strafe verboten wurden. Noch durch die allgemeine (preußische) Gewerbeordnung vom 17. Januar 1845 wurde in den §§ 181 – 184 die Koalitionsbildung und Verabredung von organisierten Betätigungen zur Durchsetzung der eigenen Interessen unter Strafe verboten. Erst ab 1860 wurden die Verbote der Arbeitnehmerkoalitionen in Europa wieder beseitigt.[125] Die bereits zuvor in einigen Teilen des deutschen Reichs vorgenommene teilweise Legalisierung der Koalitionen wurde 1869 in § 152 GewO

121 BVerfG v. 18.11.1954 – 1 BvR 629/52, BVerfGE 4, 96 (104 ff.); BVerfG v. 01.03.1979 – 1 BvR 532/77 u. a., NJW 1979, 699 (708).

122 *Dietz*, in: Die Grundrechte, Band III/1, 417 (422); *Ritscher*, in: Koalitionen und Koalitionsrecht in Deutschland bis zur Reichsgewerbeordnung, 3 ff.

123 *Dietz*, in: Die Grundrechte, Band III/1, 417 (423).

124 Dazu umfassend *Ritscher*, in: Koalitionen und Koalitionsrecht in Deutschland bis zur Reichsgewerbeordnung, 22 ff.; ders. S. 269 ff. mit textlichen Nachweisen der Koalitionsverbote.

125 In Frankreich durch die loi Waldeck-Rousseau 21. März 1864 und die loi Ollivier vom 25. Mai 1864; *Ritscher*, in: Koalitionen und Koalitionsrecht in Deutschland bis zur Reichsgewerbeordnung, 203 ff.

des norddeutschen Bundes[126] in größerem Rahmen umgesetzt. Das 1871 gegründete Deutsche Reich übernahm die Gewerbeordnung des norddeutschen Bundes als reichsrechtliche Gewerbeordnung. Die Gewerbeordnung war zwar ein Durchbruch für die Arbeitnehmerorganisationen, allerdings legte § 152 Abs. 2 fest, dass Ansprüche aus den im Abs. 1 genannten Vereinigungen nicht einklagbar waren; Arbeitnehmerkoalitionen waren folglich lediglich geduldet.[127] Eingeschränkt wurde das Koalitionsrecht zudem dadurch, dass das restriktive Vereinsrecht vielfach für politische und sozialpolitische Vereine besondere Einschränkungen und eine behördliche Zulassung vorsah, die auch auf Arbeitnehmerkoalitionen Anwendung fanden, da diese bereits dann als politische Vereinigungen galten, wenn sie an staatliche Instanzen oder die Öffentlichkeit appellierten.[128] Die Arbeiterbewegung wurde dennoch ab der Mitte des 19. Jahrhunderts durch die in ganz Europa stattfindenden Gründungen von Arbeitervereinen und -parteien gestärkt. 1875 vereinigten sich der Allgemeine Deutsche Arbeiterverein (ADAV) mit der Sozialdemokratischen Arbeiterpartei (SDAP) zur Sozialistischen Arbeiterpartei (SAP), die der Reichskanzler Otto von Bismarck als große Gefahr für die Gesellschaft betrachtete. Die sich entwickelnde Arbeitnehmerbewegung musste nach zwei Attentatsversuchen auf Kaiser Wilhelm I., die der SAP angelastet wurden, durch das am 22. Oktober 1878 in Kraft getretene „Gesetz gegen die gemeingefährlichen Bestrebungen der Sozialdemokratie“ (sog. „Sozialistengesetz“) einen erneuten Rückschlag hinnehmen.[129] Im Jahr 1890 stimmte das Parlament gegen die Verlängerung des „Sozialistengesetzes“, so dass eine freiere Entwicklung der deutschen Koalitionslandschaft einsetzen konnte. Ein erneuter Versuch der Unterdrückung gewerkschaftlicher Tendenzen scheiterte 1897 an der Mehrheit des preußischen Abgeordnetenhauses, die gegen das Kleine Sozialistengesetz stimmte. Die gewachsene Bedeutung der Gewerkschaften und der SPD wird im Jahr 1899 deutlich, als unter deren maßgeblichem Einsatz die sogenannte Zuchthausvorlage von Kaiser Wilhelm II., mit der die Aufforderung zur Arbeitsniederlegung durch die Arbeitnehmerseite mit Zuchthaus bestraft werden sollte, im Reichstag scheiterte.[130] Zu einer wirklichen Annäherung zwischen Staat und Gewerkschaften kam es erst nach Ausbruch des ersten Weltkrieges, da die Reichsregierung für die Kriegsrüstung

---

126 „Alle Verbote und Strafbestimmungen gegen Gewerbetreibende, gewerbliche Gehülfen, Gesellen oder Fabrikarbeiter wegen Verabredungen und Vereinigungen zum Behufe der Erlangung günstiger Lohn- und Arbeitsbedingungen, insbesondere mittelst Einstellung der Arbeit oder Entlassung der Arbeiter, werden aufgehoben.“

127 *Dietz*, in: Die Grundrechte, Band III/1, 417 (424); *Däubler/Hege*, Koalitionsfreiheit, S. 14, sprechen auch wegen der fehlenden Berücksichtigung der großen Gruppe der Landarbeiter deswegen von einer „Halblegalisierung“.

128 *Däubler/Hege*, Koalitionsfreiheit, S. 17.

129 RGBl. 1878, Nr. 34, S. 351–358.

130 Vgl. *Kittner*, Arbeitskampf, S. 291 f.

auf die Gewerkschaften angewiesen war.[131] Das Gesetz vom 26. Juni 1916[132] beendete die Anwendung der restriktiven vereinsrechtlichen Regelungen auf Arbeitnehmerkoalitionen; von einer behördlichen Zulassung waren diese Vereinigungen ab diesem Zeitpunkt nicht mehr abhängig. Das „Gesetz über den vaterländischen Hilfsdienst" vom 5. Dezember 1916[133] erkannte zum ersten Mal positiv die Gewerkschaften an.[134] Unter dem Eindruck der Novemberrevolution erkannten zwei Jahre später führende Unternehmer im Rahmen des Stinnes-Legien-Abkommens vom 15. November 1918 die Gewerkschaften als berufene Vertreter der Arbeitnehmerschaft und als gleichberechtigte Tarifpartner an. Mit der Verordnung über Tarifverträge, Arbeiter- und Angestelltenausschüsse und Schlichtung von Arbeitsrechtsstreitigkeiten vom 23. Dezember 1918 wurde die Stellung der Gewerkschaften im Tarifvertragssystem gesichert und die Tarifverträge für rechtlich verbindlich erklärt.[135] Eine verfassungsrechtliche Absicherung der Koalitionsfreiheit existierte allerdings nicht.

B) Die verfassungsrechtliche Anerkennung der Koalitionsfreiheit

I. Die verfassungsrechtliche Sicherung der Koalitionsfreiheit durch die Weimarer Reichsverfassung

Erstmals wurde das Recht Koalitionen zu bilden in der Verfassung des deutschen Reiches (sog. Weimarer Reichsverfassung (WRV)) vom 11. August 1919 verfassungsrechtlich verankert. Während Art. 124 WRV die allgemeine Vereinigungsfreiheit garantierte, gewährleistete Art. 159 WRV als Jedermann-Grundrecht die Vereinigungsfreiheit zur Wahrung und Förderung der Arbeits- und Wirtschaftsbedingungen. Diese Grundidee wurde fast wortgleich in Art. 9 Abs. 3 S. 1 GG übernommen. Im Vergleich zu § 152 GewO wurde der Schutzbereich erheblich erweitert

131 *Dietz*, in: Die Grundrechte Band III/1, 417 (424).

132 RGBl. 1916, Nr. 147, S. 635: Einfügung eines neuen § 17a VereinsG: „[...] §§ 3, 17 über politische Vereine und deren Versammlungen sind auf Vereine von Arbeitgebern und Arbeitnehmern zum Behufe der Erlangung günstiger Lohn- und Arbeitsbedingungen nicht aus dem Grunde anzuwenden, weil diese Vereine auf solche Angelegenheiten der Sozialpolitik oder der Wirtschaftspolitik einzuwirken bezwecken [...]"; auch das Gesetz vom 22. Mai 1918, RGBl. 1918, Nr. 72, S. 423 resultierte aus der Annäherung zwischen Staat und Gewerkschaften. Es schaffte den von den Gewerkschaften bekämpften § 153 GewO, der die negative Koalitionsfreiheit betraf, ersatzlos ab.

133 RGBl. 1916, Nr. 276, S. 1333 ff.; *Kittner*, Arbeitskampf, S. 385 ff.

134 Vgl. für die Entwicklung vor allem *Kittner*, Arbeitskampf, S. 385 ff.

135 RGBl. 1918, Nr. 192, S. 1456 ff.: § 1 erkennt den Tarifverträgen zwingende Wirkung zu; § 2 ermöglicht eine Allgemeinverbindlichkeitserklärung durch das Reichsarbeitsgericht.

und schloss nun sämtliche Arbeitgeber und Arbeitnehmer ein.[136] Durch Art. 165 Abs. 1 S. 2 WRV wurden ausdrücklich die Arbeitgeber- und Arbeitnehmerorganisationen und deren Vereinbarungen anerkannt. Diese ausdrückliche Erwähnung der Koalitionen und der durch sie abgeschlossenen Vereinbarungen diente dazu, ihren Tätigkeitsbereich auch nach Einführung der Arbeiter- und Wirtschaftsräte durch Art. 165 Abs. 2ff. zu sichern.[137] Durch die Regelungen der WRV wurde dem bereits vor Erlass der Verfassung bestehenden Rechtszustand folglich ein verfassungsrechtlicher Unterbau gegeben.[138] Allerdings handelte es sich bei den durch die WRV anerkannten Grundrechten insoweit um leerlaufende Programmsätze, als sie durch formal legales Gesetz abänderbar waren.[139] Zudem fehlte die Möglichkeit der Durchsetzung der Grundrechte durch die Verfassungsbeschwerde. Dennoch verzeichneten die Gewerkschaften nach 1919 einen zunehmenden Gewinn an Einfluss. Dies wurde von der Reichsregierung durchaus kritisch betrachtet. Bei erster Gelegenheit wurde durch die Verordnung über das Schlichtungswesen vom 30. Oktober 1923 das Streikrecht der Gewerkschaften eingeschränkt, indem bei Lohnauseinandersetzungen eine staatliche Zwangsschlichtung vorgesehen wurde.[140]

Im Vergleich mit der sich anschließenden Zeit des Nationalsozialismus muten diese Schwachpunkte bei grundsätzlicher Anerkennung der Koalitionsfreiheit allerdings eher wie Marginalien an. Die Verordnung des Reichspräsidenten zum Schutz von Volk und Staat und das Ermächtigungsgesetz vom 24. März 1933 ermöglichten Hitler die Gleichschaltung der Gesellschaft. Am 2. Mai 1933 wurde das bestehende Gewerkschaftssystem zerschlagen und für aufgelöst erklärt. Das Vermögen der Gewerkschaften wurde beschlagnahmt und auf die neu gegründete „Deutsche Arbeitsfront" übertragen. Koalitionen im oben beschriebenen Sinne gab es bis zum Ende der Diktatur nicht mehr.

II. Die Koalitionsfreiheit unter Geltung des Grundgesetzes

Durch Art. 9 Abs. 3 GG wurde die Koalitionsfreiheit endgültig anerkannt. Trotz oder vielleicht gerade wegen des vermeintlich eindeutigen Wortlauts ist der Umfang des durch Art. 9 Abs. 3 GG gewährleisteten Schutzes bis heute nur in Teilen unstrittig.

---

136 *Gusy*, Die Weimarer Reichsverfassung, S. 357.

137 *Anschütz*, Die Verfassung des deutschen Reiches vom 11. August 1919, S. 746; *Engels*, Verfassung und Arbeitskampfrecht, S. 174; *Gusy*, Die Weimarer Reichsverfassung, S. 365.

138 *Däubler/Hege*, Koalitionsfreiheit, Rz. 40.

139 *Hufen*, Staatsrecht II, § 2, Rz. 16; *Anschütz*, Die Verfassung des deutschen Reiches vom 11. August 1919, S. 732, der Art. 159 WRV jedoch nicht für einen bloßen Programmsatz hält, obwohl er durch verfassungsänderndes Gesetz einschränkbar war.

140 RGBl. 1923, Nr. 111, S. 1043ff.; *Däubler/Hege*, Koalitionsfreiheit, Rz. 42.

1. Der unstreitige Schutzbereich von Art. 9 Abs. 3 S. 1 GG

Nach dem Wortlaut des Art. 9 Abs. 3 GG hat jedermann das Recht zum Zwecke der Wahrung und Förderung der Arbeits- und Wirtschaftsbedingungen Vereinigungen zu bilden. Art. 9 Abs. 3 GG stellt im Kern daher ein Individualgrundrecht auf Koalitionsbildung dar, das entgegen der Einordnung in der WRV in direktem Zusammenhang mit der allgemeinen Vereinigungsfreiheit (Art. 9 Abs. 1 GG) kodifiziert ist. Das Grundrecht der Koalitionsfreiheit gewährleistet neben der freien Bildung von Koalitionen auch das Recht auf Beitritt zu und Verbleib in Koalitionen.[141] Der Schutzumfang dieses Individualgrundrechts wird durch die Angabe des geschützten Ziels (Koalitionsbildung) final definiert. Er umfasst daher alle organisatorischen Maßnahmen, die im Zusammenhang mit diesem Ziel stehen. Neben dem reinen Akt des Gründens sind daher auch die Maßnahmen geschützt, die auf den Aufbau einer organisatorischen Struktur gerichtet sind und die interne Willensbildung und die Geschäftsführung betreffen.[142] Die gewählte organisatorische Ausgestaltung ist auch nach der Rechtsprechung des Bundesverfassungsgerichts durch Art. 9 Abs. 3 GG geschützt.[143] Das Grundrecht der Koalitionsfreiheit schützt davor, dass ein Verhalten nicht allein deswegen strengeren Beschränkungen unterliegt, weil es im Zusammenhang mit der Bildung von Koalitionen steht, also vor Sonderrecht für den Koalitionsbildungsvorgang.[144]

2. Die interne Betätigungsfreiheit der Koalition als Schutzgut des Art. 9 Abs. 3 GG

Rechtsprechung und Literatur gehen überwiegend davon aus, dass nicht nur die einzelnen Individuen durch Art. 9 Abs. 3 GG geschützt werden, sondern dass auch die Koalition selbst in den grundrechtlichen Schutz mit einzubeziehen ist, sei es durch Zuerkennung eines selbständigen Grundrechts oder durch ein von den Mitgliedern abgeleitetes Grundrecht.[145]

Interne Koalitionsbetätigungen sind solche Tätigkeiten, die sich direkt auf die Koalition als solche beziehen und keine primären Berührungspunkte mit den

141 BVerfG v. 01.03.1979, NJW 1979, 699 (708); *Cornils*, in: Epping/Hillgruber, Art. 9 GG, Rz. 53; *Höfling*, in: Sachs, Art. 9 GG, Rz. 63; *Bauer*, in: Dreier, Art. 9 GG, Rz. 81;

142 BAG v. 09.11.1985 – 1 ABR 37/83, NJW 1987, 514 (515) zur Satzungsautonomie; *Dieterich*, in: ErfKomm., Art. 9 GG, Rz. 40.

143 BVerfG v. 14.11.1995 – 1 BvR 601/92, NJW 1996, 1201 (1201).

144 *Kemper*, in: v. Mangoldt/Klein/Starck, Art 9 GG, Rz. 102.

145 Siehe Ausführungen unten Seite 57 ff.; BVerfG v. 14.11.1995 – 1 BvR 601/92, NJW 1996, 1201 (1201): Bestand der Koalition; *Cornils*, in: Epping/Hillgruber, Art. 9 GG, Rz. 55: Art. 9 Abs. 3 GG garantiert *den Koalitionen* die auf den Bestand der Organisation gerichteten Tätigkeiten – Hervorhebungen nicht im Original.

Rechtspositionen Dritter aufweisen. Entscheidend ist dabei die Zwecksetzung der Betätigung. Bezieht sie sich in erster Linie auf die Koalition selbst, so handelt es sich auch dann um eine interne Betätigung, wenn quasi als Reflex auch Dritte von der Maßnahme betroffen werden. So steht nach der Rechtsprechung und weiten Teilen der Literatur den Koalitionen die Satzungsautonomie,[146] das Recht, ihre Organisationsform zu wählen[147] sowie das Recht zu, Maßnahmen zur Aufrechterhaltung der Geschlossenheit nach innen und nach außen[148] zu ergreifen. Insgesamt ist nach der Ansicht des Bundesverfassungsgerichts der Bestand der Koalition selbst, folglich auch jede interne Maßnahme zur Sicherung dieses Bestands, von Art. 9 Abs. 3 GG geschützt.[149]

Zwar wird von Teilen des Schrifttums generell eine Grundrechtsberechtigung der Koalitionen selbst bezweifelt und die Koalitionsbetätigungsfreiheit als nicht von Art. 9 Abs. 3 GG umfasst angesehen.[150] Diese Ansicht kann aber zumindest für die interne Koalitionsbetätigungsfreiheit nicht überzeugen. Anhaltspunkte gegen diese Ansicht ergeben sich bereits aus allgemeinen Überlegungen hinsichtlich der vereinsrechtlichen Grundlagen der Koalition.[151] Als Verein muss sich jede Koalition in ihrer Gründungsphase eine Satzung geben.[152] Dieser Akt der Satzungsfeststellung gehört schon rein zeitlich gesehen zur Phase der Koalitionsbildung, ist also von Art. 9 Abs. 3 GG geschützt. Für die Satzungsfeststellung ist jedoch ein einstimmiger Beschluss sämtlicher Gründer, gleichsam als Kollektiv, erforderlich.[153] Zwar erfolgt die Satzungsfeststellung nur durch die Gründerversammlung und führt im Folgenden erst zur Entstehung eines Vorvereins (hier: „Vor-Koalition"), so dass es sich noch nicht um eine Betätigung der Koalition als solcher handelt. Allerdings ergibt sich aus der Notwendigkeit einer Kollektiventscheidung für die Koalitionsbildung, dass Art. 9 Abs. 3 GG nicht nur die Individuen als solche, sondern diese gerade auch im Rahmen ihrer kollektiven Betätigung schützt. Art. 9 Abs. 3 GG ist der Schutz einer Personenmehrheit daher nicht fremd. Dieser Feststellung kann auch nicht entgegengehalten werden, dass ein

146 BAG v. 19.11.1985 – 1 ABR 37/83, NJW 1987, 514 (515).

147 *Kluth*, in: Friauf/Höfling, Art. 9 GG, Rz. 174; *Löwisch/Rieble*, in: MünchHdbArbR, § 157, Rz. 18; *Rixen*, in: Stern/Becker, Art. 9 GG, Rz. 40; *Wiedemann*, in: ders., TVG, Einleitung, Rz. 79.

148 BVerfG v. 24.02.1999 – 1 BvR 123–93, NJW 1999, 2657 (2657).

149 BVerfG v. 14.11.1995 – 1 BvR 601/92, NJW 1996, 1201 (1201).

150 Grundlegende Ablehnung durch *Burkiczak*, Grundgesetz und Deregulierung des Tarifvertragsrechts, S. 287 ff., der *jedenfalls* die externe Betätigungsfreiheit als nicht von Art. 9 Abs. 3 GG umfasst ansieht, und damit implizit andeutet, dass jegliche Betätigungsfreiheit der Koalition nur durch andere Grundrechte geschützt wird – Hervorhebung nicht im Original.

151 Vgl. oben Seite 33 und Fn. 69.

152 *Reichert*, in: Handbuch Vereins- und Verbandsrecht, Rz. 75.

153 *Reichert*, in: Handbuch Vereins- und Verbandsrecht, Rz. 75; *Stöber/Otto*, Handbuch zum Vereinsrecht, Rz. 21.

grundrechtlicher Schutz der Gründerversammlung durch Art. 9 Abs. 3 GG gar nicht notwendig ist, da durch andere Grundrechte ausreichender Schutz gewährleistet ist.[154] Der einzig in Betracht kommende Art. 8 GG bietet für die Gründerversammlung keinen ausreichenden Schutz. Von dessen Schutzbereich sind nur Versammlungen umfasst, die auf die Teilhabe an der öffentlichen Meinungsbildung gerichtet sind.[155] Dies ist bei der Gründerversammlung gerade nicht der Fall. Der dann einzig noch in Betracht kommende Schutz durch Art. 2 GG ist schon wegen der im Verhältnis zu Art. 9 Abs. 3 GG vereinfachten Eingriffsmöglichkeiten unzureichend und würde der Bedeutung der Koalitionsbildung nicht gerecht. Die Gründerversammlung und deren Betätigung muss daher vom Schutzbereich des Art. 9 Abs. 3 GG umfasst sein. Dem Wortlaut des Art. 9 Abs. 3 GG kann daher nicht nur eine individualschützende Perspektive entnommen werden.[156]

Dass auch die Koalition selbst Grundrechtsberechtigter sein muss, ergibt sich aus dem Sinn und Zweck der Koalitionsfreiheit. Die Koalitionsfreiheit soll einen von staatlicher Rechtsetzung freien Raum garantieren, in dem frei gebildete Arbeitnehmer- und Arbeitgebervereinigungen das Arbeitsleben selbständig ordnen können.[157] Dieses Ziel kann nur erreicht werden, wenn nicht nur die Bildung der Koalition selbst, sondern auch der Bestand der Koalition grundrechtlich gewährleistet ist. Der Bestandsschutz ist zentrales Element der Koalitionsfreiheit und muss es auch sein, da der Bestand durch andere Grundrechte nicht geschützt ist. Ohne den Bestandsschutz wäre die Koalitionsbildungsgarantie nur eine leere Hülle. Der Bestand der Koalition ist daher Schutzgut des Art. 9 Abs. 3 GG. Das Recht auf Bestand der Koalition ist aber nicht nur ein Grundrecht ihrer Mitglieder, sondern ein Grundrecht der aus den Individuen gebildeten Koalition selbst. Neben der nach dem Wortlaut vermeintlich einseitigen Ausrichtung auf den Individualschutz, ist Art. 9 Abs. 3 GG eine kollektivrechtliche Perspektive daher nicht abzusprechen.

Dass der Bestand der Koalition geschützt wird, findet auch eine direkte Stütze im Wortlaut der Norm. Die Koalitionsbildung endet nicht bereits mit der Gründung der Vereinigung. Auch das gemeinsame Zugehören zu einer bestehenden Vereinigung ist Bestandteil der Koalitionsbildung.[158] Die Koalitionsbildung stellt vielmehr einen dynamisch andauernden Prozess dar. Wird durch die Verfassung das Recht Koalitionen zu bilden gewährt, so ist damit nicht nur die Entscheidung

---

154 So *Burkiczak*, Grundgesetz und Deregulierung des Tarifvertragsrechts, S. 321, der alle Betätigungen der Koalition nur durch andere Grundrechte als geschützt ansieht.

155 Vgl. nur BVerfG v. 24.10.2001 – 1 BvR 1190/90 u. a., NJW 2002, 1031 (1032).

156 So aber *Bauer*, in: Dreier, Art. 9 GG, Rz. 81.

157 *Jarass*, in: Jarass/Pieroth, Art. 9 GG, Rz. 30.

158 *Kemper*, in: Die Bestimmung des Schutzbereichs der Koalitionsfreiheit (Art. 9 Abs. 3 GG), S. 134.

über das „Ob“, sondern auch über das „Wie“ der Koalitionsbildung gemeint.[159] Interne Koalitionsbetätigungen erfüllen folglich schon rein begrifflich den Tatbestand der Koalitionsbildung.

Aus der verfassungsrechtlichen Garantie des Bestands der Koalition lassen sich wiederum Rückschlüsse auf den Schutzgehalt des Art. 9 Abs. 3 GG ziehen. So muss der grundrechtliche Schutzbereich zwingend diejenigen Tätigkeiten umfassen, die zur Sicherung des Bestands der Koalition erforderlich sind. Dies sind sowohl Tätigkeiten der Koalitionsmitglieder in der Koalition, als auch Tätigkeiten der Koalition selbst. Der durch die Literatur und die Rechtsprechung weitgehend anerkannte Schutz der Satzungsautonomie, des Rechts auf Vornahme von Organisationsmaßnahmen und des Rechts auf Maßnahmen zur Herstellung und Wahrung der Geschlossenheit nach innen und nach außen, ist daher durch den Sinn und Zweck des Art. 9 GG geboten.

Art. 9 Abs. 3 GG ist daher bereits vom Wortlaut her kein reines Individualgrundrecht, sondern schützt mit der Gründerversammlung auch eine Personenmehrheit des Gründungsstadiums der Koalition. Aus dem Sinn und Zweck des Art. 9 Abs. 3 GG folgt, dass sich dieser Schutz auch nach der Satzungsfeststellung fortsetzen muss, da eine Bildungsfreiheit ohne Bestandsfreiheit leerlaufen würde. Interne Koalitionsbetätigungen, dass heißt solche, die die Rechtskreise Dritter, an der Koalition nicht Beteiligter, nicht primär betreffen, sind daher vom Schutzbereich des Art. 9 Abs. 3 erfasst.[160]

3. *Die externe Koalitionsbetätigungsfreiheit*

Auch bei aufmerksamer Lektüre des Wortlauts von Art. 9 Abs. 3 GG fällt die Beantwortung der Frage, ob die Koalitionsfreiheit die externe Koalitionsbetätigungsfreiheit erfasst, nicht leicht. Aus dem Wortlaut selbst ergibt sich dies zumindest nicht.[161] Die externe Koalitionsbetätigungsfreiheit umfasst diejenigen Handlungen, die auf die Verwirklichung des Vereinigungszwecks nach außen gerichtet sind und sich nicht nur auf die in der Koalition zusammengeschlossenen Mitglieder beziehen, sondern zumindest teilweise auf den Rechtskreis Dritter einzu-

---

159 *Dietlein*, in: Stern, Staatsrecht der Bundesrepublik Deutschland, Band IV/1, § 112, S. 2041; *Scholz*, in: Maunz/Dürig, Art. 9, Rz. 244; *Kemper*, Die Bestimmung des Schutzbereichs der Koalitionsfreiheit (Art. 9 Abs. 3 GG), S. 135.

160 BVerfG v. 17.02.1981 – 2 BvR 384/78, NJW 1981, 1829 (1830): Betätigungen zum Erhalt und Sicherung der Existenz; BVerfG v. 24.02.1999 – 1 BvR 123–92, NJW 1999, 2657 (2657): Bestand und ihre Organisation, das Verfahren ihrer Willensbildung und die Führung ihrer Geschäfte; *Scholz*, in: Maunz/Dürig, Art. 9 GG, Rz. 243 ff.

161 Vgl. dazu ausführlich *Engels*, Verfassung und Arbeitskampfrecht, S. 162 ff.; *Scholz*, in: Maunz/Dürig, Art. 9 GG, Rz. 239; *Thüsing*, in: FS 50 Jahre BAG, S. 889 (892).

wirken geeignet sind. In der Rechtsprechung herrscht Einigkeit darüber, dass die externe Koalitionsbetätigungsfreiheit notwendiger Bestandteil der Koalitionsfreiheit ist.[162] Auch in der Literatur wird, zumeist ausgehend von teleologischen Erwägungen, nahezu einhellig von diesem Ansatz ausgegangen.[163] Dieser Inhalt der grundrechtlichen Gewährleistung ist mangels eindeutigem Wortlaut durch Auslegung der Norm zu ermitteln. Der These, dass die externe Betätigungsfreiheit Teil der Koalitionsfreiheit ist, tritt jedoch ein Teil der Literatur entgegen, der die externe Betätigungsfreiheit nicht als Bestandteil des Schutzbereichs des Art. 9 Abs. 3 GG ansieht, sondern diese je nach Einzelfall als von anderen Grundrechten geschützt ansieht.[164] Diese Ansicht stützt sich maßgeblich auf eine historische Auslegung der Norm und ihre Entstehungsgeschichte. Ihr ist darin zuzustimmen, dass die Entstehungsgeschichte von Art. 9 Abs. 3 GG kaum Anhaltspunkte für die Annahme einer Betätigungsfreiheit der Koalitionen bietet.[165] Nichtsdestotrotz

---

162 Zuletzt BAG v. 22.09.2009 – 1 AZR 972/08, NJW 2010, 631 (634); BAG v. 19.06.2007 – 1 AZR 396/06, NZA 2007, 1055 (LS 1); BAG v. 25.01.2005 – 1 AZR 657/03, NZA 2005, 592 (593); BVerfG v. 06.02.2007 – 1 BvR 978/05, NZA 2007, 394 (395); BVerfG v. 10.09.2004 – 1 BvR 1191/03, NZA 2004, 1338 (1339); BVerfG v. 03.04.2001 – 1 BvL 32/97, NJW 2001, 777 (778); BVerfG v. 27.04.1999 – 1 BvR 2203/93 und 1 BvR 897/95, NZA 1999, 992 (993); BVerfG v. 26.06.1991 – 1 BvR 779/85, NZA 1991, 809 (810); BVerfG v. 01.03.1979 – 1 BvR 532, 533/77 u. a., NJW 1979, 699 (708); bereits in der Entscheidung BVerfG v. 18.11.1954 – 1 BvR 629/52, BVerfGE 4, 96 (101) stellte das Gericht fest, dass Art. 9 Abs. 3 GG auch die Koalition selbst schützt.

163 *Bauer*, in: Dreier, Art. 9 GG, Rz. 81; *Cornils*, Die Ausgestaltung der Grundrechte, S. 432; *Däubler/Hege*, Koalitionsfreiheit, Rz. 61; *Dieterich*, RdA 2002, 1 (8); *ders.*, in: ErfKomm., Art. 9 GG, Rz. 39ff.; *Dietlein*, in: Stern, Staatsrecht der Bundesrepublik Deutschland IV/1, § 112, S. 1966f., der die Betätigungsfreiheit als „überschießenden" Gewährleistungsgehalt bezeichnet; *Dietz*, in: Die Grundrechte, Band III/1, 417 (458ff.); *Epping*, Grundrechte, Rz. 896; *Gamillscheg*, KollArbR I, S. 128; Anm. *Henssler/Heiden* zu BAG v. 28.03.2006 – 1 ABR 58/04, AP Nr. 4 zu § 2 TVG Tariffähigkeit; *Henssler*, ZfA 1998, 1 (3ff.); *Horn*, in: HStR III, § 41, Rz. 21; *Höfling*, in: Sachs, Art. 9 GG, Rz. 66ff.; nach *Hufen*, Staatsrecht II, § 37, Rz. 13, ist das Streikrecht als kollektive Betätigung unstreitig vom Schutzbereich des Art. 9 Abs. 3 GG erfasst; *Jarass*, in: Jarass/Pieroth, Art. 9, Rz. 38; *Kemper*, in: v. Mangoldt/Klein/Starck, Art. 9 Abs. 3 GG, Rz. 107ff.; *ders.*, Die Bestimmung des Schutzbereichs der Koalitionsfreiheit (Art. 9 Abs. 3 GG), S. 137ff.; *Löwisch/Rieble*, in: MünchHdbArbR, § 157, Rz. 27ff.; *Richardi*, in: ders., Betriebsverfassungsgesetz, § 2, Rz. 79; *Schmidt*, in: FS Richardi, S. 765f.; *Scholz*, in: Maunz/Dürig, Art. 9 Rz. 170; *Thüsing*, Der Außenseiter im Arbeitskampf, S. 41; *Wiedemann*, in: ders., TVG, Einleitung, Rz. 75; *Wieland*, in: VVDStRL 59 (2000), S. 13 (39f.); im Ergebnis auch *Engels*, Verfassung und Arbeitskampfrecht, S. 198 mit umfassender Begründung.

164 Vgl. insbes. *Burkiczak*, Grundgesetz und Deregulierung des Tarifvertragsrechts, S. 287ff.

165 So auch *Pieroth*, in: FS 50 Jahre Bundesverfassungsgericht, S. 293 (294); Der für den Verfassungsgeber als Vorbild dienende Art. 159 WRV enthielt nach der damals herrschenden Meinung gerade kein Grundrecht auf Koalitionsbetätigung. Die z. B. bei *Burkiczak*, Grundgesetz und Deregulierung des Tarifvertragsrechts, S. 310ff. in das argumentative Zentrum gestellte Nichtübernahme des Art. 165 Abs. 1 S. 2 WRV in das Grundgesetz darf dabei nicht überschätzt werden. Diese Norm diente vor allem dazu, den Gewerkschaften in Abgrenzung zu

unterschätzt diese Ansicht die Ergebnisse einer teleologischen Auslegung des Art. 9 Abs. 3 GG.[166] Zentrales und entscheidendes Argument für die Verankerung der externen Koalitionsbetätigungsfreiheit innerhalb des Schutzbereichs von Art. 9 Abs. 3 GG, ist die Aufnahme des Vereinigungszwecks in den Wortlaut der Norm. Die Koalitionsfreiheit soll es angesichts vielfältiger historischer Erfahrungen den Arbeitnehmern ermöglichen, ihre Verhandlungsposition zu verbessern. Wenn Art. 9 Abs. 3 GG die Bildung von Koalitionen zum Zwecke der Wahrung und Förderung der Arbeits- und Wirtschaftsbedingungen grundrechtlich absichert, dann müssen die in der Koalition zusammengeschlossenen Mitglieder auch die Möglichkeit haben, diese Zwecke zu verfolgen, ansonsten wäre die Koalitionsfreiheit sinnlos[167] und weitgehend inhaltsleer bzw. wirkungslos.[168] Die gegen diese Ansicht vorgebrachte Kritik lässt sich auf drei (widerlegbare) Argumente zurückführen.

a) Das entstehungsgeschichtliche Argument

Die Gegenansicht, die den Vereinigungszweck für nicht entscheidend hält, stützt sich vor allem auf eine historische Auslegung des Normtextes anhand der Entstehungsgeschichte des Art. 9 Abs. 3 GG und wurde bereits oben erwähnt.[169] Sie geht davon aus, dass die Aufnahme des Vereinigungszwecks in den Normtext bereits deswegen nichts zur Auslegung der Norm beitragen kann, da der Wortlaut nahezu komplett aus der Vorgängernorm des Art. 159 WRV übernommen wurde. Ihr wurde nach herrschender Meinung kein umfassendes Recht der Koalitionen auf externe Betätigung entnommen.[170] Zudem spräche gegen die Anerkennung der externen Koalitionsbetätigungsfreiheit als Bestandteil des Art. 9 Abs. 3 GG gerade die Nichtübernahme des Art. 165 Abs. 1 S. 2 WRV in das Grundgesetz. Dieser Artikel sei am ehesten dazu geeignet der kollektiven Koalitionsfreiheit verfassungsrechtliches Gewicht zu verleihen. Diese Argumentation berücksichtigt allerdings den Sinn und Zweck des Art. 165 Abs. 1 S. 2 WRV nur unzureichend. Dieser bestand schwerpunktartig in der „Wahrung der Rechte der

---

den neu gegründeten Arbeiter- und Wirtschaftsräten das Betätigungsfeld der Tarifautonomie zu sichern. Eine Übernahme in das Grundgesetz war daher nicht erforderlich.

166 Umfassend zur verfassungsrechtlichen Verankerung der Koalitionsfreiheit *Engels*, Verfassung und Arbeitskampfrecht, S. 161 ff.

167 BVerfG v. 14.04.1964 – 2 BvR 69/62, BVerfGE 17, 319 (333); BVerfG v. 26.06.1991 – 1 BvR 779/85, NJW 1991, 2549 (2550); *Konzen*, AcP 177 (1977), 473 (494); *Stein/Frank*, Staatsrecht, § 44 II, S. 381 f.; *Zöllner*, AöR 98 (1973), 71 (85).

168 *Hueck/Nipperdey*, Lehrbuch des Arbeitsrechts Bd. II/1, S. 137 f.

169 Siehe Fn. 165.

170 *Anschütz*, Die Verfassung des deutschen Reiches vom 11. August 1919, Art. 159, Rz. 5; *Gusy*, Die Weimarer Reichsverfassung, S. 359.

bestehenden und bewährten Arbeitnehmerverbände, insbesondere der Gewerkschaften gegenüber den neugeschaffenen Räteorganisationen".[171] Die Bereitstellung einer über den bestehenden verfassungsrechtlichen Status hinausgehenden Betätigungsgarantie war nicht die Funktion dieser Norm. Dass Art. 165 Abs. 1 S. 2 WRV nicht in das Grundgesetz übernommen wurde, liegt folglich lediglich daran, dass eine Übernahme mangels konkurrierender Räteorganisationen gar nicht notwendig war. Aus der Nichtübernahme der Norm lässt sich daher kein Rückschluss auf den Verzicht des Verfassungsgebers auf eine koalitionsrechtliche Betätigungsfreiheit ziehen.

Im Rahmen der jüngeren Entstehungsgeschichte spricht auch der 1968 eingefügte Satz 3 des Art. 9 Abs. 3 GG für eine Anerkennung der Betätigungsfreiheit durch das Grundgesetz. Durch diese Einfügung werden Arbeitskämpfe in einen engen thematischen Zusammenhang mit der Koalitionsfreiheit gestellt.[172] Nach herrschender Ansicht handelt es sich bei Art. 9 Abs. 3 S. 3 GG um eine Schranken-Schranke.[173] Wenn eine Schranken-Schranke einen Teil der kollektiven Koalitionsfreiheit zum Gegenstand hat, dann setzt dies auch auf Tatbestandsebene seine sachliche Gewährleistung voraus.[174] Wird eine bestimmte Koalitionsbetätigung in Art. 9 Abs. 3 S. 3 GG unter besonderen Schutz gestellt, so spricht dies auch dafür, dass andere spezifisch koalitionsmäßige Betätigungen vom Schutzbereich des Art. 9 Abs. 3 GG erfasst werden.[175] Zwar spricht nach Ansicht von Teilen der Literatur gegen eine solche Deutung, dass der Gesetzgeber durch die Einfügung des Satzes 3 keine Änderung der verfassungsrechtlichen Lage hin-

171 *Anschütz*, Die Verfassung des deutschen Reiches vom 11. August 1919, Art. 165, Rz. 3; Art. 165 WRV sah die Schaffung von Betriebsarbeiterräten, Bezirksarbeiterräten und einem Reichsarbeiterrat vor, die neben die bestehenden Organistationen treten sollten.

172 *Ipsen*, Staatsrecht II, § 16, Rz. 702, nach dessen Ansicht *nur* Art. 9 Abs. 3 S. 3 GG eine überzeugende Begründung dafür gibt, die Koalitionsbetätigung Art. 9 Abs. 3 GG als Schutzgut zuzuordnen – Hervorhebung nicht im Original.

173 *Bauer*, in: Dreier, Art. 9 GG, Rz. 96; *Dietlein*, in: Stern, Staatsrecht der Bundesrepublik Deutschland, Band IV/1, § 112, S. 2091; *Kemper*, in: v. Mangoldt/Klein/Starck, Art. 9 Abs. 3 GG, Rz. 193; *Pieroth/Schlink*, Grundrechte, Rz. 822; *Scholz*, in: HStR VIII (2010), § 175, Rz. 7, 142; a.A *Burkiczak*, Grundgesetz und Deregulierung des Tarifvertragsrechts, S. 304 f., der die Norm (nur) als selbständige und deklaratorische Beschränkung der Notstandsverfassung versteht.

174 *Bauer*, in: Dreier, Art. 9 GG, Rz. 69, 96; *Höfling*, in: VVDStRL 59 (2000), S. 154 (155); *Kemper*, in: v. Mangoldt/Klein/Starck, Art. 9 Abs. 3 GG, Rz. 193; *Löwer*, in: v. Münch/Kunig, Art. 9 GG, Rz. 114; *Scholz*, Koalitionsfreiheit als Verfassungsproblem, S. 61; a. A. *Engels*, Verfassung und Arbeitskampfrecht, der diesen Umkehrschluss zwar als denklogisch bezeichnet, aber den entstehungsgeschichtlichen Aspekten entscheidendes Gewicht zumisst.

175 *Ipsen*, Staatsrecht II, § 16, Rz. 702.

sichtlich der gewährleisteten Schutzgüter vornehmen wollte.[176] Dieser Ansicht ist auch insoweit zuzustimmen, als der Gesetzgeber bei Verabschiedung des Grundgesetzes keine ausdrückliche Garantie der kollektiven Koalitionsfreiheit abgeben wollte.[177] Den Koalitionsbestand und die Koalitionsbetätigung erkannte er jedoch als schutzfähige Verfassungsgüter an.[178] So wurde mehrfach und unwidersprochen im Parlament geäußert, Art. 9 Abs. 3 GG enthalte eine Einrichtungsgarantie des Arbeitskampfes.[179] Der Grundgesetzgeber beabsichtigte daher auch nicht den kollektiven Freiheitsgehalt des Grundrechts zu negieren, sondern verfasste dessen einzelne Elemente und Grenzen nur unvollkommen.[180] Zwar wurde im Parlamentarischen Rat (nach langen Diskussionen über das Streikrecht) ausdrücklich nicht die Aufnahme eines Streikrechts in die Verfassung beschlossen, dies lag jedoch nicht an der mangelnden Anerkennung eines solchen Rechts, sondern an der Furcht vor einer dadurch entstehenden unübersehbaren Kasuistik, die nicht mehr beherrschbar wäre.[181] Zudem könnte selbst der Wille des Gesetzgebers, die bestehende verfassungsrechtliche Lage nicht zu verändern, nichts an dem sachlogischen Umkehrschluss, den eine objektive Verfassungsinterpretation ergibt, ändern.[182] Die Zurückhaltung des Grundgesetzgebers gegenüber der kollektiven Grundrechtsgewährleistung spricht daher nicht gegen die Verortung der kollektiven Koalitionsfreiheit im Schutzbereich des Art. 9 Abs. 3 GG. Vielmehr sollte der im Vordergrund stehende individuelle Schutzgehalt der Koalitionsfreiheit durch die kollektive Gewährleistung abgesichert werden.[183] Die Einfügung des Art. 9 Abs. 3 S. 3 GG stellt daher die Bekräftigung dieser bis dahin vorgegebenen interpretativen Befunde zum Schutzumfang der Koalitionsfreiheit dar.[184]

b) Die Argumente zum eigenständigen Schutzgehalt des Art. 9 Abs. 3 GG

Dass die Koalitionsfreiheit sinnlos wäre, wenn nicht zugleich die externe Koalitionsbetätigungsfreiheit geschützt wäre, wird auch mit dem Argument bestritten, dass dies bereits deswegen nicht der Fall sei, weil Art. 9 Abs. 3 GG einen anderen personellen Schutzbereich habe als Art. 9 Abs. 1 GG. Während

---

176 *Burkiczak*, Grundgesetz und Deregulierung des Tarifvertragsrechts, S. 45 f., 303 f.; *Scholz*, in: HStR VIII (2010), § 175, Rz. 7.

177 *Dietlein*, in: Stern, Staatsrecht der Bundesrepublik Deutschland, Band IV/1, § 112, S. 2013.

178 *Dietlein*, in: Stern, Staatsrecht der Bundesrepublik Deutschland, Band IV/1, § 112, S. 2013.

179 Vgl. die Nachweise bei *Rüthers*, in: Brox/Rüthers, Arbeitskampfrecht, § 4, Rz. 81.

180 *Dietlein*, in: Stern, Staatsrecht der Bundesrepublik Deutschland, Band IV/1, § 112, S. 2013.

181 JöR 1 (1951), S. 120 ff.

182 *Otto*, Arbeitskampf- und Schlichtungsrecht, § 4, Rz. 19.

183 *Dietlein*, in: Stern, Staatsrecht der Bundesrepublik Deutschland, Band IV/1, § 112, S. 2013.

184 *Glückert*, Die Arbeitskampfschutzklausel des Art. 9 Abs. S. 3 Grundgesetz, S. 98; *Scholz*, in: HStR VIII (2010), § 175, Rz. 7.

Art. 9 Abs. 3 GG ein Jedermann-Grundrecht darstelle, handele es sich bei der Vereinigungsfreiheit um ein Deutschen-Grundrecht. Diese Tatbestandserweiterung besitze einen eigenständigen Anwendungsbereich. *Engels*[185] ist darin zuzustimmen, dass sich diese Ansicht in Widerspruch zur grundrechtlichen Systematik bringt. Art. 9 Abs. 3 GG ist im Vergleich zu Art. 9 Abs. 1 GG das speziellere Grundrecht.[186] Ist jedoch die personelle Tatbestandserweiterung einziger Inhalt des Art. 9 Abs. 3 GG, so wäre es Art. 9 Abs. 1 GG, der kraft seines engeren Schutzbereichs lex specialis im Vergleich zur Koalitionsfreiheit wäre. Art. 9 Abs. 3 GG muss daher ein weiterer Inhalt zukommen.

Art. 9 Abs. 3 GG allein deswegen für sinnvoll zu erachten, weil er die Koalitionsfreiheit vorbehaltlos gewährleiste und sich durch die unmittelbare Drittwirkung des Art. 9 Abs. 3 S. 2 GG deutlich von der allgemeinen Vereinigungsfreiheit abgrenze, ist nicht zwingend. Vielmehr stellt die finale Formulierung des Art. 9 Abs. 3 GG die Tätigkeit der Koalition in den Vordergrund. Der Zweck ihrer Existenz ist daher auf eine Betätigung gerichtet. Nur wenn ihr die Verfolgung dieses Zwecks auch im Rahmen der grundrechtlichen Gewährleistung möglich ist, hat Art. 9 Abs. 3 GG eine ihm angemessene Bedeutung. Wäre es dem Verfassungsgeber allein darum gegangen die Koalitionsfreiheit als vorbehaltloses Grundrecht zu gestalten und ihr unmittelbare Drittwirkung zu verleihen, hätte sich eine Regelung innerhalb des Abs. 1 angeboten. Bewusst wurde jedoch eine eigenständige Regelung mit eigenständigem Gehalt in das Grundrecht aufgenommen, die nicht nur die Bildung der Koalition sichert, sondern gerade die Bildung der Koalition *zur* Wahrung und Förderung der Arbeits- und Wirtschaftsbedingungen. Art. 9 Abs. 3 GG muss daher einen konstitutiven Gewährleistungsgehalt aufweisen.[187]

c) Das Argument der mangelnden Erforderlichkeit

Auch die Ansicht, die davon ausgeht, dass der Schutz der externen Betätigungsfreiheit durch Art. 9 Abs. 3 GG gar nicht erforderlich sei, da die Betätigungen der Koalitionen bereits durch andere Grundrechte geschützt seien,[188] vermag nicht zu überzeugen, da auch sie die Systematik des Grundgesetzes außer acht lässt. *Burkiczak* geht davon aus, dass die Koalitionsbildungsfreiheit nur dann leerliefe, wenn die Betätigungen der Koalitionen insgesamt ohne grundrechtlichen

---

185 *Engels*, Verfassung und Arbeitskampfrecht, S. 197.

186 *Bauer*, in: Dreier, Art. 9 GG, Rz. 104; *Kluth*, in: Friauf/Höfling, Art. 9 GG, Rz. 110.

187 *Dietlein*, in: Stern, Staatsrecht der Bundesrepublik Deutschland, Band IV/1, § 112, S. 2048; bereits BVerfG v. 18.11.1954 – 1 BvR 629/52, BVerfGE 4, 96 (106), stellte den finalen Charakter des Grundrechts in den Vordergrund: „Das Grundrecht der Koalitionsfreiheit betrifft nicht nur den Zusammenschluss als solchen, sondern den Zusammenschluss zu einem bestimmten Gesamtzweck [...].“

188 *Burkiczak*, Grundgesetz und Deregulierung des Tarifvertragsrechts, S. 313 ff.

Schutz blieben. Dies sei allerdings gerade nicht der Fall. Die Koalitionsbetätigungen seien insbesondere durch Art. 2 und 12 GG geschützt. Dabei handelt es sich jedoch um einen Zirkelschluss. Selbst wenn die externe Koalitionsbetätigung in den Schutzbereich anderer Grundrechte fallen sollte, liefe Art. 9 Abs. 3 GG trotzdem mangels eigenständigen Inhalts leer. Sein einziger Zweck wäre dann die Garantie der Koalitionsbildungsfreiheit. Da diese bereits durch Art. 9 Abs. 1 GG geschützt ist, wäre Art. 9 Abs. 3 GG insoweit überflüssig. Dem Verfassungsgeber, der sich im Rahmen der Beratungen über das Grundgesetz umfassend mit Fragen des Koalitionsrechts beschäftigt hat, zu unterstellen, er hätte einen unnötigen Artikel in das Grundgesetz aufgenommen, erscheint jedoch fragwürdig.

Die externe Betätigungsfreiheit ist daher vom Schutzbereich des Art. 9 Abs. 3 GG erfasst. Entscheidend dafür ist die Aufnahme des Vereinigungszwecks in den Wortlaut der Norm.[189] Diese Auslegung wird durch die finale Gestaltung des Wortlauts der Norm unterstützt. Damit steht die koalitionszweckrealisierende Betätigung der Koalitionsmitglieder und der Koalition selbst unter grundrechtlichem Schutz.

d) Europäischer Einfluss

Auch die europäische Perspektive spricht für dieses Ergebnis. So erkennt Art. 28 EU-GRC ausdrücklich ein Recht auf Kollektivmaßnahmen an. Die Grundrechtecharta geht dabei von einem Anspruch auf freie Betätigung innerhalb und außerhalb der Koalition und der Existenz eines Doppelgrundrechts aus.[190] Die EU-GRC ist gem. Art. 6 EUV[191] rechtsverbindlich und gleichrangig mit dem Primärrecht. Zwar gilt sie gem. Art. 51 EU-GRC nur für die Organe und Einrichtungen der Union unter Einhaltung des Subsidiaritätsprinzips und für die Mitgliedstaaten ausschließlich bei der Durchführung des Rechts der Union. Trotzdem kann die EU-GRC für die Auslegung des innerstaatlichen Grundrechts insoweit von Bedeutung sein, als dass in der EU-GRC die gemeinsamen Verfassungstraditionen der Mitgliedsstaaten niedergelegt sind.[192] Sie ist daher aussagekräftig für

---

189 *Kemper*, Die Bestimmung des Schutzbereichs der Koalitionsfreiheit (Art. 9 Abs. 3 GG), S. 137ff.

190 *Engels*, Verfassung und Arbeitskampfrecht, S. 357.

191 In der Fassung von Lissabon.

192 Präambel der EU-GRCharta: „[...] Diese Charta bekräftigt unter Achtung der Zuständigkeiten und Aufgaben der Union und des Subsidiaritätsprinzips die Rechte, die sich vor allem aus den gemeinsamen Verfassungstraditionen und den gemeinsamen internationalen Verpflichtungen der Mitgliedstaaten, aus der Europäischen Konvention zum Schutz der Menschenrechte und Grundfreiheiten, aus den von der Union und dem Europarat beschlossenen Sozialchartas sowie aus der Rechtsprechung des Gerichtshofs der Europäischen Union und des Europäischen Gerichtshofs für Menschenrechte ergeben [...] “.

das rechtliche Grundverständnis, über das zwischen den Mitgliedstaaten Einigkeit besteht und verkörpert damit einen von den Mitgliedstaaten anerkannten Grundrechtsstandard.[193] Bereits vor der ausdrücklichen Anerkennung eines europäischen Grundrechts auf Kollektivmaßnahmen hat der Europäische Gerichtshof ein solches Recht in den Entscheidungen Viking[194] und Laval[195] maßgeblich aus dem damals noch nicht rechtsverbindlichen Art. 28 EU-GRC hergeleitet und hielt die so verstandene Koalitionsfreiheit für einen festen Bestandteil der allgemeinen Grundsätze des Gemeinschaftsrechts.[196] Auf europäischer Ebene lassen auch andere Rechtsakte das gemeinsame Verfassungsverständnis der Mitgliedstaaten erkennen, dass eine kollektive Koalitionsfreiheit existiert. Gem. Art. 6 Abs. 4 EU-SozCh verpflichten sich die Staaten das Recht der Arbeitnehmer und der Arbeitgeber auf kollektive Maßnahmen einschließlich des Streikrechts im Falle von Interessenkonflikten anzuerkennen. Nach Auslegung des Ausschusses für Vereinigungsfreiheit der ILO gewährt auch Art. 3 in Verbindung mit Art. 10 ILO-Abkommen Nr. 87 das Streikrecht als Teil der Vereinigungsfreiheit.[197] Auch wenn die Rechtsakte die Mitgliedstaaten nur in engen Grenzen binden, so erlaubt doch ihre Existenz den Rückschluss, dass es in Europa eine breite Verfassungstradition gibt, den Koalitionen das Recht auf Betätigung zuzugestehen. Zwar ist das europäische Grundrecht auf Kollektivmaßnahmen noch weitgehend konturlos, nichtsdestotrotz wird das bislang gefundene Ergebnis auch aus europäischer Perspektive gestützt.

4. Die Problematik der Grundrechtsträgerschaft bei Art. 9 Abs. 3 GG

Die Frage der Grundrechtsträgerschaft ist im Rahmen des Art. 9 Abs. 3 GG umstritten. Zum Teil wird davon ausgegangen, die Koalition könne sich direkt auf Art. 9 Abs. 3 GG berufen,[198] während die Gegenansicht davon ausgeht, die

193 *Schubert*, RdA 2008, 289 (293).

194 EuGH v. 11.12.2007 – C-438/05 *Viking*, NZA 2008, 124.

195 EuGH v. 18.12.2007 – C-341/05 *Laval*, NZA 2008, 159.

196 Vgl. auch *Skouris*, RdA 2009, 25 (28).

197 ILO, Digest of decisions and principles of the Freedom of Association Committee of the Governing Body of the ILO, Rz. 523 ff.

198 *Bauer*, in: Dreier, Art. 9, Rz. 69; *Bayreuther*, Tarifautonomie als kollektiv ausgeübte Privatautonomie, S. 14 ff.; *Däubler/Hege*, Koalitionsfreiheit, Rz. 100; *Dietz*, in: Die Grundrechte, Band III/1, 417 (458); *Dietlein*, in: Stern, Staatsrecht der Bundesrepublik Deutschland, Band IV/1, § 112, S. 2077 f.; *Gneiting*, in: Umbach/Clemens, Art. 9 Abs. 3 GG, Rz. 95 ff.; *Hufen*, Staatsrecht II, § 37, Rz. 15; *Löwer*, in: v. Münch/Kunig, Art. 9 GG, Rz. 23, 104; *Thüsing*, in: FS 50 Jahre BAG, S. 889 (891); *ders.*, in FS Wiedemann, S. 559 (583); so auch die Rechtsprechung, die Art. 9 Abs. 3 GG als Doppelgrundrecht des Individuums und der Koalition versteht, vgl. nur BAG v. 10.12.2002 – 1 AZR 96/02, NZA 2003, 734 (738); BVerfG v. 26.06.1991 – 1 BvR 779/85, NJW 1991, 2549 (LS 1).

Koalition könne sich nur kraft Art. 19 Abs. 3 GG auf grundrechtlichen Schutz berufen.[199] In ständiger Rechtsprechung von Bundesverfassungsgericht, Bundesarbeitsgericht und Instanzgerichten wird die Koalitionsfreiheit als sogenanntes Doppelgrundrecht aufgefasst, das zugleich die individuale und die kollektive Grundrechtsberechtigung umfasst. Art. 19 Abs. 3 GG findet im Rahmen dieser Argumentation keine Anwendung.

a) Die Argumentation der Gerichte im Spiegel aktueller Kritik der Literatur

Dies wird im Wesentlichen mittels historischen und verfassungssystematischen Erwägungen begründet. Unter Geltung der WRV wurde auch durch Art. 165 Abs. 1 S. 2 WRV weitgehend von einer Grundrechtsträgerschaft der Koalition selbst ausgegangen.[200] Zwar wurde diese Norm nicht in das Grundgesetz übernommen, das Bundesverfassungsgericht ging allerdings davon aus, dass eine Übernahme der Norm auch entbehrlich war, „weil das Grundgesetz unter Berücksichtigung des bestehenden verfassungs- und arbeitsrechtlichen Zustandes in den Ländern von der rechtlichen Anerkennung der Sozialpartner als selbstverständlich ausgehen konnte“ und durch das eindeutige Bekenntnis des Grundgesetzes zum sozialen Rechtsstaat (Art. 20 Abs. 1, Art. 28 Abs. 1 S. 1 GG) die grundlose Beschränkung eines Grundrechts, dessen Ausdehnung auf soziale Gemeinschaften sich bereits in der Weimarer Zeit angebahnt hatte, auf Einzelpersonen ausgeschlossen sei.[201] Ein Teil der Literatur lässt diese Argumentation nicht gelten und will aus der Nichtübernahme des Art. 165 Abs. 1 S. 2 WRV auf den Verzicht der Verbürgung eines Kollektivrechts schließen.[202] Der Verzicht auf diese Norm hat allerdings andere Gründe.[203] Ein Rückschritt in der grundrechtlichen Gewährleistung sollte damit nicht verbunden sein.

Das Bundesverfassungsgericht hält darüber hinaus die Aufnahme des Vereinigungszwecks in den Wortlaut der Norm für entscheidend für die Qualifikation als Doppelgrundrecht.[204] Dieser Ansicht ist im Ergebnis zuzustimmen. Die Aufnahme des Zwecks dient nicht nur der Abgrenzung der Schutzbereiche von Art. 9 Abs. 3 GG und Art. 9 Abs. 1 GG, sondern garantiert dem Art. 9 Abs. 3 GG

---

199 Umfassende Analyse der Grundrechtsträgerschaft bei *Engels*, Verfassung und Arbeitskampfrecht, S.180ff.; *Horn*, in: HStR III, § 41; Rz. 18; *Ipsen*, Staatsrecht II, § 16, Rz. 697; *Kemper*, in: v. Mangoldt/Klein/Starck, Art. 9 Abs. 3 GG, Rz. 139 *Scholz*, in: Maunz/Dürig, Art. 9 GG, Rz. 25, 170.

200 *Gusy*, Die Weimarer Reichsverfassung, S. 359: „Der Gesetzgeber wollte in Art. 159 WRV [...] auch Kollektivrecht schaffen.“

201 BVerfG v. 18.11.1954 – 1 BvR 629/52, BVerfGE 4, 96 (102).

202 *Engels*, in: Verfassung und Arbeitskampfrecht, S. 183.

203 Siehe dazu oben Seite 52ff.

204 BVerfG v. 04.07.1995 – 1 BvF 2/86 u. a., NZA 1995, 754 (755).

einen eigenständigen Inhalt, der insbesondere für die Begründung der externen Koalitionsbetätigungsfreiheit fruchtbar gemacht werden kann. Insofern kann und muss hier wie dort auch der Vereinszweck bei der Qualifikation als Doppelgrundrecht berücksichtigt werden.[205]

b) Die Koalitionsfreiheit als typisches Gruppengrundrecht

Nach dem Wortlaut des Art. 9 Abs. 3 GG ist nur das Koalitionsmitglied von dem grundrechtlichen Schutz des Art. 9 Abs. 3 GG erfasst. Die Optimierung individueller Schutzdimensionen erfolgt grundsätzlich durch Art. 19 Abs. 3 GG.[206] Das Grundgesetz hat mit Art. 19 Abs. 3 GG eine Grundentscheidung dahin getroffen, dass „juristische Personen" grundsätzlich erst durch diese Zwischennorm vom grundrechtlichen Schutz profitieren. Die Grundrechtsträgerschaft der Koalition selbst lässt sich aber dennoch aus dem Sinn und Zweck des Art. 19 Abs. 3 GG herleiten. Art. 19 Abs. 3 GG erweitert den Kreis der Grundrechtsträger auf „juristische Personen".[207] Dies ist notwendig, sofern und soweit die Grundrechte den einzelnen Menschen in den Mittelpunkt des grundrechtlichen Schutzes stellen. Gem. Art. 1 Abs. 1 GG ist das Individuum Zentrum der verfassungsrechtlichen Ordnung.[208] Die Grundrechte stellen daher prima facie Rechte dar, deren effektive Verwirklichung typischerweise durch die natürliche Person als Individuum möglich ist und die nur atypisch in der Gruppe wahrgenommen werden. Für diese Rechte fungiert Art. 19 Abs. 3 GG quasi als „Brückennorm" bzw. „Umschaltnorm", die den materiellen Grundrechtsgehalt auch „juristischen Personen" zur Verfügung stellt, sofern das Grundrecht auf diese wesensmäßig anwendbar ist. Dabei handelt es sich bei Art. 19 Abs. 3 GG um eine allgemeine Regel der Grundrechtserstreckung auf ein Kollektiv.[209] Diese schließt allerdings spezielle Regeln in einem Einzelgrundrecht nicht aus.[210] Eine solche beinhaltet die Koalitionsfreiheit. In diesem Zusammenhang ist, wie auch zur Begründung

205 A. A. *Engels*, Verfassung und Arbeitskampfrecht, S. 182 f., dessen Argumentation allerdings nicht vollends überzeugt. Er geht davon aus, dass der Vereinszweck bei der Auslegung des Art. 9 Abs. 3 GG als Doppelgrundrecht nicht herangezogen werden kann, da die Aufnahme des Vereinigungszwecks (nur) der Abgrenzung von Art. 9 Abs. 3 von Art. 9 Abs. 1 GG und der Kompensation zu der gegenüber der allgemeinen Vereinigungsfreiheit erfolgten Erweiterung der Grundrechtsgeltung auch für Ausländer und zu der exzeptionellen Anordnung unmittelbarer Drittwirkung in Art. 9 Abs. 3 S. 2 GG diene. Allerdings zieht er die Aufnahme des Vereinigungszwecks maßgeblich für die Begründung der externen Koalitionsbetätigungsfreiheit heran. Diese Differenzierung ist letztlich nicht einleuchtend.

206 *Engels*, Verfassung und Arbeitskampfrecht, S. 184.

207 *Krebs*, in: v. Münch/Kunig, Art. 19 GG, Rz. 29; *Sachs*, in: ders., Art. 19, Rz. 48.

208 *Scholz*, in: HStR VIII (2010), § 175, Rz. 84.

209 *Löwer*, in: v. Münch/Kunig, Art. 9 GG, Rz. 23.

210 *Löwer*, in: v. Münch/Kunig, Art. 9 GG, Rz. 23.

der externen Koalitionsbetätigungsfreiheit der Vereinszweck zu berücksichtigen. Die Koalitionsfreiheit dient dazu die strukturelle Unterlegenheit der Arbeitnehmer gegenüber den Arbeitgebern auszugleichen.[211] Die kollektive Koalitionsfreiheit hat daher hinsichtlich der individuellen Koalitionsfreiheit eine dienende Funktion, nämlich die, den Arbeitnehmern zu ermöglichen in der Koalition gemeinsam effektiv ihre Zwecke verfolgen zu können. Sie übt im Kollektiv das aus Art. 9 Abs. 3 GG folgende Individualgrundrecht aus.[212] Aufgrund der strukturellen Unterlegenheit der Arbeitnehmer muss das Grundrecht typischerweise in der Gruppe wahrgenommen werden, um dem Vereinszweck gerecht werden zu können. Es liegt daher im Wesen des Art. 9 Abs. 3 GG, dass eine juristische Person das Individualgrundrecht wahrnimmt. Da die effektive Grundrechtswahrnehmung typischerweise eine Kollektivhandlung voraussetzt, ist Art. 19 Abs. 3 GG als „Umschaltnorm“ nicht erforderlich.

Art. 9 Abs. 3 GG schützt daher neben dem Individualgrundrecht auf Koalitionsbildung auch die Koalition insoweit selbst, als die individualgrundrechtlichen Gewährleistungen innerhalb des Kollektivs wahrgenommen werden. Die Koalitionen können sich auf sämtliche Grundrechtsgehalte berufen. Sie können daher selbst vom Koalitionsbildungsrecht Gebrauch machen. Die Koalitionsbetätigungsfreiheit der Koalition kann allerdings nicht weitergehen als die der Arbeitnehmer. Dies ergibt sich aus dem dienenden Zweck der kollektiven Koalitionsfreiheit.[213] Ist bei Doppelgrundrechten das Kollektivrecht die Fortführung des Individualrechts, dann muss diese Akzessorietät in materialer und personaler Hinsicht auch auf die grundrechtliche Gewährleistung durchschlagen.[214] Die Koalitionen sind daher zwar eigenständige Grundrechtsträger, sie sind jedoch nur, aber immerhin, zur gebündelten Ausübung des den Individuen zustehenden Koalitionsrechts befugt. Ihre eigene Koalitionsfreiheit ist in der Reichweite daher von der den Individuen gewährleisteten Koalitionsfreiheit begrenzt. Ein über den individualgrundrechtlichen Schutz hinausgehender Schutz der Koalition besteht nicht. Art. 9 Abs. 3 S. 1 GG schützt daher keine Betätigung der Koalition, die nicht bereits zugunsten des Individuums geschützt ist.[215] Das Individualrecht auf Koalitionsfreiheit ist damit auch ohne Rückgriff auf Art. 19 Abs. 3 GG Grund und Grenze des Kollektivrechts auf Koalitionsfreiheit.

---

211 *Hensche*, in: Däubler/Hjort/Schubert/Wolmerath, Art. 9 GG, Rz. 21.

212 Kritisch zur Existenz eines Doppelgrundrechts: *Burkiczak*, Grundgesetz und Deregulierung des Tarifvertragsrechts, S. 141 ff.; *Engels*, Verfassung und Arbeitskampfrecht, S. 180 ff.; *Picker*, in: FS Bauer, 811 (818); *ders.*, NZA 2002, 761 (764); ders., ZfA 1986, 199 (201 ff.).

213 So auch *Thüsing*, in: FS Wiedemann, S. 559 (583).

214 *Merten*, in: Handbuch der Grundrechte, Band III, § 56, Rz. 96.

215 *Kemper*, in: v. Mangoldt/Klein/Starck, Art. 9 Abs. 3 GG, Rz. 140.

III. Der Inhalt der Koalitionsbetätigungsfreiheit nach der Rechtsprechung

Steht fest, dass die koalitionszweckrealisierende Betätigung der Koalition dem Schutzbereich des Art. 9 Abs. 3 GG zuzuordnen ist, muss der Umfang des grundrechtlichen Schutzes festgestellt werden. In ständiger Rechtsprechung gehen das Bundesverfassungsgericht und das Bundesarbeitsgericht davon aus, dass der Schutzbereich des Art. 9 Abs. 3 GG die spezifisch koalitionsgemäße Betätigung der Koalition umfasst.[216] Eine Definition dieser Umschreibung liefert die Rechtsprechung jedoch nicht. Eindeutig vorgegeben ist durch den von Art. 9 Abs. 3 GG festgelegten Koalitionszweck lediglich die äußerste Grenze des Betätigungsschutzes. Art. 9 Abs. 3 GG kann daher nur solche Betätigungen schützen, die den dort genannten Koalitionszwecken dienen.[217] Dabei soll es für den grundrechtlichen Schutz der Betätigung unerheblich sein, ob die Koalition diese Zwecke unmittelbar oder mittelbar verfolgt.[218]

1. Die Begrenzung der Koalitionsbetätigungsgarantie durch die Kernbereichsformel

Ursprünglich ging die Rechtsprechung bei der Festlegung des Schutzbereichs von Art. 9 Abs. 3 GG von der sogenannten Kernbereichsformel aus. Art. 9 Abs. 3 GG sollte einen Kernbereich der Koalitionsbetätigung schützen, der für die Sicherung und Erhaltung der Existenz der Koalition unerlässlich ist.[219] Der Wortlaut der früheren Entscheidungen lässt zunächst vermuten, dass die Rechtsprechung nur die interne Koalitionsbetätigungsfreiheit von der Koalitionsfreiheit als erfasst ansah. Denn nur die Maßnahmen, die die Koalition nach innen unternimmt, dienen dazu, die Existenz der Koalition zu sichern und zu erhalten. Eine externe Betätigung ist hierfür nicht erforderlich, da diese auf eine Veränderung in der Außenwelt gerichtet ist, während der Erhalt der Koalition als statisches Ziel gerade keine solche Veränderung erfordert. Dass dennoch nicht nur die interne Betätigungsfreiheit als Kernbereich von Art. 9 Abs. 3 GG geschützt sein sollte, ergibt sich vor allem

216 BVerfG v. 06.05.1964 – 1 BvR 79/62, NJW 1964, 1267 (1267); BVerfG v. 28.04.1976 – 1 BvR 71/73, NJW 1976, 1627 (1628); BVerfG v. 24.02.1999 – 1 BvR 123–93, NJW 1999, 2657 (2657); BAG v. 22.09.2009 – 1 AZR 972/08, NJW 2010, 631 (634).

217 BVerfG v. 30.11.1965 – 2 BvR 54/62, NJW 1966, 491 (491); BVerfG v. 11.07.2006 – 1 BvL 4/00, NJW 2007, 51 (53).

218 BVerfG v. 30.11.1965 – 2 BvR 54/62, NJW 1966, 491 (491).

219 BVerfG v. 18.12.1974 – 1 BvR 430/65 u. 259/66, NJW 1975, 1265 (1267); BVerfG v. 17.02.1981 – 2 BvR 384/78; NJW 1981, 1829 (1830); BAG v. 23.02.1979 – 1 AZR 172/78, AP Nr. 30 zu Art. 9 GG (LS 1); BAG v. 30.08.1983 – 1 AZR 121/81, AP Nr. 38 zu Art. 9 GG.

aus der Rechtsprechung zur Arbeitskampffreiheit. So wurden schon vor der „Aufgabe“ der Kernbereichsformel der Abschluss von Tarifverträgen und die hierzu erforderlichen Arbeitskampfmaßnahmen als von der Betätigungsfreiheit gedeckt angesehen.[220] Die Rechtsprechung begrenzte den Umfang der Betätigungsfreiheit daher durch die Kriterien der Unerlässlichkeit für den Erhalt der Koalition und der Erforderlichkeit für die Verfolgung der Koalitionszwecke. Diese Auslegung der Betätigungsfreiheit ergibt sich, wie oben erläutert, aus dem Sinn und Zweck der Koalitionsfreiheit. Die Existenz eines eigenen Absatzes ist nur dann erklärbar, wenn der Koalitionsfreiheit ein von der Vereinigungsfreiheit abgrenzbarer eigener Sinngehalt zukommt. Dies setzt voraus, dass der Koalition diejenigen Betätigungen verfassungsrechtlich zugesichert sind, die einerseits ihren eigenen Bestand sichern und andererseits die Möglichkeit eröffnen, die von Art. 9 Abs. 3 GG vorgeschriebenen Zwecke zu verfolgen. Der sogenannte Kernbereich der Koalitionsfreiheit stellt daher einen verfassungsrechtlich garantierten Mindestumfang der Betätigungsfreiheit dar.[221] Kritisiert wurde die Kernbereichslehre des Bundesverfassungsgerichts vor allem deshalb, weil die Entscheidungen des Gerichts hinsichtlich ihres Wortlautes nicht einheitlich ergingen.

Neben der bereits erwähnten „Unerlässlichkeitsformel“, nach der die Koalitionsfreiheit diejenigen Betätigungen umfasste, die für den Erhalt und die Sicherung der Koalition unerlässlich waren, verwendete das Gericht auch die sog. „Abwägungsformel“. Diese findet sich teilweise in den Urteilen des Bundesverfassungsgerichts auf der Ebene der Prüfung von Eingriffen in die Koalitionsbetätigungsfreiheit. Dabei ging das Bundesverfassungsgericht von einem umfassend gewährleisteten Schutzbereich des Art. 9 Abs. 3 GG aus. Dieses umfassende Grundrecht solle jedoch insofern einschränkbar sein, als dies zum Schutz anderer Rechtsgüter von der Sache her geboten sei. Schranken die nicht in dieser Weise gerechtfertigt seien, würden den Kerngehalt der Koalitionsbetätigung antasten.[222] Der Mindestumfang des Kernbereichs nimmt im Rahmen dieser Prüfung als Schranken-Schranke eines Grundrechtseingriffs Gestalt an. Die frühere Rechtsprechung ließ daher nicht erkennen, auf welcher Ebene der Kernbereich der Koalitionsfreiheit überhaupt relevant werden sollte und wurde in der Literatur daher zu recht erheblich kritisiert.[223] Zudem konnte aufgrund der unklaren Rechtsprechung nicht sicher festgestellt werden, welche Koalitionsbetätigungen tatsächlich vom Schutzbereich des Art. 9 Abs. 3 GG gedeckt waren. Die Auslegung des Grundrechtstatbestands der Koalitionsfreiheit ließ daher keine ausreichende Konturierung zu.

---

220 BVerfG v. 26.06.1991 – 1 BvR 779/85, NJW 1991, 2549 (2550).

221 *Kemper*, in v. Mangoldt/Klein/Starck, Art. 9 Abs. 3 GG, Rz. 113.

222 Vgl. nur BVerfGE 30.11.1965 – 2 BvR 54/62, NJW 1966, 491 (493).

223 *Bauer*, in: Dreier, Art. 9 GG, Rz. 85; *Höfling*, in: Sachs, Art. 9 GG, Rz. 71 ff.; *Jarass*, NZA 1990, 505 (506).

2. Die entgrenzte Koalitionsbetätigungsfreiheit

Mit der Entscheidung zur Mitgliederwerbung durch Gewerkschaftsmitglieder während der Arbeitszeit vom 14. November 1995[224] hat das Bundesverfassungsgericht seine Kernbereichsrechtsprechung „klargestellt". Ausgangspunkt der Kernbereichsformel sei die Überzeugung, dass das Grundgesetz die Betätigungsfreiheit der Koalitionen nicht schrankenlos gewährleiste, sondern eine Ausgestaltung durch den Gesetzgeber zulasse. Die vom Bundesverfassungsgericht verwendete Kernbereichsformel solle nur die Grenze der Einschränkungsmöglichkeiten aufzeigen. Diese sei überschritten, soweit einschränkende Regelungen nicht zum Schutz anderer Rechtsgüter von der Sache her geboten sind. Das Bundesverfassungsgericht wollte nach eigenem Verständnis den Schutzbereich des Art. 9 Abs. 3 GG nicht auf die zur Sicherung der Existenz unerlässlichen Betätigungen reduzieren, sondern alle koalitionsspezifischen Verhaltensweisen in den Schutzbereich des Grundrechts einbeziehen.[225] Die Frage der Unerlässlichkeit einer Betätigung für die Wahrnehmung der Koalitionsfreiheit soll nach Ansicht des Bundesverfassungsgerichts erst auf der Ebene der Einschränkungen des Grundrechts bedeutsam sein.

Diese „Klarstellung" durch das Bundesverfassungsgericht nahm die Kritik der Literatur insoweit auf, als dass nunmehr deutlich herausgestellt wurde, auf welcher Ebene der Grundrechtsprüfung die Frage der Zuordnung einer Betätigung zum sogenannten Kernbereich relevant wird. Die Frage des Umfangs des grundrechtlichen Schutzes wurde allerdings nicht gelöst. Geht das Bundesverfassungsgericht nunmehr davon aus, dass grundsätzlich sämtliche koalitionsspezifischen Betätigungen von Art. 9 Abs. 3 GG erfasst werden, nähert sich die Koalitionsfreiheit einer Art allgemeiner Handlungsfreiheit der Koalition an, die nur durch die in Art. 9 Abs. 3 GG genannten Zwecke begrenzt wird. Damit tritt eine Entgrenzung der Koalitionsbetätigungsfreiheit ein.[226] Geht man davon aus, dass sich die Koalition über Art. 19 Abs. 3 GG auch auf Art. 2 Abs. 1 GG berufen kann,[227] erscheint die Koalitionsfreiheit als nahezu überflüssiges,

---

224 BVerfG v. 14.11.1995 –1 BvR 601/92, NJW 1996, 1201 (1202).

225 BVerfG v. 14.11.1995 –1 BvR 601/92, NJW 1996, 1201 (1202).

226 Der Begriff der Entgrenzung geht zurück auf die dritte Sitzblockadeentscheidung des Bundesverfassungsgerichts, in der das Gericht die Auslegung der Rechtsprechung bezüglich des Tatbestandsmerkmals „Gewalt" im Rahmen des § 240 StGB als entgrenzt ansah, vgl. BVerfG v. 10.01.1995 – 1 BvR 718/89 u. a., NJW 1995, 1141 (1143). Dieser Begriff kann auf die Rechtsprechung zur Koalitionsbetätigungsfreiheit übertragen werden. Denn wie beim Gewaltbegriff ist auch bei dem Begriff der Koalitionsbetätigung durch die Rechtsprechung eine Ausweitung des gesetzlichen Tatbestands bzw. des grundrechtlichen Schutzbereichs eingetreten, die mit dessen Sinn und Zweck nicht vereinbar ist.

227 Vgl. dazu die Ausführungen unten Seite 106 ff.

zumindest aber konturloses Grundrecht.[228] In diese Richtung weist allerdings die neuere Rechtsprechung, die eine koalitionsspezifische Betätigung, unabhängig von der Art der gewählten Betätigung, bereits dann annimmt, wenn die Koalition mit der Betätigung tarifliche Zwecke verfolgt.[229] Die Annäherung an die allgemeine Handlungsfreiheit ist vor allem auch deswegen problematisch, weil die Koalitionsfreiheit vorbehaltlos gewährleistet ist. Bei einem weiten Schutzbereichsverständnis, nach dem allein die Zweckbindung der Betätigung äußerste Grenzen setzt, entstünde damit eine verfassungsrechtlich privilegierte Sonderform der Handlungsfreiheit ohne Schrankenvorbehalt, die letztlich für beliebige Tätigkeiten beansprucht werden kann, sofern nur ein Koalitionszweck verfolgt wird.[230] Dass das Bundesverfassungsgericht zumindest bislang von einer so weitgehenden grundrechtlichen Garantie nicht ausging, wird in seiner älteren Rechtsprechung deutlich. So führt es in seiner Entscheidung vom 1. März 1979[231] aus: „es ist vielmehr Sache des Gesetzgebers, die Tragweite der Koalitionsfreiheit dadurch zu bestimmen, daß er [der Gesetzgeber] die Befugnisse der Koalitionen im einzelnen gestaltet und näher regelt". Das Bundesverfassungsgericht ging daher nicht von der Existenz einer „allgemeinen Koalitionsbetätigungsfreiheit" aus, sondern hält nur bestimmte Koalitionsbetätigungen für von Art. 9 Abs. 3 GG gedeckt. Eine Regelung durch den Gesetzgeber ist jedoch nie erfolgt. Die Konturierung der Koalitionsfreiheit ist daher der Rechtsprechung überlassen. Eine allgemeine Systematik der zulässigen Koalitionsbetätigungen hat diese bislang nicht erreicht. Vielmehr scheinen neuere Entscheidungen eher darauf hinzudeuten, dass die Rechtsprechung die Formulierung, Art. 9 Abs. 3 GG schütze alle koalitionsspezifischen Betätigungen, als feststehendes Begriffspaar verwendet und auf Schutzbereichsebene tatsächlich nur den Vereinszweck als Begrenzung anerkennt und sämtliche Zweifel an der Schutzbedürftigkeit der Koalitionsbetätigung nur auf Schrankenebene berücksichtigt.[232] Eine Rückbesinnung auf die eigentlichen Vorstellungen des Bundesverfassungsgerichts ist daher erforderlich. Entscheidend ist folglich, ob dem Schutzbereich der Koalitionsfreiheit durch allgemeine Grundsätze und Prinzipien Grenzen gezogen werden können, um so die Konturen des Grundrechts zu schärfen und die Feststellung des Vorliegens einer

228 Vgl. *Kemper*, in: v. Mangoldt/Klein/Starck, Art. 9 Abs. 3 GG, Rz. 111, der die Bezeichnung „koalitionsspezifisch" als aus sich heraus nicht aussagekräftig bezeichnet.

229 BAG v. 22.09.2009 – 1 AZR 972/08, NJW 2010, 631 (634).

230 *Kemper*, in: v. Mangoldt/Klein/Starck, Art. 9 Abs. 3 GG, Rz. 111, bezeichnet die Koalitionsfreiheit in dieser weiten Auslegung als „Sollbruchstelle" der Rechtsordnung und der staatlichen Regelungsmacht, die dem Wortlaut des Grundrechts nicht entnommen werden könne.

231 BVerfG v. 01.03.1979 – 1 BvR 532, 533/77 u. a., NJW 1979, 699 (709).

232 BAG v. 22.09.2009 – 1 AZR 972/08, NJW 2010, 631 (634).

koalitionsspezifischen Betätigung zu erleichtern. Nur dann wird dem eigenständigen grundrechtlichen Gehalt von Art. 9 Abs. 3 GG ausreichend Rechnung getragen.

a) Erforderlichkeit einer Grenzziehung

Effizienter Grundrechtsschutz setzt eine präzise Erfassung der grundrechtlichen Schutzbereiche voraus. Die Grundrechtsauslegung birgt das Risiko mangelnder Verfassungskonformität in sich. Wird der Grundrechtstatbestand zu eng ausgelegt, werden staatliche Zugriffe erleichtert, wird er zu weit ausgelegt, fehlen belastbare Konturen. Die Grundrechtsauslegung hat daher mit der gebotenen Vorsicht zu erfolgen und stellt eine juristische Gratwanderung dar, der sich der Verfassungsinterpret bewusst sein muss, um das richtige Maß zwischen Freiheitsgewährleistung und Grundrechtskonturierung zu finden. Fest steht, dass sich die Suche nach grundrechtlicher Betroffenheit im „juristischen Niemandsland" verliert, wenn eine genaue Bestimmung des Schutzbereichs einer Grundrechtsbestimmung fehlt.[233] Grundsätzlich ist der Verfassungsgeber darin frei, einen Grundrechtstatbestand weit oder eng zu fassen. Fehlen konkrete Bestimmungen, ist im Rahmen der Verfassungsauslegung die Reichweite des grundrechtlichen Tatbestands zu bestimmen.[234] Zwar ging früher die herrschende Ansicht dahin, der Schutzbereich der Grundrechte müsse im Zweifel immer weit ausgelegt werden.[235] Eine neuere Richtung der Grundrechtsdogmatik versucht allerdings den Schutzbereich interpretatorisch oder konkretisierend zu verengen, um die Grundrechtsprüfung bereits auf dieser Prüfungsebene zu beenden.[236] Diese Vorgehensweise erscheint auch zweckmäßig. Es ist nicht einzusehen, warum jedes Verhalten, das einen irgendwie gearteten Bezug zur Förderung und Wahrung der Wirtschafts- und Arbeitsbedingungen aufweist, dem Schutzbereich des Art. 9 Abs. 3 GG unterfallen sollte.

Eine weite Auslegung von Grundrechtstatbeständen birgt das Risiko einer zunehmenden Konstitutionalisierung bzw. Vergrundrechtlichung des Rechts in sich.[237] Es muss feststehen, welche Verhaltensweisen grundrechtlich geschützt werden und welche Verhaltensweisen zumindest nicht von einem bestimmten Grundrecht erfasst werden. Ist eine solche objektive Festlegung nicht möglich, erhöhen sich die Abwägungsprobleme bei der Behandlung von Grundrechtskollisionen.[238] Ins-

---

233 *Merten* in: Handbuch der Grundrechte, Band III, § 56, Rz. 1.

234 Vgl. *Kahl*, in: Der Staat, Band 43 (2004), S. 167 (167 ff.).

235 BVerfG v. 13.10.1971 – 1 BvR 280/66, NJW 1971, 2299 (LS 1).

236 *Kahl*, in: Der Staat, Band 43 (2004), S. 167 (169); *Muckel*, in: FS Schiedermair, S. 347 (347 ff.); BVerfG v. 15.01.2002 – 1 BvR 1783/99, NJW 2002, 663.

237 *Volkmann*, JZ 2005, 261 (265).

238 *Merten*, in: Handbuch der Grundrechte, Band III, § 56, Rz. 61 ff.

besondere ist im Falle der Koalitionsfreiheit ein weites Grundrechtsverständnis bezüglich der Abgrenzung von Kompetenzen zwischen Tarifparteien und Gesetzgeber problematisch. Dem Gesetzgeber steht durch Art. 74 Abs. 1 Nr. 11, 12 GG eine Gesetzgebungskompetenz im Bereich des Arbeitsrechts und des Rechts der Wirtschaft zu. Bei einem weiten Grundrechtsverständnis und der daraus folgenden Bindung des Gesetzgebers an verfassungsimmanente Schranken zum Eingriff in das vorbehaltlos gewährleistete Grundrecht des Art. 9 Abs. 3 GG, wird die Regelungskompetenz des Gesetzgebers deutlich eingeschränkt.[239] Dies beinhaltet gleichzeitig das Risiko einer Machtverschiebung im Gefüge der Staatsfunktionen,[240] denn ein weiter Grundrechtstatbestand führt notwendigerweise zu einer Ausdehnung der Einzelfalljudikatur[241] und stärkt die Rechtsprechung. Dadurch verliert der demokratisch gewählte Gesetzgeber an Gewicht, während in letzter Instanz das Bundesverfassungsgericht gestärkt wird, das mangels präziser verfassungsgerichtlicher Maßstäbe anhand weitgehend subjektiver Abwägungsgesichtspunkte entscheidet.[242]

Ein weites Grundrechtsverständnis ist jedoch nicht nur aus Sicht der Grundrechtsverpflichteten problematisch. Gesichtspunkte der Rechtssicherheit sprechen auch aus der Sicht der Grundrechtsberechtigten für eine möglichst präzise Erfassung des grundrechtlichen Tatbestands. Nur wenn dessen Konturen klar umrissen sind, besteht Sicherheit, dass ein bestimmtes Verhalten auch tatsächlich grundrechtlich geschützt ist.[243] Die Tendenz einer Ausweitung des grundrechtlichen Schutzbereichs und der Erweiterung des Eingriffsbegriffs durch den modernen Eingriffsbegriff setzt sich auch auf der Ebene der Schranken fort.[244] Erst auf dieser Ebene werden bei weitem Schutzbereichsverständnis die konkreten Probleme des Falles gelöst. Zu einer Vorhersehbarkeit für den Grundrechtsträger führt dies nicht. Die Ausweitung der Schutzbereiche stellt auch keine Ausweitung des Freiheitsschutzes dar, sondern kann durch die Ausweitung auf Schrankenebene ganz im Gegenteil zu einer Relativierung der Freiheitsrechte führen.[245] Wenn die Gewährleistungs-

239 *Kemper*, in: v. Mangoldt/Klein/Starck, Art. 9 Abs. 3 GG, Rz. 111.

240 *Merten*, in: Handbuch der Grundrechte, Band III, § 56, Rz. 73; *Ossenbühl*. in: Handbuch der Grundrechte, Band I, § 15, Rz. 49.

241 So erläutert *Hoffmann-Riem*, in: Der Staat, Band 43 (2004), S. 203 (229), dass „letztlich fast alles Entscheidende in die Einzelfallabwägung verlagert" wurde und dass er in einem weiten Grundrechtsverständnis keinen Gewinn an Rationalität oder eine Ausweitung der Freiheit sehen könne.

242 *Murswiek*, in: Der Staat, Band 45 (2006), S. 473 (478).

243 *Merten*, in: Handbuch der Grundrechte, Band III, § 56, Rz. 68 geht davon aus, dass eine Zunahme der Abwägungen zu einer Abnahme der Berechenbarkeit der Verfassung führt; *Muckel*, in: FS Schiedermair, S. 347 (351).

244 *Murswiek*, in: Der Staat, Band 45 (2006), S. 473 (475 ff.).

245 *Murswiek*, in: Der Staat, Band 45 (2006), S. 473 (477); *Hoffmann-Riem*, in: Der Staat, Band 43 (2004), S. 203 (229).

gehalte immer weiter verstanden werden, muss dies auf der Ebene der Schranken dazu führen, dass eine Rechtfertigung der Einschränkungen durch Rechte Dritter im Rahmen der Abwägung zunimmt. Dass eine weite tatbestandliche Definition nur einen prima facie Schutz bewirkt und das endgültige Ergebnis nur unter Berücksichtigung der Schranken und Schranken-Schranken erzielt werden kann, stellt keine Rechtfertigung eines weiten Schutzbereichs dar.[246] Vielmehr macht eine derartige Definition die Nachteile eines weiten Schutzbereichsverständnisses offenbar. Einerseits ist für den Grundrechtsträger die Schutzfähigkeit seines Handelns nicht hinreichend erkennbar und andererseits muss der Dritte, der von einem vermeintlich geschützten Verhalten beeinträchtigt wird, damit rechnen, dass der weite Schutzbereich zur Einschränkung seiner eigenen Freiheitsrechte führt.

Auch aus grundrechtsdogmatischer Sicht ist eine Eingrenzung des Schutzbereichs von bislang weit ausgelegten speziellen Freiheitsrechten geboten. Bereits der Begriff der „speziellen Freiheitsrechte“ legt nahe, dass eine trennscharfe Abgrenzung der einschlägigen Schutzbereiche geboten ist. Zwar wird die allgemeine Handlungsfreiheit des Art. 2 Abs. 1 GG als Auffanggrundrecht angesehen, was dafür sprechen könnte, dass eine Abgrenzung letztlich unnötig ist. Diese Sichtweise übersieht jedoch, dass der Grundrechtsschutz eines vorbehaltlos gewährleisteten Rechts um einiges weitgehender ist, als der Schutz durch die allgemeine Handlungsfreiheit, die mit einem weiten Regelungsvorbehalt ausgestattet ist. Zudem handelt es sich bei Art. 2 Abs. 1 GG nur um ein partielles Auffanggrundrecht, das solche Betätigungen nicht schützen soll, die durch das spezielle Freiheitsrecht bewusst von einem Grundrechtsschutz ausgenommen werden sollten.[247] Ob bestimmte Betätigungen durch das Spezialgrundrecht mit einem solchen Unwerturteil belegt wurden, kann sich nur durch eine Auslegung des Grundrechtstatbestands ergeben, die einerseits die Offenheit des Grundrechtstatbestands so weit wie möglich beibehält, die aber andererseits den Grundrechtstatbestand auch so präzise wie möglich festlegt. Erst wenn der Schutzbereich der speziellen Freiheitsrechte präzise Konturen erlangt hat, kann das vom Verfassungsgeber vorgesehene Vorrang- und Auffangverhältnis zwischen allgemeinem Freiheitsrecht und speziellen Freiheitsrechten in der Praxis umgesetzt werden.

Der Schutzbereich der speziellen Freiheitsrechte, zu denen die Koalitionsfreiheit gehört, sollte daher zur Abgrenzung von der allgemeinen Handlungsfreiheit so präzise gefasst sein, wie dies nach den Vorgaben des Grundgesetzes und der Entstehungsgeschichte möglich ist.[248] Dafür spricht schließlich auch, dass die

---

246 So aber *Engels*, Verfassung und Arbeitskampfrecht, S. 205.

247 *Merten*, in: Handbuch der Grundrechte, Band III, § 56, Rz. 3.

248 *Murswiek*, in: Der Staat, Band 45 (2006), S. 473 (478); kritisch zur weiten Auslegung von Grundrechten auch *Böckenförde*, Der Saat, Band 42 (2003), S. 165 (174 ff.); *Hoffmann-Riem*, Der Staat, Band 43 (2004), S. 203 (229).

externe Koalitionsbetätigungsfreiheit vom Wortlaut des Art. 9 Abs. 3 GG her nicht geschützt ist, sondern nur durch Auslegung als Bestandteil der Koalitionsfreiheit ausgemacht werden kann. Findet daher durch diese Auslegung grundsätzlich schon eine Erweiterung des Tatbestands statt, so ist doch Zurückhaltung im Sinne einer einschränkenden Auslegung geboten.

Insbesondere für den Bereich des Arbeitskampfrechts spricht zudem die insgesamt mangelhafte gesetzliche Regelungsdichte für eine Einschränkung der Koalitionsbetätigungsfreiheit durch verfassungsimmanente Grenzen. Da verfassungsimmanente Grenzen zu einer stärkeren Konturierung des grundrechtlichen Schutzbereichs und mithin zu größerer Rechtssicherheit führen, kommt ihnen, vor allem in einem Bereich, der weitgehend durch gesetzesvertretendes Richterrecht geprägt ist, besondere Bedeutung zu. Hier kann die Bedeutung der Einzelfallentscheidung minimiert werden und der mit ihr einhergehenden mangelnden Rechtsklarheit und -erkennbarkeit zu stärkerem Gewicht verholfen werden. Auch das Bundesarbeitsgericht geht augenscheinlich von der Erforderlichkeit schutzbereichsimmanenter Grenzen aus und unterstellt Arbeitskampfmittel ohne näher darauf einzugehen einem nicht im Grundrechtstatbestand niedergelegten Friedlichkeitsvorbehalt.[249]

b) Grenzziehung durch Auslegung des Begriffs der „koalitionsspezifischen“ Betätigung

Der Schutzgehalt der Koalitionsfreiheit könnte durch eine Auslegung des Begriffs der koalitionsspezifischen Betätigung näher präzisiert werden. Die Verwendung des Begriffs der „koalitionsspezifischen“ Betätigung hat in der Rechtsprechung eine lange Tradition.[250] Die bereits vor der Klarstellung der Kernbereichslehre verwendete Formulierung wird bis heute nahezu unverändert fortgeführt, ohne dass eine Präzisierung von Seiten der Rechtsprechung erfolgt wäre. Der Begriff ist folglich auslegungsbedürftig. Eine Auslegung kann sich dabei nur auf das Wort „koalitionsspezifisch“ beziehen, da nur dieses verschiedenen Auslegungen zugänglich ist. Der Wortlaut legt zwei Interpretationsmodelle nahe. Zum einen könnte eine koalitionsspezifische Betätigung eine Betätigung sein, die spezifisch nur eine Koalition vornehmen kann, deren Vornahme anderen Personenmehrheiten entweder von der Tätigkeit als solcher oder dem Sinn und Zweck der Tätigkeit her unmöglich wäre. Zwar können nur tariffähige Koalitionen im Sinne von Art. 9 Abs. 3 GG im Rahmen der Tarifautonomie tätig werden, allerdings stellen auch Mitgliederwerbung und Information von Arbeitnehmern koalitionsspezi-

---

249 BAG v. 22.09.2009 – 1 AZR 972/08, NJW 2010, 631 (634).

250 Vgl. schon BAG v. 08.12.1978 – 1 AZR 303/77, AP Nr. Nr. 28 zu Art. 9 GG.

fische Betätigungen dar.[251] Dabei handelt es sich um Tätigkeiten, die prinzipiell jeder Personenzusammenschluss ausführen kann. Art. 9 Abs. 3 GG schützt daher nicht nur solche Tätigkeiten, die nur eine Koalition vornehmen kann. Andererseits muss jedoch davon ausgegangen werden, dass die Betätigungen, die nur eine Koalition ausführen kann, in jedem Fall unter den Begriff „koalitionsspezifisch" zu subsumieren sind. Derartige Betätigungen sind geradezu der Prototyp der koalitionsspezifischen Betätigung.

Eine koalitionsspezifische Betätigung kann demgegenüber aber auch eine Betätigung sein, die die Koalition als Zusammenschluss der Arbeitgeber oder Arbeitnehmer als solche besonders charakterisiert. Eine Auslegung, die solche Betätigungen als koalitionsspezifisch ansieht, die charakteristisch für eine Koalition sind, sieht sich jedoch der Kritik eines Zirkelschlusses ausgesetzt und führt in der Eingrenzung des Schutzbereich des Art. 9 Abs. 3 GG zu keinen Fortschritten. Charakteristisch für eine Arbeitgeber- oder eine Arbeitnehmerkoalition sind solche Betätigungen, die der Durchsetzung der Koalitionszwecke und deren Ermöglichung dienen. Danach wäre eine koalitionsspezifische Betätigung jede Betätigung, die die Realisierung der Koalitionszwecke im weitesten Sinne fördert.[252] Eine solche Auslegung führt daher zu keinerlei Präzisierung des Schutzbereichs und kann folglich nicht nutzbar gemacht werden.

c) Grenzziehung durch die Zwecksetzung

Stellt nach bisheriger Definition die „koalitionsspezifische" Betätigung eine solche dar, die der Realisierung der Koalitionszwecke dient, liegt es nahe eine Eingrenzung des grundrechtlichen Schutzbereichs über die Auslegung der in Art. 9 Abs. 3 GG genannten Koalitionszwecke zu erreichen. Art. 9 Abs. 3 GG schützt Vereinigungen, die der Wahrung und Förderung der „Arbeits- und Wirtschaftsbedingungen" dienen. Diese Formulierung ist inhaltlich sehr weit und daher nicht präzise.[253] Arbeitsbedingungen sind solche, die die Leistung abhängiger Arbeit berühren, insbesondere das Arbeitsentgelt und die materiellen Arbeitsbedingungen.[254] Zwar wird zum Teil behauptet, die Einbeziehung der Wirtschaftsbedingungen in Art. 9 Abs. 3 GG führe nicht zu einer Erweiterung der Koalitionszwecke, sondern diene lediglich der weiteren Umschreibung der bereits genannten Arbeitsbedingungen. Gegen eine solche Auslegung spricht jedoch bereits der Wortlaut, der von zwei verschiedenen Arten von Bedingungen ausgeht. Wirtschaftsbedingungen betreffen die der einzelnen Arbeitgeber/

---

251 BAG v. 20.01.2009 – 1 AZR 515/08, NJW 2009, 1990 (1993).
252 *Cornils*, in: Epping/Hillgruber, Art. 9 GG, Rz. 56.
253 *Löwer*, in: von Münch/Kunig, Art. 9 GG, Rz. 69; *Scholz*, in HStR VIII (2010), § 175, Rz. 106.
254 *Rixen*, in: Stern/Becker, Art. 9 GG, Rz. 31; *Höfling*, in: Sachs, Art. 9 GG, Rz. 54.

Arbeitnehmer-Beziehung übergeordneten Fragen wirtschafts-[255] oder sozialpolitischer Art. Der Verfassungswortlaut bringt deutlich zum Ausdruck, dass beide Zwecke kumulativ verfolgt werden müssen. Durch diese Formulierung werden lediglich bestimmte Personenmehrheiten, wie reine Wirtschaftsverbände und Verbraucherverbände vom Schutzbereich ausgenommen,[256] eine Begrenzung der Betätigungsmöglichkeiten kann dem Wortlaut nicht entnommen werden. Diese kann sich allerdings insofern aus dem Sinn und Zweck der Koalitionsfreiheit ergeben, als dass die Wahrung und Förderung der Wirtschaftsbedingungen nur solche Fragen wirtschafts- oder sozialpolitischer Art betrifft, die einen Bezug zu den Arbeitnehmern und Arbeitgebern aufweisen.[257] Durch die Nennung des Koalitionszwecks können daher zunächst nur solche Betätigungen der Koalition ausgeschlossen werden, die allgemein wirtschaftspolitischer oder wirtschaftsrechtlicher Art sind.[258] Eine Eingrenzung des Tatbestands von Art. 9 Abs. 3 GG anhand des Koalitionszwecks scheitert daher an der entwicklungsoffenen Formulierung des Grundrechts.

d) Grenzziehung durch europarechtliche Vorgaben

Der Schutzbereich der Koalitionsfreiheit könnte auch durch europarechtliche Vorgaben eingeschränkt werden. Der Europäische Gerichtshof hat in seinen Entscheidungen Viking und Laval[259] ein Grundrecht auf Kollektivmaßnahmen anerkannt. In diesen Entscheidungen hat der Europäische Gerichtshof deutlich gemacht, dass die Koalitionsfreiheit im Spannungsverhältnis mit den europäischen Grundfreiheiten steht.[260] Sowohl das europäische Grundrecht auf Kollektivmaßnahmen, als auch die Grundfreiheiten sind nicht schrankenlos gewährleistet und müssen zu einem Ausgleich gebracht werden.[261]

Die Rechtssache Viking betraf einen Fall der grenzüberschreitenden Betriebsverlagerung durch Umflaggung eines Schiffes von Finnland nach Estland. Ziel der Betriebsverlagerung war es, die im Bestimmungsstaat üblichen niedrigeren Tariflöhne bezahlen und so Einsparungen vornehmen zu können. Die zuständige Gewerkschaft im Herkunftsstaat drohte dagegen mit einem Arbeitskampf. Unterstützt wurde sie dabei von einem weltweit agierenden Gewerkschafts-Dachverband im Rahmen seiner allgemeinen Politik zur Verhinderung von Umflaggun-

255 *Höfling*, in: Sachs, Art. 9 GG, Rz. 54.

256 *Bauer*, in: Dreier, Art. 9 GG, Rz. 75.

257 *Bauer*, in: Dreier, Art. 9 GG, Rz. 75.

258 *Löwer*, in: von Münch/Kunig, Art. 9 GG, Rz. 70.

259 Siehe oben Fn. 194 und 195.

260 *Skouris*, RdA 2009, 25 (30) bezeichnet das Verhältnis als Zusammenwirken von Grundrechten und Grundfreiheiten.

261 *Skouris*, RdA 2009, 25 (28).

gen in Billigflaggenländer. Nach Ansicht des Europäischen Gerichtshofs griff die Gewerkschaft durch ihre geplante Arbeitskampfmaßnahme in das Recht des Unternehmens auf Niederlassungsfreiheit gem. Art. 43 EG (jetzt: Art. 49 AEUV) ein. Die Niederlassungsfreiheit gelte nicht nur für Akte der staatlichen Behörden, sondern erstrecke sich auch auf Regelwerke anderer Art, die die abhängige Erwerbstätigkeit, die selbständige Arbeit und die Erbringung von Dienstleistungen kollektiv regeln sollen.[262] Der Niederlassungsfreiheit wird daher horizontale Direktwirkung beigemessen. Kollektive Maßnahmen der Gewerkschaften (als intermediäre Gewalt)[263] fallen daher grundsätzlich in den Anwendungsbereich des Art. 43 EG (jetzt: Art. 49 AEUV).[264] Das Recht auf kollektive Maßnahmen wertet der Europäische Gerichtshof als berechtigtes Interesse, das die Beschränkung der Niederlassungsfreiheit rechtfertige, soweit die Arbeitskampfmaßnahme erforderlich und angemessen war.[265] Gerechtfertigt sind die Arbeitskampfmaßnahmen nach Ansicht des Europäischen Gerichtshofs jedoch nur, sofern sie tatsächlich lediglich der Verwirklichung des Arbeitsschutzes als zwingendem Grund des Allgemeinwohls dienen und nicht über den Arbeitsschutz im konkreten Fall hinausgehen.[266] Sofern zum Teil davon ausgegangen wird, dass die Gewerkschaften an die Niederlassungsfreiheit gebunden seien,[267] so ist dem zwar zuzustimmen, jedoch greift diese Bindung erst auf der Ebene der Schranken ein. Die Niederlassungsfreiheit verengt daher nicht den Schutzbereich der grundrechtlichen Freiheit, sondern fungiert als Schranke der Koalitionsfreiheit. Dies gilt jedoch nur in Fällen, die einen grenzüberschreitenden Bezug aufweisen. Um der Gemeinschaftsrechtswidrigkeit zu entgehen, muss die Koalition ihr Arbeitskampfziel so präzise formulieren, dass deutlich erkennbar wird, dass sie kein über den Arbeitsschutz im konkreten Fall hinausgehendes Ziel verfolgt.[268]

Vergleichbar gelagert war die Rechtssache Laval. Mitarbeiter des lettischen Unternehmens Laval waren auf einer schwedischen Baustelle tätig. Laval hatte mit einer lettischen Gewerkschaft einen Tarifvertrag abgeschlossen, an den 65 Prozent der Arbeitnehmer gebunden waren. Die schwedischen Gesetze über Mindestarbeitsbedingungen, die die EU-Entsenderichtlinie umsetzten, fanden zwar Anwendung, allerdings bestimmten diese keinen Mindestlohn. Um die höher lie-

262 EuGH v. 11.12.2007 – C-438/05 *Viking*, NZA 2008, 124 (127).

263 *Haratsch/Koenig/Pechstein*, Rz. 933.

264 Kritisch zu dieser Rechtsprechung *Nagel*, AuR 2009, 155 (159 f.), der es für fraglich hält, ob die Voraussetzungen des durch die Solange-II- und die Maastrichtentscheidung des BVerfG entwickelten Kooperationsmodells noch gegeben sind.

265 EuGH v. 11.12.2007 – C-438/05 *Laval*, NZA 2008, 124 (129).

266 EuGH v. 11.12.2007 – C-438/05 *Laval*, NZA 2008, 124 (129).

267 *Schubert*, RdA 2008, 289 (291).

268 *Schubert*, RdA 2008, 289 (295).

genden regional üblichen Löhne durchzusetzen, nahm eine schwedische Gewerkschaft Tarifverhandlungen mit Laval auf. Die schwedische Gewerkschaft griff nach dem Scheitern der Verhandlungen zum Arbeitskampfmittel der Betriebsblockade und wurde dabei von einer weiteren Gewerkschaft unterstützt. Laval verlangte im gerichtlichen Verfahren, dass die gewerkschaftlichen Maßnahmen für rechtswidrig erklärt werden, Unterlassung des weiteren Arbeitskampfs und Ersatz des entstandenen Schadens. Die zentrale Frage dieses Rechtsstreits war, ob es mit der Dienstleistungsfreiheit vereinbar ist, wenn gewerkschaftliche Organisationen über eine kollektive Maßnahme versuchen, ein ausländisches Unternehmen, das Arbeitnehmer in ein anderes Land (Bestimmungsland) entsendet, zur Anwendung eines Tarifvertrags des Bestimmungslandes zu zwingen. Nach Ansicht des Europäischen Gerichtshofs ist der Anwendungsbereich des Art. 49 EG (jetzt: Art. 56 AEUV) eröffnet, da er auch für Regelwerke nicht öffentlich-rechtlicher Art gelte, die die Erbringung von Dienstleistungen kollektiv regeln sollen.[269] Ein Eingriff in die Grundfreiheit ist durch das Verhalten der Gewerkschaft gegeben, da es darauf abzielt die Dienstleistung für das Entsendeunternehmen unattraktiver zu machen. Auch in diesem Fall muss jedoch ein Ausgleich mit dem europäischen Grundrecht auf kollektive Maßnahmen erreicht werden. Der Europäische Gerichtshof greift dazu auf die bereits in der Rechtssache Viking hergeleitete Argumentation zurück und ist der Ansicht, im Recht auf kollektive Maßnahmen, die dem Arbeitsschutz dienen, könne ein zwingender Grund des Allgemeinwohls liegen, der die Beschränkung der Grundfreiheit zu rechtfertigen vermag. Gerechtfertigt sollen jedoch nur solche kollektiven Maßnahmen sein, die dazu dienen die Entsenderichtlinie im Rahmen eines Tarifvertrags umzusetzen. Über die Entsenderichtlinie hinausgehende Ziele dürfe die Gewerkschaft nicht verfolgen. Die Entsenderichtlinie dient daher als Obergrenze des Schutzes der entsendeten Arbeitnehmer.[270]

Europarechtliche Vorgaben vermögen insgesamt zur Begrenzung des Schutzbereichs der Koalitionsfreiheit keinen Beitrag zu leisten. Für beide Entscheidungen gilt gleichermaßen, dass sie nur einen eingeschränkten Anwendungsbereich haben. Sie betreffen nur gewerkschaftliche Betätigungen mit grenzüberschreitendem Bezug, also vor allem Arbeitskampfmaßnahmen anlässlich innereuropäischer Betriebsverlagerungen. Liegt ein derartiger Fall vor, so greifen die entwickelten Grundsätze ein. Dies geschieht allerdings nicht bereits auf Schutzbereichsebene, sondern erst bei der Prüfung der Schranken der Grundrechtsbetätigung. Die sich aus der Rechtsprechung des Europäischen Gerichtshofs ergebenden Schranken sind zu beachten, damit die Koalitionsbetätigung sich nicht

269 EuGH v. 18.12.2007 – C-341/05 *Laval*, NZA 2008, 159 (166).
270 *Schubert*, RdA 2008, 289 (291).

dem Vorwurf der Gemeinschaftsrechtswidrigkeit aussetzt. Insgesamt lässt auch die Rechtsprechung des Europäischen Gerichtshofs noch keine klaren Konturen eines europäischen Grundrechts auf Kollektivmaßnahmen erkennen. Der Europäische Gerichtshof äußert sich in seinen Entscheidungen nur zu Einzelfragen ohne dabei dogmatisch den Inhalt des Grundrechts näher zu erörtern.

e) Grenzziehung durch das Gemeinwohl

Umstritten und bis heute nicht abschließend geklärt ist, ob die Koalitionsbetätigungsfreiheit durch Erfordernisse des Gemeinwohls eingeschränkt werden kann.[271] Gegen eine solche Gemeinwohlbindung der Koalitionen spricht zunächst, dass die Koalitionsbetätigung eine Grundrechtsausübung darstellt und der Grundrechtsberechtigte grundsätzlich nicht an das Gemeinwohl gebunden ist[272] und dass den Tarifvertragsparteien als Interessenverbänden eine Autonomie zugestanden wird, die einer Bindung an Gemeinwohlbelange zunächst zu widersprechen scheint.[273] Dem Gemeinwohl ist primär der Staat verpflichtet, es ist Grund und Grenze seines Handelns.[274] Nichtsdestotrotz sprechen die besseren Argumente für die Annahme einer Gemeinwohlbindung der Koalitionen.[275] Zunächst soll die Gemeinwohlbindung der Koalitionen durch einen eigenen Ansatz zur Begründung der Normsetzungskompetenz der Koalitionen hergeleitet werden. Doch auch wenn diesem Ansatz nicht gefolgt wird, kann auf der Grundlage der Rechtsprechung eine Gemeinwohlbindung hergeleitet werden.

271 Dafür *Scholz*, in: HStR VIII (2010), § 175, Rz. 33ff.; *ders.*; in Maunz/Dürig, Art. 9 Abs. 3 GG, Rz. 274ff.; *Lehmann*, in: FS Buchner, S, 529 (535); *Thüsing*, in: FS 50 Jahre BAG, S. 889ff.; *Rüfner*, RdA 1985, 193; *Kluth*, in: Friauf/Höfling, (31. Erg.-Lfg.) Art. 9 III GG Rz. 88 hielt die Koalitionen im Sinne einer Verfassungserwartung für verpflichtet das Gemeinwohl zu beachten; dagegen *Dieterich*, in: ErfKomm., Art. 9 GG, Rz. 80f.; *Kemper*, Die Bestimmung des Schutzbereichs der Koalitionsfreiheit (Art. 9 Abs. 3 GG), S. 100ff.; *ders.*, in: v. Mangoldt/Klein/Starck, Art. 9 Abs. 3 GG, Rz. 83; *Kluth*, in: Friauf/Höfling, Art. 9 GG Rz. 198 lehnt eine formale Gemeinwohlbindung ab; *Picker*, in: FS 50 Jahre BAG, S. 795 (819); *ders.*, ZfA 1986, 199 (221); *Ricken*, in: MünchHdbArbR, § 200, Rz. 58ff.; offen gelassen von *Franzen*, in: ErfKomm., § 1 TVG, Rz. 12.

272 *Kemper*, Die Bestimmung des Schutzbereichs der Koalitionsfreiheit (Art. 9 Abs. 3 GG), S. 100ff.

273 *Kemper*, Die Bestimmung des Schutzbereichs der Koalitionsfreiheit (Art. 9 Abs. 3 GG), S. 108; *Picker*, in: FS 50 Jahre BAG, S. 795 (819); *ders.*, ZfA 1986, 199 (221).

274 *Schuppert*, GewA 2004, 441 (441).

275 Selbst wenn es sich nur um eine Verfassungserwartung handeln sollte, wovon *Isensee*, in: Handbuch des Staatsrechts, Band V, § 115, Rz. 176 ausgeht.

aa) Zweistufiger Ansatz zur Begründung der Legitimation von Regelungsmacht

Die Gemeinwohlbindung lässt sich aus der dogmatischen Grundlage der Normsetzungskompetenz der Koalitionen herleiten. Die Begründung der Normsetzungskompetenz der Koalitionen ist in der Literatur seit langer Zeit umstritten. Während die Delegationstheorie davon ausgeht, dass die Normsetzungskompetenz durch staatliche Delegation auf die Koalitionen übertragen wurde (delegatarisches Verständnis der Tarifautonomie),[276] geht die Legitimationstheorie davon aus, dass die Tarifnormsetzung reine Aktualisierung kollektiver Privatautonomie darstellt (mandatarisches Verständnis der Tarifautonomie). Diese numnehr auch von der Rechtsprechung favorisierte Begründung geht davon aus, dass die Normsetzungskompetenz aus dem freiwilligen Beitritt der Mitglieder zur Koalition resultiert. Letztlich kann diese Ansicht aber nicht vollumfänglich überzeugen. Zwar ist ihr zuzugeben, dass die mitgliedschaftliche Legitimation Grundvoraussetzung der Tarifnormsetzung ist. Nur durch die Mitgliederstärke erreicht die Koalition die für die Tarifnormsetzung erforderliche Mächtigkeit und nur die Mitgliedschaft rechtfertigt die unmittelbare und zwingende Wirkung des Tarifvertrages gem. § 4 Abs. 1 TVG. Ausreichend erscheint dieser Ansatz aber nicht.[277] Nach allgemeiner Ansicht soll sich ein Arbeitnehmer gegenüber seinem tarifgebundenen Arbeitgeber ab dem Zeitpunkt des Koalitionsbeitritts auf den Tarifvertrag und die darin enthaltenen Ansprüche berufen können.[278] Das mandatarische Verständnis der Tarifautonomie stößt hier an seine Grenzen. Grundlage dieses Verständnisses ist es, dass der Arbeitnehmer der Koalition durch seinen Beitritt Handlungsmacht erteilt. Dies setzt prinzipiell voraus, dass der Arbeitnehmer bereits zum Zeitpunkt des Tarifvertragsabschlusses Mitglied der Koalition sein muss, damit er der Koalition für die in ihm enthaltenen Regelungen das Mandat erteilt hat. Die Anwendung des bereits vor dem Beitritt geschlossenen Tarifvertrags konterkariert den mandatarischen Ansatz, da auf das Neumitglied ein Tarifvertrag angewendet wird, der nicht in seinem Namen abgeschlossen wurde.[279] Der Beitritt könnte zwar als Genehmigung bereits erzielter Tarifeinigungen verstanden werden, allerdings ändert dies nichts daran, dass durch die

276 *Waltermann*, in: FS Söllner, S. 1251 (1255) weist zu Recht darauf hin, dass die Delegationstheorie nicht erklären kann, wie eine staatliche Delegation eine private Rechtsnormensetzung legitimieren kann.

277 So führt *Waltermann*, in: FS Söllner, S. 1251 (1266 ff.) und in: FS 50 Jahre BAG, S. 913 (918, 920) aus, dass fraglich sei, ob eine Unterwerfung unter die Satzungsgewalt der Koalition tatsächlich auch den im Rahmen von Verhandlungen erzielten Kompromiß legitimieren könne; dazu auch näher *ders.*, ZfA 2000, 53 (66 ff.).

278 *Franzen*, in: ErfKomm., § 3 TVG, Rz. 19.

279 Auf diese Unstimmigkeit des mandatarischen Ansatzes weisen auch *Hartmann/Lobinger*, NZA 2010, 421 (426 f.) hin.

Genehmigung des Tarifabschlusses rückwirkend keine mandatarische Übertragung der Handlungsbefugnis auf die Koalition erfolgen kann. Zudem vermag der mandatarische Ansatz nicht zu erklären, warum gem. § 3 Abs. 3 TVG der Austritt aus einem Verband nicht zum Ende der Tarifgeltung führt.[280] Auch im Rahmen der Durchsetzung von Forderungen sprechen die den Koalitionen zur Verfügung stehenden Möglichkeiten gegen einen rein kollektiv-privatautonomen Ansatz. Den Koalitionen steht zur Durchsetzung ihrer Tarifforderungen das Mittel des Arbeitskampfs zur Verfügung. Im Bereich des Arbeitskampfs wird das Feld der kollektiv-privatautonomen Regelung verlassen und durch der Privatautonomie unbekannte Zwangswirkungen ergänzt.[281] Dies erinnert eher an staatliche Gesetzgebung, denn an privatautonome Gestaltung. Dies wird auch dadurch verdeutlicht, dass das Bundesarbeitsgericht Arbeitskampfmittel anhand des Verhältnismäßigkeitsgrundsatzes überprüft,[282] obwohl dieser Grundsatz originär zur Prüfung der Rechtmäßigkeit von staatlichen Eingriffen in Grundrechte dient. Zudem gelangt die rein kollektiv-privatautonome Sichtweise dort an ihre Grenzen, wo es den Tarifparteien erlaubt ist von tarifdispositivem Arbeitnehmerschutzrecht auch zum Nachteil der Arbeitnehmer abzuweichen. Dass der Arbeitnehmer durch seinen Beitritt den Koalitionen hierzu die Legitimation erteilt, ist nicht plausibel erklärbar.[283] Grundlage der Normsetzungskompetenz der Koalitionen muss daher eine staatliche Delegation von Rechtsetzungskompetenzen sein, deren Wahrnehmung durch den mitgliedschaftlichen Beitrittsakt legitimiert wird.[284] So wie der Staat an das Gemeinwohl gebunden ist, muss auch die Koalition aufgrund der Delegation dessen Grenzen beachten.[285] Sofern von einem derartigen Kombinationsansatz ausgegangen wird, erscheint es plausibel,

---

280 *Waltermann*, in: FS Söllner, S. 1251 (1269).

281 *Greiner*, Rechtsfragen der Koalitions-, Tarif- und Arbeitskampfpluralität, S. 101 f.

282 BAG v. 22.09.2009 – 1 AZR 972/08, NZA 2009, 1347 (1352 ff.).

283 So auch *Greiner*, Rechtsfragen der Koalitions-, Tarif- und Arbeitskampfpluralität, S. 101.

284 Anders *Waltermann*, in: FS Söllner, S. 1251 (1264) der zunächst die strikte Trennung zwischen Tarifautonomie und Normsetzungsbefugnis hervorhebt und davon ausgeht, dass die Tarifautonomie die selbstbestimmte Regelung ermöglicht, während der Staat durch das TVG die normative Geltung der gefundenen Regelung anordnet; *Thüsing*, in: Wiedemann, TVG, § 1, Rz. 56 ff. geht auch von der Unzulänglichkeit der beiden für die Herleitung der Normsetzungskompetenz angeführten Theorien aus und betont, dass staatliche Anerkennung und private Ermächtigung Hand in Hand gingen und sich in ihren Grenzen bedingen. Er geht davon aus, dass die tarifvertragliche Normsetzung eine Normsetzung sui generis sei, die auf einer verfassungsrechtlichen Grundlage beruhe.

285 *Greiner*, Rechtsfragen der Koalitions-, Tarif- und Arbeitskampfpluralität, S. 101 vertritt ebenfalls ein solches Kombinationsmodell, wobei er den Schwerpunkt auf die mitgliedschaftliche Legitimation legt und die staatliche Delegation als Ergänzung begreift, während der hier vertretene Ansatz von einer staatlichen Delegation ausgeht, deren Auswirkungen nur durch die mitgliedschaftliche Legitimation gerechtfertigt sind.

dass mit der staatlichen Delegation der Rechtsetzungsmacht auch deren immanente Bindungen delegiert werden.

Für eine zumindest auch auf staatlicher Delegation beruhende Deutung der Koalitionsfreiheit spricht auch eine strukturelle Analyse von Art. 9 Abs. 3 GG. Typischerweise sind die Grundrechte Ausdruck des Respekts persönlich-menschlicher Bedürfnisse. Die Grundrechte dienen dazu den Grundrechtsträgern eine möglichst weitgehende Freiheit zu gewähren, um ihren Bedürfnissen nachzugehen. Strukturell betrachtet entfernt sich das Grundrecht der Koalitionsfreiheit von diesem Grundgedanken. Mehr als ein persönliches Bedürfnis zu schützen, dient die Koalitionsfreiheit dazu ein praktisch-gesellschaftliches Bedürfnis nach sozialem Frieden durch einen Regelungsmechanismus sachnaher Instanzen abzusichern. Insofern kann Art. 9 Abs. 3 GG als atypisches Freiheitsrecht bezeichnet werden. Es liegt daher nahe anzunehmen, dass Art. 9 Abs. 3 GG nicht nur eine Verfassungserwartung beinhaltet, sondern den Koalitionen mit dem Schutz des sozialen Friedens einen Regelungsauftrag erteilt hat.[286]

Bei der Wahrnehmung dieses Regelungsauftrags wird die Grenze der kollektiv ausgeübten Privatautonomie überschritten. So sind die Tarifvertragsparteien gem. § 7 Arbeitszeitgesetz (ArbZG) dazu berufen vom gesetzlichen Arbeitszeitrecht abzuweichen.[287] Auch bei der Möglichkeit tariflich festgelegte Löhne in der Leiharbeitsbranche durch das zuständige Bundesministerium als Lohnuntergrenze festlegen zu lassen, vgl. § 3a Arbeitnehmerüberlassungsgesetz (AÜG), wird den Tarifvertragsparteien eine gesetzgebungsähnliche Stellung zugesprochen. Sie können auch gem. § 3 Abs. 1 Nr. 3 AÜG dafür sorgen, dass von der gesetzlichen Vorstellung des equal treatment abgewichen wird und sorgen damit als staatlich eingerichteter Sachwalter für den erforderlichen Interessenausgleich.[288] Die Stellung der Koalitionen ist durch den Gesetzgeber daher zumindest in Teilbereichen von der Mandatierung der Mitglieder abgekoppelt. Sie kann daher nicht alleinige Begründung der Normsetzungsbefugnis sein.

bb) Staatsentlastungsfunktion der Koalition als Grund der Parallelität verfolgter Zwecke

Auch bei Anwendung der durch das Bundesarbeitsgericht vorgegebenen Grundlagen der Koalitionsfreiheit lässt sich eine Gemeinwohlbindung der Koalitionen herleiten. Allerdings liegt eine Gemeinwohlbindung nicht so nahe, wenn man dem Kombinationsansatz nicht folgt und die Normsetzungsbefugnis der Koalition

286 Anders *Dieterich*, in: ErfKomm., Art. 9 GG, Rz. 53.

287 Zu Recht geht *Richardi*, JZ 2011, 282 (288) davon aus, dass es sich hierbei um eine staatliche Mandatierung handelt.

288 *Richardi*, JZ 2011, 282 (289).

als reine Aktualisierung der kollektiven Privatautonomie versteht. Zwar spricht zunächst der Sinn und Zweck der Koalitionsfreiheit für eine Bindung der Koalitionsbetätigung an das Gemeinwohl. Die Freiheit des Art. 9 Abs. 3 GG hat ihren Grund in der historischen Erfahrung, dass durch die Arbeit der Koalitionen eher Ergebnisse erzielt werden, die sowohl den widerstreitenden Interessen der Vertragsparteien, als auch dem Gemeinwohl gerecht werden können, als durch staatliche Regelung.[289] Ist dies Sinn und Zweck der Koalitionsfreiheit, dann müssen die Koalitionen auch an das Gemeinwohl gebunden sein. Eine Regelung ist nämlich nicht schon dann am Gemeinwohl orientiert, wenn die Tarifparteien die Regelung ausgehandelt haben. Dass durch den besonderen Verhandlungsprozess ein gemeinwohlverträgliches Ergebnis erzielt werde, stellt lediglich eine Erwartung dar. Die Gemeinwohlbindung ergibt sich vielmehr daraus, dass das Grundrecht der Koalitionsfreiheit neben dem Charakter als subjektives Freiheitsrecht auch die objektiv-rechtliche Garantie eines arbeitsverfassungsrechtlichen Ordnungsprinzips aufweist.[290] Den Koalitionen wird die autonome Ordnung des Arbeitslebens übertragen.[291] Das Wort Autonomie kommt aus dem Altgriechischen und bedeutet „sich selbst Gesetze gebend“[292] und suggeriert daher die Existenz einer grenzenlosen und selbstbestimmten Eigenmacht der Koalitionen. Die Autonomie der Koalitionen resultiert allerdings aus einer Entscheidung des Verfassungsgebers, stellt sich daher also nicht als „geborene“ Autonomie, sondern als „gekorene“ Autonomie dar, welche durchaus durch innere Beschränkungen gekennzeichnet sein kann. Für eine Beschränkungsmöglichkeit spricht, dass sich aus dem Wortlaut des Art. 9 Abs. 3 GG eine externe Koalitionsbetätigungsfreiheit nicht ergibt. Vielmehr ist dafür die Auslegung des Grundrechts erforderlich, so dass auch bei der Festlegung einzelner Inhalte der Koalitionsbetätigungsfreiheit Zurückhaltung geboten ist. Strukturell unterscheidet sich das Grundrecht der Koalitionsfreiheit als typisches Gruppengrundrecht mit gesamtgesellschaftlichen Auswirkungen von den typischen Einzelgrundrechten in ihrer primär abwehrrechtlichen Bedeutung darin, dass die Koalitionen einen durch den Gesetzgeber aus gesamtökonomischen Gründen gewährten Freiraum ausfüllen. Ihnen wird die sinnvolle Ordnung des Arbeitslebens aufgrund der sich paritätisch gegenüberstehenden kontradiktorischen Interessen eher zugetraut. Im Bereich der Arbeits- und Wirtschaftsbedingungen steht dem Bund gem. Art. 74 Nr. 11, 12 GG ein Gesetzgebungsrecht zu, das den Staat berechtigt, Gegenstände, die üblicherweise Inhalt von Kollektivvereinbarungen sind, selbst zu regeln.[293] Zwar dele-

289 BVerfG v. 02.03.1993 – 1 BvR 1213/85, NJW 1993, 1379 (1380).
290 *Scholz*, in: Maunz/Dürig, Art. 9 GG, Rz. 164, 172.
291 BVerfG v. 24.05.1977 – 2 BvL 11/74, NJW 1977, 2255 (2256).
292 Vgl. *Wahrig*, Fremdwörterlexikon.
293 *Wiedemann*, in: ders., TVG, Einleitung, Rz. 92.

giert nach Auffassung der Rechtsprechung der Staat durch die Koalitionsfreiheit nicht Befugnisse auf die Koalitionen, so dass sie an die gleichen Beschränkungen gebunden wären, die den Staat treffen.[294] Doch auch wenn man dieser Ansicht folgte, muss beachtet werden, dass die Koalitionen als Staatssubstitut und Staatsergänzung tätig werden. Der Staat beteiligt die Koalitionen daher an seinem Rechtsetzungsmonopol in Form einer Arbeitsteilung.[295] Die Koalitionen haben daher eine staatsentlastende Funktion und wirken auch als Schrittmacher der Rechtsentwicklung.[296] Die zwischen Staat und Koalitionen existierende Parallelität der Kompetenzen muss auch zu einer parallelen Bindung an die grundsätzlichen Zwecksetzungen der Regelungsbefugnis führen. Ansonsten könnte sich der Staat durch gesetzgeberische Enthaltsamkeit seiner allgemeinen Gemeinwohlbindung entledigen. Sind die Koalitionen nicht an die Grundidee des Gemeinwohls gebunden, wird die arbeitsverfassungsrechtliche Ordnung nach der Vorstellung des Grundgesetzes ad absurdum geführt, denn die Koalitionen könnten dann gerade nicht mehr staatsentlastend tätig werden. Als Bestandteil der grundgesetzlichen Arbeits- und Wirtschaftsverfassung muss sich die Koalitionsfreiheit daher an die Grenzen dieser Ordnung halten und darf nicht zu einer „Systemänderung“ oder einem „Systembruch“ führen.[297]

Die Vorstellung einer Bindung an das Gemeinwohl existiert zudem auch in der Betriebsautonomie.[298] Einleuchtende Argumente, warum zwar im Rahmen der Betriebsautonomie ein Gemeinwohlvorbehalt bestehen soll, nicht jedoch im Rahmen der Tarifautonomie, bestehen nicht. Im Gegenteil ist wegen der im Vergleich zur Betriebsautonomie weitergehenden Einflussmöglichkeiten der Tarifautonomie im Wege eines Erst-Recht-Schlusses von einer Gemeinwohlbindung auszugehen.

Allerdings könnte gegen eine Gemeinwohlbindung der Koalitionen eingewandt werden, dass Koalitionen bei ihrer Betätigung nach wohl herrschender Ansicht auch nicht an die Grundrechte gebunden sind.[299] Diese Ansicht beruht jedoch darauf, dass gem. Art. 1 Abs. 3 GG nur die Staatsgewalt grundrechtsverpflichtet ist und Koalitionen bei Ablehnung der Delegationstheorie keinen öffentlich-rechtlichen Status haben.[300] Die Bindung an Grundrechte bei der Ausführung von im weitesten Sinne öffentlichen Aufgaben ist allerdings nicht mit

---

294 So aber die Delegationstheorie, der durch die Rechtsprechung eine klare Absage erteilt wurde: vgl. BAG v. 27.05.2004 – 6 AZR 129/03, NZA 2004, 1399 (1401).

295 *Wiedemann*, in: ders., TVG, Einleitung, Rz. 80.

296 *Wiedemann*, in: ders., TVG, Einleitung, Rz. 30.

297 *Scholz*, in: HStR VIII (2010), § 175, Rz. 37.

298 *Richardi*, in: ders., BetrVG, § 2 BetrVG, Rz. 15 f.; *Thüsing*, in: FS 50 Jahre BAG, S. 889 (905).

299 BAG v. 27.05.2004 – 6 AZR 129/03, NZA 2004, 1399 (1401); vgl. aber unten Seite 99 ff.

300 *Kemper*, in: v. Mangoldt/Klein/Starck, Art. 9 Abs. 3 GG, Rz. 82.

der allgemeinen Zwecksetzung dieser Aufgaben gleichzusetzen. Die grundsätzlichen Ziele staatlicher Regelungen im Bereich der Arbeits- und Wirtschaftsbedingungen, namentlich das Gemeinwohl, müssen daher von den Koalitionen geteilt werden. Nur dann kann das grundrechtliche System der Arbeitsteilung zwischen Gesetzgeber und Koalitionen sinnvoll funktionieren. Dies ergibt sich auch daraus, dass die staatsentlastende Funktion der Koalitionen den Staat nicht von jeglicher Verantwortung freistellt. Der Staat kann auch dann Gemeinwohlbelange fördern, wenn die Arbeitnehmer und Arbeitgeber bei der Verfolgung ihrer jeweils eigenen Ziele Gemeinwohlbelange außer acht lassen.[301] Das verfassungsrechtliche Grundverständnis geht daher von einer gleichgerichteten Zweckvorstellung des Staates und der Koalitionen aus.

Aus vor allem praktischen Erwägungen geht auch die Rechtsprechung von einer grundsätzlichen Einschränkung der Koalitionsbetätigungsfreiheit durch das Gemeinwohl aus, ohne diese jedoch dogmatisch zu begründen. In der Rechtsprechung ist seit langem anerkannt, dass Arbeitskämpfe einer Gemeinwohlbindung unterliegen. So hat der Große Senat des Bundesarbeitsgerichts bereits 1971 entschieden, dass durch den Arbeitskampf das Gemeinwohl nicht offensichtlich verletzt werden darf.[302] Nach Ansicht des Bundesverfassungsgerichts „müssen auch die Gewerkschaften angesichts der Bedeutung ihrer Tätigkeit für die gesamte Wirtschaft und ihres (auch geistigen) Einflusses auf weite Bereiche des öffentlichen Lebens bei allen ihren Aktivitäten das gemeine Wohl berücksichtigen".[303] Wenn das Bundesarbeitsgericht in einer aktuellen Entscheidung formuliert, der Streitfall verlange „keine generelle Beurteilung, *welche* Grenzen Gemeinwohlbelange der gewerkschaftlichen Betätigungsfreiheit – etwa bei Arbeitskämpfen – ziehen können",[304] so ergibt sich daraus, dass das Gericht einerseits grundsätzlich davon ausgeht, dass die Koalitionsbetätigungsfreiheit durch Gemeinwohlbelange beschränkt wird und andererseits, dass sich die Beschränkung nicht nur auf Arbeitskämpfe, sondern auf sämtliche Koalitionsbetätigungen bezieht.

Mit der Abkehr der Rechtsprechung von der Delegationstheorie, steht rechtstatsächlich fest, dass die Normsetzungsmacht der Koalitionen auf kollektiv ausgeübter Privatautonomie beruht. Letztlich spricht aber auch ein Rückschluss aus dieser Begründung der Kollektivautonomie für eine Gemeinwohlbindung. Wenn schon Vertragsschlüsse des Einzelnen wegen Gemeinwohlwidrigkeit

301 *Wieland*, in: VVDStRL 59 (2000), S. 13 (42).
302 BAG (Gr. Sen.) v. 21.04.1971 – GS 1/68, NJW 1971, 1668 (1669).
303 BVerfG v. 18.12.1974 – 1 BvR 430/65 u. 259/66, NJW 1975, 1265 (1267).
304 BAG v. 20.01.2009 – 1 AZR 515/08, NJW 2009, 1990 (1995) – Hervorhebung nicht im Original.

gem. § 138 BGB sittenwidrig und damit nichtig sein können,[305] dann muss eine gewisse Gemeinwohlbindung erst recht für Kollektivverträge gelten.[306] Denn der Tarifvertrag als Ausdruck der kollektiv ausgeübten Privatautonomie richtet sich an Dritte, die an dem Vertragsschluss nicht beteiligt sind und für die der Kollektivvertrag durchaus belastende Regelungen enthalten kann. Der Tarifvertrag wirkt zudem kraft §§ 1 Abs. 1, 4 Abs. 1 TVG wie ein Gesetz und hat damit im Vergleich zu einem Individualvertrag deutlich weitgehendere Auswirkungen.

cc) Gemeinwohlkriterien

Zuzugeben ist, dass das Gemeinwohl als solches einen vagen Begriff darstellt, da der Gemeinwohlbegriff notwendigerweise offen ist.[307] Es ist daher nur möglich einen gewissen „Rumpf" des Gemeinwohls zur Beschränkung der Koalitionsbetätigungsfreiheit heranzuziehen, der nach allgemeiner Ansicht dessen Mindestgehalt darstellt.[308] Dieser für die Koalitionsbetätigung zu beachtende Mindestgehalt lässt sich dem Grundgesetz und seiner Auslegung durch das Bundesverfassungsgericht entnehmen. Zum Gemeinwohl gehört danach das gesamtwirtschaftliche Gleichgewicht (Art. 109 Abs. 2 GG),[309] der Inhalt des Sozialstaatsgebotes[310], sowie das, was als Ausfluss der Menschenwürde anerkannt ist und der Allgemeinheit zugute kommt.[311] Gemeinwohlrelevant sind damit insbesondere Koalitionsbetätigungen, die zu einem Abbau der Daseinsvorsorge führen und solche, die das gesamtwirtschaftliche Gleichgewicht gefährden können. Dies sind Betätigungen, die Einfluss nehmen auf die Stabilität des Preisniveaus, den hohen Beschäftigungsstand, das außenwirtschaftliche Gleichgewicht und das stetige und angemessene Wirtschaftswachstum. Insgesamt ist daher *Scholz* darin zuzustimmen, dass der Koalitionsbetätigung durch das Gemeinwohl und der daraus resultierenden Pflicht zu einem Mindestmaß an arbeits- und wirtschaftsverfassungsrechtlicher Homogenität Grenzen gezogen sind.[312]

---

305 BGH v. 23.02.2005 – VIII ZR 129/04, NJW 2005, 1490 (1491); BGH v. 25.01.2006 – VIII ZR 398/03, NVwZ-RR 2007, 47 (48).
306 *Thüsing*, in: FS 50 Jahre BAG, S. 889 (903 f.).
307 *Picker*, ZfA 1986, 199 (219); *Schuppert*, GewA 2004, 441 (443).
308 *Rüfner*, RdA 1985, 193 (199); *Thüsing*, in: FS 50 Jahre BAG, S. 889 (906).
309 BVerfG v. 27.04.1999 – 1 BvR 2203–93 und 1 BvR 897–95, NJW 1999, 3033 (3035).
310 BVerfG v. 10.06.2009 – 1 BvR 706/08 u. a., NJW 2009, 2033 (2039).
311 *Thüsing*, in: FS 50 Jahre BAG, S. 889 (906); *Wieland*, in: VVDStRL 59 (2000), S. 13 (42).
312 *Scholz*, in HStR VIII (2010), § 175, Rz. 111.

f) Grenzziehung durch umfassende Gestaltungsaufgabe der Tarifvertragsparteien

In die gleiche Richtung weist die Entscheidung des Bundesarbeitsgerichts vom 18. März 2009 zur Zulässigkeit einfacher Differenzierungsklauseln.[313] In dieser Entscheidung tendiert das Gericht dazu, dass den Tarifvertragsparteien eine umfassende Gestaltungsaufgabe zukommt. Es hält einfache Differenzierungsklauseln auch dann für zulässig, wenn aufgrund der umfassenden Gestaltungsaufgabe der Tarifvertragsparteien ein Tarifvertrag grundsätzlich geeignet sein muss, alle Arbeitsverhältnisse in seinem Geltungsbereich zu regeln. Zwar entscheidet das Bundesarbeitsgericht letztlich nicht, ob nach der Vorstellung des Gesetzgebers die Aufgabe der Koalitionen nicht nur darin besteht, sich für eine Regelung der Arbeitsbedingungen der Koalitionsmitglieder zu engagieren, sondern die Tarifautonomie den Koalitionen die Verpflichtung auferlegt, neben den Interessen der Mitglieder zudem diejenigen Arbeitnehmer zu berücksichtigen, die potentiell von dem abgeschlossenen Tarifwerk erfasst werden könnten. Es macht jedoch unter Zuhilfenahme verschiedener Begründungen keinen Hehl aus der grundsätzlichen Befürwortung eines solchen Verständnisses der Tarifautonomie. Das Bundesarbeitsgericht begründet die umfassende Gestaltungsaufgabe zunächst mit der Möglichkeit der Allgemeinverbindlicherklärung gem. § 5 TVG. So spreche diese dafür, dass Tarifverträge „angemessene und ausgewogene Regelungen für ihren Geltungsbereich enthalten sollen, die geeignet sind, an die Stelle einer staatlichen Regelung über die betreffenden Arbeitsbedingungen zu treten." Zudem habe der Gesetzgeber durch die Herausnahme der Tarifverträge aus der Inhaltskontrolle nach § 310 Abs. 4 BGB und die zahlreichen Tariföffnungsklauseln in Arbeitsschutzgesetzen deutlich gemacht, dass er von der Angemessenheit koalitionärer Rechtsetzung aufgrund der sich auf alle im Geltungsbereich des Tarifvertrags tätigen Arbeitnehmer beziehenden Regelungsabsicht ausgeht.

Diesen grundsätzlichen Erwägungen zur Regelungsaufgabe der Tarifvertragsparteien wurde in der Literatur bislang zu Unrecht nur wenig Beachtung geschenkt.[314] Die Bindung der Tarifvertragsparteien an einen umfassenden Regelungsauftrag berührt die Grundlagen tarifautonomer Rechtsetzungskompetenz. Ein rein mandatarisches Verständnis der Tarifautonomie scheint mit dieser Bindung nicht vereinbar. Insoweit sprechen die Überlegungen des Bundesarbeitsgerichts eher für eine auf Mandat und Delegation beruhende Regelungskompetenz.

---

313 BAG v. 18.03.2009 – 4 AZR 64/08, NZA 2009, 1028 (1035 ff.).

314 Wohl eher zustimmend *Greiner/Suhre*, NJW 2010, 131 (133); dezidierte Ablehnung durch *Hartmann/Lobinger*, RdA 2010, 235 (239 f.).

Hartmann/Lobinger folgen der Ansicht des Bundesarbeitsgerichts nicht.[315] Sie gehen von einer auf die Koalitionsmitglieder begrenzten Gestaltungsaufgabe der Tarifvertragsparteien aus. Zuzustimmen ist *Hartmann/Lobinger* darin, dass die Möglichkeit der Allgemeinverbindlicherklärung nicht dazu führt, dass die Koalitionen verpflichtet sind, nur Tarifverträge zu schließen, die den Anforderungen staatlicher Gesetze entsprechen. Allerdings entkräften sie dadurch das Argument des Bundesarbeitsgerichts nicht, denn gerade dies stellt auch das Gericht selbst fest.[316] Zutreffend führen sie aus, dass nicht von der Existenz des § 5 TVG auf den Umfang der Regelungsaufgabe der Tarifvertragsparteien zu schließen sei, sondern dass die Existenz des § 5 TVG lediglich insoweit von Bedeutung sei, als nur solche Tarifverträge für allgemeinverbindlich erklärt werden könnten, die nach ihrem Inhalt materieller staatlicher Gesetzgebung entsprächen. Allerdings übersehen die Autoren die Zielrichtung des Arguments des Bundesarbeitsgerichts. Der Allgemeinverbindlicherklärung kommt eine soziale Schutzfunktion zu. Dass der Gesetzgeber einen solchen Mechanismus geschaffen hat, zeugt von der Erwartung, die Tarifvertragsparteien werden die Tarifautonomie in einer Weise ausüben, die einer Allgemeinverbindlicherklärung zugängliche Regelwerke hervorbringt. Diese Erwartung einer staatsentlastenden Betätigung der Koalitionen ist als Indiz für einen umfassenden Gestaltungsauftrag der Tarifvertragsparteien zu verstehen. Dass Tarifverträge, die den Anforderungen an ein materielles staatliches Gesetz nicht entsprechen, nicht für allgemeinverbindlich erklärt werden, ist die Kehrseite derselben Medaille.

Entgegen *Hartmann/Lobinger* spricht, wie vom Bundesarbeitsgericht vorgetragen, auch die Existenz von § 310 Abs. 4 BGB und der gesetzlichen Tariföffnungsklauseln für die Anerkennung eines umfassenden Gestaltungsauftrags der Tarifvertragsparteien. Die genannten Normen finden nicht nur Anwendung auf die normativ Tarifgebundenen, sondern auch auf diejenigen, die an den Tarifvertrag kraft vertraglicher Abrede gebunden sind. Die Tarifverträge haben daher eine weit über ihre Mitglieder hinausreichende faktische Regelungsfunktion. Sie werden gem. § 310 Abs. 4 BGB keiner AGB-Kontrolle unterworfen und können von vielen Arbeitnehmerschutzvorschriften auch zu Lasten der Arbeitnehmer abweichen. Der Gesetzgeber hat den Tarifverträgen diese weitgehenden Einwirkungsmöglichkeiten aufgrund der Angemessenheitsvermutung der Tarifverträge zugestanden. Die Außenseiterberührung spricht allerdings dafür, dass das Kriterium der Angemessenheit nicht als auf die Koalitionsmitglieder beschränkt anzusehen ist, sondern auch der darüber hinausgehende vom Geltungsbereich des Tarifvertrags erfasste Personenkreis in die Prüfung mit einzubeziehen ist.

315 *Hartmann/Lobinger*, RdA 2010, 235 (239 f.).

316 BAG v. 18.03.2009 – 4 AZR 64/08, NZA 2009, 1028 (1036).

Insgesamt hat der Gesetzgeber eine Privilegierung des Tarifvertrags vorgesehen, die konsistent nur dann zu erklären ist, wenn die Koalitionen keine reinen Mitgliederinteressenverbände sind.[317] Die Anerkennung eines umfassenden Regelungsauftrags begrenzt die Koalitionsbetätigungsfreiheit. Die Koalition muss bei ihren Betätigungen die Interessen aller Arbeitnehmer berücksichtigen, die vom Geltungsbereich des Tarifvertrags erfasst werden können.

g) Grenzziehung durch das Gewaltverbot und den Friedlichkeitsvorbehalt

Als schutzbereichsimmanente Grenze kommt auch das Gewaltverbot in Betracht. Zwar ist ein Friedlichkeitsvorbehalt ausdrücklich nur in Art. 8 Abs. 1 GG normiert. Dies schließt jedoch nicht aus, dass das Gewaltverbot auch als immanente Schutzbereichsbegrenzung anderer Freiheitsrechte in Betracht kommt.[318] Dass Art. 8 Abs. 1 GG als einziger Artikel einen ausdrücklichen Friedlichkeitsvorbehalt kennt, kann sich vielmehr aus der Entstehungsgeschichte des Grundgesetzes ergeben. Der Grundrechtskatalog des Grundgesetzes ist nicht am Reißbrett entstanden, sondern durch eine traditionsbewusste Modernisierung zumeist bekannter Strukturen, mit klarem Fokus auf die Abkehr von nationalsozialistischem „Verfassungsverständnis".[319] Der Friedlichkeitsvorbehalt war bereits in Art. 123 WRV enthalten, der fast wörtlich übernommen wurde. Daraus folgt nicht automatisch, dass bei den anderen Grundrechten zwingend auch unfriedliches Verhalten vom Schutzbereich erfasst werden muss.[320]

Das Gewaltmonopol liegt auf Seiten des Staates, nicht auf der des einzelnen Grundrechtsträgers. Dieser wird zwar durch die Grundrechte in seiner Selbstbestimmung geschützt, er wird jedoch nicht zum Übergriff in fremde Rechtssphären ermächtigt.[321] Die Koalitionsfreiheit ermächtigt daher nicht zur Anwendung

317 Dagegen schließen *Hartmann/Lobinger*, RdA 2010, 235 (240) aus der Existenz von § 310 Abs. 4 BGB und den Tariföffnungsklauseln lediglich, dass deren Wirkung dann nicht eintreten dürfe, wenn normativ gebundene und vertraglich gebundene Arbeitnehmer durch den Tarifvertrag nicht gleichbehandelt würden. Das spricht jedoch nicht gegen den umfassenden Regelungsauftrag der Tarifvertragsparteien. Vielmehr stellt dies die Folge einer Missachtung des umfassenden Regelungsauftrags dar.

318 *Isensee*, in: FS Sendler, S. 39 (46 ff.); *Merten*, in: Handbuch der Grundrechte, Band III, § 56, Rz. 28; *Horn*, in: Stern/Becker, Art. 2 GG, Rz. 28 geht richtigerweise davon aus, dass alle Grundrechte unter einem Friedlichkeitsvorbehalt stehen; dagegen *Sachs*, in: Stern, Das Staatsrecht der Bundesrepublik Deutschland, Band III/2, S. 537.

319 *Stern*, in: Stern/Becker, Einl., Rz. 20 ff.

320 Nach *Muckel*, in: FS Schiedermair, S. 347 (353) ist die Friedlichkeit ein allgemeines Prinzip der Grundrechtsgewährleistung.

321 *Isensee*, in: FS Sendler, S. 39 (58); *Säcker/Mohr*, JZ 2010, 440 (443).

von Gewalt.[322] Gewalt bedeutet in diesem Sinne nur körperlich wirkender Zwang gegenüber Personen.[323] Insoweit ist wie bei Art. 8 GG eine Betätigung dann nicht mehr grundrechtlich geschützt, wenn ihr Zweck oder ihr Verlauf die Begehung oder den Versuch von Straftaten gegen Leib, Leben, Freiheit oder sonstige erhebliche Rechtsgüter Dritter oder der Allgemeinheit mit sich bringt.[324] Weitergehend kommt auch in Betracht, dass das Grundrecht der Koalitionsfreiheit durch den neminem-laedere-Grundsatz beschränkt wird. Zum Teil wird in der Literatur davon ausgegangen, dass dieser Grundsatz, wie bei jeder Rechtsausübung, auch bei der Grundrechtsausübung Anwendung findet.[325] Er geht umfassender als das Gewaltverbot davon aus, dass sich die Ausübung grundrechtlicher Freiheit prinzipiell einer Schädigung von Rechtsgütern anderer enthalten muss.

Dem Grundrecht des Art. 9 Abs. 3 GG ist immanent, dass dessen Ausübung ein konfliktauslösendes Element innewohnt. Die Konfliktauslösung ist gerade Sinn und Zweck der Koalitionsfreiheit, denn durch den Konflikt soll eine angemessene Arbeits- und Wirtschaftsverfassung erreicht werden. Kehrseite dieser Erkenntnis ist jedoch, dass die Grundrechtsausübung im Falle des Art. 9 Abs. 3 GG wie keine andere Gefahr läuft, Dritte in ihren Grundrechten erheblich zu beeinträchtigen. Bei Art. 9 Abs. 3 GG handelt es sich daher um ein „gewaltnahes" Grundrecht.[326] Dies spricht dafür, bereits auf Schutzbereichsebene gewisse Exzesse von vornherein vom Grundrechtsschutz auszuschließen. Dabei bietet es sich an zwischen Nah- und Fernzielen zu unterscheiden. Ist das Nahziel des Grundrechtsträgers primär auf die gezielte aktive Beeinträchtigung grundrechtlicher Positionen Dritter gerichtet, ist auch dann nicht der Schutzbereich der Koalitionsbetätigungsfreiheit eröffnet, wenn als Fernziel die Förderung und Sicherung der Arbeits- und Wirtschaftsbedingungen angestrebt wird. Zwar wird vielfach in der Literatur gegen die Beschränkung des Schutzbereichs der Grundrechte eingewandt, der Ausschluss unfriedlicher Exzesse erfolge besser auf

---

322 *Merten*, in: Handbuch der Grundrechte, Band III, § 60, Rz. 38; *Säcker/Mohr*, JZ 2010, 440 (443); vgl. auch bzgl. der Versammlungsfreiheit die abweichende Meinung der Richterin Haas in BVerfG v. 24.10.2001 – 1 BvR 1190/90 u. a., NJW 2002, 1031 (1035 ff.).

323 *Muckel*, in: Friauf/Höfling, Art. 4 GG, Rz. 19; wird der Gewaltbegriff auf physisch wirkenden Zwang begrenzt, stellt sich der Gewaltbegriff auch nicht als zu unbestimmt dar, wie dies *Hufen*, Staatsrecht II, § 6, Rz. 20 annimmt.

324 *Willemsen/Mehrens*, Anm. zu BAG v. 22.09.2009 – 1 AZR 972/08, AP GG Art. 9 Arbeitskampf Nr. 174; für Art. 8 GG *Gusy*, in: v. Mangoldt/Klein/Starck, Art. 8 GG, Rz. 23.

325 *Battis/Grigoleit*, NVwZ 2001, 121 (129); bzgl. Art. 8 GG vgl. *Depenheuer*, in: Maunz/Dürig, Art. 8 GG, Rz. 62.

326 So bezeichnet *Depenheuer*, in: Maunz/Dürig, Art. 8 GG, Rz. 62 das Grundrecht der Versammlungsfreiheit und geht davon aus, dass deshalb dem neminem-laedere-Gebot besondere Beachtung geschenkt werden müsse. Art. 8 GG sei kein Grundrecht auf Schädigung Dritter.

Schrankenebene,[327] jedoch ist nicht einzusehen, warum bei allen Grundrechten an dieser traditionellen Auffassung festzuhalten ist, zumal die Vertreter dieser Ansicht als Argument für die Lösung auf Schrankenebene anführen, dass sich dort leicht klären lasse, dass eine gewalttätige Grundrechtsausübung so gut wie immer verboten ist.[328] Lässt sich dies so leicht auf Schrankenebene klären, dann spricht doch im Gegenteil die Rechtssicherheit dafür, einer solchen Grundrechtsausübung bereits die Aufnahme in den Schutzbereich zu verwehren.[329]

Ein Ausschluss derartiger Exzesse von dem Schutz des Art. 9 Abs. 3 GG wurde durch die Rechtsprechung zumindest bis zur Entscheidung über die Zulässigkeit sogenannter Flashmobs[330] hinsichtlich des Arbeitskampfrechts erreicht. Dies geschah dadurch, dass nach der Rechtsprechung Arbeitskampfmaßnahmen nur dann von der Koalitionsfreiheit „erfasst" wurden, wenn sie für die Sicherstellung einer funktionierenden Tarifautonomie erforderlich waren.[331] Arbeitskampfmittel wurden daher einer strikten Verhältnismäßigkeitsprüfung unterzogen. Erforderlich sind die Arbeitskampfmittel dann, wenn durch ihre Anwendung die notwendige Kampfparität der Arbeitgeber- und Arbeitnehmerseite gesichert wird. Bezugspunkt der Verhältnismäßigkeit war mithin die Tarifautonomie bzw. der die Tarifautonomie prägende Paritätsgedanke,[332] während neuere Tendenzen erkennen lassen, dass das Bundesarbeitsgericht nunmehr nur eine Prüfung der Verhältnismäßigkeit des Arbeitskampfmittels in Bezug auf das Kampfziel der Koalition durchführen will.[333] Wird dieser Ansatz konsequent zu Ende gedacht, führte dies dazu, dass es letztlich zu einer vollständigen Freiheit der Wahl der Kampfmittel kommt. Um ein besonders intensives Arbeitskampfmittel einsetzen zu können, müsste die Koalition lediglich ein besonders ambitioniertes Kampfziel aufstellen. Über den Umfang des Grundrechtsschutzes könnte dann der Grundrechtsberechtigte selbst entscheiden. Dies ist jedoch mit dem bestehenden Arbeitskampfrecht nicht in Einklang zu bringen, denn der Grundsatz der Freiheit der Wahl der Kampfmittel besagt lediglich, dass der Koalition ein Wahlrecht hinsichtlich der von der Rechtsordnung anerkannten Kampfmittel zur Verfügung steht.[334] Eine vollkommen freie Wahl des Kampfmittels existiert dagegen nicht.

---

327 *Engels*, Verfassung und Arbeitskampfrecht, S. 222 ff.; *Hufen*, Staatsrecht II, § 6, Rz. 20.

328 *Hufen*, Staatsrecht II, § 6, Rz. 20.

329 Ähnlich *Säcker/Mohr*, JZ 2010, 440 (443 ff.).

330 BAG v. 22.09.2009 – 1 AZR 972/08, NJW 2010, 631.

331 Vgl. nur BVerfG v. 26.06.1991 – 1 BvR 779/85, NJW 1991, 2549 (2550).

332 Dagegen *Kemper*, in: v. Mangoldt/Klein/Starck, Art. 9 Abs. 3 GG, Rz. 163.

333 BAG v. 22.09.2009 – 1 AZR 972/08, NJW 2010, 631 (635); vgl. auch schon BAG v. 19.06.2007 – 1 AZR 396/06, NZA 2007, 1055 (1058); kritisch zu dieser Tendenz *Bieder*, NZA 2008, 799; zu dieser Problematik näher unten Seite 262 ff.

334 BAG v. 10.06.1980 – 1 AZR 822/79, NJW 1980, 1642 (1647).

Die Rechtsprechung hat im Bereich des Arbeitskampfrechts im Zusammenhang mit dem Verhältnismäßigkeitsgrundsatz das Gebot fairer Kampfführung aufgestellt, das den Grundsatz der Parität materiell umsetzt.[335] Die Rechtsprechung des Bundesarbeitsgerichts lässt vermuten, dass Ausfluss dieses Gebotes ein Friedlichkeitspostulat ist. So erörtert es noch in der Entscheidung vom 22. September 2009, dass eine „koalitionsspezifische Betätigung anzunehmen [sei], wenn das von einer Koalition eingesetzte – *friedliche* – Mittel der Durchsetzung eines koalitionsspezifischen Ziels […] dient."[336] Diese Aussage spricht dafür, dass auch das Bundesarbeitsgericht die Friedlichkeit der Betätigung als schutzbereichsimmanente Grundrechtsschranke versteht.[337] Sicherlich geht das Bundesarbeitsgericht von der oben erörterten Auslegung des Begriffs der „friedlichen" Versammlung aus.[338] Der Grundsatz der Friedlichkeit muss allerdings noch umfassender sein als das Gewaltverbot. Während dieses nur physisch wirkenden Zwang als Grenze der Grundrechtsbetätigung ansieht, fällt unter jenes eine Betätigung schon dann, wenn das Ziel der Grundrechtsausübung darin besteht, erheblich in die Grundrechtssphäre des Dritten einzugreifen und so eine (massive) Schädigung des Verhandlungspartners zu erreichen bzw. wenn die Grundrechtsausübung auf der Anmaßung fremder Grundrechtssphären beruht.[339] Dies ist immer dann der Fall, wenn ein solcher „Grundrechtsübergriff" das Nahziel der Grundrechtsausübung darstellt. Die Koalitionsbetätigungsfreiheit schützt daher nur Betätigungen, deren Hauptzweck auf die Förderung der Arbeits- und Wirtschaftsbedingungen gerichtet ist. Unter ihrem Deckmantel sind keine massiven Schädigungshandlungen zulasten des Verhandlungspartners erlaubt. Dies ergibt sich auch aus dem Gedanken der Kampfparität. Greift der Grundrechtsträger gezielt erheblich in die Grundrechtssphäre des Verhandlungspartners ein, wird regelmäßig das Verhandlungsgleichgewicht in Mitleidenschaft gezogen. Zumeist wäre es in einer solchen Situation erforderlich, dass dieser nunmehr seinerseits zu einem gezielten Angriff auf die fremde Grundrechtssphäre übergeht. Abgesehen davon, dass selbst dies nicht immer möglich sein wird, kann dies auch kein gewollter Effekt der Grundrechtsausübung sein.

335 Vgl. BAG v. 31.10.1995 – 1 AZR 217/95, NZA 1996, 389 (390).

336 BAG v. 22.09.2009 – 1 AZR 972/08, NJW 2010, 631 (634) – Hervorhebung nicht im Original; vgl. auch der Hinweis auf die Friedlichkeit in BAG v. 13.07.1993 – 1 AZR 676/92, NJW 1994, 74 (76).

337 Auch *Säcker/Mohr*, JZ 2010, 440 (443 ff.) gehen von der Friedlichkeit als immanente Grenze koalitionsspezifischer Betätigung aus.

338 *Willemsen/Mehrens*, Anm. zu BAG v. 22.09.2009 – 1 AZR 972/08, AP GG Art. 9 Arbeitskampf Nr. 174.

339 *Muckel*, in: FS Schiedermair, S. 347 (359 f.), siehe dazu unten Seite 279 ff.

Da der Friedlichkeitsvorbehalt auch ein Verbot der Anmaßung fremder Grundrechtspositionen beinhaltet, können sich Grundrechtsträger auch nicht als Eigentümer fremder Eigentumspositionen gerieren. Koalitionen können daher nicht für die Grundrechtsausübung fremdes Eigentum beanspruchen.[340] Würde dies zugelassen werden, vermischte man Abwehr- und Leistungsfunktion der Grundrechte.[341] Als Abwehrgrundrecht schützt Art. 9 Abs. 3 GG grundsätzlich vor Eingriffen in die Koalitionsfreiheit. Wie auch bei Art. 8 GG folgt aus diesem Abwehrgrundrecht kein Anspruch darauf, dass das Eigentumsrecht anderer zurückstehen muss. Koalitionen haben daher keinen Anspruch auf Zurverfügungstellung bestimmter Örtlichkeiten für ihre Betätigung. Hinzu kommt, dass die Rechtsordnung dasselbe Rechtsgut nicht widerspruchsfrei verschiedenen Rechtsträgern gleichzeitig zuordnen kann.[342] Ansonsten würde nicht nur eine Beeinträchtigung anderer durch eigene Grundrechtsausübung möglich sein, sondern auch eine Benutzung fremder Grundrechtspositionen zur Ausübung eigener Grundrechte ermöglicht.[343]

Eine koalitionsspezifische Betätigung liegt daher nur dann vor, wenn die Koalition auf physisch wirkenden Zwang verzichtet und als Nahziel die Förderung und Sicherung der Wirtschafts- und Arbeitsbedingungen verfolgt. Die Koalition darf sich nicht fremde Grundrechtspositionen anmaßen. Besteht das Nahziel der Koalition in einem gezielten erheblichen Eingriff in fremde Grundrechtspositionen, der zu einer massiven Schädigung grundrechtlich geschützter Interessen des Verhandlungspartners führt, ist der Schutzbereich der Koalitionsbetätigungsfreiheit nicht eröffnet. Ein hinreichender Zusammenhang der Betätigung mit den Zwecken des Art. 9 Abs. 3 GG ist in diesem Fall nicht gegeben.[344] Daran ändert sich auch dann nichts, wenn durch die Verfolgung dieses Nahzieles in der Zukunft die Förderung und Sicherung der Arbeits- und Wirtschaftsbedingungen als Fernziel erreicht werden soll. Nur bei einer solchen engen Schutzbereichsauslegung ist der Grundsatz der Kampfparität gewahrt und eine funktionsfähige Tarifautonomie sichergestellt.

Mit einer solchen Grundrechtsauslegung des Art. 9 Abs. 3 GG wird auch nicht grundsätzlich die dogmatisch richtige Trennung der Prüfung in Schutzbereich, Schranken und Schranken-Schranken aufgehoben. Es sollen lediglich solche Fälle bereits aus dem Schutzbereich der Koalitionsfreiheit ausgegliedert werden,

---

340 *Willemsen/Mehrens*, Anm. zu BAG v. 22.09.2009 – 1 AZR 972/08, AP GG Art. 9 Arbeitskampf Nr. 174.

341 *Merten*, in: Handbuch der Grundrechte, Band III, § 60, Rz. 39 ff.

342 *Lorenz*, in: FS Lerche, S. 267 (270).

343 *Muckel*, in: FS Schiedermair, S. 347 (359); *Lorenz*, in: FS Lerche, S. 267 (270 ff.).

344 Zum Erfordernis eines hinreichenden Zusammenhangs der Betätigung mit den Koalitionszwecken vgl. BVerfG v. 06.02.2007 – 1 BvR 978/05, NZA 2007, 394 (395).

die als Exzesse zu betrachten sind und bei denen auf Schrankenebene, wie *Hufen* es ausdrückt,[345] leicht klärbar ist, dass sie letztlich nicht vom Grundrechtsschutz umfasst sind. Im Rahmen des Schutzbereichs könnte dann eine Prüfung des Gewährleistungsbereichs des Grundrechts stattfinden.[346] Unklare Fälle, die eine umfassende Abwägung erfordern, können weiterhin besser auf Schrankenebene gelöst werden, insoweit müsste dann gelten, dass der Zweifel zur Schutzbereichseröffnung führt. Ein allgemeiner Grundsatz, wonach sämtliche Abwägungsentscheidungen im Rahmen der verfassungsrechtlichen Rechtfertigung zu treffen sind, existiert nicht.[347]

Für eine enge Grundrechtsauslegung spricht auch, dass Grundrechte nicht dazu da sind, sonst verbotenes Verhalten zu schützen, sondern den Schutz auch sonst erlaubten Handelns zu verstärken. Die eigenmächtige und erhebliche Beeinträchtigung von fremden Grundrechtspositionen, die auch sonst nicht von der Rechtsordnung geschützt ist, erlangt nicht deshalb Schutzbedürftigkeit, weil sie mit dem Lebensbereich eines Grundrechts zusammenhängt.[348] Ein Grundrecht kann den Grundrechtsträger nicht von der Beachtung der allgemeinen Rechtsordnung befreien.[349]

h) Grenzziehung durch Vergleich mit der Auslegung anderer Grundrechte

Diese Auslegung der Koalitionsbetätigungsfreiheit wird auch durch einen Vergleich mit der Auslegung anderer Grundrechte gestützt. Erkenntnisse ergeben sich insbesondere aus der historischen Entwicklung der Auslegung der ebenfalls vorbehaltlos gewährleisteten Grundrechte der Religions- und Weltanschauungsfreiheit (Art. 4 GG) und der Versammlungsfreiheit (Art. 8 GG). Auch ihnen wohnt tendenziell das Risiko einer ungesicherten Ausweitung des grundrechtlichen Tatbestands inne und insbesondere die Versammlungsfreiheit stellt, wie die Koalitionsfreiheit, ein „gewaltnahes" Grundrecht dar.

aa) Die Religionsfreiheit

Das einheitliche Grundrecht der Religionsfreiheit (Art. 4 Abs. 1 und 2 GG) umfasst neben dem Recht, einen Glauben zu haben (forum internum), auch das

345 *Hufen*, Staatsrecht II, § 6, Rz. 20.

346 So *Kahl*, Der Staat, Band 43 (2004), S. 167 (174 ff.).

347 *Volkmann*, JZ 2005, 261 (267).

348 So *Pieroth/Schlink*, Grundrechte, Rz. 666 für die Kunstfreiheit und Rz. 674 ff. für die Wissenschaftsfreiheit; für *Volkmann*, JZ 2005, 261 (268) stellt die Ausklammerung der eigenmächtigen Inanspruchnahme fremder Rechtsgüter aus dem grundrechtlichen Schutzbereich den tragenden Gedanken einer Neuorientierung der Grundrechtsdogmatik dar.

349 *Volkmann*, JZ 2005, 261 (270).

Recht, sein gesamtes Leben nach der religiösen oder weltanschaulichen Überzeugung auszurichten und seiner inneren Glaubensüberzeugung gemäß zu handeln (forum externum).[350] Es stellt sich daher die Frage, ob die Religionsfreiheit alle von der religiösen oder weltanschaulichen Überzeugung getragenen Aktivitäten umfasst.[351] Wird diese Frage bejaht, hat dies erhebliche Auswirkungen auf den grundrechtlichen Gewährleistungsgehalt, insbesondere deshalb, weil das Selbstverständnis der Religionsgemeinschaft bei der Frage der Reichweite der grundrechtlichen Gewährleistung zu berücksichtigen ist.[352] Auch bei der Religionsfreiheit würde eine solche Grundrechtsauslegung zu einer „verfassungsrechtlich privilegierten Sonderform der Handlungsfreiheit" führen,[353] die für jedes beliebige Handeln in Anspruch genommen werden könnte.[354] In diesem Fall wäre der (vermeintliche) Grundrechtsträger selbst in der Lage sich den Schutzbereich des Grundrechts zu eröffnen.[355] Bei einer solchen Auslegung des Grundrechts bestünde das Risiko einer Konturenlosigkeit,[356] die einen Mangel an Rechtssicherheit zur Folge hätte. Während die frühere Rechtsprechung des Bundesverfassungsgerichts tatsächlich eine derart extensive Interpretation der Religionsfreiheit zu vertreten schien, hat das Gericht sich nun schon seit langem darum bemüht, durch objektive Kriterien Restriktionen des ausufernden Schutzbereichs der Religionsfreiheit herbeizuführen. Diese Entwicklung ist zu begrüßen, kann doch effektiver rechtsstaatlicher Schutz umso eher gewährleistet werden, je stärker der Inhalt des Schutzbereichs konturiert ist.[357]

So hat das Bundesverfassungsgericht entschieden, dass allein das Selbstverständnis einer Gemeinschaft nicht zur Eröffnung des grundrechtlichen Schutzbe-

---

350 Vgl. nur BVerfG v. 19.10.1971 – 1 BvR 387/65, NJW 1972, 327 (329); BVerfG v. 25.01.2007 – 2 BvR 26/07, NJW 2007, 1865 (1867).

351 So *Morlok*, in: Dreier, Art. 4 GG, Rz. 79.

352 BVerfG v. 16.10.1968 – 1 BvR 241/66, NJW 1969, 31 (32); BVerfG v. 25.01.2007 – 2 BvR 26/07, NJW 2007, 1865 (1867); die Rechtsprechung des Bundesverfassungsgerichts hinsichtlich der Erheblichkeit des Selbstverständnisses war umfangreichen Veränderungen ausgesetzt. Zunächst entschied das Bundesverfassungsgericht, das Selbstverständnis der Gemeinschaft sei zu berücksichtigen, BVerfG v. 16.10.1968 – 1 BvR 241/66, NJW 1969, 31 (32), dann wurde das Selbstverständnis als verbindlich betrachtet BVerfG v. 11.10.1977 – 2 BvR 209/76, NJW 1978, 581 (581), bis ihm besonderes Gewicht zugesprochen wurde, BVerfG v. 25.03.1980 – 2 BvR 208/76, NJW 1980, 1895 (1896). Danach wurde die Bedeutung des Selbstverständnis wieder restriktiver betrachtet, vgl. Nachweise in Fn. 359 und 360.

353 *Starck*, in: v. Mangoldt/Klein/Starck, Art. 4 Abs. 1, 2 GG, Rz. 68; Mager, in: v. Münch/Kunig, Art. 4 GG, Rz. 17.

354 *Merten*, in: Handbuch der Grundrechte, Band III, § 56, Rz. 60.

355 *Muckel*, in: Friauf/Höfling, Art. 4 GG, Rz. 6; kritisch dazu auch *Böckenförde*, Der Staat, Band 42 (2003), S. 165 (181).

356 *Pieroth/Schlink*, Grundrechte, Rz. 552.

357 *Kästner*, in: Stern/Becker, Art. 4 GG, Rz. 34.

reichs führen kann.[358] Vielmehr ist zu prüfen, ob es sich auch „tatsächlich, nach geistigem Gehalt und äußerem Erscheinungsbild, um eine Religion und Religionsgemeinschaft“ handelt.[359] Diese Einschränkung soll verhindern, dass das Selbstverständnis der Religionsgemeinschaft für die Schutzbereichseröffnung entscheidend ist. Die Behauptung ein Verhalten sei glaubensgeleitet, muss plausibel sein, um den Grundrechtsschutz auszulösen.[360] Zwar ist das Selbstverständnis der Gemeinschaft auch weiterhin als ein Kriterium bei der Prüfung der Schutzbereichseröffnung zu berücksichtigen, ausschlaggebend sind jedoch objektiv nachprüfbare Kriterien, die eine „Selbsteröffnung“ des Schutzbereichs ausschließen.

Restriktiver gesehen wird auch das Recht des Einzelnen, sein gesamtes Verhalten an seinem Glauben ausrichten zu dürfen. Nicht jedes Verhalten, das von der Religion erwünscht oder gefordert wird, verdient grundrechtlichen Schutz, sondern nur solches, das sich als *zwingende* Verhaltensregel darstellt, von der der Betroffene nicht ohne innere Not absehen kann.[361] Dies muss bei Zweifeln anhand authentischer Quellen nachgewiesen werden.[362] Nicht geschützt sind daher religiös motivierte Tätigkeiten, die die Religion oder Weltanschauung weder gebietet oder empfiehlt, sondern lediglich erlaubt.[363]

In die gleiche Richtung der weiteren Konturierung des Schutzbereichs der Religionsfreiheit geht das Urteil des Bundesverfassungsgerichts zum Schächten von Tieren.[364] Dogmatisch interessant ist diese Entscheidung deshalb, weil das Bundesverfassungsgericht von vornherein eine Prüfung des Schutzbereichs der Religionsfreiheit unterlässt. Das betäubungslose Schlachten warmblütiger Tiere wird nur anhand der Maßstäbe der Berufsfreiheit gemessen.[365] Zwar sieht das Bundesverfassungsgericht im Falle des Schächtens von Tieren den Schutz der Berufsfreiheit als von Art. 4 GG verstärkt an, das Schächten selbst wird jedoch nicht als Akt der Religionsausübung verstanden.[366] Mit dieser Entscheidung löst sich das Bundesverfassungsgericht von einer extensiven Auslegung der Religionsfreiheit und versucht die Erkennbarkeit des grundrechtlichen Schutzbereichs zu

---

358 BVerfG v. 05.02.1991 – 2 BvR 263/86, NJW 1991, 2623 (LS 1); BVerwG v. 23.02.2005 – 6 C 2/04, NJW 2005, 2101 (2102); auf die Vergleichbarkeit mit der Koalitionsfreiheit weist auch *Jacobs*, ZfA 2011, 71 (82) hin.

359 BVerfG v. 05.02.1991 – 2 BvR 263/86, NJW 1991, 2623 (2624).

360 BVerfG v. 24.09.2003 – 2 BvR 1436/02, NJW 2003, 3111 (3112).

361 BVerfG v. 25.01.2007 – 2 BvR 26/07, NJW 2007, 1865 (1867).

362 *Starck*, in: v. Mangoldt/Klein/Starck, Art 4 GG, Rz. 37.

363 *Pieroth/Schlink*, Grundrechte, Rz. 556.

364 BVerfG v. 15.01.2002 – 1 BvR 1783/99, NJW 2002, 663.

365 Da es sich im konkreten Fall um einen türkischen Metzger handelte, fand nicht Art. 12 GG, sondern Art. 2 GG Anwendung.

366 BVerfG v. 15.01.2002 – 1 BvR 1783/99, NJW 2002, 663 (663); kritisch zu dieser Einordnung *Dietz*, DÖV 2007, 489 (490).

schärfen.[367] Dies führt dazu, dass zum einen nicht jede Tätigkeit, die mit religiöser Motivation durchgeführt wird, in den Tatbestand des Art. 4 GG fällt und zum anderen, dass ein zwingender Schluss von der Eigenschaft als Religionsgemeinschaft bzw. Weltanschauungsgemeinschaft auf die Eröffnung des Schutzbereichs für alle ihre Tätigkeiten nicht zulässig ist.[368]

bb) Die Versammlungsfreiheit des Art. 8 GG

Eine ähnliche Entwicklung der Rechtsprechung des Bundesverfassungsgerichts von einer extensiven zu einer restriktiveren Interpretation des grundrechtlichen Schutzbereichs lässt sich bei der Versammlungsfreiheit beobachten. Im Rahmen der Auslegung des Schutzbereichs stellt der Begriff der Versammlung einen konstanten Streitpunkt dar. So verwundert es nicht, dass gerade dieser Begriff in der Rechtsprechung des Bundesverfassungsgerichts zum Mittel der Schutzbereichskonturierung herangezogen worden ist.

Unstreitig ist für eine Versammlung im Sinne des Art. 8 GG mehr erforderlich, als die bloße physische Präsenz einer Menschenansammlung. Die Qualifikation als Versammlung können nach allgemeiner Ansicht nur solche Zusammenkünfte mehrerer Personen für sich beanspruchen, die sich dadurch auszeichnen, dass zwischen den Teilnehmern eine innere Verbindung durch eine gemeinsame Zweckverfolgung gegeben ist.[369] Nicht einheitlich beurteilt wird jedoch, welche qualitativen Anforderungen an diesen Zweck zu stellen sind. Es lassen sich grob drei verschiedene Auffassungen unterscheiden. Die Vertreter eines *weiten Versammlungsbegriffs* lassen jede beliebige Zweckverfolgung, die dem gemeinsamen Willen der Teilnehmer entspringt, genügen.[370] Nach dieser Ansicht fallen nahezu sämtliche Zusammenkünfte unter den Versammlungsbegriff, seien ihre Zwecke auch noch so profan.[371] Die Vertreter des *erweiterten Versammlungsbegriffs* verlangen, dass die Zusammenkunft der gemeinsamen Meinungsbildung oder -äußerung, unabhängig von ihrem konkreten Inhalt, dient.[372] Der *enge Versammlungsbegriff* versteht schließlich nur solche Zusammenkünfte als Ver-

---

367 *Merten*, in: Handbuch der Grundrechte, Band III, § 56, Rz. 78.

368 *Kästner*, in: Stern/Becker, Art. 4 GG, Rz. 61.

369 Vgl. nur *Gusy*, in: v. Mangoldt/Klein/Starck, Art. 8 GG, Rz. 15; *Jarass*, in: Jarass/Pieroth, Art. 8 GG, Rz. 3.

370 *Depenheuer*, in: Maunz/Dürig, Art.9 GG, Rz. 48; *Höfling*, in: Sachs, Art. 8 GG, Rz. 14; *Schulze-Fielitz*, in: Dreier, Art. 8 GG, Rz. 23 ff.

371 Unter den weiten Versammlungsbegriff fallen Volksfeste, Unterhaltungsveranstaltungen, nicht öffentliche und öffentliche Veranstaltungen.

372 *Kunig*, in: v. Münch/Kunig, Art. 8 GG, Rz. 14; wohl auch *Gusy*, in: v. Mangoldt/Klein/Starck, Art. 8 GG, Rz. 18: „regelmäßig auf Kommunikation“ gerichteter Zweck.

sammlungen im Sinne des Grundgesetzes, die die Meinungsbildung oder -äußerung in öffentlichen Angelegenheiten zum Ziel haben.[373]

Das Bundesverfassungsgericht vertrat zunächst einen weiten Versammlungsbegriff. So verstand es in der Brokdorf-Entscheidung eine Versammlung als „Ausdruck gemeinschaftlicher, auf Kommunikation angelegter Entfaltung".[374] Der Schutz der Versammlungsfreiheit sollte nach Ansicht des Bundesverfassungsgerichts nicht auf Veranstaltungen beschränkt sein, auf denen argumentiert und gestritten wird, sondern sollte vielfältige Formen gemeinsamen Verhaltens bis hin zu nicht verbalen Ausdrucksformen umfassen.[375] Die Rechtsprechung tendierte später allerdings in die Richtung des erweiterten Versammlungsbegriffs und forderte einen gewissen Meinungsbezug der Versammlung im Sinne eines Meinungsaustausches oder einer Meinungskundgabe, ohne deren Inhalte weitergehend zu spezifizieren.[376] In seiner Entscheidung vom 24. Oktober 2001[377] hat sich das Bundesverfassungsgericht schließlich dem engen Versammlungsbegriff angeschlossen und versteht Art. 8 GG als ein auf kollektive Meinungsäußerung gerichtetes Grundrecht, dessen Schutzbereich erst eröffnet ist, sofern die Zusammenkunft auf die Teilhabe an der öffentlichen Meinungsbildung gerichtet ist. Dementsprechend sind Ereignisse, bei denen der Vergnügungscharakter eindeutig im Vordergrund steht, nicht als Versammlungen im verfassungsrechtlichen Sinne einzuordnen, auch wenn anlässlich des Ereignisses gewisse Meinungskundgaben vorgenommen werden.[378]

cc) Rückschlüsse für die Koalitionsbetätigungsfreiheit

Die Entwicklung der Rechtsprechung zur Religionsfreiheit und zur Versammlungsfreiheit zeigt deutlich, dass sich das Bundesverfassungsgericht tendenziell von einer extensiven Auslegung des grundrechtlichen Schutzbereichs abwendet und strengere Anforderungen an die Eröffnung des Schutzbereichs stellt. Diese restriktivere Sicht kann, insbesondere wegen der strukturellen Vergleichbarkeit zwischen den Schutzbereichen der Art. 4, 8 und 9 Abs. 3 GG, Auswirkungen auf die Auslegung der Koalitionsbetätigungsfreiheit haben. Die Koalitionsbetätigungsfreiheit stellt, wie auch die Religionsfreiheit und die Versammlungsfreiheit, ein vom Wortlaut her sehr offenes Grundrecht dar, das vielfältigen Interpretationen zugänglich ist. Die drei Grundrechte sind aus sich heraus kon-

373 *Hoffmann-Riem*, NJW 2004, 2777 (2779).
374 BVerfG v. 14.05.1985 – 1 BvR 233/81, 1 BvR 341/81, NJW 1985, 2395 (2396).
375 BVerfG v. 14.05.1985 – 1 BvR 233/81, 1 BvR 341/81, NJW 1985, 2395 (2396).
376 BVerfG v. 01.12.1992 – 1 BvR 88/91, 576/91, NJW 1993, 581 (581).
377 BVerfG v. 24.10.2001 – 1 BvR 1190/90 u. a., NJW 2002, 1031 (1032).
378 BVerfG v. 12.07.2001 – 1 BvQ 28/01 und 1 BvQ 30/01, NJW 2001, 2459.

konfliktträchtig. Während Koalitionsbetätigungsfreiheit und Versammlungsfreiheit auf Konflikte im weitesten Sinne angelegt sind, resultiert das Konfliktpotential der Religionsfreiheit aus der Offenheit des Religions- und Weltanschauungsbegriffs und der Diversifizierung der Glaubensströmungen in der globalisierten Welt.

Allen drei Grundrechten ist immanent, dass eine weite Auslegung des Schutzbereichs mangels objektiver Überprüfbarkeit zu der Möglichkeit der „Selbsteröffnung" desselben führt. Würde eine Zusammenkunft schon geschützt, wenn sie einem gemeinsamen Zweck oder der Kundgabe bzw. Bildung beliebiger Meinungen diente, hinge die Eröffnung des Schutzbereichs letztlich von den Einlassungen des vermeintlichen Grundrechtsträgers ab. Vergleichbar ist die Situation bei dem Recht des Einzelnen sein gesamtes Verhalten an den Vorgaben seines Glaubens oder seiner Weltanschauung auszurichten. Beinhaltete dieses Recht jede religiös motivierte Betätigung, läge es wiederum am vermeintlichen Grundrechtsträger zu behaupten, sein Verhalten basiere auf religiöser Überzeugung. Bei allen drei Grundrechten besteht mithin systembedingt das Risiko missbräuchlicher Berufung auf Schutzbereichseröffnung.[379] Grundrechtsdogmatisch steht den Beteiligten jedoch die Einordnung einer Tätigkeit als vom grundrechtlichen Schutzbereich erfasst nicht zu.[380]

Die Verengung der grundrechtlichen Schutzbereiche durch das Bundesverfassungsgericht hat zur Folge, dass einem Missbrauch der Grundrechte und einer damit einhergehenden Konstitutionalisierung der rechtlichen Beziehungen vorgebeugt wird. Dies erreicht das Bundesverfassungsgericht durch eine funktionale Auslegung der Schutzbereiche.[381] Diese Auslegung soll dazu führen, dass grundrechtsdogmatisch nicht mehr die klassische Einteilung in Schutzbereich, Eingriff, Schranken, sondern eine Einteilung in Gewährleistungsbereich, Eingriff, Schranken vorgenommen wird, wobei auf der Ebene des Gewährleistungsbereichs der materielle Inhalt des Grundrechtsschutzes festgestellt werden soll.[382] Die funktionale Auslegung der grundrechtlichen Schutzbereiche führt letztlich dazu, dass ein Verhalten nur dann vom Grundrecht erfasst wird, wenn der Hauptzweck der Betätigung darin besteht, das Grundrecht nach seinem Sinn und Zweck wahrzunehmen. Aus dem grundrechtlichen Schutzbereich sollen insoweit diejenigen Betätigungen ausgegliedert werden, die zwar einen Bezug zu einem grundrechtlich geschützten Lebensbereich haben, aber gerade nicht schwerpunktmäßig die Funktion selbst des Grundrechts betreffen. Eine grundrechtsdog-

379 Für Art. 4 GG *Kästner*, in: Stern/Becker, Art. 4 GG, Rz. 32.

380 *Merten*, in: Handbuch der Grundrechte, Band III, § 56, Rz. 79.

381 *Horn*, in: Stern/Becker, Art. 2 GG, Rz. 26.

382 *Böckenförde*, in: Der Staat, Band 42 (2003), S. 165 (174 ff.); kritisch *Kahl*, in: Der Staat, Band 43 (2004), S. 167 (177); *ders.*, AöR, Band 131 (2006), S. 579 (605 ff.).

matisch verfehlte Auslegung von speziellen Freiheitsgrundrechten als allgemeine Handlungsfreiheit soll vermieden werden. Eine solche restriktive Interpretation anhand des funktionalen Gehalts verringert das Risiko einer unverhältnismäßigen Beeinträchtigung anderer Grundrechte oder Staatsziele bereits auf Schutzbereichsebene. Letztlich bewirkt das restriktive Verständnis missbrauchsanfälliger Grundrechte eine Sicherung staatlicher Definitionshoheit, um zu vermeiden, dass der Einzelne sich seinen Grundrechtsschutz selbst schaffen kann. Es ist Ausdruck der Bestrebung nach möglichst umfassendem Grundrechtsschutz, bei gleichzeitiger Minimierung potentieller Konflikte.

Die restriktive Auslegungstendenz des Bundesverfassungsgerichts legt eine Unterscheidung zwischen Nah- und Fernzielen der Betätigung nahe. Das Nahziel der Handlung muss, soll sie grundrechtlichen Schutz genießen, den funktionalen Inhalt des Grundrechts betreffen. Dieser besteht bei der Versammlungsfreiheit wegen der Nähe des Grundrechts zur öffentlichen Meinungsbildung in der Teilhabe an derselben und bei der Religionsfreiheit im Schutz religiös zwingender Überzeugungen. Auch im Rahmen der Koalitionsbetätigungsfreiheit kann eine solche funktionale Auslegung durch die Unterscheidung zwischen Nah- und Fernzielen vorgenommen werden. Das Nahziel der Grundrechtsberechtigten muss auf die Förderung und Sicherung der Arbeits- und Wirtschaftsbedingungen gerichtet sein. Dies steht nicht im Widerspruch zur Rechtsprechung des Bundesverfassungsgerichts, nach der die Koalitionsfreiheit nicht danach unterscheidet, ob die Koalition die Arbeits- und Wirtschaftsbedingungen unmittelbar oder mittelbar wahrt und fördert,[383] da mit der Wahl der Personalräte auch in dieser Entscheidung das Nahziel die Einwirkung auf die Arbeitsbedingungen darstellte. Durch die Erreichung dieses Nahziels wurde dann mittelbar durch die Personalräte Einfluss auf die Arbeitsbedingungen genommen.

Eine aktive Beeinträchtigung grundrechtlich geschützter Positionen, die eine massive Schädigung eines Dritten bezweckt, fällt daher nicht in den Schutzbereich der Koalitionsbetätigungsfreiheit, auch wenn als Fernziel einer der Zwecke des Art. 9 Abs. 3 GG angestrebt wird.[384] Wird gezielt in das Eigentum des Dritten eingegriffen, um in Zukunft die Arbeits- und Wirtschaftsbedingungen zu fördern, ist dies von der Koalitionsbetätigungsfreiheit nicht geschützt, da die Rechtsordnung dasselbe Rechtsgut nicht verschiedenen Rechtsträgern gleichzeitig zuordnen kann.[385] Schutzbereichsimmanente Grenze der Koalitionsbetätigungsfreiheit ist daher die Friedlichkeit. Dass gezielte Grundrechtsbeeinträchti-

---

383 BVerfG v. 30.11.1965 – 2 BvR 54/62, NJW 1966, 491 (491).

384 Zu Recht betonen *Krieger/Günther*, NZA 2010, 20 (21), dass z. B. die Teilnehmer eines Flashmobs nicht einmal zwingend ihren eigenen Tarifwillen oder ihre Unzufriedenheit mit dem betroffenen Arbeitgeber zum Ausdruck bringen.

385 *Muckel*, in: Friauf/Höfling, Art. 4 GG, Rz. 19.

gungen nicht Bestandteil der Koalitionsbetätigungsfreiheit sind, zeigt schließlich auch ein weiterer Vergleich mit der Versammlungsfreiheit. So ist zwar anerkannt, dass die Ausübung des Versammlungsrechts häufig gewisse Beeinträchtigungen Dritter auslöst. Diese sind jedoch durch Art. 8 GG nur so lange gerechtfertigt, wie es sich um sozial-adäquate Nebenfolgen rechtmäßiger Demonstrationen handelt.[386] Der Hauptzweck, z. B. um die Aufmerksamkeit der Öffentlichkeit zu steigern, darf die Behinderung Dritter jedoch auch dort nicht sein.

Insofern sei noch auf die zwar vereinzelt gebliebene, aber aufschlussreiche Entscheidung zum Sprayer von Zürich hingewiesen.[387] In dieser Entscheidung hat das Bundesverfassungsgericht erläutert, dass sich die Reichweite der Kunstfreiheit von vornherein nicht auf die eigenmächtige Inanspruchnahme oder Beeinträchtigung fremden Eigentums zum Zwecke der künstlerischen Entfaltung erstrecke. Auch in dieser Entscheidung wird deutlich, dass die allgemeine Rechtsordnung auf der Ebene des Schutzbereichs Berücksichtigung finden kann. Gezielte Beeinträchtigungen fremder Grundrechtspositionen kann der vermeintliche Grundrechtsträger nicht durch eine Berufung auf das Grundrecht der Kunstfreiheit rechtfertigen. Erweiternd kann daraus geschlossen werden, dass eine Grundrechtsbetätigung dann nicht vom Schutzbereich erfasst wird, wenn sie eigenmächtig fremde Rechte beeinträchtigt.[388]

i) Grenzziehung durch Handelndenqualität

Um in den Schutzbereich des Art. 9 Abs. 3 GG zu fallen, muss eine Betätigung der Koalition, bzw. der in ihr verbundenen Mitglieder vorliegen. Beliebige Dritte werden grundsätzlich nicht in den Schutzbereich der Koalitionsfreiheit einbezogen. Zwar hat die Rechtsprechung die vormals restriktivere Auffassung zur Beteiligung Dritter im Rahmen von Arbeitskämpfen durch die Zulassung von Unterstützungsarbeitskämpfen relativiert, dies geschah jedoch nicht grenzenlos.[389] Das Bundesarbeitsgericht hat in seiner Entscheidung über den Unterstützungsstreik verschiedene Kriterien aufgestellt, anhand derer beurteilt werden kann, ob der konkrete Unterstützungsstreik tatsächlich zulässig ist oder nicht. Dem Bundesarbeitsgericht kam es entscheidend darauf an, ob der im Rahmen eines Unterstützungsstreiks bestreikte Arbeitgeber mit dem Adressaten des Hauptarbeitskampfs wirtschaftlich verflochten war, ob er sich schon in den

---

386 BVerfG v. 24.10.2001 – 1 BvR 1190/90 u. a., NJW 2002, 1031 (1032)). BVerfG v. 11.11.1986 – 1 BvR 713/83 u. a., NJW 1987, 43.

387 BVerfG (Vorprüfungsausschuss) v. 19.03.1984 – 2 BvR 1/84, NJW 1984, 1293; zustimmend *Papier*, in: FS Mußgnug, S. 45 (56).

388 Für die Übertragung auf die Wissenschaftsfreiheit *Pieroth/Schlink*, Grundrechte, Rz. 676.

389 Vgl. unten Seite 198 ff.

Hauptarbeitskampf eingemischt hat, ob die ausrufende Gewerkschaft selbst auch den Hauptarbeitskampf führte und der Hauptarbeitskampf weiterhin den Schwerpunkt darstellt.[390] In seiner Entscheidung über die Zulässigkeit von Flashmobs hat sich das Bundesarbeitsgericht jedoch weiter von der restriktiven Auffassung zur Beteiligung Dritter an Koalitionsbetätigungen entfernt. Dort hat das Bundesarbeitsgericht ohne Begründungsaufwand entschieden, dass Flashmobs „nicht typischerweise zum Demonstrationsarbeitskampf" werden, wenn auch Dritte an der Aktion teilnehmen.[391] Dieser Ansicht kann nicht zugestimmt werden.[392] Auch in diesem Rahmen ist die bereits angesprochene funktionale Grundrechtsauslegung zu beachten. Das Gesamtgepräge einer Betätigung, die in den Schutzbereich der Koalitionsfreiheit einbezogen werden soll, muss deutlich zum Ausdruck bringen, dass es sich um eine Betätigung einer Koalition handelt. Die Koalitionsfreiheit schützt nicht jedermann, sondern alle Menschen in ihrer Eigenschaft als Berufsangehörige.[393] Durch Koalitionsbetätigungen soll Einfluss auf die Wirtschafts- und Arbeitsbedingungen genommen werden. Werden von der Koalition für eine Betätigung überwiegend koalitionsfremde Dritte eingesetzt, wird diese Funktion unter Umständen zwar auch erfüllt, jedoch durch Personen, die sich mangels Eröffnung des personalen Schutzbereichs von Art. 9 Abs. 3 GG nicht auf das Grundrecht der Koalitionsfreiheit berufen können. Dies hat wiederum Auswirkung auf den Koalitions- und insbesondere auf den Gewerkschaftsbegriff, da das Kriterium der Koalitionsmächtigkeit durch eine übermäßige Beteiligung von koalitionsfremden Dritten ad absurdum geführt wird. Durch gezielte Anwerbung von unbeteiligten Dritten ist potentiell jede Koalition in der Lage eine über die reale Machtbasis weit hinausgehende fiktive Macht zu erlangen. Durch Einbeziehung unbeteiligter Dritter hängt daher die Erfüllung der Voraussetzung des Gewerkschaftsbegriffs wiederum von der Koalition selbst ab. Aus Missbrauchsgesichtspunkten muss daher die Koalitionsbetätigungsfreiheit auch auf der Ebene der Handelndenqualität eingeschränkt werden. Nur dann, wenn die Koalitionsmitglieder der Betätigung auch ihr Gesamtgepräge geben, handelt es sich um eine koalitionsspezifische Betätigung.

Allerdings lässt nicht jede Beteiligung Dritter den Schutz der Koalitionsfreiheit entfallen. Außenseiter werden dann von der Koalitionsfreiheit geschützt, wenn ihnen das Ergebnis des Arbeitskampfes zumindest faktisch zugute kommt.[394] Nicht geschützt bleiben aber solche Personen, die in keiner Beziehung zu den

390 BAG v. 19.06.2007 – 1 AZR 396/06, NZA 2007, 1055.

391 BAG v. 22.09.2009 – 1 AZR 972/08, NJW 2010, 631 (634).

392 Vgl. dazu unten Seite 240 ff.

393 *Bauer*, in: Dreier, Art. 9 GG, Rz. 67.

394 BAG v. 22.03.1994 – 1 AZR 622/93, NJW 1995, 477 (478).

Zielen der Koalition stehen und deren Position durch das erzielte Ergebnis des Arbeitskampfes nicht beeinflusst wird.

Auch in dieser Beziehung wird das gefundene Ergebnis durch einen Vergleich mit der Versammlungsfreiheit gestützt. Die demokratische Funktionalität der Versammlungsfreiheit erlaubt es nicht, sogenannte „gemietete Demonstrationen" unter den Schutzbereich des engen Versammlungsbegriffs zu subsumieren. Eine „gemietete Demonstration" liegt vor, sofern die Veranstalter unbeteiligte Dritte anwerben, um die eigenen Versammlungsziele effektiver zu verfolgen. Das Versammlungsrecht dient jedoch gerade dazu die Intensität der Betroffenheit der Bürger und ihre Willensbildung auszudrücken. Eine kommerzielle Verstärkung dieser Betroffenheit soll gerade nicht geschützt werden.[395] Dieser bereits oben angesprochene Gedanke lässt sich auf die Koalitionsbetätigungsfreiheit übertragen. Diese dient dazu, dass sich die Arbeitgeber- und Arbeitnehmerseite einvernehmlich über die Wirtschafts- und Arbeitsbedingungen einigen. Die Idee einer sinnvollen Einigung aufgrund kräftemäßigen Gleichgewichts kann nur funktionieren, wenn den Koalitionen keine koalitionsfremden Kraftverstärker zu Gebote stehen.

Die unklare Äußerung des Bundesarbeitsgerichts in der Entscheidung zur Zulässigkeit von Flashmobs könnte auch in diese Richtung gedeutet werden. Wenn das Bundesarbeitsgericht ausführt, dass der Schutzbereich der Koalitionsfreiheit nicht deshalb versperrt ist, weil „auch Dritte" sich an den Aktionen beteiligen, so spricht dies dafür, dass das Bundesarbeitsgericht zumindest davon ausgeht, dass eine Betätigung dann nicht mehr geschützt ist, wenn sie ausschließlich von koalitionsfremden Dritten vollzogen wird. Diese Auslegung ist zwar richtig, zeigt jedoch nicht deutlich, wann eine Beteiligung Dritter den Grundrechtsschutz entfallen lässt.

Der Grundrechtsschutz einer Koalitionsbetätigung muss dann entfallen, wenn die Betätigung nicht mehr Ausdruck der Mächtigkeit der Organisation ist. Dies gilt insbesondere für den Arbeitskampf. Denn Arbeitskampf ist nur die Veränderung von Arbeits- und Wirtschaftsbedingungen mit Mitteln, die aus der koalitionären Organisation herrühren.[396] Dafür ist entscheidend, welche Personengruppe der Betätigung ihr Gesamtgepräge gibt.

---

395 *Bredt*, NVwZ 2007, 1358 (1360).

396 Dies resultiert insbesondere aus der Einordnung des Arbeitskampfs als vertragsrechtlichen Regelungsmechanismus, vgl. näher unten Seite 249 ff.

j) Grenzziehung durch den Grundsatz der Parität

Im Bereich des Arbeitskampfrechts vermag auch der Grundsatz der Parität den Schutzbereich der Koalitionsfreiheit einzuschränken.[397] Wie bereits festgestellt, dient die Koalitionsfreiheit dem Ausgleich der strukturellen Unterlegenheit der Arbeitnehmer.[398] Dies gilt auch im Rahmen der von Art. 9 Abs. 3 GG geschützten Tarifautonomie. Arbeitgeber und Arbeitnehmer sollen sich möglichst gleichberechtigt gegenüberstehen. Dabei fungiert das Arbeitskampfrecht als Hilfsinstrument der Tarifautonomie[399] zur Herstellung eines größtmöglichen Verhandlungsgleichgewichts. Ob das Bundesverfassungsgericht den Paritätsgedanken auf der Ebene des Schutzbereichs oder auf der Ebene der Schranken verortet, geht aus der Rechtsprechung nicht mit letzter Klarheit hervor. *Engels* geht davon aus, dass das Bundesverfassungsgericht den Paritätsgrundsatz auf der Ebene der Ausgestaltung ansiedelt, so dass ihm keine schutzbereichsimmanente Begrenzungswirkung zukäme.[400] Diese Ansicht verdient keine uneingeschränkte Zustimmung.[401] Das Bundesverfassungsgericht sieht Arbeitskampfmaßnahmen als insoweit von der Koalitionsfreiheit erfasst an, „als sie allgemein erforderlich sind, um eine funktionierende Tarifautonomie sicherzustellen".[402] Nicht erforderliche Arbeitskampfmaßnahmen werden also nicht von der Koalitionsfreiheit „erfasst". Wenn Betätigungen nicht von der Koalitionsfreiheit erfasst werden, so muss dies bedeuten, dass sie vom grundrechtlichen Schutzbereich nicht erfasst werden. Dies spricht dafür, Betätigungen die eindeutig nicht zur Paritätsherstellung erforderlich sind, schon aus dem Schutzbereich der Koalitionsfreiheit auszuschließen.

Der Paritätsgrundsatz entfaltet folglich schon auf der Schutzbereichsebene seine Wirkung und zeigt die Grenzen der von Art. 9 Abs. 3 GG geschützten koalitionsspezifischen Betätigung auf. Art. 9 Abs. 3 GG gewährleistet mithin nicht die uneingeschränkte Befugnis, alle denkbaren Kampfformen einzusetzen.[403] Die Freiheit der Wahl der Kampfmittel bezieht sich nur auf diejenigen, die durch die Rechtsordnung als solche zugelassen werden.[404]

Die Hilfsfunktion des Arbeitskampfrechts führt aber nicht dazu, dass die Koalitionen auf Dauer nur auf einen feststehenden Kanon althergebrachter Kampfmittel zurückgreifen können. Das Arbeitskampfrecht ist und bleibt ein

---

397 Dagegen *Engels*, Verfassung und Arbeitskampfrecht, S. 241.

398 Siehe oben Seite 60.

399 *Kemper*, in: v. Mangoldt/Klein/Starck, Art. 9 Abs. 3 GG, Rz. 127.

400 *Engels*, Verfassung und Arbeitskampfrecht, S. 241, Fußnote 517.

401 Vgl. *Kemper*, in: v. Mangoldt/Klein/Starck, Art. 9 Abs. 3 GG, Rz. 113, der auch die tatbestandliche Begrenzungswirkung des Paritätsprinzips anspricht.

402 BVerfG v. 26.06.1991 – 1 BvR 779/85, NZA 1991, 809 (810).

403 So auch BVerfG v. 26.06.1991 – 1 BvR 779/85, NZA 1991, 809 (811).

404 *Wank*, RdA 2009, 1 (3).

dynamisches Rechtsgebiet. Auf eine veränderte Arbeitskampfsituation im Sinne einer Paritätsverschiebung zu Lasten der Arbeitnehmerseite muss diese auch durch den Rückgriff auf neue Arbeitskampfmittel reagieren können. Allerdings führt die Qualifizierung des Arbeitskampfs als Hilfsinstrument der Tarifautonomie dazu, dass die Arbeitnehmerkoalitionen unter dem Schutz der Koalitionsbetätigungsfreiheit nicht ohne weiteres neue, paritätsverschiebende Arbeitskampfmittel einführen können. Der Rückgriff auf neue Arbeitskampfmittel muss sich zudem im Rahmen des funktional verstandenen Schutzbereichs der Koalitionsfreiheit halten.[405]

k) Grenzziehung durch Grundrechtskonkurrenz?

Im Rahmen von Arbeitskampfmaßnahmen kann es zu einer Konkurrenz von Koalitionsfreiheit und Versammlungsfreiheit kommen, wenn das Arbeitskampfmittel zugleich zu der Entstehung einer Versammlung im verfassungsrechtlichen Sinn führt. In diesem Fall können die Arbeitskampfmaßnahmen nach innen, im Verhältnis zum Arbeitgeber, aufgrund des Art. 9 Abs. 3 GG, nach außen, insbesondere auch gegenüber der Öffentlichkeit, durch Art. 8 GG gerechtfertigt sein.[406] Eine derartige Grundrechtskonkurrenz führt jedoch bezüglich des Art. 9 Abs. 3 GG zu keiner Einschränkung. Selbst wenn es sich bei der entstehenden Versammlung nicht um eine Spontanversammlung handelt, besteht grundsätzlich keine Anmeldepflicht für derartige Versammlungen, da ansonsten die Koalitionsfreiheit unverhältnismäßig eingeschränkt werden würde.[407] Liegen sowohl die Voraussetzungen von Art. 9 Abs. 3 GG als auch diejenigen des Art. 8 GG vor, so ergeben sich keine weitergehenden Grenzen als die bereits erörterten.

l) Grenzziehung durch Grundrechtsbindung

Seit langem umstritten und bis heute nicht vollständig geklärt ist die Frage der Grundrechtsbindung der Koalitionen. Weitgehend anerkannt ist, dass es eine Grundrechtsbindung der Tarifvertragsparteien gibt. Uneinigkeit besteht allerdings hinsichtlich der dogmatischen Herleitung und der damit verbundenen Intensität der Grundrechtsbindung. Die frühere Rechtsprechung ging zunächst recht einheitlich von einer unmittelbaren Grundrechtsbindung der Tarifvertrags-

---

405 Vgl. zum funktionalen Schutzbereichsverständnis näher unten Seite 249 ff.

406 BAG v. 17.12.1976 – 1 AZR 605/75, NJW 1977, 1079 (1080); *Kluth*, in: Friauf/Höfling, Art. 9 GG, Rz. 277.

407 *Donat/Kühling*, AuR 2009, 1 (1 ff.) gehen zu Recht davon aus, dass Versammlungen, die sich aus Arbeitskampfmaßnahmen entwickeln, zumeist nicht anmeldepflichtig sein werden.

parteien aus.[408] Dies wurde damit begründet, Tarifverträge seien als materielle Gesetze von Art. 1 Abs. 3 GG erfasst. Außerdem sei die Regelungsmacht der Koalitionen durch staatliche Delegation begründet, so dass die Koalitionen denselben Beschränkungen unterliegen müssten wie der Staat. Im Falle einer unmittelbaren Grundrechtsbindung der Tarifvertragspartei kann sich der durch eine Betätigung der Koalition in seinen Grundrechten Beeinträchtigte auf die Abwehrfunktion der Grundrechte berufen. Der Eingriff durch die Tarifvertragspartei muss daher verfassungsrechtlich gerechtfertigt, insbesondere verhältnismäßig sein. Im Falle unmittelbarer Grundrechtsbindung gilt folglich das Übermaßverbot. Mit der Entscheidung des 7. Senats vom 25. Februar 1998, in der das Bundesarbeitsgericht betonte, der Tarifvertrag sei Ausdruck der kollektiv ausgeübten Privatautonomie, so dass die Tarifparteien nicht unmittelbar an Art. 12 Abs. 1 GG gebunden seien, setzte jedoch ein Rechtsprechungswandel ein.[409] Andere Senate schlossen sich der Ansicht des 7. Senats an, die auch in weiten Teilen der Literatur Verbreitung gefunden hat.[410] Die Senate betonten allerdings, dass die Tarifvertragsparteien mittelbar grundrechtsgebunden seien. Dabei gehen sie von der sogenannten Schutzpflichtenfunktion der Grundrechte aus. Diese Funktion der Grundrechte wurde vom Bundesverfassungsgericht entwickelt und betrifft Fälle, in denen von Nichtgrundrechtsgebundenen Beeinträchtigungen der Grundrechte Dritter ausgehen. Der Staat ist aufgrund der Schutzpflichtenfunktion der Grundrechte verpflichtet, das geschützte Grundrecht auch im Privatrechtsverkehr vor erheblichen Beeinträchtigungen zu sichern.[411] Die Grenze, die den Staat zu einem Eingreifen verpflichtet, markiert das sogenannte Untermaßverbot.[412] Im Falle von Grundrechtsbeeinträchtigungen durch die Tarifvertragsparteien ist nach dieser Ansicht folglich der Staat verpflichtet, zu Schutzhandlungen zu greifen. Zwar ist in erster Linie der Gesetzgeber dazu berufen, aufgrund der gesetzgeberischen Enthaltsamkeit im Bereich der Koalitionsbetätigungen sind jedoch praktisch die Arbeitsgerichte gefordert, die Grundrechtsbeeinträchtigungen zu

408 BAG v. 15.01.1955 – 1 AZR 305/54, NJW 1955, 684 (686); BAG v. 23.03.1957 – 1 AZR 326/56, NJW 1957, 1376; BAG v. 15.01.1964 – 4 AZR 75/63, NJW 1964, 1092 (1092).

409 BAG v. 25.02.1998 – 7 AZR 641/96, NZA 1998, 715 (716).

410 Der 4. Senat sprach sich gegen eine unmittelbare Bindung an Art. 3 GG aus, vgl. BAG v. 30.08.2000 – 4 AZR 563/99, NZA 2001, 613 (615); auch der 6. Senat wandte sich gegen die unmittelbare Grundrechtsbindung, vgl. BAG v. 27.05.2004 – 6 AZR 129/03, NZA 2004, 1399 (1401); der 6. Senat geht ebenfalls von einer nur mittelbaren Grundrechtsbindung aus, vgl. BAG v. BAG v. 22.04.2010 – 6 AZR 966/08, NZA 2010, 947 (950); der 3. Senat ging zunächst von einer unmittelbaren Bindung an den Gleichheitssatz und einer mittelbaren Bindung an die Freiheitsrechte aus, vgl. BAG v. 4.4.2000 – 3 AZR 729/98, NZA 2002, 917 (918).

411 *Badura*, in: Maunz/Dürig, Art. 6 GG, Rz. 161.

412 *Lang*, in Epping/Hillgruber, Art. 2 Rz. 76.

beseitigen.[413] Dieser Ansicht haben sich nicht alle Senate des Bundesarbeitsgerichts angeschlossen. Der 3. Senat lässt offen, ob die Tarifvertragsparteien unmittelbar an die Grundrechte gebunden sind oder nur eine mittelbare Grundrechtsbindung über die Schutzpflichtenlehre gegeben ist. Dies begründet er damit, dass sich die Prüfungsmaßstäbe beider Ansätze nicht unterschieden.[414] Dieser Auffassung hat sich auch der 9. Senat des Bundesarbeitsgerichts angeschlossen.[415]

Schutzpflichtenfunktion und Abwehrfunktion betreffen jedoch unterschiedliche tatsächliche Gegebenheiten und lösen unterschiedliche Rechtsfolgen aus.[416] Während jene sich auf ein Verhältnis zwischen Privaten bezieht, in dem ein Nichtgrundrechtsgebundener Grundrechte eines Dritten beeinträchtigt, betrifft diese das typische Staat-Bürger-Verhältnis, in dem der Staat in Grundrechte des Bürgers eingreift. Während jene nur ein Tätigwerden im Rahmen des Untermaßverbotes erfordert, muss der Staat bei dieser jeden Eingriff am Übermaßverbot messen lassen. Während dem Staat bei jener ein breiter Ermessens- und Handlungsspielraum zusteht, ist der Staat bei dieser deutlich eingeschränkt. Insofern ist es denkbar, dass eine tarifvertragliche Regelung zwar unter Zugrundelegung der Abwehrfunktion gegen Grundrechte verstößt, bei Anwendung der Schutzpflichtenlehre jedoch die für eine Handlungspflicht erforderliche Schwelle noch nicht überschritten wird.

Die Unterscheidung zwischen unmittelbarer und mittelbarer Grundrechtsbindung ist abhängig von der dogmatischen Herleitung der Regelungskompetenz der Tarifparteien. Die Entwicklung der Rechtsprechung zur Frage der Grundrechtsbindung ist daher ein Spiegel der Entwicklung der Rechtsprechung zur Frage der dogmatischen Herleitung der Regelungskompetenz der Tarifparteien. Während Literatur und Rechtsprechung früher von einer staatlichen Delegation ausgingen, die wegen der immanenten Delegationsgrenzen eine unmittelbare Grundrechtsbindung zur Folge hatte, neigt die heutige Rechtsprechung wie auch die Mehrheit der Literatur einer privatautonomen Erklärung zu. Die Normsetzungsbefugnis wird nach dieser Ansicht als Folge der kollektiv ausgeübten Privatautonomie verstanden. Als Ausdruck des Privatrechts gilt für die Tarifautonomie dann auch nur eine eingeschränkte Grundrechtsbindung. Grundlage hierfür ist die privatautonome Entscheidung des Koalitionsmitglieds sich dem autonom ausgehandelten Recht der Tarifparteien zu unterstellen.

413 BAG v. BAG v. 22.04.2010 – 6 AZR 966/08, NZA 2010, 947 (950).

414 BAG v. 12.10.2004 – 3 AZR 571/03, NZA 2005, 1127 (1129).

415 BAG v. 04.05.2010 – 9 AZR 181/09 und 9 AZR 184/09.

416 Vgl. *Burkiczak*, RdA 2007, 17 (19 ff.); *Bayreuther*, Tarifautonomie als kollektiv ausgeübte Privatautonomie, S. 243.

Einer rein privatautonomen Herleitung der koalitionären Regelungsmacht ist jedoch zu widersprechen.[417] Es spricht vieles dafür, dass eine stimmige Herleitung der Regelungsmacht von Tarifparteien nur anhand eines zweistufigen Modells gelingen kann, bei dem auf der ersten Stufe die Regelungsmacht an die Koalitionen delegiert wird und auf der zweiten Stufe kraft eines privatautonomen Mandats die delegierte Regelungsmacht ausgeübt wird. Die aktuellen Überlegungen des 4. Senats des Bundesarbeitsgerichts hinsichtlich einer umfassenden Gestaltungsaufgabe der Tarifparteien[418] sprechen dafür, dass sich auch die Rechtsprechung nicht auf ein rein privatautonomes Erklärungsmodell zurückzieht, sondern Elemente einer staatlichen Delegation anerkennt. Diese Neuorientierung der Rechtsprechung legt es nahe, dass Tarifvertragsparteien einer stärkeren Bindung an die Grundrechte unterliegen, als dies bei anderen bürgerlich-rechtlichen Vertragskonstellationen der Fall ist.[419] In die gleiche Richtung weist zudem die von der Rechtsprechung[420] angenommene Bindung der Tarifvertragsparteien an das Rechtsstaatsprinzip gem. Art. 20 Abs. 3 GG.

Auch praktische Erwägungen streiten für eine stärkere Grundrechtsbindung. Insbesondere eine Unterscheidung hinsichtlich des Grundrechtsschutzes bei Allgemeinverbindlicherklärung von Tarifverträgen erscheint problematisch. Im Falle der Allgemeinverbindlicherklärung wären die Nichtmitglieder der tarifschließenden Koalition über die Abwehrfunktion der Grundrechte geschützt, da wegen des staatlichen Rechtsanwendungsbefehls unmittelbare Grundrechtsbindung besteht, während Koalitionsmitglieder über die Schutzpflichtenlehre geschützt wären. Dies könnte dazu führen, dass ein und dieselbe Tarifregelung für Außenseiter einen Grundrechtseingriff darstellt und daher unanwendbar ist, während für Koalitionsmitglieder die Grenze des Untermaßverbots noch nicht überschritten wird.[421] Dass allein der Koalitionsbeitritt eine derartige Verringerung des Grundrechtsschutzes in Form einer Belastungseinwilligung[422] beinhalten soll, erscheint fragwürdig. Sofern in einem solchen Fall zugunsten aller Tarifgebundenen eine unmittelbare Grundrechtsbindung angenommen wird,[423] stellt dies die Differenzierung des Grundrechtsschutzes selbst in Frage, denn es ist nicht erklärbar, warum die Allgemeinverbindlichkeitserklärung den Grund-

417 Vgl. oben Seite 74 ff.

418 BAG v. 18.03.2009 – 4 AZR 64/08, NZA 2009, 1028 (1035 ff.); vgl oben Seite 81 ff.

419 So für den Gleichheitssatz auch *Bayreuther*, Tarifautonomie als kollektiv ausgeübte Privatautonomie, S. 263; *Rieble/Klumpp*, in: MünchHdbArbR, § 169, Rz. 36; *Waltermann*, in: FS Söllner, S. 1251 (1275).

420 Vgl. nur BAG v. 27.06.2006 – 3 AZR 255/05, NZA 2006, 1285 (1288).

421 Auf dieses Problem weist auch *Lakies*, in: Däubler, TVG, § 5, Rz. 42 hin.

422 Hiergegen *Wiedemann*, in: ders., TVG, Einl. Rz. 195.

423 *Schiek*, in: Däubler, TVG, Einl., Rz. 235.

rechtsschutz der Koalitionsmitglieder verstärken sollte. Zudem vermag die reine Schutzpflichtenlehre auch wegen der praktischen Verbreitung von Tarifverträgen nicht zu überzeugen. Die Zahl der Koalitionsmitglieder im Verhältnis zur Zahl der von Tarifverträgen betroffenen Arbeitsverhältnisse zeigt, dass Tarifverträge in der Praxis auch ohne Allgemeinverbindlicherklärung durch vertragliche Bezugnahmeklauseln die Mehrzahl der Arbeitsverhältnisse beeinflussen.[424] Für diese Außenseiter gilt mangels staatlichen Anwendungsbefehls nicht die grundrechtliche Abwehrfunktion. Sie haben jedoch auch nicht durch ihren Beitritt in einen verringerten Grundrechtsschutz eingewilligt. Insgesamt erscheint es daher nicht plausibel, eine besonders schwache Grundrechtsbindung der Tarifvertragsparteien anzunehmen.[425] Dagegen spricht auch, dass Tarifverträge gerade keine typischen bürgerlich-rechtlichen Vertragskonstellationen darstellen. Tarifverträge haben durch die ihnen verliehene Normwirkung und die aufgrund üblicher Bezugnahmeklauseln praktisch erhebliche Verbreitung eine herausgehobene Stellung. Dies gilt umso mehr, als die Koalitionen gerade das Ungleichgewicht zwischen Arbeitnehmern und Arbeitgebern ausgleichen sollen. Im Rahmen von Kollektivverfahren besteht naturgemäß das Risiko einer Konzentration auf Mehrheiten und der dadurch ausgelösten Gefährdung für Minderheiten. Das Risiko von Grundrechtsverletzungen ist daher potentiell ähnlich wie bei staatlichem Handeln.[426]

Insbesondere wird bei Art. 3 GG deutlich, dass ein nur am Untermaßverbot orientierter Grundrechtsschutz zu kurz greift. Anzunehmen, dass das Koalitionsmitglied durch seinen Beitritt einer gleichheitswidrigen Regelung im Voraus zugestimmt hat, ist eine realitätsferne Konstruktion.[427] Der Koalitionsbeitritt wird vielmehr in erster Linie die Herstellung von Gleichheit bezwecken. Im Falle eines Verstoßes gegen das Gleichheitsgebot ist eine Grundrechtsbeeinträchtigung von Koalitionsmitgliedern und Außenseitern wesensgleich mit einer Fremdeinwirkung durch den staatlichen Gesetzgeber. Eine Einwilligung in die Verkürzung des Grundrechtsschutzes durch den Beitritt kann nur im Kernkompetenzbereich der Tarifvertragsparteien in Betracht kommen. Allenfalls willigt das Mitglied durch den Beitritt daher in Grundrechtsbelastungen ein, die typischerweise in

424 Vgl. oben Seite 19.

425 So aber *Bayreuther*, Tarifautonomie als kollektiv ausgeübte Privatautonomie, S. 245.

426 Hierauf bezieht sich *Waltermann*, in: FS Söllner, S. 1251 (1275) und leitet eine unmittelbare Grundrechtsbindung aus der Vergleichbarkeit der Auswirkungen koalitionärer Rechtsetzung mit denen staatlicher Rechtsetzung ab; *Waltermann*, in: FS 50 Jahre BAG S. 913 (924) geht zudem davon aus, dass die Vergleichbarkeit zwischen tarifvertraglicher und gesetzlicher Regelung auch im Falle nur mittelbarer Grundrechtsbindung zu einer vollwertigen Verhältnismäßigkeitsprüfung tariflichen Rechts führen muss, die dann die Unterscheidung zwischen unmittelbarer und mittelbarer Grundrechtsbindung nivelliert.

427 *Schlachter*, in: Jahrbuch des Arbeitsrechts, Band 40 (2003), S. 51 (60).

direktem Zusammenhang mit der Wahrung und Förderung der Arbeits- und Wirtschaftsbedingungen stehen. Insbesondere ist dies der Fall bei der Berufsfreiheit. Für atypische Grundrechtsbeeinträchtigungen kann der Beitritt mangels Vorhersehbarkeit nicht Grundlage eines verringerten Grundrechtsschutzes sein. Dabei ist allerdings zu berücksichtigen, dass bei atypischen Grundrechtseingriffen durch Koalitionsbetätigungen im Einzelfall zu prüfen ist, ob die betreffende Regelung überhaupt die in Art. 9 Abs. 3 GG vorgegebenen Ziele verfolgt.[428] Die im Rahmen der Schutzpflichtenlehre zur Begründung der verringerten Grundrechtsbindung herangezogene Einwilligung durch Beitritt führt daher nicht dazu, dass die Koalitionen weniger strikt an Art. 3 GG gebunden sind. Sofern eine geringere Bindungsintensität der Koalitionen aufgrund der Beitrittsentscheidung des Koalitionsmitglieds befürwortet wird, kann dies allenfalls für die Freiheitsrechte gelten. Selbst bei diesen kann die Bindung jedoch nur umso abgeschwächter sein, je zentralere Aspekte des Koalitionsauftrags durch die Tarifregelung verwirklicht werden und je typischer die Grundrechtsbeeinträchtigung ist.[429]

Letztlich spricht auch die Rechtsprechung des Bundesarbeitsgerichts zur Wirkung von § 4 Abs. 5 TVG für eine Grundrechtsbindung der Tarifparteien. Das Gericht geht davon aus, dass nach dem Ablauf des Tarifvertrags im Nachwirkungszeitraum das tariflich gesetzte Recht nicht mehr als solches fortbesteht, sondern durch § 4 Abs. 5 TVG in staatliches Recht transformiert wird.[430] Im Nachwirkungszeitraum würde es bei fehlender Grundrechtsbindung der Tarifvertragsparteien nach dieser Ansicht zur Existenz staatlichen Rechts kommen, das nicht an Grundrechten zu messen wäre. Dieser Widerspruch ist nicht erklärbar.

Die dogmatische Herleitung der tarifvertraglichen Regelungsmacht, die erheblichen praktischen Verwerfungen, die eine geringere Grundrechtsbindung von Koalitionsmitgliedern auslösen und die realitätsferne Interpretation des Beitrittsaktes führen dazu, eine der staatlichen Grundrechtsbindung vergleichbare Bindungsintensität der Tarifvertragsparteien anzunehmen.[431] Selbst wenn die Tarifvertragsparteien keiner unmittelbaren Grundrechtsbindung unterliegen, ist daher im Rahmen der Schutzpflichtenlehre eine Verringerung des Ermessensspielraumes der Tarifvertragsparteien zu konstatieren. Die Grenze des Untermaßverbots muss daher dem Übermaßverbot angenähert werden, sofern nicht eine Tarifregelung zur Kernkompetenz der Tarifvertragsparteien gehört, die zu einer typischen Grundrechtsbeeinträchtigung führt.

---

428 *Schlachter*, in: Jahrbuch des Arbeitsrechts, Band 40 (2003), S. 51 (62).

429 Ähnlich *Schiek*, in: Däubler, TVG, Einl., Rz. 234.

430 BAG v. 29.01.1975 – 4 AZR 218/74, AP TVG § 4 Nachwirkung Nr. 8; BAG v. 16.08.1990 – 8 AZR 439/89, NZA 1991, 353 (354); *Boemke*, ZfA 2009, 131 (137).

431 So auch *Rieble/Klumpp*, in: MünchHdbArbR, § 169, Rz. 36.

m) Zusammenfassung

Das vom Bundesverfassungsgericht für die grundgesetzlichen Kompetenzvorschriften entwickelte Gebot sachgemäßer und funktionsgerechter Auslegung lässt sich auch auf die Schutzbereichsinterpretation anwenden.[432] Die bereits in der Rechtsprechung des Bundesverfassungsgerichts zu den Art. 4 und Art. 8 GG zum Ausdruck gekommene funktionale Auslegung der Grundrechte sollte auf Art. 9 Abs. 3 GG ausgedehnt werden. Wie diese Grundrechte ist auch das Grundrecht der Koalitionsfreiheit tendenziell missbrauchsgeneigt. Den Grundrechtsträgern soll jedoch nicht die Möglichkeit zur Verfügung stehen, selbst über die Eröffnung grundrechtlicher Schutzbereiche entscheiden zu können.

Der Begriff der koalitionsspezifischen Betätigung ist für sich genommen nicht aussagekräftig. Zwar wird der Begriff in ständiger Rechtsprechung verwendet, er suggeriert jedoch, dass alle Koalitionsbetätigungen von Art. 9 Abs. 3 GG geschützt werden. Dies ist allerdings bereits deswegen verfehlt, weil in diesem Fall eine vorbehaltlos gewährleistete allgemeine Handlungsfreiheit für Koalitionen entstünde, was der Bedeutung des Grundrechts der Koalitionsfreiheit nicht hinreichend gerecht wird. Die Koalitionsfreiheit ist ein spezielles Freiheitsrecht. Dies muss bei der Grundrechtsauslegung berücksichtigt werden.

Art. 9 Abs. 3 GG stellt zudem ein atypisches Freiheitsrecht dar, da es nicht ein persönlich-menschliches, sondern ein praktisch-gesellschaftliches Bedürfnis sichert. Den Koalitionen kommt eine staatsentlastende Funktion zu, die zumindest auch auf einem delegierten Regelungsauftrag beruht. Aufgrund ihrer staatsentlastenden Funktion sind die Koalitionen an das Gemeinwohl gebunden. Mangels hinreichender Definitionsmöglichkeiten des Gemeinwohls begrenzt aber nur der allgemein anerkannte Kernbereich des Gemeinwohls das koalitionäre Betätigungsrecht. Das Bundesarbeitsgericht betont zu Recht einen umfassenden Gestaltungsauftrag der Tarifvertragsparteien und macht damit, ohne dies ausdrücklich offen zu legen, seine Sympathien für einen delegatarischen Ansatz deutlich. Damit stimmt die Rechtsprechung zur Grundrechtsbindung der Tarifparteien allerdings nicht überein. Die dogmatische Herleitung der Koalitionsfreiheit spricht dafür, dass Koalitionsparteien in ähnlicher Weise an die Grundrechte gebunden sind wie der Staat selbst.

Das Friedlichkeitsgebot stellt eine immanente Grenze des Schutzbereichs von Art. 9 Abs. 3 GG dar. Betätigungen, deren Nahziel darauf gerichtet ist, den Arbeitgebern massive Schädigungen grundrechtlich geschützter Positionen beizubringen, werden von der Koalitionsfreiheit nicht geschützt. Diese schützt nur solche Betätigungen, deren Nahziel der Zweckverfolgung des Art. 9 Abs. 3 GG dient.

432 *Merten*, in: Handbuch der Grundrechte, Band III, § 56, Rz. 80; gegen eine enge Auslegung des Schutzbereichs *Kahl*, Der Staat, Band 43 (2004), S. 167 (199 ff.).

Aus dem Zweck des Art. 9 Abs. 3 GG ergibt sich auch, dass nur solche Betätigungen geschützt werden, die Ausfluss der organisatorischen Machtposition der Koalition sind. Betätigungen verlieren daher dann den Grundrechtsschutz, wenn koalitionsfremde Dritte, die durch die Betätigung keine Veränderung der eigenen Arbeitssituation herbeiführen können, wesentliche Träger der Betätigung sind.

Schließlich kann im Arbeitskampfrecht auch der Paritätsgrundsatz auf Schutzbereichsebene begrenzend wirken. Da das Arbeitskampfrecht nur eine dienende Funktion für die Tarifautonomie hat, sind nur solche Arbeitskampfmittel von der Koalitionsfreiheit erfasst, die für die Funktionsfähigkeit der Tarifautonomie erforderlich sind. Dies sind solche, die die Kampfparität der Tarifparteien herstellen. Koalitionsbetätigungen dürfen daher nicht paritätsverschiebend sein, solange sich nicht ein strukturelles Paritätsungleichgewicht eingestellt hat, das durch neue Betätigungsformen ausgeglichen werden muss. Betätigungen, die eindeutig dieses Ziel verfehlen, können daher bereits aus dem Schutzbereich der Koalitionsfreiheit ausgegliedert werden.

IV. Der Schutz der nicht spezifisch koalitionsmäßigen Betätigung

Der hier vorgeschlagene Ansatz der Begrenzung der Koalitionsbetätigungsfreiheit auf Schutzbereichsebene führt zu einer sachgerechten Konturierung des Grundrechtsinhalts anhand funktionaler Kriterien. Anders als bei einer weiten Grundrechtsauslegung ist jedoch eine Folge dieses Ansatzes, dass diverse Betätigungen der Koalitionen nicht den Schutz des Art. 9 Abs. 3 GG genießen. Diese Betätigungen können in Anlehnung an die Diktion des Bundesarbeitsgerichts als nicht spezifisch koalitionsmäßige Betätigungen bezeichnet werden. Dabei lassen sich zwei Gruppen nicht spezifisch koalitionsmäßiger Betätigungen unterscheiden.

Die erste Gruppe umfasst solche Betätigungen, die zwar eine Koalition vornimmt, welche dabei allerdings wie jeder beliebige Dritte im Rechtsverkehr auftritt. Die zweite Gruppe umfasst solche Betätigungen, die zwar in den weiteren Lebensbereich des Grundrechts der Koalitionsfreiheit fallen, die jedoch aufgrund schutzbereichsimmanenter Schranken keinen Grundrechtsschutz erfahren können, also nicht in den Gewährleistungsbereich des Grundrechts fallen.

Schränkt man die Koalitionsbetätigungsfreiheit bereits auf Schutzbereichsebene ein, so machte sich der hier vertretene Ansatz angreifbar, würden die nicht spezifisch koalitionsmäßigen Betätigungsarten letztlich vollumfänglich ohne grundrechtlichen Schutz bleiben.

Dies ist jedoch nicht der Fall. Was die erste Gruppe von Betätigungen anbelangt, so ist schlicht festzustellen, dass deren Schutz über die speziellen Freiheitsrechte erreicht wird.[433] Nimmt die Koalition wie jeder andere, also außerhalb des Bereichs der koalitionsmäßigen Betätigung, am Rechtsverkehr teil, so sind ihre Handlungen grundrechtlich geschützt, sofern die Betätigung in den Gewährleistungsgehalt eines grundrechtlichen Schutzbereichs fällt. In diesem Fall wird sie wie jede andere Vereinigung auch, also ohne Berücksichtigung ihres spezifischen Verfassungsauftrags, als Grundrechtsberechtigte geschützt. Allerdings greift zu ihren Gunsten hinsichtlich der nicht in Art. 9 GG enthaltenen Grundrechte nicht die Lehre vom Doppelgrundrecht ein. Die Koalitionen werden daher bezüglich der speziellen Freiheitsrechte und auch bezüglich Art. 2 GG nur über Art. 19 Abs. 3 GG geschützt. Schutzbereichsimmanente Grundrechtsschranken wie das Gewaltverbot greifen allerdings folgerichtig nicht nur bei der Koalitionsbetätigungsfreiheit ein, sondern setzen sich auch bei den anderen Grundrechten fort und verhindern eine Schutzbereichseröffnung.

Problematischer stellen sich die Betätigungen dar, die zwar in Sachnähe zur Koalitionsbetätigungsfreiheit stehen, die jedoch aus Gründen der schutzbereichsimmanenten Schranken und der damit verbundenen Begrenzung der grundrechtlichen Betätigungsfreiheit letztlich nicht unter den Gewährleistungsgehalt des Art. 9 Abs. 3 GG zu subsumieren sind. Für diese Betätigungen kommt nur ein Schutz über Art. 2 Abs. 1 GG in Betracht. Zwar wird Art. 2 Abs. 1 GG in Form der allgemeinen Handlungsfreiheit grundsätzlich als Auffanggrundrecht bezeichnet und suggeriert somit, dass jegliches Verhalten von seinem Schutzbereich erfasst wird. Dies gilt jedoch nach verbreiteter Ansicht dann nicht, wenn ein Verhalten zwar in den thematischen Zusammenhang eines Grundrechts gehört, aber wegen der begrenzenden Schutzbereichsmerkmale nicht in den Schutzbereich des Grundrechts einbezogen werden kann[434] oder wenn ein Verhalten zwar vom Schutzbereich eines speziellen Freiheitsrechts erfasst wird, die dort vorgenommene Einschränkung jedoch verfassungsgemäß ist.[435] In diesem Fall dürfe die klare Entscheidung des Verfassungsgebers nicht über den Umweg des Art. 2 Abs. 1 GG missachtet werden.[436]

Dies kann jedoch nur für solche Schutzbereichsbegrenzungen gelten, die der Verfassungsgeber selbst vorgegeben hat.[437] Für Begrenzungen, die durch eine interpretatorische Verengung des Schutzbereichs der besonderen Freiheitsrechte entstanden sind, muss die Auffangfunktion des Art. 2 Abs. 1 GG Anwendung

433 *Bauer*, in: Dreier, Art. 9 GG, Rz. 66; *Löwer*, in: v. Münch/Kunig, Art. 9 GG, Rz. 72.

434 *Horn*, in: Stern/Becker, Art. 2 GG, Rz. 132; *Merten*, in: Handbuch der Grundrechte, Band III, § 56, Rz. 3; beispielsweise soll die unfriedliche Versammlung nicht über Art. 2 Abs. 1 GG geschützt werden.

435 *Dreier*, in: ders., Art. 2 I GG, Rz. 30.

436 *Horn*, in: Stern/Becker, Art. 2 GG, Rz. 132.

437 *Kahl*, in: Der Staat, Band 43 (2004), S. 167 (186).

finden.[438] Wie auch sonst ist bei der Interpretation grundrechtlicher Bestimmungen Zurückhaltung geboten. Um der Gefahr zu entgehen eine Betätigung durch Grundrechtsinterpretation generell von grundrechtlichem Schutz auszunehmen kann Art. 2 Abs. 1 GG seiner Rolle als veritables Auffanggrundrecht gerecht werden, um so doch die Eröffnung des verfassungsrechtlichen Prüfprogramms zu ermöglichen.[439] Eine enge Auslegung der Schutzbereiche der speziellen Freiheitsrechte hat nämlich nicht zwangsläufig auch eine enge Auslegung der allgemeinen Handlungsfreiheit zur Folge.[440] Vielmehr kommt bei einer engen Auslegung nur der speziellen Freiheitsrechte die von der Verfassung vorgesehene Reservefunktion der allgemeinen Handlungsfreiheit voll zur Geltung.[441] So wurde bereits bei den Beratungen des Parlamentarischen Rates formuliert, dass Art. 2 GG praktisch „die Generalklausel für die ganzen Grundrechte“ sei.[442] Im Ausschuss erklärte der Vorsitzende *Dr. v. Mangoldt* das Verhältnis der Grundrechte so: „Oben darüber steht die Menschenwürde, dann kommt die allgemeine Freiheit, die *alles* in sich schließt. Art. 3, 4 und 5 sind alles Freiheiten, die aus dieser allgemeinen Freiheit fließen und eine Spezialisierung dieser allgemeinen Freiheit darstellen.“[443] Es waren lediglich sprachliche Gründe, die dazu führten, dass die vorgeschlagene Formulierung: „Jeder kann tun und lassen, was er will“ nicht übernommen wurde.[444] Diese Grundkonzeption erfährt durch eine enge Auslegung der speziellen Freiheitsrechte bei gleichzeitiger Beibehaltung der vom Bundesverfassungsgericht erarbeiteten weiten Auslegung der allgemeinen Handlungsfreiheit die ihr zukommende Geltung. Eine enge Auslegung der allgemeinen Handlungsfreiheit nimmt auch das Bundesverfassungsgericht nicht vor. Seit der Elfes-Entscheidung des Bundesverfassungsgerichts wird die allgemeine Handlungsfreiheit im Sinne eines Reservegrundrechts weit verstanden und soll jedes Handeln schützen, um einen lückenlosen Grundrechtsschutz zu gewährleisten.[445]

Diese Vorgehensweise bietet im Wesentlichen zwei Vorteile. Zum einen wird durch die Eröffnung des Schutzbereichs der allgemeinen Handlungsfreiheit eine Überprüfung von Handlungsbeschränkungen anhand von Verfassungsrecht und

438 *Horn*, in: Stern/Becker, Art. 2 GG, Rz. 132.

439 Grundsätzlich für die Anwendbarkeit des Art. 2 Abs. 1 GG als Reservegrundrecht *Di Fabio*, in: Maunz/Dürig, Art. 2 GG, Rz. 27; für eine engere Auslegung auch der allgemeinen Handlungsfreiheit *Volkmann*, JZ 2005, 261 (267).

440 So aber *Kahl*, AöR, Band 131 (2006), S. 579 (611).

441 *Böckenförde*, in: Der Staat, Band 42 (2003), S. 165 (188 f.); dagegen *Kahl*, in: Der Staat, Band 43 (2004), S. 167 (188), der Art. 2 Abs. 1 GG in diesem Fall für überstrapaziert hält.

442 Der Parlamentarische Rat 1948–1949 – Akten und Protokolle – Band 5/II, S. 918.

443 Der Parlamentarische Rat 1948–1949 – Akten und Protokolle – Band 5/II, S. 918 (Hervorhebungen nicht im Original).

444 BVerfG v. 16.01.1957 – 1 BvR 253 56, NJW 1957, 297 (297).

445 *Di Fabio*, in: Maunz/Dürig, Art. 2 GG, Rz. 27.

dem damit verbundenen traditionellen Prüfungsschema ermöglicht, das heißt es findet eine Grundrechtsprüfung statt. Zum anderen sind durch den im Vergleich zu den speziellen Freiheitsgrundrechten weitergehenden Eingriffsvorbehalt im Ergebnis regelmäßig geringere Anforderungen an die Eingriffsrechtfertigung zu stellen.[446] Betrachtet man ausschließlich diejenigen Verhaltensweisen, die kraft schutzbereichsimmanenter Grundrechtsschranken aus dem Gewährleistungsgehalt der Koalitionsfreiheit ausgeschlossen werden, so mag man dies als substanzielle Schwächung des Grundrechtsschutzes auffassen und es als widersprüchlich bezeichnen, dass die Idee des größtmöglichen Freiheitsschutzes nur für die allgemeine Handlungsfreiheit und nicht für alle Grundrechte gelten soll. [447] Nichtsdestotrotz vermag der Ansatz aus grundrechtsdogmatischer Sicht zu überzeugen. Die Spezialgrundrechte erfassen eben nur spezielle Betätigungen und wenn eine Betätigung sich letztlich nicht als solche erweist, dann ist die Anwendung des Art. 2 Abs. 1 GG auf diese Betätigung die dogmatisch logische und vom Verfassungsgeber gewollte Folge. Daher kann der Schutz über die allgemeine Handlungsfreiheit auch nicht als strukturell schwächer bezeichnet werden. Den vermeintlich stärkeren Schutz eines speziellen Grundrechts kann diese Betätigung von vornherein nicht erreichen. Sie erhält jedoch den Schutz, der ihr von der Verfassung zugewiesen wird.

Auch bei der subsidiären Anwendung von Art. 2 Abs. 1 GG gilt jedoch der Friedlichkeitsvorbehalt, so dass Betätigungen, die wegen Unfriedlichkeit nicht in den Schutzbereich des Art. 9 Abs. 3 GG einbezogen werden können, auch keinen Schutz über die allgemeine Handlungsfreiheit genießen können.[448] Von Art. 2 Abs. 1 GG werden zudem solche Handlungen nicht geschützt, denen im Rahmen der grundgesetzlichen Ordnung keine grundrechtlich geschützte Vorrangstellung gegenüber den Rechten anderer oder Gemeinschaftsbelangen zukommt.[449] In der Mehrzahl der Fälle, in denen der Schutz der Koalitionsbetätigungsfreiheit aufgrund schutzbereichsimmanenter Grundrechtsschranken versagt wird, wird letztlich auch der Schutzbereich des Art. 2 Abs. 1 GG nicht eröffnet sein. Ist dies doch der Fall, kann durch den weitgehenden Schrankenvorbehalt wesentlich leichter eingegriffen werden, als dies bei einer Anwendung des Art. 9 Abs. 3 GG der Fall wäre.

---

446 *Di Fabio*, in: Maunz/Dürig, Art. 2 GG, Rz. 27.

447 So *Kahl*, in: Der Staat, Band 43 (2004), S. 167 (188).

448 *Horn*, in: Stern/Becker, Art. 2 GG, Rz. 28.

449 *Starck*, in: v. Mangold/Klein/Starck, Art. 2 Abs. 1 GG, Rz. 13; *Volkmann*, JZ 2005, 261 (270) geht davon aus, dass „kein Grundrecht von der Beachtung der allgemeinen Rechtsordnung dispensieren kann."

V. Die negative Koalitionsbetätigungsfreiheit

Steht fest, dass den Koalitionsmitgliedern und der Koalition durch Art. 9 Abs. 3 GG auch ein Grundrecht auf Koalitionsbetätigung zusteht, stellt sich die Frage, ob dieses Grundrecht durch eine negative Seite ergänzt wird. Negative Grundrechte sind, als Gegenpol zu den in der Regel positiv gefassten Grundrechten, solche, die dem Grundrechtsträger auch für das Unterlassen der geschützten Tätigkeit Grundrechtsschutz gewähren.[450] Allgemein anerkannt ist heute, dass Freiheitsrechte, also solche, die bestimmte Handlungen des Grundrechtsträgers schützen,[451] grundsätzlich eine negative Seite aufweisen.[452] So wird neben den im Grundgesetz ausdrücklich genannten negativen Grundrechtskomponenten der Art. 4 Abs. 3 GG, 7 Abs. 2 GG und 12 Abs. 2 GG auch bei den anderen Freiheitsrechten von der Existenz eines komplementären Rechts auf Untätigkeit ausgegangen.[453] In der Literatur nicht gänzlich unumstritten, aber doch weitgehend anerkannt, sieht das Bundesverfassungsgericht auch die negative Koalitionsfreiheit als von Art. 9 Abs. 3 GG umfasst an,[454] wobei diese Freiheit vor Zwang des bzw. Druck auf den Nicht-Organisierten hinsichtlich eines Beitritts zu oder eines Verbleibens in einer Koalition schützt. Allerdings muss bei einer Kollision zwischen der negativen Koalitionsfreiheit und der kollektiven Koalitionsfreiheit bei der Abwägungsentscheidung die Funktionsfähigkeit des kollektiven Schutzsystems beachtet werden.[455]

Hiervon ist die eventuell existierende negative Koalitionsbetätigungsfreiheit strikt zu trennen. Die negative Koalitionsbetätigungsfreiheit betrifft die Frage, ob die negative Koalitionsfreiheit auch das Recht des Einzelnen und der Koalition umfasst, sich der Betätigung zu enthalten und damit in ihrer Struktur mit der positiven Seite des Grundrechts deckungsgleich ist. Zum Teil wird davon ausgegangen, die positive Seite einer Freiheit sei nicht von der negativen zu trennen, da die Handlung als solche nicht mehr frei sei, wenn das Unterlassen der Handlung unfrei ist.[456] Fraglich ist allerdings, ob diese Argumentation auf die Koalitionsbe-

450 *Merten*, in: Handbuch der Grundrechte, Band II, § 42, Rz. 2.

451 *Merten*, in: Handbuch der Grundrechte, Band II, § 42, Rz. 7.

452 Ablehnend und hinsichtlich des Schutzes vor Betätigungszwangs verweisend auf Art. 2 Abs. 1 GG als allgemeine Unterlassensfreiheit *Hellermann*, Die sogenannte negative Seite der Freiheitsrechte, S. 180 ff.

453 Für Art. 4 Abs. 1 GG: BVerfG v. 24.09.2003 – 2 BvR 1436/02, NJW 2003, 3111 (3113); für Art. 5 Abs. 1 GG: BVerfG v. 15.12.1983 – 1 BvR 209/83, NJW 1984, 419 (421); für Art. 9 Abs. 1 GG: BVerfG v. 07.12.2001 – 1 BvR 1806/98, NVwZ 2002, 335 (336)

454 BVerfG v. 11.07.2006 – 1 BvL 4/00, NJW 2007, 51 (53).

455 *Dieterich*, in: ErfKomm., Art. 9 GG, Rz. 32.

456 *Dietlein*, in: Stern, Staatsrecht der Bundesrepublik Deutschland, Band IV/1, § 112, S. 2042 f.; *Kemper*, in: v. Mangoldt/Klein/Starck, Art. 9 Abs. 3 GG, Rz. 136.

tätigungsfreiheit übertragbar ist. Hinsichtlich dieser negativen Koalitionsfreiheit stellt sich zunächst die Frage, ob die Koalition Betätigungen auf andere natürliche oder juristische Personen übertragen kann, um sodann zu klären, ob die Koalition unter grundrechtlichem Schutz auch gänzlich untätig bleiben kann.

1. Die Delegation der Koalitionsbetätigung

Eine Delegation der Koalitionsbetätigung macht nur im Bereich der Tarifautonomie Sinn. Auf diesen Bereich beschränken sich daher die folgenden Ausführungen. Zwar kann ein Tarifvertrag nur zwischen Tarifvertragsparteien geschlossen werden, trotz seiner zahlreichen Besonderheiten stellt der Tarifvertrag letztlich jedoch einen Vertrag dar, auf den die allgemeinen Regeln des Vertragsrechts Anwendung finden. Insofern ist eine Stellvertretung durch eine koalitionsfremde Person grundsätzlich möglich.[457] Dabei kann jedoch nur der reine Abschluss des Tarifvertrags auf die koalitionsfremde Person übertragen werden. Im Rahmen der Tarifautonomie werden die Tarifparteien für ihre Mitglieder tätig und haben zum Ziel, deren Interessen zu vertreten. Die Tarif*autonomie* gibt den Koalitionen daher ein Recht, aber belastet sie auch zugleich mit der Verantwortung, dieses Recht zu Gunsten der Mitglieder auszuüben.[458] Es ist daher entscheidend, dass die Letztverantwortung der Koalition erhalten bleibt. Eine Delegation der Regelungsbefugnis muss deshalb jederzeit widerruflich sein[459] und muss sich im Rahmen der Tarifpolitik der Koalition halten.[460] Die Delegation auf Tarifparteien eines anderen Tarifbereichs scheidet aus, da sich die dortigen Tarifparteien nur an den Interessen ihrer eigenen Mitglieder orientieren.[461] Eine Delegation der Tarifmacht ist daher nur eingeschränkt und zwar insoweit möglich, als gesichert ist, dass die Eigenverantwortung der Koalition erhalten bleibt. Jegliche Delegation, die eine Fremdbestimmung der Koalition zur Folge hat, ist unwirksam.

2. Grundrechtlicher Schutz der Untätigkeit der Koalition

Untätig kann die Koalition partiell oder total sein. Partielle Untätigkeit liegt vor, wenn die Koalition bestimmte Betätigungen nicht unternimmt, während totale Untätigkeit voraussetzt, dass die Koalition bei einer Gesamtschau aller Umstände überwiegend untätig ist. Eine partielle Untätigkeit der Koalition ist grundsätzlich unschädlich. So kann sich die Koalition frei entscheiden, wie sie die Arbeits- und

457 *Franzen*, in: ErfKomm., § 1 TVG, Rz. 25.
458 *Rieble/Klumpp*, in: MünchHdbArbR, § 169, Rz. 1.
459 BAG v. 10.11.1982 – 4 AZR 1203/79, DB 1983, 717 (718).
460 *Rieble/Klumpp*, in: MünchHdbArbR, § 169, Rz. 10.
461 BAG v. 10.11.1982 – 4 AZR 1203/79, DB 1983, 717 (719).

Wirtschaftsbedingungen wahrt und fördert. Sie muss nicht auf bestimmte Mittel, insbesondere auch nicht auf das Mittel des Arbeitskampfs, zurückgreifen.[462] Die negative Arbeitskampffreiheit steht dem Zweck des Art. 9 Abs. 3 GG daher nicht entgegen.[463]

Anders stellt sich die Lage allerdings bei einer totalen Untätigkeit der Koalition dar. Art. 9 Abs. 3 GG stellt Vereinigungen, die die Arbeits- und Wirtschaftsbedingungen *wahren und fördern*, unter den Schutz des Grundgesetzes. Dabei handelt es sich nicht lediglich um eine Verfassungserwartung,[464] sondern um ein echtes Merkmal des Grundrechtstatbestands.[465] Vereinigungen, die in den Schutzbereich der Koalitionsfreiheit fallen wollen, müssen daher die Arbeits- und Wirtschaftsbedingungen wahren und fördern wollen.[466] Verfolgt der Zusammenschluss in nicht ganz unerheblichem Umfang andere Zwecke, so geht der Schutz des Art. 9 Abs. 3 GG verloren.[467] Nichts anderes kann für eine totale Untätigkeit gelten. Durch eine totale Untätigkeit verlöre eine Koalition die Tarifwilligkeit und damit ihren Koalitionsstatus.[468] Da eine Vereinigung durch die totale Untätigkeit die von Art. 9 Abs. 3 GG genannten Zwecke nicht mehr verfolgt, führt diese letztlich zur Unanwendbarkeit des Grundrechts mangels Schutzbereichseröffnung. Aus dieser Überlegung ergibt sich, dass die negative Koalitionsbetätigungsfreiheit im Sinne einer totalen negativen Koalitionsbetätigungsfreiheit nicht aus Art. 9 Abs. 3 GG folgen kann. Die negative Seite von Freiheitsrechten, so sie existiert, stellt einen integralen Bestandteil des grundrechtlichen Schutzbereichs dar. Sie ist dann Teil der Grundrechtsausübung. Führt die Nichtvornahme einer grundrechtlich geschützten Handlung jedoch zu einem Herausfallen aus dem grundrechtlichen Schutzbereich, so kann dies vom Grundrecht nicht gedeckt sein. Inhalt eines Grundrechts kann schon rein begrifflich nicht ein solchen Verhalten sein, das zu einem „Schutzbereichsausschluss" führt.

Allerdings erscheint das Ergebnis fragwürdig, würde es doch letztlich zu einer Koalitionsbetätigungspflicht führen. Eine solche existiert jedoch nur insofern, als die Koalition verpflichtet ist, zur Wahrung und Förderung der Arbeits- und Wirtschaftsbedingungen zu handeln, um sich den Grundrechtsschutz des Art. 9 Abs. 3 GG zu erhalten. Zwar haben die Tarifparteien eine Verantwortung hinsichtlich der ihnen überlassenen Regelung der Arbeits- und Wirtschaftsbedin-

462 *Kemper*, in: v. Mangoldt/Klein/Starck, Art. 9 Abs. 3, Rz. 95.

463 *Merten*, in: Handbuch der Grundrechte, Band II, § 42, Rz. 220.

464 So aber *Gamillscheg*, KollArbR I, S. 222.

465 Zur Verfassungserwartung als außerhalb des grundrechtlichen Gewährleistungsgehalts liegende Rechtsfigur vgl. *Isensee*, in: Handbuch des Staatsrechts, Band V, § 115, Rz. 163 ff.

466 *Löwer*, in: v. Münch/Kunig, Art. 9 GG, Rz. 92.

467 Vgl. oben Seite 28 f.

468 Vgl. oben Seite 36 ff.

gungen, dies kann jedoch nicht soweit führen, dass ihre Mitglieder und sie selbst eine Rechtspflicht zum Tätigwerden trifft.[469] Bei Untätigkeit der Koalitionen greift vielmehr die grundsätzlich subsidiäre Zuständigkeit des Gesetzgebers ein, der dann berufen ist, die erforderlichen Maßnahmen zu ergreifen. Die vertragliche Einigung der Tarifparteien sowie die innere Willensbildung des Verbandes ist frei.[470] Eine Koalition kann deshalb auch die Untätigkeit der Koalition beschließen. Mangels Anwendbarkeit der negativen Seite des Art. 9 Abs. 3 GG auf die totale Untätigkeit der Koalition kann ein Grundrechtsschutz der negativen Koalitionsbetätigungsfreiheit nur über Art. 2 Abs. 1 GG erreicht werden, wenn dieser als allgemeine Unterlassensfreiheit verstanden wird.[471]

VI. Die Pflicht zu tarifdispositivem Gesetzesrecht

Die Koalitionsbetätigungsfreiheit umfasst mit der Tarifautonomie den „wesentlichen Zweck" der Koalitionen, das Aushandeln von Tarifverträgen.[472] Staatliche Regelungen geraten mit der Tarifautonomie in Konflikt, sofern diese dort staatliches Recht setzen, wo die Tarifparteien dies ebenfalls hätten tun können oder bereits getan haben. Es stellt sich daher die Frage, in welchem Umfang die Tarifautonomie durch die Koalitionsfreiheit garantiert wird, um sodann feststellen zu können, wie das Verhältnis von Gesetzgeber und Tarifparteien hinsichtlich der Normsetzung abzugrenzen ist und ob der Gesetzgeber in Bereichen der Doppelzuständigkeit von Tarifparteien und Gesetzgeber verpflichtet ist, Gesetze tarifdispositiv auszugestalten.

1. Die Tarifautonomie als Teil der Koalitionsbetätigungsgarantie

Tarifautonomie ist die Freiheit, im Bereich der Wirtschafts- und Arbeitsbedingungen selbständig zu entscheiden, ob, wann, für wen und mit welchem Inhalt Tarifverträge abgeschlossen werden. Als Betätigung der Koalition ist die Tarifautonomie verfassungsrechtlich durch Art. 9 Abs. 3 GG abgesichert. Die Tarifautonomie befähigt die Koalitionen, die strukturelle Unterlegenheit der Arbeitnehmer beim Abschluss von Arbeitsverträgen auszugleichen, um ein annähernd gleichgewichtiges Aushandeln der Arbeitsbedingungen zu ermöglichen.[473] Die

469 So auch *Rieble/Klumpp*, in: MünchHdbArbR, § 169, Rz. 2.

470 BAG v. 24.04.1985 – 4 AZR 456/83, n. v.

471 *Di Fabio*, in: Maunz/Dürig, Art. 2 GG, Rz. 12; *Hellermann*, Die sogenannte negative Seite der Grundrechte, S. 36; *Lang*, in: Epping/Hillgruber, Art. 2 GG, Rz. 7.

472 BVerfG v. 24.04.1996 – 1 BvR 712/86, NJW 1996, 1157 (1158); *Kluth*, in: Friauf/Höfling, (31. Erg.-Lfg.) Art. 9 III GG, Rz. 71.

473 BVerfG v. 26.06.1991 – 1 BvR 779/85, NZA 1991, 809 (811).

Tarifautonomie schließt aber nicht zwingend jedwede staatliche Regelung aus. Das Bundesverfassungsgericht lässt Beschränkungen der Tarifautonomie insoweit zu, als diese „im Prinzip erhalten und funktionsfähig bleibt".[474] Es betont jedoch, dass sich im Bereich der Tarifautonomie der Staat grundsätzlich jeder Einflussnahme enthalte.[475] Einen Schwerpunkt der Koalitionsbetätigung im Rahmen der Tarifautonomie stellt die Regelung materieller Arbeitsbedingungen (z. B. Arbeitszeit, Arbeitsentgelt, Urlaub etc.) dar.[476] Hinsichtlich dieser Bedingungen kommt der verfassungsrechtliche Grundgedanke der Überwindung der strukturellen Unterlegenheit durch Kollektivierung der Privatautonomie voll zur Geltung.

Der Schutz der Tarifautonomie ist jedoch nicht in allen Bereichen gleich stark ausgeprägt. Die Stärke des Schutzes nimmt in dem Maße zu, in dem die Tarifparteien für eine Regelung des streitigen Bereichs besser geeignet sind als der Staat.[477] Besser geeignet sind die Koalitionen dort, wo komplexe Materien flexibel geregelt werden müssen, eine einheitliche Regelung durch Gesetz nicht zielführend ist, sondern spezifische Kenntnisse der Tarifparteien und branchenspezifische Lösungsansätze gefragt sind.[478] In Bereichen, in denen es auf eine generelle, nicht auf den Einzelfall bezogene Regelung ankommt, ist regelmäßig der Gesetzgeber besser geeignet Lösungen zu erarbeiten.

2. *Verhältnis zwischen Gesetzgeber und Tarifparteien bei Doppelzuständigkeit*

Art. 74 Abs. 1 Nr. 1, 11, 12 GG gewährt dem Bundesgesetzgeber eine (konkurrierende) Gesetzgebungskompetenz im Bereich des Bürgerlichen Rechts, des Rechts der Wirtschaft und des Arbeitsrechts. Hinsichtlich der Arbeits- und Wirtschaftsbedingungen des Art. 9 Abs. 3 GG besteht daher grundsätzlich eine Doppelzuständigkeit zwischen Gesetzgeber und Tarifparteien. Die grundrechtliche Gewährleistung der Koalitionsfreiheit führt daher nicht zu einem Normsetzungsmonopol der Tarifparteien. Der Gesetzgeber muss weiterhin Möglichkeiten haben, in diesem Bereich regelnd tätig zu werden. Tabuzonen, in denen der Gesetzgeber unter keinen Umständen tätig werden darf, existieren nicht.[479] Der Staat muss zum einen handlungsfähig bleiben, sofern die Tarifparteien keine Regelung erzielen, zum anderen reagieren können, sofern die Tarifparteien eine nicht mit dem Gemeinwohl oder dem Schutz Dritter verträgliche Regelung tref-

474 BVerfG v. 01.03.1979 – 1 BvR 532, 533/77, 419/78, 1 BvL 21/78, NJW 1979, 699 (710).
475 BVerfG v. 18.12.1974 – 1 BvR 430/65 u. 259/66, NJW 1975, 1265 (1267).
476 BVerfG v. 24.04.1996 – 1 BvR 712/86, NJW 1996, 1157 (1158).
477 BVerfG v. 24.04.1996 – 1 BvR 712/86, NJW 1996, 1157 (1158).
478 *Bock*, Tarifdispositives Arbeitnehmerschutzrecht und Tarifautonomie, S. 352 ff.
479 *Löwisch/Rieble*, in: MünchHdbArbR, § 157, Rz. 36.

fen.[480] Spiegelbildlich darf jedoch auch die grundgesetzliche Kompetenznorm nicht zu einem Leerlauf der grundrechtlichen Garantie der Koalitionsfreiheit führen. Gesetzgebungskompetenz und grundrechtliche Freiheit müssen daher in einen angemessenen Ausgleich gebracht werden. Dieser Ausgleich wird durch die Bindung des Gesetzgebers an das Verhältnismäßigkeitsprinzip erreicht. Der Gesetzgeber kann nicht ohne weiteres in den Autonomiebereich der Koalitionen eingreifen, sondern muss immer beachten, dass den Tarifparteien insgesamt ausreichende Möglichkeiten der Betätigung verbleiben, um die Arbeits- und Wirtschaftsbedingungen sinnvoll und effektiv regeln zu können.[481]

Ein Eingriff in das Grundrecht der Koalitionsfreiheit liegt vor, sofern durch staatliche Entscheidung dem Grundrechtsträger ein Verhalten, welches grundrechtlichen Schutz genießt, ganz oder teilweise unmöglich gemacht wird.[482] Dies ist der Fall, wenn durch staatliche Regelungen die Normsetzung der Koalitionen erschwert, verhindert oder beseitigt wird.[483] Ein Eingriff kann, da die Koalitionsfreiheit vorbehaltlos gewährleistet ist, nur durch Grundrechte Dritter und anderes kollidierendes Verfassungsrecht gerechtfertigt werden. Dies schränkt den Gesetzgeber jedoch nicht über Gebühr ein. Insbesondere im Arbeitsrecht lassen sich für gesetzgeberische Eingriffe durchaus verfassungsrechtliche Anknüpfungspunkte finden.[484] Dabei ist jedoch zu beachten, dass das Bundesverfassungsgericht die grundsätzlich vorhandene Einschätzungsprärogative des Gesetzgebers einschränkt. Es fordert umso gewichtigere Gründe für einen Eingriff, je stärker der jeweilige Bereich der Tarifautonomie geschützt ist.[485]

Sofern der Gesetzgeber zwingende gesetzliche Regelungen vorgibt, die dem Grundrechtsträger Betätigungsmöglichkeiten zumindest teilweise unmöglich machen, liegt eindeutig ein Eingriff zumindest nach der modernen Eingriffsdogmatik vor.[486] Zunächst scheint bei einer tarifdispositiven Regelung ein Eingriff

480 *Bock*, Tarifdispositives Arbeitnehmerschutzrecht und Tarifautonomie, S. 317; *Wieland*, in: VVDStRL 59 (2000), S. 13 (42).

481 *Bock*, Tarifdispositives Arbeitnehmerschutzrecht und Tarifautonomie, S. 292; *Butzer*, RdA 1994, 375 (383); *Löwisch/Rieble*, in: MünchHdbArbR, § 157, Rz. 36; dies wurde auch in der Stellungnahme der Bundesregierung zum Übereinkommen Nr. 154 der Internationalen Arbeitsorganisation BT-Drs. 10/2124, S. 9 zum Ausdruck gebracht: „In der Bundesrepublik Deutschland ist durch Art. 9 Abs. 3 des Grundgesetzes gewährleistet, daß der Gesetzgeber die Regelung der Arbeits- und Wirtschaftsbedingungen nicht in beliebiger Weise zu Lasten der Tarifvertragsparteien an sich ziehen kann."

482 *Pieroth/Schlink*, Grundrechte, Rz. 253.

483 *Wiedemann*, in: ders., TVG, Einl., Rz. 105.

484 *Kempen*, in: FS Schaub, S. 357 (361).

485 BVerfG v. 24.04.1996 – 1 BvR 712/86, NJW 1996, 1157 (1158).

486 Allerdings sind die Grenzen zur Ausgestaltung der Koalitionsfreiheit fließend, vgl. dazu *Cornils*, Die Ausgestaltung der Grundrechte, S. 400 ff.; *Butzer*, RdA 1994, 375 (380).

klar auszuscheiden.[487] Bei tarifdispositiven Vorschriften bleiben die Koalitionen gerade zur Tätigkeit berechtigt und können ihre grundrechtliche Freiheit wahrnehmen. Nichtsdestotrotz ist auch die tarifdispositive Regelung zumeist als Eingriff in die Koalitionsfreiheit zu qualifizieren.[488] Die tarifdispositive Regelung wird der Verhandlungsposition einer der Vertragsparteien näher als derjenigen der anderen liegen. Dies kann und wird regelmäßig zu einer Einschränkung der Betätigungsfreiheit führen, da durch das Gesetz bereits erste Prädispositionen zugunsten einer Verhandlungspartei getroffen wurden, die den Spielraum bei Tarifvertragsverhandlungen einengen[489] Zwar kann tarifdispositives Gesetzesrecht auch gewerkschaftliche Verhandlungsmacht erzeugen,[490] dies führt allerdings dazu, dass die Verhandlungsmacht der Gegenseite (notwendigerweise) eingeschränkt wird. Da Art. 9 Abs. 3 GG jedoch Arbeitnehmer- und Arbeitgeberkoalitionen gleichermaßen schützt, stellt eine solche Regelung einen Eingriff dar. Der Seite, deren Verhandlungsmacht durch die tarifdispositiven Normen nicht verbessert wird, wird das Aushandeln bestimmter Regelungen von vornherein zumindest teilweise erschwert. Dass eine Beeinträchtigung der Verhandlungsposition einer Tarifvertragspartei einen Eingriff in die Koalitionsfreiheit darstellen kann, anerkennt auch die Rechtsprechung.[491] Dabei ist es unerheblich, ob die Beeinträchtigung der Verhandlungsposition gewollt ist oder nicht, da auch sogenannte mittelbar-faktische Eingriffe in Grundrechte rechtfertigungsbedürftig sind.[492]

Sowohl zwingende als auch tarifdispostive Gesetze sind daher als Eingriffe in die Koalitionsbetätigungsfreiheit nur gerechtfertigt, sofern sie auf kollidierendem Verfassungsrecht beruhen und insgesamt verhältnismäßig sind. Im Rahmen der Verhältnismäßigkeitsprüfung ist zu erwarten, dass sich eine tarifdispositive Regelung regelmäßig als milderes Mittel, eine zwingende Regelung daher als nicht erforderlich herausstellt.[493] Der Verhältnismäßigkeitsgrundsatz kann daher im Einzelfall zu einer Verpflichtung des Gesetzgebers zur Schaffung einer tarifdispositiven Regelung führen.

---

487 So auch *Bock*, Tarifdispositives Arbeitnehmerschutzrecht und Tarifautonomie, S. 317; *Butzer*, RdA 1994, 375 (384)

488 Bejaht von BVerfG v. 03.04.2001 – 1 BvL 32/97, ZIP 2001, 1066 (1069); nicht entschieden von BVerfG v. 09.12.2004 – 1 BvR 2582/03, 1 BvR 2283/03, 1 BvR 2504/03, NZA 2005, 153 (154).

489 Hierzu *Waas*, in: FS Birk, S. 899 (906ff.).

490 *Thüsing*, ZfA 2008, 590 (596).

491 BVerfG v. 27.04.1999 – 1 BvR 2203–93 und 1 BvR 897–95, NJW 1999, 3033 (3034); BVerwG v. 28.01.2010 – 8 C 19/09, NZA 2010, 718 (722).

492 BVerwG v. 28.01.2010 – 8 C 19/09, NZA 2010, 718 (722).

493 *Löwisch/Rieble*, in: MünchHdbArbR, § 157, Rz. 37; *Rieble/Klumpp*, in: MünchHdbArbR, § 169, Rz. 135.

Im Ergebnis lässt sich daher feststellen, dass an die Verhältnismäßigkeit einer gesetzlichen Regelung umso größere Anforderungen zu stellen sind, je stärker der zu regelnde Lebensbereich im Rahmen des Art. 9 Abs. 3 GG zugunsten der Koalitionen geschützt ist und je intensiver in diesen Bereich eingegriffen wird. Je geeigneter die Tarifparteien für eine Regelung sind, desto schwieriger ist ein Eingriff, insbesondere durch zwingende Regelung, zu begründen. Grundsätzlich stehen zwingende und tarifdispositive Regelungen in einem Stufenverhältnis, das sich im Rahmen der Erforderlichkeit zugunsten der Tarifdispositivität auswirkt. Der Gesetzgeber hat aber auch bei einer tarifdispositiven Regelung zu beachten, dass sein Handeln grundsätzlich einen Eingriff darstellt, der nur zugunsten von kollidierendem Verfassungsrecht gerechtfertigt werden kann. Im Bereich des Arbeitsrechts lässt sich ein verfassungsrechtlicher Anknüpfungspunkt für eine Vielzahl von Regelungen zwar relativ unproblematisch finden. Ob die tarifdispositve Regelung verhältnismäßig ist, ergibt aber auch hier erst eine einzelfallbezogene Prüfung. Dabei ist insbesondere bei der Frage der Erforderlichkeit der gesetzlichen Regelung zu beachten, dass bei einer Verdrängung von tariflichen durch gesetzliche Regelungen die Grenzen der Erforderlichkeit nur dann gewahrt werden, wenn die tariflichen Regelungen keine angemessene Gestaltung der Arbeitsbedingungen (mehr) darstellen.[494] Insgesamt steht den Koalitionen folglich eine „Normsetzungsprärogative" zu.[495]

C) Ergebnis

Art. 9 Abs. 3 GG schützt nach seinem Wortlaut lediglich die Koalitionsbildung. Bestandteil der Koalitionsbildung sind allerdings auch die internen Betätigungen, die Dritte nicht primär berühren, und die dazu dienen, die Arbeitsfähigkeit der Koalition herzustellen. Anerkannt ist zudem, dass auch der Bestand der Koalition grundrechtlichen Schutz erfahren muss.

Vor allem durch die Aufnahme der durch die Koalition zu verfolgenden Zwecke in den Grundrechtstatbestand der Koalitionsfreiheit wird deutlich, dass auch die Koalitionsbetätigungsfreiheit Bestandteil des Art. 9 Abs. 3 GG ist. Nur wenn dies der Fall ist, erfährt Art. 9 Abs. 3 GG die eigenständige Bedeutung, die ihm gebührt, da ansonsten eine Regelung in einem eigenen Absatz unnötig gewesen wäre. Steht die Koalitionsbetätigungsfreiheit unter grundrechtlichem Schutz, kann die Koalition die in Art. 9 Abs. 3 GG genannten Zwecke effektiv verfolgen und ihren Beitrag zu einer sinnvollen Regelung der Arbeits- und Wirt-

494 *Thüsing*, ZfA 2008, 590 (608).

495 BVerfG v. 24.05.1977 – 2 BvL 11/74, NJW 1977, 2255 (2256); *Butzer*, RdA 1994, 375 (379).

schaftsbedingungen leisten. Dieses Ergebnis wird auch durch einen Blick auf das europäische Recht gestützt. Das Recht auf kollektive Maßnahmen ist sowohl in der Rechtsprechung des EuGH als auch in der EU-Grundrechtecharta anerkannt und verkörpert als solches eine gemeinsame Verfassungstradition der Mitgliedstaaten.

Art. 9 Abs. 3 GG stellt ein sogenanntes Doppelgrundrecht dar. Als typisches Gruppengrundrecht ist eine Anwendung des Art. 19 Abs. 3 GG nicht erforderlich. Die allgemeine Regel des Art. 19 Abs. 3 GG wird durch die spezielle Gewährleistung des Art. 9 Abs. 3 GG verdrängt.

Der konkrete Inhalt der Koalitionsbetätigungsfreiheit ist bislang in der rechtswissenschaftlichen Untersuchung nicht genügend konkretisiert worden. Das Grundrecht der Koalitionsfreiheit erscheint daher konturlos. Nach der „Klarstellung" der Kernbereichsrechtsprechung durch das Bundesverfassungsgericht wird der Schutzbereich von Art. 9 Abs. 3 GG nur durch die Leerformel der „koalitionsspezifischen Betätigung" umschrieben. Was eine Betätigung zu einer koalitionsspezifischen Betätigung macht, kommt dabei nicht zum Ausdruck.

Aus Gründen der Rechtssicherheit, der Grundrechtseffizienz und der Missbrauchsvermeidung ist daher die Koalitionsfreiheit bereits auf Schutzbereichsebene zu konkretisieren, indem ihr schutzbereichsimmanente Schranken gesetzt werden. Insbesondere die Rechtsprechung zu Art. 4 und 8 GG lässt erkennen, dass auch das Bundesverfassungsgericht in neuerer Zeit von einem gewandelten Verständnis der Grundrechtsdogmatik ausgeht. Entgegen der früheren Rechtsprechung hat das Bundesverfassungsgericht durch mehrere Urteile versucht, die genannten Grundrechte auf Schutzbereichsebene einzuschränken. Art. 4 und 8 GG sind als gewaltnahe Grundrechte mit der Koalitionsfreiheit vergleichbar. Insbesondere um zu verhindern, dass sich der vermeintliche Grundrechtsträger den Schutzbereich der Grundrechte selbst eröffnen kann, hat das Bundesverfassungsgericht bei der Versammlungsfreiheit die Anforderungen an den Versammlungsbegriff erhöht und bei der Religionsfreiheit das Recht, sein gesamtes Leben an den Glaubensregeln auszurichten, eingeschränkt.

Eine solche Einschränkung kann auch im Rahmen des Art. 9 Abs. 3 GG vorgenommen werden. Art. 9 Abs. 3 GG wird von einem Friedlichkeitsvorbehalt tatbestandlich begrenzt. Das Nahziel der Grundrechtsausübung muss in der Wahrung und Förderung der Arbeits- und Wirtschaftsbedingungen liegen. Wird als Nahziel eine aktive Beeinträchtigung grundrechtlich geschützter Interessen Dritter oder der Verhandlungspartner verfolgt, so ist der Schutzbereich der Koalitionsfreiheit auch dann nicht eröffnet, wenn die Koalition als Fernziel die in Art. 9 Abs. 3 GG genannten Ziele verfolgt.

Entgegen der herrschenden Meinung sind die Koalitionen auch an das Gemeinwohl gebunden. Ihnen ist durch Art. 9 Abs. 3 GG eine staatsentlastende Funktion in einem Bereich überantwortet, in dem auch der Gesetzgeber Normen setzten kann. Ihre Rechtsetzungskompetenz basiert auf einer staatlichen Delegation, deren konkrete Wahrnehmung durch mitgliedschaftlichen Beitrittsakt legitimiert wird. Der Verfassungsgeber traut den Koalitionen eher als dem Gesetzgeber zu, sinnvolle Ergebnisse erreichen zu können. Diese Aufteilung der Kompetenzen spricht dafür, dass sowohl der Gesetzgeber als auch die Koalitionen bei den jeweiligen Regelungen den gleichen Zweckbindungen unterliegen. So wie der Gesetzgeber bei seinen Regelungen an das Gemeinwohl gebunden ist, sind dies auch die Koalitionen. Wären sie es nicht, müsste der Gesetzgeber bei gemeinwohlwidrigen Regelungen der Koalitionen einschreiten und so die besondere Aufgabenaufteilung zwischen Gesetzgeber und Koalitionen verwischen.

Der Gesetzgeber hat den Koalitionen einen Regelungsauftrag erteilt. Sie haben eine über den eigenen Mitgliederbestand hinausgehenden Gestaltungsaufgabe und sind in ähnlicher Weise an die Grundrechte gebunden wie der Staat.

Die Koalitionsbetätigungsfreiheit schützt nur die Mitglieder der Koalition. Werden Betätigungen nach ihrem Gesamtbild schwerpunktmäßig von Koalitionsfremden getragen, kann der Schutzbereich der Koalitionsfreiheit nicht eröffnet sein.

Im Bereich des Arbeitskampfrechts kann auch der Paritätsgrundsatz schutzbereichsbegrenzend wirken, da aufgrund der dienenden Funktion des Arbeitskampfs eine Koalition keine paritätsverschiebenden Arbeitskampfmaßnahmen ergreifen darf, ohne dass bereits vorher ein Paritätsungleichgewicht zu ihren Lasten vorlag.

Das Koalitionsbetätigungsrecht können die Koalitionen nur insoweit an andere Personen delegieren, als die Letztverantwortlichkeit der Koalition gewahrt bleibt. Der Delegatar muss an die grundsätzliche Tarifpolitik der Koalition gebunden sein und darf nicht unwiderruflich zur Koalitionsbetätigung ermächtigt sein. Da die Koalition aus dem Schutzbereich der Koalitionsfreiheit herausfällt, wenn eine Gesamtbetrachtung ergibt, dass sie untätig ist, kann die negative Koalitionsbetätigungsfreiheit nicht Teil der Koalitionsfreiheit sein. Sofern es negative Freiheitsrechte gibt, sind diese integraler Bestandteil des Grundrechtsschutzes des jeweiligen aktiven Verhaltens und können daher nie dazu führen, dass der Grundrechtsschutz verloren geht. Zwar kann die Koalition auch nicht zur Handlung gezwungen werden, für ihre Untätigkeit kann sie sich jedoch nur auf Art. 2 Abs. 1 GG berufen.

Durch die Doppelzuständigkeit von Gesetzgeber und Koalitionen im Bereich der Arbeits- und Wirtschaftsbedingungen kann sich im Einzelfall eine Pflicht des Gesetzgebers zum Erlass tarifdispositiver Normen ergeben. So kann sich im Einzelfall im Rahmen der Prüfung der Verhältnismäßigkeit ergeben, dass zwingendes Gesetzesrecht zu stark in das Grundrecht der Koalition eingreift und dass deshalb das tarifdispositive Recht als milderes Mittel herangezogen werden muss. Dabei hat der Gesetzgeber jedoch zu beachten, dass auch das tarifdispositive Recht einen Eingriff in Art. 9 Abs. 3 GG darstellt.

3. Teil: Die Koalitionsbetätigung in der Betriebsverfassung

Die Tätigkeit der Koalitionen in der Betriebsverfassung ist geprägt durch das Verhältnis der Koalitionen zu dem im Unternehmen gewählten Betriebsrat. Im Gegensatz zu den frei gebildeten Gewerkschaften sind die Betriebsräte gesetzlich verfasst. Sie sind von den Gewerkschaften unabhängig und sollen die Interessen der gesamten Belegschaft gegenüber dem Arbeitgeber vertreten.[496] Das durch das Neben-, Mit- und Gegeneinander von Gewerkschaften und Betriebsräten geprägte „duale System“ birgt Konfliktpotential, soll doch weder der Betriebsrat die gewerkschaftliche Vertretung im Betrieb darstellen, noch die Gewerkschaft durch einen übermächtigen Betriebsrat ihrer Betätigungsmöglichkeiten beraubt werden.[497] Ziel ist, eine Kooperation der beiden Institutionen zu erreichen und eine Konfrontation zu vermeiden.[498]

Das Betriebsverfassungsgesetz (BetrVG) gibt durch weitgehend zweiseitig zwingende Regelungen eine bestimmte betriebliche Organisationsstruktur vor. Diese Regelungen betreffen direkt das Tätigkeitsfeld der Gewerkschaften, da diese von der Interessenwahrnehmung und dem Schutz der Arbeitnehmer am Arbeitsplatz abgeschnitten werden. Die gesetzliche Betriebsverfassung ist Bestandteil der Wahrung und Förderung der Wirtschafts- und Arbeitsbedingungen. Die Regelung der Arbeits- und Wirtschaftsbedingungen ist allerdings nur den Koalitionen kraft Verfassungsrechts übertragen. Betätigungen im Rahmen der Betriebsverfassung sind daher vom Schutzbereich des Art. 9 Abs. 3 GG geschützt. Die innerbetriebliche Wahrnehmung von Arbeitnehmerinteressen kann nicht vollständig aus der Zuständigkeit der Koalitionen ausgeklammert werden, will man den Koalitionen nicht ein zentrales Feld ihrer Betätigung entziehen.[499] Da die Koalitionen durch die Regelungen des BetrVG im Bereich der betrieblichen Organisation erheblichen Einschränkungen in ihrer Betätigungsfreiheit unterliegen, stellt das BetrVG einen Eingriff in die von Art. 9 Abs. 3 GG geschützte Koalitionsbetätigungsfreiheit dar.

Allerdings soll durch die Koalitionsfreiheit auch nicht jede andere Regelung zur sinnvollen Ordnung und Befriedung des Arbeitslebens von vornherein ausge-

---

496 *Richardi*, in: ders., BetrVG, § 2, Rz. 37.

497 Vgl. hierzu *Krause*, RdA 2009, 129 (133 ff.).

498 BVerfG v. 01.03.1979 – 1 BvR 532, 533/77 u. a., NJW 1979, 699 (700).

499 *Krause*, RdA 2009, 129 (135).

schlossen sein.[500] Der Eingriff durch das BetrVG kann daher durch kollidierendes Verfassungsrecht gerechtfertigt werden. Das BetrVG dient dazu, eine betriebliche Ordnung abzusichern, in der die berechtigten Belange der Arbeitnehmer zur Geltung gebracht werden können, ohne dass die wirtschaftliche Entscheidungsfreiheit des Unternehmers über die Maßen eingeschränkt wird.[501] Die durch das BetrVG festgeschriebene Beteiligung der Arbeitnehmer im Betrieb sichert die Grundrechte der Arbeitnehmer (Art. 1 Abs. 1, Art. 2 Abs. 1 und Art. 12 Abs. 1 GG). Die staatliche Schutzpflicht, die aus diesen Grundrechten und aus dem Sozialstaatsprinzip folgt (Art. 20 Abs. 1 GG und Art. 28 Abs. 1 GG), verpflichtet den Gesetzgeber zum Handeln im Bereich der Betriebsverfassung. Der Eingriff in die Koalitionsbetätigungsfreiheit ist daher durch die durch das BetrVG geschützten Grundrechte der Arbeitnehmer gerechtfertigt.

Nach einem kurzen Überblick über die Koalitionsbetätigungen in der Betriebsverfassung konzentrieren sich die folgenden Ausführungen auf aktuell diskutierte Problemfelder in diesem Bereich.[502]

§ 1 Überblick über die Koalitionsbetätigung in der Betriebsverfassung

Grundlage der Koalitionsbetätigung in der Betriebsverfassung bildet § 2 BetrVG. Als Generalklausel gibt § 2 Abs. 1 BetrVG vor, dass Arbeitgeber und Betriebsrat gemeinsam mit den im Betrieb vertretenen Gewerkschaften und Arbeitgeberverbänden vertrauensvoll zusammenarbeiten sollen, um so das Wohl der Arbeitnehmer und des Betriebs zu sichern. Ihre Sonderinteressen müssen die Betriebspartner daher dem Gesamtinteresse der Förderung der Betriebsaufgaben und des Wohls der Belegschaft unterordnen.[503] Eine Pflicht zur Zusammenarbeit mit den Koalitionen besteht allerdings nur dort, wo das Gesetz diesen eigene betriebsverfassungsrechtliche Aufgaben zuweist.[504] Die Zusammenarbeit hat unter Beachtung der geltenden Tarifverträge zu erfolgen. Grundvoraussetzung einer Zusammenarbeit ist ausweislich des Wortlauts der Norm, dass die Koalition im Betrieb vertreten ist. Dies ist bereits dann der Fall, wenn ein Mitglied Arbeitnehmer des Betriebs ist, und nicht zu den leitenden Angestellten gehört.[505]

500 BVerfG v. 01.03.1979 – 1 BvR 532, 533/77 u. a., NJW 1979, 699 (710).

501 *Löwisch/Kaiser*, BetrVG, Einl., Rz. 1; *Fitting*, BetrVG, § 1, Rz. 1 f.

502 Vgl. umfassende Darstellung der den Koalitionen unter Umständen zukommenden Betätigungsrechte bei *Däubler*, Gewerkschaftsrechte im Betrieb.

503 BAG v. 02.11.1955 – 1 ABR 30/54, NJW 1956, 240 (240).

504 *Fitting*, BetrVG, § 2, Rz. 53.

505 BAG v. 25.03.1992 – 7 ABR 65/90, NZA 1993, 134 (134).

Den Koalitionen wird durch das BetrVG eine Reihe von Rechten übertragen, die die Betätigungsmöglichkeiten der Koalitionen im Bereich der Betriebsverfassung zum Gegenstand haben. Die im Einzelnen übertragenen Rechte lassen sich grob einteilen in Initiativrechte,[506] Kontrollrechte[507] und Unterstützungsrechte[508].[509] § 2 Abs. 3 BetrVG macht deutlich, dass die Aufgaben der Koalitionen durch das BetrVG nicht berührt werden. Dabei handelt es sich um eine deklaratorische Anerkennung des Grundrechts aus Art. 9 Abs. 3 GG auf betrieblicher Ebene. Den Koalitionen muss es daher auch im Rahmen der Betriebsverfassung möglich sein, die eigenen Ziele hinsichtlich der Wahrung und Förderung der Arbeits- und Wirtschaftsbedingungen nach außen zu kommunizieren, um sich so gegenüber ihren Mitgliedern bzw. potentiellen Mitgliedern positionieren und ihre Vorstellungen durchsetzen zu können.[510] Das Betätigungsrecht der Koalitionen im Rahmen der Betriebsverfassung ist nicht auf den Bereich der Tarifautonomie beschränkt, sondern umfasst auch Betätigungen, die dazu dienen, Forderungen, die nicht an den Arbeitgeber gerichtet sind, zu erheben, um so die Arbeits- und Wirtschaftsbedingungen zu beeinflussen.[511] § 2 Abs. 2 BetrVG sieht ein Zutrittsrecht zugunsten der Gewerkschaftsbeauftragten vor, sofern der Zutritt erforderlich ist, um die betriebsverfassungsrechtlichen Aufgaben wahrnehmen zu können. Koalitionsbetätigungen in der Betriebsverfassung stellen grundsätzlich Eingriffe in die Grundrechte des Unternehmers dar, insbesondere in Art. 12 und Art. 14 GG. Obwohl die Koalitionsbetätigung in der Betriebsverfassung in den Schutzbereich der Koalitionsfreiheit fällt, bedeutet dies daher, wie allgemein in der Grundrechtsdogmatik, noch keinen automatischen Vorrang derselben. Vielmehr ist im Rahmen einer Abwägung die bestehende Grundrechtskollision zwischen Grundrechten der Koalition, bzw. deren Mitgliedern, und denen des Unternehmers aufzulösen.[512] Dabei sind die kollidierenden Verfassungsrechte in ihrer Wechselwirkung zu erfassen und so zu begrenzen, dass sie für alle Beteiligten möglichst weitgehend wirksam werden.[513] In der erforderlichen Abwägung ist auf Seiten des Unternehmers insbesondere das Interesse an einem reibungslosen Arbeitsablauf zu berücksichtigen.[514] Ob die Koalitionsbetätigung in der Betriebsverfassung

506 Z. B. §§ 23 Abs. 1, 43 Abs. 4, 48, 56 BetrVG.
507 Z. B. §§ 19 Abs. 2, 23 Abs. 1 BetrVG.
508 Z. B. §§ 31, 35 Abs. 1, 46 Abs. 1, 53 Abs. 3 BetrVG.
509 *Richardi*, in: ders., BetrVG, § 2, Rz. 89.
510 *Richardi*, in: ders., BetrVG, § 2, Rz. 84.
511 BVerfG v. 06.02.2007 – 1 BvR 978/05, NZA 2007, 394 (395).
512 *Fitting*, BetrVG, § 2, Rz. 83.
513 BVerfG v. 06.02.2007 – 1 BvR 978/05, NZA 2007, 394 (395).
514 BAG v. 28.02.2006 – 1 AZR 460/04, BB 2006, 1798 (1800).

letztlich grundrechtlichen Schutz erfährt, ist daher eine Frage des Einzelfalls. Sofern eine Abwägung der verschiedenen Grundrechtspositionen mit dem Ziel der Herstellung einer praktischen Konkordanz ergibt, dass das Interesse der Koalition überwiegt, steht fest, dass die konkrete Betätigung im Ergebnis von Art. 9 Abs. 3 GG geschützt ist. Allerdings kann es die Herstellung einer praktischen Konkordanz erfordern, dass die Koalition auch bestimmte Einschränkungen ihrer Betätigung, wie z. B. Unterrichtungspflichten, hinnehmen muss.

§ 2 Gewerkschaftswerbung

Die Werbung neuer Mitglieder ist für die Koalition von existentieller Bedeutung. Dies gilt insbesondere für die Werbung im Betrieb, da die Koalition dort in der realen Arbeitsumgebung die effektivsten Möglichkeiten der Kontaktaufnahme hat. Die Mitgliederwerbung dient der Sicherung des Bestands der Koalition und ist daher trotz der Auswirkungen auf Dritte als interne Koalitionsbetätigung zu qualifizieren und gehört im weitesten Sinne zur Koalitionsbildung. Die Mitgliederwerbung ist daher bereits vom Wortlaut des Art. 9 Abs. 3 GG erfasst.[515] Auch bei der Mitgliederwerbung muss die Zweckbindung des Art. 9 Abs. 3 GG beachtet werden. Geschützt werden daher nur Werbebetätigungen, die die Wahrung und Förderung der Wirtschafts- und Arbeitsbedingungen zum Gegenstand haben. Allgemeine politische Informationen oder Werbung durch die Koalition werden dagegen von der Koalitionsfreiheit nicht unter Schutz gestellt.[516] Allgemein anerkannt ist das Recht der Koalition, durch betriebsangehörige Mitglieder außerhalb der Arbeitszeit und während der Pausen Mitglieder zu werben und zu informieren.[517] Im Einzelnen sind die Betätigungsmöglichkeiten der Koalitionen zu Werbezwecken im Betrieb aber umstritten.

A) Das Zugangsrecht zum Betrieb

Grundvoraussetzung der Koalitionswerbung im Betrieb ist das Zugangsrecht der Gewerkschaftsbeauftragten. Koalitionswerbung am Arbeitsplatz ist besonders effektiv, da der Arbeitnehmer mit den Anliegen der Koalition an dem Ort konfrontiert wird, den es durch die Koalitionsarbeit auszugestalten gilt.

---

515 Vgl. nur BAG v. 28.02.2006 – 1 AZR 460/04, BB 2006, 1798 (1801).

516 BAG v. 14.02.1967 – 1 AZR 494/65, NJW 1967, 843 (845).

517 BAG v. 14.02.1967 – 1 AZR 494/65, NJW 1967, 843.

I. Die entgegenstehenden Rechte

Unproblematisch gestaltet sich dies bei betriebszugehörigen Gewerkschaftsbeauftragten, denen kraft ihrer Arbeitnehmerstellung der Zutritt zum Betrieb erlaubt ist. Problematisch erscheint allerdings ein Zutrittsrecht von betriebsfremden Gewerkschaftsbeauftragten, berührt dies doch die Sphäre des Arbeitgebers, der zumeist Vorbehalte gegen die Koalitionsbetätigung im Betrieb haben wird. Der Zutritt betriebsfremder Gewerkschaftsbeauftragter berührt grundrechtlich geschützte Belange des Arbeitgebers. Dieser kann sich neben Art. 14 GG, der die ungestörte Nutzung der in seinem Eigentum stehenden Betriebsmittel sichert, auch auf Art. 12 Abs. 1 und Art. 13 GG berufen. Art. 12 GG schützt ihn vor Beeinträchtigungen seiner wirtschaftlichen Betätigungsfreiheit und von Art. 13 GG wird die räumliche Sphäre der Arbeits-, Betriebs- und Geschäftsräume erfasst. Alle genannten Grundrechte werden durch ein Zugangsrecht von Betriebsfremden tangiert. In kirchlichen Einrichtungen steht dem Zugangsrecht von Gewerkschaftsbeauftragten zudem das kirchliche Selbstbestimmungsrecht gem. Art. 140 GG i. V. m. Art. 137 Abs. 3 WRV entgegen.

II. Die Versagung des Zugangsrecht durch die frühere Rechtsprechung

Das Bundesverfassungsgericht hatte im Falle einer kirchlichen Einrichtung ein Zutrittsrecht für betriebsfremde Gewerkschaftsbeauftragte zunächst verneint.[518] Dabei stützte es sich im Wesentlichen nicht auf die genannten Grundrechte des Arbeitgebers, sondern begründete seine Entscheidung unter Hervorhebung des kirchlichen Selbstbestimmungsrechts mit der Kernbereichslehre. Nach Ansicht des Bundesverfassungsgerichts ließ sich ein Zutrittsrecht betriebsfremder Gewerkschaftsbeauftragter nicht aus Art. 9 Abs. 3 GG herleiten, da die Werbetätigkeit derartiger Personen für die Erhaltung und Sicherung der Existenz der Koalition nicht unerlässlich sei. Dies gelte jedenfalls in den Fällen, in denen die Koalition im Betrieb bereits durch Mitglieder vertreten sei, da in derartigen Fällen die werbende Tätigkeit problemlos durch Betriebsangehörige übernommen werden könne.

518 BVerfG v. 17.02.1981 – 2 BvR 384/78, NJW 1981, 1829.

III. Neue Ansätze der Rechtsprechung zum Zugangsrecht

Dagegen hat das Bundesarbeitsgericht in zwei neueren Entscheidungen betriebsfremden Gewerkschaftsbeauftragten ein Zutrittsrecht zu Werbezwecken zugesprochen.[519]

1. Kein Verstoß gegen die Bindungswirkung des § 31 BVerfGG durch Zugangsrecht

Die erste Entscheidung stützte sich vor allem auf die Aufgabe der Kernbereichslehre. Das Abweichen von der Rechtsprechung des Bundesverfassungsgerichts begründete das Bundesarbeitsgericht damit, dass sich die Bindungswirkung des § 31 BVerfGG nur auf kirchliche Einrichtungen beziehe und daher nicht den zu entscheidenden Fall betreffe. Diese Begründung wurde in der Literatur zum Teil kritisiert, da das Bundesverfassungsgericht seine Entscheidung nicht primär mit dem kirchlichen Selbstbestimmungsrecht begründet habe.[520] Dem Bundesarbeitsgericht ist aber darin zuzustimmen, dass die Erwägungen des Bundesverfassungsgerichts zu Art. 9 Abs. 3 GG in dessen Entscheidung im Kontext des kirchlichen Selbstbestimmungsrechts (Art. 140 GG i. V. m. Art. 137 Abs. 3 WRV) vorgenommen wurden. Dabei ist nicht auszuschließen, dass das kirchliche Selbstbestimmungsrecht an koalitionäre Zugangsrechte strengere Anforderungen stellt als das allgemeine Arbeitsrecht.[521] Die Bindungswirkung bezog sich daher in der Tat nur auf Fälle des Zutrittsrechts zu kirchlichen Einrichtungen.

Dass § 31 BVerfGG der Entscheidung des Bundesarbeitsgerichts nicht entgegen stand, ergibt sich zudem aus der zwischenzeitlich erfolgten Aufgabe der Kernbereichslehre. Zwar lässt das Bundesarbeitsgericht ausdrücklich offen, ob die Bindungswirkung nach § 31 BVerfGG durch die Aufgabe der Kernbereichsrechtsprechung eingeschränkt wurde. Diese Frage ist aber jedenfalls für den weltlichen Bereich zu bejahen.[522] Das Bundesarbeitsgericht musste die Entscheidung des Bundesverfassungsgerichts vom 14. November 1995[523] beachten, in der dieses ausdrücklich festgestellt hat, dass die Mitgliederwerbung nicht nur inso-

519 BAG v. 28.02.2006 – 1 AZR 460/04, NZA 2006, 798; BAG v. 22.06.2010 – 1 AZR 179/09, NZA 2010, 1365.

520 *Richardi*, in: ders., BetrVG, § 2, Rz. 151.

521 *Dieterich*, RdA 2007, 110 (112); zum Zugangsrecht zu kirchlichen Einrichtungen vgl. unten Seite 133 ff.

522 *Däubler*, Gewerkschaftsrechte im Betrieb, Rz. 410 geht von einem gänzlichen Wegfall der Bindungswirkung aus; im Dezember 2012 hat sich das Bundesarbeitsgericht mit der Frage der Bindungswirkung in dem Verfahren 1 AZR 552/10 explizit auseinander zu setzen, so dass der Umfang der Bindungswirkung damit höchstrichterlich geklärt wird.

523 BVerfG v. 14.11.1995 – 1 BvR 601/92, NZA 1996, 381 (382).

weit geschützt ist, wie dies für die Sicherung des Koalitionsbestands unerlässlich ist, sondern umfassenden Schutz genießt.[524] Der umfassende Schutz der Mitgliederwerbung schließt grundsätzlich auch die Werbung durch betriebsfremde Gewerkschaftsbeauftragte ein. Dies übersieht *Richardi*, wenn er davon ausgeht, dass die Entscheidung des Bundesverfassungsgerichts von 1995 nichts über das Zutrittsrecht betriebsfremder Gewerkschaftsbeauftragter aussage, da Grundlage der damaligen Entscheidung ein betriebsangehöriges Gewerkschaftsmitglied gewesen sei.[525] Die Entscheidung des Bundesverfassungsgerichts basierte nicht primär auf der Arbeitnehmereigenschaft des Gewerkschaftsmitglieds, so dass eine Bindungswirkung nur hinsichtlich dieser Personengruppe nicht angenommen werden kann.

2. Erforderlichkeit des Zugangsrechts

Das Zutrittsrecht betriebsfremder Gewerkschaftsbeauftragter begründet das Bundesarbeitsgericht damit, dass ein umfassender, nicht auf einen Kernbereich beschränkter Schutz der Koalitionsfreiheit voraussetzt, dass die Gewerkschaft selbst entscheiden können muss, ob und wie sie ihre Mitgliederwerbung organisiert. Hierzu gehöre auch das Recht zu entscheiden, durch wen die Koalition Werbemaßnahmen durchführen lässt.[526] Das Bundesarbeitsgericht macht deutlich, dass das Zutrittsrecht nicht unmittelbar aus der Koalitionsfreiheit folge, sondern eine Ausgestaltung der Koalitionsfreiheit darstelle.[527] Den Ausführungen des Bundesarbeitsgerichts ist zuzustimmen. Das Recht der Koalitionen, Werbemaßnahmen durchzuführen, ist Grundlage ihrer Existenz und verlangt daher einen umfassenden Schutz. Grundsätzlich kann die Koalition daher betriebsfremde Gewerkschaftsbeauftragte einsetzen.

Für ein Zutrittsrecht von betriebsexternen Gewerkschaftsbeauftragten spricht zudem, dass die Werbetätigkeit von betriebsangehörigen Gewerkschaftsmitgliedern potentiell konfliktträchtig ist. Obwohl Arbeitgeber Gewerkschaftsmitglieder wegen ihrer Gewerkschaftszugehörigkeit nicht nachteilig behandeln dürfen (§ 75 Abs. 1 BetrVG), gehen werbende Arbeitnehmer das Risiko ein, das Verhältnis zum Arbeitgeber zu belasten. Es ist nicht ausgeschlossen, dass Arbeitnehmer aus diesem Grund davon absehen, für ihre Koalition zu werben. Dies würde zu einem erheblichen Effektivitätsverlust der Koalition führen.[528] Zur Konfliktver-

524 Insoweit ist *Dieterich*, RdA 2007, 110 (112) darin zuzustimmen, dass das BAG keine andere Wahl hatte, als die Bindungswirkung des § 31 BVerfGG zu verneinen.

525 *Richardi*, in: ders., BetrVG, § 2, Rz. 152.

526 BAG v. 28.02.2006 – 1 AZR 460/04, NZA 2006, 798 (802).

527 Vgl. zur Ausgestaltungsbedürftigkeit der Koalitionsfreiheit Seite 33 ff.

528 Dagegen *Franzen*, in: GK-BetrVG, § 2, Rz. 95.

meidung dient in derartigen Fällen die Einschaltung externer Personen. Daher kann auch nicht pauschal davon ausgegangen werden, dass die Werbung durch betriebsangehörige Gewerkschaftsmitglieder in jedem Fall ein milderes Mittel sei als die Werbung durch Betriebsexterne,[529] wenngleich eine Verhältnismäßigkeitsprüfung im Einzelfall zu diesem Ergebnis kommen kann.

Implizit hat das Bundesarbeitsgericht zudem entschieden, dass ein Zutrittsrecht auch dann besteht, wenn die Gewerkschaft unter den Betriebsangehörigen bislang keine Mitglieder hat.[530] Dies überzeugt, denn die Gewerkschaft hat in diesem Fall gar keine andere Möglichkeit im Betrieb zu werben. Aufgrund der zentralen Bedeutung der Gewerkschaftswerbung am Arbeitsplatz wäre durch ein Zutrittsverbot für betriebsexterne Gewerkschaftsbeauftragte die Koalitionsbetätigungsfreiheit in erheblichem Maße eingeschränkt.

Das Recht auf Mitgliederwerbung im Betrieb haben nicht nur die tariffähigen Arbeitnehmerkoalitionen. Da auch nicht tariffähige Arbeitnehmerkoalitionen von Art. 9 Abs. 3 GG geschützt werden, ist es selbstverständlich, dass auch diesen das Recht auf Mitgliederwerbung zusteht.[531] Für nicht tariffähige Arbeitnehmerkoalitionen ist dieses Recht auf dem Weg zur Tariffähigkeit von ganz entscheidender Bedeutung.

3. Zugangsrecht als Frage des Einzelfalls

Jedoch ist mit dem Bundesarbeitsgericht davon auszugehen, dass ein Zutrittsrecht von Betriebsexternen nicht pauschal angenommen werden kann.[532] Da die Werbetätigkeit mit Grundrechten des Arbeitgebers kollidiert, muss zwischen diesen und dem Recht der Koalition auf Mitgliederwerbung praktische Konkordanz hergestellt werden. Die Frage des Zutrittsrechts ist daher eine Frage des Einzelfalls.[533] Dabei müssen das Hausrecht des Betriebsinhabers und der ungestörte Betriebsablauf besondere Beachtung erfahren. Zwar resultiert das Zutrittsrecht betriebsfremder Gewerkschaftsbeauftragter aus einer Ausgestaltung der Koalitionsfreiheit und nicht aus § 2 Abs. 2 BetrVG. Nichtsdestotrotz können die in § 2 Abs. 2 BetrVG genannten Begrenzungen des Zutrittsrechts auch bei der Prüfung des Zutrittsrechts von betriebsexternen Gewerkschaftsbeauftragten zum

---

529 In diese Richtung aber *Franzen*, in: GK-BetrVG, § 2, Rz. 96.

530 BAG v. 28.02.2006 – 1 AZR 460/04, NZA 2006, 798 (800); a. A. *Richardi*, in: ders., BetrVG, § 2, Rz. 153.

531 BAG v. 22.05.2012 – 1 ABR 11/11, NJW 2012, 3325 (3326 f.); dazu bereits BAG v. 19.09.2006 – 1 ABR 53/05, NJW 2007, 1018 (1022).

532 BAG v. 28.02.2006 – 1 AZR 460/04, NZA 2006, 798 (802).

533 BAG v. 22.06.2010 – 1 AZR 179/09, NZA 2010, 1365 (1367 f.); LAG Berlin-Brandenburg v. 03.08.2011 – 4 Sa 839/11, juris, Rz. 54; Franzen, in: GK-BetrVG, § 2, Rz. 87.

Zwecke der Gewerkschaftswerbung herangezogen werden.[534] Sie sind Ausdruck der einem Zutrittsrecht entgegenstehenden Rechte, Interessen und Pflichten des Betriebsinhabers und stellen als solche eine absolute Grenze jeglicher Zutrittsrechte dar. Die Frage ob der Koalition im Einzelfall der Zugang zu gewähren ist hängt daher maßgeblich von Ausmaß und Intensität des beanspruchten Zugangsrechts und damit von der Häufigkeit, dem zeitlichen Umfang und dem jeweiligen Zeitpunkt der Besuche ab.[535]

Die Sicherstellung eines ungehinderten Betriebsablaufs hat auch Einfluss auf den Zeitpunkt der Werbung. Während die Werbung im Betrieb außerhalb der Arbeitszeit weitgehend anerkannt ist,[536] wird die Zulässigkeit von Werbung während der Arbeitszeit unterschiedlich beurteilt. Von einem Teil der Literatur wird Gewerkschaftswerbung während der Arbeitszeit als generell unzulässig erachtet.[537] Diese Ansicht beruft sich vor allem auf die Rechtsprechung des Bundesarbeitsgerichts.[538] Diese erging allerdings noch unter Geltung der Kernbereichslehre und kann daher nicht unbesehen übernommen werden. Es ist vielmehr eine Abwägung zwischen dem Grundrecht der Koalition auf Betätigung, das grundsätzlich auch die Werbung während der Arbeitszeit umfasst, und den grundrechtlich geschützten Interessen des Arbeitgebers vorzunehmen. Eine derartige Abwägung wird regelmäßig dazu führen, dass Gewerkschaftswerbung nur in besonders gelagerten Einzelfällen in einem Minimalumfang auch während der Arbeitszeit vorgenommen werden darf. Die Gewerkschaftswerbung darf nicht dazu führen, dass der Betriebsablauf nicht nur unerheblich gestört wird. In der Regel ist davon auszugehen, dass Gewerkschaftswerbung während der Arbeitszeit allenfalls dann erlaubt ist, wenn die Arbeitnehmer nur ganz kurzfristig von ihrer Arbeitsleistung abgehalten werden.[539] Oftmals wird ein derart kurzfristiger Kontakt für die Werbezwecke der Koalition nicht ausreichend sein, so dass sie ihre Werbebemühungen faktisch auf einen Zeitraum außerhalb der Arbeitszeit, bzw. auf die Pausen beschränken muss. Dies ist zwar eine Effektivitätseinbuße für die Koalition, diese ist aber der praktischen Konkordanz zwischen ihren Grundrechten und denen des Arbeitgebers geschuldet und daher hinzunehmen.

---

534 BAG v. 28.02.2006 – 1 AZR 460/04, NZA 2006, 798 (803).

535 LAG Berlin-Brandenburg v. 03.08.2011 – 4 Sa 839/11, juris, Rz. 54.

536 Vgl. nur *Franzen*, in: GK-BetrVG, § 2, Rz. 89; *Richardi*, in: ders., BetrVG, § 2, Rz. 156.

537 *Franzen*, in: GK-BetrVG, § 2, Rz. 89; *Richardi*, in: ders., BetrVG, § 2, Rz. 156.

538 BAG v. 26.01.1982 – 1 AZR 610/80, NJW 1982, 2890.

539 *Fitting*, BetrVG, § 2, Rz. 85, der auf die Gewährleistung des reibungslosen Betriebsablaufs abstellt; *Berg*, in: DKK, BetrVG, § 2, Rz. 121 f.

4. Die willkürliche Rechtsprechung hinsichtlich der Zugangshäufigkeit

Der Grad der Beeinträchtigung des Betriebsablaufs durch Besuche von betriebsfremden Gewerkschaftsbeauftragten in den Pausenzeiten hängt entscheidend von Häufigkeit und Dauer des Besuchs ab. Nach Ansicht des Bundesarbeitsgerichts ist davon auszugehen, dass im Regelfall eine an § 43 Abs. 4 BetrVG orientierte Häufigkeit für den Arbeitgeber nicht unzumutbar ist.[540] Ein Koalitionsbesuch pro Kalenderhalbjahr wird im Rahmen einer Abwägung oftmals als verhältnismäßig einzustufen sein. Eine Einzelfallbetrachtung kann aber auch ergeben, dass besondere Umständen vorliegen, die mehr Besuche zumutbar erscheinen lassen. Grundsätzlich hat die Koalition dabei eine Ankündigungsfrist von einer Woche einzuhalten.[541]

Der durch das Bundesarbeitsgericht aufgestellte Richtwert soll beiden grundrechtlich geschützten Interessen ausreichend Raum lassen und praktische Konkordanz zwischen ihnen herstellen. Die Festlegung eines solchen Richtwerts erscheint allerdings nicht zielführend und widerspricht dem Sinn einer auf den Einzelfall bezogenen Verhältnismäßigkeitsprüfung. Es kommt entscheidend auf die jeweilige Situation an, um die Frage der Zugangshäufigkeit zu entscheiden. Die Festlegung auf einen Besuch pro Kalenderhalbjahr beruht auf keinen substantiellen Erwägungen, sondern auf einer abstrakten Abwägung der allgemeinen Interessen beider Seiten. Gründe, warum nicht beispielsweise zwei Besuche pro Kalenderhalbjahr zulässig sein sollen, werden nicht vorgetragen. Die vorgenommene Festlegung sieht sich daher dem Vorwurf der Beliebigkeit ausgesetzt. Die verfassungsrechtlich geschützte Koalitionsfreiheit erfordert eine konkret-verfassungsrechtliche Abwägung der widerstreitenden Interessen. Diese lässt sich nicht durch Richtwerte ersetzen ohne das Verfassungsrecht unzulässig zu simplifizieren.

5. Zugangsrecht bei Koalitionspluralismus – eine ungelöste Frage

Probleme eines Zutrittsrechts betriebsfremder Gewerkschaftsbeauftragter können sich aus der Aufgabe des Grundsatzes der Tarifeinheit ergeben. Dabei ist fraglich, ob die Rechtsprechung des Bundesarbeitsgerichts zum Zugangsrecht den gegenläufigen Interessen von Koalitionen und Arbeitgebern gerecht wird. Die Aufgabe des Grundsatzes der Tarifeinheit führt zu einem Koalitionspluralismus und zur Koalitionskonkurrenz, die das ursprünglich stark monistisch geprägte Koalitionssystem der Bundesrepublik Deutschland erheblich verändern können.

540 BAG v. 22.06.2010 – 1 AZR 179/09, NZA 2010, 1365 (1368).
541 BAG v. 22.06.2010 – 1 AZR 179/09, NZA 2010, 1365 (1368).

Der Betriebsinhaber sieht sich mit einer Vielzahl verschiedener Koalitionen konfrontiert, die alle potentiell die Möglichkeit haben, sich durch eigene Tarifabschlüsse weitere Marktmacht zu erarbeiten. Die verschiedenen tarifzuständigen Koalitionen können berechtigterweise ihr Recht auf Mitgliederwerbung im Betrieb durchsetzen. In diesem Fall stellt sich die Frage, wie ein angemessener Ausgleich zwischen den Interessen der Koalition auf der einen Seite und denen der Betriebsinhaber auf der anderen Seite zu erreichen ist. Für die Abwägungsentscheidung sind insbesondere Ausmaß und Intensität des beanspruchten Zutritts entscheidend.[542] Je häufiger und länger der Zutritt beansprucht wird, desto stärker wird in die Rechte des Betriebsinhabers eingegriffen. In einem pluralistischen Koalitionssystem muss auch die Gesamtbelastung des Betriebsinhabers berücksichtigt werden. Würde für jede einzelne Koalition und deren Zutrittsverlangen eine Einzelabwägung vorgenommen, könnte dies dazu führen, dass zwar in jedem Einzelfall die Grenze der Zumutbarkeit noch gewahrt, diese aber durch die Vielzahl von Zutrittsverlangen verschiedener Gewerkschaften (erheblich) überschritten würde. Denn hinsichtlich der Zutrittsverlangen müssen die Gewerkschaften grundsätzlich gleich behandelt werden, da der zunehmende Koalitionspluralismus auch bei der Mitgliederwerbung und -betreuung zu berücksichtigen ist. Die einseitige Bevorzugung bestimmter Koalitionen greift in die Koalitionsfreiheit der konkurrierenden Koalitionen ein und, sofern die Werbetätigkeiten der zugelassenen Koalitionen erheblichen Druck auf die potentiellen Koalitionsmitglieder aufbauen, auch in deren negative Koalitionsfreiheit. Eine derartige Bevorzugung würde daher gegen Art. 9 Abs. 3 S. 2 GG verstoßen.

Um dies zu verhindern, bietet es sich an, den Grundsatz der abgestuften Chancengleichheit, der für die Wahlwerbung von Parteien entwickelt wurde, auch auf die Gewerkschaftswerbung zu übertragen. Das Bundesverfassungsgericht hat bislang lediglich entschieden, dass dieser Grundsatz auch bei Wahlen im Bereich des Arbeits- und Sozialwesens Anwendung findet, sofern der Gesetzgeber die Zwangsmitgliedschaft aller Arbeitnehmer in einer öffentlich-rechtlichen Körperschaft anordnet und das Vertretungsorgan in unmittelbarer Wahl nach dem System der Verhältniswahl gewählt wird.[543] Ausdrücklich offengelassen wurde, ob der Grundsatz der abgestuften Chancengleichheit generell auf Wahlen des Arbeits- und Sozialwesen Anwendung findet.

Der für politische Parteien in § 5 Abs. 1 PartG konkretisierte Grundsatz der abgestuften Chancengleichheit besagt, dass sämtliche Parteien im Bereich der Leistungsgewährung durch die öffentliche Gewalt grundsätzlich gleich behandelt werden müssen. Allerdings kann der Umfang der Leistungsgewährung nach der

542 BAG v. 28.02.2006 – 1 AZR 460/04, NZA 2006, 798 (802).
543 BVerfG v. 22.10.1985 – 1 BvL 44/83, NJW 1986, 1093 (1093).

Bedeutung der Parteien bis zu dem für die Erreichung ihres Zwecks erforderlichen Mindestmaß abgestuft werden. § 5 Abs. 1 PartG ist Folge davon, dass das Recht ungleich situierte Parteien vorfindet.[544] Ungleichbehandlungen bei der Leistungsgewährung sind allerdings nur möglich, sofern ein Ressourcenkonflikt vorliegt.[545] Der Grundsatz der abgestuften Chancengleichheit ermöglicht es dem Staat seine Neutralitätspflicht zu beachten und verhindert, dass durch die Leistungsgewährung im System angelegte Ungleichheiten nivelliert werden.

Zwar ist der Betriebsinhaber zumeist kein Träger öffentlicher Gewalt. Dies ändert allerdings nichts daran, dass die Situation bei der Koalitionswerbung im Betrieb im Falle eines pluralistischen Koalitionssystems mit der der politischen Parteien bei der Leistungsgewährung vergleichbar ist. Wie für die politischen Parteien ist es auch für die Koalitionen von entscheidender Bedeutung sich selbst präsentieren zu können. Da die Koalitionsbetätigung direkt auf den Arbeitsplatz als solchen Bezug nimmt, stellt die Werbe- und Informationstätigkeit vor Ort die effektivste Kontaktaufnahme mit den Normunterworfenen dar. Die dem Recht der Koalitionen auf Zutritt zum Betrieb entgegenstehenden Rechte des Betriebsinhabers führen jedoch dazu, dass ein Ressourcenkonflikt entstehen kann. Wenn in einem pluralistischen Koalitionssystem eine Vielzahl von Koalitionen ihr Zutrittsrecht geltend macht, dann kann durch die Gesamtbelastung des Betriebsinhabers dessen Zumutbarkeitsgrenze überschritten werden. Seine entgegenstehenden Rechte überwiegen dann in einer Abwägung die Koalitionsrechte. Unbegrenzte Zugangsmöglichkeiten zum Betrieb bestehen daher bei einem pluralistischen Koalitionssystem nicht. Dennoch muss der Arbeitgeber die Koalitionen und deren Zutrittsverlangen grundsätzlich formal gleich behandeln. Eine strikte formale Gleichbehandlung führt jedoch auch bei den Koalitionen zu einer Nivellierung bestehender Unterschiede. Wird eine neugegründete Koalition ohne nennenswerte Mitgliederzahlen im Betrieb ebenso behandelt, wie eine im Betrieb mehrheitlich vertretene Koalition, kann dies einen Verstoß gegen Art. 9 Abs. 3 S. 2 GG darstellen. Die mehrheitlich im Betrieb vertretene Koalition wird regelmäßig stärker in betriebliche Fragestellungen involviert sein und schon deswegen mehr Zeit für Mitgliederinformation etc. benötigen. Wird ihr der Zutritt versagt, weil der Betriebsinhaber durch die Zutrittsverlangen der „kleineren“ Koalitionen bereits erheblich belastet wurde, so entspricht dies nicht den betrieblichen Realitäten und die Koalition wäre in ihrer Koalitionsfreiheit erheblich beeinträchtigt.

Das Zutrittsrecht der Koalitionen ist in einem pluralistischen Koalitionssystem folglich nach einem Grundsatz der abgestuften Chancengleichheit zu organisieren. Dabei ist die Bedeutung der Koalition für den entsprechenden Betrieb zu

544 *Kunig*, in: HStR, Band III, § 40, Rz. 96.
545 *Kunig*, in: HStR, Band III, § 40, Rz. 96.

berücksichtigen und letztlich entscheidend für die Frage, wie die Zutrittsrechte zu vergeben sind. Nichtsdestotrotz muss zunächst festgestellt werden, dass im Einzelfall das Recht der Koalition auf Zutritt die entgegenstehenden Rechte des Arbeitgebers überwiegt.[546]

6. Das Zugangsrecht zu kirchlichen Einrichtungen

Kirchlichen Einrichtungen kommt nach Art. 140 GG i. V. m. Art. 137 Abs. 3 WRV das kirchliche Selbstbestimmungsrecht zu. Auf diese Sonderstellung kirchlicher Einrichtungen stellte auch das Bundesverfassungsgericht ab, als es die Existenz eines Zugangsrechts betriebsfremder Gewerkschaftsmitglieder zu einer kirchlichen Einrichtung verneinte.[547] Das kirchliche Selbstbestimmungsrecht stellt im Urteil des Bundesverfassungsgerichts einen tragenden Entscheidungsgrund dar. Tragend ist ein Entscheidungsgrund dann, wenn er nicht hinweggedacht werden kann, ohne dass die Erkenntnis des Bundesverfassungsgerichts im konkreten Fall seine Eigentümlichkeit und mit ihr seinen wesentlichen Inhalt verliert.[548] Wie bereits dargelegt kommt der Entscheidung für den kirchlichen Bereich daher gem. § 31 Abs. 1 BVerfGG Bindungswirkung zu.[549] Zwar ist die Bindungswirkung bundesverfassungsgerichtlicher Urteile nicht absolut und erlischt, sofern sich die der Entscheidung zugrundeliegenden Lebensverhältnisse wesentlich geändert haben.[550] Eine solche Änderung lag jedoch hier nicht vor. Mag sich auch die Rechtsprechung des Bundesarbeitsgerichts zum Zugangsrecht von betriebsfremden Gewerkschaftsmitgliedern zu Betrieben der Privatwirtschaft verändert

---

546 So meinen *Rieble/Wiebauer*, ZfA 2010, 63 (141 f.), dass das Pendel selten zugunsten der Koalition ausschlagen wird. Insbesondere die Zulassung von Werbe-E-Mails auf betriebliche E-Mail-Adressen führe dazu, dass regelmäßig eine weitere Einschränkung des Hausrechts des Betriebsinhabers unverhältnismäßig sei. Dem ist in dieser Absolutheit nicht zuzustimmen. Zumeist wird sich die Werbung über betriebliche E-Mail-Adressen als unzulässig erweisen (siehe unten Seite 139 ff.). Die Koalitionen haben dann weiterhin ein Interesse über Gewerkschaftsbeauftragte im Betrieb zu werben.

547 BVerfG v. 17.02.1981 – 2 BvR 384/78, NJW 1981, 1829 (1830).

548 *Bethge*, in: Maunz/Schmidt-Bleibtreu/Klein/Bethge, Bundesverfassungsgerichtsgesetz, § 31, Rz. 96.

549 Vgl. oben Seite 126 f.; auch *Dütz*, Gewerkschaftliche Betätigung in kirchlichen Einrichtungen, S. 14, hält die Aussage des Bundesverfassungsgerichts, dass Gewerkschaften kein Recht haben in *kirchlichen* Einrichtungen durch betriebsfremde Gewerkschaftsbeauftragte zu werben und zu informieren für die die Entscheidung tragende Rechtsauffassung [Hervorhebung nicht im Original]; über die Bindungswirkung entscheidet im Dezember 2012 das Bundesarbeitsgericht in dem Verfahren 1 AZR 552/10.

550 Sogenannte clausula rebus sic stantibus, vgl. *Bethge*, in: Maunz/Schmidt-Bleibtreu/Klein/Bethge, Bundesverfassungsgerichtsgesetz, § 31, Rz. 100.

haben, so resultiert dies nicht aus einer Veränderung der Lebensumstände.[551] Der Entscheidung lagen vielmehr rechtliche Erwägungen zugrunde, die aufgrund der für weltliche Betriebe nicht geltenden Bindungswirkung der Entscheidung des Bundesverfassungsgerichts zu einer anderen Einordnung des Zugangsrechts führten.

Unabhängig von der existierenden Bindungswirkung kann daher nur fraglich sein, ob sich die Erwägungen des Bundesverfassungsgerichts auch heute noch als richtig erweisen. Für die Frage der Existenz eines Zugangsrechts betriebsfremder Gewerkschaftsmitglieder zu kirchlichen Betrieben ist daher entscheidend, ob das kirchliche Selbstbestimmungsrecht so weit geht, dass sie den Zugang grundsätzlich verhindern können. Hiergegen wendet sich eine Entscheidung des Landesarbeitsgerichts Baden-Württemberg, das der klagenden Gewerkschaft ein Zugangsrecht zu einer kirchlichen Einrichtung mit Berufung auf § 31 Abs. 1 BVerfGG zwar verneint, zugleich jedoch in einem obiter dictum betont, dass es die Rechtsprechung des Bundesverfassungsgerichts für verfehlt hält.[552]

In dem dieser Entscheidung zugrunde liegenden Fall beantragte die Gewerkschaft vor Gericht die kirchliche Einrichtung zu verurteilen eine eigene oder von der Einrichtung zu Verfügung gestellte Anschlagtafel in ihren Räumlichkeiten nutzen zu dürfen, an der bis zu zweimal pro Woche Informationen durch einen betriebsfremden Gewerkschaftsbeauftragten angebracht werden sollten. Das Gericht ging in seinem obiter dictum davon aus, dass die Frage des Zugangsrechts betriebsfremder Gewerkschaftsbeauftragter zu kirchlichen Einrichtungen eine Kollisionslage zwischen dem Grundrecht der Koalitionsfreiheit einerseits und dem kirchlichen Selbstbestimmungsrecht andererseits darstelle. Diese sei durch die Abwägung der widerstreitenden Interessen aufzulösen. Im konkreten Fall sei nach Ansicht des Gerichts davon auszugehen, dass die Belange der Gewerkschaft überwiegen, da das Selbstbestimmungsrecht durch das verlangte Zugangsrecht nur in einem geringen Maß betroffen sei.

a) Das kirchliche Selbstbestimmungsrecht

Nach dem Wortlaut genießen nur Religionsgesellschaften das in Art. 140 GG i. V. m. Art. 137 Abs. 3 WRV niedergelegte Privileg. Durch die Auslegung dieser Vorschriften im Lichte von Art. 4 Abs. 1 und 2 GG werden allerdings alle den Religionsgesellschaften zugeordneten Einrichtungen ohne Rücksicht auf ihre Rechtsform erfasst, sofern sie Aufgaben mit religiöser Zielsetzung wahrneh-

551 So auch LAG Baden-Württemberg v. 08.09.2010 – 2 Sa 24/10 (juris).

552 LAG Baden-Württemberg v. 08.09.2010 – 2 Sa 24/10 (juris).

men.[553] Kraft ihres Selbstbestimmungsrechts können die kirchlichen Einrichtungen ihre eigenen Angelegenheiten ordnen und verwalten. Dieser Inhalt des Selbstbestimmungsrechts ist weit auszulegen.[554] Ob eine eigene Angelegenheit vorliegt, bestimmt sich maßgeblich nach dem Selbstverständnis der Einrichtung.[555] Dem Begriff unterfallen alle Angelegenheiten, die das Wirken der Religionsgemeinschaft betreffen.[556]

Den Religionsgesellschaften wird durch die Verfassung ein besonderer Freiraum zur Verfügung gestellt, den sie unter Respekt der geltenden Rechtsordnung so ausgestalten können, wie es ihrem Selbstverständnis am ehesten gerecht wird. Er ist Ausdruck der Akzeptanz der vor der Entwicklung der staatlichen Ordnung bereits existenten kirchlichen Ordnung durch den Staat.[557]

b) Auswirkungen des kirchlichen Selbstbestimmungsrechts auf das Zugangsrecht

Das kirchliche Selbstbestimmungsrecht erfasst insbesondere die Organisation und Verwaltung der eigenen Einrichtungen.[558] Es obliegt allein der Kirche zu entscheiden, wie ihre Einrichtungen geführt werden. Dieser Kern des Selbstbestimmungsrechts würde angetastet, sofern sie verpflichtet wäre beliebigen betriebsfremden Gewerkschaftsbeauftragten den Zugang zu ihren Einrichtungen zu gestatten.[559] Die Koalitionsbetätigung durch einen betriebsangehörigen Gewerkschaftsbeauftragten ist dagegen zulässig. Ein solcher steht kraft seines Arbeitsverhältnisses in einer Loyalitätsbindung zum Auftrag der Kirche und muss daher zwangsläufig das kirchliche Selbstverständnis bei seiner Betätigung beachten.[560] Mangels derartiger Bindung bestünde bei einem Zugangsrecht von betriebsexternen Gewerkschaftsbeauftragten, wie *Richardi* zu Recht ausführt, das Risiko einer kirchenfremden oder kirchenfeindlichen Beeinflussung.[561]

553 *Ehlers*, in: Sachs, Art. 137 WRV, Rz. 5; *Germann*, in: Epping/Hillgruber, Art. 140, Rz. 39 f.; *v. Campenhausen/Unruh*, in: v. Mangoldt/Klein/Starck, Art. 137 WRV, Rz. 30.

554 *v. Campenhausen/Unruh*, in: v. Mangoldt/Klein/Starck, Art. 137 WRV, Rz. 30.

555 *Germann*, in: Epping/Hillgruber, Art. 140, Rz. 33.

556 *Ehlers*, in: Sachs, Art. 137 WRV, Rz. 7.

557 *Thüsing*, Kirchliches Arbeitsrecht, S. 3.

558 *Dütz*, Gewerkschaftliche Betätigung in kirchlichen Einrichtungen, S. 22.

559 Für die Anerkennung eines Zugangsrecht vgl. *Hammer*, Kirchliches Arbeitsrecht, S. 317; *Däubler*, Gewerkschaftsrechte im Betrieb, Rz. 785 ff.; auch Entscheidung des BAG v. 14.02.1978 – 1 AZR 280/77, NJW 1979, 1844 (1846), die allerdings durch die nachfolgende Entscheidung des BVerfG v. 17.02.1981 – 2 BvR 384/78, NJW 1981, 1829 aufgehoben wurde.

560 *Richardi*, Arbeitsrecht in der Kirche, § 11, Rz. 21.

561 *Richardi*, Arbeitsrecht in der Kirche, § 11, Rz. 20; auf eine arbeitsvertragliche Bindung des für die Koalition Werbenden stellt auch *Dütz*, Gewerkschaftliche Betätigungen in kirchlichen Einrichtungen, S. 22, ab.

Gewerkschaftsbeauftragte, die in einem Betrieb die Arbeitnehmer informieren, verfolgen insbesondere das Ziel, der Gewerkschaft Einfluss auf die Arbeitsbedingungen des konkreten Betriebs zu verschaffen. Gerade diese kann allerdings die kirchliche Einrichtung aufgrund des ihr durch die Verfassung übertragenen Selbstbestimmungsrechts eigenmächtig regeln und muss sich nicht dem Urteil und Einfluss von Betriebsfremden aussetzen. Das Ob und Wie eines Zugangsrechts von betriebsfremden Gewerkschaftsbeauftragten kann daher, zumindest im Rahmen des Dritten Weges, nur durch die Kirche selbst geregelt werden.

Die Aufgabe der Kernbereichslehre durch das Bundesverfassungsgericht und das die Existenz eines Zugangsrechts betriebsfremder Gewerkschaftsbeauftragter bejahende Urteil des Bundesarbeitsgerichts können bereits regelungstechnisch an diesem Befund nichts ändern. Gem. Art. 137 Abs. 3 WRV üben die Kirchen ihr Selbstbestimmungsrecht innerhalb der Schranken des für alle geltenden Gesetzes aus. Ein Zugangsrecht Betriebsfremder müsste daher seinen Niederschlag in einem Gesetz gefunden haben, das insoweit das kirchliche Selbstbestimmungsrecht begrenzt. Das Bundesarbeitsgericht hat allerdings ausdrücklich betont, dass das Zugangsrecht nicht unmittelbar aus Art. 9 Abs. 3 GG folgt,[562] sondern einer richterrechtlichen Ausgestaltung dieser Verfassungsnorm entspringt.[563] Die richterrechtliche Ausgestaltung ist jedoch qualitativ mehr als eine Auslegung einer Verfassungsnorm durch die Rechtsprechung, auf die potentiell Einschränkungen von Grundrechten und diesen vergleichbaren Rechten gestützt werden könnten. Daher existiert bereits keine gesetzliche Regelung, die das kirchliche Selbstbestimmungsrecht beschränken könnte.[564] Auch wenn eine solche Regelung existierte, wären allerdings die in Art. 140 GG i.V.m. Art. 137 Abs. 3 WRV festgelegten Voraussetzungen einer Einschränkung nicht gegeben, da es sich nicht um ein für alle geltendes Gesetz handeln würde. Ein solches Gesetz liegt insbesondere dann nicht vor, wenn dieses ein gegen die Religionsgemeinschaft wirkendes Sonderrecht darstellt, das die Religionsgemeinschaften härter trifft, als andere von dem Gesetz erfasste Gruppen.[565] Ein Gesetz, das betriebsexternen Gewerkschaftsbeauftragten ausnahmslos ein Zugangsrecht zu allen Betrieben zuspricht, träfe allerdings kirchliche Einrichtungen härter als weltliche, da ein einschränkungsloses Zugangsrecht zu einer Einflussnahme nicht kirchlich gebundener Personen und Gremien auf die am kirchlichen Leitbild orientierten Betätigungen

---

562 BAG v. 28.02.2006 – 1 AZR 460/04, NZA 2006, 798 (800).

563 BAG v. 22.06.2010 – 1 AZR 179/09, NZA 2010, 1365 (1367).

564 So auch *Richardi*, Arbeitsrecht in der Kirche, § 11, Rz. 19; a.A insbesondere für das Streikrecht LAG Hamm vom 13.01.2011 – 8 Sa 788/10 (juris), wobei zu berücksichtigen ist, dass das Streikrecht seinen rechtlichen Grund in der Auslegung des Art. 9 Abs. 3 und nicht in der richterrechtlichen Rechtsfortbildung hat.

565 *Germann*, in: Epping/Hillgruber, Art. 140 GG, Rz. 42.

der Einrichtungen führen kann. Diese würde das Selbstverständnis der Kirche als solches berühren und kann daher nicht einschränkungslos zulässig sein.

Dies ergibt auch ein Vergleich mit den Regelungen des Betriebsverfassungsgesetzes. Die in § 2 Abs. 1 BetrVG geregelte Pflicht zu vertrauensvoller Zusammenarbeit zwischen Arbeitgeber und Betriebsrat im Zusammenwirken mit den im Betrieb vertretenen Gewerkschaften gilt gem. § 118 Abs. 2 BetrVG ausdrücklich nicht für Religionsgemeinschaften. Zweck dieser Regelung ist es nach allgemeiner Ansicht, den durch Art. 140 GG i. V. m. Art. 137 Abs. 3 WRV den Religionsgemeinschaften überantworteten Bereich freier Selbstbestimmung vor Einschränkungen zu bewahren.[566] Die Regelung soll der besonderen Stellung kirchlicher Einrichtungen gerecht werden und nicht nur deren selbständige Organisation, Verwaltung sowie die eigenständige Entscheidung über ihre Benutzung absichern, sondern auch den allgemeinen Kampf zwischen Koalitionen und Arbeitgebern weitgehend aus dem Bereich kirchlichen Wirkens herausnehmen. Dass betriebsfremden Gewerkschaftsbeauftragten grundsätzlich kein Zugangsrecht zukommt, liegt daher auch in dem auf dem besonderen Selbstverständnis der Kirche beruhenden eigenen kollektiven Regelungsmechanismus begründet. Nach kirchlichem Selbstverständnis werden ihre Arbeitnehmer in der sogenannten Dienstgemeinschaft tätig. Diese ist Ausdruck der gemeinsamen Erfüllung des Auftrags Jesu Christi und geht von einem gemeinsamen Zusammenstehen aller in den kirchlichen Einrichtungen Tätigen in einer „Gemeinschaft des Dienstes" aus.[567] Dieses Ideal erfordert es zwar nicht zwingend, dass derartige Einrichtungen von allgemeinen Gewerkschaftskonflikten generell freigehalten werden. Interessenkonflikte zwischen Dienstgebern und Mitarbeitern sind allerdings unter Beachtung des für alle geltenden kirchlichen Auftrags auszutragen.[568] Dieser Grundkonsens kann nur aufrechterhalten werden, wenn durch eine bestehende Loyalitätsbindung aller Beteiligten die Wahrung des Selbstverständnisses der Kirche gesichert ist. Ein allgemeines Zugangsrecht zu kirchlichen Einrichtungen besteht daher nicht.

7. Regelungspflicht des Gesetzgebers?

Das Zugangsrecht von Gewerkschaftsbeauftragten berührt Grundrechtspositionen in erheblicher Weise und wirft Fragen der Abwägung zwischen ihnen auf. Die Lösung dieser Abwägungen fällt der Rechtsprechung zu. Auch hier hat der Gesetzgeber nicht für einen rechtlichen Rahmen gesorgt, der die verschie-

566 Vgl. nur *Kania*, in: ErfKomm., § 118 BetrVG, Rz. 28.
567 *Richardi*, in Arbeitsrecht in der Kirche, § 4, Rz. 10.
568 *Richardi*, in Arbeitsrecht in der Kirche, § 4, Rz. 20.

denen Interessen miteinander auszugleichen sucht. Die aktuelle Rechtsprechung zur Frage der Zutrittshäufigkeit versucht abstrakte Regeln aufzustellen, kann sich jedoch dem Vorwurf der Beliebigkeit nicht gänzlich entziehen. Insofern stellt sich die Frage, ob der Gesetzgeber die komplexen Erwägungen zu Fragen des Zugangsrechts nicht selbst vorzunehmen hat, um dadurch ein aleatorisches Richterrecht zu verhindern. Der Gesetzgeber ist nach der Wesentlichkeitslehre verpflichtet „in grundlegenden normativen Bereichen, zumal im Bereich der Grundrechtsausübung, alle wesentlichen Entscheidungen selbst zu treffen"[569] Die Wesentlichkeitslehre hat sich aus dem Vorbehalt des Gesetzes entwickelt,[570] und betrifft daher originär das Verhältnis zwischen Exekutive und Legislative. Mittlerweile ist jedoch anerkannt, dass die Wesentlichkeitslehre auch für das Verhältnis zwischen Legislative und Judikative gilt.[571]

Die Rechtsprechung des Bundesverfassungsgerichts spricht allerdings gegen eine Regelungspflicht des Gesetzgebers hinsichtlich der Zugangsrechte von Gewerkschaftsbeauftragten. Die Wesentlichkeitslehre soll nach dem Bundesverfassungsgericht nur auf das Verhältnis zwischen Staat und Bürger anzuwenden sein.[572] Dies begründet das Bundesverfassungsgericht damit, dass die Wesentlichkeitslehre den Vorbehalt des Gesetzes näher ausgestalte und damit für Eingriffe des Staates in Grundrechte der Bürger gelte. Der der Entscheidung des Bundesverfassungsgerichts zugrundeliegende Sachverhalt betraf die Rechtsprechung des Bundesarbeitsgerichts zum Arbeitskampf, insbesondere die Begrenzung der Aussperrungsbefugnis. Das Bundesverfassungsgericht hielt die Wesentlichkeitslehre in diesem Bereich für nicht anwendbar, da es um ein Verhältnis gleichgeordneter Grundrechtsträger zueinander und nicht um ein Unterordnungsverhältnis zwischen Staat und Bürger ginge.[573] Im Falle des Verhältnisses von gleichgeordneten Grundrechtsträgern sei es verfassungsrechtlich unbedenklich, dass die Streitentscheidung durch die Gerichte erfolge, die das materielle Recht durch Rechtsfindung aus den für das betreffende Rechtsverhältnis maßgeblichen allgemeinen Rechtsgrundlagen abzuleiten hätten. Die Sicht des Bundesverfassungsgerichts ist seit langem der Kritik ausgesetzt,[574] nichtsdestotrotz ist diese

569 BVerfG v. 02.03.1993 – 1 BvR 1213/85, NJW 1993, 1379 (1380).

570 *Herzog/Grzeszick*, in: Maunz/Dürig, Art. 20 GG, Rz. 105 f.; *Pieroth/Schlink*, Grundrechte, Rz. 271 ff.

571 So bereits *Kloepfer*, NJW 1985, 2497 (2499 ff.); BVerfG v. 02.03.1993 – 1 BvR 1213/85, NJW 1993, 1379 (1380).

572 BVerfG v. 26.06.1991 – 1 BvR 779/85, NJW 1991, 2549 (2550).

573 *Kloepfer*, NJW 1985, 2497 (2499).

574 *Bauer*, in: Dreier, Art. 9, Rz. 95 bezeichnet sie als Sonderdogmatik, mit der das Gericht vor den politischen Gegebenheiten und Sachzwängen die verfassungsrechtlichen Waffen gestreckt habe; *Fischer*, RdA 2009, 287 (287 ff.); *Scholz*, in: Maunz/Dürig, Art. 9, Rz. 168; zumindest bezüglich des Arbeitskampfrechts sprechen gute Gründe gegen die Ansicht des Bundesver-

Rechtsprechung nach wie vor anzuwenden. Die Frage des Zugangsrechts betrifft ebenfalls das Verhältnis gleichgeordneter Grundrechtsträger, so dass davon auszugehen ist, dass die vorgenannte Rechtsprechung des Bundesverfassungsgerichts auf den Fall des Zugangsrechts zu übertragen ist. Die Wesentlichkeitslehre führt daher nicht zu einer Regelungspflicht des Gesetzgebers hinsichtlich der Konturen von gewerkschaftlichen Zugangsrechten.[575]

B) Werbemittel der Koalitionen

Allgemein anerkannte Werbemittel sind das Verteilen von Informationszetteln und das Plakatieren am schwarzen Brett des Betriebs.[576] In Zeiten zunehmender Digitalisierung gewinnt auch die elektronische Werbung an Bedeutung. Hierzu hat die Rechtsprechung zum Teil bereits Stellung bezogen. Die Literatur hat sich dazu vielfach kritisch geäußert.

I. Werbung über betriebliche E-Mail-Adressen

Die Kommunikation über E-Mail ist im geschäftlichen Bereich mittlerweile zum Normalfall geworden. In vielen Betrieben verfügen sämtliche Mitarbeiter über betriebliche E-Mail-Adressen. Es verwundert daher nicht, dass die Koalitionen ein Interesse daran haben, den Arbeitnehmern des Betriebs über diesen Weg Werbung gezielt zuführen zu können. Die Werbung über E-Mail ist für die Koalitionen ein zeit- und insbesondere kostensparendes Instrument. Zudem erreicht die Werbung die Arbeitnehmer in ihrem gewohnten Arbeitsumfeld, in dem auch die von den Sozialpartnern zu lösenden Konflikte auftreten. Es ist praktisch sichergestellt, dass die Arbeitnehmer die Nachricht auch zur Kenntnis nehmen. Insoweit stellt die Werbung über E-Mail ein besonders effektives Werbemittel dar. Vom Schutzbereich der Koalitionsfreiheit ist diese Form der

---

fassungsgerichts. Das Arbeitskampfrecht stellt einen besonderen Regelungsmechanismus dar, der die Grenzen normalen kollekitv-privatautonomen Handelns verlässt und Ähnlichkeiten zu staatlichen Zwangswirkungen aufweist und daher wie delegierte staatliche Macht wirkt, vgl. dazu oben Seite 74 ff. Dies spricht gegen eine klassische Beziehung zweier Privatrechtssubjekte. Ausführlicher zur Frage der Geltung der Wesentlichkeitslehre im Arbeitskampfrecht unten Seite 317 ff.

575 Die mangelnde gesetzliche Regelung des Zugangsrechts erscheint aber im Vergleich zur mangelnden gesetzlichen Regelung des Arbeitskampfrechts bereits deswegen weniger problematisch, weil es sich bei der Frage des Zugangsrechts immer um eine Frage des Einzelfalls handelt, für deren Beantwortung die Rechtsprechung organisatorisch-funktional das zuständige Organ ist, vgl. zu dieser Problematik insgesamt näher unten Seite 309 ff.

576 Vgl. nur *Franzen*, in: GK-BetrVG, § 2, Rz. 93; *Richardi*, in: ders., BetrVG, § 2, Rz. 145.

Werbung grundsätzlich erfasst, dient sie doch zumindest mittelbar der Wahrung und Förderung der Wirtschafts- und Arbeitsbedingungen. Es handelt sich um eine koalitionsspezifische Betätigung, der keine schutzbereichsimmanenten Grundrechtsschranken entgegenstehen. So hat das Bundesarbeitsgericht kürzlich entschieden, dass Betriebsinhaber grundsätzlich von tarifzuständigen Gewerkschaften nicht verlangen können, dass diese die Werbung über die betrieblichen E-Mail-Adressen unterlassen.[577]

In dem vom Bundesarbeitsgericht entschiedenen Fall war den Arbeitnehmern arbeitsvertraglich die private Nutzung des Internets in angemessenem Umfang gestattet. Eine tarifzuständige Gewerkschaft hatte an alle Mitarbeiter des Unternehmens eine Werbe-Mail verschickt. Unklar blieb, wie die Gewerkschaft in den Besitz der E-Mail-Adressen gekommen ist. Die Adressen der Mitarbeiter waren jedoch alle nach dem Schema Vorname.Nachname@Unternehmen.de strukturiert, so dass allein die Kenntnis der Namen der Arbeitnehmer zur Generierung ihrer E-Mail-Adressen ausreichte. Die Mitarbeiter hatten in den Empfang der E-Mail zuvor nicht eingewilligt. Am Ende der Nachricht fand sich jedoch ein Link, über den sich der Mitarbeiter für die Zukunft aus der Mailing-Liste austragen konnte (sogenanntes Opt-Out-Modell).

Nach Ansicht des Bundesarbeitsgerichts lässt sich das Recht der tarifzuständigen Koalition auf E-Mail-Werbung an die betrieblichen E-Mail-Adressen durch Ausgestaltung der Koalitionsfreiheit herleiten. Dabei sei vor allem die besondere Nähebeziehung zwischen tarifzuständiger Koalition und Betriebsinhaber zu berücksichtigen. Im Einzelfall könne eine Abwägung mit den Interessen des Arbeitgebers jedoch eine Einschränkung der Modalitäten des E-Mail-Versandes zur Folge haben. So eindeutig, wie die Leitsätze der Entscheidung und manche Stimme in der Literatur[578] glauben machen, hat das Bundesarbeitsgericht die Nutzung der betrieblichen E-Mail-Adressen durch die Koalitionen allerdings nicht erlaubt. Der zu entscheidende Fall zeichnete sich prozessual dadurch aus, dass der klagende Arbeitgeber die Unterlassung mittels eines Globalantrags verfolgte. Dieser wurde als unbegründet abgewiesen, da auch für Fallkonstellationen die Unterlassung beantragt wurde, in denen eine Abwägung der unterschiedlichen Interessen von Koalition und Arbeitgeber die Zulässigkeit der Koalitionswerbung per E-Mail ergab.

Dennoch wirft die Entscheidung diverse Fragen auf und überzeugt letztlich in ihrer Argumentation nicht. Das Bundesarbeitsgericht berücksichtigt die entgegenstehenden Rechte des Arbeitgebers und der Arbeitnehmer nicht in ausreichendem Maße.

---

577 BAG v. 20.01.2009 – 1 AZR 515/08, NZA 2009, 615.

578 *Däubler*, in: Gewerkschaftsrecht im Betrieb, Rz. 548 f.

Entgegenstehende Arbeitgeberrechte sind das Recht auf Eigentum (Art. 14 GG) sowie das Recht auf einen ungestörten Betriebsablauf (Art. 12 GG oder Art. 2 GG). Auf Arbeitnehmerseite können datenschutzrechtliche Bestimmungen einer Nutzung der betrieblichen E-Mail-Adresse entgegenstehen.

1. Entgegenstehende Arbeitgeberrechte

Die Werbung über betriebliche E-Mail-Adressen berührt notwendigerweise das Eigentumsrecht des Arbeitgebers. Die Nachrichten werden zumindest kurzzeitig auf dem Unternehmensserver gespeichert und verbrauchen somit Speicherressourcen. Auch wenn die Nachrichten im Moment des Abrufens auf den einzelnen Rechner des Arbeitnehmers geladen werden, bleibt es bei einer Eigentumsbeeinträchtigung, da auch der Rechner regelmäßig im Eigentum des Arbeitgebers stehen wird. Die gewerkschaftliche Werbung greift daher umso stärker in Art. 14 GG ein, je umfangreicher die gesendete Nachricht ist und je häufiger Nachrichten versandt werden. Durch die E-Mail-Werbung wird zudem der ungestörte Betriebsablauf beeinträchtigt. Die Nachrichten werden zumeist während der Arbeitszeit gelesen. Dies stellt gerade das Ziel dieses Werbemittels dar und wird durch die Koalition adäquat kausal verursacht.[579] Sie kann nicht davon ausgehen, dass die Arbeitnehmer bis nach Feierabend abwarten, um dann die Nachricht zu lesen. Wäre ein solcher Werbeerfolg gewollt, könnte die Koalition an der Eingangstür Flugblätter an die heimgehenden Arbeitnehmer verteilen.

Von anderen Werbemitteln unterscheidet sich die E-Mail-Werbung dadurch, dass die Koalition dabei auf die dem Arbeitgeber gehörenden Einrichtungen angewiesen ist. Der Arbeitgeber wird daher zwangsweise zur Unterstützung der Koalition verpflichtet.[580] Grundsätzlich hat der Arbeitgeber kein Interesse den sozialen Gegenspieler zu unterstützen und ist nicht verpflichtet der Gewerkschaft bestimmte Einrichtungen zur Verfügung zu stellen.[581] Wenn die Koalition nach ihrer vom Bundesarbeitsgericht herausgearbeiteten „Einschätzungsprärogative" auf die E-Mail-Werbung angewiesen ist, fragt sich, ob eine ausreichende Gegnerunabhängigkeit gegeben ist. Die Koalition muss gerade vollständig unabhängig vom sozialen Gegenspieler sein, um eine sinnvolle Ordnung des Arbeitslebens herstellen zu können.[582] Kann sie sinnvolle Ergebnisse nur durch Inanspruchname der Einrichtungen des Arbeitgebers erreichen, handelt sie nicht mehr unabhängig. E-Mail-Werbung kann daher nach dem Selbstverständnis der Koalition

---

579 *Mehrens*, BB 2009, 2086 (2090).
580 *Rieble/Wiebauer*, ZfA 2010, 63 (139).
581 *Rieble/Wiebauer*, ZfA 2010, 63 (137).
582 Vgl. Seite 29 ff.

nicht derart wichtig sein, dass dies in der Interessenabwägung allgemein Berücksichtigung finden müsste.

Bei einer Lektüre der Werbung während der Arbeitszeit besteht für den Betriebsinhaber die Gefahr eines durchaus erheblichen Arbeitszeitverlustes. Dies hat auch das Bundesarbeitsgericht in der Entscheidung angesprochen. Das Bundesarbeitsgericht ging davon aus, dass die Lektüre „allenfalls wenige Minuten" dauere. Dies sei sozialüblich, da die Arbeitnehmer auch sonst miteinander kurze private Gespräche führen würden.[583] Dies erscheint insbesondere fraglich, wenn, wie in einem pluralen System, verschiedene Koalitionen Mitgliederwerbung auf elektronischem Wege betreiben. Sehr schnell kann in einem solchen Fall, insbesondere in größeren Unternehmen, die Schwelle des Zumutbaren überschritten werden.[584] Benötigt jeder Mitarbeiter einige Minuten zur Lektüre der Werbung kommen schnell mehrere hundert Arbeitsstunden zusammen. Der Produktivitätsverlust in dieser Zeit ist dem Betriebsinhaber in der Regel nicht zuzumuten. Etwas anderes könnte sich nur in der Endphase von Tarifverhandlungen oder in besonderen Situationen, wie z. B. Betriebsänderungen, ergeben. In dieser Zeit mag eine Abwägung ergeben, dass die Rechte der Koalition diejenigen des Betriebsinhabers überwiegen. Grundsätzlich ist daher davon auszugehen, dass eine Abwägung lediglich dann zugunsten der Koalition ausgeht, sofern es nur um tatsächlich sehr geringfügige Betriebsablaufstörungen geht. Die Koalitionsfreiheit vermag daher bloß solche Eingriffe in das Eigentum und in den eingerichteten und ausgeübten Gewerbebetrieb zu rechtfertigen, die aufgrund ihrer Schwere und ihres Umfangs nur marginale Einbußen auslösen. Den entgegenstehenden Arbeitgeberrechten kommt daher nur dann kein Übergewicht zu, wenn die Koalition nur gelegentlich auf das Mittel der E-Mail-Werbung zurückgreift und dabei nur kurze Informationen an die Arbeitnehmer weitergibt. Keinesfalls kann die Koalition regelmäßig E-Mails mit größeren Attachments, wie Newsletter, an die Mitarbeiter eines Unternehmens versenden.[585] Die Koalition kann nämlich nicht darauf vertrauen, dass die Arbeitnehmer diese erst nach Dienstschluss lesen. Dies ist auch nicht das Ziel der Werbung über betriebliche E-Mail-Adressen. Das Lesen während der Arbeitszeit ist daher durch die Koalition adäquat kausal verursacht.

Letztlich ist also anhand einer Einzelfallentscheidung zu prüfen, ob das Interesse der Koalition, alle Mitarbeiter des Unternehmens zu erreichen, die Arbeitgeberinteressen überwiegt.[586] Dabei ist auch zu berücksichtigen, ob der Arbeitgeber im Internet alle E-Mail-Adressen der Mitarbeiter veröffentlicht und damit selbst

583 A. A. BGH v. 20.05.2009 – I ZR 218/07, NJW 2009, 2958 (2959).

584 *Arnold/Wiese*, NZA 2009, 716 (719); *Mehrens*, BB 2009, 2086 (2091).

585 A. A. *Däubler*, in: Gewerkschaftsrechte im Betrieb, Rz. 547m.

586 *Franzen*, in: GK-BetrVG, § 2, Rz. 94 hält die E-Mail-Werbung für generell unzulässig.

das Risiko unerwünschter Nachrichten schafft.[587] In diesem Fall ist er durch diese Öffnung weniger schutzbedürftig. Da insbesondere in einem pluralen Koalitionssystem nur schwer eine justitiable Grenze zwischen zulässiger und unzulässiger Koalitionswerbung zu ziehen ist, spricht vieles für eine typisierende Betrachtung.

Insoweit ist *Mehrens*[588] darin zuzustimmen, dass die Frage der Koalitionswerbung parallel zur Rechtsprechung des Bundesgerichtshofs zu Personalberatern[589] beurteilt werden sollte. Nach dieser Rechtsprechung handeln Personalberater nicht wettbewerbswidrig, sofern sie Arbeitnehmer auf deren betrieblichen Telefonanschlüssen zur erstmaligen Kontaktaufnahme anrufen. Koalitionswerbung ist danach per E-Mail dann zulässig, wenn eine besondere Ereignislage gegeben ist (z. B. Betriebsänderung), die es erfordert alle Mitarbeiter schnell und unkompliziert zu erreichen.[590] Auch dann darf die Nachricht aber nicht von größerem Umfang sein. Insoweit bietet sich ein Verweis auf bestimmte Vorhaben der Koalition an, die dann auf der Internetseite der Koalition näher dargestellt werden können.

Auch bei der E-Mail-Werbung ist die Koalition an ihre allgemeine Zwecksetzung gebunden. Allgemein-politische Werbung darf ebenso wenig betrieben werden wie unsachliche Agitation gegen den Betriebsinhaber.

2. *Entgegenstehende Arbeitnehmerrechte*

Die Werbung über betriebliche E-Mail-Adressen berührt auch die Rechte der Arbeitnehmer, insbesondere das Recht auf informationelle Selbstbestimmung (Art. 1 Abs. 1 i. V. m. Art. 2 Abs. 1 GG). Das Bundesarbeitsgericht ging in seiner Entscheidung davon aus, dass die rechtswidrige Gewinnung und deren Fortwirkung durch die Nutzung der E-Mail-Adressen einen Gemeinwohlbelang darstelle, der die Koalitionsfreiheit einschränken könne.[591] Das Bundesarbeitsgericht hat eine Verletzung des Selbstbestimmungsrechts jedoch verneint, da die Nutzung der betrieblichen E-Mail-Adressen zumindest hinsichtlich der Mitglieder gem. § 28 Abs. 1 Nr. 1 BDSG gerechtfertigt sei.

Die E-Mail-Adresse stellt ein personenbezogenes Datum dar. Personenbezogene Daten sind Einzelangaben über persönliche oder sachliche Verhältnisse einer bestimmten oder bestimmbaren natürlichen Person (§ 3 Abs. 1 BDSG). Die

---

587 So auch *Rieble/Wiebauer*, ZfA 2010, 63 (139); grundsätzlich ist die Veröffentlichung der Adresse auf der Homepage aber kein ausreichende Einwilligung in den Empfang von Werbesendungen, vgl. KG v. 08.01.2002 – 5 U 6727/00, NJOZ 2002, 2203.

588 *Mehrens*, BB 2009, 2086 (2091).

589 BGH v. 22.11.2007 – I ZR 183/04, NZA 2008, 177.

590 So *Mehrens*, BB 2009, 2086 (2091); *Rieble/Wiebauer*, ZfA 2010, 63 (139).

591 BAG v. 20.1.2009 – 1 AZR 515/08, NZA 2009, 615 (621).

E-Mail-Adresse bezieht sich auf eine individualisierbare Person und ist geeignet einen Bezug zu ihr herzustellen. Dies gilt in besonderem Maße für die betrieblichen E-Mail-Adressen, da diese in der Mehrzahl der Fälle aus dem Vor- und Nachnamen der Arbeitnehmer bestehen. Pseudonyme wären im geschäftlichen Verkehr unbrauchbar. Grundsätzlich kommt eine Rechtfertigung der Erhebung, Speicherung und Nutzung solcher Daten gem. § 4 Abs. 1, 2, § 4a Abs. 1 BDSG in Betracht. Dann müssten die Arbeitnehmer in die Erhebung der E-Mail-Adresse eingewilligt haben. Rein praktisch kommt dies nur bei Mitgliedern in Betracht. Viele gewerkschaftliche Aufnahmeformulare beinhalten die Frage nach der dienstlichen E-Mail-Adresse. Wird diese angegeben, könnte schon hierin ein Einverständnis liegen. Dies gilt nach dem Normtext jedoch nur, sofern der Antragsteller auf den Zweck der Erhebung hingewiesen wird. Wird im Beitrittsformular darauf hingewiesen, dass die E-Mail-Adresse zur Nutzung in Form von Werbezusendungen erfolgt, ist in deren Angabe ein Einverständnis zu sehen. Hinsichtlich der Arbeitnehmer, denen die Nutzung der betrieblichen E-Mail-Adresse zu Privatzwecken nicht gestattet ist, kann bezweifelt werden, ob sie wirksam in die Erhebung einwilligen können. Dagegen spricht bereits, dass durch die Weisung, den E-Mail-Account nur zu dienstlichen Zwecken zu nutzen, das Verfügungsrecht des einzelnen Arbeitnehmers dahingehend eingeschränkt ist.

Regelmäßig wird daher nur eine Rechtfertigung nach § 28 Abs. 1 BDSG in Betracht kommen. Nach § 28 Abs. 1 Nr. 1 BDSG ist das Erheben, Speichern etc. von personenbezogenen Daten oder ihre Nutzung als Mittel für die Erfüllung eigener Geschäftszwecke zulässig, wenn es für die Begründung, Durchführung oder Beendigung eines rechtsgeschäftlichen oder rechtsgeschäftsähnlichen Schuldverhältnisses mit dem Betroffenen erforderlich ist. Die Entscheidung des Bundesarbeitsgerichts betraf noch die bis zum 31.8.2009 gültige Fassung der Norm. In der Auslegung unterscheiden sich Neu- und Altfassung jedoch nicht.[592]

Durch das Erfordernis eines Vertragsverhältnisses kommt eine Rechtfertigung nur bei Koalitionsmitgliedern in Betracht. Für die Erhebung von Daten von Nichtmitgliedern existiert eine Rechtfertigungsnorm nicht. Gerechtfertigt ist die Erhebung und Nutzung von Mitgliederdaten gem. § 28 Abs. 1 Nr. 1 BDSG nur, sofern es für die Begründung, Durchführung oder Beendigung eines rechtsgeschäftlichen oder rechtsgeschäftsähnlichen Schuldverhältnisses *erforderlich* ist. Ob dies der Fall ist, ist anhand objektiver Kriterien zu prüfen. Die vom Bundesarbeitsgericht angenommene Einschätzungsprärogative der Koalition, nach der diese selbst entscheiden kann, ob die E-Mail-Werbung für sie wichtig ist oder nicht,[593] existiert so nicht. Ansonsten würde dies bedeuten, dass die Koalition

592 *Spindler/Nink*, in: Spindler/Schuster, Recht der elektronischen Medien, § 28 BDSG, Rz. 4.

593 BAG v. 20.01.2009 – 1 AZR 515/08, NZA 2009, 615 (620).

selbst die Gewichtung der Abwägung zwischen den sich gegenüber stehenden Rechten vorentscheiden würde. Dies würde den objektiven Prüfungsmaßstab des § 28 Abs. 1 Nr. 1 BDSG in unzulässiger Art und Weise versubjektivieren. Es hat daher eine Interessenabwägung nach Maßgabe des Verhältnismäßigkeitsgrundsatzes stattzufinden.[594] Diese ergibt regelmäßig, dass der Koalition andere, weniger einschneidende Werbemittel zur Verfügung stehen. Dabei kommt es nicht darauf an, dass die E-Mail-Werbung besonders effektiv ist. Entscheidend ist nur, dass die Koalition in Gestalt der traditionellen Werbemittel ausreichende Möglichkeiten der Mitgliederwerbung und -information hat.[595] Dass eine Koalition Akzeptanzverluste erleidet und als veraltet gilt, wenn sie keine E-Mail-Werbung an betriebliche E-Mail-Adressen versendet,[596] ist eine nicht bewiesene Behauptung. Den Koalitionen steht es frei, die ihnen zur Verfügung gestellten privaten E-Mail-Adressen ihrer Mitglieder zu Werbezwecken zu nutzen. Zudem ist es üblich, dass jede Gewerkschaft einen eigenen Internetauftritt hat. Nutzt die Koalition die betrieblichen E-Mail-Adressen nicht zu Werbezwecken wird daher kein Mitglied oder Nichtmitglied allein deshalb davon ausgehen, dass die Koalition nur veraltete Werbemaßnahmen betreibt.

Das Bundesarbeitsgericht hat offengelassen, ob bei der Nutzung der E-Mail-Adressen von Nichtmitgliedern Gemeinwohlbelange der Koalitionsbetätigungsfreiheit entgegenstehen. Allerdings scheint es dahin zu tendieren, dass die „besondere Beziehung" zwischen Betriebsinhaber und tarifzuständiger Gewerkschaft auch diese Nutzung rechtfertigt. Dem ist zu widersprechen. Es ist nicht einzusehen, warum aus der Tarifzuständigkeit eine besondere Beziehung zwischen Koalition und Betriebsbelegschaft entstehen soll, die die Nutzung der Adressen rechtfertigen könnte. Die Tarifzuständigkeit legt die Koalition in ihrer Satzung autonom fest.[597] Sie legt die maximalen Grenzen des Geschäftsbereichs fest, innerhalb derer die Koalition wirksam Tarifverträge schließen kann. Diese Grenzen muss die Koalition nicht zwingend ausreizen. Sie kann sich letztlich auch auf einen kleineren Geschäftsbereich beschränken. In diesem Fall muss eine besondere Beziehung zwischen Betriebsbelegschaft und Koalition nicht zwangsläufig vorliegen. Ohne Einverständnis ist die Nutzung der betrieblichen E-Mail-Adressen der Nichtmitglieder daher unzulässig. Dies ergibt sich nach hier vertretener Ansicht auch daraus, dass selbst eine Erhebung und Nutzung der betrieblichen E-Mail-Adressen der Mitglieder aus datenschutzrechtlichen Gründen grundsätzlich ausscheiden muss. Dies muss dann erst recht für die Nichtmitglieder gelten. Den Eingriff in Rechtspositionen der Nichtmitglieder kann die Koalitionsfreiheit

594 *Wank*, in: ErfKomm., § 28 BDSG, Rz. 5.

595 *Arnold/Wiese*, NZA 2009, 716 (719).

596 BAG v. 20.01.2009 – 1 AZR 515/08, NZA 2009, 615 (621).

597 *Franzen*, in: ErfKomm., § 2 TVG, Rz. 34.

nicht rechtfertigen. Der durch die ohne Einwilligung erfolgte Erhebung der Daten eingetretene Rechtsverstoß wirkt durch die Nutzung fort. Dies stellt einen Verstoß gegen Gemeinwohlbelange dar, der die Koalitionsfreiheit einzuschränken vermag.

3. Das BDSG als Sperre der richterrechtlichen Ausgestaltung

Das Bundesarbeitsgericht hat das Recht der Koalition auf Koalitionswerbung per E-Mail aus einer richterrechtlichen Ausgestaltung des Art. 9 Abs. 3 GG hergeleitet. Dieser Ansicht steht entgegen, dass die E-Mail-Werbung über betriebliche E-Mail-Adressen im Regelfall gegen datenschutzrechtliche Bestimmungen verstößt. Insofern stehen Datenschutzrecht und Koalitionsfreiheit in einem Widerspruch. Das BDSG stellt auch für Koalitionswerbung unüberwindliche Voraussetzungen auf. Die Koalitionsfreiheit wird daher bereits durch die datenschutzrechtlichen Vorgaben im Bereich der Koalitionswerbung gesetzlich ausgestaltet. Eine richterrechtliche Ausgestaltung der Koalitionsfreiheit im datenschutzrechtlich relevanten Bereich kommt daher nicht mehr in Betracht. Indem das Bundesarbeitsgericht hinsichtlich der Koalitionsmitglieder (vorschnell) von einer Rechtfertigung der Datenerhebung gem. § 28 Abs. 1 Nr. 1 BDSG ausging, ist diese Grenze der richterrechtlichen Ausgestaltungsbefugnis unzureichend beachtet worden.

4. Gegenmaßahmen der Arbeitgeber nach aktueller Rechtsprechung

Da das Bundesarbeitsgericht erkennbar eine weite Auslegung der Koalitionsfreiheit befürwortet und die Werbung über betriebliche E-Mail-Adressen nicht an datenschutzrechtlichen Vorgaben scheitern lässt, ist entscheidend, welche Gegenmaßnahmen dem Arbeitgeber zur Verfügung stehen, um den Arbeitszeitverlust in Grenzen zu halten.

a) Spam-Filter

Oftmals wird sich insbesondere in großen Unternehmen das Problem des massenhaften Versandes von Gewerkschaftswerbung bereits durch die technischen Gegebenheiten erübrigen.[598] Zur Sicherung der informationstechnischen Systeme nutzen Unternehmen häufig Spam-Filter, die nach bestimmten Kriterien eingehende Nachrichten überprüfen. Sogenannte Mailings, bei denen innerhalb kurzer Zeit große Nachrichtenmengen an Unternehmens-Adressen versendet

598 *Rieble/Wiebauer*, ZfA 2010, 63 (140); Anm. *Dzida* zu BAG v. 20.01.2009 – 1 AZR 515/08, NJW 2009, 1990 (1997).

werden, werden oftmals durch den Spam-Filter blockiert, da derartige Nachrichtenströme grundsätzlich nur innerhalb des Unternehmens selbst auftauchen und normalerweise nicht von außen an das Unternehmensnetz gesendet werden. Die Koalition hat jedoch keinen Anspruch darauf, dass der Spam-Filter angepasst wird und ihre Nachrichten nicht blockiert werden. Sie kann lediglich die vorhandene Infrastruktur nutzen.[599] Hätte die Koalition einen Anspruch auf Anpassung des Spam-Filters, wäre der Grundsatz durchbrochen, nach dem die Koalition für ihre Leistungsfähigkeit selbst verantwortlich ist.

Nicht möglich ist es, den Spam-Filter gezielt so zu verändern, dass Koalitionswerbung immer blockiert wird, sofern diese nicht bereits die allgemeinen Kriterien des Spam-Filters erfüllt.[600] Hat die Koalition in datenschutzrechtlich zulässiger Weise die E-Mail-Adressen erlangt und ergibt eine Interessenabwägung, dass das Recht der Koalition auf Mitgliederwerbung und -information dasjenige des Arbeitgebers überwiegt, was insbesondere bei erstmaliger Kontaktaufnahme gegeben sein kann, würde es die Koalitionsfreiheit unverhältnismäßig einschränken, wenn der Arbeitgeber die nach den Systemeinstellungen zulässige Nachrichtenübermittlung verhindert. Denn in diesem Fall hätte die Koalition ein Recht auf Nutzung der vorhandenen betrieblichen Infrastruktur. Die Sperrung wäre eine gezielte Maßnahme zur Beeinträchtigung des Betätigungsrechts der Gewerkschaft, die nach der Rechtsprechung des Bundesarbeitsgerichts gegen Art. 9 Abs. 3 S. 2 GG verstoßen würde.[601]

Informationstechnische Maßnahmen, die einen Empfang von gewerkschaftlicher Werbung auf den betrieblichen E-Mail-Adressen verhindern, sind daher nur insoweit zulässig, als sie nicht gezielt das Betätigungsrecht der Koalitionen beeinträchtigen.

b) Verbot der Privatnutzung

Der Arbeitgeber kann die Privatnutzung der informationstechnischen Systeme insgesamt untersagen.[602] Setzt der Arbeitnehmer sich hierüber hinweg begeht er eine Pflichtverletzung. Nichts anderes gilt, sofern der Arbeitgeber die Privatnutzung der informationstechnischen Systeme nicht ausdrücklich oder konkludent erlaubt.[603] Dies führt allerdings nicht automatisch zu einer Unzulässigkeit der gewerkschaftlichen Werbung. Das Verbot der Privatnutzung wirkt nur im

599 *Rieble/Wiebauer*, ZfA 2010, 63 (140).

600 So aber *Rieble/Wiebauer*, ZfA 2010, 63 (140); unentschieden bei *Dzida* zu BAG v. 20.01.2009 – 1 AZR 515/08, NJW 2009, 1990 (1997).

601 BAG v. 20.01.2009 – 1 AZR 515/08, NZA 2009, 615 (619).

602 *Mengel*, in: Hümmerich/Reufels, Rz. 1 2366.

603 BAG v. 07.07.2005 – 2 AZR 581/04, NZA 2006, 98 (100); *Joussen*, in: BeckOK Arbeitsrecht, § 611 BGB, Rz. 402; *Mengel*, in: Hümmerich/Reufels, Rz. 1 2366.

Verhältnis Arbeitnehmer – Arbeitgeber und nicht im Verhältnis Arbeitgeber – Gewerkschaft.[604] Wie auch das Zutrittsrecht hängt die Nutzung der betrieblichen E-Mail-Adressen durch die Gewerkschaft nicht von einer Erlaubnis des Arbeitgebers ab.

c) Allgemeines Werbeverbot

Das Bundesverfassungsgericht hat die Gleichsetzung von Werbung der politischen Parteien mit kommerzieller Werbung gebilligt.[605] Eine Partei ging gegen ein letztinstanzliches Urteil vor, das ihr untersagte, Flugblätter in den Briefkasten eines Wählers zu werfen, der durch einen Aufkleber zu erkennen gab, nicht durch Werbesendungen belästigt werden zu wollen. Das Bundesverfassungsgericht sah einen Verstoß gegen das Betätigungsrecht der Parteien aus Art. 21 GG als nicht gegeben an. Die Entscheidung ist mit der Sachlage bei Koalitionswerbung über betriebliche E-Mail-Adressen vergleichbar. Hier wie dort macht eine von Verfassungs wegen geschützte Personenmehrheit ein ihr aus der Verfassung zustehendes Betätigungsrecht geltend, das durch eine Handlung eines Dritten erschwert, bzw. unterbunden wird. Dies spricht dafür, die Rechtsprechung auch auf Koalitionswerbung zu übertragen.[606] Mitglieder und Nichtmitglieder einer Koalition sind nicht verpflichtet Werbung wahrzunehmen und können sich durch unerwünschte Zusendung beeinträchtigt fühlen. Die Konfliktlage bei gewerkschaftlicher Werbung ist mit derjenigen bei kommerzieller Werbung und bei Parteienwerbung vergleichbar. Eine unterschiedliche Behandlung von Postwurfsendungen und elektronischer Werbung ist nicht geboten. Es ist daher möglich, dass das Bundesarbeitsgericht ein generelles, z. B. auf der Homepage des Unternehmens veröffentlichtes Werbeverbot für zulässig erachtet. Dabei ist allerdings wiederum zwingend erforderlich, dass nicht nur Gewerkschaftswerbung verboten wird.

Ob ein solches allgemeines Werbeverbot praktikabel ist, erscheint allerdings fraglich. Bestimmte elektronische Werbesendungen werden für das Unternehmen sinnvoll sein. Der Verzicht auf diese Werbesendungen kann ein hoher Preis für die Verhinderung der Koalitionswerbung sein.

d) Gerichtlicher Rechtsschutz

Das Bundesarbeitsgericht hat einem gerichtlichen Rechtsschutz hohe Hürden gesetzt. Der Antrag muss bestimmte Rechtsverletzungen im Hinblick auf Häu-

---

604 *Mehrens*, BB 2009, 2086 (2088).

605 BVerfG v. 01.08.2002 – 2 BvR 2135/01, NJW 2002, 2938.

606 *Arnold/Wiese*, NZA 2009, 716 (720); *Dumke*, RdA 2009, 77 (81); *Gola*, MMR 2005, 17 (21).

figkeit, Umfang oder Inhalt konkretisieren. Ein Globalantrag wird meist keinen Erfolg versprechen, da Einzelfallentscheidungen im Rahmen eines solchen Antrages nicht angemessen berücksichtigt werden können.[607] Wenn nicht ausnahmsweise die Nutzung der E-Mail-Adressen der Nichtmitglieder datenschutzrechtlich zulässig ist, kann aber ein Globalantrag bezogen auf diese Personengruppe Erfolg haben. Ob das Bundesarbeitsgericht einen solchen Antrag für begründet hält, bleibt allerdings abzuwarten. Wird der Koalition die Nutzung der E-Mail-Adressen der Nichtmitglieder untersagt, verliert das Medium der E-Mail einen Großteil seiner Attraktivität, da die kostensparende Möglichkeit der Erreichbarkeit der gesamten Belegschaft wegfällt. Der Koalition bleibt dann nur die Information ihrer Mitglieder. Hierfür steht ihr jedoch regelmäßig bereits deren private E-Mail-Adresse zur Verfügung.

Ein Globalantrag bietet sich an, wenn der Betriebsinhaber eine erhebliche Betriebsablaufstörung nachweisen kann. In diesem Fall kann er z. B. beantragen, der Koalition für die Zukunft zu untersagen nach Inhalt und Umfang vergleichbare Nachrichten zu versenden. Den Verstoß gegen datenschutzrechtliche Vorgaben muss der Arbeitgeber lediglich behaupten. Nach den Grundsätzen der sekundären Darlegungslast muss die Koalition die Behauptung begründet bestreiten.[608]

Regelmäßig wird der Nachweis einer erheblichen Betriebsablaufstörung durch den Betriebsinhaber nur schwer zu führen sein.[609] Insbesondere in Fällen, in denen den Arbeitnehmern die Privatnutzung von Internet und E-Mail erlaubt ist, kann der Arbeitgeber nur in notwehr- oder notstandsähnlichen Ausnahmesituationen die Verbindungsdaten erheben, da er dem TKG und dem TMG unterfällt.[610] Auch wenn die Privatnutzung der Medien nicht erlaubt ist, kann der Arbeitgeber nicht ohne weiteres Verbindungsdaten erheben. Er ist an § 28 BDSG gebunden, muss daher regelmäßig gem. Abs. 1 Nr. 2 ein berechtigtes Interesse darlegen. Die Einführung von Systemen zur Erfassung des Nutzerverhaltens der Informationssysteme unterliegt zudem der Mitbestimmung gem. § 87 Abs. 1 Nr. 6 BetrVG. Dem Arbeitgeber stehen daher zumeist keine geeigneten Mechanismen zur Verfügung, um seinen Antrag so zu präzisieren, wie dies von der Rechtsprechung des Bundesarbeitsgerichts gefordert wird.

Die hier vertretene Übernahme der Rechtsprechung zur erstmaligen Kontaktaufnahme der Personalberater mit Arbeitnehmern an ihrem betrieblichen

---

607 *Arnold/Wiese*, NZA 2009, 716 (720) fordern die Zulassung eines Globalantrages bereits bei einer ersten feststellbaren Rechtsverletzung im Hinblick auf Häufigkeit, Umfang oder Inhalt der E-Mails.

608 *Mehrens*, BB 2009, 2086 (2090).

609 *Mehrens*, BB 2009, 2086 (2090).

610 Vgl. nur *Robert*, in: Beck TVG, § 91, Rz. 9; a. A. LAG Berlin-Brandenburg v. 16.02.2011 – 4 Sa 2132/10, juris, Rz. 36ff.

Arbeitsplatz führt in prozessualer Hinsicht zu stärkerer Rechtssicherheit. Steht der Koalition nur das Recht zu, bei besonderer Ereignislage „erstmals" mit den Arbeitnehmern über die betrieblichen E-Mail-Adressen Kontakt aufzunehmen, könnte der Arbeitgeber einen Antrag stellen, nach dem der Koalition die anlassunabhängige Nutzung der betrieblichen E-Mail-Adressen zu untersagen ist.

5. Anwendbarkeit der Rechtsgedanken des UWG

Die Vorschriften des UWG sind nach der Rechtsprechung auf die Mitgliederwerbung der Koalitionen nicht anwendbar.[611] Gem. § 8 Abs. 1 i. V. m. § 7 Abs. 2 Nr. 3 und § 3 UWG kann die Unterlassung von unzulässigen Handlungen verlangt werden. Unzulässig ist danach z. B. die Nutzung von E-Mail-Adressen zu Werbezwecken, sofern der Eigentümer nicht ausdrücklich und vorher hierin eingewilligt hat. Begründet wird die Nichtanwendbarkeit dieser Vorschriften auf die Koalitionswerbung vom Bundesarbeitsgericht damit, dass die Mitgliederwerbung der Koalition keine Wettbewerbshandlung darstellt. Abgesehen davon, dass sich durch die Hinwendung zu einem pluralen Gewerkschaftssystem der Wettbewerb unter den Koalitionen verschärfen könnte und in Zukunft bei weiterer Orientierung auf das Angebot bestimmter Dienstleistungen denkbar ist, dass Koalitionswerbung zur Wettbewerbshandlung wird, scheitert ein Unterlassungsanspruch des Arbeitgebers aus dem UWG bereits an der fehlenden Aktivlegitimation. Der Arbeitgeber ist keine gem. § 8 Abs. 3 UWG antragsberechtigte Person. Ansprüche aus dem UWG kommen daher für den Arbeitgeber von vornherein nicht in Betracht.

Die Vergleichbarkeit von Koalitionswerbung und Parteienwerbung spricht jedoch dafür, diese beiden Werbeformen gleich zu behandeln und sie den Anforderungen an kommerzielle Werbung zu unterstellen. Der in § 7 Abs. 2 Nr. 3 UWG niedergelegte Grundsatz, dass die ohne das vorherige ausdrückliche oder stillschweigende Einverständnis des Adressaten abgeschickte E-Mail-Werbung eine unzumutbare Belästigung darstellt, kann daher im Rahmen der Prüfung eines Unterlassungsanspruchs gem. § 1004 BGB i. V. m. § 823 Abs. 1 BGB als Indiz für die Betriebsbezogenheit eines Eingriffs in den eingerichteten und ausgeübten Gewerbebetrieb als allgemeine Wertentscheidung herangezogen werden.[612]

---

611 BAG v. 31.05.2005 – 1 AZR 141/04, NZA 2005, 1182 (1183).

612 *Arnold/Wiese*, NZA 2009, 716 (720); *Dumke*, RdA 2009, 77 (81); *Mehrens*, BB 2009, 2086 (2087); vgl. auch BGH v. 20.05.2009 – I ZR 218/07, NJW 2009, 2958 (2959): Der BGH verneint aus Gründen des Einzelfalls einen Verstoß gegen das UWG, überträgt die Grundsätze zu unverlangt zugesendeter Werbung per E-Mail aber auf den Unterlassungsanspruch gem. §§ 1004 i. V. m. 823 Abs. 1 BGB.

6. *Ergebnis*

Dem Betriebsinhaber stehen faktisch kaum Möglichkeiten zur Verfügung, gegen Koalitionswerbung auf betriebliche E-Mail-Adressen gerichtlich vorzugehen. Die Rechte der Koalition und diejenigen der Betriebsinhaber müssen im Einzelfall gegeneinander abgewogen werden. Hierzu empfiehlt es sich aus Gründen der Rechtssicherheit die Rechtsprechung des Bundesgerichtshofs zur unaufgeforderten Kontaktaufnahme der Arbeitnehmer durch Personalberater auf die Koalitionswerbung zu übertragen. Koalitionswerbung über betriebliche E-Mail-Adressen ist danach nur einmalig bei besonderen Ereignissen, die eine Handlung der Koalition geradezu herausfordern, zulässig. Ansonsten ist die Koalitionswerbung wie auch die Werbung politischer Parteien mit der kommerziellen Werbung vergleichbar. Es sollten daher die gleichen Grundsätze auf alle Werbeformen angewendet werden. Anlassunabhängige Koalitionswerbung über betriebliche E-Mail-Adressen ohne vorherige Einwilligung stellt daher grundsätzlich einen betriebsbezogenen Eingriff in den eingerichteten und ausgeübten Gewerbebetrieb dar.

II. Werbung über das betriebliche Intranet

Die Werbung über das betriebliche Intranet ist nur scheinbar vergleichbar mit derjenigen über die betrieblichen E-Mail-Adressen. Die beiden Werbeformen unterscheiden sich insbesondere dadurch, dass die Nutzung des betrieblichen Intranets ein Tätigwerden des Betriebsinhabers, bzw. der für die Gestaltung des Intranets zuständigen Abteilung, voraussetzt. Ohne dieses Tätigwerden kann die Koalition keine Werbung in das Intranet einstellen. Der Betriebsinhaber kann nicht verpflichtet sein, der Koalition einen eigenen Zugang mit Administratorrechten zum betrieblichen Intranet zu gewähren. Dies ergibt sich bereits aus Gründen der Sicherung von Betriebsgeheimnissen. Der Koalition steht daher grundsätzlich keine Möglichkeit zu, über das betriebliche Intranet zu werben.

Auch eine Vergleichbarkeit von Koalitionswerbung per Intranet mit der Nutzung des betrieblichen schwarzen Bretts durch die Koalition ist nicht gegeben.[613] Die Nutzung eines im Betrieb vorhandenen schwarzen Bretts steht der Koalition nach allgemeiner Ansicht zu. Derartige Werbemaßnahmen berühren die Grundrechte des Arbeitgebers allerdings deutlich geringfügiger. Dagegen müssen für die Aktualisierung der gewerkschaftlichen Inhalte im betrieblichen Intranet Betriebsangehörige, anders als für das schlichte Anbringen eines Informationspapiers am schwarzen Brett, Arbeitszeit in nicht unerheblichem Umfang aufwen-

613 *Dumke*, RdA 2009, 77 (80); a. A. *Däubler*, in: Gewerkschaftsrechte im Betrieb, Rz. 547z.

den. Der Arbeitgeber hat keine Möglichkeiten diesen Umfang zu kontrollieren. Er kann zudem nicht feststellen, welche Arbeitszeitverluste er durch das Surfen der Arbeitnehmer auf den betreffenden Seiten erleidet. Dies gilt insbesondere bei mehreren im Betrieb vertretenen Koalitionen. Hätte der Arbeitgeber eine Pflicht, deren Werbung in seinem Intranet zu dulden, würden sich insbesondere Fragen zum zulässigen Maximalumfang stellen, die in der Praxis nicht handhabbar sind. Dem Arbeitgeber entstünden unter Umständen erhebliche Kosten, insbesondere bei Anmietung externer Serverkapazitäten. Zudem spiegelt das Intranet grundsätzlich die Position des Betriebsinhabers wider. Werbung des sozialen Gegenspielers steht hierzu in einem Kontrast. Die Inanspruchnahme der Serverkapazitäten führte zu einer unfreiwilligen Unterstützung der jeweiligen Koalition, die Fragen der Gegnerunabhängigkeit aufwerfen würde. Etwas anderes kann eine Abwägung im Einzelfall nur ergeben, sofern der Betrieb überwiegend Außendienst- oder Telearbeitnehmer beschäftigt.[614] In diesem Fall ist auf Schrankenebene der Grundrechtsprüfung zu beachten, dass die Werbung im Intranet für den Bestand der Koalition unerlässlich sein kann. Dies kommt jedoch regelmäßig nur dann in Betracht, wenn die Werbung über das betriebliche Intranet tatsächlich erforderlich ist, es mithin kein milderes Mittel gibt um die Existenz der Koalition anderweitig zu sichern. Dies ist der Fall, wenn die Mitarbeiter auf anderem Wege tatsächlich nicht im erforderlichen Maße erreicht werden können.

§ 3 Der Abschluss von Organisationstarifverträgen

Das Bundesarbeitsgericht hat die Koalitionsbetätigungsfreiheit hinsichtlich des Abschlusses von Organisationstarifverträgen gestärkt. Organisationstarifverträge sind solche, die die betriebliche Struktur betreffen und sie im Vergleich zur gesetzlichen Regelung abändern. Vorliegend werden insbesondere Zuordnungstarifverträge gem. § 3 BetrVG und Tarifverträge über gemeinsame Einrichtungen betrachtet. Das Bundesarbeitsgericht hatte in jüngerer Zeit in zwei Fällen Gelegenheit, zur Frage der Zulässigkeit von Zwangstarifgemeinschaften Stellung zu nehmen. Die erste Entscheidung vom 27. September 2009 betraf Zuordnungstarifverträge gem. § 3 Abs. 1 Nr. 1–3 BetrVG.[615] Eine weitere Entscheidung vom 9. Dezember 2009 beschäftigte sich mit Tarifverträgen über gemeinsame Einrichtungen.[616] Das Bundesarbeitsgericht hat der Verpflichtung zur Bildung sogenannter Zwangstarifgemeinschaften eine deutliche Absage erteilt.

---

614 *Franzen*, in: GK BetrVG, § 2, Rz. 94.
615 BAG v. 29.07.2009 – 7 ABR 27/08, NZA 2009, 1424.
616 BAG v. 09.12.2009 – 4 AZR 190/08, NZA 2010, 712.

A) Zwangstarifgemeinschaften als erheblicher Eingriff in die Koalitionsbetätigungsfreiheit

Insbesondere seit der Ankündigung durch das Bundesarbeitsgericht den Grundsatz der Tarifeinheit aufgeben zu wollen,[617] wird in der Literatur zum Teil eine verstärkte Zusammenarbeit von den im Unternehmen vertretenen Koalitionen gefordert. Die Vertreter dieser Auffassung befürchten, dass die Aufgabe des Grundsatzes der Tarifeinheit zu einer Multiplikation der Beziehungen zwischen Arbeitgeberseite und Arbeitnehmerseite führen wird. Der Arbeitgeber könnte sich dann einer in verschiedenen Koalitionen organisierten Arbeitnehmerschaft gegenübersehen, die unter Zuhilfenahme koalitionärer Machtmittel ihre jeweiligen Interessen durchzusetzen versucht. Der Arbeitgeber müsste mit mehreren Koalitionen in Tarifverhandlungen eintreten und könnte kaskadenartig mit Arbeitskämpfen überzogen werden. Über eine Pflicht der Koalitionen, miteinander zu kooperieren, soll die mit der befürchteten Diversifizierung der Koalitionen und ihrer Forderungen möglicherweise einhergehende Verschiebung der Kampfparität zugunsten der Arbeitnehmerseite beseitigt werden.[618]

Die Kooperation verschiedener Koalitionen miteinander stellt eine legitime Ausübung der den Koalitionen zustehenden Betätigungsfreiheit dar, solange sie sich nicht jeglicher Handlungsmöglichkeiten begeben.[619] Daher besteht kein Zweifel daran, dass Koalitionen frei darin sind, zu entscheiden, ob und wenn ja, mit wem sie gemeinsam ihre Ziele verfolgen. Bedenken ergeben sich allerdings dann, wenn von den Koalitionen eine Zusammenarbeit verpflichtend verlangt wird. Eine Kooperationspflicht kann unterschiedlich ausgestaltet sein. Zum einen könnten die Koalitionen verpflichtet sein, im Rahmen der Verhandlungen über ihren eigenen Tarifvertrag die Forderungen, die Laufzeit oder die Verhandlungen selbst gemeinsam zu koordinieren und ein gemeinsames Vorgehen zu planen.[620] Die Koalitionen könnten aber auch verpflichtet sein, bestimmte Arten von Tarifverträgen nur gemeinsam abzuschließen. Im letzteren Fall wird eine echte Zwangstarifgemeinschaft statuiert.

Eine solche stellt einen erheblichen Eingriff in die Koalitionsbetätigungsfreiheit dar, wird der Koalition doch die ihr hieraus im Rahmen der Tarifautonomie zustehende Abschlussfreiheit verwehrt. Die Koalition kann dann nicht mehr frei entscheiden, mit wem und mit welchem Inhalt sie einen Tarifvertrag abschließen

617 BAG v. 27.01.2010 – 4 AZR 549/08, NZA 2010, 645 (Anfragebeschluss); dann endgültige Aufgabe durch BAG v. 07.07.2010 – 4 AZR 549/08.

618 *Franzen*, RdA 2008, 193 (203); *Kamanabrou*, ZfA 2008, 241; *Meyer*, NZA 2009, 993; *Meyer*, SAE 2010, 27.

619 Vgl. oben Seite 111 ff. zur Frage der Auswirkungen koalitionärer Untätigkeit.

620 Siehe Fn. 618.

möchte. Damit wird ihr ein wesentlicher Bereich ihrer Betätigungsmöglichkeiten von vornherein vorenthalten. Als vorbehaltlos gewährleistetes Grundrecht kann ein solcher Eingriff nur durch kollidierendes Verfassungsrecht gerechtfertigt werden. In Betracht kommt das Recht auf unternehmerische Betätigung (Art. 12 Abs. 1, Art. 2 Abs. 1 GG). Der durch die Bildung von Zwangstarifgemeinschaften ausgelöste Eingriff verfolgt insoweit ein legitimes Ziel. Die Kooperationspflicht soll dazu führen, dass der Arbeitgeber zur gleichen Zeit mit den Koalitionen über den Abschluss des Tarifvertrags verhandelt, um dadurch Tarifkollisionen zu verhindern. Das Risiko von Paritätsverschiebungen wird durch die Kooperationspflicht umgangen, die unternehmerische Handlungsfreiheit geschützt. Bereits im Vorfeld wird der Abschluss unterschiedlicher Tarifverträge und damit eine Tarifkollision verhindert. Der Eingriff ist daher auch dazu geeignet das legitime Ziel zu verfolgen. Zweifel bestehen aber hinsichtlich der Erforderlichkeit. Die faktische Untersagung eigener tarifvertraglicher Betätigung stellt nicht das mildeste Mittel dar, Tarifkollisionen zu verhindern.

In einem pluralen Tarifvertragssystem sind Verhandlungen unterschiedlicher Koalitionen mit den Arbeitgebern angelegt. Dies spricht dafür, Tarifkollisionen nicht bereits vor ihrem Entstehen, quasi ins Blaue hinein, zu verhindern, sondern erst dann darauf zu reagieren, wenn die Tarifkollision tatsächlich eintritt. Vor der Feststellung einer Tarifkollision muss notwendigerweise die Auslegung liegen. Diese kann u. U. ergeben, dass die Tarifverträge auch nebeneinander Anwendung finden können. So können sich zwei Tarifverträge über gemeinsame Einrichtungen an unterschiedliche Arbeitnehmergruppen richten. In diesem Fall würde eine Zwangstarifgemeinschaft dazu führen, dass die Wirksamkeit eines Tarifvertrags grundlos bereits vor dessen Abschluss verhindert wird. Zwangstarifgemeinschaften führen daher zu einer unzulässigen Einschränkung der Tarifautonomie. Aber auch wenn tatsächlich eine Tarifkollision entsteht, besteht kein Grund bereits im Vorhinein das Betätigungsrecht der Koalition einzuschränken. Entstandene Tarifkollisionen können aufgelöst werden. Zwar kann auch die nachträgliche Auflösung das Betätigungsrecht der Koalition empfindlich einschränken. Dies ändert jedoch nichts daran, dass die Koalition bei der nachträglichen Kollisionsauflösung anhand objektiver Kriterien immer die Möglichkeit hat, die Auflösungsentscheidung zu ihren Gunsten zu entscheiden. Die nachträgliche Auflösung von Tarifkollisionen stellt daher einen geringeren Eingriff dar als die Bildung von Zwangstarifgemeinschaften.

B) Die Rechtsprechung des Bundesarbeitsgerichts zu Zwangstarifgemeinschaften

I. Zwangstarifgemeinschaften bei Organisationstarifverträgen gem. § 3 BetrVG

Zuordnungstarifverträge sollen es ermöglichen Arbeitnehmervertretungsstrukturen zu schaffen, die passgenau und flexibel auf die modernen Unternehmensstrukturen abgestimmt sind.[621] Dazu eröffnet der im Jahr 2001 umfassend reformierte § 3 BetrVG den Tarifparteien die Möglichkeit, die grundsätzlich zweiseitig-zwingend ausgestalteten Arbeitnehmervertretungsstrukturen durch Tarifvertrag zu modifizieren. Ziel dieser Regelung ist es, die Betriebsverfassung organisatorisch zu flexibilisieren und hierdurch zu effektivieren.[622]

Arbeits- und Wirtschaftsbedingungen im Sinne von Art. 9 Abs. 3 GG umfassen die betriebsverfassungsrechtliche Struktur. Durch die optimale Anpassung der betrieblichen Vertretungsstrukturen auf das jeweilige Unternehmen bestimmen die Koalitionen wesentliche Rahmenbedingungen mit, unter denen die Arbeit geleistet wird. Der Abschluss von Zuordnungstarifverträgen ist daher zentraler Bestandteil der Koalitionsbetätigungsfreiheit.

Durch die Entscheidung des Bundesarbeitsgerichts vom 27. September 2009 wurden bislang streitige Fragen hinsichtlich des Abschlusses von Zuordnungstarifverträgen höchstrichterlich geklärt. Folgefragen ließ das Bundesarbeitsgericht allerdings (mangels Entscheidungserheblichkeit) außer acht. Grundlage der Entscheidung war folgender Sachverhalt: Der Arbeitgeber hatte im Jahr 2002 einen auf eine Betriebsratswahlperiode befristeten Zuordnungstarifvertrag mit der Gewerkschaft ver.di geschlossen. Vor dessen Auslaufen trat er in Verhandlungen über den Abschluss eines neuen Zuordnungstarifvertrags mit einer anderen im Betrieb vertretenen, deutlich kleineren Gewerkschaft ein. Die Verhandlungen führten am 2. Januar 2006 zum Abschluss eines bis auf die Geltungsdauer inhaltlich dem alten Zuordnungstarifvertrag entsprechenden Tarifwerks. Für die im April desselben Jahres abgehaltenen Betriebsratswahlen wurde auf den neuen Zuordnungstarifvertrag abgestellt. Ver.di macht die Unwirksamkeit der Betriebsratswahl geltend und beruft sich darauf, der Zuordnungstarifvertrag hätte nicht ohne ihre Beteiligung abgeschlossen werden dürfen.

Dieser Argumentation folgt das Bundesarbeitsgericht nicht. Es stellt klar, dass für den Abschluss eines Zuordnungstarifvertrags die allgemeinen Regeln für den Abschluss von Tarifverträgen gelten. Erforderlich, aber auch ausreichend ist

621 BT-Drucks. 14/5741, S. 33.
622 *Fitting*, BetrVG, § 3, Rz. 7.

daher, dass als Vertragspartner eine im Betrieb vertretene, für sämtliche Arbeitnehmer tarifzuständige und tariffähige Gewerkschaft auftritt. Letztlich liegt es daher beim Arbeitgeber zu entscheiden, mit welcher tarifzuständigen und zum Abschluss eines Tarifvertrags bereiten Koalition er einen Zuordnungstarifvertrag gem. § 3 BetrVG schließt.

Damit stärkt das Bundesarbeitsgericht die Betätigungsfreiheit der einzelnen Koalition. Die Verpflichtung zur Bildung von Tarifgemeinschaften stellt einen erheblichen Eingriff in die durch Art. 9 Abs. 3 GG garantierte Koalitionsfreiheit dar und würde letztlich zu einem Übergewicht der etablierten Koalitionen innerhalb der Tarifgemeinschaft führen, das kleineren Gewerkschaften eine reale Betätigung faktisch unmöglich machen würde. Die Stärkung der kollektiven Betätigungsfreiheit führt jedoch auf der Folgenseite zu erheblichen praktischen Problemen, die von der höchstrichterlichen Rechtsprechung bislang nicht gelöst wurden. In der Literatur werden die unterschiedlichsten Ansätze diskutiert.

Kann eine im Betrieb vertretene, tariffähige und für alle Arbeitnehmer tarifzuständige Gewerkschaft mit dem Arbeitgeber oder dessen Verband alleine einen Zuordnungstarifvertrag abschließen, drängt sich nahezu zwangsläufig die Frage auf, wie sich unabhängig voneinander geschlossene Zuordnungstarifverträge zueinander verhalten. Im Falle von Tarifverträgen außerhalb des Bereichs von § 3 BetrVG besteht theoretisch die Möglichkeit, dass verschiedene Tarifverträge in einem Unternehmen nebeneinander zur Anwendung kommen. Diese Möglichkeit ist bei Zuordnungstarifverträgen nicht gegeben. Auf identische betrieblich-organisatorische Einheiten kann aus der Natur der Sache zur selben Zeit nur ein Tarifvertrag Anwendung finden. Zuordnungstarifverträge beinhalten Betriebsnormen im Sinne von § 3 Abs. 2 TVG, die zwingend nur einheitlich gelten können. Bei dem Abschluss mehrer Zuordnungstarifverträge kommt es daher zwangsläufig zu einer „betriebsweiten Tarifkonkurrenz“. Die Frage *ob* eine entstandene Tarifkollision aufzulösen ist, die sich nach der Aufgabe des Grundsatzes der Tarifeinheit durch das Bundesarbeitsgericht stellt, ist im Falle von Tarifkollisionen im Bereich des § 3 BetrVG daher nicht relevant. Vielmehr geht es bei Zuordnungstarifverträgen um die Frage, ob Tarifkollisionen bereits im Vorfeld verhindert werden sollen bzw. *wie* entstandene Tarifkollisionen aufzulösen sind.

Der Frage der Lösung von Tarifkollisionen bei Zuordnungstarifverträgen wurde vor der Entscheidung des Bundesarbeitsgerichts zumeist nur geringe Bedeutung beigemessen,[623] da mehrheitlich ein Arbeitskampf zur Erzwingung eines Zuordnungstarifvertrags als unzulässig angesehen wurde. Nachdem das Bundesarbeitsgericht in seiner Entscheidung vom 27. September 2009 ausdrücklich festgestellt hat, dass der Abschluss eines Zuordnungstarifvertrags ein zuläs-

623 *Friese*, ZfA 2003, 237 (270).

siges Arbeitskampfziel darstellt, ist die Frage nach der Verhinderung bzw. Auflösung von Tarifkollisionen in das Zentrum der Problematik gerückt. Es ergibt sich zwar von selbst, dass der Arbeitgeber nicht freiwillig einen zweiten Zuordnungstarifvertrag schließen wird. Wird der Abschluss eines weiteren Tarifvertrags jedoch durch einen Arbeitskampf erzwungen, kann der Arbeitgeber auf den Druck der Arbeitnehmerseite möglicherweise nur durch Abschluss eines weiteren Tarifvertrags reagieren.

1. Die Lösung von Tarifkollisionen als Problem der Koalitionsbetätigungsfreiheit

Die Auflösung von Tarifkollisionen kann in das Betätigungsrecht der Koalitionen eingreifen. Unabhängig von dem anzuwendenden Kriterium führt eine Kollisionsauflösung letztlich zur Anwendbarkeit eines einzigen Tarifvertrags. Die dem gewählten Kriterium nicht genügenden Tarifverträge bleiben dann wirkungslos. Die Auflösung von Tarifkollisionen stellt daher ein Problem der Koalitionsbetätigungsfreiheit dar.

In der Literatur werden unterschiedliche Lösungsmodelle diskutiert, ohne dass sich bislang eine Ansicht durchzusetzen vermocht hätte. Während einige Stimmen in der Literatur versuchen, Tarifkollisionen bereits im Vorfeld ihres Entstehens zu verhindern, indem die Abschlussfreiheit der Koalitionen eingeschränkt wird, wird von der Mehrzahl der Autoren ein Kollisionsmodell vorgeschlagen, das nach dem Eintritt einer Tarifkonkurrenz einsetzt und den anwendbaren Tarifvertrag anhand diverser Kriterien zu bestimmen versucht.

Bereits von vornherein lassen sich Tarifkonkurrenzen durch die Anwendung des Prioritätsprinzips vermeiden.[624] Nach diesem Prinzip wird durch den Abschluss eines Tarifvertrags während dessen Laufzeit der Abschluss eines weiteren Tarifvertrags mit gleichem Regelungsgegenstand gesperrt. Gegen die Anwendung des Prioritätsprinzips spricht, dass dann letztlich der soziale Gegenspieler entscheidet, welcher Koalition er das ihr zustehende Betätigungsrecht zugesteht. Er könnte dann durch den Tarifvertragsabschluss die Betätigungsfreiheit der anderen Koalitionen erheblich einschränken. Dies lässt sich mit dem Prinzip der Tarifautonomie nicht vereinbaren. Dieser Lösung ist auch bereits nach dem Urteil des Bundesarbeitsgerichts vom 27. September 2009 der Boden entzogen, da das Prioritätsprinzip noch stärker in die Koalitionsbetätigungsfreiheit der Koalitionen eingreift als der Abstimmungszwang zwischen den Koalitionen.[625]

624 *Fitting*, BetrVG, § 3, Rz. 16d.

625 Trotz des Urteils des Bundesarbeitsgerichts bleibt *Franzen*, in: GK-BetrVG, § 3, Rz. 34 dabei, dass zwischen verschiedenen im Unternehmen vorhandenen Koalitionen vor dem Abschluss

Wären die Koalitionen verpflichtet vor dem Abschluss eines Zuordnungstarifvertrags andere ebenfalls potentiell tarifwillige Koalitionen über den Abschluss zu informieren und diese in den Abschluss einzubinden, hätten die Koalitionen innerhalb dieses Zwangszusammenschlusses wenigstens theoretisch noch die Möglichkeit, den Tarifvertragsabschluss in ihrem Sinne zu beeinflussen. Bei Anwendung des reinen Prioritätsprinzips wird ihnen auch dieser Resteinfluss noch entzogen. Durch den Abschluss langfristiger Tarifverträge könnte der Arbeitgeber dafür sorgen, dass nur die von ihm favorisierte Koalition Zuordnungstarifverträge abschließen kann. Das Prioritätsprinzip vermag für die Tarifkonkurrenz von Zuordnungstarifverträgen daher keine Lösung herbeizuführen.

Koch schlägt für die Auflösung von Tarifkonkurrenzen bei Zuordnungstarifverträgen die Anwendung des Ablösungsprinzips vor.[626] Das Ablösungsprinzip dient jedoch lediglich dazu Konkurrenzen aufzulösen, die durch den Abschluss verschiedener Normgefüge durch dieselben Normgeber entstehen.[627] Für den Fall der Konkurrenz verschiedener Normgefüge unterschiedlicher Normgeber kann das Ablösungsprinzip daher keine Anwendung finden. Ansonsten würde der soziale Gegenspieler durch den Abschluss eines zeitlich späteren Tarifvertrags das Betätigungsrecht der Koalition, die mit ihm den zeitlich früheren Tarifvertrag geschlossen hat, durch eigene Entscheidung einschränken können. Dies würde zu einem Übergewicht der Arbeitgeberseite führen, das durch das praktische Erfordernis der Lösung von Tarifkonkurrenzen nicht zu rechtfertigen ist.

Ebenso kann der Ansatz von *Annuß*[628] nicht überzeugen, nach dem sämtliche sich widersprechenden Regelungen zweier unterschiedlicher Zuordnungstarifverträge unwirksam sein sollen. Hiergegen spricht wiederum, dass es sonst der soziale Gegenspieler in der Hand hätte, jede Tarifgeltung zu beseitigen.[629] Diese Missbrauchsmöglichkeit kann dem sozialen Gegenspieler nicht gegeben werden.

Einige Autoren befürworten, wie auch bei der Auflösung von Tarifkonkurrenzen bei Inhaltsnormen gem. § 4 Abs. 1 TVG, die Anwendung des Mehrheits- bzw. Repräsentativitätsprinzips.[630] Das Mehrheitsprinzip soll entweder bereits zu einem Abschlusshindernis führen oder aber eine eingetretene Normenkonkur-

eines Zuordnungstarifvertrags eine Pflicht zur Abstimmung besteht, die einen gemeinsamen Tarifvertragsabschluss erforderlich macht.

626 *Koch*, in: ErfKomm., § 3 BetrVG, Rz. 2.

627 *Maurer*, Allgemeines Verwaltungsrecht, § 4, Rz. 6 bezeichnet das Ablösungsprinzip als Lösungsmodell für Rechtssätze gleicher Rangstufe.

628 *Annuß*, NZA 2002, 290 (293).

629 *Franzen*, in: GK-BetrVG, § 3, Rz. 33; *Friese*, ZfA 2003, 237 (275).

630 *Däubler*, Gewerkschaftsrechte im Betrieb, Rz. 548o; *Fitting*, BetrVG, § 3, Rz. 16g; *Franzen*, in: ErfKomm, § 4 TVG, Rz. 69 plädiert für einen Vorrang des mitgliedschaftlich legitimierten Tarifvertrags; *Jacobs*, Tarifeinheit und Tarifkonkurrenz, S. 308 ff.; *Meyer*, SAE 2010, 27 (28 f.).

renz im Nachhinein auflösen. Nach dem Mehrheitsprinzip soll sich der Tarifvertrag der Koalition durchsetzen, die „in der/den betroffenen organisatorischen Einheit/en am stärksten vertreten ist".[631] Das Mehrheitsprinzip scheint zunächst geeignet zu sachgerechten Ergebnissen zu kommen, spricht doch eine größere Mitgliederzahl grundsätzlich für eine höhere demokratische Legitimation des Normgebers und damit auch der Norm selbst. Der Vorteil im Vergleich zu den bisher genannten Lösungsansätzen liegt insbesondere darin, dass die Anknüpfung an die Mehrheit eine objektivere Methode darstellt, die Normenkonkurrenz aufzulösen. Zweifel an der Anwendung des Mehrheitsprinzips ergeben sich allerdings zum einen aus der Problematik der praktischen Anwendung des Prinzips und zum anderen aus dem fehlenden Zusammenhang zwischen Mehrheitsprinzip und § 3 BetrVG.

Rein praktisch ergibt sich zunächst die Schwierigkeit der genauen Ermittlung der Mitgliederzahlen sämtlicher Koalitionen, die einen Zuordnungstarifvertrag mit dem Arbeitgeber oder, soweit dies für zulässig erachtet wird, mit dessen Verband abgeschlossen haben. Bei der Einstellung ist nach überwiegender Ansicht die Frage nach der Gewerkschaftszugehörigkeit unzulässig.[632] Der Arbeitgeber hat daher grundsätzlich nicht von vornherein Kenntnis über die Mitgliederstruktur der in seinem Unternehmen vertretenen Koalitionen. Würde das Mehrheitsprinzip zur Lösung von Tarifkollisionen im Bereich der Zuordnungsverträge herangezogen, hätte der Arbeitgeber ein berechtigtes Interesse, die Gewerkschaftszugehörigkeit seiner Arbeitnehmer zu erfahren. Abgesehen davon, dass eine Mitarbeiterbefragung einen erheblichen organisatorischen Aufwand darstellen würde, sähe sich der Arbeitgeber dabei verschiedenen juristischen Problemen ausgesetzt. Zudem kann der Arbeitnehmer nicht verpflichtet werden, seine Koalitionszugehörigkeit preiszugeben. Eine Befragung durch den Arbeitgeber kann daher ein der Realität entsprechendes Bild der Mehrheitsverhältnisse der im Unternehmen vertretenen Koalitionen nicht liefern. Die Koalitionen selbst werden nur auskunftsbereit sein, sofern sie davon ausgehen, die Mehrheit der Arbeitnehmer des Unternehmens hinter sich zu haben. Letztlich bliebe daher nur die Möglichkeit einer mittelbaren Mehrheitsermittlung, bei der ein Notar durch Beurkundung die Mitgliederzahl feststellt. Dies setzt wiederum voraus, dass Mitglieder vor dem Notar ihre Mitgliedschaft einerseits und ihre Arbeitnehmereigenschaft anderseits durch Dokumente nachweisen. Auch in diesem Fall können die Mitglieder nicht verpflichtet werden, sich diesem Verfahren zu unterziehen, so dass es zu Abweichungen von der realen Situation kommen kann. Diese indirekte Beweisführung ist zudem nicht gänzlich missbrauchsunanfällig.

---

631 *Fitting*, BetrVG, § 3, Rz. 16g.

632 Vgl. nur *Thüsing*, in: Richardi, BetrVG, § 94, Rz. 20.

Unklar ist weiterhin, welcher Bezugsmaßstab für die Entscheidung herangezogen werden soll, welche Koalition die Mehrzahl der Arbeitnehmer vertritt. Als Bezugsmaßstab kommt der Betrieb, der Betriebsteil, das Unternehmen oder der Konzern in Betracht. Die Anknüpfung an den Betrieb ist im Rahmen des § 3 BetrVG problematisch. Gem. § 3 Abs. 5 S. 1 BetrVG entstehen durch die abgeschlossenen Zuordnungstarifverträge Betriebe im Sinne des Gesetzes. Ob diese „neuen" Betriebe Bezugspunkt der Entscheidung sein sollen oder aber die Ursprungsbetriebe, wird von den Vertretern dieser Ansicht zumeist nicht problematisiert.[633] Bei Schaffung eines unternehmensweiten Betriebsrats wäre es erforderlich, die Mitgliederzahlen im Gesamtunternehmen zu vergleichen. Im Falle einer konzernweiten Umorganisation müssten die Mehrheitsverhältnisse innerhalb des Konzerns begutachtet werden. Wären lediglich Betriebsteile betroffen, müssten die dortigen Mehrheitsverhältnisse analysiert werden. Das alleinige Abstellen auf den Betrieb kann im Rahmen von § 3 BetrVG nicht weiterführen, dient die Norm doch gerade dazu, den herkömmlichen Betriebsbegriff durch modernere und an das jeweilige Unternehmen angepasste Betriebsstrukturen zu ersetzen.

Zudem ist für die Anwendung des Mehrheitsprinzips ebenfalls unklar, auf welchen Zeitpunkt abzustellen ist. Da sich die Mehrheitsverhältnisse relativ zügig ändern können und sogar in kurzen Abständen Schwankungen zwischen verschiedenen Mehrheiten möglich sind, erscheint es wenig praxistauglich auf die jeweils aktuelle Mitgliederzahl abzustellen. Ansonsten würde dies zu einem häufigen Wechsel des anwendbaren Tarifvertrags führen, der in der Praxis kaum handhabbar ist. Aber auch, wenn man auf die Mehrheitsverhältnisse bei Abschluss der einzelnen Tarifverträge abstellt, werden diese Schwierigkeiten nicht beseitigt. Selbst in den Zeiträumen zwischen diesen Abschlüssen sind vielfältige Mehrheitsänderungen möglich, die dazu führen, dass das Mehrheitsbild oftmals nicht eindeutig sein wird. Zudem verliert die Anwendung des Mehrheitsprinzips einen Teil ihres Reizes, wenn auf den Tarifvertragsabschluss als Bezugszeitpunkt der Mehrheitsentscheidung abgestellt wird. In diesem Fall kann sich nach den einzelnen Tarifvertragsabschlüssen erneut eine Änderung der Mehrheit ergeben haben. Die Anknüpfung an nicht aktuelle Mehrheitsverhältnisse ist jedoch kein Ausdruck besonderer demokratischer Legitimation, der die Auflösung von Normenkonkurrenzen durch ein nicht in § 3 BetrVG angelegtes Prinzip zu rechtfertigen vermag.

Dies führt zum Hauptargument, das gegen die Anknüpfung an das Mehrheitsprinzip ins Feld geführt werden kann. Zuordnungstarifverträge beinhalten Kol-

633 So gehen *Däubler*, Gewerkschaftsrechte im Betrieb, Rz. 548o und *Jacobs*, Tarifeinheit und Tarifkonkurrenz, S. 309 davon aus, dass bei zwei Firmentarifverträgen derjenige Vorrang genießt, der von der Gewerkschaft mit der höheren Mitgliederzahl im *Betrieb* abgeschlossen wurde.

lektivnormen betriebsverfassungsrechtlicher Art. Diese gelten gem. § 3 Abs. 2 TVG unabhängig von der Tarifbindung der Arbeitnehmer. Einzige Voraussetzung ist die Tarifbindung des Arbeitgebers. Ist die Mitgliedschaft in einer Koalition bereits für die Tarifnormgeltung keine notwendige Voraussetzung, spricht dies auch dafür, dass sie nicht das geeignete Kriterium für die Entscheidung über den Geltungsvorrang im Fall der Normenkollision ist.[634] Im theoretischen Falle eines Mitgliedergleichstandes kann das Mehrheitsprinzip von vornherein zumindest kein alleiniges Kriterium sein. Insgesamt sprechen die praktischen Schwierigkeiten und der mangelnde Anknüpfungspunkt des Mehrheitsprinzips im Rahmen von § 3 BetrVG dafür, anderen Mechanismen zur Lösung der Normenkollisionen den Vorzug zu geben.

Das oftmals für die Lösung von sonstigen Tarifkonkurrenzen herangezogene Spezialitätsprinzip oder Prinzip der Sachnähe wird teilweise auch bei der Konkurrenz von Zuordnungstarifverträgen für anwendbar erklärt.[635] Das reine Spezialitätsprinzip löst Tarifkonkurrenzen derart, dass dem Normenwerk der Vorrang gegeben wird, das dem Betrieb räumlich, betrieblich, fachlich und persönlich am nächsten steht.[636] Zuordnungstarifverträge, die auf die Aufweichung des traditionellen Betriebsbegriffs reagieren, werden sich nach diesen Kriterien nur selten in eine eindeutige Rangfolge bringen lassen.[637] Sie beziehen sich in persönlicher Hinsicht auf sämtliche Arbeitnehmer der von der Umorganisation betroffenen Unternehmensteile, sind zumeist auf mehrere Betriebe des Unternehmens bezogen und organisieren die Betriebsverfassung räumlich nur hinsichtlich des einzelnen Unternehmens. Es lässt sich jedoch nur schwer feststellen, ob beispielsweise ein Tarifvertrag der die Betriebe 1–5 zusammenlegt in Bezug auf die genannten Kriterien spezieller ist, als ein solcher, der die Betriebe 2–6 zusammenlegt. Das reine Spezialitätsprinzip führt daher aufgrund der mangelnden Vergleichbarkeit der persönlichen, fachlichen, räumlichen und betrieblichen Nähe verschiedener Tarifverträge zum Betrieb nicht zu ausreichend aussagekräftigen Ergebnissen.

2. *Der normzweckorientierte Spezialitätsgrundsatz – Lösung der Tarifkollision unter Respekt der Koalitionsbetätigungsfreiheit*

Näher liegt es entstehende Tarifkonkurrenzen anhand von Kriterien aufzulösen, die bereits im Normtext des § 3 BetrVG angelegt sind. Gem. § 3 Abs. 1 Nr. 1–3 BetrVG kommt es für die Zulässigkeit der Zuordnungstarifverträge entscheidend

634 *Annuß*, NZA 2002, 290 (293), *Thüsing*, ZIP 2003, 693 (699).

635 LAG Hessen, Beschluss v. 09.07.2007 – 9 TaBV 23/07.

636 Vgl. nur *Gamillscheg*, KollArbR I, S. 755.

637 *Friese*, ZfA 2003, 237 (273).

darauf an, dass die Veränderung der Arbeitnehmerstruktur einer sachgerechten bzw. zweckmäßigen Arbeitnehmervertretung dient. Daraus folgt, dass andere Arbeitnehmervertretungsstrukturen nur dann geschaffen werden können, wenn die Wahrnehmung der Arbeitnehmerinteressen durch diese Neustrukturierung im Vergleich zur gesetzlichen Ausgangslage verbessert wird.[638] Diese Grundvoraussetzung der Zulässigkeit von abweichenden Arbeitnehmervertretungsstrukturen kann als Kriterium für die Auflösung von Tarifkonkurrenzen nutzbar gemacht werden.[639] Hierfür spricht bereits die im Vergleich zu allen anderen Lösungsansätzen größere Legitimität des in der Norm selbst angelegten Kriteriums.

Es ergibt sich dann eine zweistufige Prüfung. Zunächst muss bei allen abgeschlossenen Zuordnungstarifverträgen geprüft werden, ob sie tatsächlich zu einer Optimierung der Wahrnehmung der Arbeitnehmerinteressen führen. Eine Tarifkonkurrenz kann bei Tarifverträgen gem. § 3 BetrVG nur zwischen verschiedenen Tarifverträgen entstehen, die jeweils dieses gesetzliche Ziel verwirklichen. Erst nachdem festgestellt wurde, dass das gesetzliche Ziel verwirklicht wird, ist dann auf einer zweiten Ebene zu prüfen, welcher der sich in Konkurrenz befindlichen Tarifverträge das gesetzliche Ziel am besten verwirklicht. Diese zweistufige Prüfung bei Tarifkonkurrenz im Rahmen des § 3 BetrVG kann als normzweckorientierter Spezialitätsgrundsatz bezeichnet werden. Der Anwendung dieses Grundsatzes könnte der Vorwurf der Tarifzensur entgegengehalten werden, da die inhaltliche Effektivität über den Anwendungsvorrang des Tarifvertrags entscheidet. Dieser Vorwurf ist allerdings unberechtigt. Indem § 3 BetrVG abweichende Arbeitnehmervertretungsstrukturen nur für den Fall zulässt, dass die Abweichung die Interessenwahrnehmung der Arbeitnehmer verbessert, hat sich der Gesetzgeber dazu entschieden, den Tarifvertrag von inhaltlichen Mindestvoraussetzungen abhängig zu machen. Die inhaltliche Überprüfung von Organisationstarifverträgen ist daher nicht als Tarifzensur anzusehen, sondern als notwendige Überprüfung des Vorliegens gesetzlicher Tatbestandsmerkmale. Daher stellt auch eine Auflösung von Tarifkollisionen durch das normzweckgebundene Spezialitätsprinzip keine Tarifzensur dar, sondern führt lediglich zu der bereits im Gesetz angelegten inhaltlichen Überprüfung des Tarifvertrags mit den gesetzlichen Zielvorstellungen.

Zuzustimmen ist *Thüsing* darin, dass eine Abgrenzung anhand des normzweckorientierten Spezialitätsgrundsatzes praktische Schwierigkeiten bereitet.[640] Es liegt in der Natur der Sache, dass verschiedene, die gesetzlichen Arbeitnehmervertretungsstrukturen optimierende Tarifverträge jeweils unterschiedliche

---

638 *Franzen*, in: GK-BetrVG, § 3, Rz. 7; *Friese*, ZfA 2003, 237 (257).

639 Vgl. *Thüsing*, ZIP 2003, 693 (699).

640 *Thüsing*, ZIP 2003, 693 (699).

Vor- und Nachteile aufweisen und die Gewichtung derselben oftmals nicht leicht fallen wird. Nichtsdestotrotz gibt das Betriebsverfassungsgesetz Leitlinien vor, an denen sich eine normzweckorientierte Überprüfung der sich in Konkurrenz befindlichen Tarifverträge ausrichten kann.

Diese Leitlinien ergeben sich bereits aus der Norm des § 3 BetrVG selbst, der sachliche Voraussetzungen für die Vereinbarung einer abweichenden Betriebsratsstruktur vorgibt. Abweichungen sind nur möglich, wenn dies „die Bildung von Betriebsräten erleichtert oder einer sachgerechten Wahrnehmung der Interessen der Arbeitnehmer dient" (§ 3 Abs. 1 Nr. 1 BetrVG), „wenn dies der sachgerechten Wahrnehmung der Aufgaben des Betriebsrats dient" (§ 3 Abs. 1 Nr. 2 BetrVG) oder soweit dies „einer wirksamen und zweckmäßigen Interessenvertretung der Arbeitnehmer dient" (§ 3 Abs. 1 Nr. 3 BetrVG). Grundvoraussetzung einer Abweichung von den gesetzlich vorgesehenen Strukturen ist daher, dass die Wahrnehmung der Interessen der Arbeitnehmer durch die Abweichung verbessert wird.[641] Führt die geplante Umstrukturierung zu keiner solchen Verbesserung, kann ein Organisationstarifvertrag nicht geschlossen werden. Bei mehreren abgeschlossenen Organisationstarifverträgen muss nach dem normzweckorientierten Spezialitätsgrundsatz derjenige Tarifvertrag vorrangig Anwendung finden, durch den die Wahrnehmung der Arbeitnehmerinteressen optimale Geltung erlangt. Dabei können die sich aus § 3 BetrVG ergebenden Grundgedanken mit den generellen Wertungen des BetrVG verknüpft werden, um verschiedene Kriterien herauszuarbeiten, die die zu treffende Entscheidung vereinfachen.

So dient die Zusammenarbeit von Betriebsrat und Arbeitgeber dem Wohl der Arbeitnehmer und des Betriebs.[642] Dafür ist es erforderlich, dass die Belegschaft möglichst umfassend repräsentiert wird und die Bildung der Repräsentationsorgane bei den maßgeblichen Entscheidungsträgern erfolgt.[643] Je größer diese Nähe zwischen Entscheidungsträgern und Arbeitnehmervertretung ist, desto effektiver können die den Arbeitnehmern zustehenden Rechte gewahrt werden. *Thüsing* hat in diesem Zusammenhang vorgeschlagen, in Form einer Grundregel davon auszugehen, dass der Tarifvertrag Vorrang genießt, der die kleinere Einheit schafft.[644] Diese Grundregel wird vielfach ein sachgerechtes Ergebnis liefern, entbindet allerdings nicht davon, die Frage der effektiven Arbeitnehmervertretung individuell für jedes Unternehmen einzeln zu überprüfen. § 3 BetrVG dient gerade der optimalen Gestaltung der Arbeitnehmervertretungsstrukturen und soll zu einer für das Unternehmen maßgeschneiderten Organisation führen. Insoweit können Grundregeln bei der Lösung von Tarifkollisionen im Rahmen des

641 *Franzen*, in: GK-BetrVG, § 3, Rz. 7.
642 *Franzen*, in: GK-BetrVG, § 2, Rz. 42.
643 *Franzen*, in: GK-BetrVG, § 3, Rz. 8.
644 *Thüsing*, ZIP 2003, 693 (700).

§ 3 BetrVG nur begrenzt zu einer Lösung beitragen. Eine Einzelfallprüfung kann zwar ergeben, dass eine kleine Einheit zu einer effektiven Arbeitnehmervertretungsstruktur führt. Im Gegensatz dazu kann aber auch eine größere Einheit erforderlich sein, sofern die unternehmerischen Entscheidungen weniger dezentral getroffen werden, das Unternehmen also weniger kleinmaschig organisiert ist. Entscheidend ist daher, wie die Entscheidungen im konkreten Unternehmen getroffen werden und durch welche Art von Arbeitnehmervertretungsstruktur diese Entscheidungen am besten überprüft werden können. Klare Funktionszuweisungen und eine enge räumliche Nähe zwischen Arbeitnehmervertretung und Entscheidungsträgern können zur Effektivität der Interessenwahrnehmung der Arbeitnehmer beitragen.

Die Auflösung von entstehenden Tarifkollisionen anhand des normzweckorientierten Spezialitätsgrundsatzes führt dazu, dass keine der sich gegenüberstehenden Vertragsparteien direkten Einfluss auf die Anwendbarkeit des Tarifvertrags ausüben kann. Vielmehr wahrt nur dieser Grundsatz das Grundanliegen der Organisationstarifverträge und ermöglicht eine objektive, wenn auch nicht immer leicht zu treffende Entscheidung hinsichtlich des Vorrangs eines Tarifvertrags.

Da die Gestaltungsspielräume der Tarifvertragsparteien durch die Pflicht zur Effektivierung der Interessenvertretung der Arbeitnehmer beim Abschluss von Organisationstarifverträgen eingeschränkt sind, kann es in der Praxis dazu kommen, dass mehrere Tarifverträge gleich effektiv sind. In einem solchen Fall muss das Prioritätsprinzip gelten. Bei zwei gleich effektiven Organisationstarifverträgen wäre ein Eingriff, der zur Unwirksamkeit des zuerst abgeschlossenen Tarifvertrags führen würde, unverhältnismäßig. Der zeitlich zuerst abgeschlossene Tarifvertrag genießt während seiner Laufzeit daher in diesem Fall den Vorrang. Dieses Ergebnis beeinträchtigt die Koalitionsbetätigungsfreiheit der Koalition, die den nachfolgenden, gleich effektiven Tarifvertrag abgeschlossen hat, nicht unverhältnismäßig. Ihr bleibt weiterhin die Möglichkeit einen Tarifvertrag zu schließen, der im Vergleich zum zuerst abgeschlossenen Tarifvertrag die Arbeitnehmervertretung weiter effektiviert. Ihr Recht auf Ausübung der Koalitionsbetätigungsfreiheit bleibt daher erhalten und sie behält die Möglichkeit sich auch im Bereich des Abschlusses eines Organisationstarifvertrags gegenüber den anderen im Betrieb vertretenen Koalitionen durchzusetzen.

Die Kombination von normzweckgebundenem Spezialitätsgrundsatz und subsidiärer Anwendung des Prioritätsprinzips ermöglicht im Vergleich zu den zuvor erörterten Möglichkeiten der Kollisionsauflösung eine einerseits objektive und damit rechtssichere Entscheidung und beachtet andererseits das Koalitionsbetätigungsrecht der anderen Koalitionen, denen eine potentielle Durchsetzungsmöglichkeit verbleibt. Der normzweckgebundene Spezialitätsgrundsatz stellt daher das mildeste Mittel dar, die notwendigerweise erforderliche Auflösung von entstehenden Tarifkollisionen bei § 3 BetrVG herbeizuführen. Der mit der Auflösung verbundene Eingriff in die Koalitionsfreiheit der Koalitionen, deren Tarifverträge verdrängt werden, ist nicht so schwerwiegend wie bei den anderen Lösungsansätzen und verfolgt das legitime Ziel einheitliche betriebsverfassungsrechtliche Tarifnormen herzustellen. Da den Koalitionen weiterhin ihre Betätigungsfreiheit verbleibt, ist der Eingriff angemessen und daher insgesamt verhältnismäßig.

Daher hat der Gesetzgeber auch nicht die Möglichkeit, die Koalitionen zu verpflichten, Zwangstarifgemeinschaften zu bilden. Ein solcher Eingriff wäre aufgrund der aufgeführten milderen Mittel nicht erforderlich und damit verfassungswidrig.[645]

II. Zwangstarifgemeinschaften bei gemeinsamen Einrichtungen

Die deutliche Absage des Bundesarbeitsgerichts an Zwangstarifgemeinschaften findet auch in der Entscheidung vom 9. Dezember 2009 ihren Ausdruck.[646] Diese Entscheidung betraf den Abschluss eines Tarifvertrags über gemeinsame Einrichtungen, den der Arbeitgeber mit einer im Betrieb vertretenen Koalition geschlossen hatte. Eine andere, ebenfalls im Betrieb und Unternehmen vertretene, Koalition wurde weder an den Verhandlungen noch an dem Tarifvertragsabschluss beteiligt. Sie machte geltend, der Tarifvertrag über die gemeinsame Einrichtung hätte nur von allen im Betrieb vertretenen Koalitionen gemeinsam geschlossen werden können. Das Bundesarbeitsgericht folgt dieser Ansicht nicht, sondern stellt auch in diesem Fall klar, dass jede im Betrieb vertretene Koalition ohne Beteiligung anderer Koalitionen einen Tarifvertrag über gemeinsame Einrichtungen schließen kann.

Das Verhältnis der Koalitionen untereinander ist daher höchstrichterlich geklärt. Die Freiheit, selbst über Tarifvertragspartner und Tarifvertragsinhalt zu entscheiden, gehört zu den wesentlichen Merkmalen der Koalitionsbetätigungsfreiheit. Das Ziel, mögliche Tarifkollisionen zu vermeiden, kann daher grundsätzlich nicht dadurch erreicht werden, dass den Koalitionen der alleinige Tarifvertragsabschluss untersagt wird. Tarifkollisionen sind daher nach ihrem Eintreten mithilfe objektiver Kriterien zu beseitigen. Um die Koalitionsbetätigungsfreiheit so umfassend wie möglich zu schützen, muss jede Koalition poten-

645 Anders *Hanau*, RdA 2010, 312 (315), der wohl prinzipiell eine Lösung entstehender oder drohender Tarifkonkurrenzen über die Anwendung des Repräsentativitätsprinzips lösen möchte, die gesetzliche Anordnung von Zwangstarifgemeinschaften aber für den Fall befürwortet, dass das Repräsentativitätsprinzip zu keinem eindeutigen Ergebnis führt.

646 BAG v. 09.12.2009 – 4 AZR 190/08, NZA 2010, 712.

tiell die Möglichkeit haben, sich mit ihrem Tarifwerk durchsetzen zu können. Etwas anderes kann nach der Rechtsprechung nur dann gelten, wenn die nicht an dem beabsichtigten Tarifvertragsschluss beteiligte Koalition dauerhaft an der Normsetzung für ihre Mitglieder gehindert wäre.[647] Dies ist jedoch in der Praxis eher unwahrscheinlich, da Tarifverträge zumeist befristet bzw. ordentlich kündbar sind. Im Regelfall ist die nicht beteiligte Koalition daher nicht dauerhaft an der Normsetzung für ihre Mitglieder gehindert.

Diese Rechtsprechung des Bundesarbeitsgerichts ist zu begrüßen, wird sie doch der Bedeutung der in Art. 9 Abs. 3 GG wurzelnden Koalitionsbetätigungsfreiheit gerecht. Probleme, die sich aus dem zunehmend pluraler gestalteten Verbandssystem ergeben, sind so zu lösen, dass sich die Betätigungsfreiheit im Sinne einer praktischen Konkordanz so weit wie möglich entfalten kann.

§ 4 Der Abschluss von Tarifsozialplänen

Das potentielle Konkurrenzverhältnis zwischen Koalitionen und Betriebsrat tritt bei den Verhandlungen über den Abschluss eines Tarifsozialplans (Sozialtarifvertrags) deutlich hervor. Unter Tarifsozialplänen versteht man Tarifverträge, mithilfe derer die Koalition die Folgen einer (geplanten) Betriebsänderung abzumildern versucht. Da der Tarifvertrag als Reaktion auf eine bestimmte Betriebsänderung abgeschlossen wird, kommen als Tarifsozialpläne nur Haustarifverträge oder firmenbezogene Verbandstarifverträge in Betracht. Dem Recht der Koalitionen, Tarifsozialpläne zu verhandeln und abzuschließen, steht das gesetzlich vorgesehene Verfahren nach §§ 111, 112 BetrVG gegenüber. Das BetrVG erlegt dem Unternehmer gem. § 111 BetrVG die Pflicht auf, den Betriebsrat über geplante Betriebsänderungen zu unterrichten und mit ihm hierüber zu beraten. Die Beratungen sollen gem. § 112 Abs. 1 BetrVG zum Abschluss eines Interessenausgleichs führen, der die Modalitäten (das „Wie“) der konkreten Betriebsänderung regelt. Erzwingbar ist der Interessenausgleich allerdings nicht. Neben den Verhandlungen zum Interessenausgleich müssen auch Verhandlungen über einen Sozialplan geführt werden. Nach der Legaldefinition in § 112 Abs. 1 S. 2 BetrVG ist ein Sozialplan eine „Einigung über den Ausgleich oder die Milderung der wirtschaftlichen Nachteile, die den Arbeitnehmern infolge der geplanten Betriebsänderung entstehen“. Regelungsgehalt zwischen betrieblichem Sozialplan und Tarifsozialplan stimmen folglich überein; der Arbeitgeber sieht sich von zwei Seiten mit Forderungen zur Milderung der Folgen einer Betriebsänderung konfrontiert.

647 BAG v. 09.12.2009 – 4 AZR 190/08, NZA 2010, 712 (717).

Die Kombination zwischen betrieblichem Sozialplan und Tarifsozialplan als Strategie zur Verhinderung geplanter Betriebsänderungen wurde Ende der 1990er Jahre entwickelt.[648] Aktuelle Beispiele zeigen, dass der Tarifsozialplan mittlerweile erhebliche praktische Bedeutung erreicht hat.[649] Insbesondere in Zeiten wirtschaftlicher Krisen, in denen die Unternehmen aufgrund der allgemeinen Wirtschaftslage gezwungen sind, ihre Ausrichtung zu überdenken und durch Umstrukturierungen die Zukunftsfähigkeit ihres Unternehmens zu sichern, ist die gemeinschaftliche Strategie von Betriebsrat und Koalition ein probates Mittel, allzu harte Einschnitte von den Beschäftigten fernzuhalten. Während früher in der Literatur zum Teil bezweifelt wurde, dass die Strategie paralleler Verhandlungen über einen betrieblichen Sozialplan und einen Tarifsozialplan zulässig ist,[650] ist diese Koalitionsstrategie mittlerweile weitgehend anerkannt.[651] Kritiker weisen insbesondere darauf hin, dass ein Arbeitskampf zur Durchsetzung eines Tarifsozialplans unzulässig sei, da die Kombination von Arbeitskampf mit dem erzwingbaren Einigungsstellenverfahren um einen Sozialplan gem. § 112 Abs. 4 BetrVG zu einem Zangengriff führen würde, der den Arbeitgeber unverhältnismäßig belaste.[652] Dieser Ansicht ist das Bundesarbeitsgericht zu Recht nicht gefolgt. Mit der Entscheidung des Bundesarbeitsgerichts zur Zulässigkeit eines Streiks für einen Tarifsozialplan[653] ist nunmehr für die Praxis endgültig entschieden, dass ein Vorrang der Regelung auf betrieblicher Ebene gegenüber der Regelung auf tarifvertraglicher Ebene nicht gegeben ist. Ein solcher kann insbesondere nicht darauf gestützt werden, dass der Arbeitgeber durch die Parallelität der beiden Verfahren unverhältnismäßig belastet würde. Diese Argumentation zielt darauf, darzulegen, dass durch die Verfahrensparallelität die Parität zwischen Arbeitgeber- und Arbeitnehmerseite zugunsten letzterer gestört werde. Da die Einigungsstelle erzwingbar sei, würden sich letztlich die Forderungen der Koalition auch dann durchsetzen, wenn der Arbeitgeber den Arbeitskampf selbst „durchstehen" würde.[654] Diese Ansicht überzeugt jedoch nicht. Gegen sie spricht bereits, dass es zumindest unwahrscheinlich ist, dass die Einigungsstelle die Forderungen der Koalition zum Maßstab nimmt. Die Einigungsstelle kann gem. § 112 Abs. 4 i.V.m. Abs. 1 BetrVG nur Regelungen treffen, um entste-

---

648 *Bauer/Krieger*, NZA 2004, 1019 (1020).

649 Beispielhaft seien der im Juni 2010 zwischen ver.di und der LBBW geschlossene Tarifvertrag zur Standort- und Beschäftigungssicherung und der ebenfalls im Juni 2010 zwischen ver.di und Schlecker geschlossene Tarifsozialplan genannt.

650 *Bauer/Krieger*, NZA 2004, 1019 (1022 f.).

651 Kritisch *Klosterkemper*, in FS Bauer, 549 (554 f.) und *Kappenhagen/Lambrich*, Anm. zu BAG 24.04.2007 – 1 AZR 252/06, BB 2007, 2235.

652 *Nicolai*, RdA 2006, 33 (38).

653 BAG v. 24.04.2007 – 1 AZR 252/06, NZA 2007, 987.

654 *Nicolai*, RdA 2006, 33 (38).

hende Nachteile auszugleichen. Sie kann jedoch die Entstehung der Nachteile selbst nicht verhindern.[655] Der Einigungsstelle sind gem. § 112 Abs. 5 BetrVG Ermessensgrenzen gezogen, die sie bei der Aufstellung des Sozialplans zu beachten hat. Die Einhaltung der Grenzen unterliegt der gerichtlichen Überprüfung. Ein Zusammenwirken von Koalition und Einigungsstelle ist daher in der Praxis nicht zu befürchten. Zudem ist das Nebeneinander von betrieblicher Ebene und tarifvertraglicher Ebene auch in anderen Bereichen vom Gesetz vorgesehen. Alle Bereiche des § 87 BetrVG, die im Rahmen eines Tarifvertrags geregelt werden sollen, unterliegen der zwingenden betrieblichen Mitbestimmung. Man wird aber daraus nicht ernsthaft schließen können, dass allein deshalb eine erstreikbare tarifliche Regelung dieser Bereiche ausgeschlossen ist. Zudem ist zu berücksichtigen, dass die Arbeitskampfbereitschaft der Belegschaft mit dem Abschluss eines Interessen- und Sozialplans erheblich sinken wird. Der Arbeitgeber kann daher durch zügigen Abschluss des betrieblichen Verfahrens mögliche gegen ihn gerichtete Exzesse verhindern.[656]

Die nachfolgenden Ausführungen konzentrieren sich darauf, welche Möglichkeiten die Koalitionen kraft ihrer Betätigungsfreiheit bei der Gestaltung von Tarifsozialplänen haben.

I. Das Verbot der Tarifzensur

Insbesondere bei Tarifsozialplänen stellt sich die Frage, ob Koalitionen hinsichtlich ihrer Tarifforderungen Verhältnismäßigkeitserwägungen anzustellen haben oder ob grundsätzlich jede tarifliche Forderung erhoben werden kann. Nur die äußerste Grenze der Tarifforderungen legt § 1 Abs. 1 TVG fest. Der Tarifvertrag kann lediglich Rechtsnormen beinhalten, die den Inhalt, den Abschluss und die Beendigung von Arbeitsverhältnissen sowie betriebliche und betriebsverfassungsrechtliche Fragen betreffen. § 1 Abs. 1 TVG gibt allerdings nur qualitative Anforderungen an den Inhalt von Tarifforderungen vor. Über die Zulässigkeit einer inhaltlichen Überprüfung von Tarifforderungen hinsichtlich quantitativer Gesichtspunkte wird dadurch keine Vorentscheidung getroffen. Eine solche Inhaltskontrolle setzt sich dem Kritikpunkt der Tarifzensur aus.

Nach allgemeiner Ansicht ist die sogenannte Tarifzensur unzulässig. Zum Teil werden Inhaltskontrolle und Tarifzensur als Synonyme verwendet.[657] Dieser Auffassung ist nicht zuzustimmen. Was als Tarifzensur verboten ist, ergibt sich vielmehr aus dem Sinn und Zweck der Tarifautonomie. Die Tarifautonomie stellt

655 *Annuß*, in: Richardi, BetrVG, § 112, Rz. 136.
656 *Bauer/Krieger*, NZA 2004, 1019 (1024).
657 *Dieterich*, in: ErfKomm., Einl. GG, Rz. 48.

die Befugnis der Koalitionen dar, für ihre Mitglieder selbständig und selbstverantwortlich die Arbeits- und Wirtschaftsbedingungen mit zwingender Wirkung festzusetzen.[658] Das Ziel ist, die tendenziell bestehende Überlegenheit des Arbeitgebers bei Abschluss des Arbeitsvertrags auszugleichen und durch eine weitgehend verwirklichte Gleichberechtigung durch Kollektivierung der Privatautonomie zur „gerechten" Gestaltung der Arbeits- und Wirtschaftsbedingungen zu gelangen. Den Koalitionen ist dieser Gestaltungsauftrag durch die Verfassung aufgetragen, weil davon ausgegangen wird, diese Art der paritätischen Verhandlung vermöge bessere Ergebnisse zu liefern als eine gesetzliche Regelung.[659] Dieser Zweck der Tarifautonomie würde ad absurdum geführt, könnten aufgestellte Tarifforderungen daraufhin überprüft werden, ob diese zu einer effektiven Gestaltung der Arbeits- und Wirtschaftsbedingungen führen können oder ob es andere Möglichkeiten gegeben hätte, ein effektiveres Ergebnis zu erzielen. In diesem Fall würde eine Kontrolle der Tarifforderungen dazu führen, dass nachträglich Erwägungen der Zweckmäßigkeit angestellt werden würden, die an die Stelle derjenigen der Koalition gesetzt werden würden. Der Sinn der Tarifautonomie würde daher verfehlt werden. Eine derartige Zweckmäßigkeits- oder Billigkeitskontrolle ist daher außerhalb der Tarifverträge nach § 3 BetrVG unzulässig und als sogenannte Tarifzensur einzuordnen.[660]

Von der Tarifzensur streng zu trennen ist jedoch die Frage der Zulässigkeit einer Inhaltskontrolle in Form der Rechtmäßigkeitskontrolle.[661] Tarifforderungen müssen mit höherrangigem Recht vereinbar sein und unterliegen insoweit einer derartigen Kontrolle.[662] Tarifforderungen sind daher hinsichtlich ihrer Rechtmäßigkeit zulässiger Prüfungsgegenstand einer Inhaltskontrolle.

II. Unternehmerische Betätigungsfreiheit als Grenze der Tarifmacht

Das Bundesarbeitsgericht hat in seinem Urteil vom 24. Juli 2007 festgestellt, dass Streikforderungen der Gewerkschaft keiner gerichtlichen Übermaßkontrolle unterliegen.[663] Sofern die Streikforderung einen tariflich regelbaren Inhalt habe, stelle diese, unabhängig von deren Höhe, keinen Eingriff in die unternehmerische

658 *Wiedemann*, in: ders., TVG, Einl. Rz. 1.

659 Vgl. Seite 113 ff.

660 So auch *Hamacher*, in: MAH Arbeitsrecht, § 67m Rz. 2; BAG v. 27.06.1989 – 1 AZR 404/88, NZA 1989, 969 (972): Die tarifliche Forderung darf nicht daraufhin überprüft werden, ob sie große praktische Auswirkungen hat und wesentliche Vorteile für die Arbeitnehmer bringt.

661 *Fischinger*, Arbeitskämpfe bei Standortverlagerung und –schließung, S. 164.

662 *Franzen*, in: ErfKomm., § 1 TVG, Rz. 52.

663 BAG v. 24.04.2007 – 1 AZR 252/06, NZA 2007, 987 (LS 5).

Entscheidungsfreiheit dar. Ob dieser Aussage in ihrer Absolutheit gefolgt werden kann, erscheint zweifelhaft.

1. Die Kollision von unternehmerischer Entscheidungsfreiheit und Koalitionsfreiheit

Die Koalitionsfreiheit findet ihre Grenze in kollidierendem Verfassungsrecht. Kollidiert die Koalitionsfreiheit mit einem anderen Verfassungsgut, so ist im Sinne praktischer Konkordanz ein Zustand herzustellen, der dazu führt, dass beide Grundrechtsgewährleistungen, so weit wie es die Kollisionslage zulässt, verwirklicht werden können.[664] Insbesondere kann ein solcher Konflikt bei Betriebsänderungen auftreten. Betriebsänderungen, die zur Aufstellung eines Interessenausgleichs und Sozialplans gem. der §§ 111 ff. BetrVG verpflichten und die zu Forderungen einer Koalition auf Abschluss eines Tarifsozialplans führen, zielen zu einem großen Teil auf eine Sanierung des Unternehmens ab. Die Betriebsänderung betrifft daher oftmals ein wirtschaftlich erheblich angeschlagenes Unternehmen, das vielleicht nur durch die geplante Umstrukturierung zu retten ist. Im Vordergrund steht daher die Senkung der Kosten, insbesondere der Personalkosten. Dies führt zum Teil zu erheblichen Einschnitten wirtschaftlicher Art bei den betroffenen Arbeitnehmern oder sogar zum Wegfall ihrer Arbeitsplätze. Die im Betrieb vertretenen Koalitionen können sich in derartigen Situationen gegenüber ihren Mitgliedern durch die Aufstellung von Forderungen, die die entstehenden Nachteile auszugleichen versuchen, profilieren. Grundsätzlich wird dabei das Ansehen der Koalition linear mit der Höhe der erhobenen Forderungen steigen.

Eine Kollisionslage zwischen Koalitionsfreiheit und unternehmerischer Entscheidungsfreiheit liegt allerdings nicht vor, wenn sich der Arbeitgeber freiwillig bereiterklärt, den geforderten Tarifsozialplan anzuerkennen. In diesem Fall verzichtet der Arbeitgeber zulässigerweise auf seinen grundrechtlichen Schutz.[665] Ein Grundrechtsverzicht liegt aber nicht vor, wenn auf den Arbeitgeber Druck ausgeübt wird. In diesem Fall muss die Kollision im Wege praktischer Konkordanz aufgelöst werden.

---

664 BAG v. 03.04.1990 – 1 AZR 123/89, NZA 1990, 886 (889).

665 Diese Unterscheidung übersieht *Hensche*, in: Däubler/Hjort/Schubert/Wolmerath, Art. 9 GG, Rz. 103, der eine Zone unberührbarer unternehmerischer Grundentscheidungen nicht anerkennen will; zum Kriterium der Freiwilligkeit des Grundrechtsverzichts *Dieterich*, in: ErfKomm., Einl. GG, Rz. 65.

2. Tarifmacht als Ausgestaltungsmacht

Allgemein anerkannt ist, dass sich die Koalition nicht an die Stelle des Arbeitgebers setzen kann. Tarifvertragliche Normen dürfen nicht in die grundrechtlich geschützten Rechte Dritter eingreifen.[666] Die Tarifautonomie darf nicht so ausgeübt werden, dass die Unternehmerfreiheit leerläuft.[667] Ein Tarifsozialplan kann daher nicht die Verhinderung (das „Ob“) der geplanten Betriebsänderung zum Ziel haben.[668] Tariflich regelbar ist immer nur das „Wie“ der geplanten Betriebsänderung.[669] Ansonsten würde das Grundrecht der Koalition aus Art. 9 Abs. 3 GG dasjenige des Arbeitgebers auf unternehmerische Entscheidungsfreiheit (Art. 12 Abs. 1 GG, Art. 2 Abs. 1 GG) komplett verdrängen können. Zudem lässt sich eine solche Regelung keiner der in § 1 Abs. 1 TVG aufgeführten tariflichen Normen zuordnen. Dass Koalitionen lediglich das „Wie“ der Betriebsänderung regeln können und nicht das „Ob“ ergibt sich zudem aus der Koalitionsfreiheit selbst. Gem. Art. 9 Abs. 3 GG haben die Koalitionen die Aufgabe, die „Arbeits- und Wirtschaftsbedingungen“ zu regeln. Zwar wird das Begriffspaar von der Rechtsprechung tendenziell weit verstanden.[670] Dennoch ergibt sich bereits aus dem Wortlaut des Art. 9 Abs. 3 GG, dass sich die Regelungskompetenz auf die Umstände der Arbeitsleistung bezieht. Die Wirtschaftsbedingungen zu deren Regelung die Koalitionen berufen sind, sind nicht abstrakt zu verstehen, sondern betreffen solche Bedingungen, die in engem Zusammenhang mit den Arbeitsbedingungen stehen. Eigene unternehmerische Entscheidungen soll die Koalition hinsichtlich der Unternehmen, in denen sie vertreten ist, nicht treffen können. Die Grundrechtsgewährleistung aus Art. 9 Abs. 3 GG muss daher strikt von der Grundrechtsgewährleistung auf unternehmerische Entscheidungsfreiheit abgegrenzt werden. Die Grundlagenentscheidungen wirtschaftlicher Art trifft der Unternehmer. Die sich daraus ergebenden Folgen kann die Koalition gemeinsam mit dem Unternehmer regeln. Substanzielle Entscheidungen, die grundsätzliche

---

666 *Scholz*, in: HStR, Band VIII (2010), § 175, Rz. 118.

667 BAG v. 03.04.1990 – 1 AZR 123/89, NZA 1990, 886 (889).

668 Dagegen sehen Gewerkschaften zumindest zum Teil auch die Frage des „Ob“ als Regelungsgegenstand des Tarifsozialplans an. So erläutert ver.di unter http://acdnerft.verdi.de/fidi.nrw/stichwort/tarifsozialplan: „Als Sozialtarifvertrag bezeichnet man in Deutschland einen Tarifvertrag, in dem das Ob und das Wie einer von einem Unternehmen geplanten Betriebsänderung sowie der Ausgleich eventueller mit der Betriebsänderung für die Arbeitnehmer verbundener Nachteile geregelt wird.“, zuletzt abgerufen am 17.11.2010; auch *Sunnus*, AuR 2008, 1 (3 f.) hält das „Ob“ der unternehmerischen Entscheidung für regelbar.

669 *Krieger/Wiese*, BB 2010, 568 (570); LAG Hamm v. 31.05.2000 – 18a Sa 858/00, NZA-RR 2000, 535 (536 f.); offengelassen von BAG v. 24.04.2007 – 1 AZR 252/06, NZA 2007, 987 (997).

670 Zur Auslegung des Begriffspaars siehe oben Seiten 28 f. und 69 f.

Fragen der Unternehmensorganisation betreffen, fallen daher nicht in den Kompetenzbereich der Koalition.[671]

Dieser Befund wird auch durch die Analyse der historischen Entwicklung der Koalitionsfreiheit gestützt. Kernziel der Koalitionen war es von Beginn der Arbeiterbewegung an, auf die materiellen Arbeitsbedingungen Einfluss zu nehmen und die Arbeitnehmerschaft an dem wirtschaftlichen Erfolg partizipieren zu lassen. Die moderne Entwicklung des Gewerkschaftssystems findet ihren Ausgangspunkt in der europäischen Arbeiterbewegung, deren Ziel es war, den sich in Gesellschaften mit beginnender industriekapitalistischer Produktionsweise abzeichnenden Machtüberhang des Kapitals durch kollektives Gegenübertreten auszugleichen. Dazu wurden Forderungen nach besseren Arbeitsbedingungen, Arbeitsschutz, Kündigungsschutz, mehr Lohn oder mehr Mitbestimmung erhoben. Die grundsätzliche Trennung der Kompetenzen zwischen Unternehmern und Arbeiterschaft wurde jedoch hingenommen. Die Unternehmer waren zur eigenmächtigen Strukturierung der Arbeit berufen, die Koalitionen dagegen zur (Mit-) Ausgestaltung der geschaffenen Strukturen.

a) Das Problem der mittelbaren Beschränkung der unternehmerischen Entscheidungsfreiheit

Unstrittig ist allerdings nur, dass die Koalition durch ihre Forderungen nicht direkt die unternehmerische Entscheidungsfreiheit unverhältnismäßig beschränken darf. Streikforderungen, die gezielt auf die wirtschaftliche Existenzvernichtung des Gegners gerichtet sind, sind nach Ansicht des Bundesarbeitsgerichts unzulässig.[672] Das Bundesarbeitsgericht geht daher von einer sehr weitgehenden Tarifmacht aus. Auch nach der Entscheidung des Bundesarbeitsgerichts wird die Frage, ob und wenn ja, ab wann die mittelbare Beeinträchtigung der unternehmerischen Entscheidungsfreiheit durch Koalitionsforderungen unzulässig ist, uneinheitlich beurteilt. Dabei spricht vieles dafür, auch mittelbare Beeinträchtigungen für unzulässig zu erklären und bereits die wirtschaftliche Existenzgefährdung als Grenze der Tarifmacht einzuordnen.

b) Gesamtbetrachtung als Missbrauchskontrolle

Das Bundesarbeitsgericht geht von einem strikt formalen Prüfungsansatz aus, nach dem eine Forderung keiner Übermaßkontrolle unterliegt, sofern sie grundsätzlich tariflich regelbar ist.[673] Die Höhe der Forderung selbst führe nicht zu

---

671 *Scholz*, in: Maunz/Dürig, Art. 9 GG, Rz. 255.
672 BAG v. 24.04.2007 – 1 AZR 252/06, NZA 2007, 987 (997).
673 BAG v. 24.04.2007 – 1 AZR 252/06, NZA 2007, 987 (996).

einem Eingriff in Grundrechtspositionen anderer. Dabei überprüft das Bundesarbeitsgericht lediglich die Streikforderung selbst, ohne andere außerhalb der Streikforderung liegende Anhaltspunkte bei der Prüfung zu berücksichtigen. *Wank* befürwortet dagegen einen materiellen Ansatz.[674] Ziel dieses Ansatzes ist es, der unternehmerischen Entscheidungsfreiheit einen effektiven Schutz zukommen zu lassen, indem die Gesamtforderung der Koalition betrachtet wird, um die wahre Intention der Koalition zu analysieren.[675] Durch diese Gesamtbetrachtung soll der Hauptkritikpunkt gegen die Rechtsprechung des Bundesarbeitsgerichts beseitigt werden: die Missbrauchsgefahr. Von einem formalistischen Prüfungsansatz, der nur die einzelnen Tarifforderungen unabhängig voneinander überprüft, wird zwangsläufig die Gesamtstrategie der Koalition außer acht gelassen. Um dem Urteil der Rechtswidrigkeit der erhobenen Tarifforderungen zu entgehen, ist es der Koalition dann möglich, jeweils einzeln zulässige exorbitant hohe Tarifforderungen zu stellen und dabei das Ziel der Verhinderung der Betriebsänderung zu verfolgen. Über diesen „Umweg" wäre die Koalition dann befähigt, sich an die Stelle des Arbeitgebers zu setzen und die Ausübung seiner unternehmerischen Entscheidungsfreiheit im Kernbereich der Unternehmensorganisation zu nivellieren. Die Regelung des „Wie" der Betriebsänderung kann daher abhängig von der Höhe der Forderungen in eine Regelung des „Ob" der Betriebsänderung umschlagen, wenn die Betriebsänderung durch die Forderungen wirtschaftlich sinnlos wird.[676] Dies wird teilweise als zwar nicht zufriedenstellende, aber dennoch hinzunehmende Situation verstanden.[677]

Dabei wird jedoch unzureichend berücksichtigt, dass auch mittelbare Beeinträchtigungen als Grundrechtseingriffe zu qualifizieren sind. Nach der Rechtsprechung stellt jede Regelung, die dem Grundrechtsträger ein Verhalten, das in den Schutzbereich eines Grundrechts fällt, ganz oder teilweise unmöglich macht, gleichgültig, ob diese Wirkung final oder unbeabsichtigt, unmittelbar oder mittelbar, rechtlich oder tatsächlich, mit oder ohne Befehl und Zwang eintritt, einen Grundrechtseingriff dar.[678] Diese Gleichsetzung von mittelbarem und unmittelbarem Grundrechtseingriff im Falle staatlichen Handelns legt es nahe, auch im Falle von Koalitionshandlungen keinen Unterschied nach formalen Gesichtspunkten zu machen. Es macht keinen Unterschied, ob die Koalition explizit die Aussetzung der Betriebsänderung als Tarifforderung und damit eine tariflich nicht

---

674 *Wank*, RdA 2009, 1 (6ff.); ähnlich auch *Otto*, Arbeitskampf- und Schlichtungsrecht, § 8, Rz. 43.

675 Hiergegen aber *Deinert*, NZA 2009, 1176 (1182).

676 *Krieger/Wiese*, BB 2010, 568 (571).

677 Vgl. nur *Bayreuther*, NZA 2007, 1017 (1018); *Gaul*, RdA 2008, 13 (18ff.).

678 *Pieroth/Schlink*, Grundrechte, Rz. 253; für eine Übertragung auf Tarifsozialpläne *Fischinger*, Arbeitskämpfe bei Standortverlagerung und -schließung, S. 162.

regelbare Forderung erhebt oder aber durch die Höhe der im einzelnen betrachtet tariflich regelbaren Forderungen die Betriebsänderung in der Gesamtkonsequenz unwirtschaftlich macht. Insbesondere spricht die sonst entstehende Missbrauchsgefahr gegen eine formale Betrachtungsweise. Denn sofern die Koalition exorbitant hohe Forderungen stellt und damit das Ziel verfolgt, die Betriebsänderung zu unterbinden, stellt dies das Primärziel dar. Letztlich ist damit die Eingriffsintensität einer derartigen Handlung noch stärker als die eines mittelbaren Eingriffs in Grundrechtspositionen durch den Staat. Die Aufstellung exorbitant hoher Forderungen dient lediglich dazu, formal ein tariflich regelbares Ziel zu verfolgen. Dabei ist nicht erst der Tarifvertragsabschluss als Eingriff zu bewerten, sondern bereits die Aufstellung der Tarifforderungen an sich, da diese bereits geeignet sind, auf die Entscheidungen des Unternehmers Einfluss zu nehmen. Durch diese Taktik soll das Verdikt der Unzulässigkeit wegen Verstoßes gegen höherrangiges Recht umgangen werden.

c) Gesamtbetrachtung zur Sicherung des Rangprinzips

Das Rangprinzip, nach dem die ranghöhere Rechtsquelle der rangniederen vorgeht, ist ein Grundprinzip der deutschen Rechtsordnung. An diesem muss sich auch der Tarifvertrag orientieren.[679] Dabei gebieten Sinn und Zweck des Rangprinzips, dass sich die Überprüfung anhand des höherrangigen Rechts auf den materiellen Inhalt der tarifvertraglichen Regelung bezieht. Das höherrangige Recht stellt, vergleichbar mit einem Verbotsgesetz im Sinne des § 134 BGB, eine Grenze für das nachgeordnete Recht dar.[680] Wie bei § 134 BGB müssen auch im Falle des Verstoßes gegen höherrangiges Recht Umgehungsgeschäfte verhindert werden.[681] Umgehungsgeschäfte sind solche, die zwar nicht den Tatbestand des Verbotsgesetzes erfüllen, jedoch nach ihrem Inhalt und Zweck im Ergebnis auf denselben Erfolg abzielen.[682] Im Rahmen von § 134 BGB kommt es daher entscheidend auf das erzielte Ergebnis an und nicht auf den formalen Inhalt des Rechtsgeschäfts. Dieser Grundsatz ist auf die Überprüfung von Tarifforderungen zu übertragen.

---

679 *Hamacher*, in: MAH Arbeitsrecht, § 67, Rz. 13; *Rieble/Klumpp*, in: MünchHdbArbR, § 169, Rz. 18; *Löwisch/Rieble*, TVG, § 1, Rz. 201.

680 § 134 BGB ist auf Tarifverträge anwendbar, vgl. *Armbrüster*, in: MünchKomm. BGB, § 134, Rz. 29.

681 Zum Verbot der Umgehungsgeschäfte bei § 134 BGB siehe *Armbrüster*, in: MünchKomm. BGB, § 134, Rz. 11 ff.

682 *Wendtland*, in: BeckOK BGB, § 134, Rz. 19.

Tarifforderungen dürfen daher weder direkt noch indirekt die unternehmerische Entscheidung als solche in Frage stellen.[683] Unrechtmäßige Forderungen können auch keine Arbeitskampfmaßnahmen legitimieren.[684] Dabei ist eine Gesamtbetrachtung vorzunehmen, die nicht nur die einzelnen Tarifforderungen miteinander in Verbindung setzt, sondern auch die gesamten Umstände der Tarifverhandlungen berücksichtigt ohne die Prüfung auf den Streikbeschluss als solchen zu beschränken. Zwar ist zuzugeben, dass eine Gesamtbetrachtung der Tarifforderungen im Sinne einer materiellen Überprüfung nicht unerheblichen Schwierigkeiten begegnet. Diese Schwierigkeiten scheinen jedoch lösbar zu sein, sofern mit der materiellen Überprüfung lediglich eine Missbrauchskontrolle beabsichtigt wird.

d) Inhalt der Gesamtbetrachtung

Indiz für eine Verhinderungstaktik der Koalition ist zunächst die Höhe der Tarifforderung. Im Rahmen eines Tarifsozialplans werden oftmals Regelungen zu Kündigungsfristen, Abfindungen, Qualifizierungsmaßnahmen und Beratungsleistungen (Outplacement etc.) getroffen. Insbesondere wenn alle Forderungen exorbitante Inhalte aufweisen, liegt es nahe, dass die Koalition auf die Blockade der Betriebsänderung hinarbeitet. Problematisch ist die Feststellung der Rechtswidrigkeit der Tarifforderungen wegen der Forderungshöhe deshalb, weil eine feststehende Grenze, ab der die Tarifforderung rechtswidrig wird, nicht existiert. Notwendigerweise muss es bei einer Einzelfallentscheidung bleiben,[685] wird die zu einer Betriebsänderung führende Kalkulation bei einem großen und grundsätzlich finanzstarken Unternehmen doch einen weitaus größeren Spielraum aufweisen als die eines kleinen Unternehmens. Der jeweilige Umfang, der die Tarifforderungen insgesamt rechtswidrig macht, variiert daher und muss durch eine Einzelfallprüfung festgestellt werden. Der Bezugspunkt selbst steht jedoch fest: Die durch die Tarifforderung ausgelösten Kosten müssen zu den mit der Betriebsänderung eingeplanten Ersparnissen in Beziehung gesetzt werden. Sofern die entstehenden Kosten die unternehmerische Entscheidung unwirtschaftlich werden lassen, ist das zulässige Maß der Tarifforderungen überschritten.[686]

683 LAG Schleswig-Holstein v. 27.03.2003 – 5 Sa 137/03, NZA-RR 2003, 592 (594 f.); *Henssler*, in: HWK, Einl. TVG, Rz. 36; *Franzen*, in: ErfKomm., § 1 TVG, Rz. 74, nach dem Tarifverträge, die „der Sache nach" die unternehmerische Entscheidung verhindern wollen, nicht erstreikt werden können; *Wank*, RdA 2009, 1 (6 ff.).

684 *Bauer/Krieger*, NZA 2004, 1019 (1022).

685 *Fischinger*, Arbeitskämpfe bei Standortverlagerung und –schließung, S. 170 f.

686 Näher dazu *Fischinger*, Arbeitskämpfe bei Standortverlagerung und –schließung, S. 174.

Sicherlich ist zu berücksichtigen, dass Tarifforderungen auch dazu dienen, die Tarifverhandlungen zugunsten der eigenen Position zu beeinflussen.[687] Insofern kann es durchaus als üblich bezeichnet werden, höhere Forderungen zu stellen, als realistisch erreicht werden können. Oftmals wird jedoch schon die Höhe der Forderungen darauf hindeuten, dass ein tatsächliches „Verhandeln" gar nicht beabsichtigt ist. Dabei können auch die Äußerungen von Gewerkschaftsvertretern berücksichtigt werden. Weisen diese auf die Verhinderung der Betriebsänderung hin, genügt bei exorbitanten Forderungen nicht der Hinweis, es handele sich lediglich um Forderungen, die verhandelbar seien, um den Eindruck des Überschreitens koalitionärer Tarifmacht zu widerlegen.

Ein Gericht, das zur Überprüfung der Tarifforderungen angerufen wurde, vermag jedoch die erforderlichen wirtschaftlichen Erwägungen nicht anzustellen. Der Unternehmer ist hinsichtlich des Nachweises, dass gewerkschaftliche Forderungen die Betriebsänderung verhindern, beweisbelastet. Er muss substantiiert darlegen, dass die gewerkschaftlichen Forderungen die geplante Betriebsänderung unwirtschaftlich machen. Dabei kann er sich der Hilfe von Wirtschaftsprüfern bedienen. Gelingt ihm dieser Nachweis nicht, sind die Forderungen als rechtmäßig anzusehen. Eine Klage des Unternehmers wäre dann unbegründet.

e) Tarifforderungen und Niederlassungsfreiheit

Auch die europarechtliche Perspektive spricht dafür, die Forderungen von Koalitionen anhand der Gesamtumstände zu überprüfen. Art. 49 AEUV gewährleistet den Staatsangehörigen der Mitgliedstaaten die Niederlassungsfreiheit und untersagt deren Beschränkung. Nachdem der Europäische Gerichtshof die Gewährleistung der Niederlassungsfreiheit zunächst als Schutz vor Diskriminierung verstanden hat, setzte ein längerer Prozess der Ausdehnung des Schutzbereichs ein. Bereits in der Rechtssache *Kraus*[688] entschied der Europäische Gerichtshof, dass die Niederlassungsfreiheit einer Regelung entgegensteht, die zwar nicht diskriminierend wirkt, aber geeignet ist, „die Ausübung der durch den EWG-Vertrag garantierten grundlegenden Freiheiten durch die Gemeinschaftsangehörigen einschließlich der Staatsangehörigen des Mitgliedstaats, der die Regelung erlassen hat, zu behindern oder weniger attraktiv zu machen". In der Rechtssache *Gebhardt*[689] stellte der Europäische Gerichtshof Kriterien auf, die derartige Beschränkungen zu erfüllen haben, um die Beschränkung der Grundfreiheit rechtfertigen zu können. Seither hat der Europäische Gerichtshof

687 LAG Schleswig-Holstein v. 27.03.2003 – 5 Sa 137/03, NZA-RR 2003, 592 (595); *Krieger/Wiese*, BB 2010, 568 (571).

688 EuGH v. 31.03.1993 – C-19/92 Kraus, NVwZ 1993, 661 (662).

689 EuGH v. 30.11.1995 – C-55/94 Gebhard, NJW 1996, 579.

das Verbot von Beschränkungen der Niederlassungsfreiheit in ständiger Rechtsprechung vertreten und zudem deutlich gemacht, dass das Verbot selbst geringfügige und unbedeutende Beschränkungen erfasst.[690] Das Verbot von Beschränkungen der Niederlassungsfreiheit ist sehr weitgehend, da nach der sogenannten *Dassonville*-Formel unmittelbare und mittelbare, tatsächliche und potentielle Beschränkungen der Grundfreiheiten unzulässig sind.[691]

Der Niederlassungsfreiheit kommt nach der Rechtsprechung des Europäischen Gerichtshofs unter bestimmten Umständen unmittelbare Drittwirkung zu. Der Europäische Gerichtshof hat in der Rechtssache *Viking*[692] entschieden, dass die unmittelbare horizontale Drittwirkung auch im Verhältnis von Koalition zu Unternehmer Anwendung findet.[693] Die Koalitionen haben daher bei der Aufstellung ihrer Forderungen und bei den ihrer Durchsetzung dienenden Arbeitskämpfen in Fällen mit grenzüberschreitendem Bezug die Niederlassungsfreiheit des Unternehmers zu berücksichtigen. Der Europäische Gerichtshof hat in der Rechtssache *Viking* eine Folgeabschätzung hinsichtlich der beabsichtigten kollektiven Maßnahme vorgenommen und ist zu dem Schluss gekommen, dass diese die unternehmerische Entscheidung weniger attraktiv oder sogar zwecklos machen würde. Eine kollektive Maßnahme, die den Gebrauch der Niederlassungsfreiheit zwecklos macht, stellt nach Ansicht des Europäischen Gerichtshofs eine Beschränkung der Niederlassungsfreiheit dar. Dies spricht für eine Gesamtbetrachtung der von der Koalition erhobenen Forderungen. Um feststellen zu können, ob die Handlungen der Koalition einen auch nur mittelbaren Eingriff in die Niederlassungsfreiheit darstellen, ist es unumgänglich die Tarifforderungen auch bezüglich ihrer Höhe und ihren nach einer Gesamtbetrachtung feststellbaren Zielen zu überprüfen. Denn die Höhe der Tarifforderungen hat entscheidenden Einfluss auf die Wahrnehmung der Niederlassungsfreiheit. Jede auch nur mittelbare Beschränkung der Niederlassungsfreiheit ist ein rechtfertigungsbedürftiger, jedoch auch rechtfertigungsfähiger Eingriff. Dies setzt allerdings zunächst die Feststellung eines Eingriffs voraus. Diese kann nur durch Überprüfung der Tarifforderungen im Rahmen einer Gesamtbetrachtung gelingen.

Ob der Europäische Gerichtshof bei grenzüberschreitenden Verlagerungen mit deutschem Bezug Arbeitskämpfe um Tarifsozialpläne als unzulässig einordnet, da mit dem durch § 111 BetrVG vorgesehenen Mechanismus ein milderes Mittel des Eingriffs in Grundfreiheiten existiert, bleibt abzuwarten.[694] Aufgrund der bislang nur unzureichenden Dogmatik der europarechtlichen Koalitionsfreiheit

690 EuGH v. 11.03.2004 – C-9/02 De Lasteyrie du Saillant, NJW 2004, 2439 (2439).
691 EuGH v. 11.07.1974 – C-8/74 Dassonville, Slg. 1974, 837.
692 EuGH v. 11.12.2007 – C-438/05 Viking, NZA 2008, 124.
693 Vgl. oben Seite 70ff.
694 Dafür *Junker*, ZfA 2009, 281 (292).

kann dies nur schwer vorhergesagt werden. Dafür spricht allerdings die Fokussierung des Gerichtshofs auf die Durchsetzung des Binnenmarktes.

3. Zusammenfassung

Das Bundesarbeitsgericht dehnt die Tarifmacht weit aus, indem es eine Überprüfung der Höhe von Tarifforderungen ablehnt und auch nur die einzelne Tarifforderung ohne ihren Kontext einer Rechtmäßigkeitskontrolle unterzieht. Einzige Grenze soll die gezielte wirtschaftliche Existenzvernichtung sein. Diese Rechtsprechung kann den Missbrauch der Koalitionsfreiheit befördern. Insbesondere in Fällen der Betriebsänderung müssen Koalitionsfreiheit und unternehmerische Entscheidungsfreiheit exakt zueinander abgegrenzt werden. Während der Unternehmer kraft seiner aus Art. 12 Abs. 1, Art. 2 Abs. 1 GG folgenden unternehmerischen Entscheidungsfreiheit die Leistung abhängiger Arbeit vorstrukturieren kann, sind die arbeitnehmervertretenden Koalitionen zur Ausgestaltung der vom Unternehmer geschaffenen Strukturen berufen. Daher sollte neben der direkten Verhinderung der Betriebsänderung auch die indirekte Verhinderung derselben als unzulässig angesehen werden. Dazu sollte eine Gesamtbetrachtung angestellt werden, die den Kontext der Tarifforderungen berücksichtigt und die Auswirkungen der Tarifforderungen auf die unternehmerische Entscheidung analysiert. Diese Überprüfung von Tarifforderungen auf mittelbare Beschränkungen der unternehmerischen Entscheidungsfreiheit ist bei Betriebsänderungen mit grenzüberschreitendem Bezug auch aus europarechtlicher Perspektive geboten. Koalitionen sind nach der Rechtsprechung des Europäischen Gerichtshofs Verpflichtete der Niederlassungsfreiheit. Diese ist gegen Beschränkungen auch mittelbarer Art geschützt. Das Handeln der Koalition muss daher insgesamt auf seine Eingriffsqualität untersucht werden. Dazu ist eine Überprüfung der Tarifforderungen unumgänglich. Die Gesamtbetrachtung der Tarifforderungen dient jedoch lediglich der Missbrauchsprävention. Nur wo erkennbar das Ziel der Koalition in der Verhinderung der Betriebsänderung besteht, sind die Handlungen der Koalition rechtswidrig.

§ 5 Zusammenarbeit in der Betriebsverfassung

Die Generalklausel des § 2 Abs. 1 BetrVG verlangt ein Zusammenwirken von Arbeitgeber, Betriebsrat und Gewerkschaften in der Betriebspraxis. Sie gestaltet daher das aus Art. 9 Abs. 3 GG folgende Recht der Koalition, sich zu betätigen, aus und verpflichtet die am betrieblichen Leben Beteiligten einfachrechtlich zum

Respekt des Betätigungsrechts, ohne eine Verpflichtung zur Zusammenarbeit zu statuieren.[695] Spiegelbildlich werden auch die Koalitionen zur Kooperation angehalten. Die Verpflichtung zum Zusammenwirken ergibt sich allerdings bereits aus Art. 9 Abs. 3 GG. Da dieser den Koalitionen die Regelung der Arbeits- und Wirtschaftsbedingungen umfassend überträgt, muss die Koalition gerade auf der Ebene des Betriebes Möglichkeiten der Einflussnahme haben. Die Betätigungen der Koalitionen in der Betriebsverfassung haben zwangsläufig Einfluss sowohl auf den Arbeitgeber als auch auf die Arbeitnehmer und deren betriebliche Vertretung. Koalitionswerbung im Betrieb kann Betriebsratswahlen im Sinne der Koalition beeinflussen, durch den Abschluss von Organisationstarifverträgen und den damit verbundenen betriebsverfassungsrechtlichen Zuschnitt der betroffenen Unternehmen bestimmt die Koalition mit über die zu wählenden Betriebsräte und mit Hilfe von Tarifsozialplänen betreten sie Terrain, das nach der gesetzlichen Konzeption zum Aufgabenbereich des Betriebsrats gehört. Daher bietet sich eine dreiseitige Zusammenarbeit von Arbeitgeber, Koalition und Betriebsrat an. Diese Zusammenarbeit unterliegt jedoch Einschränkungen formeller und materieller Natur.

Schließen Arbeitgeber, Betriebsrat und Tarifvertragsparteien gemeinsam Vereinbarungen ab, so muss aus Gründen der Rechtssicherheit und der Rechtsklarheit die Normurheberschaft und die Normqualität erkennbar sein.[696] Es muss daher feststellbar sein, ob es sich bei einer Vereinbarung um eine Betriebsvereinbarung oder einen Tarifvertrag handelt, da diese unterschiedlichen Voraussetzungen unterliegen und unterschiedliche Rechtsfolgen nach sich ziehen. Ist eine Vereinbarung nicht eindeutig als Betriebsvereinbarung oder als Tarifvertrag einzuordnen, sind nur diejenigen Regelungskomplexe wirksam, die sich selbständig von den übrigen abgrenzen lassen und deren Urheber ohne Weiteres erkennbar sind.[697] Dreiseitige Vereinbarungen erfordern daher eine besonders sorgfältige Vertragsgestaltung. Das Vertragswerk wird erheblich vereinfacht, sofern Betriebsvereinbarung und Tarifvertrag bei gemeinsamen Verhandlungen getrennt voneinander, jedoch aufeinander Bezug nehmend abgeschlossen werden.[698]

In keinem Fall darf eine Zusammenarbeit jedoch zu einer Verdrängung von Betriebsrat oder Koalition führen.[699] Beide Institutionen müssen im dualen System ihre Eigenständigkeit bewahren. Dies wird aber in der Praxis nur in den seltensten Fällen problematisch, da sowohl Betriebsrat als auch Koalition vom Wohlwollen der Betriebsangehörigen bzw. der Mitglieder abhängig sind

695 *Richardi*, in: ders., BetrVG, § 2, Rz. 75.
696 BAG v. 15.04.2008 – 1 AZR 86/07, NZA 2008, 1074 (1076 f.).
697 BAG v. 15.04.2008 – 1 AZR 86/07, NZA 2008, 1074 (1077).
698 Vgl. insofern Vorschläge bei *Bayreuther*, NZA 2010, 378 (381).
699 *Krause*, RdA 2009, 129 (134 ff.).

und daher nicht zu einer Aufgabe ihrer Eigenständigkeit tendieren werden. Eine Zusammenarbeit darf zudem nicht so weit gehen, dass der Betriebsrat Mitglieder anderer Koalition benachteiligt. § 75 Abs. 1 BetrVG bildet daher die äußerste Grenze von dreiseitigen Vereinbarungen.

Die engere Zusammenarbeit zwischen Tarifvertragsparteien und Betriebsrat kann auch in einem Tarifvertrag geregelt werden. Insbesondere kann eine Tarifvertragsklausel den Tarifvertragsparteien die Pflicht auferlegen, unter bestimmten Umständen der Absenkung von in einem Tarifvertrag vereinbarten Leistungen durch eine Betriebsvereinbarung zuzustimmen.[700] Nach Ansicht des Bundesarbeitsgerichts besteht eine solche Pflicht selbst dann, wenn es sich bei der Klausel um eine „Soll-Bestimmung" handelt. Dies gilt allerdings nur, sofern die in der Klausel vereinbarten Voraussetzungen für die Betriebsvereinbarung eingehalten wurden und keine gewichtigen Gründe für eine Weigerung einer Tarifvertragspartei bestehen.

§ 6 Der Gestaltungsspielraum der Tarifvertragsparteien

Die Wirksamkeit von tarifvertraglichen Regelungen ist abhängig von dem den Tarifvertragsparteien zugestandenen Gestaltungsspielraum. Nur wenn sich eine Regelung sowohl inhaltlich als auch in der praktischen Umsetzung innerhalb dieses Gestaltungsspielraums hält, kann sie wirksam die betriebliche Praxis regeln.

Nicht nur in der rechtswissenschaftlichen Literatur, sondern auch in der Rechtsprechung hat sich die Formulierung durchgesetzt, die Gestaltung der Arbeits- und Wirtschaftsbedingungen sei den Tarifparteien in weitem Umfang anvertraut[701] oder die Tarifautonomie eröffne ihnen besondere Beurteilungs-, Bewertungs- und Gestaltungsspielräume.[702] Selten wird jedoch hinterfragt, woraus sich dieser besondere Ermessensspielraum ergibt und wie weit er reicht. Hierzu geben nun aber zwei aktuelle Vorlagebeschlüsse des Bundesarbeitsgerichts Anlass.[703]

---

700 BAG v. 20.10.2010 – 4 AZR 105/09, NZA 2011, 468.

701 Vgl. nur *Schiek*, in: Däubler, TVG, Einl., Rz. 243.

702 BGH v. 14.11.2007 – IV ZR 74/06, NVwZ 2008, 455 (457); BAG v. 11.08.2009 – 3 AZR 23/08, NZA 2010, 408 (412); BAG v. 17.06.2008 – 3 AZR 409/06, NZA 2008, 1244 (1247); Schlussanträge der Generalanwältin Trstenjak v. 14.04.2010 in der Rechtssache – C-271/08, Rz. 211; auch der EuGH billigt den Tarifvertragsparteien einen weiten Ermessensspielraum zu, vgl. EuGH v. 12.10.2010 – C-45/09 „Rosenbladt", NJW 2010, 3767 (3770).

703 BAG v. 20.05.2010 – 6 AZR 148/09, NZA 2010, 961; BAG v. 20.05.2010 – 6 AZR 319/09, NZA 2010, 768.

Den Problemkern beider Entscheidungen bildete die im Bundes-Angestelltentarifvertrag (BAT) vorgesehene lebensaltersabhängige Eingruppierung in bestimmte Vergütungsgruppen. Der BAT sah eine mit dem Lebensalter steigende Grundvergütung vor. Im Verfahren 6 AZR 148/09 wendete sich der Kläger gegen diese lebensaltersabhängige Eingruppierung. Er machte geltend, die Staffelung der Grundvergütung nach Lebensaltersstufen stelle eine unzulässige Benachteiligung jüngerer Arbeitnehmer dar und sei daher unwirksam. Ihm sei daher das Gehalt der höchsten vorgesehenen Lebensaltersstufe zu zahlen. Im Verfahren 6 AZR 319/09 richtete sich das Arbeitsverhältnis der Klägerin zunächst nach dem BAT. Im Jahr 2005 wurde der BAT durch den Tarifvertrag für den öffentlichen Dienst (TVöD) ersetzt. Dieser beinhaltet keine Entgeltstaffelung nach Lebensaltersstufen mehr. Die Entgelthöhe richtet sich bei Anwendung des TVöD nach Tätigkeit, Berufserfahrung und Leistung. Allerdings wurden bei der Überleitung der Arbeitsverhältnisse vom BAT auf den TVöD die sich in den alten Lebensaltersstufen ausdrückenden Besitzstände der Arbeitnehmer gewahrt, indem individuelle Entgeltzwischenstufen eingeführt wurden. Erst nach einer Übergangszeit wurden die Arbeitnehmer den regulären Stufen des TVöD zugeordnet. Die Einführung der Zwischenstufen hatte zur Folge, dass das Entgelt der Arbeitnehmer in der bisherigen Höhe weitergezahlt wurde. Die Klägerin berief sich darauf, dass sich durch die Überleitung der Arbeitsverhältnisse die durch die Lebensaltersstaffelung des BAT eingetretene Altersdiskriminierung fortsetze.

Das Bundesarbeitsgericht hat dem Europäischen Gerichtshof in seinem Beschluss Fragen zur Vereinbarkeit der von den Tarifparteien getroffenen Regelungen mit europäischem Recht vorgelegt. Das Bundesarbeitsgericht wollte durch die Vorlage das Spannungsverhältnis zwischen dem Recht auf Kollektivverhandlungen aus Art. 28 EU-GRC und dem in Art. 21 Abs. 1 EU-GRC primärrechtlich verankerten Verbot der Diskriminierung wegen des Alters in seiner Konkretisierung durch die Richtlinie 2000/78/EG vom 27. November 2000 klären lassen.

Die Entgeltstufen des BAT knüpfen explizit an das Lebensalter der Arbeitnehmer an. Das Lebensalter ist jedoch nach dem europäischen Primärrecht ein unzulässiges Differenzierungskriterium. Nichts anderes gilt für das nationale Recht, das durch das AGG im Jahr 2006 die Vorgaben verschiedener Richtlinien, unter anderem der Richtlinie 2000/78/EG, in nationales Recht umgesetzt hat und in § 1 AGG das Alter als unzulässiges Differenzierungskriterium festlegt. Bleibt man zunächst dem Wortlaut der Regelungen des BAT verhaftet, ergäbe sich ein klarer Verstoß gegen das Antidiskriminierungsrecht, der zur Unwirksamkeit der dort vorgesehenen Entgeltstaffelung führen würde.

Einen anderen Blickwinkel nimmt das Bundesarbeitsgericht in seinem Vorlagebeschluss ein. Es beruft sich auf den den Koalitionen zustehenden weiten Beurteilungs-, Bewertungs- und Gestaltungsspielraum. Das Bundesarbeitsgericht legt dem Europäischen Gerichtshof daher die Frage vor, ob die Tarifparteien kraft ihrer Autonomie nach dem Lebensalter differenzieren können, da die Differenzierung nach Lebensaltersstufen bei generalisierender Betrachtung Berufserfahrung honorieren könne. Eine solche generalisierende Betrachtung könne den Tarifparteien im Rahmen ihres Gestaltungsspielraums zustehen. Letztlich geht es daher um die Frage, ob Tarifparteien aufgrund ihres Gestaltungsspielraums ein verbotenes Unterscheidungskriterium verwenden dürfen, weil in der Mehrzahl der Fälle ein mit dem Antidiskriminierungsrecht vereinbares Ergebnis (Differenzierung nach Berufserfahrung) erreicht wird.

Ob eine solche Einschätzung von dem Gestaltungsspielraum der Koalitionen erfasst ist, hängt von der Herleitung dieses Gestaltungsspielraums ab. Den Koalitionen ist durch den Verfassungsgeber gemäß Art. 9 Abs. 3 GG aufgetragen worden, die Arbeits- und Wirtschaftsbedingungen zu wahren und zu fördern. Diese verfassungsrechtliche Grundentscheidung basiert auf der Annahme, dass die Koalitionen aufgrund ihrer Sachnähe besser als der Staat dazu geeignet sind, angemessene Arbeitsbedingungen für die Arbeitnehmer auszuhandeln.[704] Nur diese Annahme kann zu einer Herleitung des Gestaltungsspielraums der Koalitionen herangezogen werden. Denn ein Gestaltungsspielraum setzt besondere Kenntnis sowohl der vorhandenen Strukturen des Regelungsobjekts als auch hinsichtlich möglicher Konsequenzen der geplanten Regelungen voraus. Der Verfassungsgeber verringert seinen Handlungsspielraum durch das Zugeständnis von weiten Gestaltungsspielräumen zugunsten staatsferner Instanzen nur, sofern dieses Zugeständnis auf der fachlichen und prognostischen Überlegenheit der betroffenen Instanz beruht. Der den Koalitionen zugestandene Gestaltungsspielraum kann sich daher nur aus der den Koalitionen zugeschriebenen Sachnähe zu den Fragen der materiellen Arbeitsbedingungen und dem den Koalitionen durch die Koalitionsmitglieder erteilten Mandat ergeben.[705]

Diese Herleitung des Gestaltungsspielraums der Tarifvertragsparteien spricht gegen die vom Bundesarbeitsgericht angenommene Freiheit, unzulässige Differenzierungskriterien anzuwenden, nur weil bei generalisierender Betrachtung ein möglicherweise zulässiges Differenzierungsergebnis erzielt wird. Die Frage, ob durch das Kriterium Lebensalter bei generalisierender Betrachtung die Berufserfahrung honoriert wird, betrifft nicht die materiellen Arbeitsbedingungen, deren Regelung zentrale Aufgabe der Tarifparteien ist. Vielmehr geht es bei dieser Frage um die faktischen Auswirkungen einer tarifvertraglichen Regelung. Zwar

704 Vgl. nur BVerfG v. 27.02.1973 – 2 BvL 27/69, NJW 1973, 1320 (1322).

705 So hat beispielsweise der EuGH den Tarifvertragsparteien einen weiten Ermessensspielraum bei der Gestaltung von Altersgrenzen zugesprochen und damit die besondere sozial- und beschäftigungspolitische Kompetenz der Sozialpartner hervorgehoben, vgl. EuGH v. 12.10.2010 – C-45/09 „Rosenbladt“, NJW 2010, 3767 (3770).

steht den Tarifparteien hierfür ein breiter Prognosespielraum zu, auch dieser ist jedoch auf solche Regelungsgegenstände und Regelungsfolgen beschränkt, die speziell die Kompetenzen der Tarifparteien berühren. Etwas anderes wird allerdings für Regelungsgegenstände gelten müssen, die nicht in Zusammenhang mit der besonderen Sachnähe der Koalitionskompetenz stehen. Lebensaltersregelungen haben grundsätzlich den Effekt, dass sie zugleich Berufserfahrung honorieren, da davon ausgegangen werden kann, dass im Regelfall die Berufserfahrung mit dem Fortschreiten des Lebensalters steigt. So könnte jede Lebensaltersregelung damit gerechtfertigt werden, dass faktisch die Berufserfahrung honoriert wird. Die Anknüpfung an die Berufserfahrung soll jedoch zu Recht leichter zu rechtfertigen sein als die reine Anknüpfung an das Lebensalter.[706] Der Gesetzgeber hat damit zwischen Lebensaltersregelung und Berufserfahrungsregelung eine klare Trennlinie gezogen. Ebenso ist in der Rechtsprechung des Europäischen Gerichtshofs eine klare Unterscheidung dieser Regelungsmodalitäten zu erkennen. So geht der Europäische Gerichtshof davon aus, dass die Anknüpfung an die Berufserfahrung ein zulässiges Differenzierungskriterium darstellen kann, sofern sich die konkrete Regelung darauf beschränkt, die Berufserfahrung zu honorieren, ohne andere Differenzierungsmerkmale mit ihr zu verknüpfen.[707] Die Frage, ob eine Lebensaltersregelung faktisch Berufserfahrung honoriert, hat der Gesetzgeber und auch die Rechtsprechung nicht in die Kompetenz der Arbeitsvertragsparteien gelegt. Mangels spezieller Erfahrungen oder Kenntnisse der Tarifparteien liegt eine besondere Sachnähe der Tarifparteien nicht vor. Die Tarifparteien sind an die Gesetze ebenso gebunden wie die Arbeitsvertragsparteien auch. Das Kriterium der Sachnähe spricht daher dafür, den Tarifparteien keinen Gestaltungsspielraum hinsichtlich der Abweichung von Vorschriften des Antidiskriminierungsrechts zu gewähren.

Der Europäische Gerichtshof ist seinerseits bei der Antwort auf die Vorlagefragen nicht auf den Unfang des Gestaltungsspielraums der Tarifvertragsparteien eingegangen. Er hat lediglich festgestellt, dass die Tarifpartner beim Erlass von Maßnahmen, die in den Anwendungsbereich der Richtlinie 2000/78/EG fallen, diese Richtlinie beachten müssen.[708] Er ging davon aus, dass auch den Tarifpartner eine Differenzierung nach dem Lebensalter durch die Richtlinie verboten ist. Die Anknüpfung an das Lebensalter müsse daher gerechtfertigt werden. Eine Rechtfertigung für die Entgeltregelungen des BAT bestehe aber nicht. Dies begründete der Gerichtshof insbesondere damit, dass die Festsetzung der Stufe der Grundvergütung eines Angestellten im öffentlichen Dienst bei der Einstel-

706 BT-Drs. 16/1780, S. 36.

707 EuGH v. 18.06.2009 – C-88/08 Hütter, NZA 2009, 891 (893).

708 EuGH v. 08.09.2011 – C-297/10 und C- 298/10 Hennigs, juris, Rz. 68.

lung anhand des Lebensalters über das hinaus gehe, was zur Erreichung des legitimen Ziels – Berücksichtigung der Berufserfahrung, die der Angestellte vor seiner Einstellung erworben hat – erforderlich und angemessen sei.[709]

Zwar ist dieses Ergebnis zu begrüßen. Misslich ist allerdings, dass der Europäische Gerichtshof die Möglichkeit ungenutzt gelassen hat, mit dieser Entscheidung die Gestalt des europäischen Grundrechts auf Kollektivverhandlungen näher zu konkretisieren. Die Entscheidung hätte Anlass sein können, Grund und Grenzen des Gestaltungsspielraums der Tarifpartner auf euorpäischer Ebene zu bestimmen. Stattdessen hat sich der Gerichtshof mit dieser grundsätzlichen Frage nicht hinreichend auseinandergesetzt und lediglich aufgrund von Verhältnismäßigkeitserwägungen den Einzelfall entschieden.

Auch wenn die Tarifparteien keinen Gestaltungsspielraum hinsichtlich der Lebensaltersregelung im BAT hatten, hat dies nicht automatisch zur Folge, dass sich die Diskriminierung im Rahmen der Überleitung der Arbeitsverhältnisse auf den TVöD fortgesetzt hat. Sofern der Umfang des Gestaltungsspielraums der Tarifparteien von der Sachnähe zum Regelungsobjekt abhängt, kann den Tarifparteien unter Umständen ein größerer Gestaltungsspielraum zukommen, wenn es darum geht, eine als diskriminierend erkannte Tarifregelung durch andere Regelungen zu ersetzen. Bei der Änderung tariflicher Regelungen kommt den Tarifparteien als Normgeber eine besondere Funktion zu. Sie sind mit den möglichen Auswirkungen geplanter Änderungen vertraut und können abschätzen, ob Änderungen den Tarifpartner überfordern. Im Regelfall sind die Tarifparteien die sachnähere Instanz um tarifliche Regelungen zu beseitigen.

Bezüglich der Änderung tariflicher Regelungen spricht das Kriterium der Sachnähe für einen weitgehenden Gestaltungsspielraum der Tarifvertragsparteien. Insofern verwundert es nicht, dass der Europäische Gerichtshof hinsichtlich der Überleitung der Arbeitsverhältnisse auf den TVöD von einer Rechtfertigung bezüglich der durch die fortwirkende Anknüpfung an das Lebensalter bestehenden Diskriminierung ausging.[710] Der Gerichtshof betonte dabei, dass die Neuordnung eines diskriminierenden tariflichen Vergütungssystems durch ein auf objektiven Kriterien basierendes System ein legitimes Ziel darstelle. Dieses Ziel rechtfertige es, einige diskriminierende Regelungen des zu ersetzenden Systems zeitweise aufrechtzuerhalten. Diese Argumentation hat sich nunmehr auch das Bundesarbeitsgericht in seiner abschließenden Entscheidung in der Sache zu Eigen gemacht.[711]

709 EuGH v. 08.09.2011 – C-297/10 und C- 298/10 Hennigs, juris, Rz. 77.
710 EuGH v. 08.09.2011 – C-297/10 und C- 298/10 Hennigs, juris, Rz. 79 ff.
711 BAG v. 08.12.2011 – 6 AZR 319/09, juris, Rz. 27 ff.

4. Teil: Der Arbeitskampf als Kern der Koalitionsbetätigungsfreiheit

Kann die Koalition die Verbesserung der Arbeitsbedingungen nicht auf friedlich-argumentativem Wege erreichen, steht ihr das Mittel des Arbeitskampfs zur Verfügung. Die Koalition übt dabei kollektiven Druck auf die andere Seite aus, um dadurch den Verhandlungspartner im besten Fall zur Übernahme und Durchsetzung der Koalitionsforderungen zu zwingen und so bestehende Interessenkonflikte über Arbeits- und Wirtschaftsbedingungen lösen zu können.[712]

Die Anerkennung eines aus der Koalitionsfreiheit resultierenden Betätigungsrechts in Form des Arbeitskampfs durch die Rechtsprechung geht auf das Jahr 1955 zurück. Zuvor betrachtete die herrschende Ansicht die Teilnahme am Arbeitskampf durch einen Arbeitnehmer ohne vorherige fristgerechte Kündigung des Arbeitsverhältnisses als widerrechtliche Verletzung seiner Arbeitsverpflichtung, mithin als Vertragsbruch. Die Arbeitskampfteilnahme berechtigte daher den Arbeitgeber zur fristlosen Kündigung des Arbeitnehmers.[713] Dies änderte sich mit der Entscheidung des Großen Senats des Bundesarbeitsgerichts vom 28. Januar 1955.[714] Zwar ließ das Bundesarbeitsgericht in dieser Entscheidung die Frage der Existenz eines verfassungsrechtlich verbürgten Streikrechts noch offen und deklarierte Arbeitskämpfe wegen ihrer volkswirtschaftlichen Schäden als im Allgemeinen unerwünscht. Es entschied jedoch, dass die Rechtmäßigkeit von Arbeitskämpfen auf kollektivrechtlicher und individualrechtlicher Ebene einheitlich zu beurteilen sei. Die Teilnahme des Arbeitnehmers an einem kollektivrechtlich legitimen und sozialadäquaten Streik berechtige den Arbeitgeber daher nicht zu einer Kündigung des Arbeitsverhältnisses. Ein Arbeitskampf sollte dann sozialadäquat sein, wenn es sich um einen Kampf um die Gestaltung von Arbeitsbedingungen gegen die Unternehmen und Koalitionen auf der Gegenseite des Arbeitsmarktes handelt, der wegen eines tariflich regelbaren Ziels geführt wird, wobei die Kämpfenden die vom Tarif- und Schlichtungsrecht aufgestellten Grundsätze, namentlich den Ultima-Ratio-Grundsatz und den Grundsatz der fairen Kampfführung, anerkennen müssen.[715]

---

712 *Kissel*, Arbeitskampfrecht, S. 1.

713 Vgl. Nachweise bei BAG (GrS) v. 28.01.1955 – GS 1/54, BAGE 1, 291 (295).

714 BAG (GrS) v. 28.01.1955 – GS 1/54, BAGE 1, 291, NJW 1955, 882.

715 *Säcker/Mohr*, JZ 2010, 440 (445).

Mit der Entscheidung des großen Senats vom 21. April 1971 modifizierte das Bundesarbeitsgericht seine Arbeitskampfrechtsprechung.[716] Für die Rechtmäßigkeit eines Streiks kommt es seitdem nicht mehr auf das Kriterium der Sozialadäquanz, sondern auf das Kriterium der Verhältnismäßigkeit an. Arbeitskämpfe sollen daher nur „insoweit eingeleitet und durchgeführt werden, als sie zur Erreichung rechtmäßiger Kampfziele und des nachfolgenden Arbeitsfriedens geeignet und sachlich erforderlich sind.“

Arbeitskämpfe sind das zentrale Instrument der Koalitionen, ihren Vorstellungen von der Gestaltung der Arbeits- und Wirtschaftsbedingungen Ausdruck und Durchsetzungskraft zu verleihen. Der Arbeitskampf ist der Ausgleich dafür, dass im Arbeitsverhältnis eine Druckausübung durch Wechsel des Vertragspartners kaum möglich ist.[717] Im europäischen Vergleich ist die Zahl der durch Arbeitskämpfe verlorenen Arbeitstage in Deutschland mit fünf Tagen pro Jahr bezogen auf 1000 Arbeitnehmer zwar verhältnismäßig gering.[718] Dies täuscht indes darüber hinweg, dass die Arbeitskämpfe gerade im produzierenden Gewerbe wegen der zunehmenden Verschränkung von Produktionsketten effizienter werden.[719] Arbeitskämpfe sind die schärfste und zugleich sichtbarste Betätigungsform der Koalitionen. Regelmäßig zu den anstehenden Tarifrunden gehen Meldungen über angedrohte Arbeitskämpfe durch die Medien. Im eskalierten Tarifkonflikt der Lokführer in den Jahren 2007/2008 ist das Konfliktpotential von Arbeitskampfmaßnahmen eindrücklich zu Tage getreten. Neuere Entwicklungen in der Rechtsprechung haben in die lange Zeit konstant interpretierte Betätigungsform des Arbeitskampfs neue Bewegung gebracht und werfen Fragen auf. Daher ist es von Interesse dieser Betätigungsform besondere Aufmerksamkeit zu widmen. Um die durch die neuere Rechtsprechung vorgenommenen Änderungen des Arbeitskampfrechts einordnen zu können, soll zunächst das bis zum Jahr 2007 geltende Verständnis des Arbeitskampfs dargestellt werden. Sodann sollen die einzelnen Veränderungen dieses Verständnisses durch die Entscheidungen des Bundesarbeitgerichts dargestellt werden.

---

716 BAG (GrS) v. 21.04.1971 – GS 1/68, NJW 1971, 1668.

717 *Ricken*, in: MünchHdbArbR, § 193, Rz. 1.

718 Zwischen 2000 und 2008 fielen beispielsweise in Spanien im Schnitt 164 Arbeitstage je 1000 Arbeitnehmer aus; in Deutschland blieb die Zahl in den Zeiträumen von 1993 bis 2000 und 2001 bis 2009 konstant bei fünf, vgl. iwd Nr. 9 v. 04.03.2010, abrufbar unter http://www.iwkoeln.de (zuletzt abgerufen am 22.12.2010) und iwd Nr. 40 v. 07.10.2010, abrufbar unter http://www.iwkoeln.de (zuletzt abgerufen am 22.12.2010).

719 iwd Nr. 9 v. 04.03.2010, abrufbar unter http://www.iwkoeln.de (zuletzt abgerufen am 22.12.2010); *Ricken*, in: MünchHdbArbR, § 193, Rz. 5; so würde ein Streik eines Porsche-Zulieferers binnen vier Tagen zu einem Produktionsstopp bei Porsche führen, vgl. FAZ v. 15.7.2010.

Abschnitt 1 Das traditionelle Verständnis des Arbeitskampfs

Eine feststehende Definition des Begriffs „Arbeitskampf“ findet sich weder im Gesetz, das das Arbeitskampfrecht weitgehend der Rechtsprechung überlässt, noch wurde eine solche von der Rechtsprechung vorgegeben. Oftmals wurde der Begriff „Arbeitskampf“ synonym mit dem Begriff „Streik“ verwendet. Diesem stand auf Arbeitgeberseite die Aussperrung gegenüber. In der Literatur wird der Begriff „Arbeitskampf“ als eine von Kampfparteien getragene kollektive Maßnahme verstanden, durch die diese die Arbeitsbeziehungen stören, um ein bestimmtes, selbst gestecktes Ziel zu erreichen.[720] Mangels genauerer Definition kann eine Erklärung des Arbeitskampfs nur durch eine Analyse der von der Rechtsprechung zugelassenen Kampfmittel gelingen. Traditionell zeichnet sich der Arbeitskampf durch die im Folgenden zu erörternden Merkmale aus.

§ 1 Dienende Funktion

Der Arbeitskampf ist kein Selbstzweck. Er ist ein Hilfsinstrument zur Herstellung einer funktionierenden Tarifautonomie.[721] Die Arbeitnehmer sind im Verhältnis zur Arbeitgeberseite strukturell unterlegen. Die Bildung von Koalitionen dient dem Ausgleich dieser strukturellen Unterlegenheit. Die Bildung der Koalition allein ist allerdings hierfür nicht ausreichend. Die Tarifvertragsparteien haben weder einen Anspruch gegeneinander auf die Führung von Verhandlungen, noch können die Tarifvertragsparteien stets allein durch Verhandlungen ihre Ziele erreichen.[722] Ihnen müssen daher Möglichkeiten zur Verfügung stehen, den erforderlichen Verhandlungsdruck herzustellen. Der Arbeitskampf stellt in Situationen eines anders nicht mehr lösbaren Konflikts in den Verhandlungen eine solche Möglichkeit dar. Den Arbeitskampf als Hilfsinstrument der Tarifautonomie zu bezeichnen bedeutet zugleich dem Arbeitskampf Grenzen zu setzen. Der Arbeitskampf dient nur dazu, einen angemessenen Tarifabschluss zu erreichen, kann folglich auch zu keinem anderen Zweck eingesetzt werden und ersetzt keine Verhandlungen. Es muss daher durch den Arbeitskampf ein tariflich regelbares Ziel erstrebt werden.[723]

---

720 *Brox/Rüthers*, Arbeitskampfrecht, Rz. 17; *Hergenröder*, in: HWK, Art. 9 GG, Rz. 146; *Ricken*, in: MünchHdbArbR, § 193, Rz. 3.

721 BVerfG v. 26.06.1991 – 1 BvR 779/85, NZA 1991, 809 (810); BAG v. 07.06.1988 – 1 AZR 372/86, NZA 1988, 883 (883); *Brox/Rüthers*, Arbeitskampfrecht, Rz. 13.

722 Vgl. nur BAG v. 14.07.1981 – 1 AZR 159/78, NJW 1982, 2395 (2395 f.).

723 *Gaul*, RdA 2008, 13 (18).

§ 2 Tarifvertragsparteien als Kampfparteien

Die Hilfsfunktion des Arbeitskampfs begrenzt auch den Kreis der Kampfparteien. Da ein Tarifvertrag nur von zwei tariffähigen Parteien geschlossen werden kann, muss auch der Arbeitskampf von einer tariffähigen Partei gegen eine andere tariffähige Partei geführt werden.[724] Als Arbeitskampfparteien kommen daher nur der einzelne Arbeitgeber oder dessen tariffähiger Verband und die tariffähigen Arbeitnehmerverbände in Betracht. Durch den nicht von einer tariffähigen Arbeitnehmerkoalition getragenen Arbeitskampf entsteht zwar eine sogenannte ad-hoc-Koalition, der unter Umständen auch gem. Art. 9 Abs. 3 GG die Betätigungsfreiheit zukommen kann.[725] Das Bundesarbeitsgericht hat jedoch bereits im Jahr 1963 entschieden, dass wegen der möglichen schweren Folgen eines Arbeitskampfs diese Betätigungsform nur tariffähigen Arbeitnehmerkoalitionen zukommen kann.[726] Auf Arbeitnehmerseite sind daher grundsätzlich nur die in einer Koalition zusammengeschlossenen Arbeitnehmer kampffähig.

§ 3 Zulässige Außenseiterbeteiligung und unzulässige Drittbeteiligung

Dies heißt allerdings nicht, dass eine Einbeziehung von Dritten in den Arbeitskampf gänzlich ausgeschlossen ist. Auch Außenseiter-Arbeitnehmer können nach herrschender Ansicht am Arbeitskampf teilnehmen. Teilweise wird dies damit begründet, dass die Außenseiter insbesondere durch die Verbreitung der Bezugnahmeklauseln faktisch auch von dem erstreikten Tarifvertragsabschluss profitieren und daher auch im Rahmen der Erkämpfung des Tarifabschlusses ihren Beitrag erbringen können sollen.[727] Nach anderer Ansicht gebietet die Funktionsfähigkeit des Arbeitskampfsystems eine Einbeziehung der Außenseiter, da aufgrund des niedrigen Organisationsgrades ohne deren Beteiligung kein hinreichender Arbeitskampfdruck erzeugt werden könne.[728] Die Bezeichnung „Außenseiter“ ist in diesem Zusammenhang zweideutig, und lediglich technisch zu verstehen. Als Außenseiter, die sich an einem koalitionsgeführten Arbeitskampf beteiligen können, werden nur solche Personen bezeichnet, die zwar nicht Mitglied der kampfführenden Koalition sind, die jedoch als Arbeitnehmer des

---

724 *Kissel*, Arbeitskampfrecht, § 25, Rz. 1.

725 Siehe dazu oben Seite 26f.

726 BAG v. 20.12.1963 – 1 AZR 428/62, NJW 1964, 883 (885).

727 BAG v. 22.03.1994 – 1 AZR 622/93, NZA 1994, 1097 (1098); *Ricken*, in: MünchHdbArbR, § 200, Rz. 22.

728 *Thüsing*, Der Außenseiter im Arbeitskampf, S. 51 ff.

bestreikten Betriebes bzw. der vom Arbeitskampf betroffenen Einheit bereits Berührungspunkte zu dem Arbeitskampf haben. Sie werden sich regelmäßig nur dann am Arbeitskampf beteiligen, wenn sie sich davon eigene Vorteile versprechen. Die Selbstbetroffenheit der Außenseiter von den mithilfe des Arbeitskampfs durchzusetzenden Regelungen vermag daher den Kreis derjenigen Personen, die sich auf ein von Art. 9 Abs. 3 GG geschütztes Streikrecht als Bestandteil ihres Betätigungsrechts berufen können, einzugrenzen. Dritte dürfen nur insoweit in den Arbeitskampf einbezogen werden, als sie potentiell von den zu erstreikenden Regelungen betroffen sein können. Gänzlich Außenstehende können sich nicht auf ein ihnen zustehendes Betätigungsrecht berufen.

§ 4 Der Grundsatz der Parität

Für das Recht der Koalitionsbetätigungen und insbesondere für das Arbeitskampfrecht ist der Paritätsgrundsatz prägend. Bereits in seiner ersten grundlegenden Entscheidung hat das Bundesarbeitsgericht den Arbeitskampf an diesen Grundsatz gebunden. Er folgt letztlich aus der Tarifvertragsbezogenheit des Arbeitskampfs. Man versteht unter diesem Begriff das annähernde Gleichgewicht der Kampfparteien.[729] Der Arbeitskampf soll folglich den Tarifvertragsparteien Verhandlungen auf Augenhöhe ermöglichen. Er soll aber nicht selbst zu einem Ungleichgewicht zwischen den Parteien führen, da ansonsten die Funktionsfähigkeit des Tarifvertragssystems beeinträchtigt würde.[730] Der Grundsatz der Parität weist jedoch über den Arbeitskampf hinaus. Auf ihm basiert im Grunde das gesamte Tarifvertragssystem. Denn nur wenn die Tarifvertragsparteien insgesamt in den Verhandlungen ein vergleichbares Gewicht haben, kann die Richtigkeitsvermutung des Tarifvertrags greifen. Ist die Parität gestört und kann eine Partei ihre Interessen einseitig leichter durchsetzen, kann von einer Richtigkeitsgewähr nicht mehr gesprochen werden. Mit Richtigkeitsgewähr vermag nur das Ergebnis wahrhafter Verhandlungen ausgestattet zu werden. Bei einer Überlegenheit einer Vertragspartei kann nämlich die Angemessenheit, auf der die Richtigkeitsgewähr aufbaut, nicht mehr vermutet werden. Der Paritätsgrundsatz beinhaltet nicht nur das Gebot der formalen Gleichbehandlung der Kampfmittel auf Arbeitgeber- und Arbeitnehmerseite,[731] sondern wird fast allgemein als materieller Grundsatz ver-

729 *Kissel*, Arbeitskampfrecht, § 32, Rz. 1; *Ricken*, in: MünchHdbArbR, § 200, Rz. 38.

730 BVerfG v. 26.06.1991 – 1 BvR 779/85, NZA 1991, 809 (811).

731 Dieses formale Paritätsverständnis beruht auf der Rechtsprechung des Reichsgerichts (RG v. 26.03.1903 – VI 351/02, RGZ 54, 255 (259f.)) und des Reichsarbeitsgerichts (RAG v. 08.02.1928 – III 72/27, RAGE 1, 171 (175)) und wurde auch noch in der Entscheidung BAG (GrS) v. 28.01.1955 – GS 1/54, BAGE 1, 291, NJW 1955, 882 vertreten. Formelle Parität liegt

standen. Dabei hat sich in Rechtsprechung und Literatur ein materiell-abstraktes Verständnis der Parität durchgesetzt. Das Bundesarbeitsgericht hat bereits seiner zweiten Grundsatzentscheidung zum Arbeitskampfrecht ein materielles Verständnis des Paritätsgrundsatzes zugrunde gelegt, indem es den Grundsatz so interpretierte, dass er ein möglichst gleiches Verhandlungsgewicht der Vertragsparteien erfordere.[732] Als materiell wird das herrschende Verständnis bezeichnet, da es die Forderung nach tatsächlichem Verhandlungs- und Kampfgleichgewicht beinhaltet. Das Bundesarbeitsgericht berücksichtigt dabei jedoch nicht alle (situationsbezogenen) Besonderheiten des einzelnen Arbeitskampfs, sondern beurteilt die Kampfmittel und -grenzen abstrakt-typisierend.[733] Der Grundsatz der Parität dient folglich dazu, anhand abstrakt-typisierender Untersuchung der Verhandlungssituation die Grenzen des Arbeitskampfsystems auszuloten.[734] Eine konkrete Prüfung der Kampfparität bei jedem einzelnen Arbeitskampf erscheint auch nicht praktikabel. So würde ein derartiges Verständnis mit einiger Wahrscheinlichkeit zu einer sprunghaften Zunahme der Rechtsstreitigkeiten führen, da die Kampfpartei, die nach eigenem Empfinden im konkreten Arbeitskampf unterlegen ist, sofort eine gerichtliche Überprüfung der Kampfparität anstreben dürfte. Bei der abstrakt-typisierenden Betrachtung der Kampfparität sollen nach der Rechtsprechung bei der Überprüfung der Kampfparität nur tarifbezogene Faktoren, die einer Typisierung zugänglich sind, Berücksichtigung finden. Kriterien, anhand derer die Tarifbezogenheit festgestellt werden könnte, gibt die Rechtsprechung allerdings nicht vor. Mangels einheitlicher Struktur der deutschen Wirtschaft dürfte es sich um branchenbezogene Faktoren handeln, die von der Rechtsprechung zur Überprüfung der Kampfparität herangezogen werden. Es ist davon auszugehen, dass es sich um außerhalb der Koalitionen liegende Faktoren handelt, die direkten Einfluss auf das Verhandlungsgewicht haben und quasi das Marktumfeld der Koalitionen charakterisieren, die jedoch ihren Grund nicht im konkreten Arbeitskampf haben, sondern die allgemein den Einfluss der

---

vor, wenn die Kampfmittel der Parteien rechtlich gleich behandelt werden, so dass nicht einer Partei ein suspendierendes und der anderen Partei ein lösendes Arbeitskampfmittel zustehen durfte, vgl. *Seiter*, Streikrecht und Aussperrungsrecht, S. 161.

732 BAG (GrS) v. 21.04.1971 – GS 1/68, NJW 1971, 1668 (1669); nach *Zöllner*, DB 1985, 2450 (2453 f.) gibt es keine empirisch feststellbare materielle Parität.

733 BAG v. 10.06.1980 – 1 AZR 822/79, NJW 1980, 1642 (1646 f.), sogenannte tarifbezogene Parität; im Gegensatz dazu wurde zumeist in der älteren Literatur zum Teil eine sogenannte Gesamtparität gefordert, bei der vielfältige Kriterien zur Paritätsuntersuchung herangezogen werden sollten, vgl. Nachweise bei *Kissel*, Arbeitskampfrecht, § 32, Rz. 11; in jüngerer Literatur wird eine an der Gesamtparität orientierte Prüfung der Parität nur selten vertreten, vgl. aber *Berg/Platow/Schoof/Unterhinninghofen*, AKR, Rz. 3 ff. und *Hensche*, RdA 1996, 293 (293 ff.), der jedoch eine Abkehr vom Paritätsprinzip bevorzugt.

734 *Dieterich*, in: ErfKomm., Art. 9 GG, Rz. 112.

Kampfparteien betreffen. Insbesondere kann daher nicht der Organisationsgrad der Koalitionen berücksichtigt werden, würde dies doch dazu führen, dass mitgliederschwachen Koalitionen wegen ihrer eigenen Schwäche stärkere Kampfmittel zur Verfügung gestellt werden müssten.[735] Eine Verfälschung der Durchsetzungsfähigkeit ist nämlich nicht Sinn und Zweck des Paritätsgrundsatzes. Die zu berücksichtigenden Faktoren müssen abstrakt eindeutige Aussagen über das Verhandlungsgewicht beinhalten. Insofern können keine Faktoren berücksichtigt werden, die einer anderen Interpretation zugänglich sind.[736] Auch allgemeine Wirtschaftsdaten, wie das Wirtschaftswachstum oder die Arbeitslosenzahlen, spiegeln nicht grundsätzlich die Kampfkraft der Koalitionen wider. So ist bereits nicht klar, ab welcher Arbeitslosenquote oder bei welcher Höhe des Wirtschaftswachstums die Kampfkraft der Koalitionen beeinträchtigt wird. Um aus der Arbeitslosenquote Informationen über die Kampfkraft der Koalitionen gewinnen zu können, wären komplexe Statistiken erforderlich, die die Arbeitslosenzahlen der Branche in Beziehung zur Beschäftigtenzahl der Branche setzen. Allerdings wäre das Ergebnis selbst dann nicht aussagekräftig genug, um daraus abstrakte Schlussfolgerungen zu ziehen.

Das Grundprinzip des Arbeitskampfsystems ist es, den Arbeitskampfparteien die gleichen Durchsetzungschancen zu gewähren. Nach dem in der älteren Rechtsprechung herrschenden Paritätsverständnis dürfen typische Ungleichgewichte in den Kräfteverhältnissen über das Arbeitskampfsystem ausgeglichen werden, der Paritätsgrundsatz bezieht sich folglich auf die abstrakte Zulässigkeit der Arbeitskampfmittel und vermag daher dem Arbeitskampf Grenzen zu setzen.[737] Über die konkrete Rechtmäßigkeit der Arbeitskampfmaßnahme ist mit der Feststellung der Parität allerdings keine Vorentscheidung getroffen. Die Arbeitskampfmaßnahme kann sich in einer Einzelfallprüfung daher trotz Kampfparität als unverhältnismäßig und damit rechtswidrig herausstellen.

735 Gegen die Berücksichtigung des Organisationsgrades bereits BAG v. 10.06.1980 – 1 AZR 822/79, NJW 1980, 1642 (1647); dafür aber *Gumnior*, Die Rechtmäßigkeit des Sympathiestreiks, S. 167 ff.

736 So stellt nach *Gumnior*, Die Rechtmäßigkeit des Sympathiestreiks, S. 224 ff., die Lohnquote einen zu berücksichtigen Faktor dar. Die Lohnquote gibt allerdings nur begrenzt Auskünfte über die Einkommensposition der Arbeitnehmer und kann daher zumindest keine eindeutigen Aussagen über die Kampfkraft treffen, vgl. iw-trends 01/2006, abrufbar unter www.iwkoeln.de (zuletzt abgerufen am 07.01.2011).

737 *Hergenröder*, in: HWK, Art. 9 GG, Rz. 167; *Ricken*, in: MünchHdbArbR, § 200, Rz. 38; *Dieterich*, in: ErfKomm., Art. 9 GG, Rz. 112; zum geänderten Paritätsverständnis und den sich daraus ergebenden Problemen siehe unten Seiten 207 f., 239, 262 ff.

und zeitlich befristete Streiks, zu denen die Gewerkschaft während laufender Tarifverhandlungen [...] aufruft" nicht.[760] Zudem muss nach dem Bundesarbeitsgericht das Scheitern der Verhandlungen nicht förmlich festgestellt werden. So soll in der Eröffnung des Arbeitskampfs die konkludente Erklärung des Scheiterns der Verhandlungen liegen.[761]

Aus dem Verhältnismäßigkeitsgrundsatz ergibt sich das Verbot der Existenzvernichtung durch den Arbeitskampf. Ist die Existenzvernichtung das eigentliche Ziel oder zwingende Folge des Arbeitskampfs, stellt sich dieser als nicht angemessen dar. Ein solcher Arbeitskampf verstößt vielmehr gegen das Verbot des Rechtsmissbrauchs. In einem derartigen Fall wird lediglich unter dem Mantel des von Art. 9 Abs. 3 GG geschützten Arbeitskampfs ein nicht mit dem Grundgesetz zu vereinbarendes Ziel verfolgt.

§ 7 Die Friedenspflicht als Begrenzung des Arbeitskampfs

Der Abschluss eines Tarifvertrags löst für die an ihn gebundenen Parteien die Friedenspflicht aus. Die Friedenspflicht ist notwendige Folge des Sinn und Zwecks des Tarifvertrags. Der Tarifvertrag soll für eine sinnvolle Ordnung des Arbeits- und Wirtschaftslebens sorgen und dient somit der Befriedung des Arbeitslebens.[762] Mit dieser Funktion wäre es unvereinbar, wenn nach Abschluss eines Tarifvertrags erneuter Streit über bereits Geregeltes zwischen den Vertragsparteien ausbrechen könnte.[763] Daher muss die Friedenspflicht auch nicht explizit vertraglich vereinbart werden. Nach allgemeiner Ansicht und ständiger Rechtsprechung wirkt die Friedenspflicht allerdings nur relativ, nur durch Parteivereinbarung kann eine absolute Friedenspflicht festgelegt werden. Die Relativität der Friedenspflicht bezieht sich auf die Vertragsparteien und auf die im Tarifvertrag festgelegten Regelungsgegenstände. Sie orientiert sich folglich formal am Tarifvertragsschluss. Dies führt dazu, dass nur die Vertragsparteien des abgeschlossenen Tarifvertrags während dessen Laufzeit die vertraglich gere-

760 BAG v. 12.09.1984 – 1 AZR 342/83, NZA 1984, 393 (LS 3.b.); nach der Ansicht der großen Koalition in der Antwort zur großen Anfrage der FDP-Fraktion in BT-Drs. 16/10003, S. 4, gilt der ultima-ratio-Grundsatz nach dieser Rechtsprechung auch für Warnstreiks. Faktisch wird der ultima-ratio-Grundsatz bei Warnstreiks jeglichen Sinns entleert. Dies spricht dafür diese Rechtsprechung als Einschränkung des ultima-ratio-Grundsatzes zu verstehen. Dieser gilt für Warnstreiks nicht.

761 BAG v. 21.06.1988 – 1 AZR 651/86, NZA 1988, 846 (848 f.); kritisch dazu *Otto*, Arbeitskampf- und Schlichtungsrecht, § 7, Rz. 17, der den ultima-ratio-Grundsatz für weitgehend seiner Funktion beraubt hält.

762 *Franzen*, in: ErfKomm., § 1 TVG, Rz. 2.

763 BAG v. 21.12.1982 – 1 AZR 411/80, NJW 1982, 1750 (LS 1).

gelten Gegenstände als rechtsverbindlich respektieren müssen und sie nicht durch Kampfmaßnahmen in Frage stellen dürfen.[764] Die Friedenspflicht führt mithin zu einer Einschränkung der Kampfmöglichkeiten der Koalition. Der Arbeitgeber kann mit dem Abschluss des Tarifvertrags davon ausgehen, dass dessen Regelungsgegenstände während der Laufzeit unverändert bestehen bleiben und er keinen weiteren Forderungen ausgesetzt wird.

Dieses Verständnis wird allerdings zum Teil als nicht weitgehend genug angesehen. So fordert *Picker* eine Ausdehnung der Friedenspflicht und vertritt einen eher materiellen Ansatz.[765] Er ist der Ansicht, dass Tarifverträge als Friedensordnungen den Arbeitsfrieden insgesamt zu sichern bestimmt sind und geht daher davon aus, dass es insbesondere gegen die Friedenspflicht verstößt, wenn eine Koalition trotz bestehenden Tarifvertrags einen Hauptarbeitskampf durch Kampfmaßnahmen unterstützt. Hiergegen spricht allerdings, dass Tarifverträge in diesem Sinne keine umfassenden Friedensordnungen darstellen. Arbeitgeber können sich insoweit nur darauf verlassen, dass über bereits Geregeltes kein erneuter Arbeitskampf ausbricht. Allerdings verhindert der Tarifvertrag im Falle einer nicht umfassenden Regelung nicht, dass erneut Kampfmaßnahmen ergriffen werden, um bislang Ungeregeltes einer Regelung zuzuführen. Der Arbeitgeber ist daher durch den Tarifvertragsabschluss nicht per se umfänglich vor Arbeitskämpfen geschützt.

§ 8 Arbeitskampf als Selbstschädigung

Nach dem klassischen Verständnis des Arbeitskampfs wohnt jedem Arbeitskampf ein Element der Selbstschädigung inne.[766] Im Falle eines rechtmäßigen Arbeitskampfs der Arbeitnehmer wird das Arbeitsverhältnis nicht aufgelöst, es werden lediglich die Hauptleistungspflichten der Vertragsparteien suspendiert.[767] Während das Arbeitsverhältnis selbst unangetastet bestehen bleibt, wird der Arbeitnehmer von seiner Pflicht zur Arbeitsleistung und der Arbeitgeber von seiner Lohnzahlungsverpflichtung befreit. Zwar erhalten die gewerkschaftlich

---

764 *Franzen*, in: ErfKomm., § 1 TVG, Rz. 82; *Kissel*, Arbeitskampfrecht, § 26, Rz. 4; *Otto*, Arbeitskampf- und Schlichtungsrecht, § 7, Rz. 6 ff.; *Ricken*, in: MünchHdbArbR, § 200, Rz. 31 ff.

765 *Picker*, ZfA 2010, 499 (524 f.).

766 *Dieterich*, in: ErfKomm., Art. 9 GG, Rz. 100.

767 BAG v. 20.12.1995 – 10 AZR 742/94, NZA 1996, 491 (492); BAG v. 11.07.1995 – 1 AZR 63/95, NJW 1996, 1229 (1230); BAG v. 30.08.1994 – 1 ABR 10/94, NZA 1995, 183 (185); *Boemke*, ZfA 2009, 131 (135); *Preis*, in: ErfKomm., § 612a BGB, Rz. 19; *Hergenröder*, in: HWK, Art. 9 GG, Rz. 190.

organisierten Arbeitskämpfer regelmäßig durch ihre Gewerkschaft eine finanzielle Arbeitskampfunterstützung. Dieses nach gewisser Mitgliedschaftsdauer zumeist in Abhängigkeit der Mitgliedsbeiträge gezahlte „Streikgeld" erreicht im Regelfall das Nettoeinkommen der sich im Arbeitskampf befindlichen Arbeitnehmer nicht.[768] Die Selbstschädigung der Arbeitnehmer bei Streikteilnahme resultiert daher aus einer nicht unerheblichen Gehaltseinbuße. Das Element der Selbstschädigung verhindert leichtfertig geführte Arbeitkämpfe und stellt insofern eine systemimmanente Begrenzungsfunktion dar.[769]

Abschnitt 2 Die Modifikation des traditionellen Arbeitskampfverständnisses durch die aktuelle Rechtsprechung

Der Arbeitskampf ist nach traditionellem Verständnis ein Mittel der Konfliktlösung, das erst eingesetzt werden kann, sofern auf anderem Wege eine Lösung nicht mehr zu erreichen ist. Als Konfliktlösungsinstrument ist der Arbeitskampf dynamisch einsetzbar und entwicklungsoffen. Die Dynamik des Arbeitskampfrechts ist in den letzten Jahren augenfällig geworden. Dem Bundesarbeitsgericht lagen mehrere wichtige arbeitskampfrechtliche Verfahren vor. Das Gericht nutzte diese Möglichkeiten und entwickelte das Arbeitskampfrecht fort. Dabei hat es seit dem Jahr 2007 auch die vermeintlich feststehende Dogmatik des Arbeitskampfs zum Teil erheblich verändert.

§ 1 Die Fortentwicklung des traditionellen Arbeitskampfverständnisses

Die Fortentwicklung des traditionellen Arbeitskampfverständnisses beruht nicht auf dem Kreationismus des arbeitskampfrechtlichen Schrifttums, sie ist vielmehr Ausdruck der auf eine sich zügig verändernde Arbeitskampf- und Gewerkschaftslandschaft reagierenden Rechtsprechung.

---

768 Bei der IG Metall 12–14 % des Bruttomonatslohns pro Streikwoche, vgl. § 23 Nr. 3 der Satzung der IG Metall; die IG BCE zahlt allerdings u. U. den vollen Nettolohn, vgl. § 11 Nr. 9 der Satzung der IG BCE.

769 Vgl. dazu unten Seite 278 f.

A) Folgen der Entscheidung zur Zulässigkeit des Unterstützungsstreiks

I. Der zugrundeliegende Sachverhalt

Mit seiner Entscheidung vom 19. Juni 2007[770] hat das Bundesarbeitsgericht den Unterstützungsarbeitskampf für grundsätzlich zulässig erachtet. Damit änderte das Bundesarbeitsgericht seine bis dahin geltende Rechtsprechung, nach der Unterstützungsstreiks grundsätzlich unzulässig sein sollten.[771] Der Entscheidung lag der folgende Sachverhalt zugrunde: Im Rahmen eines Hauptarbeitskampfs wurde eine Gesellschaft bestreikt, die eine Zeitung verlegt. In diesen Arbeitskampf wurde eine Druckereigesellschaft zur Unterstützung des Hauptarbeitskampfs einbezogen. Diese wurde von der gleichen Konzernobergesellschaft beherrscht wie die im Hauptarbeitskampf bestreikte Verlagsgesellschaft. Die von der bestreikten Verlagsgesellschaft verlegte Zeitung wurde ausschließlich durch die in den Arbeitskampf einbezogene Druckereigesellschaft gedruckt. Dieser Auftrag machte 60 Prozent ihres Umsatzes aus. Das Bundesarbeitsgericht hielt den Arbeitskampf gegen die Druckereigesellschaft für zulässig. Die Rechtmäßigkeit des Arbeitskampfs prüfte das Gericht im Wesentlichen anhand der Angemessenheit bzw. Proportionalität, die es damit zum zentralen Prüfungskriterium erhob.

II. Die mittelbare Durchsetzung tariflicher Regelungen

Nach wie vor muss das Ziel des Arbeitskampfs eine tarifliche Regelung sein. Allerdings hat das Bundesarbeitsgericht die Maßstäbe des erforderlichen Grades der Zielverfolgung verringert. Nunmehr muss der Arbeitskampf nicht mehr unmittelbar auf die Durchsetzung einer tariflichen Regelung gerichtet sein, eine lediglich mittelbare Durchsetzung ist ausreichend.[772] Diese Sichtweise führt zu Modifikationen hinsichtlich der zulässigen Arbeitskampfparteien.

Die Einbeziehung Dritter, die an der zum Arbeitskampf führenden Tarifauseinandersetzung nicht beteiligt sind und daher auch keine taugliche Tarifvertragspartei darstellen, wurde in der deutschen Arbeitsrechtsprechung lange nur in engen Grenzen zugelassen. In der Literatur finden sich Stimmen, die einen Arbeitskampf nur gegen den unmittelbaren Adressaten der Tarifforderung

---

770 BAG v. 19.06.2007 – 1 AZR 396/06, NZA 2007, 1055.

771 BAG v. 05.03.1985 – 1 AZR 468/83, NZA 1985, 504 (507); vgl. dazu näher unten Seite 199ff.

772 BAG v. 19.06.2007 – 1 AZR 396/06, NZA 2007, 1055 (1061).

zulassen wollen.[773] Eine Einbeziehung Dritter in einen Arbeitskampf kann unter Umständen Druck auf den Verhandlungspartner des Hauptarbeitskampfs ausüben und so zur Entschärfung eines Tarifkonflikts zugunsten der kämpfenden Partei beitragen. Das Paradebeispiel einer derartigen Einbeziehung Außenstehender in den Arbeitskampf ist der Unterstützungsarbeitskampf.[774] Dieser wurde von der arbeitskampfrechtlichen Rechtsprechung bis zu der Entscheidung aus dem Jahr 2007 grundsätzlich für unzulässig gehalten. Dies wurde mit der Hilfsfunktion des Arbeitskampfs für die Funktionsfähigkeit der Tarifautonomie begründet, da ein Unterstützungsarbeitskampf keinen direkten Einfluss auf die Tarifauseinandersetzung nehmen könne. So ging das Bundesarbeitsgericht davon aus, dass der Dritte, der durch den Unterstützungsarbeitskampf in eine fremde Tarifauseinandersetzung hineingezogen wird, eines besonderen Schutzes bedarf.[775] Daher erklärte es den Unterstützungsstreik für im Regelfall unzulässig. Da der in den Arbeitskampf einbezogene Dritte keine Möglichkeit habe, den Arbeitskampf durch einen Tarifabschluss zu vermeiden oder zwischen Nachgeben und Kampf zu wählen, müsse sich der Arbeitskampf grundsätzlich auf den unmittelbaren Tarifpartner beschränken.

Der Unterstützungsarbeitskampf stellt eine besondere Form des Arbeitskampfs dar. Während in der Regel der Arbeitskampf dazu dient, die eigenen Arbeitsbedingungen zu verbessern, verfolgen die Kämpfenden beim Unterstützungsarbeitskampf fremde Ziele. Ihr Kampfgegner kann die unterstützten Forderungen nicht erfüllen. Mit dem Unterstützungsarbeitskampf ist die Hoffnung der Kämpfenden verbunden, dass der Kampfgegner Einfluss auf den vom Hauptarbeitskampf Betroffenen nimmt und dieser Einfluss so groß ist, dass die Forderungen des Hauptarbeitskampfs erfüllt werden.

Das Bundesarbeitsgericht hat schon in der früheren Rechtsprechung deutlich gemacht, dass der Unterstützungsstreik nicht schlechthin unzulässig ist. Den der Entscheidung aus dem Jahr 1985 zugrundeliegenden Sachverhalt konnte das Bundesarbeitsgericht zwar mangels ausreichender Tatsachenfeststellungen nicht abschließend beurteilen und verwies ihn an das Landesarbeitsgericht zurück. Das Gericht betonte jedoch, dass sich ein Unterstützungsarbeitskampf in bestimmten eng umgrenzten Konstellationen als zulässig erweisen könne und zählte beispielartig einige Fallgestaltungen auf. Die Zulässigkeit des Unterstützungsarbeitskampfs könne sich unter anderem daraus ergeben, dass der Dritte das Neutralitätsgebot missachtet und bereits in den Hauptarbeitskampf durch eigene Handlungen eingegriffen hat. Außerdem könne eine Ein-

773 *Henssler*, ZfA 2010, 397 (410); *Wank*, RdA 2009, 1 (3).

774 Gegen diese Terminologie *Picker*, ZfA 2010, 499 (522), der den Sympathiearbeitskampf durch den Begriff des Unterstützungsarbeitskampfs als schein-versachlicht bezeichnet.

775 BAG v. 05.03.1985 – 1 AZR 468/83, NZA 1985, 504 (507).

beziehung des Dritten dann in Betracht kommen, wenn der Dritte wirtschaftlich derart mit der im Arbeitskampf befindlichen Partei verflochten ist, dass er als Betriebsteil dieser Partei anzusehen ist, da es sich dann faktisch nicht mehr um einen außenstehenden Dritten handelt. Stellt der Dritte einen Teil eines im Arbeitskampf befindlichen Unternehmens dar, war bereits nach früherer Rechtsprechung dessen Einbeziehung in den Arbeitskampf zulässig.[776] Um eine solche Verflechtung festzustellen, sind insbesondere personale, organisatorische und wirtschaftliche Daten zu ermitteln, die Aufschluss über die Verbindung der beiden vom Arbeitskampf betroffenen Unternehmen geben können. Aus der Entscheidung ergab sich ein klares Regel-Ausnahme-Verhältnis bei der Zulässigkeit von Unterstützungsarbeitskämpfen. Während grundsätzlich von deren Unzulässigkeit auszugehen war, konnte die im Einzelfall selbst hergestellte oder die aus Gründen wirtschaftlicher Verflechtung objektiv bestehende Nähe zum Hauptarbeitskampf zur Zulässigkeit des Unterstützungsarbeitskampfs führen.

Die aktuelle Entscheidung zur nunmehr grundsätzlichen Zulässigkeit eines Unterstützungsstreiks[777] hatte einen Konzernsachverhalt zum Inhalt. Das bestreikte Druckereiunternehmen war ebenso wie die im Hauptarbeitskampf bestreikte Verlagsgesellschaft eine Tochtergesellschaft einer gemeinsamen Konzernobergesellschaft. Ihr Umsatz bestand, wie oben bereits geschildert, zu 60 Prozent aus dem Druck der von der Verlagsgesellschaft verlegten Zeitung, für die sie den alleinigen Druckauftrag hatte. Es handelte sich folglich um eine enge wirtschaftliche und organisatorische Verzahnung. Auch auf dem Boden der bisherigen Rechtsprechung hätte das Bundesarbeitsgericht ohne nennenswerte Schwierigkeiten den Unterstützungsarbeitskampf aufgrund dieser spezifischen Verzahnung für rechtmäßig erklären können.[778] Das Bundesarbeitsgericht nahm dennoch diesen Sachverhalt zum Anlass seine Rechtsprechung zum Unterstützungsstreik umfassend zu revidieren. Es ging dem Gericht daher nicht um den ihm vorgelegten Einzelfall. Es wollte vielmehr das bestehende Regel-Ausnahme-Verhältnis explizit ändern und so seine gewandelte Auffassung der Koalitionsbetätigungsfreiheit zum Ausdruck bringen. Nunmehr ist es ausreichend ein tarifliches Ziel mittelbar dadurch zu verfolgen, dass über einen Arbeitskampf gegen einen Dritten Einfluss auf den eigenen Tarifpartner genommen wird. Dieses Ergebnis begründet das Bundesarbeitsgericht insbesondere mit einer veränderten Verhältnismäßigkeitsprüfung.

---

776 BAG v. 20.12.1963 – 1 AZR 157/63, NJW 1964, 1291 (1292 f.).

777 BAG v. 19.06.2007 – 1 AZR 396/06, NZA 2007, 1055.

778 So auch *Rieble*, BB 2008, 1506 (1506); *Jacobs*, ZfA 2011, 71 (74).

III. Die Stärkung der Verhältnismäßigkeitsprüfung bei gleichzeitiger Verringerung ihrer Konturen

Das Bundesarbeitsgericht hat in seiner Entscheidung zur Zulässigkeit des Unterstützungsstreiks die praktische Relevanz des Verhältnismäßigkeitsprinzips hervorgehoben.[779] Die Verhältnismäßigkeit ist danach zentraler Prüfungsmaßstab der Zulässigkeit von Arbeitskampfmitteln. Allerdings erfährt der Verhältnismäßigkeitsgrundsatz in dieser Entscheidung sowohl Modifikationen hinsichtlich seines Bezugspunktes als auch hinsichtlich seiner inhaltlichen Anforderungen.

1. Das Kampfziel als Bezugspunkt der Verhältnismäßigkeitsprüfung

Während in früheren Entscheidungen der Grundsatz der Kampfparität als Bezugspunkt fungierte,[780] hat das Bundesarbeitsgericht in seiner Entscheidung zur Zulässigkeit des Unterstützungsarbeitskampfs das Kampfziel zum Bezugspunkt der Verhältnismäßigkeitsprüfung erklärt. Das Gericht prüft, ob das gewählte Kampfmittel zur Durchsetzung des Kampfziels geeignet, zur Zielerreichung erforderlich und unter Berücksichtigung der Rechtspositionen Betroffener angemessen ist.[781] Dieses veränderte Verständnis hat erhebliche praktische Auswirkungen. Die bisherige Ausrichtung der Verhältnismäßigkeitsprüfung auf die Herstellung der Kampfparität bedeutete eine zugegebenermaßen nicht einfache Überprüfung der Kampfmittel, sie erfolgte allerdings nach objektivierbaren Kriterien. Eine auf das Kampfziel gerichtete Verhältnismäßigkeitsprüfung lässt diese dagegen vermissen. Das Kampfziel kann von der Koalition weitgehend autonom bestimmt werden. Die Verhältnismäßigkeitsprüfung wird daher durch den veränderten Bezugspunkt versubjektiviert und das Arbeitskampfrecht liberalisiert.[782]

Durch die Festlegung des Kampfziels als Bezugspunkt der Verhältnismäßigkeitsprüfung hat es die Koalition selbst in der Hand für die Verhältnismäßigkeit des von ihr gewählten Kampfmittels zu sorgen.[783] Durch die Wahl einer engen Zweckvorgabe des Arbeitskampfs kann die Koalition die Anzahl der einsetzbaren Mittel erheblich reduzieren und so die von ihr nicht favorisierten Kampfmittel bereits von der Verhältnismäßigkeitsprüfung ausschließen. Besonders schwer zu erreichende Kampfziele würden bei einer derartigen Verhältnismäßigkeits-

779 BAG v. 19.06.2007 – 1 AZR 396/06, NZA 2007, 1055 (1058).

780 Siehe oben Seite 193 ff.; dagegen aber *Fischinger*, RdA 2007, 99 (100 f.).

781 BAG v. 19.06.2007 – 1 AZR 396/06, NZA 2007, 1055 (1058).

782 Nach Ansicht von *Kreft*, BB 2008, Special Nr. 4, 11 (12) hat sich durch die Entscheidung zum Unterstützungsstreik dagegen das Arbeitskampfarsenal der Gewerkschaften praktisch und realiter nicht wesentlich geändert.

783 *Bieder*, NZA 2008, 799 (800 f.).

prüfung den Einsatz besonders schwerwiegender und damit besonders effektiver Kampfmittel legitimieren. Die Koalition könnte daher durch die Aufstellung eines unrealistischen Kampfziels eine Stärkung ihres Kampfmittelarsenals bewirken. Der Sinn des Arbeitskampfs, der darin liegt, ein bestehendes Ungleichgewicht der Verhandlungschancen auszugleichen, wird dann nicht mehr verfolgt. Die Orientierung an einem solchermaßen verstandenen Verhältnismäßigkeitsprinzip birgt vielmehr das Risiko einer Degenerierung des Arbeitskampfs weg von einem Mittel der Etablierung gerechter Austauschbeziehungen hin zu einem Mittel „unkontrollierter zwangsweiser Interessenverfolgung".[784]

2. *Die inhaltlichen Anforderungen an die Verhältnismäßigkeitsprüfung*

Diese Gefahr wird durch die Verringerung der inhaltlichen Anforderungen an die Verhältnismäßigkeitsprüfung begünstigt. Das Bundesarbeitsgericht gesteht den Koalitionen einen Einschätzungsspielraum sowohl hinsichtlich der Geeignetheit als auch hinsichtlich der Erforderlichkeit des Kampfmittels zu. Dieser soll aus der freien Wahl der Kampfmittel herrühren. Das Bundesarbeitsgericht reduziert damit in erheblicher Weise die Prüfintensität. Ein Kampfmittel erfüllt auf den genannten Ebenen der Verhältnismäßigkeitsprüfung nur dann die Vorgaben nicht, wenn es offensichtlich ungeeignet oder nicht erforderlich ist.

Das Bundesarbeitsgericht hält ein Arbeitskampfmittel für geeignet, sofern durch dessen Anwendung auf den sozialen Gegenspieler wirtschaftlicher oder psychischer Druck ausgeübt werden kann.[785] Für die Beurteilung des dem Unterstützungsarbeitskampf immanenten Druckpotentials rekurriert das Gericht auf einen relativ diffusen Nähebegriff. Es geht davon aus, dass zwischen wirtschaftlich und regional verbundenen Arbeitgebern unabhängig von einer Mitgliedschaft im selben Arbeitgeberverband und unabhängig von zwischen den Arbeitgebern bestehenden Konzernverbindungen regelmäßig zahlreiche Verbindungen und Kontakte bestehen, die eine zumindest informelle Einflussnahme ermöglichen. Unklar bleibt, wann eine solche Nähebeziehung besteht und wie sie festzustellen ist. Eindeutig hat das Bundesarbeitsgericht die Geeignetheit eines Unterstützungsarbeitskampfs nur für Fälle verneint, in denen die Beteiligten des Haupt- und des Unterstützungsarbeitskampfs branchenmäßig, wirtschaftlich oder räumlich so weit voneinander entfernt sind, dass der Unterstützungsarbeitskampf offensichtlich den sozialen Gegenspieler des Hauptarbeitskampfs nicht

---

784 *Picker*, ZfA 2010, 499 (522).

785 BAG v. 19.06.2007 – 1 AZR 396/06, NZA 2007, 1055 (1059); bereits in der Entscheidung BAG v. 18.02.2003 – 1 AZR 142/02, NZA 2003, 866 (869) überlässt das Bundesarbeitsgericht den Koalitionen einen Beurteilungsspielraum hinsichtlich der Frage, ob das Kampfmittel dazu geeignet ist Druck auf den sozialen Gegenspieler auszuüben.

mehr zu beeindrucken geeignet ist.[786] Das Bundesarbeitsgericht gibt dem Rechtsanwender daher nur an die Hand, dass ein Kampfmittel dann geeignet ist, wenn es nicht offensichtlich ungeeignet ist. Letztlich ist nach dieser Ansicht die reine Möglichkeit der Beeinflussung des Hauptarbeitskampfs für die Bejahung der Geeignetheit ausreichend. Aussagekräftig ist diese Definition der Geeignetheit nicht. Eine trennscharfe Unterscheidung zwischen geeigneten und ungeeigneten Kampfmitteln ist auf diese Weise nicht möglich. Zwar kann ein Unterstützungsarbeitskampf gegen einen Lieferanten/Abnehmer auch der Lösung des Konflikts im Hauptarbeitskampf dienlich sein. Dabei ist allerdings entscheidend, welche wirtschaftliche Bedeutung der vom Hauptarbeitskampf Betroffene für den Gegner des Unterstützungsarbeitskampfs hat. Nur wenn diese Prüfung zu der Feststellung führt, dass die Beziehung der beiden Unternehmen wirtschaftlich untrennbar ist, kann davon ausgegangen werden, dass der Gegner des Unterstützungsarbeitskampfs sich in den Hauptarbeitskampf einmischt. Dabei sind zwar nicht nur rechtliche Verbindungen wie eine Konzernverbindung entscheidend. Aus wirtschaftlichen Gründen besteht die zu fordernde Nähe allerdings nur bei einer erheblichen und nicht zu kompensierenden wirtschaftlichen Abhängigkeit.

Die durch das Bundesarbeitsgericht vorgenommene Definition der Geeignetheit lässt Raum für unzählige Einzelfallentscheidungen. Abstrakt wird kein feststehender Inhalt der Geeignetheitsprüfung vorgegeben. Zu fordern wäre zumindest die Existenz einer faktisch-realen Einflussnahmemöglichkeit des Gegners des Unterstützungsarbeitskampfs auf den Gegner des Hauptarbeitskampfs. Dafür reicht eine wirtschaftliche Nähe allein nicht aus. Insbesondere die vom Bundesarbeitsgericht vorgebrachte regionale Nähe sagt über die Geeignetheit des Arbeitskampfmittels allein nichts aus. Die Geeignetheit muss mehr sein als Ausfluss sozialer bzw. wirtschaftlicher und damit rechtlich unverbindlicher Beziehungen. Tauglich zur Beeinflussung des Hauptarbeitskampfs kann daher nur ein Kampfmittel sein, das sich gegen einen Dritten richtet, der entweder rechtliche Einflussmöglichkeiten auf den Gegner des Hauptarbeitskampfs hat oder dessen wirtschaftliche Verknüpfung mit diesem einer Konzernverbindung zumindest nahekommt.[787] Davon kann nur bei einer nicht zu kompensierenden wirtschaftlichen Abhängigkeit gesprochen werden. Mit einer Begrenzung des Unterstützungsarbeitskampfs auf solche Situationen kann dem Problem der Ausgliederung

786 BAG v. 19.06.2007 – 1 AZR 396/06, NZA 2007, 1055 (1059 f.).

787 *Hohenstatt/Schramm*, NZA 2007, 1034 (1037) gehen davon aus, dass eine wirtschaftliche Verflechtung den Unterstützungsarbeitskampf nicht rechtmäßig macht; enger *Reinartz/Olbertz*, DB 2008, 814 (815 f.), die ein Konzernverhältnis für erforderlich halten, bei dem der in den Streik einbezogene Dritte beherrschenden Einfluss auf das vom Hauptarbeitskampf betroffene Unternehmen ausübt. Anderenfalls sei ein Unterstützungsarbeitskampf nur möglich, sofern der Dritte das Neutralitätsgebot im Hauptarbeitskampf gebrochen habe.

von besonders arbeitskampfgefährdeten Bereichen entgegengewirkt werden, da ansonsten die Kampffähigkeit der Koalition durch den Arbeitgeber erheblich beschnitten werden könnte.[788]

Auch die durch das Bundesarbeitsgericht vorgenommene Prüfung der Erforderlichkeit weist erhebliche Unschärfen auf. Ebenso wie bei der Geeignetheit vertritt das Gericht die Auffassung, dass den Koalitionen ein Einschätzungsspielraum hinsichtlich der Erforderlichkeit des Kampfmittels zukommt. Offensichtlich nicht erforderlich soll ein Unterstützungsarbeitskampf beispielsweise dann sein, wenn er gegen den Willen der den Hauptarbeitskampf führenden Koalition stattfindet. Die kampfführende Koalition muss zudem vor dem Beginn eines Unterstützungsstreiks nicht den Hauptarbeitskampf intensivieren. Diese Argumentation macht es praktisch außerordentlich schwierig die mangelnde Erforderlichkeit gegen einen Unterstützungsarbeitskampf ins Feld zu führen. Der aufgedrängte Unterstützungsarbeitskampf hat wohl einen eher theoretischen Hintergrund.[789] Mit diesem durch das Bundesarbeitsgericht aufgeführten Beispiel wird deutlich, welch geringe Anforderungen an die Erforderlichkeit des Kampfmittels gestellt werden.[790] Daran ändert sich auch dadurch nichts, dass eine Koalition wohl im Regelfall nur dann einen Unterstützungsarbeitskampf anstrengen wird, wenn sie von einer positiven Beeinflussung des Hauptarbeitskampfs ausgeht. Auch für den Fall, dass eine Koalition ihre Einflussnahmemöglichkeiten überschätzt, müssen handhabbare rechtliche Regelungen bestehen, die dem Unterstützungsarbeitskampf einen rechtlichen Rahmen setzen können.

Die letzte und einzige reale Prüfung des Arbeitskampfmittels findet daher nach dieser Rechtsprechung im Rahmen der Angemessenheit bzw. Proportionalität statt. Nur auf dieser Prüfungsebene soll den Koalitionen keine Einschätzungsprärogative zukommen. Hier ist zu untersuchen, ob sich das gewählte Arbeitskampfmittel als unangemessene Beeinträchtigung gegenläufiger, ebenfalls verfassungsrechtlich geschützter Rechtspositionen darstellt.[791] Dabei ist allerdings nach Ansicht des Bundesarbeitsgerichts zu berücksichtigen, dass es gerade der Zweck des Arbeitskampfs ist, wirtschaftlichen Druck auf den sozialen Gegenspieler auszuüben.

Dem Verhältnismäßigkeitsgrundsatz ist eine gewisse Unbestimmtheit auch in seinem originären Anwendungsbereich des Verfassungsrechts immanent, dient er doch der Einzelfallprüfung. Insoweit ist er geprägt von Abwägungen, deren

788 *Greiner*, EzA GG Art. 9 Arbeitskampf Nr. 143, S. 32 f.

789 So auch *Hohenstatt/Schramm*, NZA 2007, 1034 (1036).

790 *von Steinau-Steinrück/Brugger*, NZA-Beil. 2010, 127 (132 f.) gehen daher zu Recht davon aus, dass Arbeitskampfmittel wohl immer die so verstandenen Grenzen der Geeignetheit und Erforderlichkeit beachten dürften.

791 BAG v. 19.06.2007 – 1 AZR 396/06, NZA 2007, 1055 (1058).

Ergebnis nicht immer auf der Hand liegt. Dies gilt insbesondere für die Prüfungsstufe der Angemessenheit. Im Verfassungsrecht dient der Verhältnismäßigkeitsgrundsatz dazu, die Rechtmäßigkeit eines Grundrechtseingriffs zu überprüfen. Dort erhält die Prüfung einen gewissen Rahmen durch die ersten beiden Prüfungsebenen der Geeignetheit und Erforderlichkeit. Auf diesen Prüfungsebenen werden greifbarere Entscheidungen möglich. Die Interpretation des Verhältnismäßigkeitsgrundsatzes im Arbeitskampfrecht durch das Bundesarbeitsgericht verstärkt jedoch den immanenten Unsicherheitsfaktor noch.[792] Eine veritable Eingrenzung des Arbeitskampfrechts kann eine nur anhand der Angemessenheit vorzunehmende Verhältnismäßigkeitsprüfung nicht liefern.

Die besondere Schutzbedürftigkeit desjenigen, der in einen Unterstützungsarbeitskampf verwickelt wird, betont auch das Bundesarbeitsgericht.[793] Gleichwohl setzt es dem Unterstützungsarbeitskampf lediglich äußerste Grenzen. Dies kommt vor allem dadurch zum Ausdruck, dass das Bundesarbeitsgericht selbst in Fällen eines unrechtmäßigen Hauptarbeitskampfs den Unterstützungsarbeitskampf lediglich für *regelmäßig* unangemessen hält. Es scheint nach dieser Ansicht daher Ausnahmen von dieser Regel geben zu können. Das Gericht behält sich damit weitgehend die Möglichkeit der Einzelfallentscheidung vor, um so möglichst flexibel reagieren zu können. Wie ein Unterstützungsarbeitskampf im Falle eines rechtswidrigen Hauptarbeitskampfs angemessen sein kann, ist allerdings nicht erklärbar. In einem solchen Fall müssten die verfassungsrechtlich geschützten Interessen des vom Unterstützungsstreik Betroffenen vorgehen. Der Unterstützungsarbeitskampf kann bereits vom Wortlaut her nur akzessorisch zum Hauptarbeitskampf sein.[794] Dessen Rechtswidrigkeit muss daher auch zur Rechtswidrigkeit des Unterstützungsarbeitskampfs führen. Ansonsten würde die merkwürdig anmutende Situation eintreten, dass die für den rechtswidrigen Hauptarbeitskampf verantwortliche Koalition Unterlassungs-, Beseitigungs- und Schadensersatzansprüchen ausgesetzt wäre, während die den Unterstützungsarbeitskampf führende Koalition zur Aufrechterhaltung ihres Arbeitskampfs berechtigt wäre. Dies würde zu einer Verschiebung des Schwerpunkts von einem Unterstützungsarbeitskampf zu einem Hauptarbeitskampf führen, die auch nach der Rechtsprechung des Bundesarbeitsgerichts unzulässig wäre. Diese Folge indiziert jedoch bereits die Unzulässigkeit eines solchen Arbeitskampfs, würde in diesem Fall doch ein fremdes tarifliches Ziel durch die Koalition verfolgt,

---

792 *Franzen*, in: Jahrbuch des Arbeitsrechts, Band 47 (2010), 119 (127 f.); *Otto*, RdA 2010, 135 (136); *Rieble*, BB 2008, 1506 (1510); *von Steinau-Steinrück/Brugger*, NZA-Beil. 2010, 127 (133); *von Steinau-Steinrück/Glanz*, NZA 2009, 113 (114 f.).

793 BAG v. 19.06.2007 – 1 AZR 396/06, NZA 2007, 1055 (1060).

794 *Rieble*, BB 2008, 1506 (1513).

das mangels zulässigem Hauptarbeitskampf in keinem Fall zum Abschluss eines Tarifvertrags führen könnte.

Eine Rückbesinnung auf den verfassungsrechtlichen Verhältnismäßigkeitsbegriff und den diesem zugrundeliegenden Begriff der Geeignetheit könnte zu einer klareren Regelung des Arbeitskampfrechts beitragen. Danach muss ein gewähltes Mittel den angestrebten legitimen Erfolg zumindest fördern können, um als geeignet zu gelten.[795] Diese im Verfassungsrecht herrschende Definition von Geeignetheit verlangt eine tatsächliche Förderung des angestrebten Ziels durch das gewählte Mittel. Allein die Möglichkeit der Förderung kann hierfür allerdings nicht ausreichen. Dies gilt unabhängig davon, welcher Bezugspunkt für die Verhältnismäßigkeitsprüfung gewählt wird. Sowohl bei dem Bezugspunkt der Kampfparität als auch bei demjenigen der Forderungsdurchsetzung muss eine tatsächliche und reale Förderung des Ziels vorliegen.

IV. Die Abkehr vom Grundsatz der Kampfparität

In der Rechtsprechung des Bundesarbeitsgerichts stellte seit dem Beginn der modernen arbeitskampfrechtlichen Rechtsprechung der Grundsatz der Kampfparität einen der zentralen Prüfungspunkte der Rechtmäßigkeit von Arbeitskämpfen dar.[796] Aus dem Paritätsprinzip hat das Bundesarbeitsgericht abgeleitet, dass die Rechtsordnung keiner Partei des Arbeitskampfs so starke Kampfmittel zur Verfügung stellen darf, dass dem sozialen Gegenspieler keine gleichwertige Verhandlungschance bleibt.[797] Insofern zog die Rechtsprechung aus dem Grundsatz konkrete Folgen für das Arbeitskampfrecht. Mit der Entscheidung zur Zulässigkeit des Unterstützungsstreiks hat das Bundesarbeitsgericht die aus dem Paritätsgrundsatz herzuleitenden Anforderungen an den Arbeitskampf erheblich verringert. Das Gericht geht nunmehr davon aus, dass der Paritätsgrundsatz als Maßstab zur Bewertung einzelner Kampfsituationen aufgrund seiner Abstraktionshöhe regelmäßig nicht ausreichend ist.[798] Insbesondere hebt das Gericht hervor, dass sich aus Art. 9 Abs. 3 GG keine konkreten Kriterien für die Beurteilung der Kampfparität ergeben würden. Dies verwundert freilich nicht, stellt doch schon die Koalitionsbetätigungsfreiheit selbst einen nicht aus dem Wortlaut der Verfassungsbestimmung, sondern lediglich aus dem Sinn und Zweck dersel-

795 BVerfG v. 14.03.1989 – 1 BvR 1033/82, 1 BvR 174/84, NVwZ 1989, 850 (851).

796 Vgl. bereits BAG (GrS) v. 28.01.1955 – GS 1/54, NJW 1955, 882 (884 ff.); nach *Hergenröder*, in: HWK, Art. 9 GG, Rz. 166 ist der Paritätsgrundsatz oberstes Prinzip des Arbeitskampfrechts.

797 BAG v. 22.12.1980 – 1 ABR 2/79, NJW 1981, 937 (938).

798 BAG v. 19.06.2007 – 1 AZR 396/06, NZA 2007, 1055 (1058); so auch *Dieterich*, in: ErfKomm., Art. 9 GG, Rz. 112.

ben folgenden Grundrechtsinhalt dar.[799] Der Paritätsgrundsatz soll aber insoweit von den Gerichten zu beachten sein, als sie weder ein vorhandenes Gleichgewicht stören, noch ein bestehendes Ungleichgewicht verstärken dürfen.[800]

V. Kein grundlegender Bruch mit bestehendem Arbeitskampfrecht

Letztlich stellt die Entscheidung zur Zulässigkeit des Unterstützungsstreiks allerdings keinen grundlegenden Bruch mit dem traditionellen Verständnis des Arbeitskampfs dar, sondern nur eine Fortentwicklung desselben. Produktionsprozesse sind mehr und mehr durch arbeitsteilige Organisation geprägt. Diese Arbeitsteilung erleichtert die Aufgliederung bisher zusammenhängender Organisationsstrukturen in teilbare Konzernstrukturen.[801] Die durch derartige Möglichkeiten entstehende Diversifizierung auf Arbeitgeberseite kann zu strategischen und taktischen Einschränkungen der Arbeitskämpfe führen und deren Effizienz vermindern. Es ist davon auszugehen, dass die Rechtsprechung auf diese neuartigen Herausforderungen des Arbeitskampfrechts zu reagieren versucht hat. Sind Unterstützungsarbeitskämpfe grundsätzlich zulässig, können sich Arbeitgeber zukünftigen Arbeitskämpfen nicht durch eine Umorganisation der Unternehmensstrukturen entziehen. Nichtsdestotrotz schießt die Zulassung des Unterstützungsstreiks noch weit über dieses mögliche Ziel hinaus. Den Arbeitnehmerkoalitionen wird durch die Möglichkeit der Einbeziehung anderer Arbeitgeber in einen fremden Arbeitskampf eine breitere Angriffsfläche für ihren Arbeitskampf geboten. Dabei lässt das Bundesarbeitsgericht substantielle Überlegungen zur Erforderlichkeit eines derart weitgehenden Rechts auf Unterstützungsarbeitskampf vermissen und gibt den Instanzgerichten keine greifbaren Kriterien zur Überprüfung der Rechtsmäßigkeit derartiger Arbeitskämpfe an die Hand. Richtigerweise sollte der Unterstützungsarbeitskampf nur in Betracht kommen bei einer rechtlichen oder faktisch-realen Einflussnahmemöglichkeit des Kampfgegners auf den Kampfgegner des Hauptarbeitskampfs. Dies setzt entweder ein Konzernverhältnis, das dem Gegner die rechtliche Einflussnahme sichert oder eine nicht zu kompensierende wirtschaftliche Abhängigkeit zwischen dem vom Hauptarbeitskampf und dem vom Unterstützungsarbeitskampf Betroffenen voraus.

---

799 Ähnlich *Hohenstatt/Schramm*, NZA 2007, 1034 (1035 f.).
800 BAG v. 22.09.2009 – 1 AZR 972/08, NZA 2009, 1347 (1351).
801 *Greiner*, NJW 2010, 2977 (2978).

B) Folgen der Entscheidung zur Zulässigkeit von Arbeitskämpfen um einen Tarifsozialplan

I. Der zugrundeliegende Sachverhalt

Lange Zeit war die Frage umstritten, ob im Falle einer Betriebsänderung neben dem gesetzlich in den §§ 111, 112 BetrVG vorgesehenen betrieblichen Verfahren zur Abmilderung der mit der Betriebsänderung verbundenen Folgen parallel auch ein Arbeitskampf mit gleicher Zielsetzung geführt werden kann. Das Bundesarbeitsgericht geht nunmehr ausdrücklich von der Zulässigkeit eines solchen Arbeitskampfs aus.[802] Anlass war die Klage eines Arbeitgeberverbands gegen Arbeitskampfmaßnahmen gegen einige seiner Mitglieder. In den streitgegenständlichen Fällen fanden Verhandlungen mit der betrieblichen Einigungsstelle über einen Interessenausgleich und Sozialplan statt. Die Gewerkschaft rief dennoch zum Arbeitskampf auf und stellte Forderungen in erheblicher Höhe auf. Das Bundesarbeitsgericht hob in der Entscheidung hervor, dass eine Gleichzeitigkeit von betrieblichem Einigungsstellenverfahren und gewerkschaftlichem Arbeitskampf die Kampfparität nicht zulasten der Arbeitgeberseite verschiebe. Die Höhe der Forderungen unterzog es keiner Prüfung. Sofern die Forderungen tariflich regelbare Gegenstände beträfen, solle eine Übermaßkontrolle ausgeschlossen sein.

II. Abwehr von Unternehmensentscheidungen als Kampfziel

Arbeitskämpfe können nur zur Durchsetzung tariflich regelbarer Ziele geführt werden. Auch in dieser grundsätzlichen Frage gibt die neuere Rechtsprechung Anlass zu Überlegungen. Das Bundesarbeitsgericht hat durch die Zulassung von Streiks um Tarifsozialpläne[803] auch unternehmerische Entscheidungen dem Zugriff der Koalitionen überlassen.[804] Die im Zuge einer Betriebsänderung aufgestellten Tarifforderungen sind nach Ansicht des Gerichts nicht im Rahmen ihres Kontextes zu überprüfen. Durch exorbitante Forderungen der Koalition kann diese deswegen direkten Einfluss auf die unternehmerische Entscheidung selbst nehmen. Durch die ihnen zugestandene Möglichkeit ihren Forderungen durch einen Arbeitskampf Ausdruck zu verschaffen ist es den Koalitionen somit möglich per Zwangsmittel Betriebsänderungen zu verhindern. Faktisch ist die Abwehr von Unternehmensentscheidungen damit als tariflich regelbares Ziel

---

802 BAG v. 24.04.2007 – 1 AZR 252/06, NZA 2007, 987.

803 BAG v. 24.04.2007 – 1 AZR 252/06, NZA 2007, 987.

804 Vgl. zur Problematik der Tarifsozialpläne oben Seite 166ff.

legitimiert. Wie bereits erörtert spricht einiges dafür, eine Gesamtüberprüfung der Tarifforderungen vorzunehmen. Kommt eine solche Untersuchung zu dem Ergebnis, dass das eigentliche Ziel der Koalition die Verhinderung der Umsetzung unternehmerischer Entscheidungen ist, stellt sich der Arbeitskampf als rechtswidrig dar.

C) Folgen der Entscheidung zur Aufgabe des Grundsatzes der Tarifeinheit – Die Entdeckung der Kleinteiligkeit des Arbeitskampfs

I. Das neue Selbstbewusstsein der Spezialistengewerkschaften

Unsere Wirtschaftsordnung ist durch das System der Arbeitsteilung und eine immer weitgehendere Technisierung gekennzeichnet. In vielen Wirtschaftsbereichen sind verschiedenste Koalitionen in einem Unternehmen vertreten und werben um neue Mitglieder. Arbeitsteilung bedeutet zugleich auch Segmentierung der Arbeitnehmerschaft und kann daher zu einer diversifizierten Koalitionsstruktur führen. Dies kann insbesondere dann problematisch sein, wenn fachlich besonders herausgehobene Arbeitnehmergruppen ihre Interessen durch eigene Koalitionen vertreten lassen. Derartige Koalitionen werden allgemein als Sparten- bzw. Spezialistengewerkschaften bezeichnet. Kennzeichnend für diese Form der Koalitionen ist, dass ihnen, vermittelt durch die besondere Stellung der von ihnen vertretenen Arbeitnehmer, ein besonderes Druckpotential zukommt. Spezialisten können kurzfristig kaum ersetzt werden, da sich ihre Arbeit durch besondere Komplexität, besonderes Wissen und sozio-ökonomische Wichtigkeit auszeichnet. Sie werden daher auch als Funktionseliten[805] bezeichnet und haben im Allgemeinen wirtschaftliche Kernpositionen inne. Ihre Existenz ist daher auf Branchen beschränkt, deren Arbeitsorganisation sich dadurch auszeichnet, dass der Großteil der Beschäftigten seine arbeitsvertraglich geschuldete Arbeitsleistung nur dann sinnvoll erbringen kann, wenn auch die Spezialisten ihre arbeitsvertraglich geschuldete Leistung erbringen. Hauptbeispiele für Funktionseliten sind daher Ärzte, Piloten, Lokführer, IT-Spezialisten oder auch Angehörige der Werksfeuerwehr. Es handelt sich grundsätzlich um eine zahlenmäßige Minderheit im Rahmen der Arbeitsorganisation des Betriebs.

Dass sich derartige Berufsgruppen in Spezialistengewerkschaften organisieren ist nicht neu, allerdings hat sich die Taktik ihrer Forderungsdurchsetzung in den letzten Jahren grundlegend verändert. Während Spezialisten früher versuch-

805 Vgl. nur *Giesen*, NZA 2009, 11 (13).

ten gemeinsam mit den großen Gewerkschaften für die Gesamtbelegschaft Tarifabschlüsse zu erzielen,[806] gehen sie nunmehr selbstbewusster den Weg eigener Tarifverhandlungen. Diese Tendenz ist der Allgemeinheit nicht verborgen geblieben, stellen sie doch gescheiterte Tarifverhandlungen von Spezialisten aufgrund deren Position vor besondere Probleme. Regelmäßig ist in den Medien daher von Tarifverhandlungen und Streikdrohungen der Spezialisten die Rede. Zu einer ersten allgemein wahrgenommenen Eskalation eines Spezialisten-Tarifkonflikts kam es bei der Deutschen Bahn AG im Jahre 2007. Dieser Tarifkonflikt zog sich über mehrere Monate hin und führte letztlich dazu, dass die Gewerkschaft der Lokführer (GdL) den Abschluss eines eigenen Tarifvertrages für die Lokführer erstritt.[807] Derartige Konstellationen können sich in Zukunft wiederholen.[808]

II. Die Aufgabe des Grundsatzes der Tarifeinheit

Eigenständigen Arbeitskämpfen von Spezialistengewerkschaften wurde in der Vergangenheit die Vereinbarkeit mit dem Grundsatz der Tarifeinheit abgesprochen.[809] Nach diesem Grundsatz sollte in einem Betrieb nur ein Tarifvertrag zur Anwendung kommen. Um die nach Ansicht des Bundesarbeitsgerichts im Falle eines Nebeneinanders verschiedener Tarifverträge in einem Betrieb entstehenden Schwierigkeiten zu vermeiden, leitete das Gericht den Grundsatz aus den Prinzi-

806 *von Steinau-Steinrück/Glanz*, NZA 2009, 113 (113).

807 Zum Arbeitskampf der GdL ausführlich *Greiner*, NZA 2007, 1023.

808 Die GdL erklärte beispielsweise am 01.02.2011 die Tarifverhandlungen mit der Bahn zum Flächen- und zum Haustarifvertrag für Lokführer für gescheitert, vgl. Aushang Report vom 01.02.2011, abrufbar unter www.gdl.de, zuletzt abgerufen am 04.02.2011. Im Rahmen dieses Tarifkonfliktes verlangte die GdL wiederum einen eigenen Tarifvertrag für die Lokführer. Im Unterschied zum Tarifkonflikt aus dem Jahre 2007 ging es der GdL dabei jedoch um die Erfassung auch von Lokführern der Konkurrenzunternehmen der DB AG. Diese und die DB AG hatten angeboten den bereits mit der Eisenbahn- und Verkehrsgewerkschaft (EVG), die im Dezember 2010 durch eine Verschmelzung von Transnet und GDBA entstand, abgeschlossenen Branchentarifvertrag für den Regionalverkehr auch auf die Lokführer zu übertragen, vgl. http://www.ftd.de/politik/deutschland/:tarifstreit-gdl-setzt-bahn-mit-streikdrohung-zu/60005711.html, zuletzt abgerufen am 04.02.2011. Dies ging der GdL jedoch nicht weit genug. In einer Urabstimmung am 07.03.2011 stimmten 90 % der zur Abstimmung aufgerufenen Mitglieder für einen unbefristeten Streik, vgl. Aushang Report v. 07.03.2011, abrufbar unter www.gdl.de, zuletzt abgerufen am 08.03.2011. Mittlerweile hat sich die Arbeitskampfbereitschaft auf die Konkurrenzunternehmen der Bahn fokussiert. Aufgrund der kurzen Laufzeit der Tarifverträge ist aber in den nächsten Jahren mit ähnlichen Tarifkonflikten bei der DB AG zu rechnen.

809 LAG Rheinland-Pfalz v. 23.02.2006 – 11 Sa 841/05 (juris); *Buchner*, BB 2003, 2121 (2126); *Buchner*, BB 2008, 106 (108); *Franzen*, RdA 2008, 193 (200f.); *Meyer*, NZA 2006, 1387 (1390); *von Steinau-Steinrück/Brugger*, NZA-Beil. 2010, 127 (127).

pien der Rechtssicherheit und der Rechtsklarheit her.[810] Ein solches Nebeneinander mehrerer Tarifverträge im Betrieb entsteht im Wesentlichen in zwei voneinander zu unterscheidenden Situationen. Wenn in einem Betrieb die Arbeitnehmer in verschiedenen Koalitionen organisiert sind und der Arbeitgeber an die von den verschiedenen Koalitionen geschlossenen Tarifverträge gebunden ist, also verschiedene Tarifverträge *nebeneinander* anwendbar sind, wird von der sogenannten Tarifpluralität gesprochen.[811] Gelten im Gegensatz dazu mehrere Tarifverträge *übereinander*, also für ein und das selbe Arbeitsverhältnis, spricht man von einer (echten) Tarifkonkurrenz.[812] Nach früherer Rechtsprechung sollte auf beide Situationen der Grundsatz der Tarifeinheit anzuwenden sein.[813] Dabei sollte die Entscheidung über den anwendbaren Tarifvertrag anhand des Spezialitätsgrundsatzes zu fällen sein. Die Spezialität richtet sich nach der räumlichen, fachlichen, betrieblichen und persönlichen Nähe des jeweiligen Tarifvertrags zum fraglichen Betrieb. Bezugspunkt dieser Prüfung, und insoweit ist der Begriff „Spezialität" sprachlich irreführend, ist der überwiegende Betriebszweck und die Gesamtheit der für diesen Betriebszweck eingesetzten Arbeitnehmer.[814] Im Falle von Tarifkonkurrenz und -pluralität sollte sich somit nicht der Tarifvertrag durchsetzen, der aufgrund seines besonders engen persönlichen Geltungsbereichs speziell ist, sondern derjenige, der bei voller Abdeckung sämtlicher im Betrieb durchgeführter Tätigkeiten den speziellsten Regelungsgehalt hat.[815] Arbeitskämpfe um Tarifverträge, die aufgrund des Grundsatzes der Tarifeinheit nach ihrem Abschluss ohnehin mangels so verstandener Spezialität unanwendbar wären, wurden deswegen als nicht erforderlich und damit als unverhältnismäßig und unzulässig erachtet.[816] Tarifverträge von Spezialisten konnten daher praktisch nicht erstreikt werden.

Diese Ansicht war allerdings nicht unangefochten. Rechtsprechung und Literatur verfolgten zum Teil ein anderes Verständnis des Grundsatzes der Tarifeinheit. Danach soll dieser Grundsatz gerade keine Aussagen über die Zulässigkeit von Arbeitskampfmaßnahmen treffen. Der Grundsatz der Tarifeinheit setzt nach dieser Auffassung die Existenz zweier Tarifverträge mit gleichem Regelungs-

810 BAG v. 20.03.1991 – 4 AZR 455/90, NZA 1991, 736 (738).

811 Vgl. nur *Nebeling/Gründel*, NZA 2009, Online-Aufsatz, S. 1, abrufbar unter www.nza.de.

812 Vgl. nur *Nebeling/Gründel*, NZA 2009, Online-Aufsatz, S. 1, abrufbar unter www.nza.de.

813 BAG v. 05.09.1990 – 4 AZR 59/90, NZA 1991, 202 (LS 3).

814 *Buchner*, BB 2003, 2121 (2124).

815 Vgl. *Giesen*, NZA 2009, 11 (11).

816 LAG Rheinland-Pfalz v. 23.02.2006 – 11 Sa 841/05 (juris); *Buchner*, BB 2003, 2121 (2126); *Buchner*, BB 2008, 106 (108); *Franzen*, RdA 2008, 193 (200f.); *Meyer*, NZA 2006, 1387 (1390); *von Steinau-Steinrück/Brugger*, NZA-Beil. 2010, 127 (127); vgl. auch *Kamanabrou*, ZfA 2008, 241 (255f.), die die Anwendung des Grundsatzes der Tarifeinheit im Rahmen der Prüfung der Verhältnismäßigkeit zwar für technisch möglich aber ablehnenswert hält.

gegenstand voraus. Ansonsten würde die gerichtliche Überprüfung des Tarifvorrangs eines bereits existierenden Tarifvertrags innerhalb der Rechtmäßigkeitsprüfung eines angekündigten Arbeitskampfs vorverlagert und der Koalition so das Recht, überhaupt Tarifnormen zu setzen, abgesprochen.[817] Zudem sahen große Teile des Schrifttums den Grundsatz der Tarifeinheit als verfassungswidrig und dessen Berücksichtigung im Rahmen der Verhältnismäßigkeitsprüfung damit ebenfalls als verfassungswidrige Beschränkung des Arbeitskampfrechts an.[818]

Nunmehr gilt allerdings durch die Aufgabe des Grundsatzes der Tarifeinheit durch das Bundesarbeitsgericht, dass Koalitionspluralitäten im Betrieb zu keinen Einschränkungen der Arbeitskampfbefugnis führen können.[819] Auch wenn im Betrieb ein Tarifvertrag einer Mehrheitsgewerkschaft gilt, können daher Spezialisten für den Abschluss eines eigenen Tarifvertrags uneingeschränkt zu Arbeitskampfmaßnahmen greifen. Es besteht daher eine gewisse Wahrscheinlichkeit, dass sich Arbeitskämpfe unterschiedlicher Koalitionen im Betrieb häufen und die Friedensphasen erheblich verkürzt werden. Diese Folge der neuen Rechtsprechung wird in der Literatur und Praxis erheblich kritisiert und ein Einschreiten des Gesetzgebers oftmals für erforderlich erachtet.[820] Das Bundesministerium

---

817 LAG Sachsen v. 02.11.2007 – 7 SaGa 19/07, NZA 2008, 59 (66) und LAG Hessen v. 02.05.2003 – 9 SaGa 637/03 (juris), beide zu Lokführerstreiks bei der DB AG; *Bayreuther*, NZA 2006, 642 (646); *Deinert*, NZA 2009, 1176 (1180).

818 *Deinert*, NZA 2009, 1176 (1180); *Engels*, RdA 2008, 331 (336); *Franzen*, ZfA 2009, 297 (312 ff.); *Nebeling/Gründel*, NZA 2009, Online-Aufsatz, S. 6, abrufbar unter www.nza.de; jedenfalls bei gewillkürter Tarifpluralität gegen den Grundsatz der Tarifeinheit *Kamanabrou*, ZfA 2008, 241 (259), die die Folgen von Arbeitskämpfen von Spartengewerkschaften ausführlich erörtert.

819 BAG v. 27.01.2010 – 4 AZR 549/08 (A), NZA 2010, 645; BAG v. 23.06.2010 – 10 AS 2/10; BAG v. 07.07.2010 – 4 AZR 549/08, NZA 2010, 1068.

820 Vor der Rechtsprechungsänderung auf die Probleme hinweisend bereits *Bayreuther*, NZA 2008, 12 (15); *Boemke*, ZfA 2009, 131 (131 ff.); *Buchner*, BB 2008, 106 (107 f.); *Feudner*, RdA 2008, 104 (107); nach der Rechtsprechungsänderung *von Steinau/Steinrück/Brugger*, NZA-Beil. 2010, 127 (134 f.); *Nebeling/Gründel*, NZA 2009, Online-Aufsatz, S. 7, abrufbar unter www.nza.de; zur Sicherung ihrer Wettbewerbsfähigkeit haben BDA und DGB die gesetzliche Regelung der Tarifeinheit in seltener Einmütigkeit gefordert, vgl. gemeinsames Thesenpapier v. 04.06.2010, abrufbar unter www.dgb.de, zuletzt abgerufen am 05.02.2011; die Professoreninitiative „Tarifpluralität als Aufgabe des Gesetzgebers" hat im Zuge des vom Bundesministerium für Arbeit und Soziales ausgerichteten Kolloquiums „Tarifeinheit und Koalitionsfreiheit" am 07.09.2010 ebenfalls ein Thesenpapier vorgestellt, dessen Schwerpunkt die Schaffung von Anreizen zur Gewerkschaftszusammenarbeit betrifft. Das Thesenpapier ist abrufbar unter www.tarifpluralitaet.de , zuletzt abgerufen am 05.02.2011; *Dieterich*, in: ErfKomm., Art. 9 GG, Rz. 85 geht davon aus, dass die durch eine Tarifpluralität entstehenden Komplikationen keine Störungen, sondern Kennzeichen der kollektiven Privatautonomie sind.

prüft derzeit, ob eine gesetzgeberische Regelung zur Lösung der Folgen der Aufgabe des Grundsatzes der Tarifeinheit erforderlich ist.[821]

D) Folgen der völkerrechtlichen Zulässigkeit des Beamtenstreiks

I. Umfassendes Streikverbot im öffentlichen Dienst als Verstoß gegen Art. 11 EMRK

Dass selbst sicher geglaubte Grundfesten des deutschen Arbeitskampfrechts dem Wandel unterliegen können, zeigt die aktuelle Rezeption europäischer Rechtsprechung zur Zulässigkeit von Beamtenarbeitskämpfen durch die deutsche Rechtsprechung. Beamten soll nach fast einhelliger Ansicht in Rechtsprechung und Literatur in Deutschland kein Recht auf Arbeitskampf zukommen.[822] Dies wird aus den hergebrachten Grundsätzen des Berufsbeamtentums im Sinne von Art. 33 Abs. 5 GG gefolgert. Gegen die Rechtmäßigkeit dieses Grundsatzes spricht allerdings die Entscheidung des Europäischen Gerichtshofs für Menschenrechte vom 21. April 2009.[823] Die Entscheidung betraf einen von der Personalabteilung des türkischen Premierministers erlassenen Runderlass, der einer Gewerkschaft für Angehörige des öffentlichen Dienstes die Teilnahme an einem von der Vereinigung der Gewerkschaften des Öffentlichen Dienstes in der Türkei organisierten Aktionstag unter Androhung von rechtlichen Konsequenzen untersagte. Drei Mitglieder des Verwaltungsrats nahmen dennoch an dem Aktionstag teil, woraufhin ihnen auf der Grundlage des Runderlasses Disziplinarstrafen auferlegt wurden. Die Gewerkschaft ist dagegen zunächst ohne Erfolg vor den nationalen Gerichten vorgegangen und legte dann Beschwerde beim Europäischen Gerichtshof für Menschenrechte ein.

Die Gewerkschaft sah den Runderlass als nicht gerechtfertigten Eingriff in ihre Gewerkschaftsfreiheit an und berief sich auf die Art. 11 und 14 EMRK.

---

821 Regierungspressekonferenz v. 23.06.2010, Mitschrift abrufbar unter www.bundesregierung.de, zuletzt abgerufen am 08.02.2011.

822 Nach *Thüsing*, Kirchliches Arbeitsrecht, S. 149 stellt dies seit der Weimarer Zeit einen festen Bestandteil des deutschen Arbeitskampfrechts dar; BVerfG v. 18.11.1954 – 1 BvR 629/52, NJW 1954, 1881 (1882); BVerwG v. 19.09.1977 – I DB 12/77, NJW 1978, 178 (179); BGH v. 31.01.1978 – VI ZR 32/77, NJW 1978, 816 (816 f.); *Gamillscheg*, KollArbR I, S. 1108 f.; *Hergenröder*, in: HWK, Art. 9 GG, Rz. 320; *Löwisch/Rieble*, in: MünchHdbArbR, § 157, Rz. 65.

823 EGMR (III. Sektion) v. 21.04.2009 – Nr. 68959/01 Enerji Yapi-Yol Sen/Türkei, NZA 2010, 1423; vgl. auch EGMR v. 16.10.2010 – Nr. 33322/07 Çerikci/Turquie und EGMR v. 27.03.2007 – Nr. 6615/03 Karaçay/Turquie, beide abrufbar unter www.coe.int, zuletzt abgerufen am 11.02.2011; grundlegend zum Inhalt von Art. 11 EMRK im Bereich des öffentlichen Dienstes EGMR v. 12.11.2008 – Nr. 34503/97, Demir und Baykara/Türkei, AuR 2009, 269.

Der Europäische Gerichtshof für Menschenrechte folgte der Auffassung der Gewerkschaft, indem er einen nicht gerechtfertigten Eingriff in Art. 11 EMRK feststellte. Eingriffe in Art. 11 Abs. 1 EMRK können gem. Art. 11 Abs. 2 EMRK gerechtfertigt sein, sofern sie gesetzlich vorgesehen und in einer demokratischen Gesellschaft notwendig zur Erreichung der in Abs. 2 genannten Ziele sind. Der Gerichtshof geht von einem materiellen Gesetzesverständnis aus, das auch untergesetzliche Rechtsnormen umfasst, die von Behörden aufgrund einer Ermächtigung erlassen wurden. Zwar handelt es sich bei dem Runderlass um eine gesetzliche Vorschrift in diesem Sinne. Nach Auffassung des Gerichtshofs war diese allerdings nicht zur Erreichung eines der in Art. 11 Abs. 2 EMRK genannten Ziele notwendig, da der Runderlass allgemein verfasst war und uneingeschränkt das Streikrecht aller Angehörigen des öffentlichen Dienstes ausschloss. Nach Ansicht des Europäischen Gerichtshofs für Menschenrechte kann ein Streikverbot nur für bestimmte Gruppen des öffentlichen Dienstes ausgesprochen werden. Ein allgemeines Streikverbot für Angehörige des öffentlichen Dienstes ist danach nicht rechtfertigungsfähig.

Die neueren Entscheidungen des Europäischen Gerichtshofs für Menschenrechte zu Art. 11 EMRK sind Ausdruck der steigenden Bedeutung der Koalitionsbetätigungsfreiheit sowohl auf nationaler wie auch auf europäischer Ebene. Ein aus Art. 11 EMRK abgeleitetes Recht auf Kollektivverhandlungen, das die erforderliche Grundlage der Anerkennung eines Rechts auf Arbeitskampf ist, hat der Europäische Gerichtshof für Menschenrechte auf europäischer Ebene erst spät ausdrücklich anerkannt.[824] Seitdem hat der Gerichtshof allerdings mehrfach die Bedeutung der Koalitionsbetätigungsfreiheit in Entscheidungen herausgearbeitet und liegt damit auf einer Linie mit den nationalen Gerichten, deren Entscheidungen ebenfalls die Bedeutung der Koalitionsbetätigungsfreiheit seit Jahren hervorheben und die ehemals diesem Recht gesetzten Grenzen weit herausschieben.

II. Das deutsche Verbot des Beamtenstreiks als Verstoß gegen Art. 11 EMRK

Vorschriften über das Streikrecht misst der Europäische Gerichtshof für Menschenrechte an Art. 11 Abs. 2 EMRK. Sie sind daher nur zulässig, sofern es sich um gesetzliche Regelungen handelt, die der Verfolgung eines der in Art. 11 Abs. 2 EMRK genannten berechtigten Ziele dienen, für dessen Erreichung die Einschränkung notwendig sein muss. Grundvoraussetzung für eine Zulässigkeit des deutschen Verbots des Beamtenstreiks ist daher zunächst die Existenz einer gesetzlichen Fundierung des Streikverbots. Das allgemeine Verbot des Beamten-

824 Vgl. EGMR v. 12.11.2008 – Nr. 34503/97, Demir und Baykara/Türkei, AuR 2009, 269 (273).

streiks im deutschen Recht stellt einen der hergebrachten Grundsätze des Berufsbeamtenrechts gem. Art. 33 Abs. 5 GG dar.[825] Es ist allerdings nicht schriftlich fixiert, sondern lediglich von der Rechtsprechung aus dieser Bestimmung hergeleitet worden. Es erscheint daher zunächst problematisch das Verbot als gesetzlich geregelt zu bezeichnen. *Lörcher* geht davon aus, dass Art. 33 Abs. 5 GG i. V. m. der hierzu ergangenen Rechtsprechung ein materielles Gesetz darstellen könnte, so dass das Verbot des Beamtenstreiks tatsächlich gesetzlich geregelt wäre.[826] Diese rechtsstaatlich problematische Verknüpfung zwischen rechtsprechender und gesetzgebender Gewalt ist indes nicht erforderlich. Nach der Rechtsprechung des Europäischen Gerichtshofs für Menschenrechte erfasst das Wort „gesetzlich" neben Gesetzen auch Richterrecht.[827] Der Gerichtshof fordert allerdings, dass das „Gesetz" für den Bürger zugänglich, vorhersehbar und nicht willkürlich ist.[828] Das deutsche Vebot des Beamtenstreiks erfüllt diese an Vorschriften über das Streikrecht durch Art. 11 Abs. 2 EMRK gestellten Maßstäbe. Es hat seine Basis in der Verfassungsbestimmung des Art. 33 Abs. 5 GG, ist durch jahrzehntelange Rechtsprechung gefestigt und von der Literatur bislang kritiklos akzeptiert und daher in hohem Maße vorhersehbar für die Betroffenen.

Ob sich durch die Rechtsprechung des Europäischen Gerichtshofs für Menschenrechte dennoch Konsequenzen für das nationale Recht ergeben ist umstritten. Nach einer Ansicht erfüllt das deutsche Beamtenrecht die Anforderungen, die der Europäische Gerichtshof für Menschenrechte für Arbeitskampfverbote im öffentlichen Dienst aufgestellt hat.[829] Grundlage dieser Ansicht ist eine formelle Betrachtungsweise der Organisation des öffentlichen Dienstes. So geht *Lindner* davon aus, dass das deutsche Verbot von Beamtenstreiks deshalb nicht gegen die Rechtsprechung des Europäischen Gerichtshofs für Menschenrechte verstößt, weil es lediglich für die Teilgruppe der Beamten gelte, während die Angestellten im öffentlichen Dienst nicht daran gebunden seien. Der Europäische Gerichtshof habe lediglich gefordert, dass ein Streikverbot nicht generell für alle Beschäftigten des öffentlichen Dienstes gelte, sondern sich nur an bestimmte Gruppen von ihnen richte.[830] Diesen Anforderungen werde durch das deutsche System genüge getan, da die Gruppe der Beamten „nach Maßgabe der Beamtengesetze und der statusrechtlichen Einstellungsvoraussetzungen eindeutig und klar von den übri-

825 BVerfG v. 30.03.1977 – 2 BvR 1039, 1045/75, NJW 1977, 1869 (1869).

826 *Lörcher*, AuR 2009, 229 (240).

827 EGMR (I. Sektion) v. 04.12.2008 – 27058/05 Dogru/Frankreich, NJOZ 2010, 1193 (1194); EGMR (Gr. Kammer) v. 10.11.2005 – 44774/98 Leyla Sahin/Türkei, NVwZ 2006, 1389 (1391); *Meyer-Ladewig*, in: ders., EMRK, Art. 8, Rz. 100.

828 EGMR (Gr. Kammer) v. 20.05.1999 – 25390/94 Rekvényi/Ungarn, NVwZ 2000, 421.

829 *Lindner*, DÖV 2011, 305 (305 ff.).

830 *Lindner*, DÖV 2011, 305 (308).

gen Beschäftigten im öffentlichen Dienst abtrennbar und begrenzt" sei.[831] Nach anderer Ansicht ergibt sich aus der Entscheidung des Europäischen Gerichtshofs für Menschenrechte ein funktionaler Ansatz bezüglich der Beschränkung des Streikrechts im öffentlichen Dienst.[832] Danach müsse ein Streikverbot funktional auf solche Gruppen des öffentlichen Dienstes beschränkt werden, die eine für den Staat besonders wichtige Aufgabe ausführen.[833]

Angesichts der Argumentation des Europäischen Gerichtshofs vermag die letztgenannte Ansicht zu überzeugen. Der Gerichtshof misst die Einschränkungen des Streikrechts für Beamte an Art. 11 Abs. 2 EMRK. Dieser verlangt neben einer gesetzlichen Regelung die Verfolgung eines berechtigten Ziels, für dessen Erreichung die Einschränkung notwendig sein muss. Die in Art. 11 Abs. 2 EMRK aufgeführten Ziele, nationale oder öffentliche Sicherheit, Aufrechterhaltung der Ordnung, Verhütung von Straftaten, Schutz der Gesundheit oder der Moral oder Schutz der Rechte und Freiheiten anderer, ermöglichen eine Einschränkung des Streikrechts nur in engen Grenzen. Die genannten Ziele können nicht durch Kollektivmaßnahmen beliebiger Teilgruppen des öffentlichen Dienstes gefährdet werden, sondern setzen eine herausgehobene Position der Rechteinhaber voraus. Daher fordert der Gerichtshof, dass Vorschriften über das Streikrecht „so eindeutig und begrenzt wie möglich die Gruppen der betroffenen Angestellten des öffentlichen Dienstes bestimmen" müssen.[834] Durch die Überprüfung von Vorschriften über das Streikrecht anhand des Art. 11 Abs. 2 EMRK wird damit implizit an die Funktion der betroffenen Gruppe angeknüpft. Dem wird das deutsche System der Organisation des öffentlichen Dienstes nicht gerecht. Beamte sind keine homogene Teilgruppe des öffentlichen Dienstes, die aufgrund ihrer hervorgehobenen Stellung eine besondere Position einnimmt und deswegen durch ihre Kollektivmaßnahmen per se eines der in Art. 11 Abs. 2 EMRK genannten Ziele gefährden würde. Dies zeigt sich bereits daran, dass in zahlreichen Beschäftigungsfeldern beamtete und angestellte Beschäftigte nebeneinander dieselbe Arbeit verrichten.[835] Zwar können die Beamten von den Angestellten eindeutig abgegrenzt werden, dies geschieht jedoch nur durch formelle Kriterien.

---

831 *Lindner*, DÖV 2011, 305 (308).

832 *Niedobitek*, ZBR 2010, 361 (367 f.).

833 *Niedobitek*, ZBR 2010, 361 (368).

834 EGMR (III. Sektion) v. 21.04.2009 – Nr. 68959/01 Enerji Yapi-Yol Sen/Türkei, NZA 2010, 1423 (1425).

835 Paradebeispiel für den Gleichlauf von Beamten- und Angestelltenverhältnis sind Lehrer und Lokführer; auch Professoren können gem. § 46 HRG als Beamte oder Angestellte beschäftigt werden; landesrechtliche Unterschiede gibt es bei den Justizwachtmeistern für die neben der Verbeamtung auch eine Beschäftigung im Angestelltenverhältnis möglich ist, vgl. für Nordrhein-Westfalen Abschnitt V der Dienstordnung für den Justizwachtmeisterdienst vom 12.11.1999.

Durch ein Verbot des Beamtenstreiks wird das Recht aus Art. 11 EMRK daher nicht so begrenzt wie möglich beschränkt.

Das Verbot von Beamtenstreiks ohne dessen Beschränkung auf bestimmte hoheitliche Bereiche ist daher nicht mit der neuen Rechtsprechung des Europäischen Gerichtshofs vereinbar, da es sich mangels Anknüpfung an funktionale Kriterien als nicht notwendige Einschränkung des in Art. 11 Abs. 1 EMRK gewährleisteten Rechts darstellt.[836]

III. Die Rezeption der Rechtsprechung des Europäischen Gerichtshofs für Menschenrechte durch das Verwaltungsgericht Düsseldorf

Zu einer erstmaligen Auseinandersetzung mit der neuen Rechtsprechung des Europäischen Gerichtshofs für Menschenrechte auf nationaler Ebene war das Verwaltungsgericht Düsseldorf gezwungen.[837] Es sah sich dabei außerstande den aus Art. 33 Abs. 5 GG abgeleiteten Grundsatz des absoluten Streikverbots für Beamte völkerrechtsfreundlich auszulegen, da dies die Grenzen der Auslegung überschritten hätte. Insoweit hielt das VG Düsseldorf an dem Grundsatz des absoluten Streikverbotes für Beamte prinzipiell fest, ging aber davon aus, dass er „(mutmaßlich) europarechtswidrig" sei.

Aus Art. 11 Abs. 1 EMRK und der hierzu ergangenen Rechtsprechung des Europäischen Gerichtshofs für Menschenrechte folgerte das VG Düsseldorf allerdings, dass die von der streikenden Beamtin verübte Dienstpflichtverletzung nicht durch eine Disziplinarverfügung bestraft werden dürfe. Dabei stützte es sich auf die oben genannte Rechtsprechung des Europäischen Gerichtshofs für Menschenrechte, nach der nicht nur das abstrakte Streikverbot für Beamte einen nicht zu rechtfertigenden Eingriff in die Koalitionsfreiheit darstellt, sondern auch die Sanktionierung der Streikteilnahme im Einzelfall. Ergebnis der Entscheidung des VG Düsseldorf ist die formale Fortgeltung des Streikverbots für Beamte, das allerdings nicht sanktionsbewehrt sein soll.

Misslich an der Entscheidung des VG Düsseldorf ist die darin zum Ausdruck kommende gesetzessystematische Widersprüchlichkeit, die aus der fehlenden Reaktion des deutschen Gesetzgebers auf die geänderte Rechtsprechung des Europäischen Gerichtshofs für Menschenrechte resultiert. Die EMRK ist mit deren Ratifikation in das deutsche Recht inkorporiert worden und ist daher von allen Trägern staatlicher Gewalt wie Gesetzesrecht des Bundes in der Gestalt anzuwenden, die sich durch die Rechtsprechung des Europäischen Gerichtshofs

---

836 Auch *Seifert*, KritV 2009, 357 (372 ff.) geht von einem Verstoß der deutschen Regelung gegen die Rechtsprechung des Europäischen Gerichtshofs aus.

837 VG Düsseldorf v. 15.12.2010 – 31 K 3904/10.O (juris).

für Menschenrechte entwickelt hat.[838] Zwar haben die Urteile des Europäischen Gerichtshofs für Menschenrechte gem. Art. 46 Abs. 1 EMRK nur eine Bindungswirkung inter partes, so dass mangels deutscher Prozessbeteiligung keine unmittelbare Umsetzungspflicht auf nationaler Ebene besteht, allerdings müssen andere Staaten die Urteile des Europäischen Gerichtshofs für Menschenrechte zum Anlass nehmen, das nationale Recht auf die Vereinbarkeit mit der EMRK und der zu ihr ergangenen Rechtsprechung hin zu überprüfen.[839] Dies ist bislang nicht geschehen. Wie im gesamten Arbeitskampfrecht ist daher auch im Bereich des Arbeitskampfrechts von Beamten aufgrund der Untätigkeit des Gesetzgebers die Rechtsprechung aufgefordert, Lösungsansätze zu finden.[840]

Als aus Art. 33 Abs. 5 GG abgeleiteter hergebrachter Grundsatz des Berufsbeamtenrechts ist das Verbot des Beamtenstreiks, wie oben dargelegt, nicht schriftlich fixiert. Es käme daher zunächst in Betracht, dass die EMRK und die hierzu ergangene Rechtsprechung mit dem Rang eines einfachen Bundesgesetzes dem ungeschriebenen hergebrachten Grundsatz des Beamtenstreikverbots vorgehen. Ein solcher Rangvorrang liegt jedoch trotz der fehlenden Schriftlichkeit des Verbots nicht vor. Die hergebrachten Grundsätze des Berufsbeamtentums stellen ein grundrechtsgleiches Individualrecht der Beamten dar[841] und stehen somit auf der Ebene des Verfassungsrechts. In der Normenhierarchie stehen diese Grundsätze daher über den in der EMRK getroffenen Regelungen.

Die Anforderungen des Europäischen Gerichtshofs für Menschenrechte an die Regelung eines Streikverbots für Beamte sind im nationalen Recht mangels funktioneller Anknüpfung an bestimmte Beamtenkategorien nicht erfüllt. Aufgrund der Inhomogentität der Beamtenschaft erscheint eine Argumentation, nach der wegen der speziellen deutschen Verhältnisse ein allgemeines Streikverbot für Beamte notwendig ist, nicht erfolgversprechend. Dem VG Düsseldorf blieb daher nur der Versuch, das nationale Recht völkerrechtskonform auszulegen.

Das Gericht sah sich jedoch zu Recht zu einer völkerrechtsfreundlichen Auslegung des Streikverbots nicht in der Lage. Eine solche scheitert an der Eindeutigkeit des absoluten Streikverbots für Beamte im deutschen Recht. So ist eine kollektivvertragliche Regelung von Beschäftigungsbedingungen, die nach deutschem Recht Ziel eines Arbeitskampfs sein muss, für Beamte durch § 2 Abs. 1 und 2 BBesG gesetzlich ausgeschlossen. Danach wird die Beamtenbesoldung durch Gesetz geregelt und eine andere Vereinbarung hierüber ausgeschlossen. Das einfache Beamtenrecht kann daher nicht zugunsten einer kollektivvertrag-

838 *Meyer-Ladewig*, in: ders., EMRK, Art. 1, Rz. 4; Art. 46, Rz. 17.
839 BVerfG v. 14.10.2004 – 2 BvR 1481/04, NJW 2004, 3407 (3409).
840 Siehe zur Frage einer Gesetzgebungspflicht unten Seite 315 f.
841 *Hense*, in: Epping/Hillgruber, Art. 33, Rz. 33.

lichen Regelbarkeit konventionskonform ausgelegt werden.[842] Da nach deutschem Recht der Gesetzgeber zur Regelung der öffentlich-rechtlichen Dienst- und Treueverhältnisse verpflichtet ist,[843] kommt eine tarifvertragliche Aushandlung von vornherein nicht in Betracht.[844] Eine an der neueren Rechtsprechung des Bundesgerichtshofs orientierte völkerrechtsfreundliche Rechts*fortbildung* existiert nicht. Durch die „Erfindung" der sogenannten richtlinienkonformen Rechtsfortbildung durch den Bundesgerichtshof hat dieser die Grenzen der europarechtskonformen Rechtsauslegung erheblich erweitert. Diese Grundsätze sind allerdings auf den vorliegenden Fall nicht anzuwenden, da es bereits an der erforderlichen planwidrigen Regelungslücke nach der Umsetzung eines Rechtsaktes des europäischen Sekundärrechts mangelt.[845]

Um den Verstoß des nationalen Rechts gegen die Rechtsprechung des Europäischen Gerichtshofs für Menschenrechte abzumildern, hat das VG Düsseldorf das Disziplinarrecht völkerrechtsfreundlich ausgelegt. Die Argumentation des Gerichts vermag allerdings nicht zu überzeugen. Indem das Gericht Disziplinarmaßnahmen nach einer verbotenen Streikbeteiligung bei völkerrechtskonformer Auslegung des deutschen Disziplinarrechts als unzulässig einstuft, verstößt es gegen den zuvor selbst wiederholten nicht auslegungsfähigen Grundsatz des absoluten Streikverbots für Beamte. Die Rechtsprechung des VG Düsseldorf führt zu einem faktischen Streikrecht von Beamten. Es ist widersprüchlich, dass das Gericht davon ausgeht, ein Disziplinarverfahren müsse zwar eingeleitet werden, es dürfe aber keine Disziplinarverfügung zur Folge haben. Die einzigen Folgen eines Beamtenstreiks, die das Gericht nennt, sind die Kürzung der Bezüge und das Risiko, dass sich der Streik im Rahmen des Disziplinarverfahrens als unzulässig herausstellt, so dass das Disziplinarverfahren nicht einzustellen wäre. Dabei verkennt das Gericht, dass diese Folgen die einer Beteiligung an einem Arbeitskampf von Natur aus innewohnenden Risiken sind. Die Rechtsprechung führt daher zu einem Gleichlauf von Streikrechten in der Privatwirtschaft und denjenigen im Staatsdienst. Damit führt die völkerrechtsfreundliche Auslegung des einfachen Disziplinarrechts zu einer bislang grundrechtswidrigen Folge. Nach geltendem Recht hätte das Gericht die Disziplinarmaßnahme für rechtmäßig erklären müssen. Der Kläger hätte dann die Möglichkeit gehabt, nach dem Durchlaufen des Instanzenzuges den Europäischen Gerichtshof für Menschenrechte anzurufen und eine gegenteilige Entscheidung mit Bindungswirkung für die Bundesrepublik Deutschland herbeizuführen.

842 *Seifert*, KritV 2009, 357 (372 f.).

843 *Otto*, Arbeitskampf- und Schlichtungsrecht, § 3, Rz. 25.

844 *Seifert*, KritV 2009, 357 (373 f.).

845 Zu dieser Voraussetzung siehe das Urteil BGH v. 26.11.2008 – VIII ZR 200/05, NJW 2009, 427, das die richtlinienkonforme Rechtsfortbildung begründet hat.

Die Rechtsprechung des Europäischen Gerichtshofs für Menschenrechte macht deutlich, dass die Auslegung der Koalitionsbetätigungsfreiheit auch auf der europäischen Ebene neue Impulse erhält, die in Zukunft auch das nationale Verständnis der Koalitionsbetätigungsfreiheit beeinflussen können.[846] Es ist zwar nicht davon auszugehen, dass der Gesetzgeber den lange anerkannten Grundsatz des absoluten Streikverbots für Beamte in absehbarer Zeit aufgeben wird. Allerdings erscheint es nicht ausgeschlossen, dass es bezüglich des Beamtenstreiks zu Verfahren gegen Deutschland vor dem Europäischen Gerichtshof für Menschenrechte kommt, die eine unmittelbare Bindungswirkung auslösen. Das letzte Wort ist daher noch nicht gesprochen. Sollte es zu einer Entscheidung gegen die Bundesrepublik Deutschland kommen, muss darüber nachgedacht werden, wie der Konflikt zwischen der Aufrechterhaltung der Staatsfunktionen und dem dann aller Voraussicht nach für Randpositionen zuzulassenden Arbeitskampfrecht aufzulösen ist. Die Kategorisierung nach der Bedeutung der durch die Beamtengruppe erfüllten Aufgaben stellt den Gesetzgeber vor eine schwierige Aufgabe mit erheblichem Konfliktpotential.

IV. Die Entscheidung des Oberverwaltungsgerichts Nordrhein-Westfalen vom 7. März 2012

Das OVG Nordrhein-Westfalen ist als zuständiges Berufungsgericht der Ansicht des VG Düsseldorf in der Sache nicht gefolgt.[847] Das Gericht hielt die Disziplinarverfügung zu Recht für rechtmäßig. Es begründete dieses Ergebnis allerdings insbesondere damit, dass sich aus der Rechtsprechung des Europäischen Gerichtshofs für Menschenrechte die Rechtswidrigkeit des absoluten Verbots von Beamtenstreiks nicht ergebe. Es handele sich vielmehr um eine Fehlinterpretation der Rechtsprechung des Gerichtshofs, die u. a. aus unterschiedlichen Übersetzungen der Originalfassung der Entscheidungen herrühre. Da nur Englisch und Französisch Amtssprachen des Gerichtshofs seien, könne nicht auf eine deutsche Übersetzung zurückgegriffen werden. Letztlich sei unklar, ob der in der Rechtsprechung des Gerichtshofs zur Bezeichnung der betroffenen Personengruppe verwendete Begriff mit dem deutschen Beamtenbegriff übereinstimme.

Die französiche Fassung der Entscheidung des Europäischen Gerichtshofs für Menschenrechte vom 21. September 2009 verwendet den Begriff „fonctionnaire“:

> „Toutefois, si l'interdiction du droit de grève peut concerner certaines catégories de fonctionnaires (voir, *mutatis mutandis, Pellegrin c. France* [GC], no 28541/95, §§ 64–67, CEDH 1999-VIII), elle ne peut pas s'étendre aux fonctionnaires en général, comme en l'espèce, ou

846 Siehe dazu unten Seite 315 f.
847 OVG NRW v. 07.03.2012 – 3d A 317/11.O, ZBR 2012, 170.

aux travailleurs publics des entreprises commerciales ou industrielles de l'Etat. Ainsi, les restrictions légales au droit de grève devraient définir aussi clairement et étroitement que possible les catégories de fonctionnaires concernées.“[848]

Nach Auffassung des OVG Nordrhein-Westfalen soll der Begriff „fonctionnaire“ mit „Angehöriger des öffentlichen Dienstes“ zu übersetzen sein. Dies führe zur Rechtmäßigkeit des deutschen Verbots von Beamtenstreiks. Dieser Auffassung des Gerichts könnte zuzustimmen sein, wenn sie von einer korrekten Übersetzung des Begriffs „fonctionnaire“ ausginge. Denn in diesem Fall hätte der Gerichtshof lediglich entschieden, dass ein Verbot des Arbeitskampfs für den gesamten öffentlichen Dienst nicht mit Art. 11 Abs. 1 EMRK vereinbar wäre. Da die Gruppe der Beamten aber eine abgrenzbare Gruppe innerhalb des öffentlichen Dienstes darstellt, wären die Anforderungen, die der Europäische Gerichtshof für Menschenrechte an ein Streikverbot stellt, unter Umständen eingehalten. Allerdings bleibt auch bei dieser Deutung fraglich, ob das deutsche Arbeitskampfverbot für Beamte nicht zu weitgehend ist. Die rein formale Anknüpfung an den Beamtenstatus unabhängig von der Ausübung hoheitsrechtlicher Befugnisse tritt nämlich ebenfalls in Konflikt mit den Rechtfertigungsgründen des Art. 11 Abs. 2 EMRK. Denn entgegen der Forderung des Europäischen Gerichtshofs für Menschenrechte dürfte ein solches Verbot nicht so umgrenzt wie möglich sein, zumal der Gerichtshof gerade den Zusammenhang zwischen Ausübung hoheitlicher Funktionen und Rechtertigung eines Arbeitskampfverbotes hergestellt hat.

Tatsächlich hat das OVG Nordrhein-Westfalen den Begriff „fonctionnaire“ jedoch nicht korrekt übersetzt. Denn auch das französische Rechtssystem kennt unterschiedliche Beschäftigtengruppen im öffentlichen Dienst mit unterschiedlichen Bezeichnungen. In Frankreich werden die Angehörigen des öffentlichen Dienstes als „agents de la fonction publique“ oder „agents publics“ bezeichnet. Die „fonctionnaires“ sind eine abgrenzbare Teilgruppe dieser „agents publics“, die sich dadurch auszeichnet, dass sie mittels eines sogenannten „concours“ rekrutiert werden, um nach einer Ernennung auf Dauer einen Arbeitsplatz in der Verwaltung zu bekleiden.[849] Nach ihrer Ernennung werden „fonctionnaires“ auch als „agents titulaires“ bezeichnet (vor der Ernennung müssen die „fonctionnaires“ eine Erprobungszeit ableisten und werden in dieser Zeit als „fonctionnaires stagiaires“[850] bezeichnet), während diejenigen, die lediglich auf vertraglicher Grundlage mit dem Staat verbunden sind, als „agents non titulaires“ oder „agents

---

848 EGMR (III. Sektion) v. 21.04.2009 – Nr. 68959/01 Enerji Yapi-Yol Sen/Türkei.

849 Vgl. Erläuterungen unter http://www.fonction-publique.gouv.fr/statistiques-22, zuletzt abgerufen am 24.11.2012.

850 Vgl. http://vosdroits.service-public.fr/F18933.xhtml, zuletzt abgerufen am 24.11.2012.

contractuels“ bezeichnet werden.[851] Mithin ist der französische Begriff „fonctionnaire“ gleichbedeutend mit demjenigen des „agent titulaire“ und vergleichbar mit dem deutschen Beamtenbegriff.

Diese Zweiteilung der Angehörigen des öffentlichen Dienstes findet auch in der Rechtsprechung des Europäischen Gerichtshofs für Menschenrechte ihren Niederschlag. Dem Gerichtshof ist die begriffliche Trennung zwischen Beamten und Angestellten im öffentlichen Dienst nämlich nicht fremd. Auch in seinen Entscheidungen finden sich für diese Gruppen unterschiedliche Bezeichnungen. So werden Beamte und Angestellte in der englischen Amtssprache des Gerichtshofs als „civil servants and employees in the public sector“ bezeichnet. [852] Dies stimmt auch überein mit der Rechtsprechung des Europäischen Gerichtshofs, der ebenfalls zwischen Beamten einerseits und Angestellten andererseits begrifflich unterscheidet.[853] Da dem Europäischen Gerichtshof für Menschenrechte somit die rechtliche Besonderheit der Existenz verschiedener Beschäftigtengruppen im öffentlichen Dienst bewusst ist, ist davon auszugehen, dass der Gerichtshof den Begriff „fonctionnaire“ in seiner rechtlichen Bedeutung erfasst hat und ihn auch als derartigen Rechtsbegriff verwendet. Der Begriff „fonctionnaire“ ist daher so zu verstehen, wie er in der französischen Rechtssprache verwendet wird.

Dafür spricht zudem, dass in der Rechtsprechung des Europäischen Gerichtshofs für Menschenrechte auch der Begriff „agent public“ als die „agents titulaires“ und die „agents contractuels“ umfassende Bezeichnung gebraucht wird.[854] Es ist folglich nicht der Begriff „fonctionnaire“ der vom Gerichtshof als beide Beschäftigtengruppen umfassender Begriff verwendet wird. Es überzeugt daher nicht, dass das OVG Nordrhein-Westfalen unter Hinweis darauf, dass der Europäische Gerichtshof für Menschenrechte in einer anderen Entscheidung Beamte als „agents titulaires“ bezeichnet hat, schließt, dass der Begriff „fonctionnaire“ umfassender als „Angehöriger des öffentlichen Dienstes“ zu verstehen ist.[855] Denn eine solche Übersetzung missachtet die rechtliche Äquivalenz der Begriffe

851 Vgl. unter http://www.fonction-publique.gouv.fr/statistiques-22, zuletzt abgerufen am 24.11.2012. Diese Zweiteilung wird auch auf gesetzlicher Ebene deutlich. So gibt es beispielsweise Gesetze, die Beamte betreffen (z. B. Loi n° 83–634 du 13 juillet 1983 portant droits et obligations des fonctionnaires) und Gesetze, die Angestellte im öffentlichen Dienst betreffen (Loi n° 2012–347 du 12 mars 2012 relative à l'accès à l'emploi titulaire et à l'amélioration des conditions d'emploi des agents contractuels dans la fonction publique, à la lutte contre les discriminations et portant diverses dispositions relatives à la fonction publique).

852 EGMR (V. Sektion) v. 21.07.2011 – Nr. 28274/08 Heinisch/Deutschland, Rz. 64.

853 EuGH v. 08.09.2011 – C-297/10 agent contractuel (Angestellter im öffentlichen Dienst); EuGH v. 03.05.2012 – C-337/10 fonctionnaire (Beamter).

854 EGMR (Grande Chambre) v. 12.04.2006 Martinie/France, Opinion concordante commune aux juges Tulkens, Maruste et Fura-Sandström, Rz. 1.

855 OVG NRW v. 07.03.2012 – 3d A 317/11.O, juris, Rz. 219.

„fonctionnaire" und „agent titulaire" im französischen Rechtssystem. Gegen eine solche Deutung spricht letztlich auch, dass der Gerichtshof eine verbeamtete Lehrerin aus Deutschland als „fonctionnaire" bezeichnet hat.[856] Denn da dem Gerichtshof die Zweiteilung der Angehörigen des öffentlichen Dienstes bekannt ist, ist davon auszugehen, dass der Gerichtshof auch in diesem Fall einen rechtlich zutreffenden Fachbegriff verwendet hat.

Die Rechtsprechung des Europäischen Gerichtshofs für Menschenrechte spricht daher, entgegen der Ansicht des OVG Nordrhein-Westfalen, dafür, dass das generelle Arbeitskampfverbot für Beamte in Deutschland unter europarechtlichen Gesichtspunkten problematisch ist. Zuzustimmen ist dem OVG Nordrhein-Westfalen allerdings im Ergebnis. Das Verbot des Beamtenstreiks hat seine Grundlage im geltenden Verfassungsrecht. Die Gerichte sind daran grundsätzlich gebunden. Die Disziplinarverfügung war daher nach dem geltenden Recht rechtmäßig. Nur der Verfassungsgesetzgeber könnte das generelle Arbeitskampfverbot in seiner Reichweite begrenzen. Nur er kann konventionswidrige Zustände, die nicht durch eine konventionsfreundliche Auslegung des nationalen Rechts aufzulösen sind, beseitigen.

E) Folgen des Urteils des Landesarbeitsgerichts Hamm zur Zulässigkeit von Arbeitskämpfen in kirchlichen Einrichtungen

Das Landesarbeitsgericht Hamm hat jüngst entschieden, dass die Arbeitnehmer kirchlicher Einrichtungen nicht grundsätzlich von ihrem aus der Koalitionsfreiheit folgenden Recht auf Arbeitskampf ausgeschlossen werden dürfen.[857] Bislang ging die herrschende Ansicht davon aus, dass in kirchlichen Einrichtungen kein Streikrecht der Arbeitnehmer besteht. Dies wurde insbesondere mit dem aus Art. 140 GG i. V. m. Art. 137 Abs. 3 WRV folgenden kirchlichen Selbstbestimmungsrecht und dem auf diesem beruhenden speziellen kirchlichen Verfahren zur Regelung kollektivrechtlicher Arbeitsrechtsstreitigkeiten begründet.[858] Das Landesarbeitsgericht Hamm geht jedoch davon aus, dass eine Abwägung zwischen kirchlichem Selbstbestimmungsrecht und dem aus Art. 9 Abs. 3 GG folgenden Recht auf Koalitionsbetätigung die Unverhältnismäßigkeit eines absoluten Arbeitskampfverbots in kirchlichen Einrichtungen ergibt.

856 EGMR (Grande Chambre) v. 26.09.1995 – Nr. 17851/91 Vogt/Allemagne.

857 LAG Hamm vom 13.01.2011 – 8 Sa 788/10 (juris); für ein Recht auf Arbeitskampf in kirchlichen Einrichtungen auch *Kühling*, AuR 2001, 241.

858 *Thüsing*, Kirchliches Arbeitsrecht, S. 146 ff.; *Richardi*, Arbeitsrecht in der Kirche, § 10, Rz. 11 ff.

I. Das Spannungsverhältnis zwischen kirchlichem Selbstbestimmungsrecht und Koalitionsfreiheit der Arbeitnehmer

Das Selbstbestimmungsrecht der Kirche gerät bei der Frage der Zulässigkeit von Arbeitskampfmaßnahmen in kirchlichen Einrichtungen in einen erheblichen Konflikt mit der Koalitionsfreiheit der angestellten Arbeitnehmer. Das Selbstbestimmungsrecht dient dazu, den Kirchen in ihrem Bereich das Recht selbständiger Organisation der von ihr getragenen Einrichtungen zukommen zu lassen, um sicherzustellen, dass der der Kirche übertragene Auftrag durch die sie vertretenden Glieder nach kirchlichem Selbstverständnis ausgeführt wird.[859] Die Kirche kann ihren Auftrag nicht allein durch Ordensmitglieder oder Kirchenbeamte erfüllen und ist daher zur Erfüllung ihres Auftrags in großem Maße auf den Abschluss „weltlicher“ Arbeitsverträge angewiesen. Unbestritten steht diesen Arbeitnehmern, wie jedem Arbeitnehmer eines weltlichen Betriebs auch, das Grundrecht aus Art. 9 Abs. 3 GG zu. Aus Art. 9 Abs. 3 GG wird wiederum das Recht auf Koalitionsbetätigung und aus diesem dasjenige auf die Teilnahme an Arbeitskämpfen gefolgert.

Arbeitnehmer und Arbeitgeber stehen sich grundsätzlich als Parteien eines Vertrags mit gegensätzlichen Interessen gegenüber. Diese Konfliktlage verstärkt sich insbesondere dadurch, dass den Arbeitgebern im Regelfall eine stärkere Verhandlungsposition zukommt. Eben diese Verhandlungsdisparität auszugleichen ist Sinn und Zweck der Koalitionsfreiheit. Wesentliches Werkzeug hierfür ist in weltlichen Betrieben die Tarifautonomie, die ein (vertragsmäßiges) Aushandeln der Arbeitsbedingungen durch die die Arbeitnehmer vertretende Koalition mit dem Arbeitgeber bzw. dessen Koalition vorsieht. Nur für den Fall, dass Verhandlungen auf Augenhöhe zwischen Arbeitnehmern und Arbeitgebern nicht erreicht werden können, existiert das „Hilfsinstrument“ des Arbeitskampfs. Der Arbeitskampf ist daher Mittel zum Erreichen angemessener Arbeitsbedingungen, sofern diese nicht ohne ihn erreicht werden können. Dass der Arbeitskampf in kirchlichen Einrichtungen nicht zulässig sein soll, stellt damit nicht per se einen unzulässigen Eingriff in Grundrechte der Arbeitnehmer dar.[860] Ein solcher ergibt sich erst dann, wenn durch das kirchenrechtlich vorgesehene System ein nicht zu rechtfertigender Eingriff in die Koalitionsbetätigungsfreiheit vorgenommen wird.

Nach dem kirchlichen Selbstverständnis leisten die kirchlichen Einrichtungen und deren Arbeitnehmer auf der Grundlage christlicher Überzeugung „Dienst am Nächsten“.[861] Dieser Dienst beruht dabei auf der sogenannten Dienstgemein-

859 Zum kirchlichen Selbstbestimmungsrecht siehe auch oben Seite 134f.

860 So auch *Thüsing*, Kirchliches Arbeitsrecht, S. 144, der zu Recht darauf hinweist, dass es ein Grundrecht auf Arbeitskampf nicht gibt.

861 LAG Hamm vom 13.01.2011 – 8 Sa 788/10 (juris).

schaft. Theoretischer Hintergrund der Dienstgemeinschaft ist die Vorstellung, dass Arbeitgeber und Arbeitnehmer durch gemeinsames Zusammenwirken das durch den kirchlichen Auftrag vorgegebene Ziel möglichst effektiv zu verfolgen haben.[862] Nach kirchlichem Selbstverständnis führt die Dienstgemeinschaft eine Abschwächung des herkömmlichen Gegensatzes zwischen Arbeitgebern und Arbeitnehmern herbei.

Während die Kirche die umfassende Verbannung des Arbeitskampfs aus ihren Einrichtungen für erforderlich hält um ihrem Sendungsauftrag gerecht werden zu können, ist es das Ziel der Gewerkschaften die Vergleichbarkeit zwischen weltlichem und kirchlichem Arbeitsverhältnis herauszuarbeiten. Sie halten Einschränkungen des Arbeitskampfs für kirchliche Einrichtungen nicht für geboten.

II. Der Kernbereich kirchlicher Betätigung als arbeitskampffreier Raum

Als weitgehend anerkannt kann mittlerweile die Arbeitskampffreiheit des Kernbereichs kirchlicher Betätigung gelten.[863] Auch das Landesarbeitsgericht Hamm möchte den Arbeitskampf im kirchlichen Bereich nicht schrankenlos zulassen. Vielmehr geht es davon aus, dass das Arbeitskampfrecht umso stärker einzuschränken ist, je näher eine Tätigkeit dem in christlicher Überzeugung geleisteten „Dienst am Nächsten" steht. Immer dann, wenn der Arbeitskampf direkte, nicht zu kompensierende Nachteile für den von der kirchlichen Einrichtung übernommenen Auftrag hat, soll der Ausschluss des Arbeitskampfrechts auf Art. 140 GG i.V.m. Art. 137 Abs. 3 GG gestützt werden können. Bezogen auf Krankenhäuser kirchlicher Träger führt das Gericht aus, dass ein Arbeitskampf nicht dazu führen dürfe, dass die Leidenszeit von Patienten verlängert wird. Dies würde gegen das Selbstverständnis der Kirche verstoßen.

III. Die Problematik der Trennung von Kern- und Randbereich kirchlicher Betätigung

Das Landesarbeitsgericht Hamm folgt der in Teilen der Literatur entwickelten vermittelnden Auffassung, nach der die Zulässigkeit des Arbeitskampfs in kirchlichen Einrichtungen für einzelne Funktionsbereiche unterschiedlich zu beurteilen

862 *Richardi*, Arbeitsrecht in der Kirche, § 4, Rz. 10ff.; *Thüsing*, Kirchliches Arbeitsrecht, S. 4.

863 Für einen allgemeinen Ausschluss des Arbeitskampfrechts in der Kirche vgl. nur *Richardi*, Arbeitsrecht in der Kirche, § 10, Rz. 11; *Thüsing*, Kirchliches Arbeitsrecht, S. 139ff.; für generelle Zulässigkeit des Arbeitskampfs in neuerer Literatur *Kühling*, AuR 2001, 241; ähnlich auch *Hammer*, Kirchliches Arbeitsrecht, S. 298ff.; für einen Kernbereich verneinend: *Otto*, Arbeitskampf- und Schlichtungsrecht, § 9, Rz. 31f.; LAG Hamm vom 13.01.2011 – 8 Sa 788/10 (juris); vgl. nunmehr teilweise einschränkend BAG v. 20.11.2012 – 1 AZR 179/11, Fn. 874.

ist. Dabei wird die kirchliche Betätigung in einen Kern- und einen Randbereich aufgeteilt, wobei die Zuordnung zum einen oder anderen anhand der Bedeutung der jeweiligen Tätigkeit für die Durchführung des „Dienstes am Nächsten" erfolgen soll.[864] Ein Arbeitskampf soll nur dort ausscheiden, wo die Erfüllung des kirchlichen Auftrags ernsthaft gefährdet wird. Eine solche Aufteilung in Bedeutungsebenen führt allerdings zu nicht zu vernachlässigenden Problemen. Auf der praktischen Ebene ist zunächst fraglich, wie die Zugehörigkeit zur jeweiligen Bedeutungsebene tatsächlich festgestellt werden kann. Das Landesarbeitsgericht Hamm stellt bei der Lösung dieser Frage maßgeblich auf die Ersetzbarkeit der jeweiligen Tätigkeit für die Erfüllung der durch die Einrichtung übernommenen Aufgabe ab. Das Gericht nennt neben Reinigungs- und Küchenmitarbeitern auch bestimmte Mitarbeitergruppen der Verwaltung. Es erkennt an, dass auch diese Tätigkeiten für den „Dienst am Nächsten" erforderliche Hilfstätigkeiten sind, meint aber, ein Arbeitskampf sei in diesen Bereichen nicht allgemein unzulässig, da die Einrichtungen diese Tätigkeiten durch Leiharbeiter oder externe Dienstleister ohne Beeinträchtigung des von der Einrichtung übernommenen Auftrags ersetzen können. Insgesamt sollen zumindest alle diejenigen Tätigkeiten, die auch nach kirchlichem Selbstverständnis einer Ausgliederung auf ein säkulares Unternehmen fähig sind, von einem allgemeinen Arbeitskampfverbot unzulässig eingeschränkt werden.

1. Dienstgemeinschaft als Bestandteil der Kirchenautonomie

Ob dem kirchlichem Selbstverständnis durch diese Auslegung ausreichend Rechnung getragen wird erscheint fraglich. So weist *Kissel* zu Recht darauf hin, dass die Bewertung der Bedeutung von Tätigkeiten für den kirchlichen Dienst eine originär kirchliche Aufgabe ist, die ohne Verletzung des kirchlichen Selbstbestimmungsrechts nur schwerlich von Externen vorgenommen werden kann.[865] Neben dieser formalen Problematik erscheint die durch das Landesarbeitsgericht Hamm vorgenommene Klassifizierung auch praktisch nicht überzeugend. Stellt man darauf ab, dass diejenigen Beschäftigten, die ersetzbar sind, auch ein Recht auf Arbeitskampf haben, könnten weit mehr Beschäftigtengruppen dieses Recht einfordern, als vom Gericht angenommen. Auch für pflegerische Tätigkeiten lässt sich Ersatzpersonal beschaffen. Dass die Beschaffung von Küchenpersonal oder Verwaltungspersonal leichter sein soll als die von Pflegepersonal, wurde vom Gericht nicht vorgetragen. Es ist allerdings davon auszugehen, dass Küchen- und Pflegepersonal für den „Dienst am Nächsten" beide gleicherma-

864 *Otto*, Arbeitskampf- und Schlichtungsrecht, § 9, Rz. 31 f.
865 *Kissel*, Arbeitskampfrecht, § 28, Rz. 38.

ßen erforderlich sind. Insofern sind die beiden Tätigkeiten miteinander für den kirchlichen Auftrag von vergleichbarer Bedeutung. Dass die Küchenmitarbeiter keinen persönlichen Kontakt zu den von der Einrichtung Betreuten haben, kann nicht das ausschlaggebende Kriterium sein. Letztlich müsste konsequent davon ausgegangen werden, dass nur die absoluten Kernbereiche, also diejenigen Beschäftigtengruppen, die durch besondere Eigenschaften und Kenntnisse für die Auftragserfüllung unersetzbar sind (kirchliche „Spezialisten") einem Arbeitskampfverbot unterliegen. Diese Gruppe wäre verhältnismäßig klein. Eine trennscharfe Einordnung in Kern- und Randbereiche entbehrt damit einer handhabbaren Grundlage und müsste zwangsläufig das Selbstverständnis der Kirche von externer Position (fremd-)bestimmen. Eine Aufrechterhaltung des Dritten Weges erscheint bei dieser Art der Vorgehensweise jeglicher Grundlage beraubt. Der Dritte Weg bezeichnet das spezifische kirchliche Verfahren zur Festlegung der Arbeitsbedingungen durch eine paritätisch von Mitarbeiterseite und Kirchenleitung besetzte Kommission.[866]

Die Entscheidung für den Dritten Weg ist eine legitime Wahrnehmung der verfassungsrechtlich gewährleisteten Kirchenautonomie.[867] Daher sind kirchliche Arbeitsbedingungen, die in diesem Verfahren zustande gekommen sind, mit einer dem Tarifvertrag auch innewohnenden Richtigkeitsgewähr ausgestattet.[868] Der Dritte Weg kann daher als Ausdruck der Kirchenautonomie nicht durch Regelungen seiner Existenzberechtigung beraubt werden. Grundlage des Dritten Weges ist das kirchliche Selbstverständnis, nach dem Arbeitnehmer und Arbeitgeber eine Dienstgemeinschaft bilden. Die Durchbrechung der Dienstgemeinschaft stellt damit zugleich eine Durchbrechung des Dritten Weges dar.

Die Dienstgemeinschaft ist nach kirchlicher Vorstellung nicht mit dem Konfliktlösungsmodell des Arbeitskampfs vereinbar. Dieses Selbstverständnis versucht das Landesarbeitsgericht Hamm dadurch zu umgehen, dass es zwischen der rechtlichen Grundlage des Beschäftigungsverhältnisses einerseits und der Folge des Beschäftigungsverhältnisses andererseits unterscheidet. Nach dieser Ansicht ist die rechtliche Grundlage bei der Beschäftigung von Arbeitnehmern das staatliche Arbeitsrecht. Bei der Begründung des Arbeitsverhältnisses und bei der Änderung von dessen Bedingungen sollen sich die Arbeitnehmer und Arbeitgeber jedoch auch in der Kirche antagonistisch gegenüberstehen. Erst bei der Durchführung ihrer Tätigkeit soll die Idee der Dienstgemeinschaft und damit die Vorstellung eines gemeinsamen Wirkens für die kirchliche Idee zur Anwendung kommen. Diese Aufspaltung ist allerdings künstlich. Jedes Tätigwerden des

866 *Thüsing*, Kirchliches Arbeitsrecht, S. 114.

867 BAG v. 22.07.2010 – 6 AZR 847/07, BeckRS 2010, 72932, Rz. 35, mit zustimmendem Kommentar von *Thüsing*, BB 2011, 186 (190 f.).

868 BAG v. 22.07.2010 – 6 AZR 847/07, BeckRS 2010, 72932, Rz. 32.

Arbeitnehmers zur Änderung seiner Arbeitsbedingungen ist Ausdruck seines Verständnisses der arbeitsrechtlichen Beziehung. Zwar ist nicht zu leugnen, dass Arbeitnehmer- und Arbeitgeberinteressen auch im Kirchendienst gegenläufig sein können. Eine abstrakte Trennung zwischen einem Kausalverhältnis und einem unabhängig von diesem bestehenden Ausführungsverhältnis trennt allerdings das, was faktisch zusammengehört. Ist eine Position mit einer besonderen Loyalitätsbindung ausgestattet, beginnt diese mit Vertragsabschluss und wirkt bei sämtlichen Handlungen, d. h. sowohl im Verhältnis zwischen Arbeitgeber und Arbeitnehmer als auch im Verhältnis zwischen Arbeitnehmer und Dritten während der Tätigkeit fort. Es geht daher nicht, wie das Landesarbeitsgericht Hamm ausführt, darum, dass die Dienstgemeinschaft eine Willensentscheidung der Kirche darstellt und diese damit eine Einschränkung des Arbeitskampfrechts vollzieht, sondern um einen dem kirchlichen Dienst kraft seines Selbstbestimmungsrechts immanenten Organisationsgrundsatz. Die Dienstgemeinschaft erfordert neben der gemeinsamen Ausführung der Tätigkeit durch Arbeitgeber und alle beschäftigten Arbeitnehmer zusammen auch die Schaffung der Arbeitsbedingungen unter denen das gemeinsame Ziel verfolgt werden kann.

Betrachtet man diesen Zusammenhang, wird die Arbeitnehmerschaft durch die Anerkennung eines Arbeitskampfrechts zugunsten von Beschäftigten in Randbereichen des kirchlichen Auftrags tatsächlich in zwei Lager gespalten. Bezieht sich die Dienstgemeinschaft sowohl auf die Ausführung der Tätigkeit als auch auf die Entwicklung der Arbeitsbedingungen, kann sie nicht fortexistieren, sofern ein nicht unerheblicher Teil der Beschäftigten dieses kirchliche Selbstverständnis trotz kirchlicher Loyalitätspflichten nur auf das Ausführungsrechtsverhältnis beziehen will. Da bei konsequenter Anwendung des Trennungsprinzips zwischen Kern- und Randbereich lediglich ein geringer Raum für die Freiheit vom Arbeitskampf bliebe, bestünde zudem das Risiko der Entfremdung der unterschiedlichen Arbeitnehmergruppen. Wird von außen die Bedeutung der jeweiligen Tätigkeit unabhängig von kirchlichen Vorstellungen festgelegt, liegt dem eine Rangbildung zugrunde, die sich mit dem christlichen Verständnis des Miteinander unversöhnlich gegenüber steht. Insofern stellt die Dienstgemeinschaft nicht eine bloße Willensentscheidung der Kirche dar, sondern berührt Kerngedanken des Verkündungsauftrags. Sie ist Voraussetzung des Dritten Weges, der selbst von der Rechtsprechung des Bundesarbeitsgerichts als Ausdruck des kirchlichen Selbstbestimmungsrechts verstanden wird. Als unentbehrliche Voraussetzung des Dritten Weges stellt die Existenz der Dienstgemeinschaft selbst einen Bestandteil der Kirchenautonomie dar.

Außerdem ist auch der Ansatzpunkt des Gerichts, Arbeitskämpfe seien dort zu gestatten, wo nach dem kirchlichen Selbstverständnis eine Ausgliederung der Tätigkeit auf Private theoretisch möglich wäre, nur vordergründig überzeugend.

Grundlage dieser Ansicht dürfte die Vorstellung sein, dass eine Nähe zum kirchlichen Verkündungsauftrag dort nur in geringem Maße vorhanden sein kann, wo die Kirche die Tätigkeit durch Private ausführen lassen könnte. Diese Vorstellung übersieht jedoch, dass auch kirchliche Einrichtungen mittlerweile und zunehmend in einem marktwirtschaftlichen Wettbewerbsumfeld agieren. Daher ist es nicht ausgeschlossen, dass die Einrichtungen allein durch den faktischen Zwang ihre Wettbewerbsfähigkeit zu erhalten, eine Ausgliederung auf Private vornehmen. Aussagekraft für die Nähe zum Verkündungsauftrag der Kirche kann dieser marktwirtschaftlich getriebenen Entscheidung daher nicht zwingend entnommen werden.

2. Mangel eines allgemeinen Mehrwerts durch Arbeitskampf von Randgruppen

Indem das Landesarbeitsgericht Hamm Arbeitnehmern sogenannter Randbereiche ein Recht auf Arbeitskampf zugesteht, das darin besteht auf den Arbeitgeber faktisch dadurch Druck auszuüben, dass er Ersatz für die Kämpfenden organisieren muss, stellt es in letzter Konsequenz die Entscheidung für den Dritten Weg in Frage. Dass das vorgeschlagene System besser als der Dritte Weg geeignet ist, ein Verhandlungsgleichgewicht herzustellen, liegt jedoch nicht auf der Hand. Der wirtschaftliche Druck wird sich zumeist in Grenzen halten, da der Arbeitgeber durch den Arbeitskampf von der Lohnzahlungspflicht an die Kämpfenden befreit ist und das Ersparte in die Beschaffung von Leiharbeitnehmern investieren kann. Diese werden zumindest regelmäßig ein geringeres Lohnniveau aufweisen als die kirchlich Angestellten. Nicht umsonst wird die Leiharbeit im säkularen Bereich immer häufiger als Instrument zur Senkung der Personalkosten eingesetzt. Durch den Arbeitskampf einzelner Beschäftigtengruppen scheren diese vielmehr aus dem konsensual geprägten kircheneigenen Konfliktlösungsmechanismus aus und verursachen dadurch Konflikte innerhalb der Arbeitnehmerschaft. Allein die Belastung des Arbeitgebers durch die Suche nach geeignetem externen Personal wird wohl rein objektiv einen diese Spaltung überwiegenden Druck nicht aufbauen können. Daher kann nicht davon ausgegangen werden, dass das Mittel des Arbeitskampfs für Randgruppen generell zu einem günstigeren Ergebnis im Konflikt über Arbeitsbedingungen führen wird.

3. Eingriff oder Ausgestaltung durch Kirchenautonomie

Regelungstechnisch wird der Ausschluss des Arbeitskampfs in der Kirche, der seine Grundlage im kirchlichen Selbstbestimmungsrecht hat, allgemein als Eingriff in die Koalitionsfreiheit verstanden. Dieser Ansatz, dem auch die vorangegangenen Ausführungen Rechnung tragen, ist allerdings nicht zwingend und wirft die insbesondere bei der Koalitionsfreiheit schwierige Frage der Abgrenzung zwischen Grundrechtseingriff und Grundrechtsausgestaltung auf. Geht man von der Grundannahme aus, die Abgrenzung könne danach erfolgen, ob eine Regelung das „Ob" oder das „Wie" der Koalitions(betätigungs)freiheit betrifft[869], so liegt es näher, das kirchliche System als Ausgestaltung zu verstehen.[870] Den Koalitionen und ihren Mitgliedern wird nicht verboten, sich auch im Rahmen der Regelung von Konflikten im Bereich des kirchlichen Dienstes zu betätigen. Dieser Betätigung werden nur andere als die im säkularen Bereich vorhandenen Grenzen gesetzt. Das Streikrecht als notwendigen Inhalt der Koalitionsfreiheit zu betrachten, zeugt von einer verfassungsrechtlich nicht zu rechtfertigenden Überhöhung desselben. Solange und soweit ein kircheneigenes System besteht, das ein Verhandeln auf Augenhöhe ermöglicht, erlangt das Streikrecht als Hilfsinstrument schon nach traditionellem Verständnis keinerlei Bedeutung. Die Negation des kirchlichen Streikrechts lässt damit nur eine potentielle Betätigungsmöglichkeit der Koalitionen entfallen, wohingegen die Koalitionsbetätigungsfreiheit insgesamt unberührt bleibt. Dies spricht dafür, im Ergebnis in dem Ausschluss des Streikrechts eine Regelung des „Wie", quasi eine Koalitionsbetätigungsfreiheit ohne Arbeitskampf dafür allerdings mit anderem Regelungsmechanismus, zu sehen.

4. Dritter Weg als Aliud des staatlichen Tarifvertragssystems

Ob das Hilfsinstrument des Streikrechts verzichtbar ist, hängt daher entscheidend davon ab, ob der von den Kirchen anstelle des Tarifvertragssystems praktizierte Dritte Weg ein Aliud oder ein Minus im Vergleich zum regulären Tarifvertragssystem darstellt. Das Landesarbeitsgericht Hamm vertritt letzteres. Der Dritte Weg soll nach dieser Ansicht den Arbeitnehmern keine dem Tarifvertragssystem vergleichbare Durchsetzungschance bieten. Dies begründet das Gericht damit, dass Gewerkschaften und Arbeitgeberverbände nicht wie im säkularen System miteinander die Arbeitsbedingungen aushandeln, sondern im kirchlichen System lediglich eine die Mitglieder der Arbeitsrechtlichen Kommission unterstützende Tätigkeit haben. Letztlich ist der Kritikpunkt des Gerichts, dass die Arbeitnehmerseite dadurch Verhandlungsnachteile erleidet, dass nicht genügend hauptamtliche Gewerkschaftsfunktionäre in der Arbeitsrechtlichen Kommission vorhanden und die Arbeitnehmer daher mit den Verhandlungen überfordert seien.

Das Bundesarbeitsgericht hat demgegenüber festgestellt, dass den von der Arbeitsrechtlichen Kommission ausgehandelten Bedingungen dieselbe Wirkung

---

869 siehe dazu bereits oben Seite 33 ff.

870 Vgl. *Thüsing*, Kirchliches Arbeitsrecht S. 146.

beizumessen sei, wie den Regelungen eines Tarifvertrags.[871] Das Bundesarbeitsgericht geht damit grundsätzlich von gleichgewichtigen Verhandlungs- und Durchsetzungschancen aus, die Grundlage für die den Tarifnormen zukommende Richtigkeitsgewähr sind. Für dieses Ergebnis spricht ein funktionaler Vergleich von staatlichem und kirchlichem „Tarifvertragsrecht". Die Richtigkeitsgewähr privatwirtschaftlichen Tarifrechts beruht auf der Vorstellung einer durch konzeptionellen Zusammenschluss von Marktteilnehmern entstehenden Machtbasis, die dem Übergewicht der Arbeitgeberseite rein faktisch entgegentritt. Das Tarifrecht basiert folglich auf dem Druckpotential faktischer Macht. Das kirchliche System basiert auf einem System demokratischer Macht. Die Arbeitsrechtlichen Kommissionen sind paritätisch mit Vertretern der Dienstgeber und der Dienstnehmer besetzt.[872] Die Mitglieder der Kommission, die unterschiedliche Anforderungen erfüllen müssen, werden entweder gewählt oder von den Mitarbeitervereinigungen entsandt. [873] Die verschiedenen Kirchenordnungen sehen für ihre Entscheidungen Mehrheitssysteme vor, insofern ist ausgeschlossen, dass gruppenegoistische Ziele verfolgt werden. Die Entscheidungsfindung liegt daher bei einem unabhängigen Gremium, dessen Mitglieder vor Repressionen geschützt werden, und das nach demokratischen Prinzipien vorgeht. Dabei kann nicht von vornherein eine Diskrepanz der Durchsetzungsmacht ausgemacht werden. Der demokratische Wahlmechanismus wird zwangsläufig dazu führen, dass diejenigen Personen in das Gremium gewählt werden, die die Interessen der Mitarbeiter am besten vertreten können. Eine Unterstützung durch die Gewerkschaften ermöglicht, auch wenn die Gewerkschaft nur mit wenigen hauptamtlichen Mitarbeitern vertreten ist, einen Austausch hinsichtlich der zu wählenden Taktik und der vorzubringenden Argumente. Die Gewerkschaften haben auch Möglichkeiten die Vertreter zu schulen und auf ihre Arbeit vorzubereiten. Es erscheint daher nicht zwingend, dass das Verhandlungsgleichgewicht ein Mitwirken der Koalitionen bei den Verhandlungen voraussetzt.[874] Das Manko der direk-

---

871 BAG v. 22.07.2010 – 6 AZR 847/07, BeckRS 2010, 72932, Rz. 35.

872 *Richardi*, Arbeitsrecht in der Kirche, § 14, Rz. 7.

873 *Richardi*, Arbeitsrecht in der Kirche, § 14, Rz. 10f.

874 Anders nunmehr die Rechtsprechung des BAG: Nach einer aktuellen Entscheidung des BAG v. 20.11.2012 – 1 AZR 179/11 steht den Koalitionen das Recht zum Streikaufruf im Falle des Dritten Weges zwar grundsätzlich nicht zu. Dies soll allerdings nur unter zwei kumulativen Voraussetzungen der Fall sein. Die Koalition muss zum einen in das Verfahren des Dritten Weges organisatorisch eingebunden sein. Zum anderen muss die Arbeitsrechtssetzung auf dem Dritten Weg für die Dienstgeber verbindlich sein und als Mindestarbeitsbedingung den Arbeitsverträgen auch zugrunde gelegt werden, vgl. PM Nr. 81/12. Das BAG hält eine Einbindung der Koalition daher zur Herstellung praktischer Konkordanz zwischen Koalitionsbetätigungsfreiheit und kirchlichem Selbstbestimmungsrecht für erforderlich. Dagegen hat das BAG in seinem Urteil vom 20.11.2012 – 1 AZR 611/11 entschieden, dass Koalitionen

ten Teilnahme wird durch den demokratischen Mechanismus in ausreichender Weise ausgeglichen. Dass die demokratische Macht ganz grundsätzlich weniger effektiv ist als die faktische Macht des säkularen Systems, ist nicht plausibel. Das kircheneigene Verfahren des Dritten Weges stellt daher ein Aliud und kein Minus im Vergleich zum säkularen Tarifvertragsrecht dar.

Daran ändert auch das mögliche Letztentscheidungsrecht des Bischofs oder der Synode, das bereits durch vielfältige kirchliche Regelungen ausgeschlossen ist, nichts.[875] Auch sofern es ein solches Recht noch gibt, entscheidet letztlich nicht eine Seite gegen den Willen der anderen Seite.[876] Die Entscheidung dieser Organe ist nach dem kirchlichen Selbstverständnis der gesamten Dienstgemeinschaft verpflichtet und muss daher das Wohl sämtlicher in dieser verbundenen Personen berücksichtigen. Eine Verpflichtung, nur die Interessen der Dienstgeberseite zu berücksichtigen, besteht daher nicht. Im Gegenteil muss sich das Organ als objektiver Sachwalter aller erweisen.

IV. Fazit

Sofern das System des Dritten Weges als Ausübung des kirchlichen Selbstverständnisses verstanden wird, sind alle Faktoren, die nicht hinweggedacht werden können, ohne dass die dem Dritten Weg zugrundeliegenden Voraussetzungen entfielen, selbst auch Bestandteile der Kirchenautonomie. Maßgeblicher Bestandteil ist damit die Existenz der Dienstgemeinschaft. Nur wenn diese insgesamt bestehen bleibt, kann das System des Dritten Weges praktisch funktionieren. Wird ein Streikrecht für Randbereiche der kirchlichen Tätigkeit zugelassen, werden willkürliche Grenzen des Dritten Weges festgelegt, die, konsequent zuende gedacht, zu einer Auflösung der Dienstgemeinschaft führen. Ein Streikrecht für Randbereiche greift damit erheblich in das Recht auf kirchliche Selbstbestimmung ein. Ein solcher Eingriff ist allerdings nicht erforderlich, da das Streikrecht nicht grundsätzlich gleich oder besser geeignet ist zu angemessenen Arbeitsbedingungen zu gelangen. Im Gegenteil würden Konflikte entstehen,

---

im Rahmen des Zweiten Weges kein Streikrecht zusteht, vgl. PM 82/12. Der Zweite Weg zeichnet sich durch ein am Leitbild der Dienstgemeinschaft orientiertes Tarifvertragssystem (modifiziertes Tarifvertragssystem) aus. Zu Recht geht das BAG dabei davon aus, dass den Koalitionen bei dem Zweiten Weg ausreichend Betätigungsmöglichkeiten verbleiben. Die Herstellung praktischer Konkordanz zwischen Koalitionsbetätigungsfreiheit und kirchlichem Selbstbestimmungsrecht erfordert es zumindest in diesem Fall daher nicht, den Koalitionen unter bestimmten Umständen ein Streikrecht zu gewähren.

875 *Richardi*, Arbeitsrecht in der Kirche, § 14, Rz. 12.

876 *Thüsing*, Anmerkung zu BAG v. 22.07.2010 – 6 AZR 847/07, BB 2011, 186 (191).

die erhebliche Verwerfungen zur Folge hätten. Ein Streikrecht für Randbereiche ist daher nicht mit der Kirchenautonomie vereinbar.

F) Zwischenergebnis

Die diesen Erörterungen zugrundeliegende Rechtsprechung hat neue Möglichkeiten des Arbeitskampfes entstehen lassen. Dies geschah zum Teil dadurch, dass die bisher herrschenden Grundsätze in einzelnen Punkten abgewandelt wurden, ohne sich ganz grundsätzlich von dem Grundmodell des Arbeitskampfs zu verabschieden und zum Teil dadurch, dass der Arbeitskampf in bislang kampffreien Bereichen zugelassen wurde. Insbesondere wird zukünftig von Interesse sein, inwieweit sich der Arbeitskampf in letztgenannter Weise ausbreiten wird. Daher sind Entscheidungen des Bundesarbeitsgerichts zu diesen Fragen mit Spannung zu erwarten. Insgesamt zeugt die Rechtsprechung von einem weiten Verständnis der Koalitionsbetätigungsfreiheit. Es fällt auf, dass deren Inhalt im Vergleich zur früheren Rechtsprechung unter Geltung der Kernbereichslehre erheblich an Gestalt verloren hat. Die Rechtsprechung misst der Koalitionsbetätigungsfreiheit enormes Gewicht zu, ohne eine Tendenz erkennen zu lassen, die Koalitionsfreiheit in irgendeiner Weise beschränken zu wollen. Dass Instanzgerichte bislang als allgemeine Grundsätze nahezu feststehende Auslegungen zugunsten der Koalitionsfreiheit ausweiten zeigt, dass mangels gesetzlicher Regelungen oder grundrechtsdogmatischen Überlegungen eine Einheitlichkeit der Rechtsprechung zum Arbeitskampf wohl nur schwer herzustellen ist.

§ 2 Die Degeneration des Arbeitskampfs – atypischer Arbeitskampf

Während durch die bislang erörterte Rechtsprechung das bisherige Arbeitskampfrecht aspektweise verändert wurde, ohne das nach herrschender Grundvorstellung bestehende Modell des Arbeitskampfs substantiell in Frage zu stellen, wird dieser Weg durch die neuere Rechtsprechung des Bundesarbeitsgerichts verlassen. Durch die Entscheidung des Bundesarbeitsgerichts zur Zulässigkeit sogenannter Flashmobs sind die Grenzen der Fortentwicklung der bisherigen Arbeitskampfrechtsprechung überschritten. Die Entscheidung wirft daher vielfältige Fragen auf.

A) Definition des Begriffs „Flashmob“

Der Begriff Flashmob ist eine aus dem Englischen stammende Wortschöpfung, die die Begriffe „flash“ – Blitz und „mob“ – mobilisieren miteinander kombiniert. Gemeint sind zuvor mittels verschiedenster Kommunikationswege (insbesondere SMS und Soziale Netzwerke) organisierte Zusammenkünfte mehrerer Personen mit gemeinsamer Zielsetzung.[877] Flashmobs gehen unter anderem auf das sogenannte „Mob Project“ aus den USA zurück. Das „Mob Project“ hatte sich zum Ziel gesetzt, eine Vielzahl von nicht persönlich miteinander bekannten Personen durch den Versand von E-Mails zu scheinbar spontanen Aktionen aufzufordern, bei der diese gemeinsam im öffentlichen Raum vorher definierte Handlungen vornehmen.[878] Der Flashmob wurde als gesellschaftliches Happening ohne tieferen Sinn als eine Form moderner Kunst eingesetzt.[879]

B) Flashmob als Arbeitskampfmittel

Das änderte sich durch die Entdeckung des Flashmobs als Arbeitskampfmittel. Im Dezember 2007 veröffentlichte der rechtlich unselbständige Landesbezirk Berlin-Brandenburg der Gewerkschaft ver.di u. a. auf seiner Internetseite ein Schreiben, in dem allgemein zur Teilnahme an Flashmobs aufgerufen wurde. Ziel der Flashmobs war es, dem nach Ansicht der Gewerkschaft nicht effektiven Arbeitskampf mittels derartiger Aktionen zu größerer Durchschlagskraft zu verhelfen. Unterstützer wurden dazu aufgerufen ihre Handynummer anzugeben, damit ihnen per SMS die bestreikte Filiale, in der „Streikbrecher“ arbeiten würden, mitgeteilt werden könne. In der Filiale sollten die Teilnehmer z. B. Pfennig-Artikel kaufen und den Kassenbereich damit für längere Zeit blockieren oder Einkaufswagen mit beliebigen nicht frischen Waren füllen und diese dann in der Filiale stehen lassen. Der Aufforderung folgten 40–50 Personen, von denen einige mit Gewerkschaftsstickern versehene Kleidung trugen. Nachdem die Teilnehmer in der Filiale Flugblätter verteilt hatten, füllten sie ca. 40 Einkaufswagen und ließen die Wagen ohne Begründung stehen oder behaupteten sie hätten ihr Geld vergessen. Eine Teilnehmerin behauptete nach

877 *Krieger/Günther*, NZA 2010, 20 (20); Flashmob als soziale Ausdrucksform ist kein rein deutsches Phänomen, so existiert in Frankreich die Seite www.socialnetwar.net, die Organisatoren und Teilnehmern Hilfestellungen bei Planung und Durchführung von Flashmobs bietet.

878 Vgl. Artikel im Magazin „wired“ v. 19.06.2003, abrufbar unter www.wired.com/culture/lifestyle/news/2003/06/59297, zuletzt abgerufen am 10.02.2011.

879 Als sogenannte Smart Mobs werden Aktionen bezeichnet, denen ein tieferer Sinn innewohnt, vgl. Artikel in der New York Times v. 15.12.2002, abrufbar unter www.nytimes.com, zuletzt abgerufen am 10.02.2011.

dem Einscannen ihrer Ware im Wert von über EUR 350 und nachdem sie zunächst versichert hatte, bezahlen zu können, sie hätte ihr Geld vergessen. Dafür erhielt sie laute Zuspruchsbekundungen von Seiten der Teilnehmer.[880] Die Aufräumarbeiten trafen die Mitarbeiter des Betriebs. Derartige Arbeitskämpfe fanden im Bereich des Einzelhandels bereits mehrfach statt. Dabei wurde das auch der Entscheidung des Bundesarbeitsgerichts zugrunde liegende Schema umgesetzt, wobei sich die Wirkungen der Aktionen je nach Größe der Personenmenge, den vorgenommenen Handlungen und der Dauer unterschieden.

Flashmobs können allerdings nicht nur im Bereich des Einzelhandels als Arbeitskampfmittel eingesetzt werden.[881] In Betracht kommt dieses Arbeitskampfmittel überall dort, wo durch gemeinsame Aktionen an öffentlichen bzw. semi-öffentlichen Orten der normale Arbeitsablauf der in einem Betrieb Beschäftigten gestört werden kann. Von Gewerkschaftsseite selbst wird eine Zunahme von Flashmobs überall dort erwartet, wo die Gewerkschaft zur Durchsetzung ihrer Forderungen die Öffentlichkeit braucht, wie im KfZ-Handwerk und in der Leiharbeitsbranche.[882] Darüber hinaus ist die Nutzung von Flashmob-Aktionen zu Arbeitskampfzwecken insbesondere auch in den öffentlich zugänglichen Passagen von Flughäfen und Bahnhöfen denkbar. Nach neuester Rechtsprechung des Bundesverfassungsgerichts stehen Orte des allgemeinen kommunikativen Verkehrs auf dem Gelände eines Flughafens grundsätzlich auch für Versammlungen zur Verfügung. Für den Frankfurter Flughafen hat das Gericht entschieden, dass dieser in wesentlichen Bereichen einen solchen Ort darstellt, so dass nicht generell Versammlungen in diesen Bereichen untersagt werden können.[883] Nach dieser Entscheidung sind Unternehmen, die vollständig im Eigentum der öffentlichen Hand stehen oder die zwar gemischtwirtschaftlich organisiert, aber von der öffentlichen Hand beherrscht werden, unmittelbar grundrechtsgebunden. Eine vergleichbare Situation ergibt sich daher auch bei der Deutschen Bahn, die vollständig im Eigentum der öffentlichen Hand ist und deren Bahnhöfe, zumindest ab einer gewissen Größe, ebenfalls dem allgemeinen kommunikativen Verkehr dienen. Der Versammlungscharakter eines Flashmobs hindert dessen grundsätzliche Zulässigkeit an diesen Örtlichkeiten folglich nicht. Flashmobs an Flughäfen oder Bahnhöfen können sehr effiziente Arbeitskampfmittel sein und zu erheblichen Schäden führen, insbesondere dann, wenn Reisende ihre Verkehrsmittel verpassen und Ersatzansprüche geltend machen. Dabei lassen sich Aktionsformen ersinnen, die zu starken Behinderun-

880 Sachverhalt der Entscheidung BAG v. 22.09.2009 – 1 AZR 972/08, NZA 2009, 1347.

881 Die Praxisrelevanz abstreitend *Decruppe*, jurisPR-ArbR 1/2009 Anm. 1, zurückhaltend *Simon/Greßlin*, BB 2010, 379 (382).

882 Interview mit dem Leiter des IG Metall-Justitiariats *Klebe*, abrufbar unter www.igmetall.de, zuletzt abgerufen am 02.03.2011.

883 BVerfG v. 22.02.2011 – 1 BvR 699/06 (juris), Rz. 66ff.

gen führen können, insbesondere die Beschäftigung des Check-In-Personals durch dauerhafte Anfragen, die Mitnahme von vielen und überdimensionierten Gepäckstücken, das Überfüllen abfahrender Züge durch eine Vielzahl von Aktionsteilnehmern bis hin zu einfachen Verabredungen zu massenhaft gleichen Betätigungen, die Behinderungen als Nebenfolge auslösen. Die Frage, ob Flashmobs von der Koalitionsfreiheit erfasst werden, ist daher von erheblicher praktischer Relevanz.

C) Die Kernpunkte der Entscheidung des Bundesarbeitsgerichts

Durch die Entscheidung des Bundesarbeitsgerichts zur grundsätzlichen Zulässigkeit von Flashmobs als Arbeitskampfmittel werden sowohl auf verfassungsrechtlicher als auch auf zivilrechtlicher Ebene Grenzen des bisherigen Arbeitskampfverständnisses überschritten. Die Kernpunkte der Entscheidung sollen hier, zwecks anschließender Auseinandersetzung, zunächst dargestellt werden.

I. Differenzierung zwischen absolut geschützten Rechtsgütern und Rahmenrechten

Der klagende Einzelhandelsverband machte einen Anspruch auf Unterlassung von Flashmobs gem. § 1004 Abs. 1 BGB, i.V.m. § 823 Abs. 1 BGB, Art. 9 Abs. 3 GG geltend. Die Existenz eines solchen Anspruchs gegen rechtswidrige Arbeitskampfmaßnahmen wird durch das Bundesarbeitsgericht anerkannt. Die Entscheidung des Gerichts basiert maßgeblich auf einer strikten Trennung zwischen den in § 823 Abs. 1 BGB ausdrücklich genannten, sogenannten „absoluten“, Rechten einerseits und den „sonstigen Rechten“, den sogenannten „Rahmenrechten“, andererseits. Das Bundesarbeitsgericht hält Arbeitskampfmittel, die in die ausdrücklich in § 823 Abs. 1 BGB genannten Rechte eingreifen, für regelmäßig unangemessen und damit für regelmäßig rechtswidrig. Einen solchen Grundsatz soll es allerdings nicht für arbeitskampfbedingte Eingriffe in die „Rahmenrechte“ geben.[884] Flashmob-Aktionen erfüllen nach Ansicht des Bundesarbeitsgerichts typischerweise den Tatbestand eines Eingriffs in das Recht am eingerichteten und ausgeübten Gewerbebetrieb. Dieses Recht wurde durch die Rechtsprechung entwickelt, um bestehende Schutzlücken zu schließen, und wird in der Rechtsprechung für die Regelung der Folgen von Arbeitskämpfen schon lange Zeit angewendet.[885] Nach Ansicht des Gerichts ist ein solcher Eingriff zwar rechtfertigungsbedürftig, jedoch auch rechtfertigungsfähig. Sofern eine Arbeitskampfmaßnahme den durch Richterrecht ent-

884 BAG v. 22.09.2009 – 1 AZR 972/08, NZA 2009, 1347 (1348).
885 Vgl. schon BGH v. 16.06.1977 – III ZR 179/75, NJW 1977, 1875 (1877).

wickelten Grundsätzen des Arbeitskampfrechts genüge, soll ein Eingriff in das Recht am eingerichteten und ausgeübten Gewerbebetrieb nicht zu einem Unterlassungs- oder Schadensersatzanspruch führen. Eingriffe in andere, absolut geschützte Rechtsgüter erwägt das Bundesarbeitsgericht nicht.

II. Die Einbeziehung Dritter

Zu Flashmob-Aktionen werden nicht zwingend nur Arbeitnehmer des bestreikten Betriebs aufgerufen. Auch Dritte, die einen Arbeitskampf im besten Falle unterstützen wollen, können sich an den Aktionen beteiligen und werden dazu zum Teil explizit eingeladen. Die Beteiligung Dritter hält das Bundesarbeitsgericht für unproblematisch.[886] Es sei nicht auf die Motivation der einzelnen Beteiligten abzustellen, sondern auf das von der Koalition verfolgte Ziel – eine Begründung, die noch an anderer Stelle des Urteils eine entscheidende Rolle spielen wird. Das Bundesarbeitsgericht gibt dabei kein Mindestquorum an Arbeitnehmern vor, das erforderlich sein könnte, um eine Aktion noch als Arbeitskampfmaßnahme qualifizieren zu können, sondern begnügt sich mit dem Hinweis auf das von der Gewerkschaft verfolgte Ziel. Die Wortwahl des Bundesarbeitsgerichts, es sei unerheblich, dass sich *auch* Dritte an der Aktion beteiligen, lässt darauf schließen, dass zumindest Arbeitnehmer des bestreikten Betriebs an der Flashmob-Aktion beteiligt sein müssen.

III. Definition der koalitionsspezifischen Betätigung anhand des Kampfziels

Damit eine Arbeitskampfmaßnahme den Schutz der Koalitionsfreiheit genießt, muss sie eine koalitionsspezifische Betätigung darstellen. Die koalitionsspezifische Betätigung ist damit der Dreh- und Angelpunkt der Prüfung des sachlichen Schutzbereichs von Art. 9 Abs. 3 GG. Nach dem Verständnis des Bundesarbeitsgerichts ist für die Frage, ob eine Betätigung koalitionsspezifisch ist, nur entscheidend, ob die Koalition ein koalitionsspezifisches (vor allem tarifliches) Ziel verfolgt. Die Art des zur Zielverfolgung genutzten Mittels soll dabei nicht zu berücksichtigen sein, da dies der Bedeutung der Koalitionsfreiheit nicht gerecht werde. Solange ein koalitionsspezifisches Ziel verfolgt werde, soll das genutzte Mittel daher stets koalitionsspezifisch sein. Begründet wird dieses Ergebnis durch das Bundesarbeitsgericht auch damit, dass bei der Berücksichtigung der Art des gewählten Mittels eine sachgerechte Abgrenzung zwischen den von Art. 9 Abs. 3 GG geschützten und den sonstigen Betätigungen einer Koalition nicht möglich sei.

886 BAG v. 22.09.2009 – 1 AZR 972/08, NZA 2009, 1347 (1351).

IV. Der Begriff der Friedlichkeit

Einzige erkennbare Voraussetzung, die das Gericht an die Art des Mittels stellt, ist dessen Friedlichkeit.[887] Dabei wird allerdings keine Definition dieses Begriffs vorgenommen. Es findet auch keine substantielle Prüfung der Friedlichkeit von Flashmob-Aktionen statt.

V. Verhältnismäßigkeitsprüfung

Auch die zur Feststellung der Rechtmäßigkeit von Arbeitskampfmitteln erforderliche Verhältnismäßigkeitsprüfung wird durch die Entscheidung zur Zulässigkeit von Flashmobs inhaltlich verändert. Wie bereits durch die Entscheidung zur Zulässigkeit von Unterstützungsarbeitskämpfen eingeleitet, bleibt die Verhältnismäßigkeit nach dem Verständnis des Bundesarbeitsgerichts das zentrale Element der Rechtmäßigkeitsprüfung.[888] Der Inhalt der Prüfung wird jedoch in der vorliegenden Entscheidung nicht unerheblich verändert. Beiden Entscheidungen ist gemein, dass den Koalitionen auf den ersten beiden Prüfungsebenen der Geeignetheit und der Erforderlichkeit eine Einschätzungsprärogative zugestanden wird. Während allerdings in der Entscheidung zur Zulässigkeit des Unterstützungsarbeitskampfs auf der Ebene der Angemessenheit eine relativ umfangreiche Prüfung vorgenommen wurde, die zwar durch mangelnde Transparenz die Konturen der Verhältnismäßigkeit verblassen, jedoch das Bemühen einer Abwägung durchaus erkennen ließ, fehlt eine tatsächliche Abwägung unterschiedlicher Positionen in der Flashmob-Entscheidung. Im Rahmen der Verhältnismäßigkeitsprüfung stellt das Bundesarbeitsgericht nunmehr entscheidend darauf ab, dass die Arbeitskampfmaßnahme als solche für den Arbeitgeber erkennbar sein muss und dem Arbeitgeber Gegenmaßnahmen zur Verfügung stehen müssen.

VI. Abwehrkampfmittel der Arbeitgeberseite

Die vorhandenen Abwehrkampfmittel sind daher als Teil der Angemessenheitsprüfung mit den Angriffskampfmitteln in Bezug zu setzen. Gegen Flashmob-Aktionen sollen den Arbeitgebern die Ausübung ihres Hausrechts und die vorübergehende Betriebsstilllegung zur Verfügung stehen. Nach Ansicht des Gerichts haben die

887 BAG v. 22.09.2009 – 1 AZR 972/08, NZA 2009, 1347 (1351).

888 Sowohl in der Entscheidung zum Unterstützungsstreik als auch in der Entscheidung zum Flashmob wird die Verhältnismäßigkeitsprüfung als „zentraler Maßstab für die Beurteilung der unterschiedlichen Erscheinungsformen des Arbeitskampfs“ bezeichnet. Von der Wortwahl her soll die Flashmob-Entscheidung daher an die Entscheidung zum Unterstützungsstreik anknüpfen.

Arbeitgeber damit wirksame Gegenmittel gegen den Einsatz von Flashmobs als Arbeitskampfmittel. Betriebsinhaber könnten durch den Ausspruch eines Hausverbots größere Schäden vermeiden und im Notfall durch die vorübergehende Schließung des Betriebs die Arbeitsverhältnisse zu den nicht am Arbeitskampf beteiligten Arbeitnehmern suspendieren, um so Druck auf die kämpfende Koalition auszuüben.

D) Verfassungsrechtliche Dimension der Flashmob-Entscheidung

Entscheidungen zum Arbeitskampfrecht sind stets geprägt von dem Zusammenspiel zwischen Verfassungsrecht und Arbeitsrecht. Die einfachrechtlichen Probleme, die ein Arbeitskampf auszulösen vermag, werden überlagert durch die aufgrund der Anerkennung eines Grundrechts auf Koalitionsbetätigung zu beachtenden verfassungsrechtlichen Prinzipien. Der Grundsatz der Einheit der Rechtsordnung verlangt, dass verfassungsrechtlich verbürgte Rechte auch auf der Ebene des Privatrechts anerkannt werden. Für die einfachrechtlichen Folgeprobleme ist daher eine exakte verfassungsrechtliche Analyse der einschlägigen Grundrechtsnormen unabdingbar. Die Entscheidung zur Zulässigkeit von Flashmobs erscheint jedoch grundrechtsdogmatisch wenig überzeugend.

I. Die mangelhafte Berücksichtigung des personalen Schutzbereichs der Koalitionsfreiheit

Grundvoraussetzung dafür, dass Flashmobs Grundrechtsschutz genießen, ist, dass derartige Aktionen vom Schutzbereich des Art. 9 Abs. 3 GG erfasst werden. Nach herkömmlicher Grundrechtsdogmatik ist bei der Frage der Schutzbereichseröffnung zwischen dem personalen und dem sachlichen Schutzbereich zu unterscheiden. Die Entscheidung weist keine stringente Grundrechtsprüfung auf, die zu überzeugenden Ergebnissen kommt.

1. Die Drittbeteiligung als Problem des personalen Schutzbereichs

Das Bundesarbeitsgericht erkennt, dass Flashmobs dazu geeignet sind, dem Arbeitskampf durch die Beteiligung Außenstehender größere Wirkung zu verschaffen. Bereits die Herkunft der Flashmobs zeugt davon, dass es sich um eine Art Kommunikationsform handelt, die sich durch eine weitgehende Offenheit bezüglich des Teilnehmerkreises auszeichnet. Zu Flashmob-Aktionen wird im Internet, per Mobiltelefon oder durch andere moderne Kommunikationsformen aufgerufen. Es besteht nicht nur durch die immer mehr Lebensbereiche ergreifende Vernetzung des täglichen Lebens ein Risiko, dass sich an den Aktionen auch koalitionsfremde Personen, bzw. Dritte beteiligen, die keine Verbindung zu dem bestreikten Betrieb aufweisen. Der Aufruf von ver.di, der der Entscheidung des Bundesarbeitsgerichts zugrunde lag, richtete sich explizit an „alle, die uns unterstützen wollen". Die Koalition hat daher gezielt auf eine Beteiligung Dritter hingewirkt, um die von ihr geplante Arbeitskampfmaßnahme effektiver gestalten zu können.

Das Bundesarbeitsgericht scheint die Frage der Drittbeteiligung nur als Problem des sachlichen Schutzbereichs von Art. 9 Abs. 3 GG wahrzunehmen.[889] Die zuvor auf der personalen Ebene des Schutzbereichs durch das Verständnis des Bundesarbeitsgerichts ausgelösten Friktionen werden in der Entscheidung gänzlich außen vorgelassen.[890] Das Bundesarbeitsgericht verlangt nur, dass die Aktion von der Gewerkschaft getragen ist und dies dem Arbeitgeber erkennbar ist. Im Extremfall könnte diese Rechtsprechung einen Arbeitskampf ohne Arbeitnehmer unter Leitung eines Gewerkschaftsmitglieds ermöglichen.[891]

a) Legitimatorischer Konflikt

Bei unbefangener Lektüre des Grundrechtstatbestands scheint auf der Ebene des personalen Schutzbereichs eine Einbeziehung Dritter tatsächlich unproblematisch. Art. 9 Abs. 3 GG ist ein sogenanntes „Jedermann-Grundrecht".[892] Jede natürliche Person kann sich daher mit anderen in Koalitionen zusammenschließen. Die Besonderheit des Arbeitskampfs beruht jedoch darauf, dass die Koalitionsbetätigung selbst nach dem Wortlaut zunächst keinen Schutz durch die Verfassung genießt. Erst eine Auslegung des Art. 9 Abs. 3 GG ergibt, dass neben der Koalitionsbildung auch deren Betätigung eines Schutzes bedarf, um die Koalitionsfreiheit zu einem effektiven Grundrecht zu machen.[893] Die Koalitionsbetätigung ist allerdings nicht ohne Beziehung zu den das Grundrecht wahrnehmenden Personen geschützt. Sie ist vielmehr deshalb geschützt, weil die Koalitionen aufgrund staatlicher Delegation Rechtsetzungsbefugnisse wahrneh-

---

889 Zwar unterscheidet das Gericht nicht zwischen personalem und sachlichem Schutzbereich, die Drittbeteiligung wird aber unter dem Aspekt behandelt, ob sich durch sie der Arbeitskampf zu einem Demonstrationsarbeitskampf entwickelt, vgl. BAG v. 22.09.2009 – 1 AZR 972/08, NZA 2009, 1347 (1351). Die Frage, ob ein Demonstrationsarbeitskampf von Art. 9 Abs. 3 GG erfasst wird, ist allerdings eine Frage des sachlichen Schutzbereichs.

890 Auf dieses Problem hinweisend *Kersten*, in: Rieble/Junker/Giesen, Neues Arbeitskampfrecht?, S. 68.

891 So *Rüthers/Höpfner*, Anm. zu BAG v. 22.09.2009 – 1 AZR 972/08, JZ 2010, 261 (263).

892 Zum Schutzbereich der Koalitionsfreiheit allgemein bereits oben Seite 46 ff.

893 Siehe zu dieser Frage bereits oben Seite 47 ff.

men, deren konkrete Ausübung auf der Legitimation ihrer Mitglieder beruht.[894] Selbst wenn dem hier vertretenen zweistufigen System der Regelungsmacht der Koalitionen nicht gefolgt wird, führt bereits die rein mandatarische Vorstellung von der Tarifautonomie dazu, dass Koalitionsbetätigungen nur solange und soweit in den personalen Schutzbereich der Koalitionsfreiheit einbezogen werden können, wie sie Anteil haben an der legitimatorischen Grundlage der Koalitionsfreiheit selbst. Eine Koalitionsbetätigung mit Beteiligung Dritter wirft daher zwangsläufig die Frage der Legitimität dieser Handlung auf.[895] Bereits dieser Zusammenhang zwischen legitimationsbegründender individueller Koalitionsfreiheit und legitimationsbedürftiger bzw. legitimationsausübender kollektiver Koalitions(betätigungs)freiheit spricht gegen eine beliebige Teilnahmemöglichkeit Dritter bei Arbeitkampfmaßnahmen.

Zudem ergibt der Wortlaut des Art. 9 Abs. 3 GG, dass das Jedermann-Grundrecht durch ein besonderes soziales Qualifizierungsmerkmal eingeschränkt wird.[896] Die Koalitionsfreiheit ist „für jedermann und für alle Berufe gewährleistet". Grundrechtsträger sind daher alle Menschen in ihrer Eigenschaft als Berufsangehörige.[897] Somit können sich schon vom Wortlaut der Verfassungsbestimmung nicht alle Menschen auf das Grundrecht berufen. Nehmen Personen, die das besondere soziale Qualifizierungsmerkmal nicht erfüllen, an Flashmob-Aktionen teil, können sie keinen Grundrechtsschutz beanspruchen und der Koalition für die von ihr getragene Arbeitskampfmaßnahme somit auch keine Legitimität verschaffen. In diesem Fall liegt die Problematik der Drittbeteiligung an Arbeitskampfmaßnahmen offen zutage.

b) Faktisches Problem

Auch das Bundesarbeitsgericht hat bislang die Beteiligung Dritter im Zusammenhang mit Arbeitskampfmaßnahmen nur restriktiv zugelassen. Insbesondere soll eine Einbeziehung von Außenseitern möglich sein, wenn diese von dem Ergebnis des Arbeitskampfs faktisch profitieren werden.[898] Auch wenn diese Partizipation

894 Zur Frage der Grundlage der Regelungsbefugnis der Koalitionen siehe bereits oben Seite 74 ff.

895 *Franzen*, in: Jahrbuch des Arbeitsrechts, Band 47 (2010), 119 (135 f.); *Kersten*, in: Rieble/Junker/Giesen, Neues Arbeitskampfrecht?, S. 68; bezogen auf den Unterstützungsstreik auch *Picker*, ZfA 2010, 499 (523); *Willemsen/Mehrens*, Anm. zu BAG v. 22.09.2009 – 1 AZR 972/08, AP GG Art. 9 Arbeitskampf Nr. 174; siehe auch ArbG Berlin v. 23.06.2008 – 2 Ga 9993/08 (juris).

896 *Bauer*, in: Dreier, Art. 9 GG, Rz. 67.

897 *Bauer*, in: Dreier, Art. 9 GG, Rz. 67.

898 BAG v. 18.02.2003 – 1 AZR 142/02, NZA 2003, 866 (867 f.); das Kriterium der Partizipation wurde durch BVerfG v. 10.09.2004 – 1 BvR 1191/03 gebilligt; siehe zur Drittbeteiligung auch oben Seite 95 ff.

am Ergebnis für die Rechtfertigung der Einbeziehung Dritter in Arbeitskampfmaßnahmen für nicht ausreichend erachtet wird,[899] existiert keine beliebige Drittbeteiligung im Arbeitskampfrecht.[900] Die Beteiligung Dritter wurde sowohl in Rechtsprechung als auch in der Literatur lediglich für Fälle erörtert, in denen die in den Arbeitskampf Einbezogenen gewisse Kontaktpunkte zu dem jeweiligen Arbeitskampf aufwiesen.[901] Dies ergibt sich bereits daraus, dass bei den klassischen Arbeitskampfmitteln eine Beziehung zwischen den sich gegenüberstehenden Kampfparteien existieren muss. Im Falle von Flashmob-Aktionen wird auf eine derartige Beziehung verzichtet. Es können Personen ohne jegliche Verbindung zum Kampfgegner oder zum Kampfziel eingebunden werden. Insofern geht diese Art der Drittbeteiligung erheblich über den bisherigen Diskussionsstand hinaus.[902]

Am ehesten lässt sich eine so verstandene Drittbeteiligung mit der des Unterstützungsarbeitskampfs vergleichen. Auch dort wird ein Dritter in einen Arbeitskampf einbezogen. Dieser Dritte hat nach der Rechtsprechung des Bundesarbeitsgerichts nicht zwingend eine rechtliche Verbindung zu dem Gegner des Hauptarbeitskampfs. Doch auch hier fordert das Bundesarbeitsgericht eine besondere Nähebeziehung, die zwar durch das Gericht lediglich diffus herausgearbeitet wird,[903] dennoch eine Drittbeteiligung aus der Grauzone der Beliebigkeit ausgliedert.[904]

Aufgrund der Spontaneität von Flashmob-Aktionen ist es regelmäßig nicht möglich die Identität der Aktionsteilnehmer festzustellen. Eine Feststellung der individuellen Motivation der Teilnehmer ist ebenfalls nicht möglich.[905] Es kann jedoch nicht mit dem Bundesarbeitsgericht davon ausgegangen werden, dass es auf die individuelle Motivation der Aktionsteilnehmer für die Qualifizierung als Arbeitskampfmittel nicht ankommt. Grundvoraussetzung des Grundrechtsschutzes durch Art. 9 Abs. 3 GG ist das Ziel der Wahrung und Förderung der Arbeits- und Wirtschaftsbedingungen. Ob beliebige Dritte tatsächlich mit ihrer

---

899 *Thüsing*, Der Außenseiter im Arbeitskampf, S. 50 f.

900 Gegen die freie Wahl des Kampfpersonals auch *Picker*, ZfA 2010, 499 (539).

901 Verweis auf Verbandstarifvertrag, um den Arbeitskampf geführt wird, vgl. BAG v. 18.02.2003 – 1 AZR 142/02, NZA 2003, 866; Außenseiter innerhalb der Belegschaft des bestreikten Betriebes, vgl. *Dieterich*, in: ErfKomm., Art. 9 GG, Rz. 254.

902 *Picker*, ZfA 2010, 499 (525 ff.).

903 Vgl. dazu oben Seite 203 ff.

904 *Krieger/Günther*, NZA 2010, 20, (22); *Lingemann*, Anm. zu BAG v. 22.09.2009 – 1 AZR 972/08, ArbRAktuell 2009, 93.

905 So befürchten *Krieger/Günther*, NZA 2010, 20 (22) die Teilnahme von „Berufsaktivisten"; gegen die Beteiligung von „Söldner- und Freiwilligentruppen" auch *Rieth*, SAE 2010, 37 (41); nach *Picker*, ZfA 2010, 499 (526) ermöglicht die neue Rechtsprechung das Anheuern einer „Fremdenlegion" zum Zwecke des Arbeitskampfes.

Aktionsteilnahme dieses Ziel zu verfolgen gedenken, bleibt eine rein hypothetische Vermutung. Das Fehlen jeglicher Bindungen an Kämpfer und Kampfgegner spricht eher gegen eine solche Zielverfolgung. Nur im Falle einer existierenden Beziehung zwischen Kämpfenden und Kampfgegner spricht eine widerlegliche Vermutung eindeutig für das Vorliegen der Voraussetzungen des Grundrechtstatbestands.

c) Zusammenfassung

Die Beteiligung Dritter an einem Arbeitskampf ist daher keineswegs so unproblematisch wie es die Entscheidung des Bundesarbeitsgericht darstellt.[906] Es ist nicht ausreichend, dass eine Arbeitskampfmaßnahme von einer Gewerkschaft getragen wird. Eine solche Deutung würde letztlich die Existenz einer abstrakten kollektiven Koalitionsfreiheit voraussetzen. Diese existiert allerdings nicht. Die Koalition muss ihre Betätigungen auf die Legitimation ihrer Mitglieder zurückführen können.[907] Ohne diese legitimatorische Rückanknüpfung könnten Koalitionen ohne oder gegen den Willen der Mitglieder Handlungen vornehmen, indem sie auf Dritte zurückgreifen. Daher können Koalitionen nur handeln, wenn und soweit die Handlung von der Mehrheit ihrer Mitglieder getragen wird. Insofern können bereits vom personalen Schutzbereich nur mitgliedergetragene Flashmobs erfasst werden. Dies schränkt den Nutzen von Flashmobs als Arbeitskampfmittel erheblich ein. Aufgrund des ihnen innewohnenden Exzesspotentials[908] besteht ein erhöhtes Haftungsrisiko der zu einem Flashmob aufrufenden Gewerkschaft.

Sofern lediglich die Trägerschaft der Koalition im Rahmen des personalen Schutzbereichs geprüft wird, handelt es sich insgesamt um eine rein formale Prüfung, die dem Gewährleistungsgehalt des Art. 9 Abs. 3 GG nicht gerecht wird. Für die Eröffnung des personalen Schutzbereichs ist nur das Sein entscheidend, nicht der bloße Anschein.

---

906 A. A. *Fischer*, RdA 2011, 50 (54), der es für selbstverständlich hält, dass eine Beteiligung von Dritten nicht zur Rechtswidrigkeit der Arbeitskampfmaßnahme führen kann. Dabei hält Fischer die Beteiligung Dritter bei einer Flashmob-Aktion für mit der bei Arbeitskämpfen üblichen Berichterstattung durch die Presse vergleichbar, die zu einer Solidarisierung mit den Streikenden führen könne und dadurch zur Entstehung von Druck auf die Arbeitgeberseite führe, vgl. ebd. S. 56 f.

907 *Greiner*, Anm. EzA GG Art. 9 Arbeitskampf Nr. 143, S. 30 f.; *Kersten*, in: Rieble/Junker/Giesen, Neues Arbeitskampfrecht?, S. 77 f.

908 *Rieble*, NZA 2008, 796 (798 ff.).

2. *Rückwirkungen der Drittbeteiligung auf den Begriff der Tariffähigkeit*

Die neue Haltung des Bundesarbeitsgerichts zur Frage der Drittbeteiligung bei Arbeitskämpfen hat zudem bei konsequenter Anwendung eine grundlegende Änderung des Verständnisses der Tariffähigkeit zur Folge, die so wohl kaum beabsichtigt ist. Bislang sind nur Koalitionen mit hinreichender Mächtigkeit tariffähig.[909] Wie bereits dargelegt setzt dies voraus, dass die Koalition als solche insgesamt ernst zu nehmen ist. Nach neuerer Rechtsprechung soll dafür die Mitgliederzahl zentrales Kriterium sein, daneben soll auch die langjährige Teilnahme am Tarifgeschehen als Hilfskriterium Anwendung finden.[910] Für neuere Koalitionen sind beide Kriterien allerdings nicht einfach zu übertragen, für diese müssen vielfältige Indizien zur Klärung der Durchsetzungsfähigkeit herangezogen werden.[911] Können Koalitionen beliebige Dritte zur Durchsetzung ihrer Forderungen einsetzen, müsste folgerichtig zumindest in Branchen in denen Arbeitskampfmaßnahmen mit Drittbeteiligung denkbar sind, die Schwelle des Mächtigkeitskriteriums erheblich sinken, da durch den Einsatz Dritter selbst kleine Koalitionen schlagkräftige Verbände ausbilden könnten.[912] Das bislang zu berücksichtigende Kriterium der Mitgliederstärke und deren Einfluss auf die Koalition, das der Feststellung der Tariffähigkeit dient, vermag dann nicht mehr zu überzeugen, da in solchen Fällen auch ohne große Mitgliederstärke durch die Möglichkeit der Drittbeteiligung Tatsachen vorliegen, die dazu führen können, dass die Arbeitgeberseite die Koalition ernst nehmen muss. Die Einbeziehung beliebiger Dritter in Arbeitskampfmaßnahmen kann daher zu einer Verringerung der Abgrenzungsmöglichkeiten mächtiger und nicht mächtiger Arbeitnehmerkoalitionen führen. Die von der Rechtsordnung gewollte Unterscheidung zwischen tariffähigen und tarifunfähigen Koalitionen, die der Eingrenzung der Konfliktparteien auf der Ebene des kollektiven Arbeitsrechts dient, wird damit aufgeweicht. Es kann zwar nicht davon ausgegangen werden, dass das Bundesarbeitsgericht durch seine Entscheidung die Voraussetzungen der Tariffähigkeit weniger restriktiv verstanden wissen will. Der geschilderte Einfluss der Drittbeteiligung auf die Koalitionsmächtigkeit ergibt sich allerdings zwingend. Es sind keine Argumente ersichtlich, die eine Drittbeteiligung auf Schutzbereichsebene tragen und gleichzeitig die Folgen auf den Begriff der Tariffähigkeit ausschließen könnten, da die Mitgliederzahl lediglich ein Kriterium ist, um nachzuweisen, dass die Arbeitgeberseite die Koalition ernst nehmen muss. Dieses Kriterium könnte durch die Möglichkeit der Drittbeteiligung ersetzt werden.

---

909 Siehe dazu oben Seite 39 ff.

910 BAG v. 05.10. 2010 – 1 ABR 88/09, NZA 2011, 300 (303); vgl. auch oben Seite 39 ff.

911 BAG v. 05.10. 2010 – 1 ABR 88/09, NZA 2011, 300 (304).

912 *Säcker/Mohr*, JZ 2010, 440 (449).

II. Der sachliche Schutzbereich im Zeichen funktionaler Grundrechtsauslegung

1. Divergenz zwischen Bedeutung des sachlichen Schutzbereichs und der bundesarbeitsgerichtlichen Prüfungsintensität

Flashmob-Aktionen müssten zudem in den sachlichen Schutzbereich des Art. 9 Abs. 3 GG fallen. Die Prüfung des sachlichen Schutzbereichs stellt grundsätzlich im Rahmen des Verfassungsrechts eine zentrale Prüfungsebene dar. Hier entscheidet sich, ob ein menschliches Verhalten unter den Tatbestand einer Grundrechtsnorm fällt und damit besonderem Schutz unterliegt oder nicht. Der Rückgriff auf den Schutzbereich und dessen exakte Analyse ist bei den Grundrechten von enormer Wichtigkeit, da der Inhalt der Grundrechtsvorschriften wegen ihres komplexen Regelungsinhalts nicht leicht zu erfassen ist, ihre Grenzen jedoch, vor allem für die Frage der Beschränkbarkeit, vielfältige Bedeutung haben.[913] Dies gilt im Besonderen für die Koalitionsfreiheit, deren Inhalt sich aufgrund des knappen und unvollständigen Wortlauts weitgehend durch historische und teleologische Auslegung entwickelt hat. Zur Bestimmung des Inhalts der Koalitionsfreiheit ist insbesondere, soweit vorhanden, die durch das Bundesverfassungsgericht vorgenommene Auslegung von Art. 9 Abs. 3 GG heranzuziehen, da diesem die verfassungsrechtliche Letztentscheidungskompetenz zukommt.[914] Insofern verwundert es, dass das Bundesarbeitsgericht in der Begründung seiner Flashmob-Entscheidung keine umfassende Prüfung der Schutzbereichseröffnung vornimmt. Einziger Maßstab, der über die Schutzbereichseröffnung entscheiden soll, ist das Vorliegen einer „koalitionsspezifischen Betätigung".[915] Ob eine Betätigung koalitionsspezifisch ist, soll sich nach der Ansicht des Bundesarbeitsgerichts ausschließlich nach dem mit der Betätigung verfolgten Ziel richten. Die Art des Mittels soll für die Einordnung als koalitionsspezifisch keine Berücksichtigung finden.[916]

2. Erforderlichkeit einer Schutzbereichskonturierung

Erfolgt die Eröffnung des grundrechtlichen Schutzbereichs der Koalitionsfreiheit allein aufgrund des von der Koalition verfolgten Ziels, wird das Problem der Selbsteröffnung des Schutzbereichs der Koalitionsfreiheit offenbar. Die Recht-

---

913 *Merten*, in: Handbuch der Grundrechte, Band III, § 56, Rz. 4.

914 *Dieterich*, in: ErfKomm., GG, Einl., Rz. 75.

915 BAG v. 22.09.2009 – 1 AZR 972/08, NZA 2009, 1347 (1351).

916 Zur Begründung siehe oben Seite 238.

sprechung des Bundesverfassungsgerichts zeigt jedoch, dass derart missbrauchsanfällige Schutzbereichsauslegungen grundsätzlich zu vermeiden sind.[917] Diese Rechtsprechung lässt den Willen des Bundesverfassungsgerichts erkennen, rein äußerliche Zusammenhänge mit dem jeweiligen grundrechtlichen Schutzgut für eine Schutzbereichseröffnung nicht ausreichen zu lassen, sondern im Gegenteil eine über diesen äußeren Zusammenhang hinausgehende innere Verbindung der Tätigkeit zu dem Grundrecht zu verlangen. Dieses Vorgehen verringert die sonst vorliegende Subjektivität der Schutzbereichseröffnung, die mit einem allein nach dem Anschein des Handlungszwecks einhergehenden Grundrechtsverständnis verbunden ist und unterstützt diese durch einen objektiv überprüfbaren Handlungsmodus. Grundanliegen dieses Schutzbereichsverständnisses ist die Vermeidung übertriebener Konstitutionalisierung, um eine klare Strukturierung verfassungsrechtlich relevanter Sachverhalte herzustellen und damit Abwägungsprobleme zu vermeiden und die Rechtssicherheit zu stärken.[918]

Das Vorbringen des Bundesarbeitsgerichts, es würde der Koalitionsfreiheit nicht gerecht werden eine Betätigung aufgrund ihrer Art vom Schutzbereich des Art. 9 Abs. 3 GG auszunehmen, vermag nicht zu überzeugen. Es ist nicht der Regelfall, dass sämtliche Handlungen, die im Zusammenhang mit einem Grundrecht stehen, auch von dessen Schutz erfasst werden. Eine solche Grundrechtsdogmatik würde die Unterscheidung zwischen grundrechtlichem Schutzbereich und dem für ein Grundrecht einschlägigen Lebens- bzw. Sachbereich nivellieren.[919] Eine Abgrenzung zwischen beiden lässt sich durch eine funktionale Auslegung des Grundrechtstatbestands erreichen.[920] Die Herausnahme bestimmter Verhaltensweisen aus dem grundrechtlichen Schutzbereich ist grundrechtsdogmatisch zudem nicht unüblich. Dies geschieht dann, wenn bestimmte Verhaltensweisen als nicht schutzwürdig eingestuft werden. In diesem Zusammenhang verweisen *Willemsen/Mehrens* zu Recht auf die Meinungsfreiheit, von deren Schutz nach der Rechtsprechung (bewusst) unwahre Tatsachenbehauptungen von vornherein ausgenommen sind.[921] Eine ähnliche Auslegung hat bereits die Religionsfreiheit erfahren, von der nicht alle glaubensgeleiteten Verhaltensweisen umfasst

917 Vgl. zu dieser Problematik oben Seite 88ff.

918 Vgl. hierzu neben Fn. 917 auch *Merten*, in: Handbuch der Grundrechte, Band III, § 56, Rz. 58ff.

919 Zur Unterscheidung zwischen Lebens- bzw. Sachbereich und Schutzbereich vgl. *Merten*, in: Handbuch der Grundrechte III, § 56, Rz. 35ff.

920 Siehe dazu bereits oben Seite 92ff.; dagegen *Cornils*, Die Ausgestaltung der Grundrechte, S. 414ff.

921 *Willemsen/Mehrens*, Anm. zu BAG v. 22.09.2009 – 1 AZR 972/08, AP GG Art. 9 Arbeitskampf Nr. 174; bzgl. offensichtlich unwahrer Tatsachen vgl. *Starck*, in: v. Mangoldt/Klein/Starck, Art. 5, Rz. 27; BVerfG v. 28.08.2003 – 1 BvR 2194/02, NJW 2004, 354 (355); a. A. *Wendt*, in: v. Münch/Kunig, Art. 5 GG, Rz. 10.

sind, sondern nur solche, die auf einer zwingenden Verhaltensregel beruhen, bzw. solche, von denen der Gläubige nur unter Gewissenskonflikten absehen kann.[922]

Stellte man bei der Feststellung des Vorliegens einer koalitionsspezifischen Betätigung lediglich auf den Zweck der Handlung ab, führte dies dazu, dass der Schutzbereich des Art. 9 Abs. 3 GG allein durch Behauptungen eines Grundrechtsträgers eröffnet werden könnte. Ebenso wenig wie dies für die Religionsfreiheit überzeugt, bei der das Bundesverfassungsgericht davon ausgeht, dass allein die Behauptung einer Gemeinschaft, sie bekenne sich zu einer Religion, nicht zur Eröffnung des Schutzbereichs der Religionsfreiheit führen kann,[923] überzeugt ein solches Verständnis für die Koalitionsfreiheit. Insbesondere das weite Verständnis des Bundesarbeitsgerichts vom personalen Schutzbereich des Art. 9 Abs. 3 GG hätte zu einer vertieften Prüfung des sachlichen Schutzbereichs führen müssen.

3. Möglichkeit und Durchführung der Konturierung des sachlichen Schutzbereichs

Bei der Eröffnung des sachlichen Schutzbereichs der Religionsfreiheit ist mit dem Bundesverfassungsgericht entscheidend, dass es sich tatsächlich, nach geistigem Gehalt und äußerem Erscheinungsbild, um eine Religion und Religionsgemeinschaft handelt.[924] Das Gericht prüft damit das Vorliegen eines stärkeren inneren Zusammenhangs einer Handlung zum grundrechtlichen Schutzbereich. Eine solche Prüfung ist auch für den Schutzbereich der Koalitionsbetätigungsfreiheit möglich. Dabei kommt insbesondere der Art des von der Koalition gewählten Betätigungsmittels eine herausgehobene Stellung zu. Deren Berücksichtigung führt entgegen dem Bundesarbeitsgericht nicht dazu, dass eine trennscharfe Abgrenzung zwischen den von Art. 9 Abs. 3 GG geschützten und den anderen Betätigungen der Koalitionen unmöglich gemacht wird. Im Gegenteil führt eine Berücksichtigung der Art des gewählten Betätigungsmittels *neben* dem mit diesem verfolgten Zweck zu einer stärkeren Abgrenzung der verschiedenen Betätigungsformen. Die Berücksichtigung der Art des gewählten Mittels ermöglicht die Feststellung, ob tatsächlich ein innerer Zusammenhang zwischen der Handlung und dem Grundrecht gegeben ist oder ob dieser nur behauptet wird.

922 Vgl. zu dieser Auslegung oben Seite 88ff.; *Jarass*, in: Jarass/Pieroth, Art. 4 GG, Rz. 13; BVerwG v. 23.11.2000 – 3 C 40/99, NJW 2001, 1225 (1227).

923 BVerfG v. 05.02.1991 – 2 BvR 263/86, NJW 1991, 2623 (2624).

924 BVerfG v. 05.02.1991 – 2 BvR 263/86, NJW 1991, 2623 (2624).

a) Die verfassungsrechtliche Besonderheit des Arbeitskampfs

Anders als in anderen Rechtsordnungen existiert in Deutschland keine verfassungsrechtliche Garantie des Streikrechts.[925] Der verfassungsrechtliche Schutz von Koalitionsbetätigungen hat sich erst durch historische und teleologische Auslegung von Art. 9 Abs. 3 GG entwickelt.[926] Dies spricht bereits dafür, den Umfang des verfassungsrechtlichen Schutzes der Koalitionsbetätigungsfreiheit nicht allzu extensiv auszulegen. Im Speziellen muss dieses Gebot der Zurückhaltung für die Anerkennung des Arbeitskampfs gelten. Der Arbeitskampf ist mit den anderen Betätigungen der Koalitionen nicht vergleichbar. Er führt zu einem erheblichen Eingriff in die privatrechtliche Rechts- und Wirtschaftsordnung und ist regelmäßig besonders schadensgeneigt.[927] Ein Verhalten, das keinen ausdrücklichen verfassungsrechtlichen Schutz genießt und dem das Potential für erhebliche Grundrechtskonflikte innewohnt, in jeglicher Form grundrechtlichem Schutz zu unterstellen, widerspricht dem durch das Grundgesetz vorgesehenen filigranen Augleich der sich gegenüberstehenden und entgegengesetzten Interessensphären. Dies gilt im Speziellen für die Koalitionsbetätigungsfreiheit, da durch die Anerkennung grundrechtlichen Schutzes für alle Betätigungen, die ein koalitionsspezifisches Ziel verfolgen, zugleich ein vorbehaltloser Schutz gewährt wird, der die Eingriffsmöglichkeiten stark einschränkt.

b) Funktionaler Schutzbereich der Arbeitskampffreiheit

Auch das Bundesverfassungsgericht geht nicht von dem grundrechtlichen Schutz jeglicher Arbeitskampfmaßnahmen aus. Es sieht von Art. 9 Abs. 3 GG solche Arbeitskampfmittel als geschützt an, die allgemein erforderlich sind, um eine funktionierende Tarifautonomie sicherzustellen.[928] Diese Einschränkung des Schutzbereichs ist auch heute noch zu berücksichtigen, stellt die Entscheidung doch die letzte zur Frage der Wahl von Kampfmitteln dar.[929] Daran hat sich nach dem Verständnis des Bundesverfassungsgerichts auch durch die „Aufgabe" der Kernbereichslehre[930] nichts geändert. Nach Auffassung des Bundesverfassungsgerichts handelte es sich dabei nicht um eine Aufgabe, sondern lediglich um eine

925 Vgl. aber für Frankreich Art. 7 der Präambel der Verfassung vom 27.10.1946, auf die die Präambel der aktuellen Verfassung vom 04.10.1958 verweist; Art. 40 der Verfassung der Italienischen Republik; Art. 23 Abs. 2 der Verfassung der griechischen Republik.

926 Vgl. dazu oben Seite 43 ff.

927 *Gamillscheg*, KollArbR I, S. 928 ff.

928 BVerfG v. 26.06.1991 – 1 BvR 779/85, NZA 1991, 809 (LS 2).

929 So auch *Otto*, in: Rieble/Junker/Giesen, Neues Arbeitskampfrecht?, S. 27; *Otto*, RdA 2010, 135 (138).

930 BVerfG v. 14.11.1995 – 1 BvR 601/92, NZA 1996, 381.

Klarstellung. Die Kernbereichslehre sollte danach schon vor dieser Klarstellung nur Auswirkungen im Bereich der Grundrechtsschranken haben und einen Kernbereich der Koalitionsbetätigungen der gesetzgeberischen Ausgestaltung entziehen.

Der Entscheidung des Bundesverfassungsgerichts ist ein funktionales Schutzbereichsverständnis bezüglich der Arbeitskampfmaßnahmen zu entnehmen.[931] Arbeitskampfmaßnahmen werden grundrechtlich geschützt, weil und soweit sie zur Funktion des Tarifvertragssystems beitragen.[932] Für den Schutz von Arbeitskampfmaßnahmen ist daher ihre eigene Funktion entscheidend. Nicht der Arbeitskampf als solcher ist von der Verfassung geschützt, sondern die hinter dem Arbeitskampf stehende Idee bzw. Funktion. Diese Annexfunktion unterscheidet den Arbeitskampf von anderen Formen der Koalitionsbetätigung.[933] Daher ist nicht jedes Handeln, das vermeintlich das Ziel der Verbesserung von Arbeits- und Wirtschaftsbedingungen verfolgt, bei einer derartigen funktionalen Auslegung des Schutzbereichs durch Art. 9 Abs. 3 GG geschützt, sondern nur solche Betätigungen, die aufgrund ihrer spezifischen Struktur die dem Arbeitskampf zugedachte Funktion erfüllen können. Dies folgt schon daraus, dass das Grundgesetz kein Grundrecht auf Arbeitskampf kennt, sondern den Arbeitskampf als Koalitionsbetätigung nur wegen seines Funktionszusammenhangs mit der Koalitionsfreiheit schützt.[934]

Mit einer funktionalen Auslegung der Arbeitskampffreiheit wird auch eine sachgerechte Abgrenzung zwischen den von der Koalitionsfreiheit geschützten Betätigungen und denjenigen Betätigungen erreicht, die nicht von Art. 9 Abs. 3 GG geschützt werden. Während Arbeitskampfmaßnahmen, die der Herstellung der für eine Vertragseinigung notwendigen Voraussetzungen dienen, eine koalitionsspezifische Betätigung darstellen, da nur die Koalitionen zuständige Vertragspartner sind und sich daher eine Situation des vertragsgerechten Interessenausgleichs schaffen können müssen, sind Arbeitskampfmaßnahmen, die über dieses funktional begründete Ziel hinausweisen, lediglich vom Schutzbereich des Art. 2 Abs. 1 GG i.V.m. Art. 19 Abs. 3 GG geschützt. Diese Aufteilung ist sachgerecht, da ansonsten eine allgemeine Arbeitskampffreiheit zu proklamieren wäre, die mit dem Sinn und Zweck des Art. 9 Abs. 3 GG nicht zu vereinbaren wäre.[935]

---

931 Dies betont auch *Jacobs*, ZfA 2011, 71 (82).

932 *Rüthers*, NZA 2010, 6 (7).

933 *Otto*, RdA 2010, 135 (137).

934 *Richardi/Fischinger*, in: Staudinger, Vorbem. zu §§ 611 ff.., Rz. 830.

935 Zum Erfordernis der Abgrenzung zwischen Art. 2 Abs. 1 GG und Art. 9 Abs. 3 GG siehe bereits oben Seite 65 ff.

aa) Die Funktion des Arbeitskampfs im Rahmen der Tarifautonomie

(1) Die Problematik der strukturellen Unterlegenheit der Arbeitnehmerseite als Grundlage des Arbeitskampfs

Ausgangspunkt auf der Suche nach der Funktion des Arbeitskampfs ist mit *Picker* die Feststellung, dass die Arbeitskraft eine Ware darstellt und der Arbeitsmarkt den für andere Warenmärkte geltenden Regeln unterliegt.[936] Zwar handelt es sich bei dem Arbeitsmarkt um einen besonderen Markt, der mit den bestehenden Arbeitsmarkttheorien nicht in Gänze zu erklären ist,[937] Grundannahmen der Markttheorien lassen sich jedoch auf den Arbeitsmarkt zumindest in Ansätzen übertragen. Basisregel des Marktgeschehens ist, dass das Verhältnis von Angebot zu Nachfrage den Preis der angebotenen Ware bestimmt. Auch wenn sich bezüglich des Arbeitsmarktes die Lohnfindung nicht ausschließlich durch ein derart vereinfachtes Modell erklären lassen kann, dient dieser Mechanismus doch als dessen Grundlage.[938] Insofern kann davon ausgegangen werden, dass in einem Wirtschaftssystem, das durch konstanten Überhang an Arbeitskräften geprägt ist, tendenziell die Marktmacht auf Seiten der nachfragenden Arbeitgeber stärker ausgeprägt ist, als diejenige der anbietenden Arbeitnehmerseite. Dieser Zusammenhang lag bereits der Schaffung der Koalitionsfreiheit zugrunde, mit der das durch den Gegensatz von Kapital und Arbeit ausgelöste Machtungleichgewicht durch Kollektivierung individueller Interessen ausgeglichen werden sollte.[939]

(2) Machtgleichgewicht als vertragsrechtliches Erfordernis

Allein eine Kollektivierung der Interessen ist allerdings nicht ausreichend, um eine annähernd gleiche Ausgangssituation beider Seiten herzustellen. Zwar potentiert sich durch den Zusammenschluss vieler Arbeitnehmer deren Durchsetzungsvermögen,[940] so dass eine Art Verhandlungsgleichgewicht angestrebt werden kann. Verhandlungsgleichgewicht ist jedoch nicht gleichbedeutend mit dem Durchsetzungsgleichgewicht. Während der Arbeitgeberseite zur Durchsetzung ihrer Forderungen durch das Überangebot an Arbeitskraft erhebliches Druckpotential zukommt, benötigt die Arbeitnehmerseite einen eigenen Mechanismus der Druckausübung. Diese Rolle übernimmt der Arbeitskampf. Der Arbeitskampf dient folglich dazu, bestehendes Ungleichgewicht zu verringern

936 *Picker*, ZfA 2010, 499 (512 ff.).

937 *Sesselmeier/Funk/Waas*, Arbeitsmarkttheorien, S. 241; *Treber*, Aktiv produktionsbehindernde Maßnahmen, S. 345 ff.

938 *Sesselmeier/Funk/Waas*, Arbeitsmarkttheorien, S. 80 ff.

939 Siehe oben Seite 59 f.

940 *Picker*, ZfA 2010, 499 (516).

und damit die Voraussetzung fairer Vertragsverhandlungen zu schaffen.[941] Der Arbeitskampf wird in der Literatur daher nicht zu Unrecht als „*die* Determinante der Lohnfindung“ bezeichnet.[942]

Ein Gleichgewicht zwischen der Arbeitgeber- und der Arbeitnehmerseite ist erforderlich, weil die kollektivrechtlichen Konflikte zwischen beiden Seiten letztlich vertragsrechtliche Konflikte darstellen.[943] Die Konflikte zwischen Arbeitnehmer- und Arbeitgeberseite betreffen in der Regel die Arbeits- und Wirtschaftsbedingungen, unter denen die Arbeitnehmer ihre Arbeitskraft dem Arbeitgeber anzubieten haben. Die Arbeits- und Wirtschaftsbedingungen, die für ein konkretes Arbeitsverhältnis Geltung beanspruchen, werden auf individualvertraglicher Ebene durch den Arbeitsvertrag und auf kollektivrechtlicher Ebene durch den Tarifvertrag festgelegt.[944] Konflikte über die Arbeits- und Wirtschaftsbedingungen stellen daher ihrem Grunde nach vertragsrechtliche Konflikte dar. Da der Vertragsschluss eine Ausübung der Privatautonomie darstellt und der Grundgedanke der Privatautonomie darin besteht, dass die Vertragsparteien durch den Vertragsschluss das Gleichgewicht ihrer Interessen festlegen,[945] müssen die Vertragsparteien gleichwertige Durchsetzungschancen haben, wenn nicht die Privatautonomie in ein Vertragsdiktat umschlagen soll.

Der Arbeitskampf stellt mithin eine Möglichkeit dar, eine annähernd gleichgewichtige (vertragsrechtliche) Macht- und Marktposition der Arbeitnehmerseite zu gewährleisten.

bb) Arbeitskampf als vertraglicher Regelungsmechanismus

Der Arbeitskampf soll damit die privatautonome Ausgleichung der Interessen der sich miteinander in einem Vertragsverhältnis befindlichen Parteien absichern.[946] Seine genuine Aufgabe stellt damit diejenige eines vertragsrechtlichen Regelungs- und Kontrollmechanismus dar.[947] Der Arbeitskampf wird nicht als solcher geschützt, sondern nur in seiner vertragsrechtlichen Funktion als Garant der Chancengleichheit der im Arbeitsverhältnis verbundenen Parteien.[948] Eine von

---

941 *Picker*, ZfA 2010, 499 (521).

942 So *Sesselmeier/Funk/Waas*, Arbeitsmarkttheorien, S. 119.

943 Diesen Aspekt betonend *Picker*, ZfA 2010, 499.

944 Zu dieser Funktion des Tarifvertrages *Thüsing*, in: Wiedemann, TVG, § 1 Rz. 1.

945 *Roth/Schubert*, in: MünchKomm. BGB, § 242, Rz. 462.

946 *Picker*, ZfA 2010, 499 (517).

947 *Rieble*, BB 2008, 1506 (1512); hiergegen aber *Treber*, Aktiv produktionsbehindernde Maßnahmen, S. 345 ff., der davon ausgeht, dass durch den Arbeitskampf keine Verbesserungen durch Leistungsverknappung, sondern durch Androhung von Schadenszufügung erreicht wird.

948 So bereits *Kemper*, Die Bestimmung des Schutzbereichs der Koalitionsfreiheit (Art. 9 Abs. 3 GG), S. 155.

dieser Funktion losgelöste Betrachtung würde zur verfassungsrechtlichen Überhöhung des Arbeitskampfs und zum grundrechtlichen Schutz eines reinen Machtinstruments führen.[949] Die Reduzierung des verfassungsrechtlich geschützten Arbeitskampfs auf seine vertragliche Funktion führt zu zwei wesentlichen Kennzeichen einer unter den Schutzbereich des Art. 9 Abs. 3 GG zu subsumierenden Arbeitskampfmaßnahme, der Marktbezogenheit und der Vertragsbezogenheit des gewählten Mittels.

(1) Marktbezogenheit der Arbeitskampfmaßnahme

Der Arbeitskampf ist seiner Funktion nach ein Mittel der Marktregulation, das dafür sorgt, dass den am Markt Beteiligten vergleichbare Machtmittel zur Verfügung stehen, so dass eine Marktentwicklung unter realen marktwirtschaftlichen Gesichtspunkten stattfinden kann. Sofern der Arbeitskampf als ein solches vertragsrechtliches Regelungsinstrument verstanden wird, muss sich dieses auf den dem Vertrag zugrundeliegenden Markt beschränken und darf grundsätzlich keine planmäßigen Auswirkungen auf andere Märkte haben. Arbeitskampfmaßnahmen müssen sich daher auf die Ware Arbeitskraft beziehen.[950]

Insoweit können sich bei einem Flashmob Probleme ergeben, wenn die Aktion darauf angelegt ist, im Kern einen anderen Warenmarkt zu treffen.[951] In diesem Fall wird nämlich durch die Einbeziehung eines anderen Marktumfeldes die spezifische Marktmacht erhöht. Dies könnte als marktkonträres Machtinstrument anzusehen sein.[952] Die Aktion ist dann eine gezielte Beeinflussung des Waren- und Gütermarktes und berührt den Arbeitsmarkt und die dort geltenden Bedingungen lediglich mittelbar in Form einer Rückwirkung.[953] Der Absatz der Pro-

949 *Picker*, ZfA 2010, 499 (531).

950 Ähnlich *Greiner*, EzA GG Art. 9 Arbeitskampf Nr. 143, S. 32.

951 So betonen *Säcker/Mohr*, JZ 2010, 440 (449), dass durch Flashmobs im Einzelhandel die Behinderung des Warenabsatzes hinsichtlich der umzusetzenden Produkte das Ziel der Arbeitskampfmaßnahme darstelle. Daraus folgern sie, dass in diesem Fall das Wettbewerbsrecht auf die Kämpfenden anzuwenden sei.

952 Zurückgehend auf *Picker*, ZfA 2010, 499 (522), der den Unterstützungsstreik als „markt*konträre*, eben rein *macht*mäßige Durchsetzung fremder Ziele" versteht. Hiergegen spricht jedoch, dass auch bei einem Unterstützungsstreik ein Marktbezug gegeben ist. Der Unterstützungsstreik wird nur hinsichtlich der Ware Arbeit geführt und hat keine Auswirkungen auf einen anderen Markt. Es handelt sich daher entgegen *Picker* (noch) nicht um eine rein machtmäßige Durchsetzung, die als marktkonträr zu bezeichnen wäre. Der Unterstützungsarbeitskampf bereitet vielmehr erst bei der Frage des Vertragsbezugs Probleme, wobei auch dort, wird der Unterstützungsarbeitskampf wie hier nur in engeren, als durch die Rechtsprechung gesetzten Grenzen als zulässig erachtet, letztlich die Kampfmaßnahme als vertragsbezogen einzuordnen ist.

953 Bzgl. der vergleichbaren Frage, ob Tarifnormen, deren Regelungszweck eine Beeinflussung des Waren- und Gütermarktes ist, der Kartellkontrolle nach dem GWB unterliegen siehe

dukte des Arbeitgebers ist jedoch keine Ursache der strukturellen Unterlegenheit der Arbeitnehmerschaft.[954] Die strukturelle Unterlegenheit der Arbeitnehmer bezüglich der Aushandlung ihrer Arbeitsbedingungen kann daher nicht durch einen Eingriff in den Waren- und Gütermarkt kompensiert werden, ohne den vertragsrechtlichen Mechanismus des Arbeitskampfs zu negieren.

(2) Vertragsbezogenheit der Arbeitskampfmaßnahme

Neben der Marktbezogenheit der Arbeitskampfmaßnahmen sind Arbeitskampfmaßnahmen insbesondere durch ihre Vertragsbezogenheit gekennzeichnet.[955] Ziel der Arbeitskampfmaßnahme ist es, eine Änderung bzw. Verbesserung des auf das Arbeitsverhältnis anwendbaren und die Arbeitsbedingungen ausgestaltenden Vertragswerks herbeizuführen. Der Arbeitskampf ist daher ein Mittel der Preisermittlung und Lohnfindung im bestehenden Vertragsverhältnis.[956] Die Verbesserung eines Vertrags setzt Druckausübung im Rahmen des Vertragsverhältnisses voraus. Traditionell wird diese Druckausübung durch Verknappung der Arbeitsleistung herbeigeführt. In der Literatur wird daher vertreten, dass der Arbeitskampf insoweit verfassungsrechtlich geschützt wird, wie die Verweigerung arbeitsvertraglicher Pflichten als Kerngedanke des Arbeitskampfs im Mittelpunkt steht.[957] Dieser Ansicht ist dahingehend zuzustimmen, dass die Verweigerung arbeitsvertraglicher Pflichten zumeist die einzige Möglichkeit darstellen wird, im vertragsrechtlichen Zusammenhang das Druckpotential auf die Gegenseite im Sinne einer Vertragsverbesserung zu erhöhen. Dieses Modell des Arbeitskampfs hat sich seit dem Beginn der Assoziierung der Arbeitnehmerschaft als Mittel der Vertragsverbesserung durchgesetzt.[958] Nicht umsonst wurden und werden Arbeitskampf und Streik bzw. Aussperrung in der breiten Öffentlichkeit weitgehend als Synonyme verstanden.

Solange der Arbeitskampf primär auf den Vertrag als solchen ausgerichtet ist, ist der verfassungsrechtliche Schutz unabhängig von entstehenden Kollateralschäden zu gewähren. Verfassungsrechtlich fällt jedoch ein Arbeitskampf dann nicht unter den Schutzbereich des Art. 9 Abs. 3 GG, wenn er primär eine Scha-

---

Säcker/Oetker, Grundlagen und Grenzen der Tarifautonomie, S. 217 ff.

954 *Kemper*, in: v. Mangoldt/Klein/Starck, Art. 9 GG, Rz. 166.

955 So vom Grundansatz auch *Kersten*, in: Rieble/Junker/Giesen, Neues Arbeitskampfrecht?, S. 68; vgl. auch *Jacobs*, ZfA 2011, 71 (83).

956 *Picker*, ZfA 2010, 499 (522).

957 *Engels*, Verfassung und Arbeitskampfrecht, S. 254.

958 *Ricken*, MünchHdbArbR, § 193, Rz. 5, 11; so hat schon im Jahre 1870 *von Stein*, Handbuch der Verwaltungslehre und des Verwaltungsrechts, S. 392 den eigentlichen Zweck der Arbeiterverbindungen in der gemeinsamen Arbeitsniederlegung gesehen.

denswirkung herbeiführen will, die unabhängig von einer vertraglichen Beziehung der Kampfparteien entsteht.

Die Besonderheit des Arbeitskampfs besteht mithin gerade darin, dass er der Verbesserung von Arbeitsbedingungen in einem fortbestehenden Arbeitsverhältnis dient. Das Vertragsverhältnis ist damit Grund und Grenze des Arbeitskampfs zugleich. Er ist deswegen koalitionsspezifisch, weil allein die Koalitionen durch systematische Druckausübung ihrer Mitglieder mit Vertragsmitteln eine Vertragsänderung herbeiführen können. Eine Vertragsänderung durch Druckausübung außerhalb eines bestehenden Vertragsverhältnisses im Wege der Nutzbarmachung anderer Machtmittel ist prinzipiell jedem auch nur losen Personenzusammenschluss möglich.

Verzichtete man auf die Markt- und Vertragsbezogenheit wäre daher der Grundrechtsschutz jeder Personenmehrheit denkbar, die unter dem Etikett des Arbeitskampfs eigene oder fremde Interessen fördert und damit die aus einem anderen Zusammenhang resultierende Mächtigkeit auf das Vertragsverhältnis Dritter ausdehnt. Ein solches Verständnis würde den Grundsatz der Richtigkeitsgewähr des Tarifvertrags gefährden. Diese wird deshalb angenommen, weil vermutet wird, dass die Tarifvertragsparteien durch Gegenmachtbildung die vertraglichen Interessen ihrer Seite effektiv durchsetzen können.[959] Die Richtigkeitsgewähr beruht daher auf der Annahme eines vertragsrechtlichen Gleichgewichts, das zu einem marktgerechten Vertragsabschluss führen wird. Bei der Zulässigkeit von Kampfmitteln ohne Vertragsbezug würde diese Vermutung daher ihrer Grundlage beraubt.

Formal scheint auch das Bundesarbeitsgericht von dem Erfordernis eines Vertragsbezugs auszugehen, hielt es doch nach dem Wortlaut der Entscheidung „streikbegleitende“ Flashmob-Aktionen für zulässig.[960] Allerdings fehlt eine Prüfung, ob es sich tatsächlich um eine streikbegleitende Aktion handelte, was aufgrund der nicht unerheblichen Drittbeteiligung sowie der damit einhergehenden Ausweitung des Konflikts nicht anzunehmen ist.

Die Problematik des Flashmob resultiert im Regelfall gerade aus der mangelnden Vertragsbezogenheit, die wiederum selbst zum Teil auf der unbeschränkten Beteiligung Dritter beruht. Die Dritten stehen in keinem Vertragsverhältnis zu dem Kampfgegner. Sie nutzen daher nicht die aus ihrem Vertragsverhältnis resultierende Marktmacht aus, sondern bedienen sich vertragsfremder Machtinstrumente. So sieht etwa auch ver.di die Aufgabe von Flashmobs nicht unbedingt darin, im Rahmen des Arbeitsvertrags Druck auf den Gegenspieler aufzubauen,

959 *Rieble/Klumpp*, in: MünchHdbArbR, § 163, Rz. 9.

960 BAG v. 22.09.2009 – 1 AZR 972/08, NZA 2009, 1347 (LS 13).

sondern für Öffentlichkeit zu sorgen.[961] Werden Flashmobs eingesetzt, um einen mangelhaften Solidarisierungsgrad der Arbeitnehmerschaft zu überspielen, wird damit der vertragsrechtliche Regelungsmechanismus umgangen und durch einen wirtschaftlichen Machtmechanismus ersetzt.[962]

cc) Existenz eines dynamischen Arbeitskampfrechts versus numerus clausus

Klassisches Arbeitskampfmittel ist die Vorenthaltung von Arbeitskraft beziehungsweise von Arbeit.[963] Nicht einheitlich beurteilt wird die Frage, ob den Arbeitskampfparteien nur die historisch gewachsenen Arbeitskampfmittel zur Verfügung stehen oder ob sie im Gegenteil die Möglichkeit haben, neue Arbeitskampfmittel zu kreieren.[964] Gegen ein statisches Arbeitskampfrecht spricht die Ausgleichsfunktion des Arbeitskampfs. Dient er dazu ein Machtungleichgewicht auszugleichen, muss auch die Möglichkeit der Evolution des Arbeitskampfrechts bestehen, da bei einer Evolution des Arbeitsmarktes und dessen Bedingungen ansonsten die Ausgleichsfunktion nicht in jedem Fall durch bereits existente Arbeitskampfmittel gewährleistet werden kann.[965] Die Deutung des Arbeitskampfs als vertragliches Gestaltungsmittel führt nicht zwangsweise dazu, dass nur die Vorenthaltung der Arbeitskraft bzw. der Arbeit Arbeitskampfmittel sein kann. Vielmehr folgt aus diesem Verständnis, dass Grundlage eines jeden Arbeitskampfs ein Vertragskonflikt sein muss, der bis auf Weiteres mit der vertragsrechtlichen Verweigerung der geschuldeten Leistung einhergeht. Sofern diese Grundlage gegeben ist und der konkrete Arbeitskampf markt- und vertragsbezogen ist, ist er auch evolutionsfähig.[966] Ob sich diese neuen Arbeitskampfmittel letztlich als zulässig darstellen, ist dann eine Frage der weiteren Prüfung und

961 Interview mit dem Leiter des IG Metall-Justitiariats *Klebe*, abrufbar unter www.igmetall.de, zuletzt abgerufen am 02.03.2011.

962 *Picker*, ZfA 2010, 499 (540).

963 So bereits im Jahre 1870 *von Stein*, Handbuch der Verwaltungslehre und des Verwaltungsrechts, S. 392.

964 Für einen numerus clausus bestehender Arbeitskampfmittel: *Kemper*, in: v. Mangoldt/Klein/Starck, Art. 9 Rz. 166; *Picker*, ZfA 2010, 499 (533, 538 ff.), der darauf hinweist, dass der Arbeitskampf immer auf seine überkommenen klassischen Figuren beschränkt worden sei; *Rieble*, BB 2008, 1506 (1512); *Säcker*, NJW 2010, 1115 (1117); für eine Dynamik des Arbeitskampfrechts: *Engels*, Verfassung und Arbeitskampfrecht, S. 254 f.; *Ricken*, in: MünchHdbArbR, § 193, Rz. 10; *Treber*, Aktiv produktionsbehindernde Maßnahmen, S. 115 f., 429 ff. hält aktiv produktionsbehindernde Maßnahmen als „zusätzliche Bestandteile des Streikgeschehens" zur Herstellung der Parität für zulässig.

965 So bereits *Zöllner*, in: FS Bötticher, S. 427 (442).

966 *Engels*, Verfassung und Arbeitskampfrecht, S. 254 f., der auch von einem veränderbaren Arbeitskampfrecht ausgeht, sofern die „Verweigerung arbeitsvertraglicher Pflichten als Kerngedanke des Arbeitskampfes im Mittelpunkt" steht; dagegen aber *Picker*, ZfA 2010, 499 (588 ff.).

insbesondere eine Frage der Kampfparität, der Schutzbereich ist jedoch zunächst eröffnet.

dd) Zusammenfassung

Das Bundesarbeitsgericht prüft die Eröffnung des Schutzbereichs von Art. 9 Abs. 3 GG nur in rudimentärer Form. Wie sonst bei keinem Grundrecht, wird bei der Koalitionsbetätigungsfreiheit die Schutzbereichseröffnung allein vom Handlungsziel her eröffnet. Das Handlungsziel ist für sich genommen jedoch wenig aussagekräftig. Eine stärkere Konturierung des Schutzbereichs ist aus Gründen der Rechtssicherheit und der Abwehr von Missbrauch geboten. Die Konturierung ist möglich unter Zuhilfenahme eines funktionalen Verständnisses des Arbeitskampfs. Ein solches hat bereits in der Rechtsprechung des Bundesverfassungsgerichts seinen Niederschlag gefunden. Für die Eröffnung des grundrechtlichen Schutzbereichs muss auch der Handlungsinhalt und nicht nur das mit der Handlung verfolgte Ziel herangezogen werden. Der Arbeitskampf ist aufgrund seiner Auswirkungen keine Koalitionsbetätigung wie jede andere. Er wird allgemein als Annex des Tarifwesens geschützt.[967] Nach seiner Funktion ist der Arbeitskampf ein Mechanismus gemeinsamer Ausübung von vertragsbasierter Marktmacht. Kampfmittel müssen daher marktbezogen, d. h. auf den Arbeitsmarkt ausgerichtet und vertragsbezogen, d. h. auf einem vertraglichen Verhältnis beruhend und dieses regelnd sein. Sofern diese Faktoren von einem Kampfmittel erfüllt werden, ist der grundrechtliche Schutzbereich der Koalitionsfreiheit eröffnet. Dies gilt auch für neue Arbeitskampfmittel.

c) Strafbarkeit von Arbeitskampfmaßnahmen als Ausschlusskriterium des Schutzbereichs

Beinhalten Arbeitskampfmaßnahmen die gezielte Begehung von Straftaten, werden sie nicht durch Art. 9 Abs. 3 GG geschützt.[968] Die Schutzbereichsrelevanz der Strafbarkeit von Kampfmaßnahmen macht das Bundesarbeitsgericht implizit dadurch deutlich, dass es nur friedliche Kampfmittel durch Art. 9 Abs. 3 GG als geschützt ansieht.[969] Etwas anderes kann nur gelten, sofern eine notstands- oder notwehrgleiche Lage vorläge.[970] Der Schutzbereich der Koalitionsfreiheit ist allerdings nur dann nicht eröffnet, wenn eine Kampfmaßnahme bei allgemeiner Betrachtung die gezielte Begehung von Straftaten beinhaltet. Die Begehung einer Straftat im Einzelfall stellt einen Exzess dar, der nur im Rahmen der Ange-

967 *Hergenröder*, in: HWK, Art. 9 GG, Rz. 258.
968 *Krieger/Günther*, NZA 2010, 20 (23).
969 BAG v. 22.09.2009 – 1 AZR 972/08, NZA 2009, 1347 (1351).
970 *Picker*, ZfA 2010, 499 (549).

messenheit Berücksichtigung finden kann. Das Bundesarbeitsgericht geht ohne eingehende Prüfung davon aus, dass durch Flashmob-Aktionen typischerweise keine Straftatbestände erfüllt werden.[971] Dies ist allerdings nicht offensichtlich und hätte daher ausführlicherer Erörterungen bedurft.

aa) Hausfriedensbruch, § 123 StGB

Durch das Betreten des Geschäfts wird, trotz der Absicht an einer Flashmob-Aktion teilzunehmen, grundsätzlich nicht der Tatbestand des Hausfriedensbruchs verwirklicht.[972] Zwar kommt eine Begehung des Hausfriedensbruchs durch Unterlassen des Entfernens nach Aufforderung, also in Form des § 123 Abs. 1 Var. 2 StGB in Betracht.[973] Es kann allerdings nicht generell davon ausgegangen werden, dass sich die Teilnehmer der Aktion nach der Erteilung eines Hausverbots nicht aus dem Geschäft entfernen. Dies ist zwar im Einzelfall möglich, allerdings kann von einer solchen Möglichkeit im Einzelfall nicht auf die generelle Strafbarkeit geschlossen werden. Die Begehung eines Hausfriedensbruchs durch Unterlassen stellt lediglich eine Exzesshandlung dar, die allgemein nichts über die Strafbarkeit dieser Arbeitskampfmaßnahme aussagt.

bb) Sachbeschädigung, § 303 StGB

Auch Sachbeschädigungen kommen allenfalls als Exzesshandlungen in Betracht. Dies gilt insbesondere dann, wenn die Teilnehmer entgegen des Aufrufes Tiefkühlkost aus den Regalen entfernen. Eine Sachbeschädigung setzt zumindest voraus, dass eine Sache durch körperliche Einwirkung so verändert wird, dass ihre bestimmungsgemäße Brauchbarkeit nicht unwesentlich gemindert ist.[974] Zwar ist es möglich, dass durch das unkontrollierte Befüllen der Einkaufswagen mit Waren Beschädigungen an diesen auftreten, die den Weiterverkauf erschweren. Es ist jedoch nicht davon auszugehen, dass es durch Flashmobs typischerweise zu solchen Sachbeschädigungen kommt.[975] Insbesondere wird eine Tatbestandsmäßigkeit regelmäßig am mangelnden Vorsatz der Aktionsteilnehmer scheitern.

---

971 BAG v. 22.09.2009 – 1 AZR 972/08, NZA 2009, 1347 (1355).

972 Wegen des engen Zusammenhangs der Frage eines Hausfriedensbruchs durch Betreten des Geschäfts mit dem vom Bundesarbeitsgericht für wirksam befundenen gegnerischen Arbeitskampfmittel der Ausübung des Hausrechts, soll diese Konstellation dort behandelt werden, vgl. unten Seite 274 ff.

973 *Franzen*, in: Jahrbuch des Arbeitsrechts, Band 47 (2010), 119 (132); *Picker*, ZfA 2010, 499 (550).

974 *Stree/Hecker*, in: Schönke/Schröder, § 303 StGB, Rz. 8 ff.

975 Anders *Picker*, ZfA 2010, 499 (567).

cc) Betrug, § 263 StGB

Zum Teil wird im Zusammenhang mit Flashmob-Aktionen auch ein möglicher Betrug in Betracht gezogen.[976] Dies kann allerdings nur für die Fälle gelten, in denen die Ware an der Kasse vorgezeigt und eingescannt wird, ohne dass der vermeintliche Käufer die Ware bezahlt.[977] Grundvoraussetzung des objektiven Tatbestands des § 263 StGB ist das Vorliegen einer Täuschungshandlung, die zu einem Irrtum des Opfers führt. Eine Täuschungshandlung setzt die intellektuelle Einwirkung auf das Vorstellungsbild eines anderen zur Hervorrufung einer Fehlvorstellung über Tatsachen (Irrtum) voraus.[978] Durch das Vorlegen der Ware an der Kasse wird bei den Kassierern die Vorstellung erregt, der Teilnehmer sei Kunde des Geschäfts und beabsichtige den Kauf und die Mitnahme der Ware. Insoweit liegt ein durch eine Täuschungshandlung erregter Irrtum vor. Durch diesen Irrtum müsste das Opfer zu einer Vermögensverfügung motiviert worden sein. Eine Vermögensverfügung ist jedes Handeln, Dulden oder Unterlassen, das unmittelbar zu einer Vermögensminderung geführt hat.[979] Als Vermögensverfügung käme hier allenfalls die Eigentumsübertragung durch Verfügungsgeschäft in Betracht. Beim Warenkauf im Selbstbedienungsladen kommt das Verpflichtungsgeschäft durch das im Vorzeigen der Ware an der Kasse liegende Angebot und die in der Preisfeststellung durch die Registrierkasse liegende Annahme zustande.[980] Die Wirksamkeit der für das Rechtsgeschäft erforderlichen Willenserklärungen scheitert nicht an dem eigentlich entgegenstehenden Willen des vermeintlichen Käufers, § 116 BGB. Selbst wenn bei derartigen Geschäften ein sogenannter Handkauf vorliegt, bei dem Verpflichtungs- und Verfügungsgeschäft zugleich stattfinden,[981] und damit eine Vermögensverfügung vorläge, müsste noch ein Vermögensschaden vorliegen. Mangels Mitnahme der Waren könnte der Schaden lediglich in der aufzuwendenden Arbeitszeit für das Zurückräumen der Ware,[982] in einem späteren erhöhten Tarifabschluss oder in der aktuell fehlenden Möglichkeit des Verkaufs der in die Einkaufswagen verbrachten Waren liegen. In allen Fällen scheitert ein Betrug aber zumindest an der fehlenden Absicht stoffgleicher Eigen- oder Drittbereicherung, da Vorteil und Schaden nicht auf derselben Verfügung beruhen.[983] Eine Strafbarkeit aus § 263 StGB kann

---

976 *Maaß*, ArbRAktuell 2009, 151; *Rieble*, NZA 2008, 796 (798).

977 *Franzen*, in: Jahrbuch des Arbeitsrechts, Band 47 (2010), 119 (133 f.).

978 *Kühl*, in: Lackner/Kühl, § 263 StGB, Rz. 3 ff.

979 *Kühl*, in: Lackner/Kühl, § 263 StGB, Rz. 22 ff.

980 Vgl. nur *Jauernig*, in: ders., § 145 BGB, Rz. 3.

981 *Weidenkaff*, in: Palandt, Einf. v. § 433 BGB, Rz. 2, 8.

982 So *Franzen*, in: Jahrbuch des Arbeitsrechts, Band 47 (2010), 119 (133 f.).

983 *Franzen*, in: Jahrbuch des Arbeitsrechts, Band 47 (2010), 119 (133 f.).

daher nicht begründet werden.[984] Nichts anderes kann für den versuchten Betrug gelten, da im Rahmen des Tatenschlusses sämtliche objektiven und subjektiven Tatbestandsmerkmale des vollendeten Delikts zu prüfen sind.[985]

dd) Nötigung, § 240 StGB

Hinsichtlich der Nötigung führt das Bundesarbeitsgericht lediglich aus, eine rechtmäßige Arbeitskampfmaßnahme erfülle den Tatbestand nicht.[986] Diese Argumentation vermag dogmatisch nicht zu überzeugen, da gerade die Frage zu beantworten ist, ob eine strafbare Kampfmaßnahme von der Koalitionsbetätigungsfreiheit gedeckt ist.[987] Als Nötigungsmittel kommt lediglich Gewalt in Betracht. Gewalt ist jeder Einsatz körperlicher Kraft durch den körperlich wirkender Zwang ausgeübt wird, um einen wirklichen oder vermuteten Widerstand zu überwinden.[988] Durch das Einräumen der Waren in die Einkaufswagen setzen die Teilnehmer ihre körperliche Kraft ein. An die Intensität der Kraftentfaltung werden nur geringe Anforderungen gestellt.[989] Auch die geringfügige Kraftentfaltung, die durch Hilfsmittel verstärkt wird (Gewalt mit Sachen) erfüllt den Tatbestand,[990] so dass das Einräumen der Einkaufswagen eine ausreichende körperliche Kraftentfaltung darstellt. Durch die Gewalt wird auf Opferseite auch eine körperliche Zwangswirkung ausgelöst. Je nach Größe des Flashmobs werden Geschäfte ganz oder teilweise unpassierbar gemacht, indem die gefüllten Einkaufswagen stehen gelassen werden. Dies stellt auch das Bundesarbeitsgericht fest, indem es ausführt, Zweck der Aktionen sei unter anderem den Kassenbereich für längere Zeit zu blockieren.[991] Die Nötigungswirkung tritt daher einerseits auf Kundenseite ein, da sie durch ein physisches Hindernis an der ordnungsgemäßen Benutzung des Geschäfts gehindert werden, andererseits müssen die Verkäufer/-innen die Waren wieder einräumen, so dass bei ihnen neben der rein körperlichen Behinderung eine weitere körperliche Zwangswirkung eintritt. Ein Nötigungserfolg wird damit durch Flashmob-Aktionen auch erreicht. Dies geschieht auch kausal durch das Nötigungsmittel. Die Teilnehmer des Flashmobs verfolgen, wie durch das Bundesverfassungsgericht festgestellt, das Ziel, den

984 Anders *Rieble*, NZA 2008, 796 (798); anders auch *Greiner*, EzA GG Art. 9 Arbeitskampf Nr. 143, S. 51.

985 *Franzen*, in: Jahrbuch des Arbeitsrechts, Band 47 (2010), 119 (133 f.).

986 BAG v. 22.09.2009 – 1 AZR 972/08, NZA 2009, 1347 (1355).

987 *Rieth*, SAE 2010, 37 (40).

988 *Rengier*, § 23, Rz. 23.

989 *Träger/Altvater*, in: Leipziger Kommentar, § 240 StGB, Rz. 35; BGH v. 20.07.1995 – 1 StR 126/95, NJW 1995, 2643 (2643).

990 *Huhn*, Nötigende Gewalt mit und gegen Sachen, S. 108.

991 BAG v. 22.09.2009 – 1 AZR 972/08, NZA 2009, 1347 (1350).

Laden zu blockieren. Sie handeln daher vorsätzlich. Fraglich ist allerdings, ob die Teilnehmer auch verwerflich im Sinne von § 240 Abs. 2 StGB handeln. Dies ist der Fall, wenn die Anwendung der Gewalt zu dem angestrebten Zweck verwerflich ist.[992] Die Verwerflichkeit soll sich aus der rechtlichen Missbilligung des Nötigungsmittels, des Nötigungszwecks oder aus dem Missverhältnis zwischen Mittel und Zweck ergeben. Zwar wird vertreten, dass Arbeitskampfmittel, die sich in den vom Bundesarbeitsgericht gesetzten Grenzen des Arbeitskampfrechts halten, nicht als verwerflich einzuordnen seien,[993] dies kann allerdings nur für die klassischen Arbeitskampfmittel gelten. Für die Frage der Zulässigkeit neuer Arbeitskampfmittel ist jeweils eine eigene Strafbarkeitsprüfung vorzunehmen, im Rahmen derer die Verwerflichkeit anhand allgemeiner Grundsätze zu prüfen ist. Ansonsten könnte das Bundesarbeitsgericht über die Grenzen der Strafbarkeit selbst entscheiden. Das Nötigungsmittel an sich ist zunächst rechtlich nicht missbilligt. Die Teilnehmer führen eine vom Verkäufer grundsätzlich gewollte Handlung aus, die allerdings aufgrund ihrer Konzertierung sozial missbilligenswert ist. Auch das Ziel scheint zunächst rechtlich nicht missbilligenswert, soll es doch in der Steigerung tariflicher Löhne liegen. Für die beteiligten Arbeitnehmer des bestreikten Betriebs ist daher zweifelhaft, ob mit ihrem Verhalten das für § 240 StGB erforderliche besondere Unwerturteil verbunden ist. Allerdings führt die Offenheit des Flashmobs für die Beteiligung beliebiger Dritter auch zur Verfolgung beliebiger Zwecke. Schon wenn die Dritten fremde Arbeitnehmer sind, die die Forderungen der den Flashmob ausrufenden Koalition unterstützen wollen, dürfte sich ein grobes Missverhältnis in der Mittel-Zweck-Relation ergeben. Dieses Missverhältnis verstärkt sich in Abhängigkeit von der Entfernung der Teilnehmer von dem Arbeitskampf. Erst recht ergibt sich ein Missverhältnis bei denjenigen, die sich mit gänzlich eigenen Zielen an der Aktion beteiligen, sowie bei Personen, die sich schon in keinem Arbeitsverhältnis im kollektivrechtlichen Sinne befinden.[994] Bei diesen Teilnehmergruppen ist bereits fraglich, welcher Zweck überhaupt in die Abwägung mit einbezogen werden soll.

Da Flashmob-Aktionen die Beteiligung Dritter am Arbeitskampf ermöglichen und zumeist auch bezwecken werden, wohnt ihnen typischerweise das Risiko der Verwirklichung von § 240 StGB inne.[995] Flashmob-Aktionen sind daher nicht grundsätzlich als friedlich einzuordnen und fallen deshalb nicht unter den Schutzbereich der Koalitionsfreiheit. Sofern die Frage der Friedlichkeit von Kampfmaßnahmen entgegen der Andeutungen des Bundesarbeitsgerichts nicht

992 *Rengier*, § 23, Rz. 57 ff.

993 *Träger/Altvater*, in: Leipziger Kommentar, § 240 StGB, Rz. 107; *Toepel*, in: Kindhäuser/Neumann/Paeffgen, § 240, Rz. 190.

994 *Toepel*, in: Kindhäuser/Neumann/Paeffgen, § 240, Rz. 193.

995 *Picker*, ZfA 2010, 499 (550).

als schutzbereichsrelevant einzuordnen wäre, müsste sie auf der Ebene der Angemessenheit Berücksichtigung finden.[996]

III. Die Verhältnismäßigkeit von Arbeitskampfmaßnahmen

Da der Arbeitskampf erhebliche Schäden auszulösen vermag und in Grundrechtspositionen anderer Personen eingreift, hat die Rechtsprechung den aus dem Verfassungsrecht bekannten Verhältnismäßigkeitsgrundsatz auch auf das sich privatrechtlich auswirkende Arbeitskampfrecht ausgeweitet. Das Bundesverfassungsgericht überprüft nur die Abwehrkampfmittel am Grundsatz der Verhältnismäßigkeit.[997] Dagegen prüft das Bundesarbeitsgericht nunmehr sowohl Angriffs- als auch Abwehrkampfmittel anhand von Verhältnismäßigkeitsgesichtspunkten.[998] Sofern eine solche Prüfung vorgenommen wird, ist allerdings auf den richtigen Bezugspunkt der Prüfung abzustellen.[999] Ausgangspunkt der Verhältnismäßigkeitsprüfung ist die Feststellung, dass der Arbeitskampf insbesondere in die Grundrechte aus Art. 12, 14 GG eingreift.[1000] Ziel der Verhältnismäßigkeitsprüfung ist es, festzustellen, ob ein solcher Eingriff gerechtfertigt ist. Dazu muss der Eingriff ein legitimes Ziel verfolgen, geeignet sein, dieses Ziel zu erreichen, hierzu auch erforderlich sein und bei einer Abwägung der sich gegenüberstehenden Interessen muss durch den Eingriff die Grenze der Zumutbarkeit noch gewahrt bleiben.[1001] Die Verhältnismäßigkeitsprüfung von Arbeitskampfmaßnahmen hat das Bundesarbeitsgericht durch seine aktuellen Entscheidungen im Wesentlichen auf die Angemessenheit beschränkt. Inhalt der Angemessenheitsprüfung ist im Verfassungsrecht allgemein die Abwägung der in Widerstreit geratenen Rechtspositionen. Eine solche Gegenüberstellung von den hier einschlägigen Grundrechtspositionen und deren Bewertung nimmt das Bundesarbeitsgericht allerdings nicht vor. Wesentlicher Inhalt der Prüfung des Bundesarbeitsgerichts ist die Frage, ob dem Arbeitgeber effektive Reaktionsmöglichkeiten auf den Flashmob verbleiben. Faktisch bleibt daher nur ein Torso der Verhältnismäßigkeitsprüfung erhalten.[1002]

---

996 Vgl. dazu unten Seite 279 ff.

997 BVerfG v. 26.06.1991 – 1 BvR 779/85, NZA 1991, 809 (811 f.).

998 BAG v. 22.09.2009 – 1 AZR 972/08, NZA 2009, 1347 (1352 f.).

999 *Greiner*, EzA GG Art. 9 Arbeitskampf Nr. 143, S. 36 hält die Verhältnismäßigkeitsprüfung von Angriffskampfmitteln zu Recht für verfassungsrechtlich richtig.

1000 *Melms/Reinhard*, NZA 2010, 1033 (1036).

1001 *Pieroth/Schlink*, Grundrechte, Rz. 289 ff.

1002 *Kersten*, in: Rieble/Junker/Giesen, Neues Arbeitskampfrecht?, S. 70 f., der davon ausgeht dass es sich nicht mehr um die Anwendung des Verhältnismäßigkeitsgrundsatzes handelt; *Rieble*, BB 2008, 1506 (1514) spricht von einem „neuen“ Verhältnismäßigkeitsprinzip.

Einziger Bezugspunkt der Verhältnismäßigkeitsprüfung soll das Kampfziel sein. Dies birgt die Gefahr in sich, dass die Koalition durch die Wahl ihres Zieles das Ergebnis der Verhältnismäßigkeitsprüfung selbst vorherbestimmen kann.[1003] Nach einer funktionalen Auslegung des grundrechtlichen Schutzbereichs werden Arbeitskampfmaßnahmen jedoch nur als Garanten der Funktionsfähigkeit der Tarifautonomie geschützt, die daher auch der eigentliche Bezugspunkt der Verhältnismäßigkeitsprüfung sein muss.[1004] Die Funktionsfähigkeit der Tarifautonomie ist abhängig von dem Bestehen einer abstrakt-materiellen Parität zwischen den sich gegenüberstehenden Kampfparteien. Der Paritätsgrundsatz ist daher materieller Inhalt der Verhältnismäßigkeitsprüfung, soll diese nicht leerlaufen.[1005]

Dies ergibt sich auch aus einem weiteren Rückschluss. Ist das Kampfziel der Bezugspunkt der Verhältnismäßigkeitsprüfung, muss auch das Kampfziel der legitime Zweck des Grundrechtseingriffs sein. Bei einem solchen Verständnis würde eine tatsächliche Verhältnismäßigkeitsprüfung jedoch eine Überprüfung der Tarifziele voraussetzen. Dies hat die Rechtsprechung wegen der den Koalitionen zugestandenen Autonomie jedoch stets abgelehnt und als Tarifzensur bezeichnet.[1006] Ohne eine Überprüfung der Tarifziele wäre die Feststellung der Legitimität der Zweckverfolgung allerdings nicht möglich. Den Grundsatz des Verbots der Tarifzensur wollte das Bundesarbeitsgericht jedoch mit hinreichender Wahrscheinlichkeit nicht aufgeben. Die Bildung des Bezugsmaßstabs der Verhältnismäßigkeitsprüfung ist daher bereits in sich nicht stimmig.

Zwar hat das Bundesarbeitsgericht erklärt, der Paritätsgrundsatz sei aufgrund seiner Abstraktionshöhe als Maßstab zur Bewertung einzelner Kampfsituationen regelmäßig nicht ausreichend,[1007] die Zulassung des Flashmob könnte unausgesprochen allerdings gerade auf diesem Prinzip beruhen. In den Vorinstanzen berief sich die beklagte Gewerkschaft insbesondere darauf, ihr Arbeitskampf sei durch den Einsatz von Leiharbeitnehmern weitgehend ineffektiv gewesen.[1008] Dieses Argument wird in der Entscheidung des Bundesarbeitsgerichts nicht aufgegriffen, teilweise wird aber davon ausgegangen, dass die Entscheidung dadurch zumindest rechtspolitisch motiviert war.[1009] Obwohl das Bundesarbeitsgericht sich nicht dazu bekennt, könnte der Paritätsgrundsatz daher noch immer

---

1003 *Picker*, ZfA 2010, 499 (539); *Jacobs*, ZfA 2011, 71 (80).

1004 *Kersten*, in: Rieble/Junker/Giesen, Neues Arbeitskampfrecht?, S. 72.

1005 *Jacobs*, ZfA 2011, 71 (80, 88 f.); dagegen aber *Kemper*, in: v. Mangoldt/Klein/Starck, Art. 9 GG, Rz. 163 f., der grundsätzlich die Anwendbarkeit des Verhältnismäßigkeitsgrundsatzes auf die Ausübung von Grundrechten verneint.

1006 Zuletzt BAG v. 18.03.2009 – 4 AZR 64/08, NZA 2009, 1028 (1035).

1007 BAG v. 22.09.2009 – 1 AZR 972/08, NZA 2009, 1347 (1352).

1008 LAG Berlin-Brandenburg v. 29.09.2008, NZA-RR 2009, 149 (151).

1009 *Kersten*, in: Rieble/Junker/Giesen, Neues Arbeitskampfrecht?, S. 79; ähnlich auch *Franzen*, in: Jahrbuch des Arbeitsrechts, Band 47 (2010), 119 (135).

ein tragendes Prinzip des Arbeitskampfrechts und der Verhältnismäßigkeitsprüfung sein. Zumindest macht die Wortwahl des Bundesarbeitsgerichts, der Paritätsgrundsatz sei zur Bewertung „nicht ausreichend", deutlich, dass er weiterhin anzuwenden ist. Die Entscheidung verschleiert jedoch den engen Zusammenhang dieses Grundsatzes mit der Verhältnismäßigkeitsprüfung. Da der Schutzbereich des Art. 9 Abs. 3 GG nach funktionaler Auslegung den Arbeitskampf nur insoweit schützt, als er dazu dient, die Voraussetzungen einer vertraglichen Einigung herbeizuführen, dürfen keine neuartigen Arbeitskampfmittel zugelassen werden, sofern nicht ein systembedingtes strukturelles Ungleichgewicht der Verhandlungspartner dargetan ist. Etwas anderes kann nur dann gelten, wenn das neuartige Kampfmittel selbst keine Auswirkungen auf das Verhandlungsgewicht haben kann.

1. Die Geeignetheit einer Arbeitskampfmaßnahme

Entgegen der Ansicht des Bundesarbeitsgerichts ist die Geeignetheit einer Arbeitskampfmaßnahme nicht nur eine rein tatsächliche Einschätzung, für die den Koalitionen eine Einschätzungsprärogative zukommt.[1010] Die Arbeitskampfmaßnahme ist nur dann geeignet im Sinne des Verhältnismäßigkeitsgrundsatzes, wenn sie dem Druckaufbau gegen den sozialen Gegenspieler förderlich ist.[1011] Dabei handelt es sich nicht ausschließlich um tatsächliche Erwägungen, sondern es sind auch rechtliche Erwägungen anzustellen, die einer hinreichenden Druckausübung entgegenstehen können.[1012]

Nach Ansicht des Bundesarbeitsgerichts ist die Erkennbarkeit einer Arbeitskampfmaßnahme als Bestandteil der Angemessenheit zu prüfen ist.[1013] Diese Einordnung überzeugt nicht. Da ein Arbeitskampfmittel dann geeignet ist, wenn es wirtschaftlichen Druck auf den sozialen Gegenspieler auszuüben vermag, ist dogmatisch unter dem Prüfungspunkt der Geeignetheit die Frage der Erkennbarkeit von Arbeitskampfmaßnahmen anzusprechen. Dies mag zunächst verwundern, da der Zusammenhang zwischen Druckerzeugung und Erkennbarkeit der Arbeitskampfmaßnahme nicht auf der Hand zu liegen scheint, ist jedoch Folge eines funktionalen Verständnisses des Arbeitskampfs. Nur wenn der Arbeitgeber erkennt, dass der auf ihn ausgeübte wirtschaftliche Druck auf eine koalitionäre

1010 *Kersten*, in: Rieble/Junker/Giesen, Neues Arbeitskampfrecht?, S. 72; *Rüthers/Höpfner*, Anm. zu BAG v. 22.09.2009 – 1 AZR 972/08, JZ 2010, 261 (263); *Jacobs*, ZfA 2011, 71 (90); *Greiner*, EzA GG Art. 9 Arbeitskampf Nr. 143, S. 36 hält dagegen die eingeschränkte Verhältnismäßigkeitsprüfung des BAG für richtig.

1011 So auch *Löwisch/Rieble*, in: MünchHdbArbR, § 157, Rz. 46.

1012 Siehe dazu oben Seite 203 ff.

1013 BAG v. 22.09.2009 – 1 AZR 972/08, NZA 2009, 1347 (1352 f.).

Betätigung zurückgeht, wird der allein entscheidende Druck im Vertragsverhältnis zwischen Arbeitgeber- und Arbeitnehmerseite erhöht. Sofern dieser Zusammenhang zwischen Druckausübung und Vertragsverhältnis nicht offenbar wird, kann das Arbeitskampfmittel nicht zur Stärkung der Arbeitnehmerseite führen. Diese unterschiedliche Verortung der Erkennbarkeitsprüfung hat allerdings keine weiteren praktischen Implikationen.

Das Erfordernis der Erkennbarkeit ist dennoch geeignet, bestimmte als Arbeitskampfmaßnahme denkbare Aktionen als im verfassungsrechtlichen Sinne ungeeignet zu deklarieren. Am Merkmal der Erkennbarkeit dürften alle auf der Nutzung des Internets basierenden und als Arbeitskampfmaßnahme nutzbar zu machenden Handlungsweisen scheitern. *Rieble* weist auf sogenannte „online-flashmobs" hin, über die zur Zeit diskutiert werde.[1014] Dabei werden die Betreiber einer Internetseite durch zahllose Anfragen ausgelastet. Eine solche Aktion könnte von einer Gewerkschaft prinzipiell auch als Arbeitskampfmittel eingesetzt werden. Daneben kommen auch andere sogenannte Denial-of-Service-Attacken (DoS-Attacken) bzw. koordinierte Distributed-Denial-of-Service-Attacken (DDoS-Attacken) in Betracht, mit denen eine Serverüberlastung herbeigeführt werden soll.[1015] Gemeinsam ist diesen Aktionsformen, dass der von der Maßnahme Betroffene deren Herkunft nicht zweifelsfrei erkennen kann.[1016] Sie sind daher nicht geeignet vertragsrechtlichen Druck auf die Arbeitgeberseite auszuüben.[1017]

2. *Die Erforderlichkeit einer Arbeitskampfmaßnahme*

Auch die Erforderlichkeit ist keine Frage von tatsächlichen Erwägungen, die den Koalitionen überlassen bleiben können, sondern eine Rechtsfrage, die daher auch einer uneingeschränkten Überprüfbarkeit unterliegt.[1018] Erforderlich ist ein Eingriff immer dann, wenn es kein milderes Mittel zur Erreichung des verfolgten legitimen Zwecks mit gleicher Erfolgstauglichkeit gibt.

1014 *Rieble*, NZA 2008, 796 (796) mit Verweis auf die Internetseite www.online-flashmobs.de.

1015 Derartige Attacken sind aktuell im Gespräch, da sie die Hackergruppe Anonymous im Zuge der Sperrung von WikiLeaks-Konten nutzte, um die Seiten von Mastercard, Visa, PayPal, Amazon und Bank of America zeitweise lahm zu legen (sogenannte Operation Payback), vgl. http://de.wikipedia.org/wiki/Operation_Payback, zuletzt abgerufen am 15.03.2011.

1016 Ähnlich *Krieger/Günther*, NZA 2010, 20 (21).

1017 *Simon/Greßlin*, BB 2010, 379 (382) gehen dennoch von einer Übertragbarkeit der Argumente der Flashmob-Entscheidung auf derartige Arbeitskampfmittel aus.

1018 *Rüthers/Höpfner*, Anm. zu BAG v. 22.09.2009 – 1 AZR 972/08, JZ 2010, 261 (263); a. A. BAG v. 22.09.2009 – 1 AZR 972/08, NZA 2009, 1347 (1352).

a) Staatsneutralität und Bezugspunkt der Erforderlichkeitsprüfung

Im Rahmen der Erforderlichkeitsprüfung zeigen bereits grundsätzliche Erwägungen, dass nicht das Kampfziel Bezugspunkt der Prüfung sein kann, sondern das entgegen der aktuellen Rechtsprechung des Bundesarbeitsgerichts die Herstellung des Verhandlungsgleichgewichts Bezugspunkt der Verhältnismäßigkeitsprüfung sein muss. Aus Art. 9 Abs. 3 GG folgt eine Pflicht zu staatlicher Neutralität.[1019] Dabei handelt es sich nach Rechtsprechung und Literatur um eine paritätsgestaltende, fördernde Neutralität. Daraus folgt, dass der Staat nur berechtigt ist, Regelungen vorzunehmen, die der Herstellung eines Verhandlungsgleichgewichts dienen. Ein bestehendes Gleichgewicht darf jedoch weder gestört werden, noch darf ein bestehendes Ungleichgewicht verstärkt werden.[1020] Der Gesetzgeber ist daher nur dazu aufgerufen, Regelungen bei einer strukturellen Unterlegenheit der Verhandlungspartner zu treffen.[1021] Eine lediglich situationsgebundene Unterlegenheit, die auf der inneren Schwäche der Koalition beruht, ist dagegen, ebenso wie situationsbezogene Vorteile, nicht zu berücksichtigen.[1022] Nichts anderes kann gelten, sofern der Gesetzgeber in Teilbereichen bislang nicht tätig geworden ist und durch die Rechtsprechung weitgehend ersetzt wird. In einem solchen Fall ist auch die Rechtsprechung nur dazu berechtigt, strukturelle Ungleichgewichte auszugleichen.

Die Berücksichtigung des Kampfziels würde allerdings fast zwangsläufig zu einer Berücksichtigung der situativen Lage, mithin zu einer konkret auf den spezifischen Arbeitskampf bezogenen Prüfung der Verhältnismäßigkeit führen. Es ist nicht erkennbar, wie sich das Vorliegen einer abstrakten Gleichgewichtslage durch die Berücksichtigung der Ziele eines konkreten Arbeitskampfs überprüfen ließe. Insoweit bestünde eine hohe Wahrscheinlichkeit, dass nicht nur eine strukturelle Unterlegenheit durch das Eingreifen der Rechtsprechung beseitigt wird, sondern darüber hinaus eine situationsspezifische Unterlegenheit. Ein solches Vorgehen würde jedoch zu einem konkret-individuellen Paritätsverständnis führen, das eine Aushöhlung der abstrakt-typisierenden Parität zur Folge hätte

1019 BSG v. 05.06.1991 – 7 RAr 26/89, NZA 1991, 982 (985); nach *Seiter*, Staatsneutralität im Arbeitskampf, S. 105 ff. ist die staatliche Neutralität bei Arbeitskämpfen die notwendige Folge der Anerkennung der Tarifautonomie und der Arbeitskampffreiheit.

1020 BSG v. 05.06.1991 – 7 RAr 26/89, NZA 1991, 982 (985); dies ist nach dem Wortlaut der Flashmob-Entscheidung auch nach wie vor die Auffassung des Bundesarbeitsgerichtes, vgl. BAG v. 22.09.2009 – 1 AZR 972/08, NZA 2009, 1347 (1351); *Löwisch/Rieble*, in: MünchHdbArbR, § 157, Rz. 55; *Seiter*, Staatsneutralität im Arbeitskampf, S. 7 f.

1021 *Ricken*, in: MünchHdbArbR, § 196, Rz. 4; *Willemsen/Mehrens*, Anm. zu BAG v. 22.09.2009 – 1 AZR 972/08, AP GG Art. 9 Arbeitskampf Nr. 174.

1022 BVerfG v. 04.07.1995 – 1 BvF 2/86 u. a., NJW 1996, 185 (186); BAG v. 24.04.2007 – 1 AZR 252/06, NZA 2007, 987 (994).

und damit letztlich einen Verstoß gegen die staatliche Neutralitätspflicht darstellen würde.

b) Erforderlichkeit und Parität

Arbeitskampfmaßnahmen sind daher erforderlich, sofern der für die Herstellung eines Verhandlungsgleichgewichts erforderliche wirtschaftliche Druck nicht mit anderen, milderen, Mitteln herzustellen ist. Dies ergibt sich daraus, dass der wirtschaftliche Druck bei einem Verständnis des Arbeitskampfs als vertragsrechtliches Regelungsinstrument der Herstellung von Verhandlungsgleichgewicht dient. Er muss daher so groß sein, dass sich die andere Seite gezwungen sieht ernsthafte Verhandlungen einzugehen. Das mildeste Mittel zur Herstellung des Verhandlungsgleichgewichts ist daher als erforderlich im Sinne des Verhältnismäßigkeitsprinzips einzuordnen.[1023]

aa) Paritätsvermutung durch herkömmliche Arbeitskampfmittel als Folge vertragsrechtlicher Beziehungen

Eine umfassende und konkrete Parität zwischen den Vertragspartnern ist nach der Rechtsprechung weder Voraussetzung der Tarifautonomie, noch ließe sie sich realistisch überprüfen.[1024] Es geht nur, aber immerhin, darum eine abstrakt-typisierende Paritätsüberprüfung vorzunehmen. Die Rechtsprechung hat keinen Kriterienkatalog aufgestellt, nach dem das Vorliegen der Parität zu überprüfen wäre. Wegen der Unbestimmtheit des Paritätsgrundsatzes wird dessen Nutzen bezweifelt und seine Anwendbarkeit infrage gestellt.[1025] Die Verwendung unbestimmter Rechtsbegriffe ist allerdings in der deutschen Rechtsordnung nicht ungewöhnlich und ist daher nicht per se unzulässig.[1026] Als Mindestgehalt kann dem Paritätsgrundsatz entnommen werden, dass beiden Kampfparteien Mittel zur Verfügung stehen müssen, ihre Forderungen gegenüber der anderen Seite durchzusetzen, sie müssen die gleichen rechtlichen Chancen haben.[1027] In einer Vertragsbeziehung steht den Vertragsparteien mit der Zurückhaltung der eigenen Leistung bis zum Eintritt eines bestimmten Ereignisses ein Mittel zur Verfügung, das der Durchsetzung eigener Forderungen dient. Dieses Mittel wird durch Streik und Aussperrung für die spezifische Situation des Arbeitsverhältnisses nutzbar gemacht.

1023 Dagegen *Greiner*, EzA GG Art. 9 Arbeitskampf Nr. 143, S. 39, da ansonsten die Kampfmittelwahlfreiheit ausgehöhlt werde. Allerdings besteht auch die Kampfmittelwahlfreiheit nur im Rahmen der Kampfparität, so dass jene durch diese begrenzt wird.

1024 Siehe dazu oben Seite 193 ff.

1025 *Kemper*, in: v. Mangoldt/Klein/Starck, Art. 9 GG, Rz. 161 f.

1026 So auch *Engels*, Verfassung und Arbeitskampfrecht, S. 236 f.

1027 *Ricken*, in: MünchHdbArbR, § 200, Rz. 41.

Durch den Streik verlieren die Arbeitnehmer zwar ihren Lohnanspruch, dieser Verlust wird durch die Streikunterstützung der Gewerkschaft allerdings zum Teil ausgeglichen. Der Arbeitgeber hingegen wird zwar von der Lohnzahlungspflicht frei, kann jedoch seiner unternehmerischen Betätigung nicht mehr nachgehen und erleidet dadurch wirtschaftliche Verluste. Dieser Zusammenhang führt bei generalisierender Betrachtung dazu, dass bereits die überkommenen Arbeitskampfmittel zur Sicherung der Parität zwischen den Vertragsparteien grundsätzlich ausreichend sind, da beiden Seiten vertragsrechtliche Mechanismen der Druckausübung zur Verfügung stehen.[1028] Andere Arbeitskampfmittel als die klassischen wären daher im Regelfall nicht erforderlich.[1029] Diese Vermutung wird durch die Entwicklung der tariflichen Löhne gestützt.[1030] Die Tarifrunden enden zumeist mit einem Lohngewinn der Arbeitnehmerseite. Dies spricht dafür, dass Streik bzw. Streikdrohungen die Arbeitgeberseite zum (teilweisen) Eingehen auf die gestellten Forderungen zwingen können.

Auch das Bundesarbeitsgericht scheint von einem solchen Zusammenhang auszugehen. So hat es bereits entschieden, dass sich zukünftig auch Betriebsbesetzungen als zulässiges Arbeitskampfmittel darstellen können, wenn aufgrund neuer technologischer Entwicklungen das Arbeitskampfmittel des Streiks leerläuft.[1031] Zwar ordnet das Bundesarbeitsgericht diese Frage in der Entscheidung nicht im Rahmen des Verhältnismäßigkeitsprinzips ein, der Zusammenhang mit der Erforderlichkeit zur Herstellung der Parität ist allerdings augenfällig.[1032]

1028 *Greiner*, EzA GG Art. 9 Arbeitskampf Nr. 143, S. 41; *Jacobs*, ZfA 2011, 71 (89).

1029 *Löwisch/Rieble*, in: MünchHdbArbR, § 157, Rz. 47; ähnlich auch *Gamillscheg*, KollArbR I, S. 974, der meint, man könne im Wesentlichen, solange sich die Dinge nicht grundlegend ändern, von einem Gleichgewicht der Kräfte ausgehen; *Otto*, Arbeitskampf- und Schlichtungsrecht, § 4, Rz. 25, hält nur die klassischen Kampfmittel für notwendig und neue Arbeitskampfmittel daher nicht für verfassungsrechtlich garantiert. Eine Ausnahme macht er nur bei einer grundlegenden Wandlung der Gegebenheiten.

1030 In der Tarifrunde des Jahres 2009 waren die Abschlüsse etwa halb so hoch, wie die Forderungen, vgl. IW-Nachrichten v. 04.08.2009, abrufbar über www.iwkoeln.de, zuletzt abgerufen am 16.03.2011; im Jahr 2009 sind die Tarifgehälter um durchschnittlich 2,8 % gestiegen, vgl. Pressemitteilung Nr. 038 des Statistischen Bundesamtes v. 29.01.2010, abrufbar unter www.destatis.de, zuletzt abgerufen am 16.03.2011; im Jahr 2010 sind die Tarifgehälter um durchschnittlich 1,8 % gestiegen, vgl. Pressemitteilung der Hans-Böckler-Stiftung v. 20.01.2011, abrufbar unter www.boeckler.de, zuletzt abgerufen am 16.03.2011; nach Angaben des Statistischen Bundesamtes in der Pressemitteilung Nr. 038 v. 28.01.2011 stiegen die Tariflöhne 2010 um 1,6 %, abrufbar unter www.destatis.de, zuletzt abgerufen am 16.03.2011.

1031 BAG v. 08.11.1988 – 1 AZR 417/86, NZA 1989, 475 (478).

1032 *Franzen*, in: Jahrbuch des Arbeitsrechts, Band 47 (2010), 119 (136) weist zu Recht darauf hin, dass das Bundesarbeitsgericht in der Entscheidung BAG v. 22.09.2009 – 1 AZR 972/08, NZA 2009, 1347 (1354) auf die Entscheidung aus dem Jahr 1988 verweist, ohne sich von deren Inhalt zu distanzieren. Insoweit kann mit *Franzen* davon ausgegangen werden, dass die damals vorgenommene Einordnung auch heute noch Gültigkeit beansprucht.

Letztlich beruht dieser Ansatz darauf, dass das Zurückhalten eigener Leistung als passiver Akt ein grundsätzlich milderes Mittel des Arbeitskampfs darstellt als aktive Kampfmittel. Als typisch vertragsrechtliches Instrument ist die passive Zurückhaltung eigener Leistung damit regelmäßig Maßstab der Erforderlichkeitsprüfung. Etwas anderes kann sich aber dann ergeben, wenn sich durch besondere Gegebenheiten eine strukturelle Unterlegenheit der Arbeitnehmerseite ergibt. In diesem Fall hat die Rechtsprechung dafür zu sorgen, dass den Koalitionen andere Arbeitskampfmittel zur Verfügung stehen. In der Flashmob-Entscheidung wurde allerdings ein neues Arbeitskampfmittel ohne Erforderlichkeitsprüfung eingeführt. Das Gericht hätte dafür jedoch Feststellungen treffen müssen, dass die klassischen Arbeitskampfmittel nicht für die Herstellung der Kampfparität ausreichten.

bb) Die Leiharbeit als eventuelles Paritätsproblem

Eine solche Situation könnte sich, wie in den Vorinstanzen der Flashmob-Entscheidung vorgetragen, aus der Beschäftigung von Leiharbeitern ergeben, die dazu eingesetzt werden können, in bestreikten Unternehmen den Betrieb aufrecht zu erhalten. Leiharbeitnehmer können gem. § 11 Abs. 5 AÜG ohne Verletzung von Pflichten den Einsatz in einem unmittelbar von einem Arbeitskampf betroffenen Betrieb verweigern.[1033] Aufgrund der oftmals prekären Lage von in Zeitarbeit beschäftigten Arbeitnehmern erscheint es allerdings als möglich, dass diese von ihrem Recht auf Verweigerung von Streikarbeit keinen Gebrauch machen.[1034]

Ohne weitere Feststellungen lässt sich aber nicht mit Sicherheit auf ein durch den Einsatz von Leiharbeitern entstehendes strukturelles Ungleichgewicht schließen,[1035] das Voraussetzung für eine Fortentwicklung der Arbeitskampfmittel durch Ausgestaltung der Koalitionsfreiheit durch die Rechtsprechung ist. Einerseits ist es möglich, dass der Einsatz von Leiharbeitern zur Streikarbeit Resultat der Schwäche der eigenen Organisation der Koalitionen ist.[1036] Für die eigene Organisation müssen die Koalitionen jedoch selbst sorgen, der Staat ist nicht dafür verantwortlich, innere Schwächen zu kompensieren, stellte dies doch

1033 Auf dieses Recht sind die Leiharbeiter von dem Verleiher im Falle eines Arbeitskampfs hinzuweisen, vgl. § 11 Abs. 5 S. 2.

1034 *Franzen*, in: Jahrbuch des Arbeitsrechts, Band 47 (2010), 119 (135).

1035 Auch *Franzen*, in: Jahrbuch des Arbeitsrechts, Band 47 (2010), 119 (136) hält zur Einführung neuer Arbeitskampfmittel eine Feststellung für erforderlich, dass im Einzelhandel durch Leiharbeiter Streikwirkungen ausgehebelt werden können. In diesem Fall geht er von einer strukturellen Unterlegenheit aus, die „das Ergebnis der Flashmob-Entscheidung *vielleicht* hätte tragen können“ [Hervorhebung nicht im Original].

1036 So andeutungsweise *Kersten*, in: Rieble/Junker/Giesen, Neues Arbeitskampfrecht?, S. 79f.

einen erheblichen Eingriff in den Markt dar.[1037] Für eine ausreichende Anwerbung von Mitgliedern ist daher die Koalition eigenverantwortlich.[1038] Die generelle Paritätsrelevanz der Leiharbeit erscheint aus diesem Grunde fraglich.[1039] Es bliebe festzustellen, dass die Koalition beispielsweise wegen der prekären Lage und der mangelnden Partizipation am Streikergebnis der Leiharbeiter nicht in der Lage ist, in der Zeitarbeitsbranche genügend Unterstützung zu gewinnen und dass auch eine Ausweitung des Arbeitskampfs selbst keine Verstärkung von dessen Wirkung zur Folge hat. Nur wenn feststeht, dass äußere Faktoren und nicht eigene Schwäche zu der Wirkungslosigkeit des Arbeitskampfs führen, stellt sich die Frage der Zulässigkeit anderer Formen des Arbeitskampfs.[1040]

Aus der praktischen Perspektive erscheint zudem fraglich, ob durch den Einsatz von Leiharbeitnehmern tatsächlich ein strukturelles Ungleichgewicht eintreten kann. Dazu müssten Leiharbeitnehmer flächendeckend eingesetzt werden können, um die Auswirkungen eines Arbeitskampfs abzufangen. Hiergegen spricht, dass die Leiharbeit gemessen an der Gesamtwirtschaft einen verhältnismäßig geringen Anteil hat.[1041] Es ist daher unwahrscheinlich, dass der Arbeitgeber die Streikfolgen durch den Einsatz von Leiharbeitnehmern grundsätzlich umgehen kann und daher strukturell überlegen ist. Es liegt zwar auf der Hand, dass Leiharbeit auch zur Reduktion von Streikfolgen einsetzbar ist, dies erscheint allerdings eher auf situationsspezifischen Gegebenheiten zu beruhen als auf strukturellen Gegebenheiten. Es ist jedoch hinzunehmen, wenn in einzelnen Arbeitskämpfen die Streikfolgen durch den Einsatz von Leiharbeitern minimiert werden, da der Gesetzgeber und die diesen vertretende Rechtsprechung nicht für ein Gleichgewicht im Rahmen des einzelnen Arbeitskampfs zu sorgen haben.

Der Arbeitgeber, der Leiharbeitnehmer zum Ersatz seiner Stammbelegschaft einstellt, nutzt damit gesetzlich bestehende Möglichkeiten, ohne dadurch gegen Vorschriften zu verstoßen.[1042] Ergibt jedoch eine Überprüfung der Folgen der

---

1037 *Kersten*, in: Rieble/Junker/Giesen, Neues Arbeitskampfrecht?, S. 79 f.; BVerfG v. 04.07.1995 – 1 BvF 2/86 u. a., NJW 1995, 754 (756).

1038 BVerfG v. 04.07.1995 – 1 BvF 2/86 u. a., NJW 1995, 754 (756).

1039 Eine Beeinträchtigung der Kampfparität durch den Einsatz von Leiharbeitnehmern für Streikarbeit verneint auch die Bundesregierung in der Antwort auf eine Kleine Anfrage, vgl. BT-Drs. 17/3091, S. 5.

1040 Damit ist die Rechtsprechung eigentlich überfordert. Da umfassende tatsächliche Erwägungen angestellt werden müssten, ist der Gesetzgeber nach dem Grundsatz der Gewaltenteilung die handlungsbefugte und zur Handlung verpflichtete Instanz, vgl. unten Seite 297 ff.

1041 Nach Angaben von ver.di nutzen 1,8 % der Betriebe im Dienstleistungssektor und 3,5 % der Betriebe in der Gesamtwirtschaft die Leiharbeit, vgl. Branchenanalyse Leiharbeit im Organisationsbereich von ver.di, S. 20; insgesamt sind in der Zeitarbeitsbranche ca. 2,7 Prozent aller sozialversicherungspflichtig Beschäftigten tätig, vgl. Pressemitteilung des BMAS v. 15.12.2010, abrufbar unter www.bmas.de, zuletzt abgerufen am 16.03.2011.

1042 BT-Drs. 17/3091, S. 5.

Leiharbeit, dass die Leiharbeit tatsächlich flächendeckend die Streikfolgen minimieren kann, bleibt zu erwägen, ob ein solcher Einsatz der Leiharbeit noch zulässig sein kann.[1043] Diese Frage kann sich auch durch ein zukünftiges Ansteigen der Leiharbeit stellen. Man wird dann davon ausgehen können, dass das Paritätsverhältnis tiefgreifend und strukturell gestört ist, so dass neue Arbeitskampfformen zuzulassen wären. Auch dann bliebe das Problem bestehen, dass Flashmob-Aktionen bereits nicht in den Schutzbereich von Art. 9 Abs. 3 GG fallen. Vordringlich käme bei einer solchen Feststellung daher wohl in Betracht, die Nutzung der Leiharbeit für Zwecke der Minimierung von Streikfolgen gesetzlich auszuschließen, wie es heute bereits in einigen Rechtsordnungen in Europa vorgesehen ist.[1044] Dafür spricht zudem, dass mit der Einführung der Leiharbeit nicht die Kompensation des Streikausfalls beabsichtigt war.

cc) Aufgabe der arbeitskampfrechtlichen Theorie der Eskalationsstufen

Das Bundesarbeitsgericht machte in seiner früheren Rechtsprechung deutlich, dass selbst Betriebsblockaden zulässige Arbeitskampfmittel sein können, sofern durch technische Fortentwicklung Streikmaßnahmen wirkungslos werden. Grundlage dieser Überlegung kann nur das Paritätsprinzip sein, das nach der früheren Rechtsprechung selbst Bezugsmaßstab der Verhältnismäßigkeitsprüfung war. Insofern ging das Bundesarbeitsgericht zu Recht davon aus, dass die Zurückhaltung der eigenen Arbeitsleistung das typische und regelmäßig mildeste Mittel des Arbeitskampfs darstellt. Nur wenn sich schwerwiegende tatsächliche Änderungen ergeben, die die vertragsrechtliche Vermutung der Parität, die bei Zurverfügungstellung gleicher Möglichkeiten im Rahmen des Vertragsverhältnisses zur Druckausübung eingreift, widerlegen, müssen andere Möglichkeiten der Herstellung des erforderlichen Drucks erwogen werden. Von dieser Theorie der Eskalationsstufen verabschiedet sich das Bundesarbeitsgericht durch die Entscheidung zur Zulässigkeit des Flashmob, da keine Feststellungen über das Vorliegen eines strukturellen Ungleichgewichts getroffen werden.[1045]

1043 Diskussionsbeitrag von *Otto*, in: Rieble/Junker/Giesen, Neues Arbeitskampfrecht?, S. 57.

1044 Siehe für Belgien: Art. 8 CCT n° 58 du 7 juillet 1994; für Frankreich: Art. L. 1251–10 Code de Travail; für Österreich: § 9 AÜG; für Griechenland: Art. 24 a) Gesetz Nr. 3846/2010; diese Verbote werden auch durch die neue Richtlinie zur Leiharbeit nicht angetastet, vgl. Erwägungsgrund 20 der Richtlinie 2008/104/EG.

1045 Diese Feststellungen hält auch *Franzen*, in: Jahrbuch des Arbeitsrechts, Band 47 (2010), 119 (136) für erforderlich, um eine Rechtsprechungsänderung vorzunehmen.

dd) Folgen der Abstraktionshöhe des Paritätsgrundsatzes

Das Bundesarbeitsgericht hält den Paritätsgrundsatz wegen seiner Abstraktionshöhe für nicht aussagekräftig genug. Dem ist insoweit zuzustimmen, als dass dessen Inhalt nicht leicht in allen Facetten zu erfassen ist. Lässt sich nicht mit Sicherheit sagen, ob Umstandsänderungen tatsächlich zu einer Verschiebung der Kampfparität zu Lasten der Arbeitnehmerseite geführt haben, ist im Zweifel davon auszugehen. Legt daher die Koalition plausibel eine auf strukturellen Gründen basierende Paritätsverschiebung dar, reduziert sich die Prüfung der Erforderlichkeit auf die Frage, ob das gewählte Kampfmittel bereits offensichtlich zur Herstellung der Parität nicht geeignet ist.[1046] In einem solchen Fall ist allerdings bereits fraglich, ob das Kampfmittel in den grundrechtlichen Schutzbereich einzubeziehen ist.[1047] Im Kern berührt diese Problematik die Frage der Abgrenzung zwischen rechtsetzender und rechtsprechender Gewalt. Da die Abstraktionshöhe des Paritätsgrundsatzes auf einer Vielzahl von Faktoren beruht, die nur durch tatsächliche sozial-ökonomische Feststellungen herausgearbeitet werden können, überschreitet die Rechtsprechung bei diesem Versuch ihre Kompetenzgrenzen. Der Gesetzgeber wäre gefordert, hier für Abhilfe zu sorgen.[1048]

3. *Die Angemessenheit von Arbeitskampfmaßnahmen*

Die Angemessenheit stellt die einzige verbliebene materielle Prüfungsebene des Bundesarbeitsgerichts für die Frage der Zulässigkeit von Arbeitskampfmaßnahmen dar.[1049] Nach verfassungsrechtlichen Vorgaben gebietet der Angemessenheitsgrundsatz eine Abwägung zwischen der Schwere des Eingriffs und dem Gewicht und der Dringlichkeit der ihn rechtfertigenden Gründe.[1050] Dabei sind die Nachteile des Eingriffs für den Betroffenen mit denjenigen Nachteilen abzuwägen, die sich für das öffentliche Wohl ergäben, wenn auf einen Eingriff verzichtet würde.[1051] Da der Verhältnismäßigkeitsgrundsatz vorliegend in den Bereich des Arbeitskampfs als Teil des Privatrechts im weiteren Sinne ausgeweitet wird, ist diese Definition insoweit zu modifizieren, als dass die Nachteile des durch den

---

1046 Die Prüfung ähnelt dann derjenigen des BAG. Allerdings wird hier davon ausgegangen, dass zunächst Tatsachen vorgetragen werden müssen, die eine strukturelle Paritätsverschiebung vermuten lassen. Erst wenn dies der Fall ist, kann wegen der Schwierigkeiten der Feststellungen des Inhalts des Paritätsgrundsatzes die Prüfung der Erforderlichkeit auf eine Evidenzkontrolle reduziert werden.

1047 Vgl. dazu oben Seite 98 f.

1048 Vgl. näher dazu unten Seite 297 ff.

1049 BAG v. 22.09.2009 – 1 AZR 972/08, NZA 2009, 1347 (1352).

1050 *Stein/Frank*, Staatsrecht, § 30 V, S. 246.

1051 *Stein/Frank*, Staatsrecht, § 30 V, S. 246.

Arbeitskampf ausgelösten Eingriffs mit den durch eine Untersagung des Arbeitskampfmittels für den eingreifenden Grundrechtsträger eintretenden Nachteilen zu vergleichen sind. Entscheidender Ausgangspunkt der Angemessenheitsprüfung ist daher die Feststellung der sich gegenüberstehenden Grundrechte. Stehen diese fest, ist die Bedeutung der Grundrechte abstrakt festzustellen und auf den in Frage stehenden Sachverhalt herunterzubrechen.

Die Zulässigkeit bestimmter Arbeitskampfmittel ist auf Seiten der dieses Kampfmittel nutzenden Partei dem Grunde nach eine Frage des Art. 9 Abs. 3 GG. Es geht um den Umfang des grundrechtlich gewährleisteten Schutzes und die Reichweite der Garantie der Tarifautonomie. Auf der anderen durch den Einsatz des Kampfmittels betroffenen Seite kommen insbesondere die Grundrechte aus Art. 12 Abs. 1 GG und Art. 14 Abs. 1 GG in Betracht. Wie sich aus Art. 12 Abs. 1 S. 2 GG ergibt, schützt Art. 12 GG unter anderem die Ausübung von erwerbsbezogenen Tätigkeiten.[1052] Bestandteil der Berufsfreiheit ist auch die Unternehmerfreiheit, d. h. die Freiheit zur Gründung und Führung von Unternehmen.[1053] Durch Arbeitskampfmittel wird in diese Freiheit eingegriffen, da es dem Unternehmer nicht mehr möglich ist, das Unternehmen so zu führen, wie er dies wünscht. Durch das Kampfmittel ist er gezwungen, seine unternehmerische Betätigung an die Gegebenheiten des Arbeitskampfs anzupassen. Im Falle von Arbeitskampfmaßnahmen, die durch Dritte durchgeführt werden, stellt sich möglicherweise zudem die Problematik eines Eingriffs in die Berufsausübungsfreiheit der arbeitswilligen Arbeitnehmer, die durch den Arbeitskampf ebenfalls eventuell nicht in der Lage sind, ihrer Berufsausübung in der von ihnen gewünschten Form nachzugehen. Daneben kommt eine Beeinträchtigung von Art. 14 Abs. 1 GG in Betracht. Zwar schützt Art. 14 Abs. 1 GG nicht bloße Erwerbschancen oder Gewinnaussichten.[1054] Dieser Bereich wird durch den Grundrechtsschutz des Art. 12 GG mit abgedeckt. Allerdings ist das Eigentum betroffen, sofern im Zuge von Arbeitskampfmaßnahmen Betriebsmittel durch die Kämpfenden verwendet werden. Ist dies der Fall, liegt es nahe eine Einschränkung des Nutzungsrechts des Eigentümers anzunehmen, das ebenfalls von der Eigentumsfreiheit geschützt wird.[1055] Die genannten Grundrechte sind sodann gegeneinander abzuwägen, wobei es auf der einen Seite entscheidend darauf ankommt, welche Bedeutung das zu überprüfende Arbeitskampfmittel für die Ausübung der Tarifautonomie hat, während auf der anderen Seite darauf abzustellen ist, welches Gewicht dem durch das Arbeitskampfmittel drohenden Eingriff zuzumessen ist.

1052 *Schmidt*, in: ErfKomm., Art. 12 GG, Rz. 9; *Manssen*, in: v. Mangoldt/Klein/Starck, Art. 12 GG, Rz. 66.

1053 BVerfG v. 01.03.1979 – 1 BvR 532 u. a., NJW 1979, 699 (708).

1054 *Depenheuer*, in: v. Mangoldt/Klein/Starck, Art. 14 GG, Rz. 358.

1055 *Depenheuer*, in: v. Mangoldt/Klein/Starck, Art. 14 GG, Rz. 65.

a) Die (lückenhafte) Angemessenheitsprüfung des Bundesarbeitsgerichts

Das Bundesarbeitsgericht nimmt jedoch keine reguläre Angemessenheitsüberprüfung vor. Es begnügt sich damit zu überprüfen, ob dem Arbeitgeber wirkungsvolle Gegenmittel gegen das Kampfmittel der Arbeitnehmerseite zur Verfügung stehen.[1056] Damit unterbleibt eine Prüfung der auf beiden Seiten betroffenen Grundrechte, so dass eine Abwägung im Wortsinn nicht vorgenommen wird.[1057] Die vom Bundesarbeitsgericht vorgeschlagenen Abwehrkampfmittel sind in der Literatur auf vielfältige Kritik gestoßen und werden allgemein als nicht ausreichend angesehen.[1058] Dieser Kritik ist im Wesentlichen zuzustimmen, daher sollen hier die Erwägungen des Bundesarbeitsgerichts und die dagegen erhobene Kritik lediglich kurz skizziert werden.

aa) Die Problematik des Hausrechts

Nach Ansicht des Bundesarbeitsgerichts stellt das Hausrecht ein wirkungsvolles Abwehrmittel dar.[1059] Zwar geht es auch davon aus, dass sich bei der Anwendung des Hausrechts tatsächliche Probleme stellen können, weil unter Umständen nicht von vornherein erkennbar ist, welche der sich im Geschäft befindlichen Kunden zu den Teilnehmern des Flashmob gehören und welche nicht. Dadurch entstünden allerdings nur Störungen im begrenzten Umfang, die nicht die Ineffizienz des Arbeitskampfmittels zur Folge hätten.

Das Hausrecht folgt aus den §§ 858 ff., 1004 BGB und schließt das Recht ein, den Zutritt nur zu bestimmten Zwecken zu erlauben.[1060] Die Effizienz der Hausrechtsausübung mag zunächst insofern bezweifelt werden, als dass es erst nach dem Beginn der Aktion ausgeübt werden kann. Da im Einzelhandel außer den Kassierern oftmals nicht viel mehr Personal vorhanden ist, ist nicht sichergestellt, dass die Aktion sofort bemerkt wird. Zudem kann eine große Menschenmenge bereits in sehr kurzer Zeit die Einkaufswagen füllen und damit das gewünschte

---

1056 Vgl. *Greiner*, EzA GG Art. 9 Arbeitskampf Nr. 143, S. 42, der zu Recht die Relevanz der Existenz von Gegenmitteln für die Geeignetheitsprüfung hervorhebt.

1057 Dies kritisierend *Kersten*, in: Rieble/Junker/Giesen, Neues Arbeitskampfrecht?, S. 70 ff.

1058 *Greiner*, NJW 2010, 2977 (2978); *Kersten*, in: Rieble/Junker/Giesen, Neues Arbeitskampfrecht?, S. 83 f.; *Krieger/Günther*, NZA 2010, 20 (21); *Maaß*, ArbRAktuell 2009, 151; *Otto*, in: Rieble/Junker/Giesen, Neues Arbeitskampfrecht?, S. 46 ff.; *Rüthers/Höpfner*, JZ 2010, 261 (263 f.); *von Steinau-Steinrück/Brugger*, NZA-Beil. 2010, 127 (130); milder bezüglich des Hausrechts: *Löwisch*, NZA 2010, 209; *Fischer*, RdA 2011, 50 (57) hält die Abwehrmittel für offensichtlich ausreichend.

1059 BAG v. 22.09.2009 – 1 AZR 972/08, NZA 2009, 1347 (1354).

1060 BGH v. 08.11. 2005 – KZR 37/03, NJW 3006, 377 (379).

Ergebnis erreichen.[1061] Fraglich ist zudem, ob es tatsächlich realistisch ist, dass im Einzelhandel wenige Verkäufer gegenüber einer großen Personengruppe ein Hausverbot wirkungsvoll durchsetzen können, insbesondere wenn nicht eindeutig erkennbar ist, welche Personen Teilnehmer sind und welche nicht.[1062] Dies wird erst durch das Eingreifen der Polizei gelingen, bis zu deren Eintreffen dann die Aktion beendet sein dürfte. Zum Teil wird die Verweisung auf die Ausübung des Hausrechts als möglicherweise erfolgversprechend angesehen, da das Hausverbot auch durch das Anbringen von Schildern, die das Betreten von Flashmobbern untersagen, vorbeugend ausgeübt werden könne.[1063] Dabei ist jedoch zwischen strafrechtlichen und zivilrechtlichen Folgen zu unterscheiden.

Sollten trotz entgegenstehender Beschilderung Teilnehmer eines Flashmobs das Geschäft aufsuchen, könnten sie sich gem. § 123 Abs. 1 StGB strafbar machen.[1064] Da bei Räumlichkeiten, die der Allgemeinheit zugänglich sind, für das Verwirklichen des Tatbestands von § 123 Abs. 1 StGB ein Abweichen nach dem äußeren Erscheinungsbild von einem normalen, gestatteten Betreten vorliegen muss, können Flashmobs durchaus so organisiert werden, dass sie eine Strafbarkeit trotz des vorbeugenden Hausverbots vermeiden können.[1065] Zum einen müssen nicht alle Beteiligten als Teilnehmer des Flashmob erkennbar sein, ausreichend ist, dass für den Kampfgegner allgemein erkennbar ist, dass es sich um eine Arbeitskampfmaßnahme handelt. Nur für diese (u. U. kleine) Personengruppe könnte das Verbot überhaupt Wirkung entfalten, wobei allerdings zweifelsfrei feststehen müsste, dass es sich tatsächlich um Teilnehmer/Organisatoren eines Flashmob handelt. Gewerkschaftssticker werden hierfür sicherlich nicht ausreichen. Zum anderen ist für die Rechtmäßigkeit des Flashmob nach der Rechtsprechung nicht unbedingt erforderlich, dass bereits bei Betreten des Geschäfts erkennbar ist, dass es sich um eine Arbeitskampfmaßnahme handelt.[1066] Ausrei-

1061 *Kersten*, in: Rieble/Junker/Giesen, Neues Arbeitskampfrecht?, S. 46 ff.; *Picker*, ZfA 2010, 499 (557); *Rüthers/Höpfner*, JZ 2010, 261 (264); dagegen geht *Fischer*, RdA 2011, 50 (57) davon aus, dass es sich beim Flashmob um eine offene Konstellation handele und der Arbeitgeber sich daher über das Internet über stattfindende Aktionen informieren könne und so sein Hausrecht effektiv ausüben könne. Dagegen spricht allerdings, dass es keine Regel gibt, nach der Flashmobs im Internet angekündigt werden müssen und dass dem Arbeitgeber auch die Ankündigungsseiten nicht bekannt sein müssen. Eine Pflicht des Arbeitgebers, sich permanent über geplante Gewerkschaftsaktionen informieren zu müssen, kann man wohl nicht statuieren.

1062 *Otto*, in: Rieble/Junker/Giesen, Neues Arbeitskampfrecht?, S. 46 ff.; *Willemsen/Mehrens*, Anm. zu BAG v. 22.09.2009 – 1 AZR 972/08, AP GG Art. 9 Arbeitskampf Nr. 174.

1063 *Krieger/Günther*, NZA 2010, 20 (23); *Löwisch*, NZA 2010, 209 (210).

1064 *Krieger/Günther*, NZA 2010, 20 (23).

1065 *Greiner*, NJW 2010, 2977 (2978) hält ein vorbeugendes Hausverbot für gänzlich unwirksam; ebenso *Rüthers/Höpfner*, JZ 2010, 261 (264).

1066 Anders *Otto*, in: Rieble/Junker/Giesen, Neues Arbeitskampfrecht?, S. 41 f.

chend ist eine Erkennbarkeit ab dem tatsächlichen Beginn der Kampfmaßnahme. Geben sich die Flashmobber allerdings erst nach dem Betreten zu erkennen, kann eine Strafbarkeit des Betretens durch das vorbeugende Hausverbot nicht konstruiert werden.[1067] Insofern ist die vorbeugende Hausverbotsausübung auf strafrechtlicher Ebene nicht effektiv. Das Hausverbot greift erst dann, wenn es durch die Angestellten ausgesprochen wird. Dies wird im Regelfall erst nach Eintritt von erheblichen Behinderungen der Fall sein, die durch die Angestellten zu beseitigen sind.

Auf zivilrechtlicher Ebene tut der Eigentümer/Besitzer durch die Beschilderung seinen dem Flashmob entgegenstehenden Willen kund. Insofern begehen die Flashmobber mit ihrer Aktion verbotene Eigenmacht im Sinne von § 858 BGB.[1068] Dies geschieht jedoch nicht bereits durch das Betreten, sondern erst durch die Aktion selbst. Zwar kann sich der Besitzer verbotener Eigenmacht durch Selbsthilfe erwehren, § 859 BGB, dies beinhaltet allerdings die bereits oben angesprochenen tatsächlichen Schwierigkeiten. Auch die zivilrechtliche Ebene kann daher nicht als zweifelsfrei wirkungsvoll bezeichnet werden.

Ganz grundsätzlich spricht mit *Willemsen/Mehrens* zudem die Systematik der Besitzschutzvorschriften gegen das Gegenmittel des Hausrechts.[1069] Das Hausrecht kann gegen Handlungen ausgeübt werden, die keiner Duldungspflicht nach § 1004 BGB unterliegen. Rechtmäßige Arbeitskampfmittel unterliegen einer solchen Duldungspflicht. Bei Anwendung des Hausrechts gegen einen Flashmob würde die Duldungspflicht jedoch umgekehrt durch die Ausübung des Hausrechts entfallen.

bb) Die Problematik der Betriebsstilllegung

Das Bundesarbeitsgericht erkennt die Hauptschwierigkeit des angeblich wirkungsvollen Abwehrkampfmittels der vorübergehenden Betriebsstilllegung. Diese liegt darin, dass durch dieses Kampfmittel die Koalition das von ihr verfolgte Ziel risikolos erreicht.[1070] Der Arbeitgeber müsste folglich dem Arbeitskampf schlicht nachgeben, so dass nicht von einer Gegenwehr gesprochen werden kann.[1071] Er muss daher zu einer Zwangssolidarisierung seiner arbeitsbe-

1067 *Franzen*, in: Jahrbuch des Arbeitsrechts, Band 47 (2010), 119 (132 f.).

1068 *Löwisch*, NZA 2010, 209 (210).

1069 *Willemsen/Mehrens*, Anm. zu BAG v. 22.09.2009 – 1 AZR 972/08, AP GG Art. 9 Arbeitskampf Nr. 174.

1070 BAG v. 22.09.2009 – 1 AZR 972/08, NZA 2009, 1347 (1354); *Simon/Greßlin*, BB 2010, 379 (382); vgl. nur *Picker*, ZfA 2010, 499 (558 ff.) zur grundsätzlichen Kritik an der Betriebsstilllegung, nach der zu ihrer Begründung jeder materiale Rechtsgrund fehle.

1071 *Krieger/Günther*, NZA 2010, 20 (21); *Rüthers*, NZA 2010, 6 (7); *Säcker/Mohr*, JZ 2010, 440 (448); *Willemsen/Mehrens*, Anm. zu BAG v. 22.09.2009 – 1 AZR 972/08, AP GG Art. 9 Arbeitskampf Nr. 174.

reiten Belegschaft mit den Kämpfenden beitragen.[1072] Dabei ist nicht gewiss, dass die Koalition dadurch unter Druck gesetzt wird, da arbeitswillige und streikende Arbeitnehmer sowie die teilnehmenden Dritten möglicherweise unterschiedliche Ziele verfolgen. Entscheidend zur Unzulänglichkeit dieses Abwehrkampfmittels tragen zudem die Folgen der vorübergehenden Betriebsstilllegung bei, da das Bundesarbeitsgericht übersieht, dass nicht nur die Lohnzahlungspflichten des Arbeitgebers, sondern auch die Arbeitspflicht der arbeitswilligen Arbeitnehmer suspendiert wird. Die notwendige Folgenbeseitigung durch Wiedereinräumung der Waren könnte dann nicht erfolgen.[1073]

cc) Zwischenergebnis

Das Bundesarbeitsgericht hätte daher zu dem Ergebnis gelangen müssen, dass Flashmob-Aktionen kein geeignetes Gegenmittel der Arbeitgeberseite gegenübersteht. Da das Gericht im Rahmen der Angemessenheit nur diese Frage überprüft, müsste das Gericht zur Unverhältnismäßigkeit dieses Kampfmittels gelangen. Durch die Zulassung von Flashmob-Aktionen überschreitet das Bundesarbeitsgericht damit eine selbst vorgegebene Grenze, nach der die Ausgestaltung der Koalitionsfreiheit die Grenze der Funktionsfähigkeit der Tarifautonomie darstelle, die wiederum ein ungefähres Gleichgewicht der Parteien voraussetze.[1074] Durch die Zulassung eines Kampfmittels ohne wirksames Gegenmittel missachtet das Gericht die funktionale Begründung des Arbeitskampfs.[1075]

b) Inhalt einer vollwertigen Angemessenheitsprüfung

Im Rahmen der Angemessenheitsprüfung spricht das Bundesarbeitsgericht auch die Unterschiede zwischen Flashmob-Aktionen und den klassischen Arbeitskampfmitteln an, ohne jedoch eine Prüfung ihrer Auswirkungen auf die Angemessenheit des Arbeitskampfs durchzuführen. Den angeführten Unterschieden kommt allerdings durchaus Proportionalitätsrelevanz zu. Schließlich sind auch strafrechtliche Erwägungen und eine richtige Einordnung von Flashmob-Aktionen in den Tatbestand des § 823 Abs. 1 BGB entscheidend für die Beurteilung der Angemessenheit.

1072 *Greiner*, EzA GG Art. 9 Arbeitskampf Nr. 143, S. 47; *Picker*, ZfA 2010, 499 (563).

1073 *Greiner*, EzA GG Art. 9 Arbeitskampf Nr. 143, S. 48; *Otto*, in: Rieble/Junker/Giesen, Neues Arbeitskampfrecht?, S. 48; *Willemsen/Mehrens*, Anm. zu BAG v. 22.09.2009 – 1 AZR 972/08, AP GG Art. 9 Arbeitskampf Nr. 174.

1074 BAG v. 22.09.2009 – 1 AZR 972/08, NZA 2009, 1347 (1352).

1075 *Picker*, ZfA 2010, 499 (554).

aa) Proportionalitätsrelevanz der Unterschiedlichkeit zwischen Flashmob-Aktionen und klassischen Arbeitskampfmitteln

(1) Selbstschädigung

Das Bundesarbeitsgericht geht zutreffend davon aus, dass ein wesentlicher Unterschied zwischen Flashmobs und klassischen Arbeitskampfmitteln in der fehlenden Selbstschädigung der am Flashmob Beteiligten besteht.[1076] Dies wird in der Literatur insbesondere wegen der Funktion der Selbstschädigung kritisiert, die darin bestehe, dass sie das Druckpotential begrenze und als Regulativ fungiere.[1077] Die mangelnde Selbstschädigung ist als Problem der Angemessenheit einzustufen, da sie erhebliche Auswirkungen auf die Betroffenheit der Gegenseite hat.[1078]

Die Proportionalitätsrelevanz der mangelnden Selbstschädigung des Flashmobs resultiert letztlich aus der Einordnung des Arbeitskampfs als vertragsrechtlicher Regelungsmechanismus. Der Arbeitskampf dient der Herstellung von Verhandlungsparität, um Konflikte im Rahmen eines vertraglichen Dauerschuldverhältnisses zu lösen. Erforderlich ist daher, dass zu einem bestimmten Zeitpunkt der Verhandlungen ein hinreichender Einigungsdruck erzeugt wird. Sofern hierbei die Theorie der Lohnverhandlungen nach *Hicks* zugrunde gelegt wird,[1079] ist für die Arbeitgeber und ihre Konzessionsbereitschaft entscheidend, mit welcher Länge des Arbeitskampfs zu rechnen ist und welche Kosten durch diesen Arbeitskampf im Verhältnis zu den Kosten der geforderten Lohnsteigerung entstehen. Nach diesem Modell nimmt die sogenannte Konzessionskurve der Arbeitgeber mit zunehmender Länge des Arbeitskampfs zu. Dagegen nimmt die Widerstandskurve der Gewerkschaft mit zunehmender Länge des Arbeitskampfs ab, da die Koalition nicht auf Dauer einen Arbeitskampf finanzieren kann. Dieser Zusammenhang, der dazu führt, dass sich Arbeitgeber- und Arbeitnehmerseite im Laufe der Verhandlungen auf einen Kompromiss einigen, wird durch die Zulassung eines Arbeitskampfmittels ohne Selbstschädigungswirkung missachtet. In einem solchen Fall verhalten sich Konzessions- und Widerstandskurve mit zunehmender Länge des Arbeitskampfs nicht entgegengesetzt zueinander. Rein theoretisch müsste sich die Widerstandskurve der Gewerkschaft unabhängig von der Länge des Arbeitskampfs entwickeln, so dass nicht mehr

1076 BAG v. 22.09.2009 – 1 AZR 972/08, NZA 2009, 1347 (1353); siehe dazu oben Seite 197f.

1077 *Rieth*, SAE 2010, 37 (40); *Willemsen/Mehrens*, Anm. zu BAG v. 22.09.2009 – 1 AZR 972/08, AP GG Art. 9 Arbeitskampf Nr. 174.

1078 A. A. *Rüthers/Höpfner*, JZ 2010, 261 (262), die die mangelnde Selbstschädigung als Problem des Schutzbereichs einordnen.

1079 Dazu *Bontrup*, Lohn und Gewinn, S. 108f.; vgl. auch Grafik dazu bei *Treber*, Aktiv produktionsbehindernde Maßnahmen, S. 357.

zwingend der Punkt eines auf beide Seiten wirkenden Einigungsdrucks erreicht werden müsste. Damit bestünde der Arbeitskampf nicht mehr als Einigungsmechanismus, sondern als Eskalationsmechanismus. Flashmobs beinhalten daher das Risiko, dass durch diesen mangelnden Kontrollmechanismus nicht verantwortlich mit dem Mittel des Arbeitskampfs umgegangen wird.[1080] Insoweit ist ein Arbeitgeber regelmäßig stärker durch ein derartiges Arbeitskampfmittel belastet als durch klassische Arbeitskampfmittel. Dies ist im Rahmen der Angemessenheit zu berücksichtigen.

(2) Der Friedlichkeitsvorbehalt

Ohne näher darauf einzugehen, unterstellt das Bundesarbeitsgericht Kampfmittel einem Friedlichkeitsvorbehalt.[1081] Vom Grundrechtsschutz des Art. 9 Abs. 3 GG sind daher zunächst wie bei Art. 8 GG Betätigungen ausgenommen, deren Zweck oder Verlauf vollendete oder versuchte Straftaten gegen Leib, Leben, Freiheit oder sonstige erhebliche Rechtsgüter Dritter oder der Allgemeinheit mit sich bringen.[1082] Nach dem Wortlaut der Flashmob-Entscheidung ist eine koalitionsspezifische Betätigung anzunehmen, sofern mit einem friedlichen Kampfmittel ein tarifliches Ziel verfolgt wird. Dies spricht dafür, dass das Bundesarbeitsgericht die Frage der Strafbarkeit von Kampfmaßnahmen als Bestandteil der Schutzbereichseröffnung ansieht, weshalb sie auch dort behandelt wurde.

Der Grundsatz der Friedlichkeit beinhaltet allerdings neben dem Verbot von Gewalt auch ein Verbot der Anmaßung fremder Grundrechtspositionen, mithin auch ein Verbot der Anmaßung fremden Eigentums.[1083] Aus Art. 9 Abs. 3 GG folgt daher kein Recht der Koalitionen auf Nutzung des fremden Eigentums zu eigenen Zwecken.[1084] Selbst wenn eine Einschränkung der Koalitionsbetätigungsfreiheit durch schutzbereichsimmanente Grundrechtsschranken nicht befürwortet wird und daher auch Betätigungen als geschützt angesehen werden, die ihre Grundlage in der Inanspruchnahme fremden Eigentums haben, ist dies im Rahmen der Angemessenheitsprüfung zu berücksichtigen, da derartige Betätigungen den Arbeitgeber schwerwiegender belasten als Betätigungen, die sein Eigentumsrecht nicht berühren. Flashmob-Aktionen setzen die Nutzung fremden

1080 Auch BAG v. 18.02.2003 – 1 AZR 142/02, NZA 2003, 866 (869) stellt auf den Zusammenhang zwischen verantwortlicher Arbeitskampfbeteiligung und Selbstschädigung ab.

1081 BAG v. 22.09.2009 – 1 AZR 972/08, NZA 2009, 1347 (1351).

1082 *Gusy*, in: v. Mangoldt/Klein/Starck, Art. 8 GG, Rz. 23; *Schulze-Fielitz*, in: Dreier, Art. 8 GG, Rz. 40.

1083 Siehe bereits hinsichtlich der Friedlichkeit als schutzbereichsimmanente Grundrechtsschranke oben Seiten 83 ff. und 257 ff.

1084 *Willemsen/Mehrens*, Anm. zu BAG v. 22.09.2009 – 1 AZR 972/08, AP GG Art. 9 Arbeitskampf Nr. 174.

Eigentums voraus. Sie basieren geradezu auf der Inanspruchnahme des Arbeitgebereigentums. Grundrechtspositionen des Arbeitgebers werden daher stark beeinträchtigt.

Das Bundesarbeitsgericht hat dennoch die Arbeitskampfmaßnahme lediglich als Eingriff in den eingerichteten und ausgeübten Gewerbebetrieb eingestuft und wegen dessen Charakter als Rahmenrecht eine Rechtfertigung durch den Arbeitskampf für möglich gehalten.[1085] Eine Verletzung des durch § 823 Abs. 1 BGB absolut geschützten Eigentumsrechts hat das Gericht nicht in Erwägung gezogen. Es ging allerdings davon aus, dass ein Eingriff in absolut geschützte Rechtspositionen durch Arbeitskampfmaßnahmen regelmäßig zu deren Unangemessenheit führt.

Durch § 823 Abs. 1 BGB soll der Rechtszuweisungsgehalt des Eigentumsrechts geschützt werden.[1086] Der Zuweisungsgehalt des Eigentumsrechts schließt die Befugnis ein, den Ort der beweglichen Sache im Raum zu bestimmen.[1087] Allerdings ist die Frage des Vorliegens einer Eigentumsverletzung bei reinen Nutzungs- oder Verwendungszweckstörungen ohne Einwirkung auf die Sache als solche umstritten.[1088] Grundlage der deliktsrechtlichen Diskussion zu den Folgen von Nutzungs- oder Verwendungszweckstörungen ist der sogenannte Fleet-Fall des Bundesgerichtshofs, in dem dieser das Einsperren eines Schiffs in einem Kanal als Eigentumsverletzung angesehen hat, da dem Eigentümer die Möglichkeit zum bestimmungsgemäßen Gebrauch entzogen werde.[1089] Aus dieser Rechtsprechung wird zum Teil gefolgert, dass auch die Absperrung des Zugangs zu einem Geschäft durch eine Flashmob-Aktion eine rechtswidrige Eigentums-

---

1085 BAG v. 22.09.2009 – 1 AZR 972/08, NZA 2009, 1347 (1348); das Bundesarbeitsgericht ordnet daher Flashmob-Aktionen nicht anders ein, als die klassischen Arbeitskampfmittel. Das Bundesarbeitsgericht geht in ständiger Rechtsprechung davon aus, dass der Streik einen (rechtfertigungsfähigen) Eingriff in den eingerichteten und ausgeübten Gewerbebetrieb darstellt, vgl. BAG v. 20.12.1963 – 1 AZR 157/63, NJW 1964, 1291 (1292); gegen die Einordnung klassischer Arbeitskampfmaßnahmen als Eingriffe in den eingerichteten und ausgeübten Gewerbebetrieb *Picker*, ZfA 2010, 499 (570 ff.), der insbesondere darauf hinweist, dass Streik und Aussperrung lediglich die Nichterbringung der vertraglichen Leistung zum Gegenstand haben und daher dem Leistungsstörungsrecht zuzuordnen seien. Daraus resultiert auch nach Ansicht von *Richardi/Fischinger*, in: Staudinger, Vorbem. zu § 611 ff. BGB, Rz. 952, dass der Flashmob schon allein aus dem Umstand, dass er als Eingriff in den eingerichteten und ausgeübten Gewerbebetrieb einzuordnen sei, ein aliud zu herkömmlichen Arbeitskampfmaßnahmen darstelle und daher auch nicht mit den für den Streik entwickelten Maßstäben zu rechtfertigen sei.

1086 *Picker*, JZ 2010, 541 (546).

1087 *Larenz/Canaris*, Schuldrecht II/2, S. 388.

1088 *Larenz/Canaris*, Schuldrecht II/2, S. 388 ff.; *Picker*, JZ 2010, 541 (541 ff.); *Sprau*, in: Palandt, § 823, Rz. 7; *Wagner*, in: MünchKomm. BGB, § 823, Rz. 117 ff.

1089 BGH v. 21.12.1970 – II ZR 133/68, NJW 1971, 886 (888).

verletzung darstelle.[1090] Gegen eine Einordnung der Versperrung des Zugangs zu dem Geschäft als Eigentumseingriff spricht allerdings, dass die Verbindung nach außen nicht vom Zuweisungsgehalt des Eigentums umfasst ist und daher nicht zum Schutzinhalt des § 823 Abs. 1 BGB gehört.[1091]

Allerdings ist in dem Entfernen der Waren aus den Regalen zu anderen Zwecken als dem Kauf eine Eigentumsverletzung zu sehen. Zunächst erscheint die vorliegende Konstellation mit derjenigen des Fleet-Falls vergleichbar. Indem die Teilnehmer die Waren aus den Regalen entfernen, können die Waren zunächst nicht mehr bestimmungsgemäß genutzt werden. Nach der Rechtsprechung des Bundesgerichtshofs und der Literatur stellt auch die nicht unerhebliche Beeinträchtigung der bestimmungsgemäßen Verwendung der Sache eine Eigentumsverletzung dar, bei der es auf die Dauer der Beeinträchtigung oder ihre Folgen für den Marktwert der Sache nicht ankommen soll.[1092] Allerdings besteht ein wesentlicher Unterschied der vorliegenden Konstellation zum Fleet-Fall darin, dass nicht lediglich auf die Sach-Umwelt-Beziehung, sondern direkt auf die Sache selbst eingewirkt wird. Die Beeinträchtigung der Nutzungs- und Verwendungsmöglichkeit resultiert hier nicht aus einer außerhalb der Sache liegenden negativen Einwirkung, die zurückwirkt auf die Benutzbarkeit der Sache, sondern durch die physische Inanspruchnahme der Sache selbst. Die physische Inanspruchnahme der Sache selbst stellt jedoch einen Fall der Eigentumsbeeinträchtigung dar.[1093] Die Sache selbst und die Bestimmung über deren Verwendung sind zweifellos Bestandteil des Zuweisungsgehalts des Eigentumsrechts. Insofern greift die Kritik an der Berücksichtigung der Sach-Umwelt-Beziehung zur Begründung eines deliktsrechtlichen Schadensersatzanspruchs[1094] vorliegend nicht durch.

Dass schon das Herausnehmen der Ware aus den Regalen ohne Kaufabsicht eine Eigentumsverletzung darstellt, wird durch die Rechtsprechung des Bundesgerichtshofs gestützt. Dieser hat entschieden, dass eine Person, die die Ordnung eines fremden Archivs bewusst verändert, einen Eigentumseingriff begeht.[1095] Dies hat das Gericht damit begründet, dass bei einem Archiv gerade Vollständigkeit und Ordnung einen Wert repräsentierten, der über den Wert der in dem Archiv zusammengefassten Einzelsachen hinausgehe. Nichts anderes kann für

1090 *Säcker/Mohr*, JZ 2010, 440 (442).

1091 *Picker*, JZ 2010, 541 (550).

1092 BGH v. 31.03.1998 – VI ZR 109–97, NJW 1998, 1942 (1943); *Kötz/Wagner*, Deliktsrecht, Rz. 144; *Larenz/Canaris*, Schuldrecht II/2, S. 388 f.; *Spindler*, in: BeckOK BGB, § 823, Rz. 52.

1093 *Picker*, JZ 2010, 541 (548).

1094 Vgl. *Picker*, JZ 2010, 541.

1095 BGH v. 26.02.1980 – VI ZR 53/79, NJW 1980, 1518 (1519); zustimmend: *Sprau*, in: Palandt, § 823, Rz. 7.

ein Warengeschäft gelten. Auch dort hat die Ordnung der zum Verkauf angebotenen Sachen einen über den Wert der Einzelsachen hinausgehenden Wert. Dieser Wert liegt darin, dass nur durch die Ordnung der Waren nach bestimmten Kriterien der Verkauf der Waren an den Verbraucher ermöglicht wird. Wird die Ordnung dadurch gestört, dass die Waren aus den Regalen in die Einkaufswagen verbracht werden, wird dieser Wert vermindert. Kunden können die Artikel nicht mehr problemlos finden und werden in ihrem Einkaufsverhalten daher behindert. Arbeitnehmer müssen durch das Einsortieren der Waren die Ordnung erst wieder herstellen.

Zwar kann der Rechtsinhaber grundsätzlich in eine Verletzung seiner Rechte einwilligen. Eine Einwilligung liegt in der vorliegenden Konstellation allerdings nicht vor. Einwilligungen können konkludent erteilt werden und sind wie Willenserklärungen auszulegen.[1096] Nach dem verobjektivierten Empfängerhorizont erteilt ein Geschäftsinhaber durch Eröffnung seines Geschäfts konkludent die Einwilligung zu einem Verhalten, bei dem in Kaufabsicht Waren aus den Regalen entnommen werden. Eine Einwilligung liegt allerdings erkennbar nicht dafür vor, dass Waren ohne Kaufabsicht aus den Regalen entfernt werden.[1097]

Das Herausnehmen von Waren aus den Regalen stellt daher eine tatbestandsmäßige und rechtswidrige Eigentumsverletzung dar. Nach Ansicht des Bundesarbeitsgerichts sind Arbeitskampfmaßnahmen, die in die von § 823 Abs. 1 BGB absolut geschützten Rechtsgüter eingreifen, regelmäßig unangemessen. Das Gericht hätte daher wegen dessen hoher Proportionalitätsrelevanz das Vorliegen eines Eigentumseingriffs überprüfen müssen und unter Zugrundelegung der eigenen Prinzipien die Angemessenheit der Arbeitskampfmaßnahme verneinen müssen.

(3) Die rechtliche Kurzlebigkeit des Flashmobs als Bruch mit der Rechtfertigungswirkung des Arbeitskampfs

Im Rahmen eines Arbeitskampfs werden ansonsten (vertrags-)rechtswidrige Handlungen von dem Verdikt der Rechtswidrigkeit befreit.[1098] Grundsätzlich

1096 *Spindler*, in: BeckOK BGB, § 823, Rz. 641.

1097 *Säcker/Mohr*, JZ 2010, 440 (442).

1098 Nach der Rechtsprechung stellt jeder Arbeitskampf einen Eingriff in den eingerichteten und ausgeübten Gewerbebetrieb dar. Jede Arbeitskampfmaßnahme ist daher eine deliktische Eingriffshandlung. Diese soll nach der Rechtsprechung jedoch im Falle eines rechtmäßigen Arbeitskampfes gerechtfertigt sein. Gegen diese deliktsrechtliche Deutung u. a. *Picker*, ZfA 2010, 499 (570 ff.) und *Richardi/Fischinger*, in: Staudinger, Vorbem. zu § 611 ff. BGB, Rz. 951, die davon ausgehen, dass die Zurückhaltung der eigenen Arbeitsleistung eine Verletzung vertraglicher Primärleistungspflichten darstellt, die keine deliktsrechtliche Relevanz hat.

würde der Arbeitnehmer, der sich an einem Streik beteiligt, seinen vertraglich vereinbarten Pflichten nicht nachkommen und sich daher Schadensersatzansprüchen aussetzen. Liegt jedoch ein rechtmäßiger Arbeitskampf vor, ist die Missachtung vertraglicher Pflichten gerechtfertigt. Dem Arbeitskampf kommt daher eine Rechtfertigungswirkung zu. Ein sonst rechtlich missbilligenswertes Verhalten wird wegen des mit ihm verfolgten Zieles hingenommen.

Das Bundesarbeitsgericht bricht mit dieser Dogmatik durch die Flashmob-Entscheidung. Nach seiner Ansicht kann der Arbeitgeber im Falle einer Flashmob-Aktion von seinem Hausrecht Gebrauch machen. Ihm steht daher nach der Vorstellung des Gerichts ein Mittel zur Verfügung, das es dem Arbeitgeber erlaubt, das von der Koalition gewählte Arbeitskampfmittel sofort nach dem Beginn der Aktion zu verbieten. Entgegen der typischen Situation, dass der Arbeitgeber gegen die Rechtmäßigkeit einer ergriffenen Arbeitskampfmaßnahme keine rechtliche Handhabe hat, haftet dem Flashmob daher das Risiko einer Art schwebenden Rechtswidrigkeit an.[1099] Der Flashmob wäre daher die einzige Arbeitskampfmaßnahme über deren Rechtmäßigkeit allein der Kampfgegner entscheiden kann. Dies ist bereits konzeptionell fragwürdig und nicht mit der bisherigen Dogmatik in Einklang zu bringen.[1100] Darüber hinaus hat diese Sichtweise des Bundesarbeitsgerichts jedoch auch eine erhebliche Relevanz für die Frage der Angemessenheit des Arbeitskampfmittels.

Da die Entscheidung über die Rechtmäßigkeit der gewählten Kampfmaßnahme im Falle von Flashmob-Aktionen nach der Rechtsprechung des Bundesarbeitsgerichts in der Hand des Kampfgegners liegt, kann es sich bei diesem Kampfmittel nicht um ein für die Ausübung der Tarifautonomie wichtiges Arbeitskampfmittel handeln. Insoweit ist das Interesse der Koalition an derartigen Aktionen nicht als besonders schützenswert einzuordnen.

(4) Die Nichtberücksichtigung zivilrechtlicher Schadenszuweisungen

Flashmob-Aktionen lösen regelmäßig vertragsrechtliche Schadensersatzansprüche auf Arbeitgeberseite aus, die mangels Zugriffsmöglichkeit auf die Schädiger entgegen zivilrechtlicher Wertungen durch den Arbeitgeber zu tragen sind. Dass dem Arbeitgeber durch das Arbeitskampfmittel des Flashmob Schäden zugewiesen werden, die nach Vertragsrecht von den Schädigern zu tragen sind, ist auch in eine vollständige Abwägungsprüfung mit einzustellen. Es kommen zwei verschiedene Schadensersatzarten in Betracht.

1099 So *Greiner*, NJW 2010, 2977 (2978); *ders.*, EzA GG Art. 9 Arbeitskampf Nr. 143, S. 45 bezeichnet den Flashmob daher als „Arbeitskampfmittel zweiter Klasse".

1100 *Picker*, ZfA 2010, 499 (551).

Zunächst könnte es sich bei dem Befüllen der Einkaufswagen ohne Kaufabsicht um eine vorvertragliche Pflichtverletzung handeln, die einen Schadensersatzanspruch gem. § 311 Abs. 2 i.V.m. § 241 Abs. 2 BGB auslöst.[1101] Ein vorvertragliches Schuldverhältnis entsteht nach § 311 Abs. 2 Nr. 2 BGB durch die Öffnung der eigenen Rechts- und Interessensphäre zum Zwecke der Vertragsanbahnung. Dies soll bereits dann der Fall sein, wenn ein potentieller Kunde, unabhängig von einer Kaufabsicht, ein Geschäftslokal aufsucht.[1102] Nach anderer Ansicht wird dieser Fall von § 311 Abs. 2 Nr. 3 BGB erfasst.[1103] Zwar werden in derartigen Konstellationen zumeist Schadensersatzansprüche des potentiellen Käufers erörtert. Da die Eröffnung der eigenen Rechts- und Interessensphäre allerdings beidseitig erfolgt, wird auch der Geschäftsinhaber geschützt. Allerdings greift der Schutz durch § 311 Abs. 2 i.V.m. § 241 Abs. 2 BGB nur für die Fälle ein, in denen eine Person tatsächlich die Räumlichkeiten zur Anbahnung geschäftlicher Kontakte betritt.[1104] Ein geschäftlicher Kontakt ist aber im Falle einer Flashmob-Aktion gerade nicht beabsichtigt. Wegen der Rechtsgeschäftsähnlichkeit des durch § 311 Abs. 2 i.V.m. § 241 Abs. 2 BGB entstehenden Rücksichtnahmeschuldverhältnisses[1105] ist aber erforderlich, dass beide Seiten eine solche Kontaktaufnahme beabsichtigen. Daher entsteht durch das Betreten zum Zwecke der Durchführung eines Flashmob kein vorvertragliches Schuldverhältnis, das gegenseitige Rücksichtnahmepflichten auszulösen vermag.[1106] Die vorliegende Konstellation ist daher nur, aber immerhin, auf der deliktischen Ebene zu lösen.

Für die Fälle, in denen eingescannte Ware nicht bezahlt wird, kommt jedoch eine nachvertragliche Pflichtverletzung durch die nicht vorgenommene Zahlung in Betracht, die einen Schadensersatzanspruch nach § 280 Abs. 1, 3 i.V.m. § 281 BGB auslöst. Durch das Präsentieren der Ware an der Kasse und die Preisfeststellung an der Registrierkasse kommt ein wirksamer Vertrag über die Waren zustande.[1107] Wegen § 116 BGB ändert der entgegenstehende Wille des „Käufers“ daran nichts. Der Kaufvertrag löst auf Käuferseite die Hauptleistungspflicht der Kaufpreiszahlung aus. Diese erfüllt der „Käufer“, wie von Anfang an geplant, nicht. Nachdem der vermeintliche Käufer den Wagen an der Kasse zurücklässt, wird spätestens im Zurückräumen der Ware eine konkludente Rücktrittserklä-

1101 So *Rieth*, SAE 2010, 37 (39).
1102 Vgl. nur *Emmerich*, in: MünchKomm. BGB, § 311, Rz. 47.
1103 *Löwisch*, in: Staudinger, § 311 (2005), Rz. 101.
1104 *Gehrlein/Sutschet*, in: BeckOK BGB, § 311, Rz. 53; *Grüneberg*, in: Palandt, § 311, Rz. 23; *Löwisch/Feldmann*, in: Staudinger, § 311 BGB, Rz. 108.
1105 *Löwisch/Feldmann*, in: Staudinger, § 311 BGB, Rz. 106.
1106 A. A. *Rieth*, SAE 2010, 37 (39).
1107 Vgl. dazu schon oben Seite 259 f.

rung des Unternehmers anzunehmen sein.[1108] Das Rücktrittsrecht des Unternehmers folgt aus § 323 Abs. 1 BGB, da die sofort fällige Zahlungspflicht durch den Käufer nicht erfüllt wird. Dabei hat der Unternehmer zuvor wegen § 323 Abs. 2 Nr. 1 BGB keine Frist zu setzen. Zwar sind an das Vorliegen einer endgültigen und ernsthaften Erfüllungsverweigerung strenge Anforderungen zu stellen,[1109] diese werden jedoch durch den Zusammenhang mit der Flashmob-Aktion und das endgültige Verlassen des Geschäfts erfüllt. Gem. § 325 BGB kann neben dem Rücktritt auch ein Schadensersatzanspruch geltend gemacht werden. Die im Zusammenhang mit der Zahlungsverweigerung entstehenden Schäden sind wegen der bestehenden vertragsrechtlichen Sonderbeziehung grundsätzlich über § 280 BGB zu ersetzen. Der Arbeitgeber muss zur Beseitigung der Waren die Arbeitskraft seiner Arbeitnehmer einsetzen, die ihm während dieser Zeit für andere Tätigkeiten nicht zur Verfügung stehen. Dass ihm hierdurch ein Schaden entsteht, wird insbesondere dann deutlich, wenn die Arbeitnehmer Überstunden zu leisten haben, um das Geschäft wieder herzurichten. Dieser Schaden ist als Folgeschaden über § 281 BGB zu ersetzen. Zwar ist § 281 BGB grundsätzlich unanwendbar auf Ansprüche auf Leistung von Geld.[1110] Schäden, die auf der Nichtleistung von Geld beruhen, sollen vollständig von § 280 Abs. 2 i. V. m. § 286 BGB erfasst sein. Etwas anderes gilt jedoch bei Entgeltansprüchen aus gegenseitigem Vertrag, bei denen sich der Gläubiger dafür entscheiden kann Schadensersatz wegen Nichterfüllung des ganzen Vertrags zu verlangen.[1111] Der Arbeitgeber kann daher Schadensersatz nach § 280 Abs. 1, 3 i. V. m. § 281 BGB auf der Basis der Differenzhypothese geltend machen, nach der auch Folgeschäden als Rechnungsposten in die Schadensberechnung einfließen.[1112]

Entgegen dieser Wertungen wird durch Flashmob-Aktionen dem Arbeitgeber die Pflicht aufgetragen, die Schäden zu dulden und ohne Regressmöglichkeit selbst zu beseitigen.

bb) Abwägungsentscheidung

Stehen die proportionalitätsrelevanten Faktoren fest, sind diese im Rahmen einer Abwägungsentscheidung zu gewichten, um feststellen zu können, ob durch den Eingriff die Grenze der Zumutbarkeit für den Betroffenen überschritten ist oder nicht.

1108 Diese ist für die Geltendmachung des Schadensersatzanspruchs nach herrschender Ansicht allerdings keine Voraussetzung, vgl. *Grüneberg*, in: Palandt, § 281, Rz. 20.

1109 BGH v. 21.12.2005 – VIII ZR 49/05, NJW 2006, 1195 (1197).

1110 *Grüneberg*, in: Palandt, § 281, Rz. 5.

1111 *Grüneberg*, in: Palandt, § 281, Rz. 5.

1112 *Grüneberg*, in: Palandt, § 281, Rz. 20.

Auf der Seite der Arbeitgeber sind dabei folgende Überlegungen zu berücksichtigen: Die mangelnde Selbstschädigung durch Flashmob-Aktionen führt zu einer Veränderung des Einigungsmechanismus. Es ist nicht mehr logische Folge eines Arbeitskampfs, dass sich mit zunehmender Länge des Arbeitskampfs Konzessions- und Widerstandskurve annähern, so dass zwingend eine Lösung gefunden werden müsste. Zudem greifen die Teilnehmer eines Flashmob regelmäßig in den Zuweisungsgehalt des Eigentumsrechts ihres Kampfgegners ein und verstoßen daher gegen § 823 Abs. 1 BGB. Bereits dies hätte nach den durch das Bundesarbeitsgericht aufgestellten Prinzipien zur Unangemessenheit des Flashmob führen müssen. Schließlich entstehen dem Arbeitgeber für den Fall, dass eingescannte Waren nicht bezahlt werden, Schäden, die nach der Vertragsordnung den Kampfgegner treffen müssten. Dem Arbeitgeber werden daher Schäden zugewiesen, die aus einem anderen Vertragsverhältnis als dem Arbeitsverhältnis resultieren. Insgesamt wird der Arbeitgeber durch das Arbeitskampfmittel des Flashmob damit erheblich belastet. Insbesondere die Eigentumsverletzung braucht der Arbeitgeber auch im Falle eines Arbeitskampfs nicht hinzunehmen.

Die Schwere der Betroffenheit der Arbeitgeberseite ließe sich theoretisch kompensieren, sofern der Flashmob ein zentrales Kampfmittel der Arbeitnehmerseite darstellen würde. In diesem Fall müsste berücksichtigt werden, dass der Arbeitskampf das verfassungsrechtlich herausragende Gut der Tarifautonomie absichern soll. Dagegen spricht allerdings die Argumentation des Bundesarbeitsgerichts selbst. Indem es dem Arbeitgeber die Möglichkeit eröffnet durch reine Ausübung seines Hausrechts den Arbeitskampf rechtswidrig zu machen, bricht es mit der Dogmatik, nach der der rechtmäßige Arbeitskampf (Vertrags-)Rechtsverletzungen rechtfertigt, ohne dass sich der Kampfgegner hiergegen zur Wehr setzen kann. Ein Arbeitskampfmittel, dessen Rechtmäßigkeit oder Rechtswidrigkeit durch den Kampfgegner bestimmt werden kann, kann bereits strukturell kein wesentlicher Bestandteil der Koalitionsbetätigungsfreiheit sein. Insbesondere wenn das Bundesarbeitgericht davon ausgeht, dass vor der Hausrechtsausübung nur geringfügige Schädigungen eintreten, ist das Interesse der Arbeitnehmerseite an dem Kampfmittel als gering einzuschätzen.

Da diesem geringen Interesse der Arbeitnehmerseite eine starke Betroffenheit der Arbeitgeberseite gegenübersteht, ergibt sich ein Überwiegen der Interessen der Arbeitgeberseite. Das Arbeitskampfmittel des Flashmob ist daher, sofern es als vom Schutzbereich des Art. 9 Abs. 3 GG umfasst angesehen wird, jedenfalls unangemessen.

E) Vom beengten Kernbereich zu fast grenzenloser Weite

Mit der Flashmob-Entscheidung macht das Bundesarbeitgericht mit der Aufgabe der Kernbereichslehre endgültig ernst. Dabei weist die Entscheidung weit über das Arbeitskampfrecht hinaus, macht sie doch das gerichtliche Verständnis der Koalitionsbetätigungsfreiheit selbst deutlich. Beruht die Schutzbereichseröffnung im Bereich des Arbeitskampfrechts allein auf der Zielsetzung der gewerkschaftlich getragenen Betätigung, so besteht kein erkennbarer Grund, für Betätigungen außerhalb des Arbeitskampfs andere Kriterien für die Schutzbereichseröffnung heranzuziehen. So verfehlt die Begrenzung auf die für die Koalition unerlässlichen Betätigungen war, so verfehlt ist allerdings auch die Erweiterung auf alle gewerkschaftlich getragenen Betätigungen, die ein koalitionsspezifisches Ziel verfolgen. Sowohl die Kernbereichslehre, als auch die Neuinterpretation des Grundrechtstatbestands durch das Bundesarbeitsgericht zeugen von einer grundrechtsdogmatisch nicht haltbaren Auslegung von Art. 9 Abs. 3 GG. Während in dem einen Fall Begrenzungen des Grundrechts ohne tatbestandliche Anknüpfung entwickelt wurden, wird nunmehr eine tatbestandliche Weite suggeriert, die nur durch Außerachtlassung der allgemein anerkannten Grundsätze der Grundrechtsauslegung erreicht werden kann.

Der Wandel bei der Auslegung der Koalitionsbetätigungsfreiheit lässt sich nur mit einem gewandelten Verständnis der Rechtsprechung von den Kräfteverhältnissen der unterschiedlichen Arbeitsmarktparteien erklären. Wurde die Koalitionsbetätigungsfreiheit zunächst restriktiv interpretiert, so liegt es nahe, dass dies auf der rechtspolitischen Grundannahme beruhte, dass die Arbeitgeber vor Eingriffen in ihre grundrechtlich geschützten Rechtspositionen weitgehend zu schützen seien. Die neuere Rechtsprechung scheint dagegen von einer weitgehenden Unterlegenheit der Arbeitnehmerseite auszugehen, die sie durch die veränderte Grundrechtsauslegung zu kompensieren versucht.[1113] Bedenklich ist diese Entwicklung deshalb, weil die Rechtsprechung sich bei der Fortentwicklung der Koalitionsbetätigungsfreiheit nicht offen auf eine Unterlegenheit der Arbeitnehmerseite beruft, sondern in scheinbarer Konstanz zur bisherigen Rechtsprechung essentielle Grundentscheidungen modifiziert. Dies verstellt den Blick darauf, dass den Staat im Bereich des Arbeitskampfrechts eine Pflicht zur Neutralität trifft. Anerkanntermaßen bedeutet das Neutralitätsgebot keine Pflicht zu reiner Passivität, sondern ist als fördernde Neutralität zu verstehen.[1114] Staatliches Tätigwerden wird durch diesen Grundsatz allerdings dennoch insoweit

---

1113 Vgl. auch *Henssler*, ZfA 2010, 397 (408 f.), der das den Richter im Vergleich zum Gesetzgeber treffende erhöhte Objektivitätsgebot betont; dies ist allerdings Aufgabe des Gesetzgebers, vgl. unten Seite 297 ff.

1114 Vgl. dazu bereits oben Seite 266 ff.

beschränkt, als es auf eine erforderliche Paritätsgestaltung reduziert ist. Beruft sich das Bundesarbeitsgericht nicht auf die mangels gesetzgeberischer Tätigkeit der Rechtsprechung zukommende Pflicht zu paritätsfördernder Rechtsfortbildung im Falle einer vorliegenden Ungleichgewichtssituation, ist die neue Rechtsprechung auch auf die Arbeitgeberseite auszudehnen.

F) Rückschluss auf die Kampfmittel der Arbeitgeberseite – Eintritt in die Eskalationsspirale oder Beginn eines asymmetrischen Arbeitskampfs ?

Dies müsste dazu führen, dass die Koalitionsbetätigungsfreiheit sowohl für die Arbeitnehmer- als auch für die Arbeitgeberseite einheitlich weit auszulegen ist.[1115] Fragwürdig wäre diese Entwicklung insbesondere wegen des ihr immanenten Eskalationspotentials. So wird in der Literatur bereits vorgeschlagen, die lösende Aussperrung als Reaktion auf effiziente Arbeitskampfmaßnahmen weitergehend zuzulassen, dem Arbeitgeber zu ermöglichen auf Dritte zurückzugreifen, die als „Krawalltruppen" für die Arbeitgeberseite Flashmobs in der Gewerkschaftszentrale vornehmen oder die Abschaltung von Strom, Wasser und Telefon in der Gewerkschaftszentrale durch eine Unterstützungsaktion solidarischer Unternehmen als Arbeitskampfmittel im Rahmen von erbitterten Arbeitskampfauseinandersetzungen zu erlauben.[1116]

Eine solche Entwicklung ist einerseits, wie in der Literatur zu Recht betont wird, gesellschaftspolitisch hochgradig problematisch.[1117] Sie führte dazu, dass Koalitionen tendenziell besonders starke Kampfmittel zum Einsatz bringen, auf die die Gegenseite mit besonders effektiven Gegenmitteln reagiert. Ein gegenseitiges Hochrüsten des Arbeitskampfsystems in Form einer Eskalationsspirale wäre die Folge, die zu einer weiteren Entfremdung der Arbeitsmarktparteien und zum Schaden der Wirtschafts- und Sozialordnung beitrüge. Diese Folge ist erkennbar von der Rechtsprechung nicht gewollt, wäre aber das theoretische Ergebnis ihrer konsequenten Fortführung. Andererseits geht diese Entwicklung jedoch auch vielfach an den arbeitskampfrechtlichen Realitäten vorbei. Durch den Einsatz effektiverer Kampfmittel auf der Arbeitgeberseite verstärkt diese den bestehenden Arbeitskampf in erheblicher Weise, verhärtet dadurch die Fronten und schädigt sich selbst. Daran hat der Arbeitgeber zumeist kein Interesse. Bereits das existente Kampfarsenal der Arbeitgeberseite wird faktisch in der Mehrzahl der

1115 So auch *Greiner*, Anm. EzA GG Art. 9 Arbeitskampf Nr. 143, S. 54 f.
1116 *Greiner*, Anm. EzA GG Art. 9 Arbeitskampf Nr. 143, S. 55.
1117 *Greiner*, Anm. EzA GG Art. 9 Arbeitskampf Nr. 143, S. 55.

Fälle nicht ausgenutzt. So weisen statistische Erhebungen darauf hin, dass Aussperrungen im Arbeitskampfgeschehen kaum eine Rolle spielen.[1118] Dies dürfte insbesondere im Bereich der Daseinsfürsorge neben dem mangelnden Interesse der Arbeitgeber an weiterer Eskalation auch an einem Mangel praktischer Durchsetzbarkeit der arbeitgeberseitigen Kampfmittel liegen. So ist beispielsweise eine Aussperrung bei der Deutschen Bahn AG politisch kaum vermittelbar und damit praktisch kaum durchsetzbar.

Selbst wenn diese praxisorientierten systemimmanenten Grenzen des Arbeitskampfs unbeachtet bleiben, stellt sich zudem noch die Frage, ob überhaupt Arbeitskampfmittel denkbar sind, die zu einem Gleichlauf der Kampfmittel auf Arbeitgeber- und Arbeitnehmerseite führen können. Die oben angeführten, in der Literatur vorgeschlagenen, Arbeitskampfmittel können einen solchen Gleichlauf bereits aus rein faktischen Gründen nicht bewirken. Zwar sind Flashmob-Aktionen in der Gewerkschaftszentrale durch die durch Dritte verstärkte Arbeitgeberseite möglich, hier stellt sich allerdings die Frage der dadurch ausgelösten Druckwirkung. Da die Gewerkschaftszentrale kein Ort permanenten Besucherverkehrs ist und die Arbeitgeberseite keinen Zutritt in die Büroräumlichkeiten beanspruchen kann, kommen Flashmob-Aktionen praktisch nur im Eingangsbereich der Zentrale in Betracht. Es ist schon fraglich, was die Arbeitgeberseite im Rahmen einen solchen Flashmob bezwecken soll. Sowieso wird die Gewerkschaft hier regelmäßig ohne Probleme ihr Hausrecht ausüben und die Teilnehmer des Gebäudes verweisen können. Da die Teilnehmer eines Flashmobs insgesamt als solche erkennbar sein müssen, die Gewerkschaftszentrale kein Ort permanenten Besucherandrangs ist und damit keine Verwechslung mit potentiellen Kunden bzw. Besuchern in Betracht kommt, gibt es im Gegensatz zum Flashmob der Arbeitnehmerseite keine Zweifel an der Wirksamkeit dieser zivilrechtlichen Abwehrmaßnahme. Das Abschalten von Strom, Wasser und Telefon ist als Arbeitskampfmaßnahme abwegig. Zum einen ist kein Grund ersichtlich, warum sich ein Energie- bzw. Telekommunikationsversorger in den fremden Arbeitskampf einmischen sollte und zum anderen wird auch hier nur die Gewerkschaftszentrale getroffen und damit kein erhebliches Druckpotential erzeugt.

Die Entwicklung eines dem Flashmob von seiner Wirkintensität vergleichbaren Arbeitskampfmittels der Arbeitgeberseite scheitert daran, dass sich ein solches zum Druckaufbau zwingend gegen die kämpfenden Arbeitnehmer richten müsste. Selbst wenn ein solches Kampfmittel existierte, würde sich der Arbeitgeber durch dessen Einsatz immer in großem Maße selbst schädigen. Ein dem Flashmob vergleichbares Kampfmittel auf Arbeitgeberseite kann daher struk-

1118 Vgl. Streikstatistik der Bundesagentur für Arbeit, abgedruckt als Anlage 3 zur BT-Drs. 16/10003.

turell nicht bestehen, da kein Kampfmittel, das sich gegen die Arbeitnehmer richtet, ohne diesen Selbstschädigungseffekt auskommt. Dies unterscheidet den Flashmob der Arbeitnehmerseite fundamental von den Kampfmitteln der Arbeitgeberseite. Selbst wenn man die Rechtsprechung des Bundesarbeitsgerichts konsequent fortführt, bewirkt die neue Rechtsprechung damit ein asymmetrisches Arbeitskampfrecht.

Das Bundesarbeitsgericht geht diesen Schritt in der Begründung nicht und ist insoweit in seiner Begründung nicht konsequent. Da das Bundesarbeitsgericht den Gegner einer Flashmob-Aktion lediglich auf die allgemeinen zivilrechtlichen Abwehrmaßnahmen verweist, geht das Gericht entweder davon aus, dass nur eine einseitige Erweiterung das Grundrechtstatbestands vorzunehmen ist[1119] oder es gibt implizit zu, dass für die Arbeitgeberseite kein hinreichend effizientes Abwehrkampfmittel vorstellbar ist. Hinsichtlich des Umfangs der Kampfmittelfreiheit kann in beiden Fällen von der Begründung eines asymmetrischen Arbeitskampfrechts gesprochen werden. Diese Folge der neuen Rechtsprechung ist nicht minder von gesellschaftspolitischer Brisanz wie der Eintritt in eine Eskalationsspirale. Sie steht im Gegensatz zum Grundsatz fördernder (paritätsgestaltender) Staatsneutralität.

1119 *Richardi/Fischinger*, in: Staudinger, §§ 611 ff., Rz. 953.

5. Teil: Leitlinien für eine Weiterentwicklung der Koalitionsbetätigungsfreiheit

Die These von *Hughes*,[1120] die Ausgangspunkt dieser Untersuchung war, kann zur Umschreibung des deutschen Koalitionsrechts verwandt werden. Sie wirft aber zugleich Fragen auf, die sich auf die rechtsstaatlichen Grundlagen des Verfassungswesens beziehen. Dies wird bereits dadurch deutlich, dass ein und derselbe Grundrechtstatbestand in den vergangenen Jahrzehnten zunächst extrem eng ausgelegt wurde und sich mittlerweile zu einem großzügig ausgelegten, strukturell allumfassenden „Super-Grundrecht" entwickelt hat. Dies zeugt von einem Risiko verfassungsrechtlicher Beliebigkeit. Wird der Richter zum Kristallisationspunkt des Verfassungsinhalts, können sich Konflikte mit dem Prinzip der Gewaltenteilung wie auch mit dem Vorbehalt des Gesetzes ergeben. Insgesamt bleibt daher zu klären, welche Grenzen dem Richterrecht und insbesondere einem richterrechtlichen Arbeitskampfrecht gezogen sind und wie sich die Koalitionsbetätigungsfreiheit unter Einhaltung dieser Grenzen systemhomogen fortentwickeln kann. Dies setzt zugleich eine Abgrenzung der Kompetenzen der verschiedenen Staatsgewalten voneinander voraus.

§ 1 Die Koalitionsbetätigungsfreiheit im Spannungsfeld nationaler und internationaler Rechtsprechung

Die Untersuchung hat gezeigt, dass das Recht der Koalitionsbetätigungsfreiheit auf unterschiedlichste Weise durch die Rechtsprechung fortentwickelt wird. Bereits im nationalen Recht beeinflussen nahezu sämtliche Gerichtszweige diese Fortentwicklung.[1121] Es verwundert nicht, dass derselbe Sachverhalt in unterschiedlichen Instanzen unterschiedlich beurteilt wird. Daneben sorgen auch das Europarecht und das Völkerrecht für weitere Impulse. Nicht selten treten diese in Widerspruch zu der durch die nationale Rechtsprechung geprägten Rechtsauffassung. Dies zeigt sich in eklatanter Weise bei der Rechtsprechung des Europäischen Gerichtshofs für Menschenrechte zur Zulässigkeit von Beamtenstreiks, die

1120 „*We are under a Constitution, but the Constitution is what the judges say it is* ", siehe oben Seite 17.

1121 *Fischer*, RdA 2009, 287 (292).

der ständigen nationalen Rechtsprechung diametral entgegensteht. Aber auch die Rechtsprechung des Europäischen Gerichtshofs, nach der Koalitionen bei ihrer Betätigung durch die europäischen Grundfreiheiten beschränkt werden können, kann in Zeiten zunehmender Globalisierung und dadurch bedingter Betriebsverlagerungen erhebliche Auswirkungen auf das deutsche Recht der Koalitionsbetätigungen haben. Dies insbesondere deshalb, weil der Gerichtshof die Grundfreiheiten bereits für eingeschränkt hält, wenn die Betriebsverlagerung für den Unternehmer durch die von der Koalition aufgestellten Forderungen unattraktiver gemacht wird.

Auf europäischer Ebene hat der Grundrechtsschutz durch die Rechtsverbindlichkeit der Grundrechtecharta gem. Art. 6 Abs. 1 EUV und den Beitritt der Europäischen Union zur Europäischen Menschenrechtskonvention gem. Art. 6 Abs. 2 EUV eine dogmatische Aufwertung erfahren.[1122] Auch wenn Art. 153 Abs. 5 AEUV einer europarechtlichen Konkretisierung von Koalitionsrecht, Streikrecht und Aussperrungsrecht entgegensteht, ist zu erwarten, dass der Europäische Gerichtshof bei sich bietender Gelegenheit erneut das Verhältnis von Koalitionsfreiheit und Grundfreiheiten zum Thema machen wird. Auf europäischer Ebene weist die Koalitionsfreiheit bislang lediglich amorphe Züge auf, die durch weitere Rechtsprechung konkretere Züge annehmen wird. Auch ist zu erwarten, dass der Europäische Menschenrechtsgerichtshof in Zukunft weitere Konkretisierungen seines Verständnisses von der Koalitionsfreiheit vornehmen wird.

In diesem Spannungsfeld aus internationaler und nationaler Rechtsprechung erfolgt die Fortentwicklung der Koalitionsbetätigungsfreiheit. Das deutsche Recht der Koalitionsbetätigungsfreiheit überschreitet die Grenzen des Völkerrechts und durch die fortwährende Ausweitung des grundrechtlichen Schutzbereichs auch die Grenzen, die der Koalitionsfreiheit durch das Grundgesetz gezogen sind. Durch die rein richterrechtliche Fundierung macht es sich aufgrund der daraus resultierenden mangelnden Konstanz und Vorhersehbarkeit für den Rechtsuchenden dabei besonders angreifbar.

§ 2 Die Legitimität von Richterrecht

Nicht jede Gerichtsentscheidung stellt Richterrecht dar. Richterrecht sind lediglich solche Regeln oder Rechtssätze in Gerichtsentscheidungen, die nicht nur die der Rechtsanwendung vorgegebenen generell-abstrakten Vorschriften wiederho-

1122 *Suhr*, in: Callies/Ruffert, Art. 67 AEUV, Rz. 50.

len.[1123] Richterrecht ist grundsätzlich Recht im Sinne des Art. 20 Abs. 3 GG, hat allerdings keine gesetzesgleiche, sondern nur eine gesetzesähnliche Wirkung.[1124] Eine Besonderheit des Arbeitskampfrechts ist es, dass gesetzliche Regelungen praktisch nicht bestehen. Obgleich dem Richterrecht hier gesetzesvertretende Funktion zukommt, der Richter daher in atypischer Art und Weise tätig wird, bleibt es bei einer lediglich gesetzesähnlichen Wirkung des Richterrechts.[1125] Das Bundesverfassungsgericht behandelt das Richterrecht wie einfaches Recht. Es überprüft seine Auslegung und Anwendung nach denselben Maßstäben, nach denen entsprechendes Gesetzesrecht zu überprüfen wäre.[1126]

Nichtsdestotrotz kommt dem Gesetzgeber eine verfassungsrechtlich vorgesehene Vorrangstellung vor der Rechtsprechung zu, die aus seiner unmittelbaren demokratischen Legitimierung resultiert.[1127] Die Rechtsprechung kann sich daher nicht über eindeutige Gesetze, die den zur Entscheidung vorgelegten Fall regeln, hinwegsetzen. Dies würde das Normverwerfungsmonopol des Bundesverfassungsgerichts missachten, das sich aus dessen Zuständigkeit für das konkrete Normenkontrollverfahren gem. Art. 100 GG ergibt. Die Vorrangstellung der Gesetzgebung ergibt sich auch aus einem Rückschluss aus Art. 20 Abs. 3 GG, der die Gesetzgebung an die verfassungsmäßige Ordnung und die anderen Gewalten an Gesetz und Recht bindet.[1128] Erst wenn der Gesetzgeber versagt, kommt damit eine subsidiäre Kompetenz des Richters zur Ausfüllung des gesetzlich nicht Geregelten zum Tragen.[1129] Richterrecht ist daher im Vergleich zu Gesetzesrecht schwächer legitimiert.[1130]

1123 *Coing/Honsell*, in: Staudinger, Eckpfeiler des Zivilrechts, B. Einleitung zum BGB, Rz. 72; ähnlich *Höpfner*, RdA 2006, 156 (156).

1124 *Uhle*, in: Maunz/Dürig, Art. 70 GG, Rz. 48; so stellt BVerfG v. 11.11.1964 – 1 BvR 488/62, NJW 1965, 243 (245) klar, dass die Rechtsprechung durch Rechtsfortbildung keine Gesetzgebung ausübt.

1125 *Uhle*, in: Maunz/Dürig, Art. 70 GG, Rz. 48.

1126 BVerfG v. 10.09.2004 – 1 BvR 1191/03, NZA 2004, 1338 (1339); BVerfG v. 06.02.2007 – 1 BvR 978/05, NZA 2007, 394 (395).

1127 Abweichende Meinung des Richters *Voßkuhle*, der Richterin *Osterloh* und des Richters *Di Fabio* zu BVerfG v. 15.01.2009 – 2 BvR 2044/07, NJW 2009, 1469 (1476 f.).

1128 *Rüthers*, NJW 2005, 2759 (2760).

1129 *Ossenbühl*, in: HStR III, 1996, § 61, Rz. 41.

1130 *Gamillscheg*, KollArbR I, S. 36.

§ 3 Die Problematik richterrechtlicher Rechtsfortbildung

A) Erforderlichkeit richterlicher Rechtsfortbildung

Ein Großteil der Literatur und auch die Rechtsprechung selbst halten die richterrechtliche Rechtsfortbildung dennoch für erforderlich. Dies wird insbesondere mit der Lückenhaftigkeit der Gesetze begründet. Gesetze sind abstrakt-generelle Rechtsnormen. Sie sollen Rechtsgrundlage für eine Lösung von konkreten Rechtsstreitigkeiten sein. Aufgrund der Vielfalt der unter sie zu subsumierenden Sachverhalte ist die Lückenhaftigkeit von Gesetzen notwendige Folge eines auf geschriebenem Recht basierenden Rechtssystems.[1131] Als abstrakt-generelle Rechtsnorm kann das Gesetz grundsätzlich keinem Anspruch auf allumfassende Regelungsdichte gerecht werden. Diese Lückenhaftigkeit des geschriebenen Rechts soll die Rechtsprechung dadurch ausgleichen, dass sie das Recht nach den Wertvorstellungen der verfassungsmäßigen Ordnung fortentwickelt.[1132] Zu dieser Ausfüllung gesetzgeberischer Lücken soll die Rechtsprechung durch Art. 20 Abs. 3 GG verpflichtet sein.[1133] Nach dieser Vorschrift ist die Rechtsprechung an Gesetz und Recht gebunden. Die vermeintliche Doppelung von Gesetz und Recht wird nach verbreiteter Ansicht dahingehend verstanden, dass der Begriff Recht über den des Gesetzes hinausgeht und überpositive Gerechtigkeitsvorstellungen beinhaltet, also ein mögliches Auseinanderfallen von Gesetz und Gerechtigkeit andeutet.[1134] Dies bedeute zwar nicht, dass die Rechtsprechung subjektive Gerechtigkeitsvorstellungen an die Stelle der positivierten Rechtsordnung setzen kann, es solle aber das Bewusstsein aufrechterhalten werden, dass sich Recht und Gesetz nicht immer decken und deshalb eine Fortentwicklung durch die Rechtsprechung auf der Basis der bestehenden Werteordnung möglich sein muss.[1135] Letztlich läuft dies auf eine Pflicht zur Rechtsfindung hinaus, die in scheinbarem Widerspruch zur strikten Gesetzesbindung der Rechtsprechung gem. Art. 97 GG steht.

Gegen diese Herleitung einer Kompetenz der Rechtsprechung zur Rechtsfortbildung durch Richterrecht wendet sich ein anderer Teil der Literatur, der von einer Identität der Begriffe Recht und Gesetz ausgeht, so dass aus Art. 20 Abs. 3 GG keine Aussagen über eine Kompetenz zur Rechtsfortbildung gezogen werden

1131 *Säcker*, in: MünchKomm. BGB, Einl., Rz. 53, 149 ff.

1132 BVerfG v. 14.02.1973 – 1 BvR 112/65, NJW 1973, 1221 (1225).

1133 BVerfG v. 14.02.1973 – 1 BvR 112/65, NJW 1973, 1221 (1225).

1134 *Herzog/Grzeszick*, in: Maunz/Dürig, Art. 20 GG, Rz. 63 ff.; *Schulze-Fielitz*, in: Dreier, Art. 20 GG, Rz. 94; BVerfG v. 14.02.1973 – 1 BvR 112/65, NJW 1973, 1221 (1225).

1135 *Schnapp*, in: v. Münch/Kunig, Art. 20 GG, Rz. 61 f.; BVerfG v. 14.02.1973 – 1 BvR 112/65, NJW 1973, 1221 (1225).

könnten.[1136] Auch aus der Lückenhaftigkeit der Gesetzgebung sei kein Recht zur richterrechtlichen Rechtsfortbildung abzuleiten. Tatsächlich sei ein Gesetz nicht lückenhaft, sondern es würde lediglich als ergänzungs- und korrekturbedürftig empfunden.[1137] Auch wenn solche gesetzlichen Lücken bestehen, könne der Richter den Sachverhalt entscheiden. Die Entscheidung würde in einem solchen Fall lediglich anders ausfallen als bei einem lückenausfüllenden Eingreifen der Rechtsprechung.[1138] Der Richter dürfe sich aber nicht als Korrektor des Gesetzes aufspielen, daher sei dies hinzunehmen. Gegen eine generelle Kompetenz der Rechtsprechung zur Rechtsfortbildung wird zudem vorgebracht, dass den großen Senaten der obersten Bundesgerichte durch Gesetz ausdrücklich die Aufgabe der Rechtsfortbildung aufgetragen werde, was für eine Beschränkung der Rechtsfortbildungskompetenz auf diese Spruchkörper spreche.[1139]

Die Kritik an der Rechtsfortbildungskompetenz der Rechtsprechung vermag insgesamt nicht zu überzeugen. Zuzustimmen ist ihr lediglich darin, dass die Rechtsprechung einer strikten Bindung an das Gesetz unterliegt. Die Rechtsfortbildungskompetenz stellt sich allerdings nicht per se als Verstoß gegen diese dar, sondern kann umgekehrt geradezu als Verpflichtung aus der strikten Gesetzesbindung folgen. Die Gegenansicht geht davon aus, dass der gesetzliche Wille zwingend im abschließenden Gesetz zum Ausdruck komme. Dies würde voraussetzen, dass der Gesetzgeber im Rahmen des Gesetzgebungsprozesses an sämtliche potentiell der Norm unterfallende Sachverhaltskonstellationen gedacht hat und ihre Lösung mit der zustandegekommenen Norm für möglich und insbesondere rechtspolitisch gewollt hält. Selbst wenn ein solcher „Idealgesetzgeber" existierte, würde dies bedeuten, dass nur der Gesetzgeber auf veränderte Umstände, die durch den Zeitablauf nach dem Inkrafttreten des Gesetzes entstehen können, reagieren könnte. Dies ist weder praktikabel, noch kann es rechtspolitisch gewollt sein. Es könnte sich folgende Situation ergeben: Wird ein konkreter Fall von den vorliegenden gesetzlichen Vorschriften nicht hinreichend geregelt, müsste das Ansinnen des Rechtsuchenden abschlägig beschieden werden. Der Gesetzgeber, der durch das Gerichtsverfahren auf den Mangel der Gesetzgebung aufmerksam wird, müsste den Sachverhalt regeln, damit diese Konstellation in zukünftigen Verfahren nach dem gesetzgeberischen Willen gelöst werden kann. Ein umständliches Verfahren, das Rechtsuchende und Rechtsprechung zunehmend voneinander entfremden kann. Gute Gesetzgebung setzt eine umfassende Kenntnis der

---

1136 *Gärditz*, in: Friauf/Höfling, Art. 20 GG (6. Teil), Rz. 68 ff.; *Hillgruber*, in: Maunz/Dürig, Art. 97 GG, Rz. 64 ff.; *Sommermann*, in: v. Mangoldt/Klein/Starck, Art. 20 GG, Rz. 265 ff.

1137 *Hillgruber*, in: Maunz/Dürig, Art. 97 GG, Rz. 69.

1138 *Hillgruber*, in: Maunz/Dürig, Art. 97 GG, Rz. 69 f.

1139 *Hillgruber*, in: Maunz/Dürig, Art. 97 GG, Rz. 71, der dazu § 132 Abs. 4 GVG, § 45 Abs. 4 ArbGG, § 11 Abs. 4 VwGO; § 11 Abs. 4 FGO, § 41 Abs. 4 SGG anführt.

Praxis voraus. Diese Praxiskenntnis kann nur von der Rechtsprechung gewonnen werden. Da es aber die Rechtsprechung ist, die selbst mit der Praxis in Kontakt gerät, muss ihr eine Möglichkeit des flexiblen Reagierens auf neue Zusammenhänge bleiben. Nur sie kann auf veränderte Verhältnisse schnell reagieren und die gesetzlichen Regelungen anhand des gesetzgeberischen Willens an diese adaptieren.[1140]

Dies zeigt sich beispielhaft bei der Produzentenhaftung. Eine eigenständige Haftung des Warenherstellers war vom Gesetz nicht vorgesehen. In der Praxis fand allerdings eine zunehmende Funktionsverschiebung zwischen Produzent und Handel bei der Warenverteilung statt,[1141] mit der die Rechtsprechung konfrontiert wurde und die der Gesetzgeber bei Verabschiedung des Gesetzes noch nicht berücksichtigen konnte. Die Rechtsprechung war deshalb mit dem Problem konfrontiert, dass sie derartige Sachverhalte mit den Normen der deliktischen Haftung nicht zufriedenstellend lösen konnte. Entgegen der oben dargestellten Ansicht der Kritiker der Rechtsfortbildung resultierte dies nicht aus subjektivem Gerechtigkeitsempfinden der Rechtsprechung, sondern daraus, dass die deliktische Haftung diese Sachverhalte nach dem Willen des Gesetzgebers erfassen sollte, die gesetzlichen Regelungen aber insbesondere aufgrund der im Verhältnis zwischen Verbraucher und Produzent schlechten Beweismöglichkeiten regelmäßig eine Haftung ausschlossen. Die Rechtsprechung hat daraufhin dem gesetzgeberischen Willen durch Anpassung der Beweislastregelungen zur Geltung verholfen.[1142]

Dass richterrechtliche Rechtsfortbildung im deutschen Rechtssystem zudem auch allgemein anerkannt ist, zeigt sich in der vielfältigen Verwendung von gesetzlichen Generalklauseln, die es erlauben den Rechtssetzungswillen abstrakt auszudrücken und der Rechtsprechung erheblichen Auslegungsspielraum lassen, um im konkreten Fall zu gerechten Ergebnissen zu gelangen. Generalklauseln können Einfallstor für Richterrecht sein.[1143] Sofern sie dazu genutzt werden erkennbaren gesetzgeberischen Willen zu missachten, kann der Rechtsprechung ebenso die Gesetzesbindung entgegengehalten werden, wie im Falle des Missbrauchs von Generalklauseln zur Rechtfertigung „freier Rechtsfindung“. Diese Fälle dürfen aber nicht darüber hinwegtäuschen, dass der Gesetzgeber der Rechtsprechung durch die Verwendung von Generalklauseln gerade den Auftrag gibt, dem gesetzgeberischen Willen rechtsfortbildend Ausdruck zu verleihen.

1140 BVerfG v. 12.11.1997 – 1 BvR 479/92 u. 1 BvR 307/94, NJW 1998, 519 (520); *Höpfner*, RdA 2006, 156 (156).

1141 *Teichmann*, in: Jauernig, § 823 BGB, Rz. 122.

1142 Dazu grundlegend BGH v. 26.11.1968 – VI ZR 212/66, NJW 1969, 269.

1143 Für § 242 BGB Roth/Schubert, in: MünchKomm. BGB, § 242 BGB, Rz. 23.

Dagegen sprechen auch nicht die Vorschriften der Prozessordnungen, die den erkennenden Spruchkörpern auftragen, eine Frage dem Großen Senat vorzulegen, sofern dies zur Rechtsfortbildung erforderlich ist.[1144] Telos dieser Normen ist die Sicherstellung einer einheitlichen Rechtsprechung.[1145] Rechtsfortbildung birgt tendenziell das Risiko einer Rechtszersplitterung, da die Gesetzesauslegung, die der Rechtsfortbildung zugrunde liegt, oftmals unterschiedliche Schlüsse zulässt. Dieser Gefahr wird durch die Kompetenz der Großen Senate für Fragen der Rechtsfortbildung entgegengewirkt. Den Großen Senaten kommt daher die Aufgabe der Überprüfung vorgenommener Rechtsfortbildung zu. Aus dem Wortlaut der Vorschriften lässt sich eine alleinige Kompetenz zur Rechtsfortbildung nicht begründen. Aufgrund der Besetzungsregeln für die Großen Senate kommt ihren Entscheidungen besondere Legitimität zu, die aufgrund der Nähe zwischen Rechtsfortbildung und Rechtspolitik für die Vereinheitlichung der Rechtsprechung erforderlich ist.

Festzuhalten ist daher, dass die Gesetzesbindung Grund und Grenze der Rechtsfortbildung ist. Die Rechtsfortbildung kann erforderlich sein, um den gesetzgeberischen Willen in die Praxis umzusetzen,[1146] sie muss sich aber am gesetzgeberischen Leitbild orientieren und darf nicht über den erkennbaren Willen des Gesetzgebers hinausgehen oder diesen korrigieren.[1147] Richterrechtliche Rechtsfortbildung ist daher auch einem auf geschriebenem Recht beruhenden Rechtssystem immanent.[1148] Sie kann allerdings nicht grenzenlos sein.

B) Die Gewaltenteilung als Grenze der richterrechtlichen Rechtsfortbildung – judicial self-restraint

Richterliche Rechtsfortbildung erfolgt zwar anlässlich der Lösung eines konkreten Einzelfalls, die Rechtsprechung dringt allerdings mit ihr in einen Bereich vor, der die Grenze zur Rechtspolitik tangiert. Richterliche Rechtsfortbildung erfolgt daher im Spannungsverhältnis zwischen Rechtsprechung und Gesetzgebung. Sie führt zu einer Funktionenverschränkung zweier Staatsgewalten,[1149] die das Grundgesetz unterschiedlich und voneinander unabhängig ausgestaltet hat. Der Grundsatz der Gewaltenteilung setzt der richterlichen Rechtsfortbildung daher Grenzen.

1144 Siehe zu diesen Normen oben Fn. 1139.
1145 Für § 132 Abs. 4 GVG siehe *Zimmermann*, in: MünchKomm. ZPO, § 132 GVG, Rz. 1.
1146 *Meier-Hayoz*, JZ 1981, 417 (418).
1147 *Stern*, in: HStR I, S. 585 f.; *Ipsen*, DVBl. 1984, 1102 (1104).
1148 *Stern*, in: HStR I, S. 581 ff.
1149 *Ipsen*, DVBl. 1984, 1102 (1104).

Die Gewaltenteilung verfolgt im Wesentlichen zwei aufeinander bezogene Ziele. Zuvörderst ist Sinn und Zweck der Gewaltenteilung, dass sich die unterschiedlichen Staatsgewalten gegenseitig kontrollieren und begrenzen.[1150] Durch die Gewaltenteilung soll aber auch eine effiziente Aufgabenwahrnehmung sichergestellt werden, die dazu führt, dass staatliche Entscheidungen von den Organen getroffen werden, die dafür nach Organisation, Zusammensetzung, Funktion und Verfahrensweise über die besten Voraussetzungen verfügen.[1151]

Nach dem Grundsatz der Gewaltenteilung gibt die Legislative der rechtsprechenden Gewalt abstrakt-generelle Regelungen vor, anhand derer die rechtsprechende Gewalt eine im Einzelfall gerechte Entscheidung eines konkreten Sachverhalts vornimmt. Zwar scheint schon die Existenz von Richterrecht nicht mit diesem System vereinbar zu sein, das Bundesverfassungsgericht hat jedoch klar herausgearbeitet, dass die Gewaltenteilung nirgends rein verwirklicht ist und dass das Grundgesetz keine absolute Trennung der Staatsgewalten voraussetzt.[1152] Dies ergibt sich bereits daraus, dass die Gewaltenteilung dazu dient, dass sich die Staatsgewalten gegenseitig kontrollieren und begrenzen und sich gerade nicht isoliert gegenüberstehen. So sieht bereits das Grundgesetz selbst vielfältige Funktionsverschränkungen vor.[1153] Funktionsverschränkungen verstoßen nach ständiger Rechtsprechung nicht gegen den Grundsatz der Gewaltenteilung, sofern der Kernbereich der verschiedenen Gewalten unangetastet bleibt.[1154] Zunächst scheint die richterliche Rechtsfortbildung in dieser Hinsicht unproblematisch. Richterliche Rechtsfortbildung lässt die Gesetzgebungskompetenz des Gesetzgebers unberührt. Der Gesetzgeber ist daher trotz richterlicher Rechtsfortbildung nicht gehindert von der ihm durch das Grundgesetz übertragenen Kompetenz Gebrauch zu machen.[1155] Insofern ist der Kernbereich der Legislative nicht a priori verletzt. Nichts anderes gilt für eine richterrechtliche Regelung des Arbeitskampfrechts. Selbst wenn der Gesetzgeber in diesem Bereich bei der Gesetzgebung durch das Richterrecht beschränkt wäre, würde ihm der Kernbereich gesetzgeberischer Kompetenz erhalten bleiben, da das Arbeitskampfrecht nur einen Teilbereich der aus Art. 74 Nr. 12 GG folgenden Kompetenz für das

---

1150 *Kloepfer*, Verfassungsrecht I, S. 305; die Idee der Kontrolle und Begrenzung der Staatsgewalten geht auf Montesqieu zurück und wurde erstmals in der Verfassung der Vereinigten Staaten von Amerika im Jahr 1787 aufgegriffen (checks and balances), vgl. *Barudio*, Das Zeitalter des Absolutismus und der Aufklärung 1648–1779, S. 151 f.; *Tenbrock/Thieme*, Vom europäischen Staatensystem zum Weltstaatensystem, S. 16 f.

1151 BVerfG v. 17.07.1996 – 2 BvF 2/93, NJW 1997, 383 (383).

1152 BVerfG v. 27.04.1959 – 2 BvF 2/58, NJW 1959, 1171 (1171); BVerfG v. 10.10.1972 – 2 BvL 51/69, NJW 1973, 451 (451); BVerfG v. 17.07.1996 – 2 BvF 2/93, NJW 1997, 383 (383).

1153 *Kloepfer*, Verfassungsrecht I, S. 307 ff.

1154 BVerfG v. 17.07.1996 – 2 BvF 2/93, NJW 1997, 383 (383).

1155 *Fleischer/Wedemann*, AcP 209 (2009), S. 597 (617).

Arbeitsrecht darstellt.[1156] Der Grundsatz der Gewaltenteilung verbietet richterliche Rechtsfortbildung auch im Bereich des Arbeitskampfrechts daher nicht grundsätzlich.

Er kann ihr aber dennoch Grenzen setzen.[1157] Der Kernbereich einer Staatsgewalt ist nämlich dann betroffen, wenn eine Funktionsverschränkung mit Sinn und Zweck der Gewaltenteilung nicht mehr vereinbar ist. Da das Grundgesetz nur den Gesetzgeber ermächtigt, abstrakte Regelungen aufzustellen und die Rechtsprechung auf deren Anwendung beschränkt, wird deutlich, dass der Rechtsprechung allgemein nicht die Aufgabe zukommt, einen Lebensbereich eigenverantwortlich abstrakt zu regeln. Eine allgemeine Kompetenz zur Rechtsfortbildung existiert daher nach den Vorgaben des Grundgesetzes nicht. Die Rechtsfortbildung durch die Rechtsprechung kann daher nur in Form einer punktuellen Anpassung der gesetzlichen Vorschriften, insbesondere durch Lückenfüllung zur Herstellung des gesetzgeberischen Willens, möglich sein.[1158]

Die Rechtserzeugung überträgt das Grundgesetz eindeutig dem Gesetzgeber.[1159] Durch einen Übergriff der Rechtsprechung in diesen Bereich wird das Ziel des Grundsatzes der Gewaltenteilung, eine effiziente Aufgabenwahrnehmung staatlicher Gewalt abzusichern, verletzt.[1160] Die Rechtsprechung ist bereits strukturell nicht in der Lage einen Lebensbereich abstrakt zu regeln. Die Rechtsprechung ist zur Entscheidung von Einzelfällen berufen, kann daher aufgrund ihres auf die Lösung eines vor sie getragenen Sachverhalts begrenzten Handlungsauftrags keine umfassenden, über den Sachverhalt hinausgehenden Erkenntnisse berücksichtigen und daher keine allgemeinverträglichen, weitsichtigen Vorschriften erschaffen, die auch in Bezug auf die Fernwirkungen der getroffenen Entscheidung zu richtigen Ergebnissen führen.[1161] Bereits die unterschiedliche Verfahrensweise von Gesetzgeber und Rechtsprechung zeigt demnach, dass nur eine punktuelle Rechtsfortbildung mit dem Grundsatz der Gewaltenteilung vereinbar sein kann. Aufgrund der funktionalen Grenzen der Rechtsprechung ist eine Rechtsfortbildung unzulässig, sofern sie im Kern auf

---

1156 Auf diese Begründung abstellend *Engels*, Verfassung und Arbeitskampfrecht, S. 319.

1157 *Engels*, Verfassung und Arbeitskampfrecht, S. 319; a. A. Scholz, DB 1972, 1771 (1777), der den Grundsatz der Gewaltenteilung für die Frage der Grenzen des Richterrechts nicht für aussagekräftig hält.

1158 *Kloepfer*, NJW 1985, 2497 (2500); *Engels*, Verfassung und Arbeitskampfrecht, S. 319.

1159 *Stern*, HStR I, S. 583.

1160 Vgl. hierzu und zum Folgenden auch *Engels*, Verfassung und Arbeitskamprecht, S. 318 ff.

1161 *Engels*, Verfassung und Arbeitskampfrecht, S. 320 weist in diesem Zusammenhang zutreffend darauf hin, dass der Gesetzgeber die Möglichkeit hat, soziale, ethische, politische und volkswirtschaftliche Aspekte seines Handelns zu berücksichtigen, so dass die aus dem Gesetzgebungsprozess resultierenden Regelungen eine größere Akzeptanz aufwiesen; *Meier-Hayoz*, JZ 1981, 417 (421 f.).

tatsächlichen Einschätzungen, etwa ökonomischer, sozialer oder technischer Art basiert.[1162] Aufgabe der Rechtsfortbildung ist die Fortentwicklung bestehender rechtlicher Konstruktionen.[1163]

Dieses Ergebnis wird gestützt durch die organisatorisch-funktionalen Divergenzen der beiden Staatsgewalten. Könnte die Rechtsprechung Lebensbereiche umfassend durch richterliche Rechtsfortbildung regeln, trüge dies aufgrund des Demokratiedefizits umfassender richterlicher Rechtsfortbildung zu einer grundgesetzlich nicht gedeckten und praktisch unerwünschten Entdemokratisierung des Rechts bei.

Das in Art. 20 Abs. 2 GG zum Ausdruck kommende Demokratieprinzip verlangt, dass sich sämtliche Akte der Staatsorgane auf den Willen des Volkes zurückführen lassen müssen.[1164] Aufgrund der persönlichen und sachlich-inhaltlichen Unabhängigkeit der Rechtsprechung transportiert allein das abstrakt-generelle Gesetz die erforderliche sachlich-inhaltliche demokratische Legitimation vom Volk zum richterlichen Hoheitsakt.[1165] Eine richterliche Rechtsfortbildung, die in einem gänzlich ungeregelten Bereich vorgenommen wird und diesen umfassend zu regeln sucht, tritt daher in Konflikt mit dem Demokratieprinzip und kann keine „richtige" staatliche Entscheidung darstellen, da das handelnde Staatsorgan organisatorisch-funktional nicht darauf ausgerichtet ist. Richterliche Rechtsfortbildung ist daher unter Aufrechterhaltung einer demokratischen Legitimationskette nur dann möglich, wenn gesetzliche Referenzpunkte existieren, anhand derer eine Fortentwicklung des Rechts möglich wird.

Ausdruck dieses Ergebnisses ist der Grundsatz des judicial self-restraint, den sich das Bundesverfassungsgericht auferlegt. Er besagt, dass das Gericht darauf verzichtet, in den von der Verfassung geschaffenen und begrenzten Raum freier politischer Gestaltung einzugreifen.[1166] Dieser Grundsatz bindet jedoch nicht nur das Bundesverfassungsgericht, sondern stellt selbst eine allgemeine Rechtsfortbildungsschranke dar.[1167] Er ist dogmatisch Folge des Grundsatzes der Gewaltenteilung und konkretisiert damit das Rechtsstaatsprinzip. Er soll eine möglichst funktionsgerechte Aufgabenzuweisung zwischen den Gewalten sicherstellen.[1168] Dabei ist die Bezeichnung self-restraint irreführend, da sie eine freiwillige

1162 *Classen*, JZ 2003, 693 (700).
1163 *Classen*, JZ 2003, 693 (700).
1164 BVerfG v. 01.10.1987 – 2 BvR 1178/86 u. a., NJW 1988, 890 (891).
1165 *Tschentscher*, Demokratische Legitimation der dritten Gewalt, S. 148 ff., insbes. S. 159; so bereits *Roellecke*, in: VVDStRL 34 (1975), S. 7 (32); *Engels*, Verfassung und Arbeitkampfrecht, S. 322.
1166 BVerfG v. 31.07.1973 – 2 BvF 1/73, NJW 1973, 1539 (1540).
1167 *Fleischer/Wedemann*, AcP 209 (2009), 597 (624 ff.); *Fischer*, RdA 2009, 287 (296).
1168 *Kloepfer*, Verfassungsrecht I, S. 306.

Selbstbeschränkung suggeriert, obwohl es letztlich um die Beachtung verfassungsimmanenter Kompetenzgrenzen geht.[1169] Das Bundesverfassungsgericht überprüft richterliche Rechtsfortbildung darauf, ob die Gerichte das System der Rechtsordnung verlassen haben, indem sie eigenen rechtspolitischen Willen zur Geltung gebracht haben, oder ob sie lediglich Grundgedanken der von der Verfassung geprägten Rechtsordnung mit systemimmanenten Mitteln weiterentwickelt haben.[1170] Nur in letzterem Fall soll es sich um zulässige Rechtsfortbildung handeln.

Diese Rechtsprechung des Bundesverfassungsgerichts zugrunde gelegt, verwundert es, dass das Gericht an der Rechtsprechung des Bundesarbeitsgerichts zum Arbeitskampfrecht keinen Anstoß nimmt. Das Bundesverfassungsgericht begrenzt die Rechtsfortbildungskompetenz im Bereich des Arbeitskampfrechts nicht. Es behandelt das Richterrecht wie in anderen Fällen auch als normales einfaches Recht, das nur dahingehend überprüft wird, ob auch der Gesetzgeber solche Rechtssätze hätte erlassen können.[1171] Unerheblich soll sein, dass das Bundesarbeitsgericht die für das Arbeitskampfrecht maßgebenden Grundsätze selbst entwickelt hat, ohne sich auf ein gesetzliches Regelungssystem stützen zu können.[1172] Das Bundesverfassungsgericht begründet dies im Wesentlichen mit der Nichtanwendbarkeit der Wesentlichkeitslehre auf das Arbeitskampfrecht. Mit dieser Begründung werden jedoch zwei voneinander unabhängige Ebenen vermischt. Bevor nach einer unter Umständen mit der Wesentlichkeitslehre zu begründenden Regelungspflicht des Gesetzgebers gefragt wird, muss in einem ersten Schritt überprüft werden, ob und inwieweit Richterrecht zulässig ist.[1173] Mit dieser ersten Frage der Zulässigkeit umfassenden Richterrechts im Bereich des Arbeitskampfs befasst sich das Bundesverfassungsgericht nicht. Dadurch wird aber der erhebliche strukturelle Unterschied zwischen lückenausfüllender, punktueller Rechtsfortbildung einerseits und umfassender Rechtsfortbildung im gesetzesfreien Bereich andererseits nicht ausreichend beachtet. Die Besonderheit des Arbeitskampfrechts besteht gerade darin, dass ein Rechtsgebiet, das nur durch rudimentäre gesetzliche Regelungen vorgeprägt ist, durch eine Vielzahl einzelner Entscheidungen der Rechtsprechung eine erhebliche Regelungsdichte erhält.[1174] Durch die ständige Berufung späterer Rechtsprechung auf frühere Ent-

1169 *Pestalozza*, NJW 1981, 2081 (2084).

1170 BVerfG v. 14.02.1973 – 1 BvR 112/65, NJW 1973, 1221 (1223).

1171 BVerfG v. 26.06.1991 – 1 BvR 779/85, NZA 1991, 809 (811).

1172 BVerfG v. 26.06.1991 – 1 BvR 779/85, NZA 1991, 809 (810).

1173 Auf diese Zweiteilung hinweisend *Engels*, Verfassung und Arbeitskampfrecht, S. 326.

1174 Eine umfassende Rechtsfortbildung durch Richterrecht wird auch durch eine Vielzahl punktuell rechtsfortbildender Entscheidungen erreicht, vgl. *Engels*, Verfassung und Arbeitskampfrecht, S. 322.

scheidungen erlangt die Rechtsprechung den Charakter einer richterrechtlichen Rechtsordnung des Arbeitskampfrechts.

Dies tritt in Konflikt mit einer in der Literatur vertretenen Auffassung, nach der aus dem Rechtsstaats- und Demokratieprinzip ein Rechtsfortbildungsverbot wegen fehlenden Konsenses folgen soll.[1175] Danach sind politisch kontroverse Fragen durch das Parlament und nicht durch die Gerichte zu beantworten. Diese Begrenzung der richterlichen Kompetenz zur Rechtsfortbildung hat der Bundesgerichtshof aufgenommen und eine Rechtsprechungsänderung in einem Bereich abgelehnt, der in Literatur und Politik durch sich unversöhnlich gegenüberstehende Ansichten geprägt war.[1176] Dieser Einschränkung der Rechtsfortbildungskompetenz kann zunächst eine gewisse Unbestimmtheit entgegengehalten werden. Die Feststellung eines Konsenses setzt zunächst die Bildung einer Bezugsgruppe voraus. Aufgrund der Fundierung dieser Kompetenzgrenze im Rechtsstaats- und Demokratieprinzip erscheint ein Konsens allein der Fachwelt nicht ausreichend. Insofern sind sowohl Fachwelt als auch öffentliche Meinung bei der Überprüfung des Vorliegens eines Konsenses zu berücksichtigen.[1177] Unklar bleiben allerdings die Maßstäbe, die allgemein eine Feststellung von Konsens ermöglichen. Es kann jedoch davon ausgegangen werden, dass ein allgemeiner Konsens im Bereich des Arbeitskampfrechts nicht existiert. Ein solcher scheidet schon von vornherein wegen der antagonistischen Interessenlage der Sozialpartner aus. Deutlich wird dies auch durch die Abstinenz des Gesetzgebers im Bereich des Arbeitskampfrechts, die im Wesentlichen aus der mangelnden politischen Durchsetzbarkeit gesetzgeberischer Entscheidungen resultiert. Der Mangel an Konsens spricht daher für ein Rechtsfortbildungsverbot im Bereich des Arbeitskampfrechts. Auch hier muss allerdings ein Unterschied zwischen punktueller und umfassender Rechtsfortbildung bestehen. Der mangelnde Konsens kann nicht zu einem generellen Verbot auch der punktuellen Rechtsfortbildung im Arbeitskampfrecht führen. Punktuelle Rechtsfortbildung kann auch hier erforderlich sein, um dem Willen des Gesetzgebers im Einzelfall Ausdruck verleihen zu können.

Eine umfassende Kodifikation des Arbeitskampfrechts durch eine in einer Vielzahl von einzelnen Entscheidungen vorgenommene Rechtsfortbildung überschreitet jedoch den verfassungsrechtlich zulässigen Umfang richterlicher

---

1175 *Fleischer/Wedemann*, AcP 209 (2009), S. 597 (624ff.); *Meier-Hayoz*, JZ 1981, 417 (421); *Wank*, RdA 1987, 129 (155).

1176 BGH v. 27.10.2008 – II ZR 158/06, NJW 2009, 289 (291), wobei die Besonderheit darin bestand, dass parallel zur Entscheidung ein Gesetzgebungsverfahren in dem Bereich durchgeführt wurde, dem das Gericht nicht vorgreifen wollte.

1177 *Wank*, RdA 1987, 129 (155).

Rechtsfortbildung,[1178] da die Rechtsprechung ohne die in einem politischen Prozess gesetzten Referenzpunkte notgedrungen einen eigenen rechtspolitischen Willen zur Geltung bringen muss.[1179] Gerade das kollektive Arbeitsrecht ist gekennzeichnet durch seine herausgehobenen wirtschaftlichen und sozial-politischen Implikationen. Arbeitskampfrecht ist, noch stärker als das Arbeitsrecht ohnehin schon, Interessenrecht, das dem Ausgleich antagonistischer Interessen dient und damit erhebliche gesellschaftliche und politische Relevanz hat.[1180] Wird die Rechtsprechung in diesem Bereich rechtsfortbildend tätig, reagiert sie zumeist auf eine als ungerecht empfundene Schwächesituation eines Sozialpartners, die mithilfe neuer Instrumente ausgeglichen werden soll.[1181] Eine solche Rechtsfortbildung kann als am Einzelfall ausgerichtete Rechtspolitik betrachtet werden. Solche rechtspolitisch grundlegenden „strategischen" Entscheidungen sind originäre Aufgabe der Gesetzgebung[1182] und können von der Rechtsprechung bereits organisatorisch-funktional nicht geleistet werden. Diese kann nur „taktische" Anpassungen im Rahmen bestehender Wertungszusammenhänge vornehmen.[1183] Diese funktionale Begrenzung richterlicher Rechtsfortbildung ist auch der Rechtsprechung des Bundesverfassungsgerichts nicht fremd. So haben der Richter *Voßkuhle*, die Richterin *Osterloh* und der Richter *Di Fabio* in ihrem Sondervotum die richterliche Rechtsfortbildung aus im Kern funktionalem Verständnis an enge Grenzen gebunden, sofern sie zu einer Verkürzung von Rechtspositionen des Einzelnen führt.[1184]

1178 *Engels*, Verfassung und Arbeitskampfrecht, S. 322; *Hillgruber*, in: Maunz/Dürig, Art. 97 GG, Rz. 44; *Kloepfer*, NJW 1985, 2497 (2500); *Seiter*, RdA 1986, 165 (170).

1179 *Friauf*, RdA 1986, 188 (192 f.).

1180 *Fischer*, RdA 2009, 287 (296).

1181 So ist die weitgehende Zulässigkeit von Unterstützungsarbeitskämpfen im Zusammenhang mit der Häufung von Betriebsaufspaltungen zu sehen, die zu einer Einschränkung der Arbeitskampfmöglichkeiten führen kann; nichts anderes gilt für die Erstreikbarkeit von Tarifsozialplänen, die als Reaktion auf die Häufung von Betriebsverlagerungen angesehen werden kann; in der Literatur wird die Zulassung von Flashmob-Aktionen als Reaktion auf die Möglichkeit gesehen Leiharbeitnehmer als Ersatz für die Streikenden zu beschäftigen, siehe dazu *Kersten*, in: Rieble/Junker/Giesen, Neues Arbeitskampfrecht?, S. 79.

1182 *Meier-Hayoz*, JZ 1981, 417 (421).

1183 *Meier-Hayoz*, JZ 1981, 417 (421); *Fleischer/Wedemann*, AcP 209 (2009), S. 597 (624 ff.).

1184 Abweichende Meinung des Richters *Voßkuhle*, der Richterin *Osterloh* und des Richters *Di Fabio* zu BVerfG v. 15.01.2009 – 2 BvR 2044/07, NJW 2009, 1469 (1477).

C) Vertrauensschutz als Grenze richterrechtlicher Rechtsfortbildung

Auch wenn umfassende richterliche Rechtsfortbildung aufgrund mangelhafter Legitimation nicht vom Grundgesetz gedeckt ist, existiert sie tatsächlich. Fraglich ist, ob die Rechtsprechung in einem solchen Fall besonderen Bindungen unterliegt. So könnte der Grundsatz des Vertrauensschutzes der richterrechtlichen Rechtsfortbildung möglicherweise Grenzen setzen. Gesetzesänderungen werfen zwangsläufig Fragen des Vertrauensschutzes auf. Für die Zulässigkeit von rückwirkenden Gesetzesänderungen gelten strenge Regelungen. Vergleichbare Regelungen existieren für die Änderung rechtsfortbildend entwickelten Richterrechts nicht. Nichtsdestotrotz können sich hier ähnliche Fragen wie bei der Rückwirkung von Gesetzen stellen, sofern durch Rechtsfortbildung bisher geltende richterrechtliche Regelungen modifiziert werden und sich die diesen Regelungen Unterworfenen in ihrem Verhalten auf die bisher geltende Regelungslage eingestellt hatten. Wie bei der Rückwirkung von Gesetzen wird in einem solchen Fall ein in der Vergangenheit liegender Sachverhalt an Vorschriften gemessen, die zum Zeitpunkt der Vornahme der strittigen Handlung noch nicht existierten. Ob sich in einem solchen Fall derjenige, zu dessen Lasten sich die Rechtsprechung verändert, auf den Grundsatz des Vertrauensschutzes berufen kann, ist allerdings unklar.

Die Rechtsprechung gewährt seit langem Vertrauensschutz gegen rückwirkende Gesetzesänderungen. Dabei wird zwischen echter und unechter Rückwirkung unterschieden. Eine echte Rückwirkung liegt vor, wenn das Gesetz an Tatbestände anknüpft, deren Rechtsfolgen bereits vor der Verkündung des Gesetzes eingetreten sind.[1185] Unechte Rückwirkung hat ein Gesetz, sofern es an einen in der Vergangenheit begonnenen, jedoch noch nicht abgeschlossenen Tatbestand anknüpft, wobei die Rechtsfolgen des Gesetzes erst nach seiner Verkündung eintreten.[1186] Unechte Rückwirkung ist verfassungsrechtlich zulässig, wenn das Interesse des Staates und des gemeinen Wohls die schutzwürdigen Interessen der Gesetzesadressaten am Fortbestand der ihnen günstigen Rechtslage überwiegen.[1187] Dagegen ist die echte Rückwirkung nur in Ausnahmefällen zulässig. In der Rechtsprechung ist sie anerkannt, wenn der Bürger in dem Zeitpunkt, auf den das Gesetz zurückbezogen wird, mit einer Änderung rechnen musste, wenn die alte Rechtslage unklar und verworren war, wenn eine nichtige Bestimmung durch eine wirksame Bestimmung ersetzt wird oder wenn zwingende Gründe

---

1185 *Degenhart*, Staatsrecht I, Rz. 375.

1186 *Degenhart*, Staatsrecht I, Rz. 375.

1187 BVerfG v. 05.02.2002 – 2 BvR 305/93 u. a., NJW 2002, 3009 (3011 ff.).

des gemeinen Wohls, die der Rechtssicherheit übergeordnet sind, die Rückwirkung rechtfertigen.[1188] Im Falle von Koalitionsbetätigungen, die anhand der von der Rechtsprechung aufgestellten Grundsätze überprüft werden, können sich daher zumeist Fragen der echten Rückwirkung stellen, da die Rechtsprechung bei Koalitionsbetätigungen in der Regel über abgeschlossene Sachverhalte entscheidet.

Zwar sind die Fälle rückwirkender Gesetzesänderung und rückwirkender Änderung rechtsfortbildend entwickelten Richterrechts hinsichtlich ihrer Auswirkungen vergleichbar, strukturell weisen sie dennoch erhebliche Unterschiede auf, die eine Übertragung der Grundsätze des Vertrauensschutzes auf die richterliche Rechtsfortbildung zunächst zweifelhaft erscheinen lassen. Ist eine Berufung auf den Grundsatz des Vertrauensschutzes gegen richterrechtliche Rechtsfortbildung möglich, sehen sich die Gerichte in ihrer freien Urteilsfindung eingeschränkt. Sie wären in einem gewissen Umfang an ihre eigene Rechtsprechung gebunden und könnten nicht einfach Rechtsprechungsänderungen vornehmen. Eine Bindung an die eigene Rechtsprechung kann mit der Gesetzesbindung der Rechtsprechung in Konflikt treten, wenn bessere Einsichten oder neuere Erkenntnisse der Gerichte dazu führen, dass die bisherige Gesetzesauslegung oder die bisherige Ausfüllung von Gesetzeslücken nicht oder nicht mehr zutreffend erscheinen.[1189]

Unterschiede ergeben sich auch bei einem Vergleich der durch den Vertrauensschutz Belasteten. Beim Vertrauensschutz gegen rückwirkende Gesetze existiert eine Parallelität zwischen der Instanz, die das Gesetz ändert und dem Anspruchsgegner des Vertrauensschutzes. Die Grundsätze des Vertrauensschutzes gegen rückwirkende Gesetzesänderungen wurden im Rahmen des Staat-Bürger-Verhältnisses entwickelt. Sie betrafen Fälle, in denen der Staat Gesetze rückwirkend änderte und der Bürger seinen Anspruch auf Vertrauensschutz gegen den Staat durchsetzen wollte.[1190] Als Spiegelbild zum Setzen des Vertrauens war der Staat mit den Folgen des Vertrauens belastet. Bei rückwirkenden Änderungen rechtsfortbildenden privatrechtlichen Richterrechts ändert die Rechtsprechung als ein Organ des Staates ihre Rechtsprechung, ein Festhalten aufgrund Vertrauensschutzes würde allerdings mit dem Verfahrensgegner ein Privatrechtssubjekt beeinträchtigen. Der Verfahrensgegner hat jedoch nicht den Vertrauenstatbestand begründet, so dass es unbillig wäre, wenn er mit den Folgen des Vertrauens belastet werden würde.[1191]

Insgesamt sprechen die strukturellen Unterschiede gegen eine Übernahme der Grundsätze des Vertrauensschutzes gegen rückwirkende Gesetzesänderungen

1188 BVerfG v. 19.12.1961 – 2 BvL 6/59, NJW 1962, 291 (291).

1189 *Maurer*, in: HStR IV, § 79, Rz. 143.

1190 Auf diesen Unterschied weist *Höpfner*, RdA 2006, 156 (164) zu Recht hin.

1191 *Canaris*, Anm. zu BAG v. 06.01.1971 – 3 AZR 384/70, SAE 1972, 22 (22 f.).

auf Fälle der rückwirkenden Änderung rechtsfortbildenden Richterrechts, zumal die Ausnahmen, die für die Zulässigkeit echter Rückwirkung entwickelt wurden, kaum auf das Richterrecht übertragen werden können.[1192] Auf die Unterschiede zwischen Gesetzesrecht und Richterrecht hat auch das Bundesverfassungsgericht hingewiesen. Es hat hervorgehoben, dass höchstrichterliche Urteile kein Gesetzesrecht darstellen und deshalb auch keine damit vergleichbare Rechtsbindung erzeugen.[1193] Eine Abweichung von höchstrichterlichen Urteilen soll daher grundsätzlich nicht gegen Art. 20 Abs. 3 GG verstoßen. Bereits zuvor hat das Bundesverfassungsgericht darauf hingewiesen, dass die Grundsätze des Vertrauensschutzes auf Entscheidungen der Gerichte nicht ohne weiteres übertragen werden können.[1194]

Nichtsdestotrotz erscheint eine Berücksichtigung des Vertrauensschutzes auch bei der Änderung von Richterrecht wegen der mit der Änderung von Gesetzesrecht vergleichbaren Lage zum Schutz der Betroffenen erforderlich. Insbesondere im Bereich des Arbeitskampfrechts kommt der Rechtsprechung eine über die Einzelfallentscheidung weit hinausgehende faktische Bindungswirkung zu, die sich in der Orientierung an den durch die Rechtsprechung aufgestellten Grundsätzen manifestiert und einen Vertrauenstatbestand begründet.[1195] In der Literatur wird zwar teilweise davon ausgegangen, dass Vertrauensschutz nur dann zu gewähren ist, wenn die gleiche Rechtsfrage durch ein Gericht nacheinander in zumindest zwei Entscheidungen behandelt wird und das Gericht in der zweiten Entscheidung zu einer von der ersten Entscheidung abweichenden Wertung gelangt.[1196] Vertrauensschutzgesichtspunkte sind allerdings nicht nur in einer solchen Situation zu berücksichtigen. Auch sofern durch eine Vielzahl von Entscheidungen ein Lebensbereich umfassend geregelt wird und dadurch eine richterrechtliche Ordnung aufgestellt wird, stellt sich die Frage, inwieweit durch die Rechtsprechung die einmal aufgestellte Ordnung verändert werden kann. In beiden Fällen muss berücksichtigt werden, dass sich die Betroffenen auf die durch Richterrecht entstandene Rechtslage eingestellt haben.

Aufgrund der mangelnden Übertragbarkeit der zum Vertrauensschutz bei Gesetzesänderungen entwickelten Grundsätze auf die Situation der rückwirkenden Änderung von Richterrecht ist bisweilen vorgeschlagen worden, die durch rückwirkende Rechtsprechungsänderung eintretenden Probleme im Falle echter Rückwirkung über § 242 BGB und im Falle unechter Rückwirkung über § 313

1192 Vgl. dazu *Höpfner*, RdA 2006, 156 (163 f.).

1193 BVerfG v. 26.06.1991 – 1 BvR 779/85, NZA 1991, 809 (810).

1194 BVerfG v. 11.11.1964 – 1 BvR 488/62 u. a., NJW 1965 243 (245).

1195 *Lerche*, NJW 1987, 2465 (2472).

1196 *Lunk*, in: FS Reuter, S. 689 (694).

BGB zu lösen.[1197] Rückwirkende Rechtsprechungsänderungen sind danach im Regelfall auch in Form echter Rückwirkung zulässig. Etwas anderes gilt lediglich, sofern eine Partei in ihrem Vertrauen auf die bestehende höchstrichterliche Rechtsfortbildung schutzwürdig ist und die andere Partei rechtsmissbräuchlich handelt. Dieser Rückgriff auf allgemeine zivilrechtliche Grundsätze mag für gesetzesbasierende rückwirkende Rechtsprechungsänderungen zu zufriedenstellenden Ergebnissen führen, da ein angemessener Ausgleich zwischen den Interessen an Rechtssicherheit und dem in der Regel stärker ins Gewicht fallenden Interesse an der Beachtung der Gesetzesbindung der Rechtsprechung erreicht wird. Für Fälle des gesetzesvertretenden Richterrechts im gesetzlich nicht geregelten Bereich kann über die zivilrechtlichen Vorschriften allein das spezifische Spannungsverhältnis zwischen einer trotz mangelhafter demokratischer Rückbindung durch Richterrecht vorgenommenen Systembildung und dem Vertrauen der betroffenen Verkehrskreise nicht hinreichend aufgelöst werden.

Obwohl das Bundesverfassungsgericht selbst die Nichtvergleichbarkeit von Gesetzes- und Richterrecht hervorhebt, überprüft es Rechtsprechungsänderungen danach, ob sie sich im Rahmen vorhersehbarer Entwicklungen halten und trägt damit ausdrücklich dem Grundsatz des Vertrauensschutzes Rechnung, ohne auf die §§ 242, 313 BGB Bezug zu nehmen.[1198] Eine Bindung der Rechtsprechung an vorangegangene Entscheidungen aus Gründen des Vertrauensschutzes wird daher auch durch das Bundesverfassungsgericht nicht ausdrücklich verworfen. Sie ist insbesondere in Bereichen des gesetzesvertretenden Richterrechts, das einen bislang ungeregelten Lebensbereich umfassender Regelung unterwirft, sachlich geboten. Die Rechtsprechung entscheidet in solchen Bereichen nicht lediglich den vor sie getragenen Sachverhalt anhand vorgegebener Normen, sondern stellt diese selbst auf. Solche Entscheidungen weisen über den Einzelfall als solchen hinaus.[1199] Insbesondere im Recht der Koalitionsbetätigungen zeigt sich, dass die Betroffenen die höchstrichterliche Rechtsprechung zur Grundlage ihrer Handlungen machen.[1200] Durch Richterrecht ist daher eine Systembildung erfolgt, die gerade im Arbeitskampfrecht einer Rechtsordnung zumindest nahekommt. Diese faktische Bindungswirkung der Rechtsprechung führt zu einem Vertrauenstatbestand. Wird die Rechtsprechung gesetzesvertretend in einem gesetzlich nicht geregelten Bereich tätig, handelt sie als veritabler Ersatzgesetzgeber. Da die Betroffenen in einem solchen Fall nur die Rechtsprechung als Leitschnur für ihr Handeln haben, ist es angemessen, wenn an derartige Rechtspre-

---

1197 *Canaris*, Anm. zu BAG v. 06.01.1971 – 3 AZR 384/70, SAE 1972, 22 (22 f.); *Höpfner*, RdA 2006, 156 (164 f.).

1198 BVerfG v. 26.06.1991 – 1 BvR 779/85, NZA 1991, 809 (810).

1199 *Gamillscheg*, KollArbR I, S. 41.

1200 *Gamillscheg*, KollArbR I, S. 954.

chung erhöhte Anforderungen hinsichtlich der Konstanz und Vorhersehbarkeit gestellt werden. Nur eine stabile Rechtsprechung kann Gesetzesrecht theoretisch vertreten.[1201] Da die Rechtsprechung durch die Tätigkeit als Ersatzgesetzgeber in den Bereich der gesetzgebenden Staatsgewalt übergreift und das von ihr gesetzte, faktisch zu beachtende Richterrecht ein demokratisches Legitimationsdefizit aufweist, muss die Rechtsprechung denjenigen Bindungen dieser Gewalt unterliegen, die eine rechtsstaatliche Vorhersehbarkeit normativer Systeme absichern sollen. Im gesetzlich ungeregelten Bereich überwiegt der den Gesetzgeber bindende Vorhersehbarkeitsgedanke die ansonsten bestehende richterliche Unabhängigkeit.[1202] Die Betroffenen müssen zumindest vor unvorhergesehenen Rechtsprechungsänderungen geschützt werden. Eine solche liegt zumindest dann vor, wenn die Rechtsprechung bislang anerkannte Prinzipien verändert und so das richterrechtliche System dem Grunde nach umgestaltet.[1203] Hiergegen kann auch nicht angeführt werden, dass durch die Bindung der Rechtsprechung an ihre Entscheidungen ein gravierender Verstoß gegen die Gesetzesbindung der Rechtsprechung erfolgt. Im gesetzlich nicht vorstrukturierten Bereich existieren gerade keine Normen, deren bisherige Auslegung sich durch neue Erkenntnisse oder Einsichten als falsch herausstellen könnte.

Dagegen wird im Bereich des gesetzesausfüllenden oder -konkretisierenden Richterrechts die richterrechtliche Unabhängigkeit aufgrund der gesetzlichen Vorstrukturierung zumeist die Bindung an die Vorhersehbarkeit der Gesetzgebung überwiegen.[1204] Die Rechtsprechung muss in diesem Bereich Möglichkeiten der Entwicklung haben und kann, sofern neue Erkenntnisse oder Auffassungen nachvollziehbar eine andere Auslegung der das Richterrecht tragenden gesetzlichen Bestimmungen erfordern, nicht gezwungen sein an entgegengesetzter Rechtsprechung festzuhalten.

Insgesamt führt der Übergriff der Rechtsprechung in den Bereich des Gesetzgebers durch richterrechtliche Regelung eines bislang nicht gesetzliche geregelten Bereiches zu einer Bindung der Rechtsprechung an den Grundsatz des Vertrauensschutzes. Dieser führt anders als im Bereich des rückwirkenden Gesetzesrechts nicht zu einer strikten Bindung an das schutzwürdige Vertrauen der Betroffenen in dem Sinne, dass eine Rechtsprechungsentwicklung schon im

---

1201 *Ipsen*, DVBl. 1984, 1102 (1103); *Jacobs*, ZfA 2011, 71 (74).

1202 Für eine Bindung aus Vertrauensschutzgesichtspunkten auch *Engels*, Verfassung und Arbeitkampfrecht, S. 324.

1203 Ähnlich *Engels*, Verfassung und Arbeitkampfrecht, S. 324 f.

1204 *Schmid-Aßmann*, in: Maunz/Dürig, Art. 103 GG, Rz. 240 f. geht davon aus, dass schon im Bereich der gesetzesergänzenden Rechtsprechung eine Bindung an den Grundsatz des Vertrauensschutzes geboten ist, die eine Rechtsprechungsänderung erst nach vorheriger Ankündigung ermöglicht.

Grundsatz unterbunden werden soll. Allerdings sind die Betroffenen vor grundlegenden Änderungen eines durch die Rechtsprechung aufgestellten Systems zu schützen. Insoweit bleibt der Rechtsprechung im Falle einer geplanten Systemänderung nur die Möglichkeit diese für die Zukunft anzukündigen.[1205] Diese sogenannte Ankündigungsrechtsprechung wird vielfach praktiziert.[1206] Sie ist zwar problematisch, weil der aktuell zu entscheidende Fall noch nicht nach der neuen Rechtsauffassung entschieden wird, allerdings überwiegt der Vertrauensschutzgedanke die Nachteile einer solchen Rechtsprechung.[1207]

§ 4 Die Pflicht zu gesetzlicher Regelung

Nachdem festgestellt ist, dass Ersatzgesetzgebung durch Systembildung im gesetzlich nicht vorstrukturierten Bereich den zulässigen Umfang richterlicher Rechtsfortbildung verlässt und, sofern sie dennoch existiert, in erhöhtem Maße Anforderungen an Konstanz und Vorhersehbarkeit erfüllen muss, stellt sich die Frage, ob der Gesetzgeber das Recht der Koalitionsbetätigungen selbst regeln muss. Dafür ist zunächst rein praktisch festzustellen, ob trotz mangelnder politischer Durchsetzbarkeit ein Bedürfnis für eine gesetzliche Regelung besteht. Sodann ist zu überprüfen, ob und wenn ja woraus eine Pflicht des Gesetzgebers zum Tätigwerden hergeleitet werden kann. Diese Frage wird in der Literatur oftmals anhand der Wesentlichkeitstheorie des Bundesverfassungsgerichts erörtert, nach der der Gesetzgeber bei wesentlichen Entscheidungen selbst tätig werden muss.[1208] Daneben kommt allerdings auch ein Rückgriff auf die Schutzpflichtenlehre in Betracht, aus der sich unter Umständen ebenfalls eine Gesetzgebungspflicht begründen lässt.[1209]

1205 Zur Annunziationsjudikatur vgl. *Lunk*, FS Reuter, S. 689 (695); gegen eine Pflicht zur Ankündigung von geplanten Rechtsprechungsänderungen BVerwG v. 28.02.1995 – 4 B 214/94, NJW 1996, 867.

1206 BAG v. 06.12.1968 – 3 AZR 251/67, NJW 1969, 687; BAG v. 14.12.2005 – 4 AZR 536/04, NZA 2006, 607; BSG v. 12.07.2006 – B 11a AL 47/05 R, NZA 2006, 1359.

1207 Umfassend zu den Vorteilen der Ankündigungsrechtsprechung *Knödler/Daubner*, BB 1992, 1861; dagegen BAG (GS) v. 21.04.1971 – GS 1/68, AP GG Art. 9 Arbeitskampf Nr. 43.

1208 Vgl. *Engels*, Verfassung und Arbeitskampfrecht, S. 326 ff.; *Lerche*, NJW 1987, 2465; Kloepfer, NJW 1985, 2497; *Friauf*, RdA 1986, 188; *Seiter*, RdA 1986, 165 (171), der die Wesentlichkeitslehre lediglich unterstützend hinzuzieht.

1209 Im Ansatz bereits *Seiter*, RdA 1986, 165 (170 f.).

A) Regelungsbedürftigkeit versus Durchsetzbarkeit

Dass das Recht der Koalitionsbetätigungen und insbesondere das Arbeitskampfrecht in der Bundesrepublik Deutschland keine gesetzliche Regelung erfahren hat, zeugt davon, dass sich hierfür keine politischen Mehrheiten finden lassen.[1210] Zu stark sind die Lobbyisten der Sozialpartner und zu groß scheint die Angst durch gesetzliche Regelung die eigenen Wählerkreise zu vergrämen, sich mit den Gewerkschaften oder Arbeitgeberverbänden zu überwerfen oder deren Annäherung an das andere politische Lager auszulösen. An Aufforderungen aus der Literatur[1211] und sogar aus der Rechtsprechung[1212] mangelt es jedenfalls nicht. Auch für die Zukunft ist eine Regelung im Bereich des Koalitionsbetätigungsrechts daher eher unwahrscheinlich.[1213]

Jenseits der Frage der politischen Durchsetzbarkeit stellt sich allerdings die Frage der Erforderlichkeit einer gesetzlichen Regelung. Sofern das durch richterliche Rechtsfortbildung entwickelte Recht ein hohes Maß an Konstanz aufweist, so dass sich die Betroffenen in ihren Handlungen darauf einstellen können, könnte das Richterrecht, abgesehen von der fehlenden demokratischen Rückanknüpfung, als Ersatz für Gesetzesrecht fungieren.[1214] Die Untersuchung hat jedoch gezeigt, dass nach einer langen Phase der Stagnation eine rasante Entwicklung des Richterrechts eingesetzt hat. Die Entwicklung wird durch die Rechtsprechung allerdings insoweit verschleiert, als dass formal an den Begrifflichkeiten und Formeln der älteren Rechtsprechung festgehalten wird. Im Arbeitskampfrecht zeigt sich aber, dass diese Begrifflichkeiten und Formeln mit neuem Inhalt gefüllt werden, der das Arbeitskampfrecht von Grund auf verändert.[1215]

Gesetzgeberisches Handeln ist allerdings unter diesem Gesichtspunkt nicht in allen Bereichen der Koalitionsbetätigungsfreiheit zwingend erforderlich. Einer-

1210 *Friauf*, RdA 1986, 188 (188 f.); *Gentz*, NZA 1985, 305 (307); *Seiter*, RdA 1986, 165 (174 ff.).

1211 Vgl. insbesondere *Birk/Konzen/Löwisch/Raiser/Seiter*, Gesetz zur Regelung kollektiver Arbeitskonflikte; gegen die Erforderlichkeit einer gesetzlichen Regelung aber *Sunnus*, AuR 2008, 1 (12).

1212 BVerfG v. 02.03.1993 – 1 BvR 1213/85, NJW 1993, 1379; BVerfG v. 17.02.1981 – 2 BvR 384/78, NJW 1981, 1829 (1830).

1213 So geht *Henssler*, ZfA 2010, 397 (401) für das Arbeitskampfrecht davon aus, dass die Vorstellung, es könne in absehbarer Zeit zu einer Kodifikation des Arbeitskampfrechts kommen, jeder Realität entbehre. Immerhin beschäftigt sich aber das Bundesministerium für Arbeit und Soziales zur Zeit mit der Frage, ob durch die Aufgabe des Grundsatzes der Tarifeinheit gesetzliche Regelungen notwendig sind. Probleme entstehen durch die Aufgabe des Grundsatzes der Tarifeinheit insbesondere im Arbeitskampfrecht, so dass im politischen Betrieb zumindest in diesem Teilbereich über ein Eingreifen des Gesetzgebers nachgedacht wird. Ob dieses Nachdenken auch in ein Handeln umschlägt bleibt abzuwarten.

1214 *Ipsen*, DVBl. 1984, 1102 (1103).

1215 Vgl. dazu oben ab Seite 185 ff., insbesondere ab Seite 234 ff.

seits zeigt sich hinsichtlich der Koalitionsbetätigungen außerhalb des Arbeitskampfs seit langer Zeit eine relativ konstante Rechtsprechung. Der Unterschied zwischen der Rechtsprechung zu Koalitionsbetätigungen außerhalb und im Rahmen eines Arbeitskampfs liegt darin, dass letztere durch die Rechtsprechung eine detaillierte richterrechtliche Ausformung in Form einer Arbeitskampfrechtsordnung erhalten haben, während erstere durch punktuelle Auslegung aus Art. 9 Abs. 3 GG hervorgegangen sind. Während hierfür Art. 9 Abs. 3 GG eine hinreichende Rechtsgrundlage darstellen kann, ist aufgrund der richterrechtlichen Systembildung im Arbeitskampfrecht und der damit einhergehenden Komplexität die Grenze der Auslegung von Art. 9 Abs. 3 GG überschritten.[1216] Ein allgemeines System des koalitionären Betätigungsrechts wird durch die Rechtsprechung jedoch nicht aufgestellt. Zwar werden die Betätigungsrechte anhand von Einzelfällen ständig fortentwickelt, die Grundstrukturen sind aber durch Auslegung aus dem Grundrechtstatbestand entwickelt und stehen somit als Gesetzesrecht fest. Außerhalb des Arbeitskampfrechts betätigt sich die Rechtsprechung daher nicht als umfassender Ersatzgesetzgeber, sondern formt das Grundrecht der Koalitionsbetätigungsfreiheit lediglich partiell aus. Dies spricht gegen ein akutes Regelungsbedürfnis sämtlicher Koalitionsbetätigungen. Zudem ist eine gesetzliche Regelung auch nur dann erforderlich, wenn sie geeignet ist in den betreffenden Bereichen regelungstechnische Vorteile zu bringen. Ein Mehrwert der gesetzlichen Regelung kann nur dort erzielt werden, wo die Vorteile einer gesetzlichen Regelung voll zur Geltung kommen können. Gesetze beinhalten abstrakt-generelle Regelungen für eine unbestimmte Vielzahl von Fällen.[1217] Sie haben daher dort einen Mehrwert, wo es darum geht, eine vom Einzelfall unabhängige normative Ordnung herauszuarbeiten. Nicht besser als das Richterrecht geeignet sind gesetzliche Regelungen aber dort, wo einzelfallbezogene Fragen entscheidend sind. Ist die abstrakte Existenz von Koalitionsbetätigungen in konstanter Rechtsprechung festgelegt, besteht Rechtssicherheit und fehlt der politische Druck, der zum Anstoßen einer gesetzlichen Regelung erforderlich wäre. Die Existenz verschiedenster Betätigungsrechte steht aber durch die ständige Rechtsprechung fest. So ist nicht mehr strittig, ob Gewerkschaftsvertreter ein Zugangsrecht zum Betrieb haben oder welche Werbemittel die Gewerkschaft benutzen darf. Eine gesetzliche Regelung, die diese Betätigungsrechte anerkennt, bietet unter rechtsstaatlichen Gesichtspunkten keinen Vorteil an Vorhersehbarkeit. Allerdings geht mit ihr durch die demokratische Legitimation des Gesetzgebers eine geringere Angreifbarkeit der Regelung einher, so dass der Gesetzgeber

---

1216 A. A. *Däubler*, in: Arbeitskampfrecht, § 9, Rz. 51, der Art. 9 Abs. 3 als ausreichende Rechtsgrundlage betrachtet und den Arbeitskampf damit für gesetzlich geregelt hält.

1217 *Degenhart*, Staatsrecht I, Rz. 137.

die Koalitionsbetätigungen in größerem Maße einer Strukturierung unterwerfen könnte. Dies zeigt sich beispielhaft bei der Festlegung des regelmäßigen Höchstumfangs des gewerkschaftlichen Zugangsrechts, bei der die Rechtsprechung anhand eines Einzelfalls eine abstrakte Regelung herbeizuführen versucht. Dabei sieht sie sich dem Vorwurf der Beliebigkeit ausgesetzt.[1218] Letztlich geht es aber bei den Koalitionsbetätigungen außerhalb des Arbeitskampfs nur um den Modus ihrer Ausübung und damit um eine Abwägung der widerstreitenden Interessen, also eine Abwägung im Einzelfall. Diese wäre durch eine gesetzliche Anerkennung der unterschiedlichen Betätigungsrechte im Ergebnis nicht zu vermeiden. Rein praktisch ist daher kein Unterschied zwischen einer richterrechtlichen und einer gesetzesrechtlichen Regelung dieser Koalitionsbetätigungen gegeben. Allerdings steht dem Gesetzgeber im Vergleich zur Rechtsprechung ein größerer Gestaltungsspielraum zur Verfügung.

Anders stellt sich die Lage im Arbeitskampfrecht dar. Hier hat die Rechtsprechung eine umfassende Regelung eines Betätigungsrechts unternommen, die weit über die Auslegung der gesetzlichen Grundlage des Art. 9 Abs. 3 GG hinausgeht und eine eigene Kampfrechtsordnung beinhaltet.[1219] Dabei zeigt die aktuelle Entwicklung im Arbeitskampfrecht, dass in diesem Bereich erheblicher Regelungsbedarf besteht. Anders als bei anderen Koalitionsbetätigungen besteht im Arbeitskampfrecht wie ausgeführt keine Konstanz. Die neuere Rechtsprechung wirft grundsätzliche Fragen auf, bei deren Beantwortung die Gerichte überfordert sind.[1220] Die Untersuchung hat gezeigt, dass die Rechtsprechung grundrechtsdogmatische Mängel aufweist, die Kernfragen der Grundrechtslehre betreffen. Sie führen dazu, dass eine vom Grundgesetz nicht vorgesehene Erweiterung des grundrechtlichen Schutzbereichs erfolgt. Die Rechtsprechung ist erheblicher Kritik von Seiten der Wissenschaft ausgesetzt. Es geht nicht nur darum, ob einzelne zu Arbeitskampfzwecken durchgeführte Maßnahmen unter den Grundrechtstatbestand von Art. 9 Abs. 3 GG zu subsumieren sind. Es geht vielmehr darum, eine demokratisch legitimierte und mit dem Grundgesetz übereinstimmende Kampfrechtsordnung zu gewährleisten. Die Rechtsprechung kann in einer sich permanent fortentwickelnden Industriegesellschaft keine zukunftsgerichtete Gestaltungs- und Orientierungsfunktion wahrnehmen.[1221] Koalitionen handeln bei ihren Arbeitskampfmaßnahmen daher in einer Situation der ständigen Unge-

---

1218 Vgl. oben Seite 130.

1219 Insofern überzeugt es nicht, wenn *Däubler*, in: Arbeitskamprecht, § 9, Rz. 51 davon ausgeht, dass Art. 9 Abs. 3 GG eine ausreichende Rechtsgrundlage für das Arbeitskampfrecht darstellt.

1220 Für *Henssler*, ZfA 2010, 397 (401) steht der rechtspolitische Bedarf nach einem gesetzlich geregelten Arbeitskampfrecht außer Zweifel.

1221 *Fischer*, RdA 2009, 287 (288).

wissheit und müssen damit rechnen, dass ihre Kampfmaßnahme lange Zeit nach ihrer Durchführung durch ein Gericht als rechtswidrig eingeordnet wird. Hinzu kommen Grundfragen, mit denen sich die Rechtsprechung bislang nicht beschäftigt hat. So ist beispielsweise fraglich, ob tatsächlich jeder Arbeitskampf einen Eingriff in den eingerichteten und ausgeübten Gewerbebetrieb darstellt oder ob ein normaler Streik nicht vielmehr ein typischer Fall der vertragsrechtlichen Nichtleistung ist, der keine deliktische Relevanz aufweist.[1222] Weiter bleiben die Grenzen eines Arbeitskampfs weitgehend im Dunkeln. Der Kampfgegner kann nicht mehr vorhersehen mit welchen Kampfmitteln er in einem Arbeitskampf rechnen muss. Dies wirft Fragen des Fairnessgebots des Arbeitskampfs auf.[1223] Zudem bleibt die Anwendbarkeit des richterrechtlichen Arbeitskampfrechts auf Teilbereiche der Wirtschaft wie die Daseinsvorsorge fraglich. Insbesondere bei den (ehemaligen) staatlichen Monopolbetrieben lassen sich die richterrechtlichen Grundsätze kaum an die Praxis anpassen. Der das Arbeitskampfrecht beherrschende Grundsatz der staatlichen Neutralität im Arbeitskampf muss bei diesen eine rein theoretische Grundidee bleiben.[1224] Auch hinsichtlich der Kampfmittel dürfte es bei diesen Unternehmen bereits faktisch Einschränkungen geben, die mit dem richterrechtlichen Arbeitskampfrecht nur schwer in Einklang zu bringen sind.[1225]

Schließlich sprechen auch die Auswirkungen von Arbeitskämpfen für ein Bedürfnis nach gesetzlicher Regelung.[1226] Insbesondere durch die zunehmende Produktionsverschränkung und die damit einhergehende wirtschaftliche Interdependenz der Unternehmen führen Arbeitskämpfe oftmals zu Auswirkungen bei Personen, die gänzlich außerhalb des Arbeitskampfgeschehens stehen. Diese Drittbetroffenheit führt in Verbindung mit einer fehlenden gesetzlichen Regelung zum Unverständnis großer Teile der Bevölkerung für die Notwendigkeit

---

1222 Diese Frage wirft insbesondere *Picker*, ZfA 2010, 499 (570 ff.) auf und hält sie für die zentrale Frage des Arbeitskampfrechts. Er geht davon aus, dass ein Streik keine deliktische Handlung ist. Er geht daher davon aus, dass die Flashmob-Entscheidung den historischen Wendepunkt der Arbeitskampfrechtsprechung darstellt, da zum ersten Mal ein tatsächlich deliktisches Verhalten als Arbeitskampfmaßnahme legitimiert wird.

1223 Zum Gebot des fairen Verhaltens im Arbeitskampf BAG v. 10.09.1985 – 1 AZR 262/84, NZA 1985, 814 (815).

1224 So ist fraglich, wie bei der Deutschen Bahn AG der Staat als Eigentümer in einem Arbeitskampf den Grundsatz staatlicher Neutralität wahren sollte.

1225 Bei der Deutschen Bahn AG dürfte in der Praxis die Durchführung einer Aussperrung als Reaktion auf einen Streik ausgeschlossen sein. Als Leistungserbringer für den Bund wird für die Deutsche Bahn AG eine Aussperrung politisch kaum durchsetzbar sein.

1226 BVerfG v. 17.02.1981 – 2 BvR 384/78, NJW 1981, 1829 (1830); dagegen aber *Sunnus*, AuR 2008, 1 (12).

von Arbeitskämpfen.[1227] Insgesamt ist eine Regelung der Koalitionsbetätigungsfreiheit durch Gesetz wünschenswert, rechtspolitisch vorteilhaft und bezüglich des Arbeitskampfrechts notwendig. Nur der Gesetzgeber kann ein schlüssiges Gesamtkonzept des Arbeitskampfrechts ausarbeiten, das einer optimalen Regelung zumindest nahekommt.[1228] Die erheblichen Schwierigkeiten eines politischen Prozesses zur Regelung des Arbeitskampfrechts sind zwar unbestreitbar, sie können das Bedürfnis nach einer gesetzlichen Regelung allerdings nicht beseitigen.

Die mangelnde politische Durchsetzbarkeit setzt einer gesetzlichen Regelung dennoch Grenzen. So wird eine detaillierte Regelung des Arbeitskampfrechts von vornherein ausscheiden. Der Gesetzgeber wäre darauf beschränkt allgemeine Aussagen zu treffen, deren Auslegung wiederum Sache der Rechtsprechung wäre.[1229] Dies ist allerdings rechtspolitisch unproblematisch, da das Ziel einer Gesetzgebung im Bereich des Arbeitskampfrechts nur sein muss, den Kampfparteien ein stimmiges System einer Kampfrechtsordnung und damit Orientierung in Form eines organisatorischen Rahmens vorzugeben.[1230] Eine detaillierte Regelung verlöre sich in der Kasuistik[1231] und liefe den tatsächlichen Entwicklungen hinterher.[1232] Ein Gesetzgebungsbedürfnis besteht damit im Wesentlichen hinsichtlich der zulässigen Kampfmittel, des an diese anzulegenden Prüfungsmaßstabs und ihrer Grenzen. Diese Bereiche beinhalten rechtspolitische Strategieentscheidungen, für die der demokratisch legitimierte Gesetzgeber die strukturell-organisatorisch richtige Instanz ist.

Zwar ist damit ein gesetzliches Regelungsbedürfnis festgestellt, fraglich bleibt aber ob dieses auch in eine Gesetzgebungspflicht umschlägt.

1227 Vgl. das Ergebnis der von der Carl-Friedrich von Weizsäcker-Stiftung beim Institut für Demoskopie Allensbach in Auftrag gegebenen Umfrage, nach der bis zu 72 Prozent der Befragten Einschränkungen des Arbeitskampfrecht in der Daseinsvorsorge befürworten, abrufbar unter www.presseportal.de/print.htx?nr=2052080, zuletzt abgerufen am 28.05.2011.

1228 *Seiter*, RdA 1986, 165 (178 f.).

1229 *Gamillscheg*, KollArbR I, S. 43.

1230 Vgl. *Wank*, RdA 1989, 263 (268) der zu Recht hervorhebt, dass es im Arbeitskampfrecht nicht auf die Regelungsdichte an sich, sondern auf die Art der Legitimationsgrundlage ankommt.

1231 *Seiter*, RdA 1986, 165 (185).

1232 Zu den Vorteilen einer globalen Regelung auch *Wank*, RdA 1989, 263 (267).

B) Punktuelle Gesetzgebungspflicht zur Anpassung an das internationale Recht

Eine Gesetzgebungspflicht kommt zunächst dort in Frage, wo das deutsche Recht der Koalitionsbetätigungen in Konflikt zu internationalem Recht gerät.[1233] Die Untersuchung hat ergeben, dass das umfassende Verbot des Beamtenstreiks mit der durch den Europäischen Gerichtshof für Menschenrechte vorgenommenen Auslegung des Art. 11 EMRK im Konflikt steht. Dies kann zu einer Handlungspflicht des Gesetzgebers führen.

Gem. Art. 1 EMRK sind die Konventionsstaaten verpflichtet, die Konventionsrechte zu gewährleisten. Diese Pflicht beschränkt sich nicht lediglich auf die in der Konvention selbst und den zusätzlich ratifizierten Protokollen textlich fixierten Rechte und Freiheiten. Sie bezieht sich vielmehr auf deren durch die Rechtsprechung des Europäischen Gerichtshofs für Menschenrechte entwickelte Gestalt.[1234] Die nationale Rechtsprechung hat daher durch Auslegung des Grundgesetzes für die Konformität des nationalen Rechts mit den Vorgaben der durch den Europäischen Gerichtshof fortentwickelten EMRK zu sorgen.[1235] Primär Verpflichteter zur Gewährleistung der Völkerrechtskonformität ist daher die Rechtsprechung. Eine Grenze dieser Verpflichtung stellt allerdings die methodologische Vertretbarkeit der völkerrechtsfreundlichen Auslegung dar.[1236] Dort, wo eine völkerrechtsfreundliche Auslegung an der Eindeutigkeit des nationalen Rechts scheitert, muss der Gesetzgeber völkerrechtlicher Adressat der aus Art. 1 EMRK erwachsenden Verpflichtung sein. Denn dort, wo das Recht selbst eine Verletzung der Konvention darstellt, muss auch das Rechtsetzungsorgan kraft völkerrechtlicher Verpflichtung zur Herstellung eines konventionsgemäßen Zustandes verpflichtet sein.[1237] Da eine völkerrechtskonforme Auslegung des nationalen Beamtenrechts ausscheidet, ist der Gesetzgeber in der Pflicht.[1238] Allerdings besteht die Möglichkeit, dass durch spezifisch nationale Gegebenheiten der Europäische Gerichtshof für Menschenrechte in einem Rechtsstreit die Konventionswidrigkeit der nationalen Regelung feststellt, während er aufgrund nationaler Besonderheiten eines anderen Konventionsstaats in einem späteren Rechtsstreit zu einem anderen Ergebnis kommt. Daher kann, nach einer in der Literatur

---

1233 Vgl. oben Seite 214 ff. zur Unvereinbarkeit des deutschen Verbots des Beamtenstreiks mit der neueren Rechtsprechung des EGMR.

1234 *Meyer-Ladewig*, in: ders., EMRK, Art. 46, Rz. 17; BVerfG v. 14.10.2004 – 2 BvR 1481/04, NJW 2004, 3407 (3410).

1235 BVerfG v. 14.10.2004 – 2 BvR 1481/04, NJW 2004, 3407 (3408).

1236 BVerfG v. 14.10.2004 – 2 BvR 1481/04, NJW 2004, 3407 (3408).

1237 *Meyer-Ladewig*, in: ders., EMRK, Art. 46, Rz. 41.

1238 *Seifert*, KritV 2009, 357 (375 f.).

vertretenen Ansicht, der von der materiellen Rechtskraft nicht betroffene Konventionsstaat berechtigt sein, bis zu einer gegen ihn ergangenen Entscheidung untätig zu bleiben, sofern sein Handeln nicht gegen eine ständige Rechtsprechung des Gerichtshofs verstößt.[1239] Die Rechtsprechung des Gerichtshofs zum Streikrecht im öffentlichen Dienst kann zwar noch nicht als ständige Rechtsprechung bezeichnet werden. Allerdings stellt sie eine wohlüberlegte Rechtsprechungsänderung dar, die aufgrund ihrer Argumentationsstruktur für Abweichungen aufgrund nationaler Besonderheiten kaum grundsätzlichen Spielraum lässt. Selbst wenn aber eine sofortige Handlungspflicht des Gesetzgebers bestünde, steht nicht zu erwarten, dass das deutsche Verbot von Beamtenstreiks schon vor einer eventuellen Verurteilung der Bundesrepublik Deutschland durch den Europäischen Gerichtshof für Menschenrechte neu geregelt wird.

Eine Neuregelung würde erhebliche Probleme aufwerfen und müsste bei den strukturellen Grundlagen des Beamtenrechts ansetzen. Die grundlegende Schwierigkeit besteht darin, dass nach dem Alimentationsprinzip der Gesetzgeber verpflichtet ist, für amtsangemessene Besoldung zu sorgen, so dass der Weg zu kollektivvertraglichen Regelungen von vornherein versperrt ist und sich ein potentieller Arbeitskampf gegen den Gesetzgeber richten müsste.[1240] Das Beamtenrecht müsste daher zur Anpassung an das Völkerrecht ganz grundsätzlich reformiert werden. Die der EMRK entgegenstehenden nationalen Bestimmungen und die Probleme bei ihrer Änderung können aber gem. Art. 27 des Wiener Übereinkommens über das Recht der Verträge den völkerrechtlichen Verpflichtungen nicht entgegengehalten werden. Insofern kann sich die Bundesrepublik nicht darauf berufen, dass eine Anpassung an die neue Rechtsprechung des Europäischen Gerichtshofs für Menschenrechte aufgrund des nationalen Rechts nicht möglich sei.

C) Umfassende Gesetzgebungspflicht zur Vorgabe eines organisatorischen Rahmens

Neben einer nur punktuell bestehenden Regelungspflicht bezüglich des Beamtenstreiks kommt eine umfassende Gesetzgebungspflicht in Betracht. Da ein Bedürfnis besteht, dass im Bereich des Arbeitskampfrechts den Sozialpartnern durch den Gesetzgeber ein organisatorischer Rahmen vorgegeben wird, ist die Frage nach einer hierauf bezogenen Gesetzgebungspflicht von besonderer Wichtigkeit. Sie kann sich aus drei unterschiedlichen Begründungsmodellen ergeben.

1239 *Meyer-Ladewig*, in: ders., EMRK, Art. 46, Rz. 18.

1240 Kritisch dazu *Lindner*, DÖV 2011, 305 (306).

I. Gesetzgebungspflicht durch Delegation der Rechtsetzungskompetenz

Zunächst kann sich eine Gesetzgebungspflicht aus der Delegation der Rechtsetzungskompetenz vom Staat auf die Koalitionen ergeben. Begreift man tarifliche Rechtsetzung als zweistufigen Regelungsmechanismus auf dessen erster Stufe der Staat den Koalitionen Rechtsetzungsmacht delegiert, die diese auf der zweiten Stufe gestützt durch eine mandatarische Entscheidung ihrer Mitglieder ausüben, und stellt der Arbeitskampf ein Hilfsinstrument für die tarifliche Rechtsetzung dar, spricht bereits dieses Zweistufenmodell für eine Pflicht zu gesetzlicher Regelung.[1241] Liegt eine solche Delegation vor, stellt der Arbeitskampf einen vom Staat abgeleiteten Handlungsmodus dar, der, da er auf die Rechtssphäre Dritter einwirkt, wie staatliches Handeln auch, einer gesetzlichen Grundlage bedarf. Mehrheitlich wird jedoch von einer rein kollektiv-privatautonom begründeten Rechtsetzungskompetenz ausgegangen, so dass nicht zu erwarten ist, dass eine Gesetzgebungspflicht zur Weiterentwicklung der Koalitionsbetätigungsfreiheit mit der Delegation der Rechtsetzungskompetenz begründet werden wird.

II. Gesetzgebungspflicht durch Wesentlichkeitslehre

In der Literatur wird bei der Frage einer das Arbeitskampfrecht betreffenden Regelungspflicht zumeist auf die Wesentlichkeitslehre des Bundesverfassungsgerichts rekurriert.[1242] Die Wesentlichkeitslehre hat das Bundesverfassungsgericht aus dem Grundsatz vom Vorbehalt des Gesetzes entwickelt.[1243] Nach dem Grundsatz des Vorbehalts des Gesetzes müssen Handlungen der Verwaltung in bestimmten Konstellationen auf einer gesetzlichen Ermächtigungsgrundlage beruhen.[1244] Nach der Wesentlichkeitstheorie erstarkt der Vorbehalt des Gesetzes bei wesentlichen Entscheidungen zu einem Parlamentsvorbehalt. Alle wesentlichen Entscheidungen müssen danach vom Parlament mit hinreichender Normierungsdichte selbst entschieden werden.[1245] Wesentliche Entscheidungen betreffen

---

1241 Zu diesem Zweistufenmechanismus siehe oben Seite 74 ff.

1242 *Engels*, Verfassung und Arbeitskampfrecht, S. 327 ff.; *Fischer*, RdA 2009, 287 (287 ff.); *Friauf*, RdA 1986, 188 (191 f.); *Kloepfer*, NJW 1985, 2497 ff.; *Scholz*, in: Maunz/Dürig, Art. 9 GG, Rz. 168; unterstützend zieht auch *Seiter*, RdA 1986, 165 (171) die Wesentlichkeitslehre heran.

1243 *Kloepfer*, Verfassungsrecht I, § 10, Rz. 121; BVerfG v. 26.06.1991 – 1 BvR 779/85, NZA 1991, 809 (810).

1244 Vgl. nur *Herzog/Grzeszick*, in: Maunz/Dürig, Art. 20 GG, Rz. 75; *Kloepfer*, Verfassungsrecht I, § 10, Rz. 111.

1245 *Kloepfer*, NJW 1985, 2497 (2499); *Kloepfer*, Verfassungsrecht I, § 10, Rz. 121; BVerfG v. 09.05.1972 – 1 BvR 518/62 u. 308/64, NJW 1972, 1504; BVerfG v. 18.07.1972 – 1 BvL 32/70 und 25/71, NJW 1972, 1561; BVerfG v. 28.10.1975 – 2 BvR 883/73, NJW 1976, 34 (35);

dabei solche Regelungen, die für die Grundrechtsverwirklichung maßgeblich sind.[1246] Da die Wesentlichkeitslehre aus dem Vorbehalt des Gesetzes hervorging, betraf sie ursprünglich das Verhältnis von Exekutive und Legislative und war an den Begriff des Eingriffs gebunden. Das Bundesverfassungsgericht hat jedoch ausdrücklich hervorgehoben, dass die Wesentlichkeitslehre unabhängig von dem Vorliegen eines Eingriffs Anwendung findet, so dass sie so zu verstehen ist, dass der Gesetzgeber alle grundlegenden Entscheidungen, die den Bürger unmittelbar betreffen, selbst regeln muss.[1247] Die mit der Wesentlichkeitslehre begründete Regelungsverpflichtung wird in der Rechtsprechung des Bundesverfassungsgerichts weitgehend als umfassend formuliert.[1248] Grundsätzlich wird sie auch auf das Verhältnis zwischen Judikative und Legislative angewendet.[1249] Dabei wird allerdings der Umfang der Regelungspflicht in diesem Bereich nicht einheitlich beurteilt. Das Bundesverfassungsgericht geht in seiner Rechtsprechung davon aus, dass die Wesentlichkeitslehre lediglich das Verhältnis zwischen Staat und Bürger betrifft, während Gleichordnungsverhältnisse nicht von ihr erfasst werden sollen.[1250] Soweit es um einen Streit gleichgeordneter Grundrechtsträger ginge, sei die Rechtsprechung danach im Falle des Fehlens gesetzlicher Regelungen berufen, für sachgerechte Lösungen zu sorgen.[1251] Ginge es aber zumindest auch um das Verhältnis von Staat und Privatrechtssubjekten, sei die Rechtsprechung an einer Rechtsfortbildung gehindert, da aufgrund der Wesentlichkeitslehre eine gesetzliche Regelung erforderlich sei.[1252] Diese Begrenzung des Wirkbereichs der Wesentlichkeitslehre geht ersichtlich auf den Grundsatz des Vorbehalts des Gesetzes zurück, der seinerseits nur im Verhältnis zwischen Staat und Bürger Anwendung findet. Das Bundesverfassungsgericht hat diese Unterscheidung im Zuge zweier Entscheidungen zum Arbeitskampfrecht herausgearbeitet und dabei die Rolle der Rechtsprechung als Ersatzgesetzgeber im Arbeitskampfrecht ausdrücklich gebilligt. Wegen der Berührung des Staat-Bürger-Verhältnisses hat es

---

BVerfG v. 14.03.1989 – 1 BvR 1033/82, 1 BvR 174/84, NVwZ 1989, 850 (850); BVerfG v. 24.09.2003 – 2 BvR 1436/02, NJW 2003, 3111 (3116); BVerfG v. 27.01.2011 – 1 BvR 3222/09 (juris);

1246 BVerfG v. 24.09.2003 – 2 BvR 1436/02, NJW 2003, 3111 (3116).

1247 BVerfG v. 28.10.1975 – 2 BvR 883/73, NJW 1976, 34 (35); BVerfG v. 08.08.1978 – 2 BvL 8/77, NJW 1979, 359 (360); *Friauf*, RdA 1986, 188 (192).

1248 BVerfG v. 06.07.1999 – 2 BvF 3–90, NJW 1999, 3253 (3254).

1249 Siehe bereits oben Seite 137 ff.; BVerfG v. 02.03.1993 – 1 BvR 1213/85, NJW 1993, 1379 (1380).

1250 Diese Unterscheidung hat das Bundesverfassungsgericht im Arbeitskampfrecht herausgearbeitet, vgl. BVerfG v. 26.06.1991 – 1 BvR 779/85, NZA 1991, 809 (810); BVerfG v. 02.03.1993 – 1 BvR 1213/85, NJW 1993, 1379 (1380).

1251 BVerfG v. 02.03.1993 – 1 BvR 1213/85, NJW 1993, 1379 (1380).

1252 BVerfG v. 02.03.1993 – 1 BvR 1213/85, NJW 1993, 1379 (1380).

eine gesetzliche Regelung aber für erforderlich gehalten, sofern dem Staat als Arbeitgeber besondere Arbeitskampfmittel, wie der Ersatz streikender Arbeitnehmer durch Beamte, zur Verfügung gestellt werden sollen.

Diese Rechtsprechung ist unter zwei voneinander zu trennenden Gesichtspunkten problematisch. Zum einen ist die Unterscheidung zwischen Gleichordnungs- und Staat-Bürger-Verhältnis im Arbeitskampfrecht unklar. Zum anderen ist die Unterscheidung dogmatisch nicht mit dem in der sonstigen Rechtsprechung definierten Inhalt der Wesentlichkeitslehre in Einklang zu bringen.

Im Arbeitskampfrecht bereitet die Unterteilung in Gleichordnungs- und Staat-Bürger-Verhältnis erhebliche Schwierigkeiten und kann nicht zu trennscharfen Abgrenzungen führen. Zwar ist im Arbeitskampfrecht, sofern es nicht um Arbeitskämpfe im öffentlichen Dienst geht, stets das Verhältnis zwischen privatrechtlichen sozialen Mächten zu beurteilen, dabei geht es allerdings nicht immer um das Gleichordnungsverhältnis.[1253] Das Staat-Bürger-Verhältnis ist im Arbeitskampfrecht auch dann betroffen, wenn die Rechtsprechung einer der beiden Kampfparteien Beschränkungen im Arbeitskampf auferlegt.[1254] In einem solchen Fall wird durch die staatliche Gewalt Rechtsprechung die Freiheit des Grundrechtsträgers beschränkt. Die Beschränkung wirkt sich zwar sodann in dem zwischen den Kampfparteien bestehenden Gleichordnungsverhältnis aus, sie basiert jedoch auf einer im Staat-Bürger-Verhältnis getroffenen Entscheidung. Damit ist das für die Koalitionsfreiheit differenziert zu betrachtende Verhältnis zwischen Grundrechtseingriff und Grundrechtsausgestaltung angesprochen, dessen Grenzverlauf im Arbeitskampfrecht nur schwer fassbar ist.[1255] Unabhängig von der konkreten Einordnung einer Beschränkung des Arbeitskampfrechts als Ausgestaltung oder Eingriff, betreffen derartigen Regelungen das Verhältnis zwischen Staat und Bürger. Die Wesentlichkeitslehre hat daher, selbst wenn zwischen einem Gleichordnungs- und einem Staat-Bürger-Verhältnis unterschieden wird, auch im Arbeitskampfrecht eine große Bedeutung, die durch das Bundesverfassungsgericht dadurch minimiert wird, dass zwischen Regelungs- und Wirkebene unterschieden wird und dabei das auf der Regelungsebene bestehende Staat-Bürger-Verhältnis unbeachtet bleibt, während das auf der Wirkebene bestehende Gleichordnungsverhältnis hervorgehoben wird.

Die Rechtsprechung, nach der der Wirkbereich der Wesentlichkeitslehre auf das Staat-Bürger-Verhältnis zu beschränken ist, ist von Seiten der Literatur

---

1253 A. A. *Ipsen*, DVBl. 1984, 1102 (1105), der davon ausgeht, dass das Verhältnis sozialer Mächte stets das Gleichordnungsverhältnis betrifft und daher mit der Rechtsprechung die Wesentlichkeitslehre für nicht auf das Arbeitskampfrecht anwendbar hält.

1254 *Kluth*, in: Friauf/Höfling, Art. 9 Abs. 3 GG, Rz. 117, zurückgehend auf *Kemper*, in: v. Mangoldt/Klein/Starck (4. Aufl.), Art. 9 GG, Rz. 257.

1255 Vgl. zu dem Spannungsverhältnis *Cornils*, in: Epping/Hillgruber, Art. 9, Rz. 72ff.

erheblicher Kritik ausgesetzt. Die durch das Bundesverfassungsgericht vorgenommene Unterteilung wird dabei als Sonderdogmatik[1256] aufgefasst und als nicht nachvollziehbar[1257] empfunden. Die Kritik beruht im Kern darauf, dass das Bundesverfassungsgericht die Wesentlichkeitslehre in anderen Konstellationen bereits auf privatgerichtete Problemlagen angewendet hat.[1258] So hat das Bundesverfassungsgericht entschieden, dass die rechtliche Zulässigkeit der friedlichen Nutzung der Kernenergie eine grundlegende Entscheidung ist, die nur vom Gesetzgeber getroffen werden könne.[1259] Dabei stellte das Gericht insbesondere darauf ab, dass die friedliche Nutzung der Kernenergie weitreichende Auswirkungen auf die Bürger habe. In einer weiteren Entscheidung hat das Bundesverfassungsgericht entschieden, dass für die Veranstaltung privater Rundfunksendungen eine gesetzliche Grundlage erforderlich sei. Begründet wurde dies vor allem damit, dass in diesem Bereich mit dem aus der Informationsfreiheit folgenden Anspruch auf umfassende und wahrheitsgemäße Information und der Freiheit der Meinungsäußerung derjenigen Personen, die die Programme herstellen oder in den Sendungen zu Wort kommen, unterschiedliche Grundrechtspositionen aufeinandertreffen, deren Kollision durch den Gesetzgeber zum Ausgleich zu bringen sei.[1260]

In der Tat bereitet es Schwierigkeiten die genannten Entscheidungen mit den zum Arbeitskampfrecht ergangenen Entscheidungen und der in ihnen begründeten Unterscheidung zwischen Staat-Bürger-Verhältnis und Gleichordnungsverhältnis in Einklang zu bringen. Es steht zu vermuten, dass das Bundesverfassungsgericht vom Ergebnis her gedacht hat und so aus Praktikabilitätsgesichtspunkten zur Nichtanwendbarkeit der Wesentlichkeitslehre gelangt ist.[1261] Die Beschränkung der Wesentlichkeitslehre auf das Staat-Bürger-Verhältnis fügt sich nicht ein in die bereits vor den Entscheidungen zum Arbeitskampfrecht erfolgte Abstraktion der Wesentlichkeitslehre vom Eingriffsbegriff[1262] und ihrer weitgehenden Orientierung auf eine das Demokratieprinzip und den Grundsatz der Gewaltenteilung absichernde Funktion.[1263] In der nach den die Begrenzung der Wesentlichkeits-

---

1256 *Bauer*, in: Dreier, Art. 9, Rz. 95.

1257 *Ehrich*, DB 1993, 1237 (1238 f.), nach dem sich die Wesentlichkeitsrechtsprechung „immer mehr zu einem Zauberstab in der Hand des BVerfG“ entwickelt.

1258 *Ehrich*, DB 1993, 1237 (1238 f.); *Engels*, Verfassung und Arbeitskampfrecht, S. 333 f.; *Kloepfer*, NJW 1985, 2497 (2499);

1259 BVerfG v. 08.08.1978 – 2 BvL 8/77, NJW 1979, 359 (360).

1260 BVerfG v. 16.06.1981 – 1 BvL 89/78, NJW 1981, 1774 (1776).

1261 *Ehrich*, DB 1993, 1237 (1239).

1262 *Engels*, Verfassung und Arbeitkampfrecht, S. 334.

1263 Vgl. *Ossenbühl*, in: Isensee/Kirchhof, HStR V, § 101, Rz. 60 ff., der zu Recht auf den Zusammenhang von Wesentlichkeitslehre und funktionell-rechtlicher Betrachtung des Gesetzesvorbehalts hinweist.

lehre begründenden Entscheidungen ergangenen Rechtsprechung verwendet das Bundesverfassungsgericht weiterhin eine umfassende Definition der Wesentlichkeitslehre, nach der der „Gesetzgeber, die für die Grundrechtsverwirklichung maßgeblichen Regelungen im wesentlichen selbst zu treffen" hat.[1264] Insofern ist der Vorwurf, es handele sich bei der Begrenzung der Wesentlichkeitslehre auf das Staat-Bürger-Verhältnis um eine auf das Arbeitskampfrecht bezogene Sonderdogmatik,[1265] nicht von der Hand zu weisen.

Die außerhalb des Arbeitskampfrechts ergangene Rechtsprechung zur Wesentlichkeitslehre spricht vielmehr für deren Anwendbarkeit auch auf das Gleichordnungsverhältnis. So hat das Bundesverfassungsgericht in der Entscheidung „Josefine Mutzenbacher" eine Gesetzgebungspflicht für Fälle bejaht, in denen „miteinander konkurrierende grundrechtliche Freiheitsrechte aufeinandertreffen [...] deren jeweilige Grenzen fließend und nur schwer auszumachen sind." Dies gelte vor allem dann, „wenn die betroffenen Grundrechte nach dem Wortlaut der Verfassung vorbehaltlos gewährleistet sind und eine Regelung, welche diesen Lebensbereich ordnen will, damit notwendigerweise ihre verfassungsimmanenten Schranken bestimmen und konkretisieren" muss.[1266] Hieraus ergibt sich deutlich, dass das Bundesverfassungsgericht der Wesentlichkeitslehre abseits des Vorbehalts des Gesetzes besondere Bedeutung hinsichtlich der Wahrung von Rechtssicherheit und der Gewaltenteilung beimisst. Der Gesetzgeber muss in einem grundrechtsrelevanten Bereich, der durch die Konkurrenz entgegenstehender Grundrechte geprägt ist, die grundlegenden Wertentscheidungen selbst treffen. Eine solche Situation ist im Arbeitskampfrecht gegeben. Hier liegt nicht nur eine zweiseitige, sondern eine multipolare Konkurrenzsituation vor. Arbeitskämpfe greifen nicht nur in die Rechtssphäre des Kampfgegners ein, sie zeichnen sich regelmäßig durch umfangreiche Drittwirkungen aus. Dabei hat die Untersuchung gezeigt, dass die jeweiligen Grenzen der Grundrechtsausübung fließend ineinander übergehen und eine Abgrenzung umfangreiche, auf rechtliche und tatsächliche Einschätzungen gestützte Abwägungen erfordert. Insoweit geht es im Arbeitskampfrecht um wichtige Grundentscheidungen,[1267] die bei einer vom Eingriffsbegriff losgelösten Anwendung der Wesentlichkeitslehre durch den Gesetzgeber getroffen werden müssen.

Eine neue Entwicklungslinie hinsichtlich der Anwendbarkeit der Wesentlichkeitslehre zeigt auch die neuere Rechtsprechung des Bundesverfassungsgerichts.

1264 Vgl. nur BVerfG v. 27.11.1990 – 1 BvR 402/87, NJW 1991, 1471 (1472).

1265 *Bauer*, in: Dreier, Art. 9, Rz. 95.

1266 BVerfG v. 27.11.1990 – 1 BvR 402/87, NJW 1991, 1471 (1472); ähnlich von der Begründung bereits BVerfG v. 16.06.1981 – 1 BvL 89/78, NJW 1981, 1774 (1776) hinsichtlich des Privatrundfunks und damit im Rahmen eines Gleichordnungsverhältnisses.

1267 *Löwisch*, DB 1988, 1013 (1013).

Im bereits angesprochenen Sondervotum haben der Richter *Voßkuhle,* die Richterin *Osterloh* und der Richter *Di Fabio* strengere Maßstäbe an die Rechtsfortbildung angelegt, sofern durch diese eine Verkürzung von Rechtspositionen des Einzelnen eintritt.[1268] Eine solche ist im Arbeitskampfrecht stets gegeben, da eine Erweiterung des Handlungsspielraums der einen Seite zwangsläufig eine Beschränkung des Handlungsspielraums der anderen Seite zur Folge hat. Insoweit ist der Gesetzgeber gefordert, für einen angemessenen Ausgleich zu sorgen.

Der Einschlägigkeit der Wesentlichkeitslehre im Arbeitskampfrecht kann nicht entgegengehalten werden, der Gesetzgeber sei seiner aus der Wesentlichkeitslehre resultierenden Verpflichtung dadurch nachgekommen, dass der Verfassungsgeber die wesentlichen Entscheidungen bereits im vorbehaltlos gewährleisteten Art. 9 Abs. 3 GG getroffen habe.[1269] Eine solche Argumentation verkürzt die Bedeutung der Wesentlichkeitslehre in unzulässiger Weise. Die Wesentlichkeitslehre dient nicht lediglich der Feststellung, welche Gegenstände durch den Gesetzgeber zu regeln sind, sie legt auch den Umfang der Regelungspflicht fest.[1270] Je wesentlicher die zu treffende Entscheidung ist, desto höhere Anforderungen sind an die Regelungsdichte zu stellen.[1271] Das Arbeitskampfrecht berührt Kernfragen der Wirtschafts- und Sozialordnung und vermag in seiner inhaltlichen Komplexität nicht in einer der Wesentlichkeitslehre genügenden Art und Weise durch eine Grundrechtsbestimmung geregelt zu werden, die selbst noch nicht einmal ausdrücklich ein Grundrecht auf Koalitionsbetätigung proklamiert.

Dogmatisch nicht überzeugend ist es schließlich auch, die Anwendbarkeit der Wesentlichkeitslehre aufgrund ihrer Folgen zu verneinen.[1272] Der Verstoß gegen die Wesentlichkeitslehre führt nicht zur gänzlichen Unanwendbarkeit des richterrechtlichen Arbeitskampfrechts, es kann allerdings nur insofern weitere Geltung beanspruchen, wie dies für ein geordnetes Funktionieren der Tarifordnung unerlässlich ist.[1273] Um diesen Zustand zu beseitigen, müsste das Bundesverfassungsgericht den Gesetzgeber zur Regelung auffordern. Dieser hat sich dann

---

1268 Abweichende Meinung des Richters *Voßkuhle*, der Richterin *Osterloh* und des Richters *Di Fabio* zu BVerfG v. 15.01.2009 – 2 BvR 2044/07, NJW 2009, 1469 (1477).

1269 *Löwer*, in: v. Münch/Kunig, Art. 9, Rz. 82; *Däubler*, in: Arbeitskampfrecht, § 9, Rz. 51.

1270 BVerfG v. 27.11.1990 – 1 BvR 402/87, NJW 1991, 1471 (1475).

1271 Vgl. nur *Herzog/Grzeszick*, in: Maunz/Dürig, Art. 20 GG, Rz. 106.

1272 So aber *Ehrich*, DB 1993, 1237 (1239), der, wie bereits *Seiter*, RdA 1986, 165 (170), eine Regelungspflicht aufgrund des aus Art. 9 Abs. 3 GG folgenden Regelungsauftrags des Staates ableitet, der ihm aufgibt den Kampfparteien ein funktionsfähiges Arbeitskampfsystem zur Verfügung zu stellen. Dies überzeugt aber deshalb nicht, da selbst dann, wenn den Staat ein solcher Regelungsauftrag trifft, nicht zwingend ein Tätigwerden des Gesetzgebers gefordert ist, vgl. *Engels*, Verfassung und Arbeitskampfrecht, S. 330 ff.

1273 *Löwisch*, DB 1988, 1013 (1013).

trotz der unbestreitbar existierenden Schwierigkeiten mit dem Arbeitskampfrecht zu beschäftigen und eine gesetzliche Regelung zu erlassen.

III. Gesetzgebungspflicht durch grundrechtliche Schutzpflicht

Schließlich kann sich eine Gesetzgebungspflicht auch aus einer grundrechtlichen Schutzpflicht ergeben. Die Existenz grundrechtlicher Schutzpflichten ist allgemein anerkannt, ihre Herleitung wird allerdings mit unterschiedlichen Ansätzen begründet. Es lassen sich drei Kernargumentationen voneinander unterscheiden. Nach einer Ansicht beruhen sie auf den objektiv-rechtlichen Grundrechtsgehalten. Im Zentrum der Grundrechtsdogmatik stand ursprünglich die abwehrrechtliche Dimension der Grundrechte des Bürgers gegen den Staat, die auch heute noch die vorherrschende Funktion der Grundrechte darstellt.[1274] Zunehmend hat sich jedoch die objektiv-rechtliche Dimension der Grundrechte Bahn gebrochen. Sie beinhaltet die Einordnung der Grundrechte als objektive Wertentscheidungen.[1275] Als objektive Wertentscheidung verpflichten die Grundrechte den Staat nicht nur dazu, in die Freiheit des Einzelnen möglichst wenig einzugreifen, sie verpflichten ihn dann ebenso dazu, die Bedingungen der Freiheit zu schaffen und abzusichern.[1276] Aus den grundrechtlichen Wertentscheidungen ergibt sich nach dieser Ansicht für den Staat die Pflicht, die Grundrechtsberechtigten insbesondere vor Eingriffen Dritter in ihre grundrechtlich geschützten Positionen zu schützen.[1277] Entwickelt wurden die grundrechtlichen Schutzpflichten aus Art. 2 Abs. 2 GG.[1278] Das Bundesverfassungsgericht kombinierte die Herleitung aus der objektiv-rechtlichen Dimension der Grundrechte unterstützend mit Art. 1 Abs. 1 S. 2 GG.[1279] Auf den Rückgriff auf Art. 1 GG hat das Bundesverfassungsgericht später verzichtet und leitet seitdem die Schutzpflichten nur aus der objektiv-recht-

---

1274 *Herdegen*, in: Maunz/Dürig, Art. 1 Abs. 3 GG, Rz. 16ff.; vgl. zu den „klassischen Grundrechtsfunktionen" *Pieroth/Schlink*, Grundrechte, Rz. 75ff.

1275 dazu grundlegend BVerfG v. 15.01.1958 – 1 BvR 400/57, NJW 1958, 257 (257).

1276 *Pieroth/Schlink*, Grundrechte, Rz. 95.

1277 Die Schutzpflichtenlehre hat sich in Dreieckskonstellationen entwickelt, in denen ein Grundrechtsträger durch das Verhalten einer dritten Person in seiner Grundrechtswahrnehmung beschränkt wurde, so dass der Staat aufgrund der objektiven Wertentscheidung durch die Grundrechtsgewährleistung zum Ausgleich der entgegenstehenden Rechtspositionen verpflichtet war, vgl. *Lang*, in: Epping/Hillgruber, Art. 2 GG, Rz. 74ff.

1278 BVerfG v. 25.02.1975 – 1 BvF 1 – 6/74, NJW 1975, 573 (575).

1279 BVerfG v. 25.02.1975 – 1 BvF 1 – 6/74, NJW 1975, 573 (575); vgl. zur Herleitung *Dietlein*, Die Lehre von den grundrechtlichen Schutzpflichten, S. 17ff.; *Calliess*, in: Handbuch der Grundrechte, Band II, § 44, Rz. 5.

lichen Dimension der Grundrechte her.[1280] Nach anderer Ansicht ergibt sich die Existenz einer grundrechtlichen Schutzpflicht aus dem Grundrecht selbst i. V. m. Art. 1 Abs. 1 S. 2 GG.[1281] Dabei wird aus Art. 1 Abs. 1 GG auf die allgemeine Anerkennung von Schutzpflichten durch das Grundgesetz geschlossen und die konkrete Ausformung der Schutzpflicht dem Grundrecht selbst entnommen. Das Zusammenspiel zwischen Art. 1 Abs. 1 S. 2 GG mit dem Grundrecht führt dann dazu, dass jedem Grundrecht eine abwehrrechtliche und eine schutzrechtliche Bedeutung zukommt. Schließlich wird auch vertreten, dass die Existenz von Schutzpflichten zwingende Folge des staatlichen Gewaltmonopols sei.[1282] Da der Staat durch die Zuerkennung vielfältiger Freiheitsrechte das Recht der Bürger auf Selbstschutz erheblich reduziert und für sich selbst das Gewaltmonopol reklamiert, müsse der Staat quasi als Gegenleistung für den Rechtsgüterschutz sorgen, sofern nicht die Legitimität des staatlichen Gewaltmonopols zur Disposition gestellt werden soll.[1283]

Es ist weitgehend anerkannt, dass Schutzpflichten sämtlichen Grundrechtsbestimmungen immanent sind.[1284] Dies ergibt sich aus der Rechtsprechung des Bundesverfassungsgerichts, nach der der Staat „die Grundrechte des Einzelnen zu schützen und vor Verletzung durch andere zu bewahren“ hat.[1285] Auch hinsichtlich des Arbeitskampfs kann den Staat daher eine Schutzpflicht treffen.[1286] Naturgemäß führt der Arbeitskampf zum Übergriff auf grundrechtlich geschützte Rechtspositionen des sozialen Gegenspielers und der Allgemeinheit. Arbeitskampfmittel der Arbeitnehmerseite können insbesondere die Grundrechte des Arbeitgebers aus Art. 9 Abs. 3, 12 Abs. 1 und 14 Abs. 1 GG berühren, Arbeitskampfmittel der Arbeitgeberseite können insbesondere das Grundrecht der Arbeitnehmer aus Art. 9 Abs. 3 und 12 Abs. 1 GG betreffen. Das Arbeitskampfrecht betrifft daher einen klassischen Fall einer Dreieckskonstellation im Privatrecht mit Grundrechtsübergriff. Außerdem betrifft der Arbeitskampf direkt den sozialen Frieden, für den zu sorgen der Gesetzgeber nach Ansicht des Bundesverfassungsgerichts verpflichtet ist.[1287] Im Rahmen der aus der objektiven Dimension der Grundrechte folgenden Schutzpflicht ist es daher Aufgabe des Staates dafür zu sorgen, dass durch Handlungen Dritter nicht systematisch in

1280 Vgl. BVerfG v. 10.01.1995 – 1 BvF 1/90 u. a., NJW 1995, 2339 (2341); BVerfG v. 26.07.2005 – 1 BvR 782/94 u. 1 BvR 957/96, NJW 2005, 2363 (2365); BVerfG v. 13.02.2007 – 1 BvR 421/05, NJW 2007, 753 (754).

1281 *Calliess*, Handbuch der Grundrechte, Band II, Rz. 23.

1282 *Dietlein*, Die Lehre von den grundrechtlichen Schutzpflichten, S. 22.

1283 *Alexy*, Theorie der Grundrechte, S. 419; *Klein*, NJW 1989, 1633 (1635 f.).

1284 Allgemein *Sachs*, in: ders., Vor Art. 1 GG, Rz. 35; *Stern*, DÖV 2010, 241 (246).

1285 BVerfG v. 06.02.2001 – 1 BvR 12/92, NJW 2001, 957 (958).

1286 *Höfling/Engels*, NJW 2007, 3102 (3103).

1287 BVerfG v. 13.01.1982 – 1 BvR 848/77 u. a., NJW 1982, 1447 (1449).

die grundrechtlich geschützten Rechtspositionen eingegriffen wird. Er muss im Rahmen des Arbeitskampfs für den Schutz der durch diesen betroffenen Grundrechte sorgen.[1288]

Fraglich ist allerdings, ob aus der Schutzpflicht auch eine Gesetzgebungspflicht hergeleitet werden kann.[1289] Die aus der objektiven Grundrechtsdimension resultierende Schutzpflicht richtet sich an den Staat und insoweit nicht per se an den Gesetzgeber. Dieser ist aber der Hauptadressat der Schutzpflicht.[1290] Allerdings führt das Bundesverfassungsgericht hinsichtlich der Beachtung grundrechtlicher Schutzpflichten nur eine Evidenzkontrolle durch und gesteht dem Gesetzgeber einen weiten Einschätzungs-, Wertungs- und Gestaltungsbereich zu.[1291] Einen Verstoß gegen eine grundrechtliche Schutzpflicht stellt das Bundesverfassungsgericht daher nur dann fest, wenn staatliche „Organe gänzlich untätig geblieben sind oder wenn die bisher getroffenen Maßnahmen evident unzureichend sind".[1292] Bei der Feststellung der konkreten Rechtsfolge der Schutzpflicht ist die Qualität des verfassungsrechtlich geschützten Rechtsgutes und diejenige der bereits vorhandenen Regelungen zu beachten.[1293] Nach diesen Kriterien kann aus der auch im Arbeitskampfrecht wirkenden Schutzpflicht des Staates eine Gesetzgebungspflicht hergeleitet werden. Im Arbeitskampfrecht hat der Gesetzgeber keine hinreichenden Regelungen aufgestellt, die das grundrechtlich geforderte Schutzminimum gesetzlich absichern. Die Berufs- und die Koalitionsfreiheit sind grundlegende Freiheitsrechte der Markt- und Wirtschaftsordnung. Sie werden im Zusammenhang mit Arbeitskämpfen durch gesetzliche Regelungen nicht geschützt und die durch die Rechtsprechung aufgestellten Regelungen haben sich als nicht genügend zu ihrem Schutz herausgestellt. Zwar kann sich aus grundrechtlichen Schutzpflichten keine Pflicht zur detaillierten Regelung des Arbeitskampfrechts ergeben, da der Staat durch Schutzpflichten nur zum Tätigwerden im Rahmen des Untermaßverbots aufgefordert wird und somit nur für einen wirksamen und angemessenen Mindeststandard zu sorgen hat.[1294] Eine über die grundsätzliche Regelung hinausgehende Normierung des

1288 *Seiter*, RdA 1986, 165 (170 f.) geht von einer aus der Menschenwürde und dem Sozialstaatsprinzip folgenden Schutzpflicht aus; *Wank*, RdA 1989, 263 (264); *Engels*, Verfassung und Arbeitskampfrecht, S. 347 f.

1289 *Kloepfer*, Verfassungsrecht II, § 64, Rz. 76; *Seiter*, RdA 1986, 165 (170 f.); *Wank*, RdA 1989, 263 (264).

1290 *Dolderer*, Objektive Grundrechtsgehalte, S. 199.

1291 *Stern*, DÖV 2010, 241 (247 f.).

1292 BVerfG v. 29.11.1995 – 1 BvR 2203/95, NJW 1996, 651 (651).

1293 *Callies*, in: Handbuch der Grundrechte, Band II, § 44, Rz. 25.

1294 *Callies*, in: Handbuch der Grundrechte, Band II, § 44, Rz. 26; *Sachs*, in: ders., Vor Art. 1 GG, Rz. 36; *Grzeszick*, in: Maunz/Dürig, Art. 20 GG, Rz. 126; *Engels*, Verfassung und Arbeitskampfrecht, S. 348.

Arbeitskampfrechts ist allerdings weder politisch durchsetzbar noch praktisch erforderlich, um den Kampfparteien durch eine organisatorische Grundentscheidung ein klares und rechtssicheres Kampfrechtssystem zur Verfügung zu stellen.

Auch das Bundesverfassungsgericht scheint einer durch Schutzpflichten begründeten Gesetzgebungspflicht im Arbeitskampfrecht nicht von vornherein ablehnend gegenüberzustehen. So hat es in einer arbeitskampfrechtlichen Konstellation entschieden, die Rechtsprechung müsse, auch in Bereichen, in denen eine aufgrund von Schutzpflichten erforderliche gesetzliche Regelung fehlt, das Recht fortbilden.[1295] Diese Aussage kann so gedeutet werden, dass das Gericht davon ausgeht, dass der Gesetzgeber kraft grundrechtlicher Schutzpflicht im Arbeitskampfrecht zum Handeln verpflichtet ist.

D) Der Anspruch auf Gesetzgebung

Den Gesetzgeber trifft daher aufgrund der Wesentlichkeitslehre und als Folge grundrechtlicher Schutzpflichten eine Pflicht zur Bereitstellung eines organisatorischen Rahmens im Arbeitskampfrecht. Zu einer effektiven Handlungspflicht wird sie aktualisiert, sofern der Gesetzgeber zur Regelung aufgefordert werden kann. Sofern ein subjektiv-öffentliches Recht des Einzelnen auf gesetzliche Regelung besteht, könnte im Rahmen einer Verfassungsbeschwerde das Tätigwerden des Gesetzgebers eingefordert werden.

Grundsätzlich unproblematisch gestaltet sich die Herleitung eines subjektiv-öffentlichen Rechts bei einem Verstoß gegen die Wesentlichkeitslehre. Im Rahmen einer Urteilsverfassungsbeschwerde kann der Betroffene einen Verstoß gegen das Demokratie- und Rechtsstaatsprinzip geltend machen. Das subjektiv-öffentliche Recht ist in diesem Fall das durch die Untätigkeit des Gesetzgebers betroffene Grundrecht in Verbindung mit Art. 20 Abs. 2 und 3 GG.

Aber auch grundrechtliche Schutzpflichten vermitteln dem Grundrechtsberechtigten nach allgemeiner Ansicht ein subjektives Recht. Dies wird unterschiedlich begründet. Für diejenigen, die die Schutzpflicht aus dem betreffenden Grundrecht in Verbindung mit Art. 1 Abs. 1 S. 2 GG herleiten, ist eine Schutzpflicht ohne subjektiv-öffentliches Recht widersprüchlich, da sowohl die Schutzdimension als auch die Abwehrdimension aus dem Grundrechtstatbestand folgen, so dass der Schutzdimension wie der Abwehrdimension eine subjektivrechtliche Seite innewohnen müsse.[1296] Diejenigen, die die Schutzpflicht aus den objektiv-rechtlichen Grundrechtsgehalten schließen, prüfen anhand einer

1295 BVerfG v. 26.06.1991 – 1 BvR 779/85, NZA 1991, 809 (810).

1296 *Callies*, in: Handbuch der Grundrechte, Band II, § 44, Rz. 24.

anderen Rechtsbereichen entlehnten Schutznormtheorie, ob die Schutzpflicht bestimmte Berechtigte begünstigen will oder lediglich im Interesse der Allgemeinheit besteht und damit nur allgemeine Pflichten der staatlichen Organe auslösen will.[1297] Da die Schutzpflicht den individuell-abwehrrechtlich orientierten Grundrechtsschutz durch eine weitere Dimension erweitern will, ist davon auszugehen, dass eine Begünstigung des Berechtigten Zweck der Schutzpflicht ist. Dafür spricht bereits, dass die Herleitung der Schutzpflicht nach dieser Ansicht aus dem Verständnis der Grundrechte als Wertordnung vorgenommen wird. Die Wertordnung wird aber durch eine rein objektive Betrachtung der Schutzpflicht nicht effizient realisiert. Hierfür ist eine subjektive Komponente erforderlich, um die objektive Wertordnung kraft subjektiver Verstärkung zu gewährleisten.[1298] Auch nach der dritten Ansicht haben Schutzpflichten eine subjektiv-rechtliche Komponente. Diese ergibt sich hier noch unmittelbarer als nach den anderen Herleitungen. Da Schutzpflichten nach dieser Ansicht direkte Folge des Gewaltmonopols und Ersatz für ein Selbsthilferecht sind, muss der Bürger auch einen Anspruch auf staatliches Einschreiten haben, da die Schutzpflicht ansonsten kein äquivalenter Ersatz für den Verzicht auf das Selbsthilferecht wäre.

Letztlich setzt daher nach allen Ansichten der Effizienzgedanke eine Möglichkeit der Geltendmachung von Schutzpflichtverletzungen voraus. Daher ist davon auszugehen, dass aus der Schutzpflicht ein subjektiv-öffentliches Recht abgeleitet werden kann, das im Wege der Verfassungsbeschwerde geltend gemacht werden kann.[1299]

Ob Gerichte darüber hinaus die Möglichkeit haben, im Falle der Untätigkeit des Gesetzgebers das Vorlageverfahren nach Art. 100 Abs. 1 GG einzuleiten, ist umstritten.[1300] Dagegen spricht der Wortlaut der Norm, die lediglich die Vorlage von Gesetzen zum Gegenstand hat.[1301] Allerdings erscheint es aus prozessökonomischen Erwägungen und wegen des Ziels des effektiven Grundrechtsschutzes widersprüchlich, den Grundrechtsträger auf das Verfahren der Verfassungsbeschwerde zu verweisen. Daher ist trotz des nur auf die Vorlage eines Gesetzes beschränkten Wortlauts auch eine Vorlage im Falle gesetzgeberischer Untätigkeit zuzulassen.

1297 *Dolderer*, Objektive Grundrechtsgehalte, S. 386; *Stern*, DÖV 2010, 241 (248).

1298 *Alexy*, Theorie der Grundrechte, S. 414.

1299 Dies ist auch in der Rechtsprechung des Bundesverfassungsgerichts anerkannt, vgl. nur BVerfG v. 29.10.1987 – 2 BvR 624/83 u. a., NJW 1988, 1651.

1300 Dafür *Dieterich*, in: ErfKomm., Einl. GG, Rz. 44; *Hermes*, VVDStRL 61 (2002), S. 119 (142 f.).

1301 *Classen*, JZ 2003, 693 (698).

Zusammenfassung in Thesen

1. Art. 9 Abs. 3 GG stellt ein Doppelgrundrecht dar. Da das Grundrecht typischerweise in der Gruppe wahrgenommen wird, ergibt sich die Grundrechtsträgerschaft nicht erst über Art. 19 Abs. 3 GG. Die Koalition kann das den in ihr zusammengeschlossenen Individuen zustehende Grundrecht ausüben. Wegen der finalen Verknüpfung zwischen Koalitionsbildung und Koalitionszweck sind neben den internen Betätigungen auch externe Betätigungen geschützt.
2. Der Umfang der Koalitionsbetätigungsfreiheit ist auch nach der Aufgabe der Kernbereichslehre nicht klar erkennbar. Die neuere Rechtsprechung scheint sämtliche Koalitionsbetätigungen als von der Koalitionsfreiheit geschützt anzusehen, sofern nur einer der Koalitionszwecke verfolgt wird. Dies stimmt nicht überein mit der bisherigen Rechtsprechung des Bundesverfassungsgerichts und ist auch dogmatisch nicht überzeugend, da durch die Verlagerung der Abgrenzungsentscheidung in die Verhältnismäßigkeitsprüfung der Inhalt der Koalitionsfreiheit nicht rechtssicher festgelegt wird. Der Grundrechtsschutz verliert dadurch an Vorhersehbarkeit. Als spezielles Freiheitsrecht darf die Koalitionsfreiheit nicht im Sinne einer allgemeinen Koalitionsbetätigungsfreiheit verstanden werden. Art. 9 Abs. 3 GG ist bereits auf Schutzbereichsebene einzuschränken, um die Selbsteröffnung des grundrechtlichen Schutzbereichs zu verhindern. Die Koalitionsfreiheit ist daher funktional auszulegen.
3. Die Normsetzungskompetenz der Koalitionen basiert auf staatlicher Delegation, deren Wahrnehmung durch den mitgliedschaftlichen Beitrittsakt legitimiert wird. Den Koalitionen wird aus gesamtökonomischen Gründen ein Handlungsfreiraum gegeben, in dessen Grenzen ihnen im Verhältnis zum Staat parallele Kompetenzen zukommen, so dass sie die gleiche Zwecksetzung wie dieser verfolgen müssen. Aus diesem Grund sind die Koalitionen auch an das Gemeinwohl gebunden, welches ihrer Betätigung Grenzen zieht.
4. Auch die neuere Rechtsprechung, die dazu tendiert den Tarifvertragsparteien einen umfassenden Regelungsauftrag zuzusprechen, zeigt, dass ein rein mandatarisches Verständnis der Tarifautonomie die Rechtsetzungsmacht der Tarifvertragparteien nicht umfassend erklären kann. Sie deutet auf eine Renaissance des Delegationsgedankens hin und mit diesem auf eine Bindung an die dem Staat selbst gesetzten Grenzen. Die Koalition muss bei

ihren Betätigungen die Interessen aller Arbeitnehmer berücksichtigen, die vom Geltungsbereich des Tarifvertrags erfasst werden können.

5. Art. 9 Abs. 3 GG ist ein „gewaltnahes" Grundrecht. Besteht das Nahziel der Koalitionsbetätigung aber in einem gezielten erheblichen Eingriff in fremde Grundrechtspositionen, der zu einer massiven Schädigung grundrechtlich geschützter Interessen des Verhandlungspartners führt, ist der Schutzbereich der Koalitionsbetätigungsfreiheit nicht eröffnet. Ein hinreichender Zusammenhang der Betätigung mit den Zwecken des Art. 9 Abs. 3 GG, nämlich die Wahrung und Förderung der Arbeits- und Wirtschaftsbedingungen, ist in diesem Fall nicht gegeben. Die eigenmächtige und erhebliche Beeinträchtigung von fremden Grundrechtspositionen, die auch sonst nicht von der Rechtsordnung geschützt ist, erlangt nicht deshalb Schutzbedürftigkeit, weil sie mit dem Lebensbereich eines Grundrechts verknüpft wird.
6. Koalitionsbetätigungen sind nur geschützt, wenn sie Ausdruck der Koalitionsmacht sind. Eine beliebige Drittbeteiligung ist daher vom Schutzbereich nicht gedeckt.
7. Koalitionen sind zumindest in ähnlicher Weise an die Grundrechte gebunden wie der Staat. Ein vergleichbarer Schutz muss auch bei einer privatrechtlichen Begründung der Normsetzungsbefugnis gelten, da eine Aufteilung in mittelbaren Grundrechtsschutz für Mitglieder und in unmittelbaren Grundrechtsschutz für Außenseiter, z. B. im Fall der Allgemeinverbindlicherklärung, zu erheblichen Problemen führen kann. Die den Koalitionen zukommende besondere Aufgabe und der hierdurch entstehende erhebliche Einfluss sprechen für eine Grundrechtsbindung der Koalitionen, die über diejenige der Schutzpflichtenlehre hinausgeht. Ansonsten würde im Nachwirkungszeitraum des Tarifvertrags staatliches Recht existieren, das nicht an Grundrechten zu messen wäre.
8. Eine Delegation der Tarifmacht ist nur insoweit möglich, als gesichert ist, dass die Eigenverantwortung der Koalition erhalten bleibt. Ein Recht der Koalition auf Untätigkeit ist nicht als negative Seite des Art. 9 Abs. 3 GG geschützt, sondern kann sich nur aus Art. 2 Abs. 1 GG ergeben.
9. Durch die Doppelzuständigkeit von Gesetzgeber und Koalitionen im Bereich der Arbeits- und Wirtschaftsbedingungen kann sich im Einzelfall eine Pflicht des Gesetzgebers zum Erlass tarifdispositiver Normen ergeben. So kann sich im Einzelfall im Rahmen der Prüfung der Verhältnismäßigkeit ergeben, dass zwingendes Gesetzesrecht zu stark in das Grundrecht der Koalition eingreift und dass deshalb das tarifdispositive Recht als milderes Mittel herangezogen werden muss. Auch dieses stellt jedoch einen Eingriff in Art. 9 Abs. 3 GG dar.

10. In der Betriebsverfassung kollidiert die Koalitionsbetätigung mit den Grundrechten des Arbeitgebers und mit den Rechten des Betriebsrats. Im Rahmen einer Einzelfallabwägung ist zwischen den Rechten praktische Konkordanz herzustellen.
11. Das Zutrittsrecht externer Gewerkschaftsbeauftragter fällt in den Schutzbereich von Art. 9 Abs. 3 GG. Die Modalitäten sind durch Abwägung der sich gegenüberstehenden Grundrechtspositionen im Einzelfall festzulegen. Die abstrakte Festlegung einer Zugangshöchstgrenze hilft dabei nicht weiter. Nach der Aufgabe des Grundsatzes der Tarifeinheit können Unternehmen mit zunehmendem Koalitionspluralismus konfrontiert sein. Es bietet sich an, Zugangsrechte nach dem Grundsatz der abgestuften Chancengleichheit zu gewähren.
    Ein Zugangsrecht besteht in kirchlichen Einrichtungen nur für betriebsangehörige Gewerkschaftsmitglieder, da nur sie in einem Loyalitätsverhältnis zur Kirche stehen und deshalb das kirchliche Selbstverständnis bei ihrer Betätigung zu beachten haben. Das kirchliche Selbstbestimmungsrecht berechtigt die Kirche, den Zugang von Betriebsfremden auszuschließen.
12. Koalitionswerbung über die betrieblichen E-Mail-Adressen verstößt regelmäßig gegen die Vorschriften des BDSG und greift in erheblicher Weise in die Grundrechte des Arbeitgebers ein. Sie stellt grundsätzlich einen betriebsbezogenen Eingriff in den eingerichteten und ausgeübten Gewerbebetrieb dar. Es ist davon auszugehen, dass sie nur zu besonders wichtigen Anlässen und in geringem Umfang zulässig ist. Der Arbeitgeber kann zudem ein generelles Werbeverbot aussprechen.
    Koalitionswerbung im betrieblichen Intranet ist grundsätzlich unzulässig, da sie eine erhebliche unfreiwillige Unterstützung des Arbeitgebers erfordert.
13. Nach der Rechtsprechung sind Arbeitskämpfe ein zulässiges Mittel zur Durchsetzung von Zuordnungstarifverträgen. Da jede im Betrieb vertretene und tarifzuständige Koalition Zuordnungstarifverträge abschließen kann, rückt die Frage der Auflösung von Tarifkollisionen in den Mittelpunkt. Ein Zwang zum gemeinsamen Abschluss greift unverhältnismäßig in die Koalitionsfreiheit ein. Das Problem der Tarifkollision muss nach dem Tarifvertragsabschluss durch objektive Kriterien gelöst werden. Tarifkollisionen bei Zuordnungstarifverträgen sind mittels eines normzweckorientierten Spezialitätsgrundsatzes zu lösen. Der Tarifvertrag, der das von § 3 BetrVG verfolgte Ziel der Optimierung der Wahrnehmung der Arbeitnehmerinteressen am besten erfüllt, verdient den Vorzug. Bei gleicher Effektivität entscheidet das Prioritätsprinzip.
14. Koalitionen können neben dem betrieblichen Verfahren nach §§ 111, 112 BetrVG Tarifsozialpläne schließen. Die erhobenen Tarifforderungen

sind einer Gesamtbetrachtung zu unterziehen, um zu überprüfen, ob die Koalitionen tatsächlich nur ihre Ausgestaltungsmacht ausüben, oder ob ihr eigentliches Ziel in der Verhinderung der unternehmerischen Entscheidung liegt. Ist letzteres der Fall, liegt ein mittelbarer Eingriff in die unternehmerische Freiheit vor. Dies ist unzulässig, wenn die unternehmerische Entscheidung wirtschaftlich sinnlos wird, da dann ein tariflich nicht regelbares Ziel verfolgt wird. Bei der Überprüfung handelt es sich nicht um eine Tarifzensur, sondern um eine Rechtmäßigkeitskontrolle. Diese ist insbesondere bei grenzüberschreitenden Betriebsverlagerungen zum Schutz der Niederlassungsfreiheit geboten.

15. Den Koalitionen kommt ein weiter Gestaltungsspielraum zu. Dieser resultiert aus der den Koalitionen zugeschriebenen Sachnähe zu den Fragen der materiellen Arbeitsbedingungen und dem den Koalitionen durch die Koalitionsmitglieder erteilten Mandat. Der Gestaltungsspielraum greift dort, wo speziell die Kompetenzen der Tarifparteien berührt werden, d. h. wo Sachnähe zum Regelungsobjekt gegeben ist.
16. Mit der Entscheidung über die Zulässigkeit von Unterstützungsarbeitskämpfen hat die Rechtsprechung den Bezugspunkt der Verhältnismäßigkeitsprüfung modifiziert. Während zuvor auf die Kampfparität abgestellt wurde, soll nunmehr das Kampfziel entscheidend sein. Dieser Ansicht kann nicht gefolgt werden (vgl. dazu unten Nr. 20). Die Prüfung der Rechtmäßigkeit des Arbeitskampfs wird auf dessen Angemessenheit reduziert. Die neue Rechtsprechung birgt daher ein hohes Exzessrisiko. Unterstützungsarbeitskämpfe sind nur geeignet wirtschaftlichen Druck aufzubauen, sofern der Betroffene rechtliche Einflussmöglichkeiten auf den Gegner des Hauptarbeitskampfs hat oder mit diesem wirtschaftlich so verknüpft ist, dass eine faktische Abhängigkeit besteht.
17. Neben dem nationalen Recht führt auch die völkerrechtliche Entwicklung zu einer Ausdehnung der Koalitionsbetätigungsfreiheit. Das in Deutschland geltende Verbot des Beamtenstreiks steht im Konflikt mit Art. 11 EMRK, da nach der Rechtsprechung des Europäischen Gerichtshofs für Menschenrechte ein Streikverbot im öffentlichen Dienst nur für bestimmte nach funktionalen Kriterien abgrenzbare Personengruppen in Betracht kommt.
18. Im Bereich kirchlicher Einrichtungen ist ein allgemeines Arbeitskampfverbot zulässig. Nach neuer Rechtsprechung des Bundesarbeitsgerichts im Rahmen des Dritten Weges allerdings nur dann, wenn die Koalition organisatorisch eingebunden ist und die Arbeitsrechtssetzung auf dem Dritten Weg für die Dienstgeber verbindlich ist. Eine Unterscheidung zwischen zulässigen Arbeitskämpfen in Randbereichen kirchlicher Tätigkeit und unzulässigen Arbeitskämpfen im Kernbereich kirchlicher Tätigkeit greift in das kirchliche

Selbstbestimmungsrecht ein. Dadurch wird das kirchliche Selbstverständnis fremdbestimmt und die Dienstgemeinschaft durchbrochen. Damit wird auch der Dritte Weg infrage gestellt, der aber Bestandteil des kirchlichen Selbstbestimmungsrechts und nicht grundsätzlich ineffektiver als das staatliche Tarifvertragsrecht ist.

19. Durch die Entscheidung zur Zulässigkeit von Flashmobs entsteht ein atypisches Arbeitskampfrecht, da die Grenzen des grundrechtlichen Schutzbereichs der Koalitionsfreiheit missachtet werden.
 Eine beliebige Beteiligung Dritter an Arbeitskampfmaßnahmen ist von Art. 9 Abs. 3 GG nicht gedeckt. Die Koalition muss ihre Betätigungen auf die Legitimation ihrer Mitglieder zurückführen können. Die Beteiligung beliebiger Dritter würde die Existenz einer von der individuellen Koalitionsfreiheit unabhängigen kollektiven Koalitionsfreiheit voraussetzen. Allein die Trägerschaft einer Koalition reicht für die Eröffnung des personalen Schutzbereich nicht aus. Die gegenteilige Auffassung des Bundesarbeitsgerichts weicht den Begriff der Tariffähigkeit auf.
 Bei der Eröffnung des sachlichen Schutzbereichs der Koalitionsfreiheit kann nicht nur auf den mit der Betätigung verfolgten Zweck abgestellt werden. Neben dem verfolgten Zweck ist die Art des zur Zweckverfolgung eingesetzten Mittels zu berücksichtigen. Insgesamt muss sich ein innerer Zusammenhang zwischen Betätigung und Grundrecht ergeben, da die Arbeitskampffreiheit nur als Annex des Tarifwesens geschützt ist.
 Der Arbeitskampf ist seiner Struktur nach ein vertragsrechtlicher Regelungsmechanismus. Er wird nur in dieser Funktion geschützt. Dies setzt voraus, dass eine Arbeitskampfmaßnahme auf den Arbeitsmarkt und auf den zu regelnden Vertrag bezogen sein muss. Ein Kampfmittel ist daher nicht mehr geschützt, sofern es primär auf eine von der vertraglichen Beziehung losgelöste Schädigungswirkung ausgelegt ist. Flashmob-Aktionen erfüllen aber typischerweise den Tatbestand des § 240 StGB. Sie sind daher nicht friedlich.
20. Bezugspunkt der Verhältnismäßigkeitsprüfung ist nach funktionaler Auslegung des Schutzbereichs von Art. 9 Abs. 3 GG die Herstellung der Kampfparität. Das Kampfziel kann schon deswegen nicht Bezugspunkt der Verhältnismäßigkeitsprüfung sein, weil die Verhältnismäßigkeitsprüfung dann eine Tarifzensur zur Folge hätte. Zudem würde dann durch das Arbeitskampfrecht die situationsgebundene Unterlegenheit ausgeglichen und damit gegen den Grundsatz staatlicher Neutralität verstoßen.
21. Die Erkennbarkeit einer Arbeitskampfmaßnahme ist Bestandteil der Geeignetheitsprüfung. Alle denkbaren internetbasierten Arbeitskampfmaßnahmen sind daher ungeeignet.

22. Die Zurückhaltung der vertraglich geschuldeten Leistung ist Maßstab der Erforderlichkeit, da diese als passives Kampfmittel grundsätzlich das mildeste Mittel darstellt. Erst wenn feststeht, dass eine strukturelle Unterlegenheit durch dieses Kampfmittel nicht beseitigt werden kann, kommt ein anderes Kampfmittel in Betracht.
23. Flashmob-Aktionen sind nicht angemessen. Entgegen der Ansicht des Bundesarbeitsgerichts hat der Arbeitgeber keine hinreichenden Abwehrmöglichkeiten. Das Bundesarbeitsgericht beachtet unzureichend, dass Flashmobs mangels Selbstschädigungseffekt den Arbeitskampf von einem Einigungsmechanismus in einen Eskalationsmechanismus wandeln. Zu berücksichtigen ist ebenfalls, dass Flashmob-Aktionen eine Anmaßung fremder Eigentumspositionen beinhalten und daher stark in Grundrechte des Arbeitsgebers eingreifen. Durch Flashmob-Aktionen greift die Koalition in den Zuweisungsgehalt des Eigentumsrechts ein und verletzt daher ein absolut geschütztes Recht, so dass das Bundesarbeitsgericht derartige Aktionen für unangemessen hätte erklären müssen.
    Da das Bundesarbeitsgericht die Zulässigkeit von Flashmobs aber letztlich in die Hand des Kampfgegners legt, stellt der Flashmob für die Koalition ohnehin kein besonders wichtiges Kampfmittel dar. Ihr Interesse ist daher im Rahmen der Angemessenheit nicht besonders schützenswert.
24. Folge der Flashmob-Entscheidung ist entweder eine Ausdehnung der Arbeitskampfmittel auf Seiten beider Sozialpartner und damit eine Eskalationsspirale oder die einseitige Ausdehnung auf Arbeitnehmerseite und damit der Beginn eines asymmetrischen Arbeitskampfs. In beiden Fällen entsteht ein von Art. 9 Abs. 3 GG losgelöstes Arbeitskampfrecht.
25. Die Rechtsprechung zur Koalitionsbetätigungsfreiheit lässt die erforderliche Rechtssicherheit vermissen und ist nationalen, europarechtlichen und völkerrechtlichen Einflüssen ausgesetzt. Das Fehlen jeglicher gesetzlicher Referenzpunkte und die Notwendigkeit der Beachtung vielfältiger tatsächlicher Erwägungen führen dazu, dass die Rechtsprechung einen eigenen rechtspolitischen Willen zum Ausdruck bringt. Damit verstößt die umfassende richterliche Rechtsfortbildung im Bereich des Arbeitskampfrechts gegen den Grundsatz der Gewaltenteilung.
26. Stellt die Rechtsprechung für einen gesetzlich nicht geregelten Bereich eine richterrechtliche Rechtsordnung auf, ist sie aus Vertrauensschutzgesichtspunkten an ihre bisherige Rechtsprechung stärker gebunden als im Bereich der richterlichen Rechtsfortbildung bei gesetzlich vorstrukturierten Lebensbereichen. Ausnahmsweise überwiegt der Gedanke der Vorhersehbarkeit die richterliche Unabhängigkeit. Die Rechtsprechung kann daher ein richterrechtlich geschaffenes System nicht dem Grunde nach umgestalten.

27. Ein gesetzliches Regelungsbedürfnis besteht für das Arbeitskampfrecht. Dieses unterscheidet sich von den anderen Koalitionsbetätigungen dadurch, dass in diesem Bereich eine umfassende richterrechtliche Systembildung erfolgt ist. Hierfür kann im Gegensatz zur punktuellen Ausgestaltung des Art. 9 Abs. 3 GG bezüglich der anderen Koalitionsbetätigungen die Grundrechtsbestimmung keine ausreichende gesetzliche Anknüpfung sein. Bei den Betätigungen außerhalb des Arbeitskampfs liegt der Schwerpunkt bei den Einzelfallentscheidungen, während im Arbeitskampfrecht abstrakt-generelle Fragen zu klären sind, für deren Beantwortung der Gesetzgeber die richtige Instanz ist.
28. Eine Gesetzgebungspflicht trifft den Gesetzgeber zunächst in dem Bereich, in dem das deutsche Recht gegen völkerrechtliche Vorschriften verstößt. Dort, wo eine völkerrechtsfreundliche Auslegung an der Eindeutigkeit des nationalen Rechts scheitert, muss der Gesetzgeber völkerrechtlicher Adressat der aus Art. 1 EMRK erwachsenden Verpflichtung zur Gewährleistung der Konventionsrechte sein.
29. Entgegen der Rechtsprechung des Bundesverfassungsgerichts ist die Wesentlichkeitslehre auf das Arbeitskampfrecht anwendbar. Dies gilt selbst dann, wenn sie nur im Verhältnis zwischen Staat und Bürger Anwendung findet. Im Arbeitskampfrecht ordnet die Rechtsprechung Beschränkungen für eine der Kampfparteien an. Sie wird daher im Staat-Bürger-Verhältnis tätig. Abgesehen davon hat die Rechtsprechung die Wesentlichkeitslehre vom Vorbehalt des Gesetzes emanzipiert, so dass sie auch im Gleichordnungsverhältnis anwendbar ist. Aus der Wesentlichkeitslehre ergibt sich eine Pflicht des Gesetzgebers zur Regelung des Arbeitskampfrechts. Das richterrechtliche Arbeitskampfrecht kann daher nur insoweit Geltung beanspruchen, wie dies für ein geordnetes Funktionieren der Tarifordnung unerlässlich ist.
30. Eine Gesetzgebungspflicht ergibt sich daneben auch aus der grundrechtlichen Schutzpflicht. Der Arbeitskampf betrifft eine typische Dreieckskonstellation, bei der durch eine Handlung Privater in Grundrechte Dritter eingegriffen wird. Der Staat ist hier zum Schutz verpflichtet. Der Gesetzgeber ist primärer Adressat der Schutzpflicht, da er bislang gänzlich untätig geblieben ist und die durch die Rechtsprechung vorgenommene Systembildung nicht konstant ist und die Grenzen der zulässigen Rechtsfortbildung überschreitet. Er ist daher zur Zurverfügungstellung eines organisatorischen Rahmens verpflichtet.
31. Der Einzelne hat ein subjektiv-öffentliches Recht auf Gesetzgebung im Bereich des Arbeitskampfrechts.

Literaturverzeichnis

Alexy, Robert, Theorie der Grundrechte, Baden-Baden 1985.

Annuß, Georg, Schwierigkeiten mit § 3 I Nr. 3 BetrVG ?, Neue Zeitschrift für Arbeitsrecht (NZA) 2002, S. 290–294.

Anschütz, Gerhard, Die Verfassung des deutschen Reiches vom 11. August 1919 – Ein Kommentar für Wissenschaft und Praxis, unveränderter Nachdruck der 14. Auflage von 1933, Berlin und Zürich 1993.

Arnold, Christian/*Wiese*, Nils, Gewerkschaftswerbung – auch per Email zulässig!, Neue Zeitschrift für Arbeitsrecht (NZA) 2009, S. 716–721.

Baeck, Ulrich/ *Hauck*, Friedrich/ *Preis*, Ulrich u. a., Festschrift für Jobst-Hubertus Bauer zum 65. Geburtstag, München 2010.

Barudio, Günter, Das Zeitalter des Absolutismus und der Aufklärung 1648–1779, Augsburg 1998.

Battis, Ulrich/*Grigoleit*, Klaus Joachim, Neue Herausforderungen für das Versammlungsrecht?, Neue Zeitschrift für Verwaltungsrecht (NVwZ) 2001, S. 121–129.

Bauer, Jobst-Hubertus/*Krieger*, Steffen, „Firmentarifsozialplan" als zulässiges Ziel eines Arbeitskampfes?, Neue Zeitschrift für Arbeitsrecht (NZA) 2004, S. 1019–1025.

Bayreuther, Frank, Tarifautonomie als kollektiv ausgeübte Privatautonomie, München 2005.

Bayreuther, Frank, Der Arbeitskampf des Marburger Bundes Ein Lehrstück zur Tarifeinheit im Betrieb, Neue Zeitschrift für Arbeitsrecht (NZA) 2006, S. 642–646.

Bayreuther, Frank, Der Streik um einen Tarifsozialplan – Konsequenzen des Urteils des BAG vom 24.4.2007 für die Tarifrechtspraxis, Neue Zeitschrift für Arbeitsrecht (NZA) 2007, S. 1017–1022.

Bayreuther, Frank, Tarif- und Arbeitskampfrecht in der Neuorientierung, Neue Zeitschrift für Arbeitsrecht (NZA) 2008, S. 12–18.

Bayreuther, Frank, Konsolidierungstarifvertrag und freiwilliger Tarifsozialplan als Regelungsinstrumente in der Unternehmenskrise, Neue Zeitschrift für Arbeitsrecht (NZA) 2010, S. 378–381.

Beck'scher Online-Kommentar zum BGB, Bamberger, Heinz Georg/Roth, Herbert (Hrsg.), Stand: 01.08.2012 München 2012 (zitiert: *Bearbeiter*, in: BeckOK BGB).

Beck'scher Online-Kommentar zum Arbeitsrecht, Rolfs, Christian/Kreikebohm, Ralf/Giesen, Richard/Udsching, Peter (Hrsg.), Stand: 01.09.2012, München 2012 (zitiert: *Bearbeiter*, in: BeckOK Arbeitsrecht).

Bepler, Klaus, Probleme um den Sanierungstarifvertrag, Arbeit und Recht (AuR) 2010, S. 234–243.

Berg, Peter/*Platow*, Helmut/*Schoof*, Christian/*Unterhinninghofen*, Hermann, Tarifvertragsgesetz und Arbeitskampfrecht, 3. Aufl., Frankfurt am Main 2010 (zitiert: *Berg/Platow/Schoof/Unterhinninghofen*, AKR).

Bettermann, Karl-August/ *Nipperdey*, Hans-Carl/ *Scheuner*, Ulrich, Die Grundrechte – Handbuch der Theorie und Praxis der Grundrechte, Band III/1, Berlin 1958 (zitiert: *Bearbeiter*, in: Die Grundrechte Band III/1).

Bieder, Marcus, Paradigmenwechsel im Arbeitskampfrecht: Neue Bezugspunkte für die Verhältnismäßigkeitskontrolle von Sympathiestreiks, Neue Zeitschrift für Arbeitsrecht (NZA) 2008, S. 799–803.

Birk, Rolf/*Konzen*, Horst/*Löwisch*, Manfred/*Raiser*, Thomas/*Seiter*, Hugo, Gesetz zur Regelung kollektiver Arbeitskonflikte, Tübingen 1988.

Bock, Sandra, Tarifdispositives Arbeitnehmerschutzrecht und Tarifautonomie, Berlin 2005.

Boemke, Burkhard, Folgen der Tarifpluralität für das Streikrecht, Zeitschrift für Arbeitsrecht (ZfA) 2009, S. 131– 151.

Bontrup, Heinz-J., Lohn und Gewinn, 2. Auflage, München 2008.

Böckenförde, Ernst-Wolfgang, Schutzbereich, Eingriff, Verfassungsimmanente Schranken – Zur Kritik gegenwärtiger Grundrechtsdogmatik, Der Staat, Band 42 (2003), S. 165–192.

Bredt, Stephan, „Gemietete" Demonstranten und „Fuckparade" – Der Versammlungsbegriff bleibt in Bewegung, Neue Zeitschrift für Verwaltungsrecht (NVwZ) 2007, S. 1358–1362.

Brox, Hans/*Rüthers*, Bernd/*Schlüter*, Wilfried/*Jülicher*, Friedrich, Arbeitskampfrecht – Ein Handbuch für die Praxis, 2. Auflage, Stuttgart u. a. 1982.

Buchner, Herbert, Turbulenzen im Arbeitskampfrecht, Betriebs-Berater (BB) 2008, S. 106–109.

Buchner, Herbert, Der ‚Funktionseliten'-Streik – Zu den Grenzen der Durchsetzbarkeit von Spartentarifverträgen, Betriebs-Berater (BB) 2003, S. 2121–2130.

Burkiczak, Christian, Grundgesetz und Deregulierung des Tarifvertragsrechts, Berlin 2006.

Burkiczak, Christian, Grundrechtsbindung der Tarifvertragsparteien oder Relevanz grundrechtlicher Schutzpflichten – Erfurter Einerlei?, Recht der Arbeit (RdA) 2007, S. 17–22.

Butzer, Hermann, Verfassungsrechtliche Grundlagen zum Verhältnis zwischen Gesetzgebungshoheit und Tarifautonomie, Recht der Arbeit (RdA) 1994, S. 375–385.

Callies, Christian/*Ruffert*, Matthias, EUV/AEUV, Das Verfassungsrecht der Europäischen Union mit Europäischer Grundrechtecharta, 4. Auflage, München 2011.

Canaris, Claus-Wilhelm, Anmerkung zu BAG v. 06.01.1971 – 3 AZR 384/70, Sammlung Arbeitsrechtlicher Entscheidungen (SAE) 1972, S. 22–26.

Classen, Claus Dieter, Gesetzesvorbehalt und Dritte Gewalt, Juristenzeitung (JZ) 2003, S. 693–701.

Cornils, Matthias, Die Ausgestaltung der Grundrechte – Untersuchungen zur Grundrechtsbindung des Ausgestaltungsgesetzgebers, Tübingen 2005.

Däubler, Wolfgang, Gewerkschaftsrechte im Betrieb, 11. Auflage, Baden-Baden 2010.

Däubler, Wolfgang, Tarifvertragsgesetz mit Arbeitnehmer-Entsendegesetz, 3. Auflage, Baden-Baden 2012 (zitiert: *Bearbeiter* in: Däubler, TVG).

Däubler, Wolfgang/*Kittner*, Michael/*Klebe*, Thomas, Betriebsverfassungsgesetz mit Wahlordnung und EBR-Gesetz, 13. Auflage, Frankfurt am Main 2012 (zitiert: *Bearbeiter*, in: DKK, BetrVG).

Däubler, Wolfgang/*Hege,* Hans, Koalitionsfreiheit – ein Kommentar, Baden-Baden 1976.

Däubler, Wolfgang/*Hjort*, Jens Peter/*Schubert*, Michael/*Wolmerath*, Martin, Arbeitsrecht – Individualarbeitsrecht mit kollektivrechtlichen Bezügen, Handkommentar, 2. Auflage, Baden-Baden 2010 (zitiert: *Bearbeiter* in: Däubler/Hjort/Schubert/Wolmerath).

Däubler, Wolfgang, Tarifliche Leistungen nur für Gewerkschaftsmitglieder?, Betriebs-Berater (BB) 2002, S. 1643–1648.

Decruppe, Hans, Aufrufe zu „Flashmob"-Aktionen als ergänzende Arbeitskampfmittel zu einem laufenden Streik, Anm. zu LAG Berlin-Brandenburg v. 29.09.2008 – 5 Sa 967/08, jurisPR-ArbR 1/2009, Anm. 1.

Degenhart, Christoph, Staatsrecht I, Staatsorganisationsrecht, 27. Auflage, Heidelberg u. a. 2011.

Deinert, Olaf, Arbeitsrechtliche Herausforderungen einer veränderten Gewerkschaftslandschaft, Neue Zeitschrift für Arbeitsrecht (NZA) 2009, S. 1176–1184.

Deutscher Bundestag/ Bundesarchiv, Der Parlamentarische Rat 1948–1949 – Akten und Protokolle – Band 5/II, Boppard am Rhein 1993.

Dieterich, Thomas, Flexibilisiertes Tarifrecht und Grundgesetz, Recht der Arbeit (RdA) 2002, S. 1–17.

Dieterich, Thomas, Gewerkschaftswerbung im Betrieb – Besprechung des Urteils BAG v. 28.2.2006 – 1 AZR 460/04, Recht der Arbeit (RdA) 2007, S. 110–114.

Dietlein, Johannes, Die Lehre von den grundrechtlichen Schutzpflichten, Berlin 1992.

Dietz, Andreas, Das Schächten im Spannungsfeld zwischen Religionsfreiheit und Tierschutz, Die öffentliche Verwaltung (DÖV) 2007, S. 489–496.

Dolderer, Michael, Objektive Grundrechtsgehalte, Berlin 2000.

Donat, Ulrike/*Kühling,* Jürgen, Arbeitskampf und Versammlungsrecht, Arbeit und Recht (AuR) 2009, S. 1–10.

Dreier, Horst, Grundgesetz Kommentar, Band I, 2. Auflage, Tübingen 2004 (zitiert: *Bearbeiter*, in: Dreier).

Dreier, Horst, Grundgesetz Kommentar, Band II, 2. Auflage, Tübingen 2006 (zitiert: *Bearbeiter*, in: Dreier).

Dumke, Marcel, Aufdrängen gewerkschaftlicher Information auf elektronischem Wege – Ansprüche der Gewerkschaften auf Nutzung betrieblicher E-Mail-Adressen und Intranetseiten?, Recht der Arbeit (RdA) 2009, S. 77–82.

Dütz, Wilhelm, Gewerkschaftliche Betätigung in kirchlichen Einrichtungen, Königstein/Ts. 1982.

Engels, Andreas, Die verfassungsrechtliche Dogmatik des Grundsatzes der Tarifeinheit, Recht der Arbeit (RdA) 2008, S. 331–335.

Engels, Andreas, Verfassung und Arbeitskampfrecht – verfassungsrechtliche Grenzen arbeitsgerichtlicher Arbeitskampfjudikatur, Berlin 2008.

Epping, Volker/*Hillgruber,* Christian, Grundgesetz – Kommentar, München 2009 (zitiert: *Bearbeiter,* in: Epping/Hillgruber).

Epping, Volker, Grundrechte, 4. Auflage, Berlin u. Heidelberg 2010.

Ehrich, Christian, Die Bedeutung der Wesentlichkeitstheorie im Arbeitskampfrecht, Der Betrieb (DB) 1993, S. 1237–1239.

Feudner, Bernd W., Zum Arbeitskampfrecht von Berufsgruppengewerkschaften – Zugleich Besprechung zum Urteil des Sächsischen LAG v. 2.11.2007 – 7 SaGa 19/07 zum Tarifkonflikt bei der Deutschen Bahn, Recht der Arbeit (RdA) 2008, S. 104–107.

Fischer, Ulrich, Der blinde Fleck in der Wesentlichkeitslehre des Bundesverfassungsgerichts beim Arbeitskampfrecht – Ein arbeitsrechtlicher Zwischenruf aus der Praxis, Erfahrungen aus dem Bahnstreik 2007, Recht der Arbeit (RdA) 2009, S. 287–296.

Fischer, Ulrich, Das BVerfG als Superrevisionsinstanz der Arbeitsgerichtsbarkeit in Arbeitskampfsachen? – Der Flashmobfall in Karlsruhe, Recht der Arbeit (RdA) 2011, S. 50–58.

Fischinger, Philipp S., Zur Begrenzung des Streikrechts durch den Grundsatz der Verhältnismäßigkeit, Recht der Arbeit (RdA) 2007, S. 99–103.

Fischinger, Philipp S., Arbeitskämpfe bei Standortverlagerung und –schließung, Berlin 2006.

Fitting, Karl/*Engels*, Gerd/ *Schmidt*, Ingrid/*Trebinger*, Yvonne/*Linsenmaier*, Wolfgang, Betriebsverfassungsgesetz – Handkommentar, 26. Auflage, München 2012 (zitiert: *Fitting*, BetrVG).

Fleischer, Holger/*Wedemann*, Frauke, Kodifikation und Derogation von Richterrecht, Archiv civilistischer Praxis (AcP) 209 (2009), S. 597–627.

Franzen, Martin, Das Ende der Tarifeinheit und die Folgen, Recht der Arbeit (RdA) 2008, S. 193–205.

Franzen, Martin, Die neuere Rechtsprechung des Ersten Senats des BAG zum Arbeitskampfrecht, Jahrbuch des Arbeitsrechts, Band 47 (2010), S. 119–137.

Franzen, Martin, Tarifeinheit – Element der Tarifautonomie oder Grundrechtsverletzung?, Zeitschrift für Arbeitsrecht (ZfA) 2009, S. 297–318.

Friauf, Karl Heinrich/*Höfling,* Wolfram, Berliner Kommentar zum Grundgesetz, Band 1, 32. Ergänzungslieferung, Berlin 2011 (zitiert: *Bearbeiter* in: Friauf/ Höfling).

Friauf, Karl Heinrich/*Höfling,* Wolfram, Berliner Kommentar zum Grundgesetz, Band 2, 31. Ergänzungslieferung, Berlin 2011 (zitiert: *Bearbeiter* in: Friauf/ Höfling).

Friauf, Karl Heinrich, Die verfassungsrechtlichen Vorgaben einer gesetzlichen oder tarifvertraglichen Arbeitskampfordnung, Recht der Arbeit (RdA) 1986, S. 188–195.

Friese, Birgit, Tarifverträge nach § 3 BetrVG im System des geltenden Tarif- und Arbeitskampfrechts, Zeitschrift für Arbeitsrecht (ZfA) 2003, S. 237–281.

Gamillscheg, Franz, Die Grundrechte im Arbeitsrecht, Berlin 1989.

Gamillscheg, Franz, Kollektives Arbeitsrecht – Ein Lehrbuch, Band I, München 1997 (zitiert: *Gamillscheg*, KollArbR I).

Gaul, Björn, Neue Felder des Arbeitskampfs: Streikmaßnahmen zur Erzwingung eines Tarifsozialplans, Recht der Arbeit (RdA) 2008, S. 13–24.

Gentz, Manfred, Brauchen wir ein neues Tarif- und Arbeitskampfrecht?, Neue Zeitschrift für Arbeitsrecht (NZA) 1985, S. 305–307.

Geppert, Martin/*Piepenbrock*, Hermann-Josef/*Schütz*, Raimund/*Schuster*, Fabian, Beck'scher TKG-Kommentar, München 2006 (zitiert: Bearbeiter, in: Beck TVG).

Giesen, Richard, Tarifeinheit im Betrieb, Neue Zeitschrift für Arbeitsrecht (NZA) 2009, S. 11–18.

Gola, Peter, Betriebliche IuK-Technik für Betriebsrats- und Gewerkschaftsinformationen, MultiMedia und Recht (MMR) 2005, S. 17–23.

Grabitz, Eberhard/*Hilf,* Meinhard, Das Recht der Europäischen Union, Band I, 40. Ergänzungslieferung, München 2009.

Greiner, Stefan, Rechtsfragen der Koalitions-, Tarif- und Arbeitskampfpluralität, München 2010.

Greiner, Stefan, Anmerkung zu BAG v. 22.09.2009 – 1 AZR 972/08, Entscheidungssammlung zum Arbeitsrecht (EzA) GG Art. 9 Arbeitskampf Nr. 143.

Greiner, Stefan, Atypische Arbeitskampfmittel und Kampfmittelpluralität – Welche Verteidigungsmittel bleiben?, Neue Juristische Wochenschrift (NJW) 2010, S. 2977–2983.

Greiner, Stefan, Der Arbeitskampf der GDL – Überlegungen zur Parität im Sparten- und Spezialistenarbeitskampf, Neue Zeitschrift für Arbeitsrecht (NZA) 2007, S. 1023–1027.

Glückert, Jürgen, Die Arbeitskampfschutzklausel des Art. 9 Abs. 3 Satz 3 Grundgesetz, Berlin 1973.

Gumnior, Peter, Die Rechtmäßigkeit des Sympathiestreiks, Frankfurt am Main 2007.

Gusy, Christoph, Die Weimarer Reichsverfassung, Tübingen 1997.

Hammer, Ulrich, Kirchliches Arbeitsrecht, Handbuch, Frankfurt am Main 2002.

Hanau, Peter, Tarifverträge über die Organisation der Betriebsverfassung, Recht der Arbeit (RdA) 2010, S. 312–315.

Haratsch, Andreas/*Koenig,* Christian/*Pechstein,* Matthias, Europarecht, 8. Auflage, Tübingen 2012 (zitiert: *Haratsch/König/Pechstein*).

Hellermann, Johannes, Die sogenannte negative Seite der Freiheitsrechte, Berlin 1993.

Hensche, Martin, Zu Praktikabilität und Nutzen des arbeitskampfrechtlichen Paritätsprinzips, Recht der Arbeit (RdA) 1996, S. 293–306.

Henssler, Martin, Tarifautonomie und Gesetzgebung, Zeitschrift für Arbeitsrecht (ZfA) 1998, S. 1–40.

Henssler, Martin, Arbeitskampf in Deutschland – Wie geht es weiter? Brauchen wir ein Arbeitskampfgesetzbuch?, Zeitschrift für Arbeitsrecht (ZfA) 2010, S. 397–425.

Henssler, Martin /*Willemsen*, Heinz Josef/*Kalb*, Heinz-Jürgen, Arbeitsrecht Kommentar, 4. Aufl., Köln 2010 (zitiert: *Bearbeiter,* in: HWK).

Hermes, Georg, Verfassungsrecht und einfaches Recht – Verfassungsgerichtsbarkeit und Fachgerichtsbarkeit, 4. Bericht, Veröffentlichungen der Vereinigung der deutschen Staatsrechtslehrer, Heft 61 (2002), S. 119–154 (zitiert: *Hermes*, in: VVDStRL 61 (2002)).

Hoffmann-Riem, Wolfgang, Demonstrationsfreiheit auch für Rechtsextremisten? Grundsatzüberlegungen zum Gebot rechtsstaatlicher Toleranz, Neue juristische Wochenschrift (NJW) 2004, S. 2777–2782.

Hoffmann-Riem, Wolfgang, Grundrechtsanwendung unter Rationalitätsanspruch – Eine Erwiderung auf Kahls Kritik an neueren Ansätzen in der Grundrechtsdogmatik, Der Staat, Band 43 (2004), S. 203 – 233.

Höfling, Wolfram/*Engels,* Andreas, Der „Bahnstreik" – oder: Offenbarungseid des Arbeitskampfrichterrechts?, Neue juristische Wochenschrift (NJW) 2007, S. 3102–3103.

Höfling, Wolfram, Diskussionsbeitrag, Veröffentlichungen der Vereinigung der deutschen Staatsrechtslehrer, Heft 59 (2000), S.154–156 (zitiert: *Höfling,* in: VVDStRL 59 (2000)).

Hohenstatt, Klaus-Stefan/*Schramm,* Nils, Erneute Erweiterung des Kampfarsenals: Zulässigkeit von Unterstützungsstreiks, Neue Zeitschrift für Arbeitsrecht (NZA) 2007, S. 1034–1037.

Höpfner, Clemens, Vertrauensschutz und Richterrecht – Zur Zulässigkeit rückwirkender Rechtsprechungsänderungen im Zivilrecht, Recht der Arbeits (RdA) 2006, S. 156–165.

Hueck, Alfred/*Nipperdey,* Hans Carl, Lehrbuch des Arbeitsrechts, Band II/1, 7. Auflage, Berlin 1967.

Hufen, Friedhelm, Staatsrecht II, Grundrechte, 2. Auflage, München 2009.

Hughes, Charles Evans, Adresses of Charles Evans Hughes 1906–1916, 2. Auflage, New York und London 1916.

Huhn, Andreas, Nötigende Gewalt mit und gegen Sachen, Baden-Baden 2007.

Hümmerich, Klaus/*Reufels,* Martin, Gestaltung von Arbeitsverträgen, 2. Auflage, Baden-Baden 2011.

ILO, Digest of decisions and principles of the Freedom of Association Committee of the Governing Body of the ILO, 5. Auflage, Genf 2006.

Ipsen, Jörn, Staatsrecht II, Grundrechte, 13. Auflage, München 2010.

Ipsen, Jörn, Verfassungsrechtliche Schranken des Richterrechts, Deutsches Verwaltungsblatt (DVBl.) 1984, S. 1104–1107.

Isensee, Josef, Das staatliche Gewaltmonopol, in: Festschrift für Horst Sendler, München 1991, S. 39–63.

Isensee, Josef/*Kirchhof,* Paul, Handbuch des Staatsrechts der Bundesrepublik Deutschland, Band III, 2. Auflage, Heidelberg 1996 (zitiert: *Bearbeiter,* in: HStR III, 1996).

Isensee, Josef/*Kirchhof,* Paul, Handbuch des Staatsrechts der Bundesrepublik Deutschland, Band III, Heidelberg 2005 (zitiert: *Bearbeiter,* in: HStR III).

Isensee, Josef/*Kirchhof,* Paul, Handbuch des Staatsrechts der Bundesrepublik Deutschland, Band IV, Heidelberg 2006 (zitiert: *Bearbeiter,* in: HStR IV).

Isensee, Josef/*Kirchhof,* Paul, Handbuch des Staatsrechts der Bundesrepublik Deutschland, Band V, Heidelberg 2007 (zitiert: *Bearbeiter,* in: HStR V).

Isensee, Josef/*Kirchhof,* Paul, Handbuch des Staatsrechts der Bundesrepublik Deutschland, Band VI, Heidelberg, 2001 (zitiert: *Bearbeiter*, in: HStR VI).

Isensee, Josef/*Kirchhof,* Paul, Handbuch des Staatsrechts der Bundesrepublik Deutschland, Band VII, Heidelberg, 2009 (zitiert: *Bearbeiter*, in: HStR VII).

Isensee, Josef/*Kirchhof,* Paul, Handbuch des Staatsrechts der Bundesrepublik Deutschland, Band VIII, Heidelberg, 2010 (zitiert: *Bearbeiter*, in: HStR VIII).

Jacobs, Matthias, Tarifeinheit und Tarifkonkurrenz, Berlin 1999.

Jacobs, Matthias, Das neue Arbeitskampfrecht des Bundesarbeitsgerichts – Kritische Überlegungen zur Akzentuierung der Kampfmittelfreiheit und zur Entwertung des Verhältnismäßigkeitsgrundsatzes in der neuen Rechtsprechung des Ersten Senats –, Zeitschrift für Arbeitsrecht (ZfA) 2011, S. 71–94.

Jahrbuch des öffentlichen Rechts der Gegenwart, Hrsg. von Leibholz, Gerhard/v. Mangoldt, Hermann, Band 1 n. F., Tübingen 1951 (zitiert: JöR 1 (1951)).

Jarass, Hans Dieter/*Pieroth,* Bodo, Grundgesetz für die Bundesrepublik Deutschland, Kommentar, 11. Auflage, München 2011 (zitiert: *Bearbeiter* in: Jarass/Pieroth).

Jarass, Hans Dieter, Tarifveträge und Verfassungsrecht – Grundlagenfragen, dargestellt am Beispiel des Streits um den Ladenschluß, Neue Zeitschrift für Arbeitsrecht (NZA) 1990, S. 505–510.

Jauernig, Othmar, Bürgerliches Gesetzbuch mit Allgemeinem Gleichbehandlungsgesetz (Auszug), Kommentar, 13. Auflage, München 2009.

Junker, Abbo, Europa und das deutsche Tarifrecht – Was bewirkt der EuGH?, Zeitschrift für Arbeitsrecht (ZfA) 2009, S. 287–296.

Kahl, Wolfgang, Vom weiten Schutzbereich zum engen Gewährleistungsgehalt – Kritik einer neuen deutschen Grundrechtsdogmatik, Der Staat, Band 43 (2004), S. 167–202.

Kahl, Wolfgang, Neuere Entwicklungslinien der Grundrechtsdogmatik – Von Modifikationen und Erosionen des grundrechtlichen Freiheitsparadigmas, Archiv des öffentlichen Rechts (AöR), Band 131 (2006), S. 579–620.

Kamanabrou, Sudabeh, Der Streik durch Spartengewerkschaften – Zulässigkeit und Grenzen, Zeitschrift für Arbeitsrecht (ZfA) 2008, S. 241–281.

Kempen, Otto Ernst, Die Organisation der Betriebsverfassung durch Tarifvertrag (insbesondere nach § 3 BetrVG), in: Festschrift für Günter Schaub zum 65. Geburtstag, München 1998, S. 357–371.

Kemper, Michael, Die Bestimmung des Schutzbereichs der Koalitionsfreiheit (Art. 9 Abs. 3 GG) – zugleich ein Beitrag zur Lehre von den Einrichtungsgarantien, Heidelberg 1990.

Kersten, Jens, Koalitionsfreiheit als Kampfmittelfreiheit? – Zugleich ein Beitrag zur „Governance der Schwärme“, in: Rieble, Volker/Junker, Abbo/Giesen, Richard (Hrsg.), Neues Arbeitskampfrecht?, München 2010.

Kindhäuser, Urs/*Neumann*, Ulfrid/*Paeffgen*, Hans-Ullrich (Hrsg.), Strafgesetzbuch, Band 2, §§ 146–358, 3. Auflage, Baden-Baden 2010.

Kissel, Otto Rudolf, Arbeitskampfrecht – Ein Leitfaden, München 2002.

Kittner, Michael, Arbeitskampf, Geschichte – Recht – Gegenwart. München 2005.

Klein, Eckart, Grundrechtliche Schutzpflicht des Staates, Neue Juristische Wochenschrift (NJW) 1989, S. 1633–1640.

Kloepfer, Michael, Arbeitsgesetzgebung und Wesentlichkeitstheorie – Zur Verfassungspflicht einer Gesetzgebung insbesondere im Arbeitskampfrecht, Neue Juristische Wochenschrift (NJW) 1985, S. 2497–2505.

Kloepfer, Michael, Verfassungsrecht Band I Grundlagen, Staatsorganisationsrecht, Bezüge zum Völker- und Europarecht, München 2011 (zitiert: *Kloepfer*, Verfassungsrecht I).

Klosterkemper, Heinrich, Auch für das BAG gilt: „können" im Gesetz heißt können, nicht müssen! – Die bisherige Umdeutung in § 112 BetrVG durch die Rechtsprechung setzt viele Arbeitsplätze und Betriebe aufs Spiel –, in: Festschrift für Jobst-Hubertus Bauer, S. 549–558, München 2010.

Knödler, Christoph/*Daubner*, Robert, Die Ankündigungsrechtsprechung des Bundesarbeitsgerichts, Betriebs-Berater (BB) 1992, S. 1861–1866.

Kocher, Eva, Differenzierungsklauseln: Neue Orientierungen, Neue Zeitschrift für Arbeitsrecht (NZA) 2009, S. 119–124.

Kocher, Eva, Kollektivverhandlungen und Tarifautonomie – welche Rolle spielt das europäische Recht?, Arbeit und Recht (AuR) 2008, S. 13–18.

Konzen, Horst, Der Arbeitskampf im Verfassungs- und Privatrechtssystem, Archiv für die civilistische Praxis (AcP) 177 (1977), S. 473–542.

Konzen, Horst, Der Sympathiestreik bei inkongruenter Tarifzuständigkeit der Tarifparteien, Der Betrieb (DB) 1990, Beilage 6.

Kötz, Hein/*Wagner*, Gerhard, Deliktsrecht, 11. Auflage, München 2010.

Krause, Rüdiger, Gewerkschaften und Betriebsräte zwischen Kooperation und Konfrontation, Recht der Arbeit (RdA) 2009, S. 129–143.

Kreft, Burghard, Zur Zulässigkeit von Unterstützungsstreiks, Betriebs-Berater (BB) 2008 Special Nr. 4, S. 11–13.

Krieger, Steffen/*Günther*, Jens, Streikrecht 2.0 – Erlaubt ist, was gefällt?, Neue Zeitschrift für Arbeitsrecht (NZA) 2010, S. 20–23.

Krieger, Steffen/*Wiese*, Nils, Neue Spielregeln für Streiks um Tarifsozialpläne – Praktische Konsequenzen aus der Viking-Entscheidung des EuGH –, Betriebs-Berater (BB) 2010, S. 568–572.

Kühling, Jürgen, Arbeitskampf in der Diakonie, Arbeit und Recht (AuR) 2001, S. 241–250.

Küttner, Wolfdieter, Personalbuch 2010, München 2010.

Lackner, Karl/*Kühl,* Kristian, Strafgesetzbuch, Kommentar, 27. Auflage, München 2011.

Larenz, Karl/*Canaris,* Claus-Wilhelm, Lehrbuch des Schuldrechts, Band II/2, 13. Auflage, München 1994.

Lehmann, Friedrich-Wilhelm, Arbeitskampfrecht – Macht der Koalitionen – Ohnmacht der Betroffenen und Drittbetroffenen – Ein Blick zurück nach vorn, in: Festschrift für Herbert Buchner, München 2009, S. 529–553.

Leipziger Kommentar Strafgesetzbuch, Jähnke, Burghard/Laufhütte, Heinrich Wilhelm/Odersky, Walter (Hrsg.), Sechster Band, §§ 223 bis 263a, 11. Auflage, Berlin 2005.

Lindner, Josef Franz, Dürfen Beamte doch streiken?, Die öffentliche Verwaltung (DÖV) 2011, S. 305–309.

Lingemann, Stefan, BAG: Flashmob-Aktionen sind nicht generell unzulässig, Anmerkung zu BAG v. 22.09.2009 – 1 AZR 972/08, ArbRAktuell 2009, S. 93.

Lorenz, Dieter, Wissenschaft darf nicht alles! Zur Bedeutung der Rechte anderer als Grenze grundrechtlicher Gewährleistung, Wege und Verfahren des Verfassungslebens, in: Festschrift für Peter Lerche zum 65. Geburtstag, München 1993, S. 267–280.

Loritz, Karl-Georg, Das überkommene Arbeitskampfrecht und die aktuellen Entwicklungen des Wirtschaftslebens, in: Festschrift 50 Jahre Bundesarbeitsgericht, München 2004, S. 557–576.

Lörcher, Klaus, Das Menschenrecht auf Kollektivverhandlungen und Streik – auch für Beamte, Arbeit und Recht (AuR) 2009, S. 229–242.

Löwisch, Manfred, Richterliches Arbeitskampfrecht und der Vorbehalt des Gesetzes, Der Betrieb (DB) 1988, S. 1013–1015.

Löwisch, Manfred/*Kaiser,* Dagmar, Kommentar zum Betriebsverfassungsgesetz, 6. Auflage, Frankfurt am Main 2010 (zitiert: *Löwisch/Kaiser,* BetrVG).

Löwisch, Manfred (Hrsg.), Arbeitskampf- und Schlichtungsrecht, Heidelberg 1997 (zitiert: *Bearbeiter,* in: Löwisch, Arbeitskampf- und Schlichtungsrecht).

Löwisch, Manfred/*Rieble,* Volker, Tarifvertragsgesetz, 2. Auflage, München 2004.

Löwisch, Manfred, Besitzschutz gegen Flashmob, Neue Zeitschrift für Arbeitsrecht (NZA) 2010, S. 209–211.

Lunk, Stefan, Vertrauensschutz in der Rechtsprechung des Bundesarbeitsgerichts, in: Martinek/Rawert/Weitemeyer (Hrsg,), Festschrift für Dieter Reuter zum 70. Geburtstag, Berlin/New York 2010.

Maaß, Kirstin, Flashmob im Arbeitskampf – eine Neuordnung des Kräftegleichgewichts?, ArbRAktuell 2009, S. 151–153.

Maunz, Theodor/*Dürig,* Günter, Grundgesetz – Kommentar, 59. Ergänzungslieferung, München 2010 (zitiert: *Bearbeiter,* in: Maunz/Dürig).

Maunz, Theodor/*Schmidt-Bleibtreu,* Bruno/*Klein,* Franz/*Bethge,* Herbert, Bundesverfassungsgerichtsgesetz, Kommentar, 33. Ergänzungslieferung, München 2010 (zitiert: *Bearbeiter,* in: Maunz/Schmidt-Bleibtreu/Klein/Bethge, Bundesverfassungsgerichtsgesetz).

Maurer, Hartmut, Allgemeines Verwaltungsrecht, 18. Auflage, München 2011.

Mazeaud, Antoine, Droit du travail, 5. Auflage, Paris 2006.

Mehrens, Christian, Gewerkschaftswerbung per E-Mail – Zulässigkeit und Grenzen, Betriebs-Berater (BB) 2009, S. 2086–2091.

Meier-Hayoz, Arthur, Strategische und taktische Aspekte der Fortbildung des Rechts, Juristenzeitung (JZ) 1981, S. 417–423.

Melms, Christopher/*Reinhardt,* Sarah, Das Ende der relativen Friedenspflicht – Arbeitskampf immer und überall?, Neue Zeitschrift für Arbeitsrecht (NZA) 2010, S. 1033–1037.

Merten, Detlef/*Papier,* Hans-Jürgen, Handbuch der Grundrechte in Deutschland und Europa, Band I, Heidelberg u. a. 2004 (zitiert: *Bearbeiter,* in: Handbuch der Grundrechte I).

Merten, Detlef/*Papier,* Hans-Jürgen, Handbuch der Grundrechte in Deutschland und Europa, Band II, Heidelberg u. a. 2006 (zitiert: *Bearbeiter,* in: Handbuch der Grundrechte II).

Merten, Detlef/*Papier,* Hans-Jürgen, Handbuch der Grundrechte in Deutschland und Europa, Band III, Heidelberg u. a. 2009 (zitiert: *Bearbeiter,* in: Handbuch der Grundrechte III).

Meyer-Ladewig, Jens, Kommentar zur Europäischen Menschenrechtskonvention, Handkommentar, 3. Auflage, Baden-Baden 2011.

Meyer, Cord, Betriebsverfassungsrechtliche Zuordnungstarifverträge bei Tarifpluralität, Sammlung Arbeitsrechtlicher Entscheidungen (SAE) 2010, S. 27–30.

Meyer, Cord, Abstimmungspflichten in multilateralen Tarifvertragssystemen, Neue Zeitschrift für Arbeitsrecht (NZA) 2009, S. 993–996.

Meyer, Cord, Rechtliche wie praktische Unzuträglichkeiten einer Tarifpluralität, Neue Zeitschrift für Arbeitsrecht (NZA) 2006, S. 1387–1391.

Moll, Wilhelm, Münchener Anwaltshandbuch Arbeitsrecht, 2. Auflage, München 2009 (zitiert: *Bearbeiter,* in: MAH Arbeitsrecht).

Muckel, Stefan, Begrenzung grundrechtlicher Schutzbereiche durch Elemente außerhalb des Grundrechtstatbestandes, in: Die Macht des Geistes, Festschrift für Hartmut Schiedermair, Heidelberg 2001, S.347–361.

Müller-Glöge, Rudi/*Preis,* Ulrich/*Schmidt,* Ingrid, Erfurter Kommentar zum Arbeitsrecht, 12. Auflage, München 2012 (zitiert: *Bearbeiter* in: ErfKomm.).

Münchner Kommentar zum Bürgerlichen Gesetzbuch: Allgemeiner Teil, (§§ 1–240, ProstG, AGG), Säcker, Franz Jürgen/Rixecker, Roland (Hrsg.), Band 1, 6. Auflage, München 2012.

Münchner Kommentar zum Bürgerlichen Gesetzbuch: Schuldrecht Allgemeiner Teil (§§ 241–432), Säcker, Franz Jürgen/Rixecker, Roland (Hrsg.), Band 2, 6. Auflage, München 2012.

Münchner Kommentar zum Bürgerlichen Gesetzbuch: Schuldrecht Besonderer Teil III (§§ 705–853), Säcker, Franz Jürgen/Rixecker, Roland (Hrsg.), Band 5, 5. Auflage, München 2009.

Münchner Kommentar zur Zivilprozessordnung, Rauscher, Thomas/Wax, Peter/Wenzel, Joachim (Hrsg.), Band 3, 3. Auflage, München 2008.

Murswiek, Dietrich, Grundrechtsdogmatik am Wendepunkt?, Der Staat, Band 45 (2006), S. 473–500.

Nagel, Bernhard, Europäische Marktfreiheiten, Koalitionsfreiheit und Sozialstaatsprinzip, Arbeit und Recht (AuR) 2009, S. 155–159.

Nebeling, Martin/*Gründel,* Sarah, Die Aufgabe des Grundsatzes der Tarifeinheit und daraus folgende Konsequenzen, Neue Zeitschrift für Arbeitsrecht – Online-Aufsatz, abrufbar unter www.nza.de.

Nicolai, Andrea, Zur Zulässigkeit tariflicher Sozialpläne – zugleich ein Beitrag zu den Grenzen der Tarifmacht, Recht der Arbeit (RdA) 2006, S. 33–39.

Niedobitek, Matthias, Denationalisierung des Streikrechts – auch für Beamte ? – Tendenzen im europäischen und im internationalen Recht –, Zeitschrift für Beamtenrecht (ZBR) 2010, S. 361–368.

Otto, Hansjörg, Arbeitskampf- und Schlichtungsrecht, München 2006.

Otto, Hansjörg, Das konturlose Arbeitskampfrecht des BAG – Vom Arbeitskampf als *ultima ratio* zur nahezu unbeschränkten Kampffreiheit?, Recht der Arbeit (RdA) 2010, S. 135–148.

Otto, Hansjörg, Das BAG: auf dem Weg zum – nahezu – schrankenlosen Arbeitskampf?, in: Rieble, Volker/Junker, Abbo/Giesen, Richard (Hrsg.), Neues Arbeitskampfrecht?, München 2010.

Palandt, Bürgerliches Gesetzbuch, 70. Auflage, München 2011.

Papier, Hans-Jürgen, Aktuelle grundrechtsdogmatische Entwicklungen in der Rechtsprechung des Bundesverfassungsgerichts, in: Festschrift für Reinhard Mußgnug zum 70. Geburtstag, Heidelberg 2005, S. 45–57.

Pélissier, Jean/*Supiot,* Alain/*Jeammaud,* Antoine, Droit du travail, 24. Auflage, Paris 2008.

Pestalozza, Christian, Gesetzgebung im Rechtsstaat, Neue Juristische Wochenschrift (NJW) 1981, S. 2081–2087.

Picker, Eduard, Die Regelung der „Arbeits- und Wirtschaftsbedingungen“ – Vertragsprinzip oder Kampfprinzip?, Zeitschrift für Arbeitsrecht (ZfA) 1986, S. 199–339.

Picker, Eduard, Der Arbeitskampf in der Rechts- und Wirtschaftsordnung – Zu einer Dogmatik des Arbeitskampfrechts –, Zeitschrift für Arbeitsrecht (ZfA) 2010, S. 499–631.

Picker, Eduard, Deliktsrechtlicher Eigentumsschutz bei Störungen der Sach-Umwelt-Beziehung – eine Skizze –, JuristenZeitung (JZ) 2010, S. 541–553.

Picker, Eduard, Tarifautonomie – Betriebsautonomie – Privatautonomie, Neue Zeitschrift für Arbeitsrecht (NZA) 2002, S. 761–770.

Picker, Eduard, Die Tarifautonomie am Scheideweg von Selbstbestimmung und Fremdbestimmung im Arbeitsleben – Zur Legitimation der Regelungsmacht der Koalitionen –, in: Festschrift 50 Jahre Bundesarbeitsgericht, München 2004, S. 795–830.

Picker, Eduard, Zur Zukunft des Kollektivarbeitsrechts, in: Festschrift für Jobst-Hubertus Bauer zum 65. Geburtstag, München 2010, S. 811–826.

Pieroth, Bodo, Koalitionsfreiheit, Tarifautonomie und Mitbestimmung, in: Festschrift 50 Jahre Bundesverfassungsgericht, Band II, Tübingen 2001, S. 293–317.

Pieroth, Bodo/*Schlink,* Bernhard, Grundrechte, Staatsrecht II, 27. Auflage, Heidelberg u. a. 2011.

Preis, Ulrich (Hrsg.), Der Arbeitsvertrag, 3. Auflage, Köln 2009.

Reichert, Bernhard, Handbuch Vereins- und Verbandsrecht, 11. Auflage, Köln u. a. 2007.

Reinartz, Oliver/*Olbertz,* Klaus, Der Arbeitskampf im Ungleichgewicht: Rechtmäßigkeit des Unterstützungsstreiks?, Der Betrieb (DB) 2008, S. 814–819.

Rengier, Rudolf, Strafrecht Besonderer Teil II, 13. Auflage, München 2012.

Reuter, Dieter, Der Schutz des Außenseiters im Tarifrecht – funktionswidrig oder institutionell notwendig?, in: Festschrift für Rolf Birk zum siebzigsten Geburtstag, Tübingen 2008, S. 717–740.

Richardi, Reinhard, Gestaltungsformen der Tarifautonomie, JuristenZeitung (JZ) 2011, S. 282–291.

Richardi, Reinhard, Betriebsverfassungsgesetz mit Wahlordnung – Kommentar, 12. Aufl., München 2010 (zitiert: *Bearbeiter,* in: Richardi, BetrVG).

Richardi, Reinhard, Gewerkschaftszugehörigkeit als Maßstab für die Verteilungsgerechtigkeit im Betrieb, Neue Zeitschrift für Arbeitsrecht (NZA) 2010, S. 417–421.

Richardi, Reinhard, Das Grundrecht der Koalitionsfreiheit im Wandel der Zeit, in: Festschrift für Rupert Scholz zum 70. Geburtstag, Berlin 2007, S. 337–353.

Richardi, Reinhard/*Wißmann*, Hellmut/*Wlotzke*, Otfried/*Oetker*, Hartmut, Münchner Handbuch zum Arbeitsrecht, Band 2, 3. Auflage, München 2009 (zitiert: *Bearbeiter* in: MünchHdbArbR).

Richardi, Reinhard, Arbeitsrecht in der Kirche – Staatliches Arbeitsrecht und kirchliches Dienstrecht, 5. Auflage, München 2009.

Rieble, Volker, Relativität der Tariffähigkeit, in: Festschrift für Herbert Wiedemann zum 70. Geburtstag, München 2002, S. 519–541.

Rieble, Volker, Flash-Mob – ein neues Kampfmittel?, Neue Zeitschrift für Arbeitsrecht (NZA) 2008, S. 796–799.

Rieble, Volker, Das neue Arbeitskampfrecht des BAG, Betriebs-Berater (BB) 2008, S. 1506–1515.

Rieble, Volker/*Wiebauer*, Bernd, Meinungskampf im Betrieb, Zeitschrift für Arbeitsrecht (ZfA) 2010, S. 63–159.

Rieth, Horst, „Flashmob" – ein Arbeitskampfmittel?, Sammlung Arbeitsrechtlicher Entscheidungen (SAE) 2010, S. 37–42.

Ritscher, Wolfgang, Koalitionen und Koalitionsrecht in Deutschland bis zur Reichsgewerbeordnung, Stuttgart und Berlin 1917.

Roellecke, Gerd, Die Bindung des Richters an Gesetz und Verfassung, Veröffentlichungen der Vereinigung der deutschen Staatsrechtslehrer (VVDStRL), Heft 34 (1975), S. 7–42.

Rüfner, Wolfgang, Zur Gemeinwohlbindung der Tarifvertragsparteien, Recht der Arbeit (RdA) 1985, S. 193–199.

Rüthers, Bernd, Arbeitskampf in einer veränderten Wirtschafts- und Arbeitswelt, Neue Zeitschrift für Arbeitsrecht (NZA) 2010, S. 6–13.

Rüthers, Bernd, Geleugneter Richterstaat und vernebelte Richtermacht, Neue Juristische Wochenschrift (NJW) 2005, S. 2759–2761.

Rüthers, Bernd/*Höpfner*, Clemens, Anmerkung zu BAG v. 22.09.2009 – 1 AZR 972/08, JuristenZeitung (JZ) 2010, S. 261–264.

Sachs, Michael, Grundgesetz Kommentar, 6. Auflage, München 2011 (zitiert: *Bearbeiter* in: Sachs).

Säcker, Franz Jürgen/ *Oetker,* Hartmut, Grundlagen und Grenzen der Tarifautonomie, München 1992.

Säcker, Franz Jürgen/*Mohr,* Jochen, Das neue Arbeitskampfrecht: Das Ende der Friedlichkeit und die Relativierung absolut geschützter Rechte, Juristen Zeitung (JZ), 2010, S. 440–450.

Säcker, Franz Jürgen, Von der offenen Arbeitseinstellung zur verdeckten Betriebsblockade – Der Arbeitskampf im Wandel zum Partisanenkampf, Neue Juristische Wochenschrift (NJW) 2010, S. 1115–1118.

Schlachter, Monika, Grundrechtsbindung von Tarifnormen, in: Jahrbuch des Arbeitsrechts, Band 40, Berlin 2003.

Schliemann, Harald, Tarifgeltung und arbeitsvertragliche Bezugnahme auf Tarifverträge in der neueren Rechtsprechung des BAG, Zeitschrift für Tarif-, Arbeits- und Sozialrecht des öffentlichen Dienstes (ZTR) 2004, S. 502–510.

Schmidt, Ingrid, Die Ausgestaltung der kollektiven Koalitionsfreiheit durch die Gerichte, in: Festschrift für Reinhard Richardi zum 70. Geburtstag, München 2007, S. 765–776.

Scholz, Rupert, Koalitionsfreiheit als Verfassungsproblem, München 1971.

Scholz, Rupert, Arbeitsverfassung und Richterrecht, Der Betrieb (DB) 1972, S. 1771–1780.

Schönke, Adolf/*Schröder*, Horst, Strafgesetzbuch, Kommentar, 28. Auflage, München 2010.

Schubert, Claudia, Europäische Grundfreiheiten und nationales Arbeitskampfrecht im Konflikt, Recht der Arbeit (RdA) 2008, S. 289–299.

Schuppert, Gunnar Folke, Gemeinwohldefinition im pluralistischen Verfassungsstaat, Gewerbearchiv (GewA) 2004, S. 441–447.

Seifert, Achim, Recht auf Kollektivverhandlungen und Streikrecht für Beamte – Anmerkungen zur neuen Rechtsprechung des EGMR zur Vereinigungsfreiheit –, Kritische Vierteljahresschrift für Gesetzgebung und Rechtswissenschaft (KritV) 2009, S. 357–377.

Seiter, Hugo, Streikrecht und Aussperrungsrecht – Ein Arbeitskampfsystem auf der Grundlage subjektiv-privater Kampfrechte, Tübingen 1975.

Seiter, Hugo, Staatsneutralität im Arbeitskampf, Tübingen 1987.

Seiter, Hugo, Zur Gestaltung der Arbeitskampfordnung durch den Gesetzgeber, Recht der Arbeit (RdA) 1986, S. 165–188.

Sesselmeier, Werner/*Funk*, Lothar/*Waas*, Bernd, Arbeitsmarkttheorien – Eine ökonomisch-juristische Einführung, 3. Auflage, Berlin und Heidelberg 2010.

Simon, Oliver/*Greßlin*, Martin, BAG: Streikbegleitende „Flashmob-Aktion" im Einzelhandel, Betriebs-Berater (BB) 2010, S.379–382.

Skouris, Vassilios, Das Verhältnis der Grundfreiheiten zu den Gemeinschaftsgrundrechten, Recht der Arbeit (RdA) 2009, S. 25–30.

Spindler, Gerald/*Schuster*, Fabian, Recht der elektronischen Medien – Kommentar, 1. Auflage, München 2008.

J. von Staudingers, Kommentar zum Bürgerlichen Gesetzbuch mit Einführungsgesetz und Nebengesetzen, Buch 2, (Recht der Schuldverhältnisse, §§ 311, 311a, 312, 312a-f, Vertragsschluss), Neubearbeitung von Löwisch, Manfred/ Thüsing, Gregor, Berlin 2005.

J. von Staudingers, Kommentar zum Bürgerlichen Gesetzbuch mit Einführungsgesetz und Nebengesetzen, Buch 2, (Recht der Schuldverhältnisse, §§ 311, 311a, 312, 312a-i, (Vertragsschluss)), Neubearbeitung von Feldmann, Cornelia/Löwisch, Manfred/Thüsing, Gregor, Berlin 2013.

J. von Staudingers, Kommentar zum Bürgerlichen Gesetzbuch mit Einführungsgesetz und Nebengesetzen, Buch 2 (Recht der Schuldverhältnisse, §§ 611–613, Dienstvertragsrecht 1), Neubearbeitung von Fischinger, Philipp S./Richardi, Reinhard, Berlin 2011.

J. von Staudingers, Kommentar zum Bürgerlichen Gesetzbuch mit Einführungsgesetz und Nebengesetzen, Eckpfeiler des Zivilrechts, Neubearbeitung von Beckmann, Roland Michael/ Busche, Jan u. a., Berlin 2011.

Stein, Ekkehart/*Frank,* Götz, Staatsrecht, 21. Auflage, Tübingen 2010.

Stern, Klaus, Das Staatsrecht der Bundesrepublik Deutschland, Band III/2, München, 1994 (zitiert: *Bearbeiter,* in: Stern, Das Staatsrecht der Bundesrepublik Deutschland III/2).

Stern, Klaus, Das Staatsrecht der Bundesrepublik Deutschland, Band IV/1, München, 2006 (zitiert: *Bearbeiter,* in: Stern, Das Staatsrecht der Bundesrepublik Deutschland IV/1).

Stern, Klaus/*Becker,* Florian, Grundrechte-Kommentar, Köln 2010 (zitiert: *Bearbeiter* in: Stern/Becker).

Stern, Klaus, Die Schutzpflichtenfunktion der Grundrechte: Eine juristische Entdeckung, Die öffentliche Verwaltung (DÖV) 2010, S. 241–249.

Stöber, Kurt/*Otto,* Dirk-Ulrich, Handbuch zum Vereinsrecht, 10. Auflage, Köln 2012.

Kamanabrou, Sudabeh, Der Streik durch Spartengewerkschaften – Zulässigkeit und Grenzen, Zeitschrift für Arbeitsrecht (ZfA) 2008, S. 241–282.

Sunnus, Michael, Arbeitskampfrecht in Bewegung? Alte Begriffe und neue Rechtsprechung, Arbeit und Recht (AuR) 2008, S. 1–12.

Tenbrock, R. H./*Thieme,* K., Vom europäischen Staatensystem zum Weltstaatensystem 1776 bis 1914, Paderborn 1963.

Thüsing, Gregor, Mindestlohn im Spannungsverhältnis staatlicher und privatautonomer Regelung, Zeitschrift für Arbeitsrecht (ZfA) 2008, S. 590–640.

Thüsing, Gregor, Tarifautonomie und Gemeinwohl, in: Festschrift 50 Jahre Bundesarbeitsgericht, München 2004, S. 885–908.

Thüsing, Gregor, Der Außenseiter im Arbeitskampf. Zur Rechtsstellung des nicht und des anders organisierten Arbeitnehmers und Arbeitgebers bei Streik und Aussperrung, Berlin 1996.

Thüsing, Gregor, Gedanken zur Vertragsautonomie im Arbeitsrecht, in: Festschrift für Herbert Wiedemann zum 70. Geburtstag, München 2002, S. 559–585.

Thüsing, Gregor, Vereinbarte Betriebsratsstrukturen, Zeitschrift für Wirtschaftsrecht (ZIP) 2003, S. 693–706.

Thüsing, Gregor, Kirchliches Arbeitsrecht, Tübingen 2006.

Treber, Jürgen, Aktiv produktionsbehindernde Maßnahmen – Zur Zulässigkeit von Betriebsbesetzungen und Betriebsblockaden unter Berücksichtigung des Funktionszusammenhangs von Privatautonomie, Tarifautonomie und Arbeitskampfrecht, Berlin 1996.

Tschentscher, Axel, Demokratische Legitimation der dritten Gewalt, Tübingen 2006.

Umbach, Dieter C. /*Clemens*, Thomas, Grundgesetz Mitarbeiterkommentar und Handbuch, Heidelberg 2002 (zitiert: *Bearbeiter* in: Umbach/Clemens).

Volkmann, Uwe, Veränderungen der Grundrechtsdogmatik, JuristenZeitung (JZ) 2005, S. 261–271.

von Mangoldt, Hermann/*Klein*, Friedrich/*Starck*, Christian, Kommentar zum Grundgesetz, Band 1, 6. Auflage, München 2010 (zitiert: *Bearbeiter*, in: v. Mangoldt/Klein/Starck).

von Mangoldt, Hermann/*Klein*, Friedrich/*Starck*, Christian, Kommentar zum Grundgesetz, Band 3, 6. Auflage, München 2010 (zitiert: *Bearbeiter*, in: v. Mangoldt/Klein/Starck).

von Münch, Ingo/*Kunig*, Philip, Grundgesetz-Kommentar, Band 1, 6. Auflage, München 2012 (zitiert: *Bearbeiter* in: v. Münch/Kunig).

von Stein, Lorenz, Handbuch der Verwaltungslehre und des Verwaltungsrechts, Nachdruck der 1. Auflage von 1870, Schliesky, Utz (Hrsg.), Tübingen 2010.

von Steinau-Steinrück, Robert/*Glanz*, Peter, Dauerarbeitskämpfe durch Spartenstreiks – Die verbliebenen Kampfmittel der Arbeitgeber, Neue Zeitschrift für Arbeitsrecht (NZA) 2009, S. 113–118.

von Steinau-Steinrück, Robert/*Brugger*, Helen, Arbeitskampfrecht quo vadis?, Neue Zeitschrift für Arbeitsrecht, Beilage (NZA-Beil.) 2010, S. 127–135.

Waas, Bernd, Tarifdispositive Normen und der Schutz der Koalitionsfreiheit in Art. 9 Abs. 3 GG, in: Festschrift für Rolf Birk, Tübingen 2008, S. 899–913.

Wahrig, Gerhard (Hrsg.), Fremdwörterlexikon, München 1987.

Waltermann, Raimund, Abschied vom Normalarbeitsverhältnis? Welche arbeits- und sozialrechtlichen Regelungen empfehlen sich im Hinblick auf die Zunahme neuer Beschäftigungsformen und die wachsende Diskontinuität von Erwerbsbiographien?, Gutachten B zum 68. Deutschen Juristentag, Verhandlungen des 68. Deutschen Juristentages, Band I, S. B 1–120, München 2010.

Waltermann, Raimund, Zu den Grundlagen der Tarifautonomie, Zeitschrift für Arbeitsrecht (ZfA) 2000, S. 53–86.

Waltermann, Raimund, Zu den Grundlagen der Rechtssetzung durch Tarifvertrag, in: Europas universale rechtsordnungspolitische Aufgabe im Recht des dritten Jahrtausends, Festschrift für Alfred Söllner zum 70. Geburtstag, München 2000, S. 1251–1277.

Waltermann, Raimund, Zur Grundrechtsbindung der tarifvertraglichen Rechtssetzung, in: Festschrift 50 Jahre Bundesarbeitsgericht, München 2004, S. 913–927.

Wank, Rolf, Rechtsfortbildung im Kündigungsschutzrecht, Recht der Arbeit (RdA) 1987, S. 129–160.

Wank, Rolf, Aktuelle Probleme des Arbeitskampfrechts – Unterstützungsstreik, Streik uns Tarifsozialplan, Schadensersatz und einstweilige Verfügung, Recht der Arbeit (RdA) 2009, S. 1–12.

Wank, Rolf/*Schmidt*, Benedikt, Neues zur sozialen Mächtigkeit und organisatorischen Leistungsfähigkeit einer Arbeitnehmervereinigung – Die Entwicklungslinien der BAG-Rechtsprechung und konkrete Folgerungen, Recht der Arbeit (RdA) 2008, S. 257–276.

Wiedemann, Herbert, Tarifvertragsgesetz : mit Durchführungs- und Nebenvorschriften, Kommentar, 7. Auflage, München 2007 (zitiert: *Bearbeiter* in: Wiedemann, Tarifvertragsgesetz).

Wieland, Joachim, Bericht zum Thema Arbeitsmarkt und staatliche Lenkung, Veröffentlichungen der Vereinigung der deutschen Staatsrechtslehrer (VVDStRL), Heft 59 (2000), S. 13–55.

Wiese, Günther/*Kreutz*, Peter/*Oetker*, Hartmut/*Raab*, Thomas/*Weber*, Christoph/ *Franzen*, Martin, Betriebsverfassungsgesetz, Band I: §§ 1 – 73b mit Wahlordnungen – Gemeinschaftskommentar, 9. Auflage, Köln 2010 (zitiert: *Bearbeiter*, in: GK-BetrVG).

Willemsen, Heinz Josef/*Mehrens*, Christian, Anm. zu BAG v. 22.09.2009 – 1 AZR 972/08, Arbeitsrechtliche Praxis (AP) GG Art. 9 Arbeitskampf Nr. 174.

Zöllner, Wolfgang, Die Zulässigkeit neuer Arbeitskampfformen, in: Festschrift für Eduard Bötticher, Berlin 1969, S. 427–442.

Zöllner, Wolfgang, Die Rechtsprechung des Bundesverfassungsgerichts zu Artikel 9 Abs. 3 GG, Archiv des öffentlichen Rechts (AöR) 1973, S. 71–102.

Zöllner, Wolfgang, Die Fortentwicklung des Richterrechts zum Arbeitskampf, insbesondere zur Aussperrung, Der Betrieb (DB) 1985, S. 2450–2459.